国有企业
纪检监察实务
一本通

GUOYOU QIYE
JIJIAN JIANCHA SHIWU
YIBENTONG

闫淮南　甘炜毅　曾传瑞　高　建　黄　龙◎编著

法律出版社
LAW PRESS·CHINA
北京

图书在版编目(CIP)数据

国有企业纪检监察实务一本通 / 闫淮南等编著. --
北京 : 法律出版社, 2024(2025.11 重印)
ISBN 978-7-5197-9098-1

Ⅰ. ①国… Ⅱ. ①闫… Ⅲ. ①中国共产党-国有企业-纪律检查-工作-学习参考资料 Ⅳ. ①D267.1

中国国家版本馆 CIP 数据核字(2024)第 088727 号

国有企业纪检监察实务一本通
GUOYOU QIYE JIJIAN JIANCHA SHIWU YIBENTONG

闫淮南 甘炜毅 曾传瑞 高 建 黄 龙 编著

责任编辑 董 昱
装帧设计 汪奇峰

出版发行 法律出版社
编辑统筹 法规出版分社
责任校对 张红蕊
责任印制 耿润瑜
经 销 新华书店

开本 A5
印张 22 字数 647 千
版本 2024 年 7 月第 1 版
印次 2025 年 11 月第 5 次印刷
印刷 保定市中画美凯印刷有限公司

地址:北京市丰台区莲花池西里 7 号(100073)
网址:www.lawpress.com.cn
投稿邮箱:info@lawpress.com.cn
举报盗版邮箱:jbwq@lawpress.com.cn
销售电话:010-83938349
客服电话:010-83938350
咨询电话:010-63939796

书号:ISBN 978-7-5197-9098-1
定价:108.00 元
凡购买本社图书,如有印装错误,我社负责退换。电话:010-83938349

作者简介

闫淮南 中国人民公安大学刑法学硕士。曾在北京市检察院、北京市纪委监委工作，从事司法和纪检监察工作十余年。长期对接国有企业，熟悉企业刑事风险防范业务，对纪法衔接、行刑衔接、民刑交叉案件处理有较深研究和实务经验。在《中国纪检监察报》《民主与法制时报》《法制与新闻》等报刊上发表文章十余篇。

甘炜毅 江苏省委党校本科。某央企市分公司纪委副书记。在大型国有企业从事纪检监察工作多年，具有丰富的国企执纪经验，多次抽调中央纪委国家监委驻国企纪检监察组协助核查工作。

曾传瑞 广西师范大学法律硕士。曾在地级市人民检察院、纪委监委工作，现就职于大型国有企业纪委。获省级检察机关“侦查信息化业务能手”称号、荣立三等功、获企业纪检监察工作先进个人，参办的案件多次获评省级检察机关十大精品案件、优质案件。

高　建 西南政法大学法学硕士。曾从事行政执法、刑事审判工作，现任职于纪检监察机关。主要研究方向为纪检监察学。

黄　龙 北京大学法学硕士。曾在省检察院公诉部门任职，长期负责职务犯罪案件的办理与指导。现任职于纪检监察机关。讲授的课程获全国检察教育培训精品课程，个人获评省级纪委监委青年标兵。

参编人员

李　欢　中国人民大学法律硕士（非法学）职务犯罪侦查方向研究生，就职于北京市某市直机关。

李　坪　南京师范大学法学硕士，就职于纪检监察机关。

王振华　哈尔滨医科大学法学学士，在央企纪检系统任职17年。

刘　胥　河南师范大学文学学士，高级政工师，就职于中铁隧道局纪委。擅长国有施工型企业违纪违法问题线索调查取证、审查谈话、文字综合工作。

王　磊　广西师范大学哲学硕士，从事刑事检察工作12年。获全省检察机关调研业务竞赛标兵、案管业务竞赛能手等荣誉。

李留学　广西民族大学公共管理硕士，任职于纪检监察机关。主要研究方向为纪检监察学、党内法规学、大数据应用。

邹益民　政工师和高级经济师，就职于云南铜业股份有限公司纪委。

徐　鑫　管理学硕士，某省属国有企业纪检干部。主要研究国企日常监督，擅长中小型国有企业办案流程的规范以及新型违纪问题的监督检查。

谭丽玲　毕业于中国青年政治学院，任职于央企纪检系统。

高之立　前资深检察官，从检20余年。获省级优秀公诉人、省级检察业务专家等称号，荣立二等功、三等功。

李晓琴　法学硕士，任职于检察机关。

吴　恒　经济学硕士，高级经济师。长期从事国企党员干部违规违纪案件查办工作，多次荣获纪检系统个人荣誉。

张　磊　从事审判工作多年，任职于纪检监察机关。荣立个人三等功两次。

闫　柳　东北师范大学法学硕士，任职于纪检监察机关。具有多年公诉、审理、监督、审查调查工作经历。

廖学华　高级政工师，任某国企纪检监察机构负责人。

编写说明

做好国有企业纪检监察工作是新时代重大课题。习近平总书记指出“国有企业是中国特色社会主义的重要物质基础和政治基础”，并为新时代国有企业党建和全面从严治党指明方向、擘画蓝图。党的十八大以来，中央纪委全会公报多次将国有企业列为党风廉政建设和反腐败的重点领域。

综观市面上的纪检监察业务丛书和培训资料，专门针对国有企业纪检监察工作的书籍少之又少，更是缺少一本答疑解惑、畅行无忧的一本通式宝典。有鉴于此，写一本针对国有企业纪检监察实务工作的系统化业务书籍显得十分必要。

如何让国有企业纪检监察干部真正实现“一书在手，工作不愁”呢？关键是立足中国国情。本书在开篇对国有企业进行基本介绍，通过介绍国有企业基本内涵、特性，向国有企业纪检监察工作人员阐述基础理念，进而分析国有企业腐败的基本特征、职务犯罪多发环节、腐败问题发生原因及防治。由此便能够让实务工作者掌握相关问题背后的缘由、原理，做起工作来有的放矢。

本书主要有以下特点：

一是写作团队由专精尖业务能手组成。本书的写作团队由职务犯罪办案能手、专职监督国有企业的纪委监委工作人员、国有企业纪检监察一线工作者等专业人士组成。

二是回应国有企业纪检监察工作的重点难点问题。本书从主体入手，回应实践中对监察对象认定这一充满争议和挑战的事项入手，立足国有企业混改的实况，从国有公司、企业的界定、行使公权力、公职人员等核心维度出发，依据《中华人民共和国监察法》《中华人民共和国监察法实施条例》等法律法规，以部分国有企业为例，明确国企中监察对象认定的四个步骤。

三是立足做好国有企业纪检监察日常工作。本书从纪检监察日常工作写起，梳理国有企业纪检监察日常工作，包含监督类工作、执纪问责类工作、综合类工作，尽可能覆盖全面，充实到细节，做到职责明、权限清、流程通。同时，专章详解办案流程、制作笔录、开展谈话、开展外查及证据收集，这些都是国有企业纪检监察干部开展执纪执法工作时，必须具备的核心技能。

四是重视国有企业纪检监察工作的纪法衔接、法法衔接问题。考虑到国有企业纪检监察机构处置的问题线索既包括违反党的纪律、国家法律法规的情形，更有大量的违反企业规章制度的现象，即违纪、违法、违规问题同时存在，甚至是互相交织；在机构部门设置上，有些国有企业设立了有监察权的纪检监察机构，有些只设立了没有监察权的纪检机构。本书在纪检监察工作办案流程中对之予以考虑并有针对性地区分，以实现规、纪、法的区分和衔接。同时，本书详细阐述了如何认定和处分国有企业常见违纪违法行为，可以为实操起到很好的范本作用。

五是及时吸收与国有企业纪检监察工作相关的最新法律法规。本书及时追踪热点，收录新规。如：本书及时收录修改或颁布的《中国共产党纪律处分条例》《中国共产党巡视工作条例》《事业单位工作人员处分规定》《国有企业管理人员处分条例》等法规；在贪污贿赂案件、渎职案件的办理章节中，融入了新修改的《中华人民共和国刑法修正案（十二）》《最高人民检察院、公安部关于公安机关管辖的刑事案件立案追诉标准的规定（二）》等法律法规和司法解释。

由于全书涵盖的内容较多，写作时间紧、任务重，虽经多次审核校订，仍不免存在纰漏。真诚地欢迎广大读者、同仁提出宝贵的修改完善意见、建议。

编　者

2024年6月15日

目　录

第一章　国有企业腐败问题概述

国有企业是中国特色社会主义的重要物质基础和政治基础，是党执政兴国的重要支柱和经济发展的压舱石，其发展状况直接影响我国的经济基础，影响国家综合竞争力的持续健康发展。党的十八大以来，中央纪委全会报告多次将国有企业列为党风廉政建设和反腐败的重点领域，各级纪检监察机关重拳惩治国有企业管理人员违纪违法行为，国有企业政治生态逐步好转。本章将重点阐述国有企业腐败的基本特征及主要环节、腐败原因及腐败防治的对策建议，不断推动国有企业党风廉政建设和反腐败工作迈上新台阶。

一、国有企业的基本内涵

国有企业是指国务院和地方人民政府分别代表国家履行出资人职责的国有独资企业、国有独资公司以及国有资本控股公司，包括中央和地方国有资产监督管理机构和其他部门所监管的企业本级及其逐级投资形成的企业。[①]

为了调节国家经济目标、调和国民经济各方面发展，国有企业作为一种生产经营组织形式同时具有营利法人和公益法人的特点。[②] 按照

---

① 《国有企业境外投资财务管理办法》第二条第一款。

② 参见林琴：《国有企业集团加强内部控制建设研究》，载《商场现代化》2019 年第 4 期。

企业属性划分，中央企业集团层面和子企业分为商业类、公益类两大类别，[①]其中，商业类又分为主业处于充分竞争行业和领域的商业类国有企业，以及主业处于关系国家安全、国民经济命脉的重要行业和关键领域，主要承担重大专项任务的商业类国有企业；地方国有企业的功能界定与分类，则由各地结合实际而定。[②] 按照国有资产管理权限划分，国有企业分为中央企业（由中央政府监督管理的国有企业）和地方企业（由地方政府监督管理的国有企业）。[③]

二、国有企业的特性

国有企业体现出的是特殊所有制关系，负有特殊的社会目标，执行特殊的社会经济功能并拥有特殊的产权组织结构及运作机制特点。

（一）所有制

对于国有企业而言，世界各国在所有者的问题上都是相同的，即国家（政府）是国有企业的主要所有者和控制者。例如，联合国对国有企业的定义是：公共所有或受公共控制的公共股份有限公司；世界银行指出，国有企业是由政府拥有或控制的经济实体，包括政府直接拥有其所有权的、通过国有企业直接或间接持有大量股份或虽持有少量股份但依然可以有效控制的企业。在我国目前的市场经济体制下，实际上国有企业由国家投资并行使出资人权利。

（二）国有企业的社会目标与双重属性

实现企业利润最大化是其他性质企业的社会目标。与之不同，国有企业的社会目标是：实现资产保值增值的同时，以弥补市场缺陷、维护公共利益为己任，推动经济总量的最大化和经济结构的最优化。国有企业

---

① 参见李芃达：《“国企改革三年行动”再吹冲锋号——分类改革激发国企活力》，载《经济日报》2021 年 5 月 17 日，第 2 版。

② 参见佚名：《国有企业分为几个类别？》，载国务院国有资产监督管理委员会网 2021 年 5 月 10 日，http://www.sasac.gov.cn/n2588040/n2590387/n9854157/c18459624/content.html。

③ 参见肖小和：《建立央企票据平台支持实体经济发展》，载《上海证券报》2017 年 8 月 5 日，第 5 版。

具有双重属性:公共性和企业性。虽然个别国有企业的公共性和企业性会随着经济社会的发展有所消长,但本质上,公共性是国有企业的根本属性和第一属性,企业性是国有企业的第二属性。国有企业将公共性放在首要位置,重点在于校正市场机制缺陷,为实现国家的政治经济社会目标奠定坚实的基础。然而,国有企业的公共性并不代表其忽视了企业性、忽视了市场经济环境下的企业成本与利润,而是不同领域、不同时间段的国有企业对利润目标的选择不同。

(三)国家社会经济职能的延伸

国有企业是国家实现经济社会目标的资源配置渠道和产业政策工具,是国家社会经济职能的延伸。政府的社会经济职能包括反对垄断、减少信息不对称、调整收入分配、抑制通货膨胀、熨平周期经济波动、刺激经济增长等。[①] 国有企业作为市场经济调节的载体,主要具备服务功能、引导功能、保障功能和调控功能,[②]执行着国家所赋予的特殊功能和义务,承担着相应的任务。换言之,国有企业是宏观经济政策的重要执行者、调节者,国有企业担负的功能与作用在经济社会发展中不可或缺。

(四)国有企业的产权组织结构及运作机制特点

我国在持续推行国有企业产权组织结构的改革,这为国企特殊功能的发挥提供了组织基础。首先,从所有制结构来看,国有企业的产权主体不是自然人,而是国家。虽然从名义上来讲,全民是国有资产的最终所有者,但国有资产并不能分割给全体或部分国民享有,这也是国有企业与非国有企业最大的差别。无论国家是绝对控股还是相对控股,国家作为国有企业的所有者及其对国有企业的影响力是无法根本改变的。其次,国有企业的决策和激励机制也是相对特殊的。国有企业的高级管理层由国家或由国家授权任命,部分经营管理决策须经严格的审批程

---

① 参见杨励、刘美珣:《国有企业的特殊性与我国国有企业的布局定位》,载《清华大学学报(哲学社会科学版)》2003 年第 2 期。

② 参见闫炎:《试论我国产业结构高级化中的政府职能》,载《商业经济》2009 年第 8 期。

序，并不像非国有企业那样灵活。同时，国有企业的激励约束机制也不同于非国有企业，国有企业更多的是依赖行政等级和相对应的控制决策权的激励，剩余索取权激励较少。最后，国有企业监控评价机制实行以行政程序为主的垂直监管。这种监管与市场机制监管相比，监管作用较为直接，但也无法避免行政干预。国有企业评价机制的特殊性在于，它作为国家的产业工具，可以直接执行包括国家经济安全在内的各项使命。因此，对它的稽核考察不能单单凭借利润目标，还要综合考虑社会效益。

三、国有企业腐败的基本特征

（一）腐败涉及的罪名相对集中

随着市场经济的发展，国有企业在我国重要国计民生领域越来越发挥着重要作用。一些国有企业高管手握重要的国有资产审批权，却中饱私囊、利欲熏心，通过各种手段将国有资产侵吞、窃取、占有，给国有企业的正常生产经营带来了重大损失。腐败涉及的罪名主要包括受贿罪，贪污罪，挪用公款罪，单位受贿罪，对单位行贿罪，国有公司、企业、事业单位人员滥用职权罪，国有公司、企业、事业单位人员失职罪，巨额财产来源不明罪，私分国有资产罪等。同案关联人还可能涉及高利转贷罪、串通投标罪、金融诈骗罪、虚开发票罪、出具证明文件重大失实罪、提供虚假证明文件罪等经济领域的常见罪名。

（二）“一把手”腐败问题突出

与政府部门主要负责人相比，国有企业“一把手”掌握的资金和资源往往更为集中，容易成为不法人员竞相“围猎”的对象。此外，国有企业“一把手”受到的监督与约束相对较弱，更容易被利益、诱惑击垮，从而将国有企业当成私人“提款机”或将企业利益作为权钱交易的“筹码”。国有企业也容易形成以“一把手”为中心的利益共同体，形成比较坚固的攻守同盟，进一步弱化党的领导，使所在单位政治生态遭到严重破坏。

（三）腐败方式的隐蔽性较强

在查处的国有企业工作人员违纪违法案件中，政治问题与经济问题、违纪问题与违法问题、腐败问题与作风问题往往相互交织，一些国有企业工作人员利用监管难度大、经营行为复杂、规章制度存在漏洞等因素，采取种种隐蔽手段大搞权钱交易。一方面，一些国有企业高管打着职务消费的旗号，频频上演“不落腰包的腐败”，在衣、食、住、行、医、玩等方面享受特权。职务消费的种类与名目也层出不穷，如购买高档小汽车、超标配备公车、耗资巨大装修豪华办公室、添置高档办公用品、奢华接待宴请、超标准报销差旅费和业务招待费等。另一方面，利用借款、挂名领薪、代持干股、低价购房、高价顶账、股权收购、兼并重组、投融资活动、内幕交易、假借配偶及子女等亲属和其他特定关系人名义经商办企业、虚增交易环节转移利润、同类经营等“钻空子”“打擦边球”的方式“靠企吃企”，将非法行为隐藏在合法外衣之下。

（四）窝案、串案易发多发

窝案、串案的主要表现为企业负责人之间、重点岗位人员之间、企业负责人与财务人员之间、业务负责人与客户之间，容易形成利益共同体，衍生出“群蛀”现象。如果国有企业的营销、财务等关键岗位由企业负责人的“贴心人”和亲属把持，受共同利益的捆绑，容易形成以企业负责人为中心的窝案、串案。此外，如果国有企业人员上下、内外勾结，或者集体漠视法律，把行业“潜规则”视为理所当然，共同侵吞企业资产，危害严重，不仅造成国有资产的流失，而且直接侵害企业职工的切身利益，造成不良社会影响。

（五）廉洁风险的“重灾区”较多

从查处案件分布领域来看，企业并购、资产重组、投融资、工程建设、物资采购、招投标、选人用人、资产处置、重大投资、股权转让、定向增发、委托贷款、投资理财、多种经营产业等重点领域和关键环节依然是国有企业违纪违法乃至职务犯罪易发多发的“重灾区”。在这些“重灾区”，存在受贿与失职、渎职行为伴生交织的现象，失职、渎职问题背后往往隐藏着腐败问题，且失职、渎职行为给企业造成的损失远远高于国有企业工作人员受贿金额。

（六）违规决策造成国有资产严重损失

部分国有企业管理人员对企业重大投资决策、重大项目安排、大额度资金运作等属于“三重一大”范围的事项，违反民主集中制、“三重一大”议事规则等决策机制，不讲规矩、独断专行、心中无畏、任性妄为，有法不依、有规不循，滥用职权、违规决策，造成国有资产严重流失。

（七）国有企业工作人员外逃风险依然存在

外逃风险主要来源于两个方面：一是参与国有企业境外投资项目的工作人员，在境外实施职务犯罪行为后长期滞留不归；二是在境内工作的国有企业工作人员，将贪污受贿的资产转移至境外之后，再非法潜逃至境外。例如，2017 年 3 月某国有企业负责人彭某某潜逃至境外①。当然，中央纪委国家监委持续开展“天网”行动，既追回了大量外逃人员，也有力地震慑了企图潜逃人员。

四、国有企业职务犯罪发案环节及表现

通过对相关案例及研究报告进行分析，我们归纳出以下国有企业职务犯罪易发高发环节。

（一）投资与融资环节

具体表现：在投资收购企业过程中，利用职务便利为被收购方提供帮助，收受贿赂；利用企业审批权进行权钱交易；签订虚假投资合同，伺机侵吞国有企业公款或投资利润；在投资工作中，通过签订虚假合同方式收受委托人、被担保人“好处费”；在主持收购企业过程中，未对项目尽到审慎义务，超越职权、滥用职权作出经营决策，造成国家财产巨额损失等。

---

① 张仟荟：《“红通人员”彭某某案详情披露：受贿超 2.3 亿，曾在多国购买房产国债》，载界面新闻，https://baijiahao.baidu.com/s?id=1718647650852802126&wfr=spider&for=pc。

案例

童某某为中石化某直辖市分公司董事长，2010 年至 2012 年每年春节期间，中石化某分公司某加油站股东朱某某（占股 30%）希望童某某能够在该加油站经营中给予关照及其股权在被收购过程中得到童某某的关照，以拜年的名义分三次送予被告人童某某“好处费”4 万元，共计 12 万元。① 童某某被法院以受贿罪追究刑事责任。

（二）用工与薪酬管理环节

具体表现：用公款为单位领导或者职工多缴纳住房公积金和社会保险金，借此侵吞国有资产；经国企领导集体研究决定，以工资、奖金、分红等方式私分公司“小金库”资产；以虚报工作人数、工时数等方式，侵吞公款；上级领导收受下属贿赂后，对下属升迁和日常工作给予关照等。

案例

某省能投集团煤业公司某市煤炭科学研究所有限公司原党总支书记、董事长许某截留下属单位经营性收益设立“小金库”问题。2007 年 3 月至 2017 年 6 月，许某在担任某市煤炭科学研究所所长和某市煤炭科学研究所有限公司党总支书记、董事长期间，安排相关人员采用少计或未开发票截留下属单位经营性收入、虚开发票套取公款等方式设立“小金库”，共计 2158.91 万元。其中，用于巧立名目滥发津补贴和福利 960.53 万元，许某本人领取 67.64 万元；先后挪用 166 万元用于个人理财和无偿出借他人。此外，许某还存在其他严重违纪违法问题。2019 年 6 月，许某受到开除党籍处分，并被解除劳动关系，涉嫌职务犯罪问题被移送司法机关。②

（三）企业改制环节

具体表现：重组、改制过程中，故意隐瞒、转移国有资产，继而侵吞、

---

① （2014）渝五中法刑终字第 00366 号。

② 云南省纪委监委：《云南通报 6 起“小金库”问题典型案例》，载中央纪委国家监委网，https://www.ccdi.gov.cn/content/4c/af/67765.html。

挪用公款;随意转移隐瞒国有资产,低估、不估国有财产,从而进行贪污、挪用;国企人员贪污企业破产专项经费;在国企股权转让过程中,帮助他人收购股份,并借此收受贿赂;破产清算责任人员为他人谋取利益收受贿赂等。

案例

吕某某在任职某市城乡建设环境保护委员会主管的国有独资企业某市建筑工程有限公司(以下简称市建公司)总经理、市建公司改制协调小组组长期间,在市建公司改制过程中,以市建公司管理层商议决定等形式,采取将市建公司所有房产排除在评估清单之外、签订虚假房产买卖合同、不如实申报市建公司账外资金等方式,将原市建公司所有的5、6、7、19号楼门面房及账外资金划入改制后的某市建设工程有限公司所有。① 吕某某被法院以私分国有资产罪追究刑事责任。

(四)财务管理环节

具体表现:用公款报销以虚假名目开具的真发票;通过应收账款不入账、虚构业务开具现金支票等手段,骗取公款;利用职务便利,违规为相关企业办理银行融资贷款,并收受贿赂;挪用公款用于个人消费、理财,或替相关企业偿还银行贷款等。

案例

某市建筑工程(集团)总公司工程二处系国有企业。2005年12月31日,该企业会计郑某某应单位安排,在本市建设银行南大街支行开立个人银行账户,用于存放单位的部分公款。2009年2月20日,经单位党政联席会议研究决定,郑某某被任命为该单位内部银行行长,主要负责单位现金、银行存款收支业务的日常核算和资金管理。2011年12月30日,郑某某利用负责管理单位公款的职务便利,将存放于其账户内的单位公款115万元

---

① (2018)豫1202刑初261号。

通过个人网银购买理财产品，后根据单位用款情况分五次赎回该理财产品，共计获利 4848.82 元。① 郑某某被法院以挪用公款罪追究刑事责任。

（五）技术与服务环节

具体表现：在技术采购洽谈或技术服务过程中，利用职务的便利，为他人提供帮助，并收受贿赂；技术设备供应商在系统维护、培训过程中虚报支出贪污公款；研发负责人在技术开发过程中提出倾向性意见，帮助行贿方获得技术业务等。

案例

戴某某担任中国邮政速递物流股份有限公司信息技术部负责人，负责制定公司的信息技术采购计划，组织评估、选择供应商、商务洽谈、合同签订等工作；监督和管理供应商的服务质量和服务绩效；负责信息管理与信息技术专业队伍建设工作等。戴某某利用职务便利为某科技公司与中国邮政速递物流股份有限公司合作开展“PDA”项目提供帮助，于 2010 年 12 月至 2011 年 1 月，收受该公司给予的好处费 600 万元。② 戴某某被法院以受贿罪追究刑事责任。

（六）工程建设环节

具体表现：故意违反招投标的法律规定，应招未招，为行贿人获取项目提供帮助并收取贿赂；先施工后履行招投标程序，帮助施工方中标而收受贿赂；国企招标方收受贿赂后向投标方泄露标底；作为基建工程建设单位，有关人员在承揽工程过程中给予有关人员好处费、收受建筑材料设备供货方贿赂款或者贪污截留工程款；利用施工、管理、监督等职务便利，向施工方索取贿赂或者非法收受施工方贿赂并为其谋取利益；在征地拆迁过程中，有关负责人接受他人请托，对名下存在虚假成分的拆

① （2014）城刑初字第 59 号。
② （2020）京 0102 刑初 629 号。

迁材料予以审核通过，或者帮助协调拆迁现场事宜，从中收受贿赂；通过签订虚假合同、提高合同标的额等方式，套取工程款；具有管理职能的人员通过开具虚假发票套现，截留工程款；工程承包方为能尽快结算工程款、周转资金，向施工监管人员行贿；国企招标代理公司工作人员在提供代理服务中收受他人贿赂，为相关单位谋取利益等。

案例

2014 年 8 月，中建某局西南区域公司总经理办公会议任命孟某某担任某项目执行经理，负责项目全面工作，包括促进合同履约、审核工程进度、工程款拨付等。经孟某某等人确定，某项目的剩余工程由某达公司实施。后中建某局与某达公司签订合同，约定土石方外运单价为 51 元/方。同年 8、9 月，在某达公司进场施工前后，孟某某与该项目技术员郑某、某达公司负责人杨某某以及杨某某在该项目上的合伙人李某某共同商议后决议通过调整标高虚增工程量的方式套取工程款，所得资金孟某某和郑某分得一半，杨某某与李某某得另一半。孟某某安排郑某具体负责调整标高、计算虚增工程量事宜。郑某随后安排项目测量员彭某某在公司退场数据的基础上上调了部分区域的标高，增加了 14,194.15 方的土石方量，合计工程款 72.39 万元。[①] 孟某某、郑某、杨某某、李某某被法院以贪污罪追究刑事责任。

（七）物资采购与保管环节

具体表现：采购单位工作人员利用职务便利帮助请托人获取采购物资供应权，从中谋取私利；采购人员在物资采购过程中，多列支出进行虚假报销，将单位公款占为己有；具有采购决定权的工作人员收受供应商贿赂，在物资采购中为供应商谋取利益；享受结算权的采购人员收受贿赂，帮助供应商尽快结算货款；利用保管公司财物的职务便利，窃取公共财物等。

① （2016）渝 0113 刑初 860 号。

案例

某汽轮电机有限公司是一家大型国有企业，主要生产火力发电机组、风力发电机组等电力装备。该公司的物资部门，在公司中占据重要地位，主要负责该公司采购计划的编制、物资供应、采购物资入库与结算等事项。由于具有一系列原材料和物品的采购权，物资部门的负责同志和有关人员往往备受供应商的关注，甚至极易成为不法商人"围猎"的对象。接群众举报，市纪委监委对该公司物资部部长A某、副部长B某和采购员C某涉嫌违纪违法的问题进行了立案审查调查。经查，A某、B某、C某三人受人请托，利用职务上的便利，分别为D材料公司在承揽业务、供货质量审核以及货款结算等方面提供帮助，各自索取、收受了该材料公司给予的好处费340万元、100.8万元和138.4万元。①

(八)经营销售环节

具体表现：业务负责人将货物定金、销售款侵吞、挪用，或者将业务单位应付给本单位的资金借给他人使用；业务负责人员为了个人利益，滥用职权将本公司货物以低价卖出，侵犯本公司利益；采购人员利用职务便利，将公司货物无偿给关系人（企业）使用，损害公司利益；在企业产品销售过程中，不法分子利用结算货款、收账等便利条件，侵吞、挪用公款。

案例

2008年6月至2012年2月，鲁某某在担任国有独资企业某煤电集团有限责任公司某置业公司某物业管理分公司负责人期间，违反国有企业财务

① 参见佚名：《国有企业人员哪些属于监察对象？》，载微信公众号"中国方正出版社"2021年6月9日，https://mp.weixin.qq.com/s? src = 11&timestamp = 1670247950&ver = 4208&signature = KUH4A3o1B0wGq7ePizbAa - I7jfgu3 - xmg0LHlctFD4GsfAMEFwvUUWsySSE6kxxRVVcnb5Afjtc - AwIAciPYAlEUsLL26OGjf * VFCiMKRxsCZVH - tNqvcWm1Km1lqrtx&new = 1。

管理规定，将某煤电集团某置业公司调拨给某分公司的自用煤以每吨480元到600元不等的价格出售给其外甥郑某(另案处理)4642.7吨，以每吨550元的价格出售给王某祥500吨。某煤电集团运销公司对外销售上述调拨自用煤的价格在每吨600元至780元之间，鲁某某违规销售自用煤的所得价款与某煤电集团对外销售该煤的价格相差共计107.49万元。[①] 鲁某某被法院以滥用职权罪追究刑事责任。

(九)租赁业务管理环节

具体表现：在国企资产出租业务中，帮助不符合承租条件的企业或个人违规获得承租资格，并从中收受贿赂；企业高层管理人员相互勾结，以先承租再转租的方式，侵吞固定资产出租收益；利用管理企业资产的职务便利，索要或者收受承租人的“好处费”，为承租人谋取利益。

案例

王某某，原系某煤炭公司党委书记、董事长、总经理。2012年初，某餐饮有限公司董事长杜某某得知某煤炭公司欲将某煤炭公司大厦负一层至五层楼房对外出租，遂于同年3、4月找到时任某煤炭公司董事长王某某，向其表达了承租意愿，请王某某帮忙，并承诺事成之后有重谢，王某某应允。同年8月，杜某某到王某某办公室送给王某某美元30万元(折合人民币184.377万元)，王某某予以收受。后某煤炭公司召开党政联席会议讨论煤炭公司大厦楼房租赁事宜时，王某某推荐了某餐饮有限公司。2013年1月，某煤炭公司与某餐饮有限公司签订了租赁合同。[②] 王某某被法院以受贿罪追究刑事责任。

(十)资产处置环节

具体表现：处置企业办公家具、电脑、网络设备、车辆、生产设备等报

---

① (2015)相刑初字第00329号。

② (2015)吴刑初字第17号。

废资产时，存在暗箱操作、低价贱卖、利益输送等问题。

案例

张某某，原系某钢铁集团国贸公司废旧物资室主任；吕某，原系某钢铁集团炼铁厂生产计划科物资回收管理员；任某某，原系某钢铁集团物流中心物资回收管理站主任。2011年7、8月，朱某某得知某钢铁集团炼铁厂有近300吨材质为紫铜的结晶器铜板报废并将作销售处理。2011年8月至10月，朱某某通过吕某，采取将废结晶器铜板虚报为黄铜材质的方式，形成废旧物资计划报送至某钢铁集团物流中心。后朱某某又通过任某某，在明知该废旧物资计划虚假的情况下，仍然按照黄铜材质将计划报送至某钢铁集团国贸公司。张某某利用管理废旧物资回收的职务便利，在明知该批结晶器铜板系紫铜的情况下，弄虚作假，以废黄铜材质的品名和价格与朱某某签订工业品买卖合同，使朱某某等人以3.45万元/吨的废黄铜价格购买废结晶器铜板239.1吨。经评估，该批结晶器铜板的价值为5.3万元/吨，差额部分442万余元被张某某、吕某、任某某非法据为己有。2012年至2014年，张某某利用管理废旧物资销售的职务便利，为某锌业公司从某钢铁集团国贸公司顺利购买锌渣提供帮助，非法收受某锌业公司经理刘某给予的好处费共计1.5万元。为董某某经营的某再生资源公司从国贸公司低价购买废油等提供帮助，先后两次非法收受董某某给予的好处费共计1.5万元。张某某被法院以贪污罪、受贿罪追究刑事责任。① 吕某、任某某被法院以贪污罪追究刑事责任。

五、国有企业腐败的原因

国有企业之所以频繁发生职务犯罪，既有国有企业违纪违法人员的主观因素，也有企业管理制度不完善、监督制约机制不健全等方面的客观因素。

① （2017）辽0502刑初199号。

（一）主观因素

1. 贪婪谋财心理

一些国有企业工作人员不重视自身政治理论学习和党性修养，给享乐主义、官僚主义、拜金主义等错误思想留下可乘之机。生活需求高层次与工资收入不满足感之间的强烈对比，促使他们对金钱具有较强的占有欲。然而占有金钱并非为了解决生活困难，而是为了享乐或满足自己的感官刺激。一旦从腐败行为中尝到甜头，他们就会得到令自己感到快乐的情感体验，进一步扩大了贪欲。违纪违法行为从最初的被围猎者收受财物，发展到寻求围猎，甚至肆无忌惮地主动索取财物。

2. 失衡补偿心理

刚参加工作时，绝大部分国有企业领导干部对工作尽职尽责，为企业的发展作出了一定的贡献，也得到了组织的肯定与信任，并逐步走上领导岗位。但是，随着职务晋升和社会交往面的不断扩大，他们的“三观”逐渐发生变化，认为自己为企业付出了许多，得到的回报却很少，尤其是看到一些商人、老板日常生活阔绰，盲目攀比，心理便不平衡，产生一种“相对被剥削感”。于是，少数国有企业领导干部就开始动用手中的权力，大肆实施贪腐行为，作为对自己的“补偿”。殊不知，这种行为反而把自己送上了违法乱纪的不归路。

3. 心怀侥幸心理

一些国有企业工作人员自恃智商情商较高，见多识广、有保护伞庇护，且违纪违法行为隐蔽、赃证藏匿得天衣无缝，或者与违纪违法相关人员进行了深度串供，相信“打死也不说”的诺言，自己相信能够蒙混过关不被组织发现，即使发现也会看在自己的“功劳”上，不被追究责任。

4. 权力依赖心理

权力依赖心理也可以称为“59 岁现象”，指的是领导干部临近退休时，担心“有权不用，过期作废”，想趁机再捞一把的错误心理。有些国有企业领导干部权力观异化，认为手中的权力可以为自己带来利益，一旦退休与权力脱钩，便失去了中饱私囊的机会。于是就在退休之前一反常态，丧失了党性原则，不该拿的拿了、不该收的收了，甚至不惜以损害集体利益为代价。

5. 耽于私情心理

国有企业工作人员如果不自觉净化朋友圈，极为容易被心术不正之人以“朋友”的名义接近、结交、围猎，为今后利用国有企业工作人员手中的权力谋取私利做好铺垫。如果国有企业工作人员丧失警醒，放任自流，与这些人为伍，为了所谓的哥们义气，甚至不惜违法乱纪、铤而走险，动用手中的权力满足这些“朋友”提出的各种要求，最后可能就栽倒在这些“朋友”设置的陷阱里。

6. 贪图享乐心理

享乐主义和奢靡之风是理想信念最直接的腐蚀剂。理想信念不坚定的国有企业领导干部将“收入”与“消费”的层次视为个人生活质量的标签，有较强的经济实力满足自己的消费需求，被标榜为“自我成就”、“自我实现”乃至“个人地位与身份”的象征。部分国有企业领导为了一己之私，用贪污受贿款购买豪车、豪宅，品山珍海味，贪图享乐的欲望像是无底洞，欲壑难填的心理倾向会诱发一次比一次更为严重的腐败行为。①

7. 投机赌博心理

少数国有企业领导干部崇尚“人为财死，鸟为食亡”的拜金主义哲学。在“有权时捞一把，逮住了自认倒霉”这种赌博心理的驱使下，他们胆大妄为、顶风作案，明知早晚会被发现仍如飞蛾扑火、自毁前程。② 具有这种心理的人，大多数在开始作案前或作案时已经准备好后路，他们并不打算长期工作于一个地方或一个单位，认为只要捞足钱，就可以“金蝉脱壳”。

---

① 参见佚名：《警惕！领导干部这七种错误心理要不得》，载人民日报网 2018 年 8 月 31 日，https://baijiahao.baidu.com/s?id=1610290198377652067&wfr=spider&for=pc。

② 参见闫坤峰：《浅谈职务犯罪人的心理特征》，载《决策探索（下半月）》2014 年第 12 期。

8. 盲目跟风心理

少数国有企业领导干部认为身边的人都这么干,“你拿我也拿,别人收我也收,不拿白不拿”,于是放任自流,与腐败分子同流合污。一些国有企业工作人员上下级之间、同事之间,对于各自收受礼品礼金甚至贿赂、贪污、挪用公款的情况彼此心照不宣,觉得自己不干反而显得格格不入,从而心安理得地实施腐败行为。

9. 法不责众心理

少数国有企业领导干部的法律意识淡薄,缺少敬畏之心。有的明知道自己的行为触犯了法律,却以不懂法律为借口,试图为自己开脱。有的国有企业工作人员认为,违规发放福利、设立“小金库”等违纪问题是经过领导班子集体研究决定的,而且分配对象是本单位全体职工,只要是为单位全体职工的福利,个人就不用承担责任,产生“好处一起捞,风险一起担”的错误思想,没有人出来制止违纪违法行为。

10. 背靠大山心理

少数国有企业领导干部的权力观、金钱观、价值观扭曲,认为只有“找靠山”“接天线”“走捷径”,方能“大树底下好乘凉”。这种思想本质上是一种宗派意识、码头主义、山头主义的体现。这些领导干部热衷于搞“政治攀附”,认为通过贿赂上级领导就能实现自己官运亨通、飞黄腾达的梦想,之后又利用手中的权力大肆实施收受贿赂、贪污公款等腐败行为,进一步让自己深陷腐败的泥潭。

(二)制度因素

1. 财务管理不严格

一是日常财务管理制度存在缺陷。如部分企业违反《会计法》等法律法规,会计、出纳由一人兼任;财务报销管理制度设计过于简单,一般员工资金支出只需要总经理一人签字审批即可直接报销领款,总经理报销、资金支出无须经过审批,凭票即可报销;部分特殊岗位财务管理职能仅由一人单独执行,缺乏相应的监督制约机制,导致财务人员实施职务犯罪时不能被及时发觉、有效制止。二是财务与业务部门工作缺乏衔接机制。一方面,财务部门无法及时掌握业务部门的财务收支数额、流向等具体情况,为业务人员侵吞、挪用公款提供了可乘之机;另一方面,业务人员认为报销流程过于烦琐,将报销事宜委托给财务人员后,未能对财务报销的对象和数额进行事后的确认核查,为财务人员公款报销私人票据提供了土壤。三是国有企业经营自主权扩大和业务扩展使企业能够自主支配的资金日益增加,一些单位账外私设"小金库"现象凸显,并为贪污、挪用公款、私分国有资产等职务犯罪提供了条件。

2. 人事与薪酬管理体系不完善

一是岗位职能设计不科学,部分岗位权力过大且集中,缺乏相应的权力监督制约机制。一方面,部分国有企业领导一人即可决定不采用招投标程序而直接将项目承包、发包给特定个人,出现"一霸手"现象;另一方面,部分基层工作人员职权过大而且缺乏监督,个人运用权力帮助请托人在中标工程项目、放松施工质量要求、延缓施工进度、提前结算货款等多个方面提供便利,出现"小官大权""小鬼当家"现象。二是人事提拔时存在"重能力、轻品行"的用人倾向,出现"带病提拔"问题。一方面,自 1988 年国务院颁布《全民所有制工业企业承包经营责任制暂行条例》以来,中央国有企业和地方国有企业都逐渐把经营业绩考核居于国有企业负责人考核的首要位置。根据现有制度,国有企业负责人连续两年考核不合格将会被"强制退出"。因此,一些国有企业为了确保重大项目、任务艰巨的重大工程项目顺利完成,在项目负责人选拔过程中,会再次起用有受贿等违纪违法记录的工作人员担任领导职务。在某些国有企业负责人看来,提拔有违纪违法记录但有能力的项目经理和完不成经营任务而被责令退出相比,后者无疑对自己的前途影响更大。另一方面,在干部任职考察中,少部分组织人事干部不能按照流程审核干部档案,未能及时发现拟提拔干部的违纪违法前科,使"带病"干部在影响期内得以顺利升迁。三是人员管理失范,编外人员与编内人员同工不同酬。在少数垄断企业中,同一工种用工结构复杂,除正式在编人员外,还同时具有临时工、劳务派遣、劳务外包等多种劳动形式,对于此类国有企业来说，采用上述形式能够降低用工风险，减少不必要的劳动纠纷。同时，这也为职务犯罪带来了“温床”。主要是因为在编人员和编外人员在薪酬、福利和晋升方面有很大差异，这种差异使编制外人员感受到一种规则不公平，这可能使编制外人员感到自己在国有企业所做的一切努力都是无用功。研究显示，国有企业的员工比非国有企业的员工更不能容忍规则不公平。在这种环境下，编制外人员要么会辞职另谋高就；要么会减少工作投入，以求达到内心的相对“公平”；要么会诱发职务犯罪，以求达到物质的相对“公平”。四是关键岗位缺少轮岗制度。部分国有企业工作人员长期在同一岗位工作，工作人员与业务客户经长时间接触交往，逐渐将职务关系发展为朋友关系。同时，对各类重点人员和关键岗位进行有效约束的规章制度缺失，从而放松单位工作标准或业务要求，淡化拒腐防变廉政思想意识，为请托人谋取利益；行贿人也因只需低成本地维系好和少数固定的国有企业工作人员的关系即可获得高额利润的缘故，进而对这些国有企业工作人员开展乐此不疲的“公关”。

3. 招投标管理制度不健全

一是部分企业领导缺乏规则意识。在本应采用招投标的项目中无视单位管理制度及国家法律规定，人为操纵程序进行，为行贿人获得项目提供帮助。二是间接违反招投标法律法规。部分人员采用先指定单位开展工程建设，后履行招投标程序的“先上车后补票”方式，帮助关系单位绕过公开招投标程序中标项目工程。三是招投标过程中保密制度缺失。招标方工作人员毫无顾忌地将技术参数、项目总价等核心招标信息或国家秘密非法泄露给行贿供应商，帮助请托人在招投标程序框架内实现项目中标。四是对违法招投标的责任追究偏轻，在一定程度上纵容了违规行为的发生。为了避免已建工程浪费或工时浪费，国有企业对于违反招投标程序的项目只采取单一的罚款方式进行处罚，违规成本过低，致使某些施工单位为了获得更大的利益而恶意违规先行施工。这种情况的出现直接破坏了公平竞争的市场环境，损害了企业的诚信形象。

4. 资产管理制度不完善

部分企业在国有资产登记造册中出现少登记、不登记的现象，未能全面掌握国有企业资产的整体情况;有的企业缺乏对资产购入、使用、报废等环节的动态监管;有的企业缺乏有效的对无形资产的核算制度,这些问题在一定程度上为贪污、贿赂犯罪提供了土壤。业务合同签订的随意性较大,有的合同未经过集体讨论,由领导个人决策即签订,使合同审查部门形同虚设,未能对合同的必要性、真实性进行实质审查,在一定程度上放纵了腐败行为的发生。

(三)监督因素

良好的监督机制会缩减职务犯罪发生的土壤。如果内部和外部监督不到位、不及时,就容易使违纪违法和职务犯罪被发现、被惩处的概率降低,增加违纪违法的空间与机会。国有企业腐败问题产生的一个重要原因在于内外监督失力,主要表现在以下三个方面。

1. 上级管理机构监督存在真空地带,制约监管不足

一是主管部门监督存在表面化现象。在国有企业管理中,董事长、董事、经理等企业高管的任命由党委(党组)或主管部门决定,部分企业高管的价值取向发生变化,主要对党委、主管部门负责,对一线干部职工的心声听取不足。而上级机关主管领导也视被任命的国企管理人员为"自己的人";同时,由于时空限制,对国企管理人员的生活作风、工作作风和日常表现等情况了解不深、掌握不全,监督流于形式。二是上级公司监管落实不到位。上级公司对下级公司的监督管理主要通过人事任免、财务数据、利润指标、工作报告、定期或不定期巡察、监督调研等工作实现,较难发现下级公司,特别是下级公司负责人在具体业务中以权谋私的情况,对下属企业的监督管理存在真空地带。

2. 企业内部治理结构失效,自我监督能力不足

一是"内部人控制"问题。国有企业改革"三年行动"以来,中央国有企业和地方国有企业的法人治理情况都有较大改善。但仍存在一些问题,有的企业的"三重一大"事项根本就没有党委会前置研究,直接由董事会、经理办公会决策;有的企业党委会的保落实功能发挥不完善,党委会前置研究通过的事情,董事会、经理层执行不到位。此外,一些

中小型国有企业所配备的外部董事业务能力不够突出、专业性不够强，导致外部董事形同虚设。上述问题都有可能导致国有资产出资人的权力运作缺乏应有的保障机制，董事会凌驾于股东会之上，股东会对董事层、经理层进行监督也就成了一句空话。二是企业内部监督太软。国有企业纪委对企业党风廉政建设和反腐败工作履行监督职责，但由于机构设置、人员编制和配备、经费开支、福利待遇等与企业密切相关，国有企业纪委工作人员与监督对象在“一口锅里吃饭”，很难大胆独立开展监督工作，也很难有效监督该企业工作人员。此外，企业内部监督部门将主要精力放在生产和经营中，忽视和淡化了主责主业，同时各监督部门多因沟通深度不够、配合不到位等情况，难以发挥整体监管效能。

3. 内外审计制度落实不到位，未能发挥监管作用

一是企业内部审计监督流于形式。部分单位未及时发现企业的“账外账”、“小金库”、虚报冒领费用、侵占挪用公款等国有资产流失等问题。审计人员将自己定位于“说起来内审工作重要、层次高，干起来层次低、领导不重视”的位置，内部监督作用得不到有效发挥。相对企业的纪检监察部门而言，审计部门仅有整改建议权，没有处分权。此外，企业内部的审计部门没有外部调查取证的权力，虽然能够通过专业知识从本单位账面上找到业务人员“徇私舞弊”的蛛丝马迹，但外部没有取证权，终究是拿不到“实锤”。二是外部审计在落实中走样。由于对国有企业进行外部审计的会计师事务所、审计师事务所等专业财务机构均由企业自己聘用，为了能继续承揽外部审计业务，某些事务所在最终的审计结论中对存在的财务问题作出一定保留，这种情况直接影响到审计结果的真实性，使国有企业外部审计的真实性、实效性大打折扣。

六、国有企业腐败问题防治的对策建议

(一)毫不动摇坚持和加强党对国有企业的领导

深刻领会和时刻牢记坚持党的领导是国有企业改革发展的“定盘星”和“压舱石”，是做好国有企业党风廉政建设和反腐败工作的根本保

证,以强有力的政治监督,推动国有企业各级党组织切实履行全面从严治党的主体责任。推行主体责任清单制度,推动主体责任向二级企业及以下党组织延伸。加大对党委主体责任落实情况的监督检查力度,对履责不力的,依规依纪依法追究责任。

坚决全面贯彻新发展理念,进一步理顺业务和党建的关系,确保党建工作和业务高度融合,企业的业务延伸到哪里,党建工作就跟进到哪里。加强对干部职工的理想信念教育,引导干部职工持续增强拒腐防变的判断力和免疫力。

(二)进一步深化国有企业改革,提升国企管理层次和水平

一是完善国有资产运营方式。首先,要完善国有资产的管理方式、营运、监督制度及相关立法,深入推进国有企业产权结构多元化,提高企业的核心竞争力。其次,深入贯彻民主决策机制,对于"三重一大"事项严格按照民主集中制的原则作出决策。最后,实行金融实名制度,为国企监督机构评价领导干部的廉洁状况提供客观依据。二是减少行业垄断。以自由竞争消除行业壁垒,进一步扩大国有企业参与市场竞争的空间和力度。三是完善会议讨论决策机制。在企业管理中,做到会前及时将会议主题告知参会人员,会中保证与会人员的意见和建议得到充分表达、研究事项得到有效论证。

(三)建立健全内控管理制度,强化制度执行力度

1. 建立健全财务制度,提升财务管理效能

一是规范财务支出审批程序。财务支出和报销须有经办人、部门负责人以及主管领导三方签字确认,经办人与审批人必须分离,避免审批权力滥用。二是加强对财务票据真实性的审核。要注重审查项目支出的必要性和真实性,避免虚构项目虚假支出。三是重视对个人及财务印章的管理工作。建立健全印章使用和管理制度时,对印章的使用方式等作出明确说明,并安排专人保管,认真、详细地登记印章使用用途,定期开展检查。四是建立"谁主管、谁审批、谁负责"的责任追究机制,提高各业务部门主管人员的责任意识。五是制定完善的财务人员轮岗制度。

按照会计、出纳等岗位特点，规定3年至5年必须交流，特殊情况可随时个别调整。六是通过培训等方式强化财务人员的资金监管意识和责任意识。定期开展岗位练兵、业务知识培训和考核等活动，以保证财务人员具备足够的业务技能。

2. 完善人事管理与薪酬奖励制度，提升国有企业竞争软实力

一是在国有企业内部推行从业人员聘任制、责任制管理。通过民主推荐、组织考察、公开面试、集体研究决定的工作流程确定新入职人员、晋升人选。二是实行领导干部的选拔竞聘制、任前公示制和考察使用制等。对拟任国有企业管理人员的德、能、勤、绩、廉进行全方位审核，杜绝“边腐边升”现象。三是完善纪检监察部门与组织人事部门在干部选任中的联系制度以及干部绩效考核制度。四是实行定期岗位交流制度以及考察、考核、考试和持证上岗制度，防止关键岗位工作人员经营“腐败圈”。五是适当加大物质激励力度。调整国企工资奖金发放办法，打破分配平均主义，建立以绩效为依据的分配制度。

3. 完善采购、销售、招投标等管理制度，健全制度体系

充分发挥市场在资源配置中的作用。完善物资采购、销售及重大项目管理制度，按照公平、公开、透明的原则，对各项目进行标准化精细化管理，全程监管，减少暗箱操作，防止权力寻租。对于采购销售、招投标等重点岗位的人员在一定年限内推行轮岗制，建立健全科学完善的规章制度体系，强化对高危环节、岗位的廉政风险管理，为实现“不能腐”提供制度基础。

4. 强化合同签订、执行等环节的管理，提高审查监管力度

一是在合同立项阶段进行充分论证，对业务发包的必要性进行严格审查。二是在合同签订环节，严格遵守《招标投标法》及企业相关制度规定，杜绝不招标、虚假招标等违法违规将项目交由行贿公司承揽的现象。三是在合同执行过程中严格把关，随时对合同履行情况进行深入检查，有效落实监督职能。四是合同验收时，制定明确的验收标准，并严格依照执行，将验收结果与合同付款挂钩，确保合同履行到位。

（四）完善监督制约机制，增强监督工作针对性、实效性

一是充分发挥上级集团公司及国有资产监督管理机构在预防国有企业腐败问题中的职能作用。加强对国有资产流向的监管，及时掌握国有资产动态信息，控制资金流向；开展对国有企业公司重大决策、重大项目安排、大额资金运作事项及重要人事任免等事项决策情况的监督检查，保证“三重一大”制度的落实效果；开展国有企业依法合规运营的专项巡视巡察工作，对巡视巡察中发现的问题要及时查找原因及问题根源，提出整改意见，对整改结果进行跟踪检查，确保巡视巡察及整改工作取得实效。二是夯实国企党委的主体责任。系统性地完善廉洁风险防控体系建设，对本企业重点领域、重点岗位、重点人员的廉洁风险点进行全面梳理与排查，针对性地提出、坚决落实防范措施。对某些较为突出、影响较大的风险点进行专项整顿，扛牢抓实党风廉政建设的主体责任。三是加强对国企高管权力行为的监督。坚持突出监督重点，聚焦国企高管特别是“一把手”，综合运用检查抽查、述责述廉、巡视巡察、受理信访举报、党风廉政意见回复、纪检监察建议等措施，织密监督之网，防止个人专断、大权独揽。进一步完善权力运行程序，对权力运行中涉及的项目决策、资金管理、企业改制等重点领域和关键环节，制定国企高管廉洁从业的负面清单，加大清单执行的监督检查力度。在任期届满或任期内办理调任、免职、辞职、退休等事项上，以及企业改制重组时，需对国企高管进行经济责任审计，在任职期间内适当安排任中审计，保障高管权力合法合规行使。

（五）加大国有企业党风廉政建设和反腐败力度，确保工作取得实效

一是加大国有企业领域惩治腐败力度。国有企业纪检监察机关协助企业党委抓好全面从严治党工作的部署与落实。坚决遏制腐败现象滋生蔓延势头，进一步推动整个国有企业政治生态持续向好发展。例如，加强纪检监察机关对国有企业领域职务犯罪的打击力度，形成高压惩治态势；完善派驻（出）纪检监察机构，充分发挥派的权威和驻的优

势，纪检监察机关要聚焦监督职能，紧盯重点领域和关键环节开展监督工作，持续保持反腐败高压态势，坚决清除“靠企吃企”的“蛀虫”。建立健全问责制度，对存在违规违纪责任的及时予以问责和处分，从而消除犯罪隐患。二是加强国有企业领域廉政文化建设。有计划地对国有企业工作人员分类开展专门性的廉洁自律学习培训，增强职业认同感、社会责任感，提升员工职业道德水平。同时，还要加强党风廉政建设和反腐败宣传教育工作，把身边典型案例作为警示教育重要素材，通过正面廉政典型与反面警示案例相结合的教育方式强化教育效果。以公益广告、宣传短片、廉政漫画、诗歌、短文、格言警句等视频媒体及纸媒体来丰富廉政文化建设的途径和方式，提高国有企业工作人员抵御各种腐朽思想的免疫力，营造风清气正的预防氛围。

第二章　国有企业监察对象的厘定

一、监察对象的概念

监察对象是《监察法》中提到的概念，《监察法》第十五条①对监察对象作出规定，主要是指行使公权力的公职人员和有关人员，规定如下：

（1）公务员和参照公务员法管理的人员，包括中国共产党各级机关的公务员；各级人民代表大会及其常务委员会机关、人民政府、监察委员会、人民法院、人民检察院的公务员；中国人民政治协商会议各级委员会机关的公务员；民主党派机关和工商业联合会机关的公务员；参照《公务员法》管理的人员。

（2）法律、法规授权或者受国家机关依法委托管理公共事务的组织中从事公务的人员，包括银行保险、证券等监督管理机构的工作人员，注册会计师协会、医师协会等具有公共事务管理职能的行业协会的工作人

---

① 《监察法》第十五条规定：监察机关对下列公职人员和有关人员进行监察：(1)中国共产党机关、人民代表大会及其常务委员会机关、人民政府、监察委员会、人民法院、人民检察院、中国人民政治协商会议各级委员会机关、民主党派机关和工商业联合会机关的公务员，以及参照《公务员法》管理的人员；(2)法律、法规授权或者受国家机关依法委托管理公共事务的组织中从事公务的人员；(3)国有企业管理人员；(4)公办的教育、科研、文化、医疗卫生、体育等单位中从事管理的人员；(5)基层群众性自治组织中从事管理的人员；(6)其他依法履行公职的人员。

员，以及法定检验检测检疫鉴定机构的工作人员等。

(3)国有企业管理人员，包括国有独资、控股、参股企业及其分支机构等国家出资企业中，由党组织或者国家机关、国有公司、企业、事业单位提名、推荐、任命、批准等，从事领导、组织、管理、监督等活动的人员。①

(4)公办的教育、科研、文化、医疗卫生、体育等单位中从事管理的人员，包括这类单位及其分支机构中从事领导、组织、管理、监督等活动的人员。

(5)基层群众性自治组织中从事管理的人员，包括农村村民委员会、城市居民委员会等基层群众性自治组织中从事集体事务管理的人员，以及协助人民政府从事行政管理工作的人员。

(6)其他依法履行公职的人员，包括人大代表、政协委员、党代会代表、人民陪审员、人民监督员、仲裁员等；其他在国家机关、国有公司、企业、事业单位、群团组织中依法从事领导、组织、管理、监督等公务活动的人员。

识别监察对象要坚持动态识别原则，严格围绕“行使公权力”这一关键点，把“人”和“事”两个标准结合起来判断是否是监察对象。

二、“国家出资企业”和“国有公司、企业”的界定

《监察法》有关监察对象的规定中，涉及国企的是在《监察法》第十五条第三项和第六项作出规定，为了让大家更好地辨别国企中的监察对象，首先对上述规定中提及的“国家出资企业”和“国有公司、企业”作出界定。

---

① 《监察法实施条例》和《国有企业管理人员处分条例》对国有企业管理人员的范围进一步进行了细化。国有企业管理人员是指国家出资企业中的下列公职人员：(1)在国有独资、全资公司、企业中履行组织、领导、管理、监督等职责的人员；(2)经党组织或者国家机关，国有独资、全资公司、企业，事业单位提名、推荐、任命、批准等，在国有控股、参股公司及其分支机构中履行组织、领导、管理、监督等职责的人员；(3)经国家出资企业中负有管理、监督国有资产职责的组织批准或者研究决定，代表其在国有控股、参股公司及其分支机构中从事组织、领导、管理、监督等工作的人员。

（一）国家出资企业的界定

《企业国有资产法》（2008 年 10 月 28 日通过并于 2009 年 5 月 1 日正式实施）第五条规定："本法所称国家出资企业，是指国家出资的国有独资企业[①]、国有独资公司[②]，以及国有资本控股公司[③]、国有资本参股公司[④]。"[⑤]

在最高人民法院、最高人民检察院《关于办理国家出资企业中职务犯罪案件具体应用法律若干问题的意见》（法发〔2010〕49 号，2010 年 11 月 26 日起施行）第七条中，对"国家出资企业"进一步明确：本意见所称"国家出资企业"，包括国家出资的国有独资公司、国有独资企业，以及国有资本控股公司、国有资本参股公司。

最高人民法院、最高人民检察院《关于办理国家出资企业中职务犯罪案件具体应用法律若干问题的意见》第七条还指出：是否属于国家出资企业不清楚的，应遵循"谁投资、谁拥有产权"的原则进行界定。企业注册登记中的资金来源与实际出资不符的，应根据实际出资情况确定企业的性质。企业实际出资情况不清楚的，可以综合工商注册、分配形式、经营管理等因素确定企业的性质。

---

① 国有独资企业是依照《全民所有制工业企业法》设立的，注册资本全部是国有资本的非公司制企业，也称为纯国有企业、国有全资企业。

② 国有独资公司是依照《公司法》设立的全部资本均为国有资本的公司制企业，也称为纯国有公司、国有全资公司。

③ 国有资本控股公司是指国家资本（股本）所占比例大于 50% 的企业或者占股虽未大于 50% 但国家拥有实际控制权的公司制企业，也称为国有绝对控股企业或国有相对控股企业。

④ 国有资本参股公司是指国家投入一定资本参股且没有控股的公司制企业。

⑤ 以银行为例。国有全资银行的典型代表是国家开发银行、中国农业发展银行和中国进出口银行三家政策性银行，三家银行是不以营利为目的的政策性金融机构；中国工商银行、中国农业银行、中国银行、中国建设银行，这四大商业银行的第一大股东均为中央汇金投资有限责任公司，属于国有资本绝对控股，是典型的国有资本控股公司；中国民生银行、平安银行，在这两家银行中，国有资本未占据控股地位，是典型的国有资本参股公司。

案例

在某省S水利建设有限责任公司(以下简称S公司)出纳周某挪用公款案中,周某是S公司的自聘员工,其于2012年左右,挪用S公司的全资子公司某省D工程检测咨询有限公司(以下简称D公司)的钱款20万元,用于个人炒股,2014年被检察机关发现。周某案发时,S公司工商登记信息显示某省水利电力建筑工程处职工持股会持股比例为1.42%、某省水利厅持股比例为98.58%。据工商登记信息来看,S公司属于国有控股公司,则自聘员工周某不是国家工作人员,按照当时的规定,周某构成的罪名应当是公安机关管辖的"挪用资金罪",而不是检察院直接管辖的"挪用公款罪"。检察院在查办周某案件的时候发现:工商登记信息中某省水利电力建筑工程处职工持股会所持S公司1.42%的股份的资金来源是国有资金,当时只是为了达到成立有限责任公司必须有两名以上股东的要求,所以以某省水利电力建筑工程处职工持股会的名义持股1.42%完成工商登记。根据最高人民法院、最高人民检察院《关于办理国家出资企业中职务犯罪案件具体应用法律若干问题的意见》第七条规定,"企业注册登记中的资金来源与实际出资不符的,应根据实际出资情况确定企业的性质",法院最终依法认定S公司属于《刑法》中规定的"国有公司"(下文会提到国有公司的界定),据此认定周某属于"国有公司中从事公务的人员",也就是国家工作人员,所以周某利用职务便利挪用D公司的钱款20万元用于炒股的行为构成"挪用公款罪"。①

(二)国有公司、企业的界定

1."国有公司、企业"在《刑法》和《监察法》中的规定

在《刑法》第九十三条第一款提到"本法所称国家工作人员,是指国家机关中从事公务的人员",属于当然的国家工作人员;该条第二款规定中提到"国有公司、企业、事业单位、人民团体中从事公务的人员和国家机关、国有公司、企业、事业单位委派到非国有公司、企业、事业单位、社

① (2014)港北刑初字第273号。

会团体从事公务的人员,以及其他依照法律从事公务的人员,以国家工作人员论",属于拟制的国家工作人员,在该款规定中出现"国有公司、企业"。在《刑法》分则第三章"破坏社会主义市场经济秩序罪"的第三节"妨害对公司、企业的管理秩序罪" 和第八章"贪污贿赂罪"中也多次提到"国有公司、企业"。另外,在全国人大常委会的解释和最高人民法院、最高人民检察院的司法解释中也多次提及"国有公司、企业"。

在《监察法实施条例》第二章"监察机关及其职责"第三节"监察调查"部分提到"国有公司、企业"。《国家监察委员会管辖规定(试行)》也多次提到"国有公司、企业"。

2.《刑法》和《监察法》中的"国有公司、企业"的界定

综合考量《刑法》和《监察法》的立法精神和立法技术、用语、相互衔接等方面的因素[①],可以知道《刑法》和《监察法》规定中提到"国有公司、企业"的概念和内涵必须一致,特指"国有独资、全资公司、企业"。

国有独资、全资公司、企业具体包括以下三类:一是由国家授权投资的机构或部门单独出资设立的国有独资有限责任公司,或者由两个以上五十个以下国有投资主体共同投资设立的有限责任公司,以及国有企业或国有联营企业单独作为发起人设立的股份有限公司;二是全部资产归国家所有,并按照《市场主体登记管理条例》登记的非公司制的企业组织及其共同投资组成的国有联营企业;三是上述两类公司、企业单独投资或共同投资设立的子公司等。国有独资、全资公司、企业同时包括上述三类公司的分支机构。

比如中国核工业集团公司、中国铁道建筑集团有限公司、中国移动通信集团有限公司、国家电网有限公司、中国南方电网有限责任公司、中国长江三峡集团有限公司、中国石油化工集团公司、中国民航信息集团

---

① 在《刑法》和《监察法》中提到"国有公司、企业"和"国有控股、参股公司企业"等用语时是分开的,由此可见"国有公司、企业"是区别于"国有控股、参股公司企业"的。对于立法精神和立法技术、两部法律衔接等方面,《刑法》和《监察法》中提到"国有公司、企业"均是在涉嫌职务犯罪的罪名中出现,由此可以知道两部法律中提到的"国有公司、企业"的概念和内涵必须是一致的,否则两部法律无法衔接。

有限公司、中国黄金集团有限公司、中国银行、交通银行等央企国企，广西投资集团有限公司、广西北部湾投资集团有限公司、广州市公共交通集团有限公司、兴业银行、深圳市地铁集团有限公司等地方国企，均属于国有独资、全资公司、企业。

三、对国企中“从事公务”和“行使公权力”的理解

（一）对国企中的“从事公务”的理解

“从事公务”在《刑法》和《监察法》中都有提到。《刑法》中的“从事公务”主要是在国家工作人员和职务犯罪部分作出相关规定。《监察法》中提到的“从事公务”是为了和《刑法》中国家工作人员、职务犯罪等相关规定衔接。

最高人民法院《全国法院审理经济犯罪案件工作座谈会纪要》（法发〔2003〕167 号）对“从事公务”作出明确规定，“从事公务，是指代表国家机关、国有公司、企业、事业单位、人民团体等履行组织、领导、监督、管理等职责。公务主要表现为与职权相联系的公共事务以及监督、管理国有财产的职务活动。如国家机关工作人员依法履行职责，国有公司的董事、经理、监事、会计、出纳人员等管理、监督国有财产等活动，属于从事公务。那些不具备职权内容的劳务活动、技术服务工作，如售货员、售票员等所从事的工作，一般不认为是公务”。

上述《全国法院审理经济犯罪案件工作座谈会纪要》中对国企中的“从事公务”的解释应当是“代表国有公司、企业履行组织、领导、监督、管理等职责”，“与职权相联系的监督、管理国有财产的职务活动”，“国有公司的董事、经理、监事、会计、出纳人员等管理、监督国有财产等活动”。从《全国法院审理经济犯罪案件工作座谈会纪要》中知道认定“从事公务”主要是聚焦“组织”“领导”“监督”“管理”四个职责，强调国家代表性、职能性和管理性。

（二）对国企中的“行使公权力”的理解

“行使公权力”是在《监察法》中出现的概念，它是监察对象的最本质特征，在辨别国企中的监察对象的时候可以知道国企中的“行使公权

力”的含义。在《监察法》中，与国企中的监察对象有关的具体内容是第十五条第三项“国有企业管理人员”及第六项“其他依法履行公职的人员”兜底条款。

《监察法实施条例》对国企中的监察对象作出了更明确、更细化的规定：一是《监察法实施条例》第四十条对《监察法》第十五条第三项进一步细化，明确“国有企业管理人员”是指国家出资企业中的下列人员：(1)在国有独资、全资公司、企业中履行组织、领导、管理、监督等职责的人员；(2)经党组织或者国家机关，国有独资、全资公司、企业，事业单位提名、推荐、任命、批准等，在国有控股、参股公司及其分支机构中履行组织、领导、管理、监督等职责的人员；(3)经国家出资企业中负有管理、监督国有资产职责的组织批准或者研究决定，代表其在国有控股、参股公司及其分支机构中从事组织、领导、管理、监督等工作的人员。《国有企业管理人员处分条例》对“国有企业管理人员”范围的界定延续了《监察法实施条例》的规定。二是《监察法实施条例》第四十三条对《监察法》第十五条第六项进一步细化，明确“其他在国有公司、企业中依法从事领导、组织、管理、监督等公务活动的人员”包括以下人员：(1)在集体经济组织等单位、组织中，由党组织或者国家机关，国有独资、全资公司、企业，国家出资企业中负有管理监督国有和集体资产职责的组织，事业单位提名、推荐、任命、批准等，从事组织、领导、管理、监督等工作的人员；(2)在依法组建的评标、谈判、询价等组织中代表国家机关，国有独资、全资公司、企业，事业单位，人民团体临时履行公共事务组织、领导、管理、监督等职责的人员。

在上述规定中，对国企中的“行使公权力”的理解应当是“履行组织、领导、管理、监督等职责”，“代表国有公司、企业履行组织、领导、监督、管理等职责”，“从事组织、领导、管理、监督等工作”，“代表国家机关，国有独资、全资公司、企业，事业单位，人民团体临时履行公共事务组织、领导、管理、监督等职责”。从中知道认定“行使公权力”主要也是聚焦“组织”“领导”“监督”“管理”四个职责，强调的也是国家代表性、职能性和管理性，虽然形式上和“从事公务”差不多，但是与“从事公务”仍有一定区别，下文对两者的关系进行对比分析。

（三）国企中的“从事公务”和“行使公权力”的关系

1. 对国企中的“从事公务”的概括

对国企中的“从事公务”的判断与对国企中的国家工作人员的判断是一致的，根据《刑法》和相关立法解释、司法解释的规定，国企中的国家工作人员有以下四类：

第一类是当然的国家工作人员，即“国有公司、企业中从事公务的人员”。

第二类是直接委派的国家工作人员，即“国家机关、国有公司、企业、事业单位委派到非国有公司、企业从事公务的人员”，包括《刑法》第一百八十三条规定（同时也是下文提到特殊规定的国家工作人员）的“国有保险公司工作人员和国有保险公司委派到非国有保险公司从事公务的人员”和《刑法》第二百七十一条规定的“国有公司、企业或者其他国有单位中从事公务的人员和国有公司、企业或者其他国有单位委派到非国有公司、企业以及其他单位从事公务的人员”。

第三类是间接委派的国家工作人员，即在最高人民法院、最高人民检察院《关于办理国家出资企业中职务犯罪案件具体应用法律若干问题的意见》（法发〔2010〕49 号）第六条中规定的“经国家出资企业中负有管理、监督国有资产职责的组织批准或者研究决定，代表其在国有控股、参股公司及其分支机构中从事组织、领导、监督、经营、管理工作的人员”。

第四类是特殊规定的国家工作人员，包括在《刑法》第一百八十三条第二款规定的“国有保险公司工作人员和国有保险公司委派到非国有保险公司从事公务的人员”，该条罪名是非典型的贪污罪，该部分人员属于拟制的国家工作人员，仅在利用职务上的便利，故意编造未发生的保险事故进行虚假理赔，骗取保险金归自己所有时才能成为贪污罪的犯罪主体，这个贪污罪的犯罪对象是非国有公司的保险金，并非一般贪污罪针对的公共财物。在《刑法》第一百八十五条第二款规定的“国有商业银行、证券交易所、期货交易所、证券公司、期货经纪公司、保险公司或者其他国有金融机构的工作人员和国有商业银行、证券交易所、期货交易所、证券公司、期货经纪公司、保险公司或者其他国有金融机构委派到前款规定中的非国有机构从事公务的人员”,该部分人员属于挪用公款罪中的特殊国家工作人员,仅在获得法定委派后利用职务便利,挪用非国有商业银行、证券交易所、期货交易所、证券公司、期货经纪公司、保险公司或者其他国有金融机构的本单位或者客户资金时,才能成为挪用公款罪主体。在《刑法》第三百八十二条“贪污罪”第二款规定的“受国家机关、国有公司、企业、事业单位、人民团体委托管理、经营国有财产的人员”,根据罪刑法定原则的要求,该部分人员仅是在贪污罪中能成为犯罪主体,在受贿罪、挪用公款罪等其他职务犯罪中是不能成为犯罪主体的,该条规定主要是体现立法对国有财产的高度保护。还有在受贿罪部分,除了《刑法》第九十三条的规定之外,相关司法解释对受贿罪的主体有特殊规定:一是国家工作人员(在此是说国企中离退休的国家工作人员)利用职务上的便利,为请托人谋取利益,并与请托人事先约定,在其离退休后或者离职后收受请托人财产,构成犯罪的,属于受贿犯罪主体;二是依法组建的评标委员会、竞争性谈判采购中谈判小组、询价采购中询价小组中国家机关或者其他国有单位的代表,在招标、政府采购等事项的评标或者采购活动中,索取他人财物或者非法收受他人财物,为他人谋取利益,构成犯罪的,成为受贿罪的犯罪主体。

2. 对国企中的“行使公权力”的概括

同理,对国企中的“行使公权力”的判断与对国企中的监察对象的判断也是一致的,根据《监察法实施条例》第四十条、第四十三条中的规定,可以将国企中的监察对象分成五类:

第一类是当然的监察对象,即“在国有独资、全资公司、企业中履行组织、领导、管理、监督等职责的人员”。

第二类是直接委派的监察对象,即“经党组织或者国家机关,国有独资、全资公司、企业，事业单位提名、推荐、任命、批准等，在国有控股、参股公司及其分支机构中履行组织、领导、管理、监督等职责的人员”。

第三类是间接委派的监察对象，即“经国家出资企业中负有管理、监督国有资产职责的组织批准或者研究决定，代表其在国有控股、参股公司及其分支机构中从事组织、领导、管理、监督等工作的人员”。

第四类是集体经济组织中的监察对象，即“在集体经济组织等单位、组织中，由党组织或者国家机关，国有独资、全资公司、企业，国家出资企业中负有管理监督国有和集体资产职责的组织，事业单位提名、推荐、任命、批准等，从事组织、领导、管理、监督等工作的人员”。

第五类是临时代表履职的监察对象，即“在依法组建的评标、谈判、询价等组织中代表国家机关，国有独资、全资公司、企业，事业单位，人民团体临时履行公共事务组织、领导、管理、监督等职责的人员”。

3. 国企中的“从事公务”和“行使公权力”的关系

通过对比上述国企中的“从事公务”和“行使公权力”的概括内容，可以看出国企中的“从事公务”和“行使公权力”的关系：“行使公权力”的内涵比“从事公务”的内涵更广，“行使公权力”包含“从事公务”，“从事公务”被包含于“行使公权力”。

同理可以推出国企中的监察对象和国家工作人员的关系：监察对象的范围比国家工作人员的范围更大，监察对象包含国家工作人员，国家工作人员被包含于监察对象。

定义上述两组关系的理由如下：一是国家监察体制改革的要求，具体规定在《监察法》总则第一条、第三条①中，国家工作人员全部纳入监察对象的范围，除了国家工作人员之外，其他行使公权力的公职人员也是监察对象，在国企中也不例外。二是国企中监察对象涉及的罪名中，

---

① 《监察法》第一条规定：“为了深入开展廉政建设和反腐败工作，加强对所有行使公权力的公职人员的监督，实现国家监察全面覆盖，持续深化国家监察体制改革，推进国家治理体系和治理能力现代化，根据宪法，制定本法。”第三条规定：“各级监察委员会是行使国家监察职能的专责机关，依照本法对所有行使公权力的公职人员（以下称公职人员）进行监察，调查职务违法和职务犯罪，开展廉政建设和反腐败工作，维护宪法和法律的尊严。”

除了国企中的国家工作人员涉及的职务犯罪[①]之外，还增加了国企中的公职人员在行使公权力过程中涉及的“职务侵占罪”“挪用资金罪”“非国家工作人员受贿罪”“国有公司、企业、事业单位人员滥用职权罪”“国有公司、企业、事业单位人员失职罪”等罪名。所以说在国企中，“行使公权力”包含“从事公务”，监察对象包含国家工作人员。

至此，我们认为：认定国企中的监察对象和国家工作人员都应该坚持动态识别原则，要把“人”和“事”结合起来判断。对于国企中的国家工作人员而言，“从事公务”是本质特征，对于国企中的监察对象而言，“行使公权力”同样是本质特征，至于身份、职务、工种、有无编制，是否属于正式、试用期、合同制、派遣制员工等并非关键因素，是否“从事公务”“行使公权力”方为认定国企中的国家工作人员、监察对象的首要标准。

示例[②]

比如，某国有全资公司在专项物资采购过程中，某技术岗员工（平时工作是提供技术服务）因为专业知识丰富，被聘请为评标专家（业主评委），如果其评标过程中利用评标专家的职务便利，索取某投标企业财物或者非法收受某投标企业财物，在评标过程给某投标企业打倾向性的高分，则该员工属于“从事公务”（当然也属于“行使公权力”），据此认定该员工是国家工作人员（当然也是监察对象），其行为构成受贿罪，应当由监察委立案调查。

四、实践中国企中的监察对象的认定

（一）国企中监察对象认定的四个步骤

再次强调，在工作实践中识别监察对象要坚持动态识别原则，严格围绕“行使公权力”这一关键点，把“人”和“事”两个标准结合起来判断该“人”是否为监察对象，认定国企中的监察对象也要如此，可以根据

① 比如受贿罪、利用影响力受贿罪、贪污罪、挪用公款罪、私分国有资产罪、隐瞒境外存款罪、巨额财产来源不明罪等。

② 本书中的示例为笔者为说明知识点而撰写的，并非真实案例。下同。

《监察法实施条例》中罗列的五类监察对象的具体情形，按照以下四个步骤来认定是否为监察对象。

1. 第一步：首先判断行为人的单位性质是国有独资、全资公司、企业及其分支机构，还是国有控股、参股公司及其分支机构

如果是国有独资、全资公司、企业，再判断行为人是否行使公权力，如果行为人是行使公权力即可认定为监察对象，反之不是监察对象。国有独资、全资公司、企业的资本属性决定了在其中依规依法履行组织、领导、管理、监督等职责的人员，均是国家工作人员，当然属于监察对象。如果单位性质是国有控股、参股公司及其分支机构，则需要进入下一步，判断行为人是否为受委派行使公权力的公职人员。

2. 第二步：判断行为人是否受委派行使公权力

根据《全国法院审理经济犯罪案件工作座谈会纪要》《监察法实施条例》等规定，委派是指委任和派遣，只能是从"国有"委派到"非国有"，包括直接委派和间接委派。直接委派是指经过党组织或者国家机关，国有独资公司、全资公司、企业，事业单位提名、推荐、任命、批准等，在国有控股、参股公司中从事公务的人员。间接委派是指经国家出资企业中负有管理、监督国有资产职责的组织批准或者研究决定，代表其在国有控股、参股公司中从事公务的人员。

其中"直接委派"要同时达到两个标准：一是经党组织或者国家机关，国有独资、全资公司、企业，事业单位提名、推荐、任命、批准等；二是在国有控股、参股公司及其分支机构中履行组织、领导、管理、监督等职责。直接委派的情形中，国家工作人员和监察对象是重合的，受"直接委派"的人员只要达到两个标准则是国家工作人员，当然也是监察对象。

"间接委派"也要同时达到两个标准：一是经"国家出资企业中负有管理、监督国有资产职责的组织"批准或者研究决定；二是代表该组织在国有控股、参股公司及其分支机构中从事组织、领导、管理、监督等工作。对于"间接委派"的情形，主要是判断"国家出资企业中负有管理、监督国有资产职责的组织"是否具备《刑法》和《监察法》规定的"委派主体"

资格，即看该组织在国家出资企业中是否负有管理、监督国有资产职责。结合司法实践和相关判例，国家出资企业里“负有管理、监督国有资产职责的组织”多是指上级或者本级国家出资企业内部的党委会、党组会、党政联席会等机构，至于该企业中的董事会、监事会、经理办公会等机构，是对整个企业的所有资产（包括国有资产和非国有资产）均负有监督、管理职责，因此董事会、监事会、经理办公会等机构任命的人员一般不属于国家工作人员，也不属于监察对象。受“间接委派”的人员只要达到这两个标准则是国家工作人员，当然也是监察对象。

需要特别注意的一点，在工作实践中，国有控股、参股公司、企业中有许多管理人员表面上是由该公司的人事部门任免，但实际上大多都经过该公司党委会或者党政联席会议讨论决定。因此，认定国有控股、参股公司、企业中的管理人员是否属于监察对象时，不能只关注人事部门下发的任职文件，还应当收集作出职务任免文件的依据，审查是否有履行出资人职责的机构的批准文件，是否有公司党委会、党政联席会议研究人事任免工作的会议纪要等材料，看是否有“受委派”后又被人事部门任命的情况。如果有这样的情况，则属于监察对象。这点对判断国企的监察对象尤其重要，一定要实事求是地收集和审核相关材料。

案例

案例一①

某国有控股的水泥有限公司彭某某利用职务上的便利收受财物案件，彭某某在2008年至2014年被公司总经理办公会先后任命为总经理助理、销售部副经理、销售总监，其间彭某某利用职务上的便利为私营企业老板谋取利益并收受好处费。在本案中，对于彭某某是否属于监察对象的问题，最关键的是看彭某某是不是由“国家出资企业中负有管理、监督国有资产职责的组织”任命。一般情况下，国家出资企业内部的党委会、党组会、

① 参见杨阳：《国有企业中从事管理活动的人员是否都属于监察对象?》，载《中国纪检监察》2021年第15期。

党政联席会等机构，是代表国家在国家出资企业中履行对国有资产的监管职责，具有《刑法》和《监察法》上的委派主体资格，而董事会、监事会、经理办公会等机构，对企业的所有资产均负有监督、管理职责，一般不具有《刑法》和《监察法》上的委派主体资格，因此董事会、监事会、经理办公会等机构任命的人员不属于监察对象，本案中经理办公会任命的彭某某收受财物案件在一般情况下不应由监委管辖。但是，该案存在特殊情况，该公司的总经理办公会是由党委书记主持，党委班子全员出席，所讨论决定的内容除了人事议题外还包括对国有资产管理处置等事项，且该公司因历史原因没有设立专门的党委会或者党政联席会，本案中对彭某某的任命实际上是以经理办公会的形式履行了党委会或者党政联席会义务，据此彭某某应被认定为监察对象。

案例二①

某省T市信用合作联社（以下简称T联社）原主任朱某某利用职务上的便利收受财物案件，朱某某于2009年12月经某省联社党委明确为T联社党委委员，提名主任人选，T联社理事会于2010年1月聘任朱某某为联社主任，某省银监局于2010年11月核准朱某某T联社主任的任职资格。2013年朱某某案发，经查明，2010年7月至2011年1月，朱某某在担任T联社主任、贷款审查委员会主任委员期间，利用职务上的便利，为某公司申请贷款提供帮助，非法收受该公司法定代表人罗某某所送人民币130万元及价值人民币1.14万元路易威登品牌女包一个；另查明，2008年至2013年案发时，朱某某的个人和家庭财产及支出总额为人民币603.67万元，而朱某某能说明来源的收入为231.4万元，朱某某对于差额人民币372.27万元的财产不能说明来源。一审法院认为朱某某系受委派从事公务的国家工作人员，认定朱某某构成受贿罪和巨额财产来源不明罪。二审法院认为一审判决认定受贿罪罪名不当，认定朱某某构成巨额财产来源不明罪有误，据此，该院于2015年4月24日判决撤销原审判决，以朱某某犯非国家工作人员受贿罪，判处其有期徒刑9年，并处没收财产人民币100万元。本

① 参见《刑事审判参考》第1233号案例：朱某某非国家工作人员受贿案。

案中，二审法院经审理查明，T联社和某省联社均不属于国有企业或国家出资企业，因为T联社注册资本中确实没有国有资产，联社股本由自然人股和法人股组成，其中自然人股本金人民币21,106万元，法人股人民币352万元，其决策、经营机构的产生方式是由社员代表大会选举理事，组成理事会，由理事会聘任主任；某省联社注册资金全部由某省内的90家市县区农村信用社共同认购，共同以出资额为限对某省联社承担责任，不具有任何国有性质，而根据《刑法》和有关司法解释规定，"委派"主体限于国有单位或者国家出资企业中负有管理、监督国有资产职责的组织，某省联社党委不构成《刑法》中规定的"委派"主体；朱某某的管理职位不具有国家意志性，因为朱某某并非代表国家机关、国有企业行使职责，其履职不具有"从事公务"性质，因而朱某某的主体身份不能以国家工作人员论。

3. 第三步：判断行为人是否属于在集体经济组织中受委派行使公权力

这步主要是对集体经济组织中的监察对象作出判断，要同时达到三个标准：一是在集体经济组织等单位、组织中，比如在国有公司、企业主管的集体所有制企业中；二是由党组织或者国家机关，国有独资、全资公司、企业，国家出资企业中负有管理监督国有和集体资产职责的组织，事业单位委派，即提名、推荐、任命、批准等①；三是从事组织、领导、管理、监督等工作，即行使公权力。行为人同时达到三个标准则是监察对象（一般情况下该监察对象不是国家工作人员，如果行为人被派往国有控股、参股公司及其分支机构从事公务则是国家工作人员）。

4. 第四步：判断行为人是否属于在依法组建的评标、谈判、询价等组织中代表行使公权力

这步主要是对在依法组建的评标、谈判、询价等组织中的监察对象

① 第三步中的委派跟第二步中的"直接委派"相比，委派主体多了"国家出资企业中负有管理监督国有和集体资产职责的组织"，被派往的组织是集体经济组织，第二步中的"直接委派"被派往的是国有控股、参股公司及其分支机构。

作出判断,要同时达到三个标准:一是在依法组建的评标、谈判、询价等组织中;二是代表国家机关,国有独资、全资公司、企业,事业单位,人民团体;三是临时履行公共事务组织、领导、管理、监督等职责,即临时行使公权力。行为人同时达到三个标准则是监察对象(如果行为人在临时行使公权力过程中,有利用职务上的便利,索取他人财物或者非法收受他人财物,为他人谋取利益的受贿行为,则其是监察对象,同时也是前文提到司法解释中作出特殊规定的国家工作人员)。

(二)以部分国企中的监察对象为例

1. 国有公司、企业中的监察对象

前文提到,《刑法》和《监察法》中的国有公司、企业特指国有独资、全资公司、企业。

国有独资公司、企业中的监察对象:以国家电网有限公司(以下简称国家电网)为例,其股东是国务院国有资产监督管理委员会,属于国有独资公司。在国家电网系统中,可能是监察对象的有以下三类人员:第一类是总部及所属二、三、四级企业的领导班子成员,包括党组书记(党委书记)、副书记,党组(党委)成员,纪检监察组组长(纪委书记);董事长,总经理、副总经理,局长(执行董事)、副局长;工会主席等。第二类是总部及所属二、三、四级企业中对国有资产负有经营管理责任的中层和基层管理人员,包括总师、副总师,部门主任(部门经理)、部门副主任(部门副经理);班组、变电站、供电所负责人等。第三类是总部及所属二、三、四级企业中在管理、监督国有财产等重要岗位上工作的人员,包括全系统各单位机关全体人员;不在机关,但从事会计、出纳、物资采购、资产管理、投资相关工作人员,技术负责人以及评标专家等。以上三类人员(包括劳动合同制和劳务派遣制员工)依规依法履职的时候,属于行使公权力、从事公务的人员,是当然的监察对象,同时也是国家工作人员。

国有全资公司、企业中的监察对象:以三大政策性银行之一的国家开发银行为例,其股东分别是财政部、中央汇金投资有限责任公司、梧桐树投资平台有限责任公司、全国社会保障基金理事会等四个股东,属于国有全资公司。国家开发银行及其在各地的分行中的董事、监事、经理等管理人员，对国有资产负有经营管理责任的中层和基层管理人员，管理、监督国有财产等重要岗位上工作的人员（包括全系统各单位机关全体人员；不在机关，但从事会计、出纳、物资采购、资产管理、投资相关工作人员，技术负责人以及评标专家等人员），这些人员（包括劳动合同制和劳务派遣制员工）在依规依法履职过程中，均负有国有资产保值增值的职责，属于行使公权力、从事公务的人员，是当然的监察对象，同时也是国家工作人员。

2. 国有控股、参股公司、企业中的监察对象

在《刑法》和《监察法》的规定中，国有控股公司、企业和国有参股公司、企业的性质、地位是一样的，都属于"非国有公司、企业"，所以在此处仅列举国有控股公司、企业的情况，国有参股公司、企业的情况参照国有控股公司、企业的情况。

国有控股、参股公司、企业中的监察对象：以中国建筑第X工程局有限公司第一建设有限公司（以下简称中建X局第一公司）为例，中建X局第一公司原来是中建股份公司独家持股的独资有限公司，2009年7月，中建股份公司在上海证券交易所上市，从国有独资公司转变为国有控股公司，通过股权穿透可以知道中建X局第一公司现在属于国有控股公司。在中建X局第一公司中可能是监察对象的有以下两类人员：第一类是经党组织或者国家机关，国有独资、全资公司、企业，事业单位提名、推荐、任命、批准等，在国有控股、参股公司及其分支机构中履行组织、领导、管理、监督等职责的人员，比如国有独资性质的中国建筑集团有限公司（股东是国务院国有资产监督管理委员会，持股100%）通过提名、推荐、任命、批准等手续委派到中建X局第一公司担任董事、经理等管理人员。第二类是经国家出资企业中负有管理、监督国有资产职责的组织批准或者研究决定，代表其在国有控股、参股公司及其分支机构中从事组织、领导、管理、监督等工作的人员，比如中建X局第一公司的党委、党政联席会批准或者研究决定安排某人担任副总经理，代表该党委、

党政联席会在中建X局第一公司担任董事、经理、董事长助理、总经理助理等管理人员。这些人员(包括劳动合同制和劳务派遣制员工)在依规依法履职过程中,均负有国有资产保值增值的职责,属于行使公权力、从事公务的人员,是当然的监察对象,同时也是国家工作人员。

案例

中建X局第一公司西客站交通枢纽项目部原商务经理王某某利用职务上的便利收受财物案件:2011年至2013年,王某某在任中建X局第一公司西客站交通枢纽项目部商务经理期间,利用负责项目工程预决算审核、签发等职务便利,为分包施工队谋取利益,非法收受施工队负责人送的好处费27.6万元。王某某的身份属于国家出资企业中的工作人员,但是因为王某某是中建X局第一公司总经理办公会研究决定任命的工作人员,而中建X局第一公司总经理办公会不是负有管理、监督国有资产职责的组织,所以该案中王某某不是国家工作人员,也不是监察对象,其行为构成非国家工作人员受贿罪。①

3. 集体经济组织中的监察对象

集体经济组织中的监察对象:以我国某市二轻集体企业联社(以下简称某市二轻联)为例,某市二轻联于1955年2月经某市人民政府批准成立,现隶属某市人民政府国有资产监督管理委员会,是某市集体所有制的联合经济组织。在某市二轻联中可能是监察对象的有以下人员:由某市人民政府国有资产监督管理委员会或者某市二轻联党委、党政联席会(负有管理监督集体资产职责的组织)通过提名、推荐、任命、批准等方式委派到某市二轻联及其分支机构中从事组织、领导、管理、监督等工作的人员,比如某市二轻联的党委班子成员、行政班子成员、下属的某市第X塑料厂厂长等管理人员。这些人员(包括劳动合同制和劳务派遣制员工)在依规依法履职过程中,负有管理监督集体资产职责,属于行使

① 参见《刑事审判参考》第1055号案例:王某某非国家工作人员受贿、挪用资金案。

公权力，是监察对象，但是不属于从事公务的国家工作人员。

4. 依法组建的评标、谈判、询价等组织中的监察对象

依法组建的评标、谈判、询价等组织中的监察对象：以国家电网有限公司某专项物资采购活动为例，为了采购某专项物资，国家电网有限公司依法组建的评标委员会、竞争性谈判采购中谈判小组、询价采购中询价小组等临时组织，在这些组织中可能是监察对象的有以下人员：国家电网有限公司派出的谈判代表、业主评委、监督员等人员，在专项物资采购活动中，代表国家电网有限公司开展评标、谈判、监督等工作，是《监察法实施条例》规定的临时履行公共事务组织、领导、管理、监督等职责的人员，属于行使公权力，是监察对象。如果这些监察对象在专项物资采购活动中，有利用职务上的便利，索取他人财物或者非法收受他人财物，为他人谋取利益的行为，则该监察对象同时是受贿犯罪特殊规定中的国家工作人员。

第三章　国有企业纪检监察日常工作

一、国有企业纪检机构的日常工作

国有企业的纪检机构是国家纪检监察体系的重要组成部分，履行党章赋予的监督执纪问责职责。目前国有企业纪检机构除了上级纪委监委派驻企业的纪检监察组、纪检监察专员（办公室）之外，另设纪检监察室（处）、纪委（检）办公室、纪委工作部等纪检机构。一般根据企业规模大小和纪检机构人员编制多少，还分别内设监督检查室、纪律审查（审查调查）室、案件管理（审理）室、综合室等部门。

二十届中央纪委三次全会指出，要坚持以习近平新时代中国特色社会主义思想为指导，全面贯彻落实党的二十大和二十届二中全会精神，深入学习贯彻习近平总书记关于党的自我革命的重要思想，坚决落实全面从严治党战略方针，深刻领悟“两个确立”的决定性意义，增强“四个意识”、坚定“四个自信”、做到“两个维护”，坚持稳中求进工作总基调，巩固拓展主题教育和教育整顿成果，忠诚履行党章和宪法赋予的职责，推动健全全面从严治党体系，纵深推进正风肃纪反腐，纵深推进新征程纪检监察工作高质量发展，为全面推进中国式现代化提供坚强保障。

反腐败斗争已经进入深水区，绝对不能回头、不能松懈、不能慈悲，必须持续发力、纵深推进，一体推进不敢腐、不能腐、不想腐，同时发力、同向发力、综合发力，不断铲除腐败滋生的土壤和条件。当前国有企业党风廉政建设和反腐败斗争形势依然严峻复杂，迫切需要国有企业纪检机构紧紧围绕监督、执纪、问责三项基本职能，推动纪检工作高效开展。本章梳理了国有企业纪检机构的日常主要工作，供读者参考。

（一）监督类工作

二十届中央纪委三次全会工作报告指出，把严明党的政治纪律和政治规矩摆在突出位置。聚焦政治忠诚，及时发现、着力解决“七个有之”问题，坚决纠治“低级红”“高级黑”。聚焦政治安全，对在党内搞政治团伙、小圈子、利益集团的人决不手软，及时消除政治隐患。聚焦政治责任，把监督重点放在推动各级党委（党组）和领导干部特别是“一把手”担当领导责任上。聚焦政治立场，督促党员干部坚决站稳党性立场和人民立场，始终为党尽责、为民造福。聚焦党内政治生活，督促各级党组织落实民主集中制，进一步增强政治功能和组织功能。坚持党中央重大决策部署到哪里，政治监督就跟进到哪里，把政治监督和日常监督紧密结合，保持高度的政治敏锐性，从政治上看、政治上查，把准政治方向、落实政治要求，善于从工作偏差中发现政治问题，从倾向性苗头性问题中发现政治端倪。研究制定纪检监察机关开展政治监督工作办法，开展提高政治监督能力专题培训。常态化开展党中央重大决策部署和习近平总书记重要指示批示落实情况“回头看”，健全对跨地区跨部门重大战略的协同监督机制，确保贯彻到位。

《中国共产党党内监督条例》第二十六条规定，党的各级纪律检查委员会是党内监督的专责机关，履行监督执纪问责职责，加强对所辖范围内党组织和领导干部遵守党章党规党纪、贯彻执行党的路线方针政策情况的监督检查。《中国共产党纪律检查委员会工作条例》第二十五条规定，党的各级纪律检查委员会检查党的理论和路线方针政策的执行情况，坚持服务党和国家工作大局，坚决维护党中央权威和集中统一领导，推动党组织和党员统一意志、统一行动。加强对党中央决策部署落实情况的监督检查，坚持跟进监督、精准监督、全程监督，督促党组织和党员履职尽责、担当作为，确保党中央政令畅通、令行禁止。监督是纪检机构的首要职责，国有企业纪检机构要贯彻落实二十届中央纪委三次全会精神，二十届中央纪委三次全会工作报告指出，紧紧围绕党的二十大战略部署强化政治监督，保障新征程开好局、起好步。持续深入推进反腐败斗争，严肃查处金融、国企、高校、体育、烟草、医药、粮食购销、统计等领域腐败问题，坚决清除系统性腐败风险隐患，一体推进不敢腐、不能腐、不想腐，全面巩固来之不易的压倒性胜利。根据国有企业工作特点，我们将国有企业纪检机构具体监督工作分为以下几方面阐述。

1. 纪律监督工作

纪律监督工作是国有企业纪检机构的主要监督工作。根据国有企业的经营管理特点，国有企业的纪律监督主要是指通过巡视巡察、执纪问责、矫正预防等方式，对全体党员、党组织遵守党章、党纪党规和法律法规，以及行使党内权力，履行管理职责，贯彻执行党的路线、方针、政策等情况的监督。为便于读者清晰理解国有企业纪律监督的内涵，找到纪律监督的抓手，我们把国有企业纪检机构主要承担的纪律监督工作分为日常监督（常态监督）、专项监督和动态监督三类。纪律监督工作的具体内容和监督方法等，在本章的第三节有专门的介绍，本节不再赘述。

2. 监察监督工作

监察监督主要是针对国有企业具有独立行使监察权的纪检机构，如纪委监委派驻国有企业纪检监察组，通过监察调查、执纪问责、监察建议等方式，对国有企业公职人员以及其他任何公权力行使主体，遵守和执行法律法规以及履职情况进行的监督。如，《监察法》第十二条第二、三款规定："经国家监察委员会批准，国家监察委员会派驻本级实行垂直管理或者双重领导并以上级单位领导为主的单位、国有企业的监察机构、监察专员，可以向驻在单位的下一级单位再派出。""经国家监察委员会批准，国家监察委员会派驻监察机构、监察专员，可以向驻在单位管理领导班子的普通高等学校再派出；国家监察委员会派驻国务院国有资产监督管理机构的监察机构，可以向驻在单位管理领导班子的国有企业再派出。"从执纪执法经验及通报案例来看，对于涉嫌严重职务违法犯罪的国有企业公职人员，一般指定地方监察机关管辖。本节不作为重点工作阐述。

3. 巡视巡察监督

二十届中央纪委三次全会工作报告指出，巡视本质是上级党组织对下级党组织履行党的领导职能责任的政治监督。必须坚守政治巡视定位，深入查找政治偏差，更好发挥巡视综合监督作用。要扎实推进巡视全覆盖、学习贯彻巡视工作条例、优化巡视整改工作机制。国有企业党委（党组）应根据本企业的规模和属性，组织开展巡视（巡察）工作。纪检机构负责协助党委（党组）开展巡视（巡察）工作，负责具体落实相关工作。巡视（巡察）工作要坚持党的领导、分级负责；坚持实事求是、依规依纪；坚持人民立场、依靠群众。国有企业应成立巡视（巡察）工作领导小组和办公室，制定巡视（巡察）工作计划和相关管理制度。《中国共产党章程》第十四条明确规定，党的中央和省、自治区、直辖市委员会实行巡视制度，在一届任期内，对所管理的地方、部门、企事业单位党组织实现巡视全覆盖。《中国共产党党内监督条例》明确规定，“在一届任期内实现中央巡视全覆盖”。国有企业党委（党组）也应按此规定，须在一届任期内实现对所辖二级单位巡视（巡察）工作全覆盖。国有企业纪检机构要把巡视、巡察发现问题整改的监督工作纳入纪检日常工作，既要查处整改不到位问题，又要善于发现问题变异化等新型和隐形问题线索。

4. 参与选人用人的相关环节现场工作

一是参加干部提任考察工作。在日常监督中，纪检机构要对选人用人流程等开展监督，严把考察预告、民主测评、个别谈话、考察公示等环节，监督干部选拔任用纪实制度落实情况，以及如实记录选拔任用干部的动议、推荐、考察、讨论决定等情况，对干部选任全程监督。纪检机构要配合协助组织部门，参与提任干部推荐、考察环节的现场工作，作为现场监督内容；要牵头会同组织部门，开展对纪检干部提任的现场考察工作。二是负责干部任前廉政谈话。通常由纪委书记和一名纪检人员，与新提任的干部进行任前廉政谈话。任前廉政谈话主要是对新提任干部进行廉洁从业方面的提醒、教育，帮助其树立正确的价值观、业绩观，筑牢纪律规矩意识。三是组织任前廉政知识考试。国有企业纪检机构可以根据实际情况，结合本企业选人用人的相关规定，在新提任干部考察公示流程结束后，组织开展任前廉政知识考试。考试内容应紧密结合党、企业、行业的廉洁自律规范等相关要求，如《中国共产党廉洁自律准则》等，一般采取开卷考试形式，重在提高新提任干部的廉洁自律意识。

5. 出具廉政意见

廉政意见从内容形式上分为征求党风廉政意见回复函和廉政鉴定情况报告。征求党风廉政意见回复函，主要用于在干部提任、评优评先等工作时，提前征求纪检部门对拟提任或评优评先对象的意见，纪检部门要根据鉴定对象的信访情况，从是否收到信访件或问题线索、收到信访件或问题线索核查情况是否影响提拔、是否受到处理处分、处理处分情况是否影响提拔等方面，回复组织部门对鉴定对象提拔任用、暂缓提拔任用、不予提拔任用等具体意见。廉政鉴定情况报告则要从鉴定对象能否主动学习、遵守党规党纪，政治规矩、政治纪律意识如何，廉洁自律执行情况等方面，对鉴定对象进行“画像”。

6. 维护和管理党员干部廉政档案

党员干部的廉政档案主要内容包括：一是任免经历、工作人事档案，以及违反组织部门相关规定受到处理等情况。二是历史上被举报或者发现的问题线索或者其他反映的廉政情况，以及党组织对其开展谈话函询、初步核实、审查调查等处置方式或组织处理、其他处理方式的有关材料。党员干部受到处理处分后，应及时将廉政谈话、组织处理、处分决定等有关资料（含过程资料）存入廉政档案，确保廉政档案资料齐全、更新及时。三是党风廉政意见回复材料。对党员干部提任或历次参加评优评先活动等出具的党风廉政意见回复材料进行记录、归档，备查。

党员干部廉政档案可以在对党员干部廉政谈话、专项监督检查、评优评先、廉政鉴定等工作中提供事实依据和参考意见。国有企业可以通过信息化手段建立领导干部廉政档案管理信息系统，实现廉政档案管理的系统化和规范化，较为准确、及时、全面地记录党员干部廉洁从业、落实党风廉政建设责任制和违规违纪受处理处分等情况，通过信息系统，可以翔实地记录“四种形态”实施的时间、措施、被实施对象(含姓名、身份证号码、部门、职务等信息)、被处理处分事由(含上传相关处理处分资料)等具体情况。借助信息化手段建立廉政档案,有利于廉政档案管理的规范化,有利于监督工作数据的准确统计,有利于纪检工作的总结,有利于加强对党员干部的教育、管理和监督。

7. 构建贯通协同监督机制

贯通协同监督机制是坚持以习近平新时代中国特色社会主义思想为指导,深入贯彻党中央关于健全党和国家监督体系的战略部署,紧紧围绕健全党统一领导、全面覆盖、权威高效的监督体系,推动国有企业审计监督、财务监督、风险防控等各类监督与纪律监督有机贯通、相互协调,建立健全信息沟通、线索移交、协作配合、成果共享机制,增强监督严肃性、协同性、有效性,形成常态长效的监督合力,为进一步强化对权力运行的制约和监督,推动企业治理体系和治理能力现代化提供坚强保障。

贯通协同监督可以通过建立信息共享机制(国有企业各职能部门及时通报检查情况和可能存在的问题)、线索移交机制(对发现的违规违纪违法行为问题线索向纪检监察部门移交)、协同监督机制(业务部门可以向纪检监察部门开放一些业务管理系统用于日常监督;纪检监察部门抽调业务骨干参与监督与调查工作)来实现监督的优势互补。

通过贯通协同监督,加强对各类监督成果的分析运用,坚持举一反三,加大治本力度,统筹“当下改”与“长久立”,通过开展专项治理,完善制度机制,堵塞管理漏洞,推动解决影响企业发展的深层次问题。

(二)执纪问责类工作

执纪工作是纪检工作的核心。国有企业纪检机构负责对党组织和党员违反党章和其他党内法规,违反国家法律法规,违反党和国家政策、社会主义道德,危害党、国家和人民利益的行为,依照相关规定给予党纪政纪处分。具体日常工作主要内容是对问题线索的处置,对违规违纪违法人员的处理处分等。执纪工作内容本书有专门的章节介绍,这里不再赘述。

问责工作是纪检监察工作的关键,是国有企业纪检机构根据相关法律和党内法规，对党员干部承担职责和义务的履行情况，实施并要求其承担否定性后果的一种责任追究制度。用好问责利器，既防止问责乏力，也防止问责泛化。国有企业纪检监察机构主要依据《中国共产党问责条例》、《中国共产党纪律处分条例》（以下简称《党纪处分条例》）、《公职人员政务处分法》，以及各国有企业自行制定的如《领导人员失职渎职责任追究办法》等制度规定，对有失职、渎职等行为的领导人员开展问责。[①]

（三）综合类工作

除监督执纪问责工作外，国有企业纪检监察机构日常还有大量的固定工作需要完成。

1. 协助召开党风廉政建设和反腐败工作联席会议（以下简称“联席会议”）

联席会议是以党中央、国务院和中央纪委国家监委有关政策规定为依据，坚持“标本兼治、综合治理、惩防并举、注重预防”的方针，发挥相关部门的职能作用，分工协作、齐抓共管，及时通报情况、交换意见、研究问题、制定措施，完成党风廉政建设和反腐败工作任务。联席会议由国有企业党风廉政建设领导小组负责召开，由领导小组组长（企业党委或党组书记）或委托纪委书记（纪检监察组组长）召集并主持，党风廉政建设领导小组成员及各部门、直属单位主要负责人参加，一般一年至少召开一次。联席会议的主要内容如下：

（1）传达学习上级有关党风廉政建设和反腐败工作会议及文件精神，按照上级工作部署和要求，结合本单位实际，研究提出贯彻落实的具体措施和工作计划。

（2）听取各部门落实党风廉政建设责任制和反腐败工作任务的情况、成效及存在问题的汇报，提出需要协调解决的具体问题及对策措施。

（3）分析来信来访、检查考核和审计、财务、干部监督检查等方面发

---

① 《国有企业管理人员处分条例》依据《公职人员政务处分法》第六十五条制定，是国有企业管理人员任免机关、单位对国有企业公职人员违法行为作出处分的具体规定。国有企业纪检监察机构调查国有企业管理人员违法行为时主要适用《公职人员政务处分法》。

现的问题，通报企业重大典型案例的情况，在深入分析发案原因、特点和教训的基础上，根据企业改革发展的形势和任务，针对本单位党员干部教育、管理、监督中的薄弱环节，研究制定整改和防范的措施。

（4）其他需要提交联席会议研究、协调解决的事项。

2. 纪委向党委报告工作

根据《中国共产党纪律检查机关监督执纪工作规则》（以下简称《监督执纪工作规则》）第五条规定，党委应当定期听取、审议同级纪律检查委员会和监察委员会的工作报告，加强对纪委监委工作的领导、管理和监督。第十条规定，纪检监察机关应当严格执行请示报告制度。中央纪委定期向党中央报告工作，研究涉及全局的重大事项、遇有重要问题以及作出立案审查调查决定、给予党纪政务处分等事项应当及时向党中央请示报告，既要报告结果也要报告过程。执行党中央重要决定的情况应当专题报告。因此，国有企业纪检机构除了第十条规定的内容需要一事一议一报告之外，还需定期向同级党委报告工作，一般半年汇报一次。汇报的主要内容为报告纪检半年、全年工作开展情况；分析存在的问题；结合监督执纪情况，对本企业的政治生态进行分析；根据企业存在的问题和上级的要求，提出整改措施和下一步工作计划。

3. 协助党委召开党的建设暨党风廉政建设和反腐败工作会议

该会议是为深入贯彻落实中央最新全会重要讲话精神和全会精神，部署国有企业党的建设暨党风廉政建设和反腐败工作，推动国有企业党风廉政建设和反腐败斗争向纵深发展的重要会议，一般一年召开一次，在年底或次年第一季度内完成。一般由国企党组织的主要负责人对企业全年的全面从严治党、党风廉政建设和反腐败工作作出部署。国有企业纪检机构的主要负责人通报上一年度党风廉政建设和反腐败的工作情况、存在的问题，对下一步党风廉政建设和反腐败工作提出要求。因为参会对象和内容基本一致，根据工作需要，该会议可以取代企业的纪检工作会议。

4. 协助党委专题研究党风廉政建设工作

根据《关于实行党风廉政建设责任制的规定》第七条规定，领导班子、领导干部在党风廉政建设中承担以下领导责任，贯彻落实党中央、国务院以及上级党委（党组）、政府和纪检监察机关关于党风廉政建设的部署和要求，结合实际研究制订党风廉政建设工作计划、目标要求和具体措施，每年召开专题研究党风廉政建设的党委常委会议（党组会议）和廉政建设工作会议，对党风廉政建设工作任务进行责任分解，明确领导班子、领导干部在党风廉政建设中的职责和任务分工，并按照计划推动落实。明确提出党委需要专题研究党风廉政建设工作。根据国有企业的实际情况，应通过党委（党组）会，专题研究本企业党风廉政建设工作，频次一般一年不少于两次。每次专题研究内容可以结合纪委向党委的工作报告，针对企业存在的廉政风险点等问题开展专题研究，确保专题研究工作务实、高效。

5. 对下级纪检工作的考评

上级纪检机构对下级纪检工作的考评一般一年一次，主要分为对下级纪检机构主要负责人、党总支（支部）纪检委员的考评和对下级纪检机构工作的考评。国有企业纪检机构应根据企业特点，明确相关考核指标，制定考评办法，和组织部门成立考评小组，开展考评工作。

（1）对下级纪检机构主要负责人和纪检委员的考评。考评内容通常为政治素质、政治监督、日常监督、专项监督、落实上级纪检机构工作、对纪检干部的管理监督、自身建设等方面。考评形式主要为听取述职述廉、民主测评，以及考评组根据日常检查掌握的情况综合考评，并根据工作需要，通过个别谈话、听取意见、查阅资料、专项调查等方式对纪检机构主要负责人、纪检委员有关履职情况进行全面了解与核实后，确定综合考评等级。

（2）对下级纪检机构的考评。对纪检机构的考评指标可以由“监督检查工作”“执纪审查工作”“追责问责情况”“巡视巡察整改监督工作”“日常管理工作”“队伍建设”六个方面工作表现指标组成。考评指标具体内容可根据年度纪检工作指导方针和重点工作任务动态修订，确保工作始终紧扣中心。上级纪检机构可以根据下级纪检机构各项工作推进情况以及日常工作表现,并参考调研、座谈等过程中基层对下级纪检工作的评价,以实事求是为原则进行量化打分。

上述考评结果每年向下级党组织进行通报,下级纪检机构负责人提拔、调整、改任应结合近 2—3 年综合考评结果,综合把握后作出决策。对于坚持原则、敢于斗争、勇于担当的纪检人员,当综合考评结果出现偏差时,应由上级纪委进行综合研判,根据实际情况,合理调整考评结果,切实履行为担当者担当,为负责者负责,为干事者撑腰。

同时纪委还要听取下级纪委的述职述廉报告,对下级纪委的工作提出工作建议和意见,进行指导。一般一年组织一次下级纪委的述职述廉工作,时间通常安排在年底或者次年初。

6. 开展纪律教育活动

二十届中央纪委三次全会指出,要突出严的基调深化党的纪律建设。以学习贯彻新修订的纪律处分条例为契机加强纪律教育,认真开展党纪学习教育,着力解决对党规党纪不上心、不了解、不掌握等问题。以规范运用“四种形态”为导向严格纪律执行,推动准确定性量纪执法。以压紧压实政治责任为抓手凝聚管党治党合力,健全各负其责、统一协调的责任格局。完善问责制度。国有企业纪检机构要协助党委把纪律教育工作摆到重要位置,要高度重视新任领导干部、新党员、新入职党员等人员的纪律教育。把纪律教育纳入党的建设工作整体规划中,与反腐败各项工作统筹安排,全面推进。要结合业务工作抓好党建工作和惩防体系建设任务的落实,把纪律教育作为主要内容常抓不懈,要坚持主要领导带头抓、分管领导具体抓。班子成员结合业务工作抓好分管范围内教育任务的落实。警示教育是纪律教育的主要方式之一,国有企业如何开展警示教育活动,在本书第四章有详细介绍,本节不再赘述。

7. 纪检干部队伍的建设

二十届中央纪委三次全会指出,要突出发扬彻底自我革命精神深化纪检监察机关自身建设。中央纪委常委会带头加强自身建设,带动全系统做自我革命的表率、遵规守纪的标杆。在思想上勇于自我革命,常态化开展政治教育、党性教育,始终做到绝对忠诚、绝对可靠、绝对纯洁。在作风上勇于自我革命,牢记“三个务必”、践行“三严三实”,保持战略定力、坚定斗争意志,严格依规依纪依法履职。在廉洁上勇于自我革命,常态化检视干部队伍存在的突出问题,刀刃向内清除害群之马,坚决防治“灯下黑”。在严管上勇于自我革命,做细做实对干部的经常性监督,完善监察官职业保障配套制度,激励干部安心履职、担当作为。纪检干部队伍建设是国有企业纪检工作质效的基础,没有一支能打硬仗、敢打硬仗的纪检干部队伍,无法开展行之有效的纪检日常工作。国有企业纪检干部队伍的建设,需要国有企业纪委协同组织人事部门建章立制,明确纪检干部队伍的准入标准、淘汰机制;加强人员的业务培训;完善考核激励等管理办法;拓宽纪检干部的职业发展渠道等。也可以从地方纪委监委、检察院等部门引入优秀人才,充实纪检干部队伍。

二、撰写国有企业纪检年度工作总结和制订好下一年度纪检工作计划

党的二十大会议指出,要坚定不移推进反腐败斗争,不断实现不敢腐、不能腐、不想腐一体推进战略目标。全党必须牢记,全面从严治党永远在路上,党的自我革命永远在路上,决不能有松劲歇脚、疲劳厌战的情绪,必须持之以恒推进全面从严治党,深入推进新时代党的建设新的伟大工程,以党的自我革命引领社会革命。为国有企业深入推进党风廉政建设和反腐败斗争指明了实践方向。本节主要介绍如何结合国有企业实际,总结好纪检工作,制订好下一年度纪检工作计划。

(一)如何撰写纪检年度工作总结

曾子曰:“吾日三省吾身。”纪检工作总结是对上一年度纪检工作的总结、分析、研究,总结成绩、剖析问题、指出不足。我们从工作总结的架构、撰写方法、相关要求三方面,对如何写好工作总结进行介绍。

1. 纪检年度工作总结的架构

纪检工作总结主要从工作业绩、存在问题和不足、政治生态分析、下一步措施(下一步工作计划)等方面进行总结、研究、分析。主要内容如下:

(1)工作业绩。工作业绩主要从监督、执纪、问责三方面,对本企业本年度的纪检监察工作进行归纳总结。要紧紧围绕实际工作,从如何严厉惩治,让意欲腐败者不敢越雷池半步;如何强化监督制约、扎紧制度笼子,让胆敢腐败者无机可乘;如何让党员干部树立廉荣贪耻的价值取向,从思想源头上消除贪腐之念,实现从"不敢"、"不能"到"不想"的升华等三个方面,来叙述本年度所做的工作。工作业绩部分要用翔实的数据体现出工作效果,如监督工作的频次和范围、人次,拟定或完善的制度、执纪问责人次等具体数据,同时要总结出工作中的亮点和经验。

(2)存在问题和不足。存在问题和不足部分是对本年度纪检工作中存在问题和不足部分的总结和反省,需要结合群众对纪检机构的测评意见、上级纪检部门的意见(检查发现的问题)、日常监督中发现的问题等方面,清晰、客观地研判出本企业纪检工作存在的问题和不足。

(3)政治生态分析。政治生态分析是纪检工作总结有别于其他工作总结的特殊"成分",是纪检机构对本企业党组织、全体党员干部的"廉政鉴定"和政治体检报告,是纪检工作报告的"灵魂"。因此,政治生态分析部分是纪检工作总结内容的重中之重。政治生态分析主要来源于监督、信访举报、纪律审查等工作发现的问题。其中信访举报没有被查实的问题,尤其是重复举报内容,也要作为政治生态分析的重要内容。因为没有被查实的问题,其实本身存在两个潜在隐患因素:一是受限于当时核查手段,或者证据不足,暂时无法查实的问题,今后却还有可能被查实。这样的例子不在少数,如不正当性关系、收受礼品礼金等违纪行为,因为取证困难或证据不足,只能说当时核查"未发现举报的问题"或者"查无实据",而不能武断地定义为举报的问题"不属实""失实"从而留下问题隐患。如在今后再次案发,证据确凿时,可能会追究以前没有查实案情的责任。因此,类似这些问题或者隐患需要作为政治生态研判的重要内容之一,而不能以"没有证据"轻轻带过,让"抓早、抓小"成为口号。二是举报人的思想工作问题。有些举报人因为对政策、纪律的不熟悉、不了解,进行了错告,甚至反复举报、一信多投,这些举报人,尤其身份是党员干部的,所在党组织对他们的思想政治工作、日常教育情况,也应该成为政治生态分析内容之一。

(4)下一步措施(下一步工作计划)。此部分内容主要是针对上述问题和不足,制定整改措施,明确工作计划。在后续第(二)部分,将专门介绍如何制订纪检工作计划,这里不再赘述。

2. 工作总结撰写方法

一是运用马克思主义认识论原理来思考、归纳、总结。要充分认识到工作总结就是要根据本年度的工作实践,总结、摸索出本企业纪检工作的规律。要充分认识到实现从实践到认识的飞跃,就是在实际工作中运用马克思主义认识论原理。只有在思想上提高认识,才能奠定归纳总结的质量基础。二是实践上要事前研究,协同合作。工作是纪检干部集体干出来的,总结不能靠纪检机构一两个人凭空撰写。撰写工作总结前,监督、执纪、问责相关部门和分管领导、参与相应工作的同志,应一起集体研究、密切合作、认真分析,共同总结本年度纪检工作各大板块的亮点、问题或不足,以及互通政治生态有关的信息,才能让工作总结"有血有肉"。三是内容上要层次分明,结构清晰。按照框架要求,结合上述集体研究的成果,工作总结撰写应层次分明,结构清晰,内容精准。不能把工作总结写成"表面文章"或者"流水账",成绩、亮点和经验需要总结提炼,问题和不足要清晰指明。

3. 工作总结撰写要求

(1)一切从实际出发,务必实事求是。工作总结一定要围绕工作实际,实事求是地进行分析总结,不夸大成绩,也不回避问题,不能只说成绩,也要直面问题;不能只说困难,不谈应承担的责任。要务实、明确、客观地指出问题和不足,为制订下一年度工作计划奠定扎实的基础。

(2)做好日常工作积累,确保数据准确。工作总结要建立在详尽、精准的工作数据基础上,这些离不开日常工作的积累。纪检日常工作中应指定专人建立工作纪实日志,对纪检工作的具体事项进行分类、翔实记录,如综合类工作,某月某日召开警示教育大会,参会范围和人数。监督类工作,记录节前廉政提醒谈话(发送廉政短信)范围和人次;上级领导约谈下级领导的日期、人数等工作详细记载。有了这个纪检工作"流水账",才能确保年底工作总结相关数据精准量化。

(3)坚持问题导向,注重自我批评。工作总结中最容易出现的问题,是没有坚持问题导向,不敢自我"斗争"。通常表现为没有从纪检工作本身查找问题和不足。比如,总结纪检工作存在的问题是"日常警示教育工作或监督工作不到位,党员干部纪律规矩意识不强",但往往被总结成"党员干部纪律规矩意识尚有待加强",把问题责任主体从纪检监督工作转移到了党员干部身上。

(二)如何制订好下一年度纪检工作计划

纪检下一年度工作计划是对下一年度纪检工作预先作出的安排和打算。制订纪检工作计划就是为了明确目标、提高效率。结合纪检工作实际,我们对如何制订好国有企业纪检工作计划提出如下建议:

1. 注重问题导向,通过制订计划解决上一年度存在的问题和不足

在上述工作总结时,已经对本年度存在的问题和不足进行了详尽的分析,那就需要我们制订切实有效的办法,来解决已经发现的问题和不足。因此,工作计划可以和总结里的"下一步措施"部分有效结合起来,针对问题整改的下一步措施,就是工作计划的重点内容之一。如针对某一环节或领域的问题制订专项监督计划,这样既可以推动整改,又形成促进问题长效整治有效措施,真正做到对症下药,有的放矢。

2. 聚焦提高监督效能,推动完善国有企业纪检监察专责监督体系、党内监督体系、各类监督贯通协调机制和基层监督体系

针对如何把日常监督做细做实,使监督常在、形成常态,如何强化对各单位"一把手"和领导班子监督,督促其严于律己、严负其责、严管所辖,制订详细推进措施和监督计划。具体到加强与审计机关协调配合,用好审计监督成果;制订或完善相关约束制度、规范流程、加强教育等工作,上述工作要循序渐进地按计划分步推进,最终形成监督合力。

3. 明确工作目标,通过制订计划推动纪检工作高质量发展

明确发展方向,需要务实地制订具体工作目标。针对国有企业实

际,我们提出以“四个全面领先”作为制订纪检工作的目标,这里的“全面领先”是指在平行的同级企业、单位(部门)、机构中各项目标全面领先,供读者参考。

(1)监督效果全面领先目标。监督效果是体现监督工作质量的“试金石”。目前,纪检监督工作尚无明确的评价体系。通过强化日常、专项监督等工作,在提前发现和解决问题的基础上,监督效果的衡量标准建议以本企业年度内未发生监督执纪“第三种形态”及以上处置方式的案件;在上级巡视巡察、审计工作中,未发现或移交重大问题线索等目标值为参考。

(2)执纪规范全面领先目标。执纪规范是刚性要求,在强化自身执纪工作规范管理的基础上,建议以上级在巡视巡察、纪检业务检查中,未发现存在执纪工作不规范问题;纪律审查对象、被处分人员没有发生有理由申诉;没有发生执纪安全事故,无执纪安全风险隐患等目标值作为衡量执纪规范是否全面领先的细化指标。

(3)关键目标全面领先目标。关键目标指的是国有企业纪检机构被地方纪委监委考评的指标或者国有企业上级纪检机构对下级纪检机构的考评指标。如纪委向党委汇报工作是否做到规定频次、是否按要求开展专题研究党风廉政工作、是否完成专项监督计划、地方纪委监委或者上级纪检机构对年初既定工作指标的考核得分等,可以作为衡量关键指标是否全面领先的标准。

(4)队伍素质全面领先目标。建设高素质的纪检队伍是国有企业高质量发展的坚强保障。衡量队伍素质是否全面领先,建议以年度内纪检人员业务培训的频次、抽调参加上级纪检机构案件(问题线索)查办工作的人次、平均从业的年限、纪检人员被处理处分(清理)人次等指标为参考。

综上所述,工作计划是为下一年度的工作指明方向和目标,以提高工作效率,避免走弯路。纪检工作计划一定要在方向明确、目标清晰、务实高效的基础上落地开花,才能体现出计划的价值,否则只能是“纸上谈兵”。如“四个全面领先”的目标，需要国有企业结合实际情况，制订每个目标的工作计划，制订相应的细化措施，分步有序实现。

三、开展纪律监督工作

国有企业纪检机构的监督工作应坚持以党内监督为主导，促进国有企业内部民主监督、审计监督、财会监督、群众监督、舆论监督等各类监督有机贯通、相互协调，健全国有企业审计、财务、组织人事、党建等职能部门信息沟通、线索移交等机制，形成常态长效的监督合力。结合国有企业的经营管理特点，我们将纪律监督分为日常监督（常态监督）、专项监督、动态监督三部分，主要从监督内容和方法、要求上介绍如何做好纪律监督工作。

（一）日常监督

日常监督就是常态监督。国有企业日常监督应围绕党的领导、党的建设、全面从严治党、作风建设、企业规章制度执行、纪律教育等方面开展。

1. 抓住重点开展监督

（1）党的领导方面。重点监督贯彻执行党的理论和路线方针政策、党中央和上级党组织决策部署情况；意识形态领域工作情况；对本单位发生的重大问题处理情况；团结、领导、动员、教育群众能力和基层党组织战斗堡垒作用发挥情况等。

（2）党的建设方面。重点监督党内政治生活、民主集中制原则执行情况，党的组织生活制度落实情况；党性党风党纪教育情况；干部选拔任用工作等情况。

（3）全面从严治党方面。重点监督各级党组织主体责任、监督责任落实情况；党内监督情况；维护党的纪律特别是政治纪律和政治规矩等情况。

（4）党的作风建设方面。重点监督基层职工身边是否存在腐败和作风问题；企业内中央八项规定精神落实情况，“四风”问题是否屡禁不止；损害职工利益的不正之风和腐败问题，扶贫领域腐败和作风问题，懒政怠政不作为、违反政策乱作为、谋取私利妄作为、侵害群众利益胡作为,以及作风不民主、处事不公平、履职不廉洁、行为不守纪等问题是否存在。突出重点领域,深化整治国有企业权力集中、资金密集、资源富集领域的腐败;紧盯重点对象,把党的十八大以来不收敛不收手、胆大妄为者作为监督的重中之重,严肃查处领导干部配偶、子女及其配偶等亲属和身边工作人员利用影响力谋私贪腐问题。坚决整治各种损害群众利益的腐败问题。

(5)企业规章制度执行方面。重点监督企业"三重一大"决策制度执行情况;业务招待费使用情况;异地交流干部制度执行情况;企业薪酬分配纪律、财经纪律、经营纪律等制度执行情况;工程项目和采购管理情况;合同管理情况;国有企业中容易出现的基层职工反映强烈的强行摊派营销任务、将员工薪酬违规收回二次分配或挪作他用、克扣津贴补贴和业务奖励、违反劳务用工择优招用规定、违规发放津补贴等问题是否存在;上级巡视巡察、审计发现的有关问题是否整改。

2. 抓好纪律教育工作

纪律教育作为对党员干部开展日常监督的重要举措之一,也是党风廉政建设重要的基础工作,国有企业纪检机构应把纪律教育作为党的作风建设的重要抓手,常抓不懈、警钟长鸣。要督促指导发生重大违纪违法案件的相关单位党委(党组)召开专题民主生活会,举一反三、以案明纪。严格执行党的纪律规定和规章制度,对违反党纪的问题,发现一起坚决查处一起。精准运用"四种形态",落实"三个区分开来",激励干部敢于担当、积极作为,实现政治效果、纪法效果、社会效果有机统一。

3. 强化"第一种形态"的实践

常态监督要强化对"第一种形态"的实践,一是要廉政谈话常态化,通过约谈提醒,红脸出汗,及时纠偏、纠错,避免党员干部"小错误"成为"大问题";二是关键节点的提醒常态化。重大节假日前,纪检机构应对相关单位负责人、关键岗位人员开展廉政提醒谈话,明确提出洁身自好、管好家人等廉洁自律要求。纪检机构还可以通过工作群、短信等方式,发送廉洁警示短信,时刻提醒党员干部、关键岗位人员提高思想认识,筑牢“红线”意识。

4. 做好被处理处分人员的回访工作

为充分体现教育帮扶效果,应在影响期(或处分期)内及时对受到处理处分干部进行跟踪回访,必要时也可回访影响期(或处分期)满的干部。各国有企业应制定相关的受处理处分人员回访管理办法,主要工作是与被处理处分干部谈心谈话,与其所在单位负责人和周边同事谈话,充分了解跟踪回访对象有关情况。需要注意的是要根据原案件情节情况和被处理处分干部的性格等因素来综合研判回访对象是否适合接受跟踪回访,以及跟踪回访需采取的具体方式,并且需要根据实际情况制订工作方案,经领导审批后执行。

(二)专项监督

专项监督是指根据工作需要,通过集中人力、集中时间等方式,对单项工作或者某个领域开展的专门监督。国有企业纪检机构要结合中央的重大决策部署和企业经营管理的廉政风险点,每年制订专项监督计划,并积极协调相关职能部门参与,形成专业专注、协同“作战”的模式,发挥专项监督的震慑作用。专项监督要充分体现“党中央的重大决策部署到哪里,监督检查就跟进到哪里”,如对《中共中央关于加强对“一把手”和领导班子监督的意见》落实情况、乡村振兴工作的推进、扶贫专项资金的使用、“小金库”的专项治理等工作开展专项监督。专项监督完毕后应写出专项监督报告,总结监督情况,通报发现的问题,提出整改建议,对发现的问题线索应及时移交纪律审查部门处置。

(三)动态监督

动态监督是在常态监督和专项监督之外,依据各方面形势需要临时开展的监督工作,监督的内容和时间具有不确定性。如对企业内新冠疫情防控工作的监督,是随着疫情的出现而开展,随着疫情的消失而结束。再如,在2023年冬季,全国多地出现长时间的冰雪严寒天气。国有企业纪检机构应根据这一突发情况,迅速对企业生产和员工个人的防寒防冻措施是否到位、冰雪严寒恶劣天气下相关安全生产措施是否落实等工作开展监督，重点是对国有企业相关职能部门履职情况的“再监督”。

动态监督对纪检机构有较高的要求，考验国有企业纪检机构的反应能力、处置能力。动态监督事宜一般都是事发突然，甚至没有经验可参考，完全靠纪检机构压实责任、主动思考、靠前监督，很多工作都是边学习、边摸索、边总结。因此，对动态监督的能力培养和相关的制度建设，应引起国有企业各级纪检机构的高度重视。

（四）监督的方法

国有企业纪检工作可以仿照中医诊法，采用“望、闻、问、切”的方法，开展精准监督。

1. 望

“望”，就是察言观色、查阅资料和察看环境等，力争从党员干部个人言行举止，企业日常业务报表、财务报销凭据、个人事项申报等日常原始材料抽查和党员干部的行为举止、相关环境观察中“看”出问题。一是要求纪检人员强化日常的监督检查，重点对本单位制度文件的执行情况、各类台账资料、财会数据等强化日常检查，重在“纪律监督”，通过查阅相关原始资料、制度流程，结合数据分析，看是否存在违规违纪行为。二是纪检人员要注意观察身边的党员干部有无异常行为，重点关注企业的“兵头将尾”等“关键少数”。

示例

某国有企业的一名党员因为参与网络赌博，欠下巨额债务，被债主追债上门，精神压力较大，工作不在状态。此情况被本单位纪检人员发现，经谈心谈话初步了解了相关情况。

纪检部门及时对其采取了批评教育，核实清楚后，建议人力部门采取组织处理措施（岗位调整），把可能出现的企业风险点消灭在了萌芽状态。三是察看相关环境，通过察看办公环境、办公区域快递收件情况等，看是否存在办公用房超标，节日前夕是否存在快递收礼等腐败情况。

2. 闻

“闻”，就是通过关注舆论、倾听议论、旁听会议等方式，主动收集信息或问题线索，力争从社会舆论、相关会议、群众议论、外单位的交流沟通或者员工反映中“听”出问题。一是纪检人员要主动参加、列席企业内部各类经营管理会议、座谈会、各类活动，及时听取和了解本单位党组织对中央、上级的决策部署的落实情况。二是要倾听干部群众的议论，从群众的议论中找到问题。

示例

某国有企业的纪检干部听见群众议论，某党员上班无精打采，精神疲惫，“黑眼圈”现象严重。经过进一步了解，发现该党员沉迷于网络游戏，嗜“网”成瘾，废寝忘食。组织上迅速对其进行批评教育，并及时将问题移交人力资源部门，对其调整了工作岗位，并建议部门负责人多关注关心该党员“八小时之外”的生活。

三是定期收集所辖地区司法机关和合作供应商（服务对象）的意见信息，发挥司法监督和群众监督的作用。国有企业党员干部人数众多，工作时间也相对集中，对党员干部“八小时”以外的情况，一般企业纪检机构很难掌握。因此，纪检机构应通过定期走访相关单位进行信息收集，开展主动监督。

示例

某国有企业纪检人员在走访辖区派出所时候获悉，本企业某党员近期因嫖娼被公安机关给予治安处罚。在收集到相关处罚材料后，该国有企业纪委经过调查核实，及时给予该党员开除党籍处分。

虽然中央纪委国家监委已有相关规定和要求，但是现在司法机关向纪委监委或者国有企业纪委移交问题线索的协调机制在很多地区尚未完全落实到位，企业的纪检机构不能及时收到司法机关、地方纪委监委移交的问题线索。少数国有企业党员干部在“八小时”之外存在酒驾、嫖娼、赌博等违法行为，或者违反了《道路交通安全法》《治安管理处罚法》等国家法律法规，仅当时受到公安机关行政处罚，因问题线索没能及时移交到国有企业纪检机构，企业党组织并不掌握其违纪违法甚至犯罪情况，无法给予相应的党纪政纪处分。因此迫切需要国有企业纪检机构与相关司法部门、地方纪委监委建立定期沟通机制，主动定期走访政府、司法有关部门、地方纪委监委和企业的合作供应商（服务对象），定期收集党员干部相关问题线索，强化对党员干部“八小时”以外的监督工作。四是要密切关注舆情，充分利用舆论监督，发现与企业或党员干部有关的舆情，要迅速透过现象看本质，发现舆情背后存在的履职问题或其他问题线索，及时处置。

3. 问

“问”，就是沟通交流、谈话了解等，通过面对面谈话“找”出问题。一是要用好谈心谈话制度，在日常监督中，要与相关部门负责人、“人财物”的具体经办人员、重要环节的审核人员等经常开展谈心谈话，通过谈话，主动发现苗头性隐患问题或者问题线索。二是带着问题问，带着平时监督检查以及巡视巡察、审计发现的问题，去向当事人、经办人、相关领导了解问题发生的根源、目前的整改情况、举一反三的情况等，对有关部门和人员的履职情况开展有效监督，及时发现问题线索。

4. 切

“切”，就是根据上述“望、闻、问”发现的苗头性问题或者问题线索，进行研究，“判”出问题，开展“诊断”，对“症”治疗。要仿照巡视巡察整改要求，将监督发现的问题，督促责任部门和责任人，实行销号管理，限期整改到位，对整改完成的问题进行持续跟踪监督，防止问题再次反弹回潮。

为确保“切”的质效，国有企业纪检机构可以通过下发《纪律检查建议书》，反馈监督意见。纪律检查建议是纪检机构针对监督检查、纪律审查、巡视巡察等工作中发现的突出问题，向同级或下级单位党组织提出强化全面从严治党主体责任落实、完善体制机制等方面具有监督和约束力的建议。

《纪律检查建议书》一般包括：建议对象。被建议党组织名称，涉及党员个人的，要载明个人基本情况。来源起因。问题来源和提出建议的起因。存在问题。党组织或党员存在的主要问题。建议内容。针对问题提出的具体整改建议。相关要求。整改落实和回复的要求等。建议书应编号，并应经过经办部门负责人、纪检机构负责人审批。

建议书发出后，纪检机构应当及时跟踪督办，通过电话提醒、监督检查、定期回访、抽查核实等方式，及时了解和掌握被建议党组织整改落实情况，并督促被建议党组织在规定时限内将整改落实情况以书面形式回复，整改回复时限一般在3个月以内。对无正当理由拒不采纳纪律检查建议的，不按建议要求反馈整改落实情况或者整改落实不到位的，对被建议党组织负有领导责任、直接责任的人员，应当依规依纪进行严肃追责问责，对典型问题进行通报。

根据《监察法》规定，地方纪委监委或者有监察权的国有企业纪检监察机构，如各级纪委监委派驻国有企业的纪检监察组，可以针对国有企业内部拒不执行法律、法规或者违反法律、法规，应当予以纠正的；有关部门（单位）作出的决定、命令、指示违反法律、法规或者国家政策，应当予以纠正或者撤销的；给国家利益、集体利益和公民合法权益造成损害，需要采取补救措施的；录用、任免、奖惩决定明显不适当，应当予以纠正的；依照有关法律、法规的规定，应当给予处罚的；需要完善廉政建设制度的等情形，提出监察建议。

（五）监督的相关要求

1. 发挥专兼职纪检人员作用

除了专职纪检人员外，各党总支、支部纪检委员都负有监督职责，要充分发挥基层纪检人员的一线"前哨"作用，通过日常监督检查，深入查找问题，专兼职纪检人员应制作《纪检监督检查记录表》（见附件3－1），形成监督工作记录。针对检查中发现的各类问题要认真分析，总结归纳，发现所在单位有苗头性、倾向性问题要及时提醒，发现有违反程序、制度情形时要及时说“不”,同时,发现重大问题要及时向上级纪委请示报告、移交问题线索。

2. 深化“第一种形态”的实践

结合工作实际,对关键岗位人员、新提任的干部、新入职的党员等及时开展廉政谈话,起到早提醒、早告诫、早遏制的作用。要按照廉政谈话“四必谈”的要求,对受到党纪行政处分等人员及时开展谈话,定期回访,及时掌握思想动态,有针对性地开展教育帮扶。

3. 加强纪检工作“再监督”

上级纪检机构在日常监督过程中,一是要对所辖单位纪检机构落实上级党风廉政建设和反腐败工作重点任务,落实监督检查工作计划中自查监督情况,对发挥监督作用情况进行“再监督”检查。二是要对纪检干部履职和廉洁自律情况进行监督检查,防止“灯下黑”。要始终铭记“打铁必须自身硬”的政治要求,加强对纪检干部的培养和监督,既努力成为政治上最坚决、最坚定、最纯净的人,又努力成为战斗力最强的人。三是对本单位职能部门开展“再监督”。“再监督”是基于各相关职能部门履行业务经营管理、制度执行、内控案防等本身所具备的监督职责,再由本单位纪委对其履行职能监督情况进行的监督,即“监督的再监督”。“再监督”的主要任务是促进各相关职能部门认真履行管理和监督职责,保障党规党纪、法律法规和企业内部各类规章制度在国有企业得到全面有效执行。

四、开展廉政警示教育

廉政警示教育是以学习、会议、活动等多种形式,促进党员干部洁身自好、廉洁自律的重要基础教育。本节主要对国有企业如何开展廉政警示教育进行指导。

(一)组织召开党风廉政建设警示教育大会

党风廉政建设警示教育大会是警示教育最基本的措施,通常每年召开1—2次。警示教育大会的对象主要是领导干部、关键岗位人员、党员。召开形式可以是现场、电视电话会议等形式。警示教育大会的议程一般为：

（1）纪委书记、党总支/支部纪检委员通报违规违纪典型案例；

（2）党委（党组）书记、党总支/支部书记讲话；

（3）请纪检监察机关、司法机关相关人员做廉政专题讲座（一般是国有企业职务犯罪等题材）；

（4）观看警示教育视频或警示教育电影；

（5）请企业内的违纪违法人员现身说法等。

（二）组织开展党风廉政警示教育月（周）活动

党风廉政警示教育月（周）活动通常一年组织一次，多固定在每年的6月开展。教育月（周）活动的具体内容一般为：

1. 组织一次专题的理论学习

可以要求以支部为单位，统一组织学习中央或者企业最新的廉政题材通知、文件、领导讲话等；学习一本党规党纪，如《中国共产党党内监督条例》《中国共产党廉洁自律准则》等。

2. 讲一次廉洁专题党课

可以要求各基层单位党总支、支部书记带头，讲一次廉洁专题党课，鼓励党员干部踊跃分享廉洁微党课、云党课，让警示教育宣贯到最基层。利用党课，坚持集中性教育和经常性教育相结合，以党总支、支部为单位，对新入职党员、新提任干部要及时开展廉洁教育，扣好年轻党员、干部廉洁从业第一粒扣子。

3. 开展一次警示教育活动

可以通过组织观看警示教育片或电影、参观警示教育基地、旁听人民法院有关职务犯罪的庭审、参观监狱、请原企业职务犯罪人员现身说法等活动，深化警示教育月（周）活动效果。

4. 组织一次专项整治活动

针对企业易发、高发的违纪违法行为，可以组织开展一次相关题材的专项整治活动。如某国有企业近年来党员干部酒驾醉驾案件频发，则可以在警示教育月活动中组织开展酒驾醉驾专项整治活动。如通过“三会一课”、警示教育大会等方式，学习宣贯与道路交通安全驾驶相关的党纪法规条款，组织全体党员签订《拒绝酒驾醉驾承诺书》，请公安交管部门派员作酒驾醉驾危害的专题讲座等。以活动促整改，达到宣传入人心、行动做表率，杜绝违纪违法行为发生。

5. 组织一次群众参与的廉政文化活动

警示教育月（周）活动中可以组织企业职工开展廉政主题漫画、文化墙设计图、宣传画（册）、短视频、微电影、文创产品、征文比赛等廉政文化作品创作竞赛活动。寓教于乐，将廉政教育通过丰富有趣的活动形式，实现入心入脑。

警示教育月活动结束后，各级党组织应认真总结本单位的活动开展情况，发现问题，推动整改，总结成果，巩固效果，也可以组织党员书写个人参加活动的心得体会，通过支部会等形式进行相互交流。

6. 组织送一份廉政家书活动

为帮助领导干部管好家人，提高家属的纪律规矩意识，可以开展送一份廉政家书活动。借助企业发放节礼福利的契机，在节礼中附带一封廉政家书。廉政家书可以简单通报企业近期查处违纪违法案件情况，起到以案示警的作用，鼓励家属监督我们的领导干部廉洁从业，最后向家属致以节日的问候。

（三）建设廉政教育基地

可以利用会议室、员工之家、办公区走廊、休息室等场地，以宣传栏、电子显示屏等形式，因地制宜地建设廉政教育基地。教育基地的宣传内容可以为党的全面从严治党方针政策、中国共产党的纪律发展史、企业的廉政发展史、企业文化中的廉政元素、企业的廉政先进人物事迹、员工创作的优秀廉政作品等，做到廉政提醒上墙上栏上屏，把廉政教育基地打造成廉政文化宣传的阵地。鼓励有条件的国有企业二级单位或支部建设自己的廉政教育基地。

（四）抓好日常廉政警示教育

除了上述召开警示教育大会、组织警示教育月等活动外，日常警示教育不容松懈，国有企业纪检机构可以从以下几方面入手，抓好日常的廉政警示教育。

1. 加强日常廉政知识学习

日常工作中须加强党员干部的廉政知识学习，不断提升自我的纪律规矩意识。可以通过组织专题培训，以网络信息平台学习的方式，组织全体党员在规定时间段，自主参加“党风廉政教育”专题培训班，全面推进党纪法规进课堂。可以以全面从严治党、中央重要会议精神、廉政教育等为主题，重点安排《党纪处分条例》《中国共产党问责条例》《公职人员政务处分法》等党纪法规中的禁止性条款为主要学习内容，具体可以包括：党章、党规、党纪以及党的宗旨和作风教育，“一把手”和领导班子监督等。培训结束后，可以组织专题测试，同时也可以鼓励非党员领导干部报名参加学习和测试。

2. 及时通报违纪违法案例

国有企业各级党组织应及时通报本单位查处的违纪违法典型案例，并积极组织学习传达上级发布的违纪违法典型案例通报。深化以案促改、以案治本，把发现问题、推动整改、促进改革、完善制度贯通起来，进一步加强国有企业规范化管理。

3. 用好企业工作群

现在微信、企业微信等信息平台已经成为各单位（部门）工作通知、交流的重要工具，纪检机构应用好企业工作群（重点是主要负责人群、班子成员群、党员群等）。结合企业实际，可以选择中央纪委等网站上通报的与本企业相关联的典型案例，转发至企业工作群，以督促各级党组织主要负责人履行好党风廉政的主体责任，班子成员履行好“一岗双责”的责任。通过典型案例的教育，促使各级党组织举一反三。同时可以通过工作群，在重要节假日前，发布廉政提醒内容，让工作群成为廉政警示教育的宣传阵地。

4. 抓住“关键少数”开展警示教育

除了上述对党员干部的日常警示教育外，国有企业还应结合企业特点，突出重点开展廉政警示教育，如对新入职的党员员工、新提任的干部、关键岗位人员、被处理处分的党员干部等，对上述人员的廉政警示教育不能一概而论，应当把上述人员作为“关键少数”，结合他们各自的工作岗位，通过分类别组织集体廉政谈话、廉政知识学习等形式，突出重点，因岗施教，有的放矢地开展廉政警示教育。其中对被处理处分的党员干部回访工作，要引起国有企业纪检机构的高度重视，应建立回访制度，将回访工作列入警示教育日常工作中，加大对被处理处分党员干部的关心关爱和帮助，真正践行“四种形态”，让被处理处分党员在惩罚中觉醒、在教育中感悟、在行动中进步。

5. 制作廉政宣传品

国有企业纪委可以利用一些办公用品、日常生活消费品，加印廉政文化元素，设计成廉政宣传品，发放给党员、干部。如印制具有廉政文化元素的日历、笔架（桌牌），带有警言警语的保温杯等，让廉政文化走入日常生活，展示形式多样化，达到时时提醒、事事提醒、处处提醒的效果。

五、开展廉政谈话

（一）廉政谈话的内涵

廉政谈话是党的建设的重要内容之一，有利于团结队伍、凝聚人心，加强干部的日常监督。根据《关于新形势下党内政治生活的若干准则》《中国共产党党内监督条例》《中国共产党问责条例》等党规党纪精神，廉政谈话工作要实现系统化、制度化、规范化。本节结合国有企业实际，对如何开展廉政谈话进行指导。

廉政谈话主要包括谈心谈话、提醒谈话、谈话提醒、约谈谈话、诫勉谈话、任前谈话等。谈话主体通常为国有企业各级党组织主要负责人、班子成员和纪检机构负责人，以及各级组织人事部门、纪检部门等相关部门负责人，谈话对象可以是各级党组织、党员干部、普通党员，也可以是职工群众。原则上按照国有企业干部管理权限实施谈话。

领导干部谈话工作应坚持以下原则：

（1）始终遵循习近平新时代中国特色社会主义思想，坚持企业党委对谈话工作的统一领导，党的工作部门各负其责，形成统筹安排、协同配合、体系完整、规范运用的工作格局。

（2）始终突出政治功能，将谈话工作融入各级党组织的政治建设、思想建设、组织建设、作风建设、纪律建设，通过谈话从政治上引领人、凝聚人、警醒人，积极营造健康向上、团结奋斗的政治环境。

（3）始终服务中心大局，以谈话促进解决理想信念问题、思想认识问题、工作作风问题、纪律规矩问题，达到关心爱护干部、团结党员群众、促进事业发展的目的，为企业高质量发展提供坚强保障。

（二）谈心谈话

谈心谈话制度是我党的优良传统和政治优势，是密切党组织与党员、党员与党员、党员与群众之间联系的重要抓手。根据《关于新形势下党内政治生活的若干准则》规定，各级党组织领导班子成员之间、领导干部和党员之间、党员和党员之间要开展经常性的谈心谈话，坦诚相见，交流思想，交换意见。领导干部要带头谈，要定期开展廉政谈话，也要接受党员、干部约谈。

1. 谈心谈话的方式

谈心谈话宜采用个别谈话与集体谈话相结合的方法进行，一般采取“一对一、面对面”的方式深入沟通交流，涉及共性谈话问题时，可采取“一对多”的方式，进行集体谈话。“一对一”谈话，可以由谈话人和被谈话人自行记录。

2. 谈心谈话的时机

（1）党组织领导班子成员要认真落实“一岗双责”，常态化开展日常性谈心谈话，每年与分管领域的下级单位主要负责人至少要开展一次日常廉政谈话。

（2）党组织领导班子成员之间的谈心谈话，一般安排在党员领导干部民主生活会前进行。

（3）党组织负责人、班子成员也要经常与党员群众开展谈心谈话，可安排在年度党员组织生活会或民主评议党员工作前进行，也可结合主题党日活动和工作安排组织开展日常性谈心谈话。

(4)党组织负责人要用好思想政治工作这个“传家宝”，经常、主动同干部职工谈心谈话，做到岗位变动、组织处理、发生家庭变故、发现苗头性问题“四个必谈”，定期研究分析职工思想动态，做到在思想上解惑、精神上解压、工作上解难。对受到党纪政纪处分、组织处理的党员干部，各单位党组织要关注其工作、思想状况，在处分处理影响期满时，要安排开展一次专门的谈心谈话或回访。

3. 谈心谈话的要求

(1)谈心谈话要注重入脑入心，既要见人见事，也要谈出真情、谈出实效，防止以一般性沟通、事务性沟通代替思想交流，做好四方面工作：思想交流要直，不要拐弯抹角、遮遮掩掩，对双方存在的意见分歧和思想疙瘩要深入交换意见，最终达到互相理解和支持的目的；征求意见要诚，要毫不隐瞒地提出自身问题，虚心诚恳地征求对方的批评意见；批评提醒要真，要真心实意指出对方存在的不足和问题，本着对同志负责的态度，坦诚地提出意见建议，帮助同志改进提高；了解困难要实，注重了解谈话对象在思想、工作、生活等各方面情况，对发现的实际困难主动给予帮助，体现党内关心关爱。

(2)各级党组织应结合企业发展的新形势、新任务，聚焦干部队伍、员工队伍精神状况、工作状态的新情况、新变化，作出明确部署，精心组织实施。应将谈心谈话工作纳入各级党组织书记抓党建基础工作，作为考评管党治党主体责任是否履行到位的重要标尺，确保谈心谈话工作形成长效机制。

(3)谈心谈话应掌握合适的时机，注意谈话的方式方法，既要避免谈话流于形式，又要防止谈话对象过于紧张，以达到最佳的谈话效果。

(三)提醒谈话、谈话提醒

1. 提醒谈话和谈话提醒的区别

(1)提醒谈话主要依据《中国共产党党内监督条例》第二十一条、

《党委(党组)落实全面从严治党主体责任规定》第十六条规定,是指党组织领导班子成员在日常管理监督中,发现领导干部存在思想、作风、纪律等方面苗头性、倾向性问题的,及时对其开展党内谈话。

提醒谈话是党委(党组)落实全面从严治党主体责任的有力措施,是党内谈话的一种,在党内监督体系中属于党委(党组)的监督,其主要目的是党组织履行主体责任,从严管党治党,对小问题早发现、早提醒、早纠正,体现组织的关心和爱护。

(2)谈话提醒主要依据《公务员法》第五十七条、《监察法》第五十二条、《公职人员政务处分法》第十二条;以及《中国共产党党内监督条例》《监督执纪工作规则》《中国共产党党和国家机关基层组织工作条例》等。谈话提醒可以作为纪检监察机关对谈话函询结果和初步核实发现轻微问题的一种处置方式。

谈话提醒是"四种形态"中第一种形态的具体措施,其目的是及时督促纠正和处理监督对象的轻微违纪违法问题,防止小错酿大错,体现了严管就是厚爱。需要注意的是,谈话提醒的适用主体并不唯一,党组织、主管部门、纪检监察机关等均可使用,目前实践中也多以纪检监察机关使用为主。

2. 提醒谈话、谈话提醒的运用

由纪检机构发起的提醒谈话,主要针对党员干部执行党规党纪、中央八项规定精神,尤其是在遵守党的政治纪律和政治规矩、贯彻执行民主集中制及廉洁自律准则等方面存在苗头性、倾向性问题的;道德品质、思想作风和工作作风等方面与党员标准尤其是领导干部"二十字"标准出现偏差,造成不良影响,但不构成违纪的;一段时间内信访举报较多、问题集中,但尚不构成违纪的以及其他有必要提醒本人注意的情况。

纪检机关运用谈话提醒的方式有两种:一种是作为日常监督和调查核实(初步核实)的方法之一,如《中国共产党党内监督条例》第三十一条规定,"接到对干部一般性违纪问题的反映,应当及时找本人核实,谈话提醒、约谈函询,让干部把问题讲清楚"。《监督执纪工作规则》第二十六条规定,“各级党委(党组)和纪检监察机关应当推动加强和规范党内政治生活,经常拿起批评和自我批评的武器,及时开展谈话提醒、约谈函询,促使党员、干部以及监察对象增强党的观念和纪律意识”,也属此类方式的运用;另一种是作为结果处置的方式,如根据《监督执纪工作规则》第三十条、第三十五条规定,纪检监察机关在谈话函询、初步核实后可采取谈话提醒方式处置。

3. 提醒谈话、谈话提醒的要求

(1)谈话主体要求。提醒谈话对象确认后,根据发起的纪检机构职责分工和权限不同,按照相关规定具体实施。原则上,对下属单位(部门)主要负责人提醒谈话,谈话主体可以由上级单位党委书记进行,也可委托上级单位班子成员或纪委书记进行;对下属单位(部门)其他班子成员的提醒谈话由上级单位班子成员或纪委书记进行。

谈话提醒的谈话主体,除了上述提醒谈话的谈话主体外,根据《公务员法》第五十七条、《监察法》第五十二条和《公职人员政务处分法》第十二条,党内法规《中国共产党党内监督条例》《监督执纪工作规则》《中国共产党党和国家机关基层组织工作条例》等规定,谈话提醒的主体主要是各级党委(党组)和纪检监察机关。

(2)谈话形式要求。提醒谈话、谈话提醒一般采取个别谈话的方式。谈话时要向谈话对象说明谈话原因,听取其对有关问题的解释和说明,指出其需要注意的问题不足,要求其提出改正措施。

(3)谈话记录要求。提醒谈话和谈话提醒的谈话过程均应做好谈话记录,谈话对象需要签字确认,并归入谈话对象廉政档案。

(四)约谈谈话

约谈谈话是聚焦管党治党政治责任,着眼于推动责任传导、督促责任落地,压紧压实全面从严治党“两个责任”的一种有效方式,具有析理明责、立规明矩和咬耳扯袖、红脸出汗的重要作用。约谈谈话要着重督促谈话对象履行好全面从严治党主体责任、监督责任,履行好分管范围内的“一岗双责”责任,履行好贯彻执行党的路线、方针、政策和上级重大决策部署的责任，履行好带头执行党章党规党纪尤其是政治纪律、政治规矩的责任，履行好带头践行党的优良作风、严格执行中央八项规定精神的责任，增强各级领导干部管党治党的责任意识和干事创业的担当精神。

1. 需要约谈的情形

党组织或党员存在以下情形的，上级党组织要及时对其进行约谈：

(1) 对上级重大决策部署和重要工作任务学习传达、部署推动、督促落实不及时、不到位的；

(2) 对党风廉政建设和反腐败工作组织领导不力，不敢动真碰硬，导致队伍涣散、纪律松弛、违纪问题突出的；

(3) 本单位（部门）作风建设不力，导致“四风”问题突出，群众反映强烈的；

(4) 本单位（部门）领导班子成员以及下属单位和部门领导班子成员发生严重违纪违法案件的；

(5) 对发现的重大违规违纪问题不制止、不查处、不报告的；

(6) 其他涉及党风廉政建设和反腐败工作需要进行约谈的。

2. 约谈的要求

(1) 主体要求。约谈谈话对象为党组织、领导班子成员及其他相关人员。对党组织的约谈谈话由上一级党委进行；对党组织主要负责人的约谈谈话一般由上一级党委主要负责人进行，必要时也可委托上一级单位班子成员或纪委书记进行；对纪委书记的约谈谈话，原则上由上一级纪委书记进行；对党委班子其他成员的约谈谈话，由上一级单位班子成员进行。对其他相关人员的谈话按照干部管理权限进行。

(2) 内容要求。要提高约谈谈话的教育警示效果和提醒震慑力度，联系责任谈、针对问题谈，敢于揭短亮丑、动真碰硬，不搞形式、不走过场，真正做到防患于未然、治病于初萌，促进防治和解决管党治党失之于宽松软等问题。

(3) 程序要求。约谈谈话一般由约谈领导指定相关部门进行具体安排。约谈谈话时,应由专人做好谈话记录。其中,针对重大失误问题的约谈谈话,需要经谈话对象签字确认后,由纪检机构归入谈话对象廉政档案,谈话对象一般在约谈结束后一个月内书面回复整改情况。

（五）诫勉谈话

纪检机构的诫勉谈话是对党员干部虽不构成违纪但造成不良影响或者存在轻微违纪行为但按照规定可免予党政纪处分进行的谈话,达到提前示警、及时提醒、教育挽救的目的。

1. 诫勉谈话的适用情形

党员干部符合以下情形的,应由组织人事部门或纪检机构对其进行诫勉谈话,主要包括:

（1）贯彻落实党的路线方针政策不认真,执行上级要求部署不力;

（2）遵守党的纪律规矩不够严格;

（3）执行民主集中制不够严格,个人决定应由集体决策事项或者在领导班子中闹无原则纠纷的;

（4）法治观念淡薄,规矩意识淡化,不依法依规履行职责或者妨碍他人依法依规履行职责的;

（5）不认真落实中央八项规定精神的;

（6）脱离实际、弄虚作假,损害群众利益和党群干群关系的;

（7）纪律松弛、监管不力,对本单位（部门）工作人员发生严重违纪违法行为负有责任的;

（8）执行中央和上级干部管理监督有关规定不够严格,在选人用人方面失察失误的;

（9）执行廉洁自律规定不严格的;

（10）从事有悖社会公德、职业道德、家庭美德活动的等情况。

此外,无正当理由不按时报告、不如实报告个人有关事项的;在巡视巡察、经济责任审计及选人用人专项检查中发现有违规行为等,也应对相关责任人开展诫勉谈话。

2. 诫勉谈话的流程

诫勉谈话应严格规范流程,对照执行中共中央组织部《关于组织人事部门对领导干部进行提醒、函询和诫勉的实施细则》要求和有关规定，由组织人事部门和纪检机构按照职责分工和权限不同，研究提出意见，依规依纪组织实施。

3. 诫勉谈话的相关要求

一是诫勉谈话时，谈话人应当向诫勉对象说明诫勉事由，提出有针对性的要求，同时做好谈话记录。二是要教育诫勉对象端正思想、提高认识，就谈话人所提出的诫勉要求表明态度，不得隐瞒、编造、歪曲事实和回避问题，并在诫勉谈话记录上签字确认。三是须明确诫勉对象在接受谈话后提交个人书面检查的期限。四是纪检机构诫勉谈话相关材料应归入诫勉对象廉政档案，同时送交本级组织人事部门备案。五是对受诫勉的党员干部应严格执行相关规定，在一定期限内取消评优评先资格、不得提拔重用。

（六）任前廉政谈话

新提任的领导干部，应分别由组织人事部门组织对其进行任前任职谈话，由纪检机构组织对其进行任前廉政谈话。任前廉政谈话由纪检机构指定专人同本人进行廉政谈话，提醒强化纪律规矩意识，严格遵守党章党规党纪要求。

1. 谈话准备

任前谈话一般安排在正式下发任职通知前。由组织人事部门发起，提出谈话计划方案，报党委主要领导同意。原则上，按照干部管理权限，由党委主要负责人或委托班子成员进行任前任职谈话，由纪检机构主要负责人或委托班子成员，如纪委委员进行任前廉政谈话。组织人事部门应提前将谈话对象情况资料提供给谈话人做好谈话准备。

2. 谈话内容

（1）任前廉政谈话要实事求是指出平常掌握或考察中反映的领导干部的缺点和问题，提出希望和要求。被谈话对象应就谈话人所提出的要求表明态度，在谈话记录表上签字确认。

（2）任前廉政谈话内容主要侧重以下方面：正确对待和使用权力；

改进、转变工作作风;加强领导班子民主集中制,落实“三重一大”等制度;贯彻执行党风廉政建设责任制,切实履行“一岗双责”;加强自身修养,带头廉洁自律;遵守政治纪律和组织纪律,自觉接受监督等有关内容。

(3)谈话形式。根据工作需要,任前廉政谈话可以采取个别或集体谈话方式。对不涉及提拔的、岗位调动的党员干部任前廉政谈话,可以视情况需要参照以上方式进行,也可将任前廉政谈话纳入任前任职谈话一并进行。

(七)廉政谈话的注意事项

1. 注意谈话方式方法

廉政谈话是同志式的谈话,包含组织和上级的关心关爱,也彰显纪律规矩的刚性约束。各级领导干部要重视提高谈话本领,掌握谈话技巧,善用谈话形式,做沟通以心交心,点问题严肃庄重,提要求恳切认真,体现语重与心长相结合,严肃与关爱相统一。

2. 严明谈话纪律

除谈心谈话外,被谈话人收到谈话通知后,如无特殊原因,不得变更时间,不得回避。除谈心谈话外,一般应有两名或以上谈话人与谈话对象进行谈话,不宜公开的谈话内容要严格保密,如发生有意泄露、扩散谈话内容,将根据党规党纪和企业规章制度严肃处理。对于谈话中指出涉及问题,被谈话人不得追查来源,不允许搞打击报复,一经发现,将根据党规党纪及企业规章制度严肃处理。

3. 闭环做好谈话“后半篇文章”,防止一谈了之

廉政谈话后,要注意观察谈话对象的思想动态,了解思想是否有所触动、问题是否有效解决;要认真审核谈话内容或书面说明材料,对是否如实报告不确定或者报告不全面的,可要求进一步作出说明或再次谈话核实;要跟踪检查谈话对象是否立行立改,对于没有改正或者改正不明显的,应采取进一步措施。

六、发挥基层纪检委员的监督作用

各党总支、支部纪检委员是国有企业党风廉政建设和单位内部监督

的重要力量,是纪检工作的最前沿的“哨兵”,发挥着提前发现问题的监督作用。纪检委员能否充分发挥作用,是企业的党风廉政建设工作能否落地落实的关键,对夯实基层党组织的纪律检查工作基础有着重要的意义。要发挥好基层纪检委员的监督作用,应着重做好以下几方面工作。

(一)建好纪检委员队伍

国有企业各单位党组织要高度重视纪检委员队伍的建设,一是要选拔好人员。严格按照国有企业好干部的标准,坚持德才兼备的原则,选派政治素质好、清正廉洁、敢作敢为、热爱纪检工作、群众基础好的人员。二是要征求纪检部门意见。组织部门在调整下级单位领导班子成员时,要在动议期间和本级纪检机构积极沟通,纪检机构要结合动议人选的廉洁自律情况,和组织部门共同确定二级纪委的纪委负责人,党总支、支部纪检委员的人选。三是要组织廉政情况考察。对于确定的党总支层级纪检委员动议人选,纪检机构可以结合组织部门的干部考察工作,也可以单独组织廉政情况考察,在动议人选的原单位组织廉政情况考察(具体考察要求详见本章第八节第三点“廉政鉴定的出具”)。四是要严明纪检队伍的纪律。对于党总支、支部的纪检委员,不宜频繁调动,同时对纪检委员,无论是不是干部身份,均要按照纪检干部的标准,严格纪律要求,如做好个人事项的报告、离开工作地的报告制度等。五是赋予充分的权利。各级党组织要充分授权给纪检委员,重要会议要让纪检委员列席,工作资料应要纪检委员审核,重要事项讨论应让纪检委员有发言权、一票否决权,真正营造出纪检委员“想管、敢管、能管”的氛围。六是注重基层纪委书记、纪检委员的职业发展。对于作风正派、工作认真、敢管善为、业绩突出的纪委书记、纪检委员,上级纪检机构和基层党组织应积极向党委推荐,作为后备干部培养,让基层纪委书记、纪检委员成为优秀干部的“蓄水池”,也增强纪检工作的吸引力,真正使纪检工作成为干部成长的重要平台。

(二)做好纪检队伍的专业培训

拉起纪检队伍容易,提升纪检队伍素质很难。国有企业各党总支、支部纪检委员分布在不同部门、不同岗位，工作内容、时间不尽相同，这对培训工作提出了很高的要求。针对国有企业纪检委员的工作特点，建议纪检委员的培训工作从以下几方面入手：

1. 利用集中培训，学习专业知识

针对基层纪检委员工作岗位分散的特点，可以每年组织1—2次的纪检专业知识集中培训，采取现场和电视电话培训相结合的形式。培训的主要内容就是党规党纪和企业重要制度禁止性条款的学习，如《中国共产党党内监督条例》《党纪处分条例》《监督执纪工作规则》等。让大家知道监督工作有章可循，做到有章会循，能把学到的知识运用到日常监督中去，让监督工作系统化、规范化。

2. 结合基层特点，实行送培上门

国有企业每个二级单位有不同的工作职责，因此监督的内容也不尽相同。为提升基层纪检委员的监督能力，上级纪检机构可以结合二级单位的特点，在送培上门前，上级纪检机构应梳理出与送培单位有关的信访件反映的问题、巡视巡察审计发现的问题，根据工作性质梳理出来的经营管理风险点等，针对上述情况，有的放矢、因岗施教地送培上门，强化各单位纪检委员监督工作的针对性和有效性。

3. 实现培训常态化

一是可以通过企业的信息平台，组织网络学习、考试。二是通过微信工作群，收集纪检工作指导类文章，进行转发，组织学习。选择的文章应和企业的经营管理相关联，能用于指导实践。三是上级纪检机构可以根据信访特点，抽调相关二级单位纪委书记、纪检委员参加信访件核查工作，通过以干代训，提升队伍的专业能力。

（三）明确纪检队伍履职内容

在拉起队伍、提升能力的基础上，还要通过实战来检验纪检队伍是否能拉得出、打得赢。因此，上级纪检机构要给基层纪检委员制订纪检工作指导计划。一是明确全年工作内容。可以通过每年制定一本《基层纪检委员纪检工作手册》的方式，把本单位纪检具体工作部署下去。

《基层纪检委员纪检工作手册》可以包含全年的专项监督计划、日常监督表、谈心谈话表、党员处理处分情况登记表、半年（全年）的工作总结、上级审核意见等内容。让纪检委员把日常监督的常规动作全面记载在此手册上。纪检委员一册在手，职责清晰，工作有计划、落实有记载、审核有记录。上级纪委可以半年会审一次，审核意见也记录在手册上，作为对下级纪检委员监督工作的“再监督”。二是做好逐月监督指导。通过纪检干部微信群或者企业内部通信平台，每个月末对下个月的纪检监督工作重点做部署和安排，对监督方法进行指导，及时回复基层纪检委员提出的问题。这样才能牢牢地把基层队伍抓在手上，不断掌握基层监督工作开展情况。

（四）做好纪检委员的考评工作

对纪检委员的考评工作可以每年度开展一次。上级纪委可以根据各二级单位党总支、支部纪检委员的纪检相关工作推进情况以及日常表现，并参考在检查、座谈等方式中基层党员对各二级单位纪检工作的评价，坚持实事求是原则，制定相关考评指标，进行量化打分。一是考评指标的设立。考评指标可以由廉洁自律、履行监督责任、落实巡视巡察整改监督、开展廉政宣传教育、落实上级纪委工作等五个方面工作表现指标组成。考评指标具体内容可根据年度纪检工作指导方针和重点工作任务动态修订，确保工作始终紧扣中心。二是坚持过程管控。对考评事项加大过程管控，在日常工作中对各二级单位纪委书记、纪检委员各项纪检工作完成情况进行信息收集，作为后期集中考评的依据，引导各二级纪委书记、纪检委员认真履职，提高日常工作质量。三是坚持有错必究。根据过程考评和年度考评情况，对各二级单位纪检工作出现的职责缺失和不足，可以下发《纪检工作改进建议书》，及时指出，帮助改进。对出现执纪违纪、发生办案安全事故等问题的，实行“一票否决”，督促提升纪检廉洁自律、依规依纪依法办事的自觉。四是考评成果运用。考评可以由上级纪委负责开展，综合各位委员评分结果给予评定，考评成绩向同级党委进行汇报，经党委批准后在本单位范围内进行通报。对于考评结果较差的纪检委员，可以运用“四种形态”，给予谈话提醒、批评教育等处理，确实存在问题，不适合在纪检委员岗位的，应按问题性质给予适当处理，并免去纪检委员职务。

七、开展廉政风险点排查

国有企业的廉政风险是指在国有企业内部的党员干部或者有公职权的管理人员，在行使公共权力中发生腐败行为的可能性。廉政风险点是指因教育、制度、监督等不到位，不能做到廉洁自律，可能由此出现腐败问题，发生廉政风险的岗位、工作环节等。

（一）廉政风险的类别

廉政风险通常分为思想道德风险、岗位职责风险、业务流程风险、制度机制风险和外部环境风险五种类型。

1. 思想道德风险

思想道德风险是指日常个人行为规范、职业操守或者思想道德出现了滑坡、偏差，进而导致其在工作中出现廉政风险。主要原因是个人放松了平时的思想政治学习，导致思想道德意识不强、“三观”不正或者思想品质不高等。

2. 岗位职责风险

岗位职责风险是指因为其岗位根据工作需要，具有一定的特殊性，假如履行或不正确履行其岗位职责，容易造成“以岗牟利”、“以权谋私”、为亲朋好友请托办事、失职渎职等廉政风险。

3. 业务流程风险

业务流程风险是指因为企业对相关工作业务的流程设计不规范，或者流程之间缺乏有效的相互约束机制，造成相关岗位人员权力失控等而发生腐败行为的风险。

4. 制度机制风险

制度机制风险是指企业的制度机制缺失或者不健全，个人决策权力或者空间较大，同时又缺乏有效的制衡和监督约束，容易构成“滥用职权”“一言堂”等廉政风险。

5. 外部环境风险

外部环境风险是指因为社会、行业存在的某些“潜规则”，包括不良“朋友圈”等对国企员工的负面影响，以及其服务、管理对象对国企员工进行各种利益诱惑等，从而达到拉拢、腐蚀的目的，导致国企员工行为出现偏差，容易构成失职渎职、“权钱交易”、“权色交易”等廉政风险。

（二）排查廉政风险点的方法

排查廉政风险点，一定要紧密结合国有企业的职能和业务范围等工作实际，通过“摸”“排”“查”的方式，精准发现廉政风险点，并迅速处置。

1. 摸

“摸”，就是通过测评、走访调查、谈心谈话等摸底了解方式，结合日常监督的“望、闻、问”方法发现问题，掌握党员干部思想道德、品质等方面情况。主要用于对思想道德风险点、岗位职责风险点、外部环境风险点的排查。如通过群众对党员干部廉政情况的测评，看党员干部有没有违反廉洁纪律等行为；通过走访社区、司法机关、服务对象（合作供应商），看党员干部“八小时”以外有无违法违纪行为，是否做到廉洁自律，工作期间有没有“以权谋私”行为等；通过谈心谈话，看员工对党员干部有没有违规违纪方面的反映等。

国有企业纪检机构可以通过定期检查党员干部的个人征信报告，对重点人员，必要时通过请公安机关出具无违法犯罪记录等材料的方式，以便提早发现党员干部贷款逾期、失信、违法等行为，再进一步分析出现上述行为的原因，及时运用监督执纪“第一种形态”，早发现、早遏制，将苗头性问题消灭在萌芽状态。如果问题性质严重，必要时应和人力资源部门协商，及时调整相关人员岗位，及时清除廉政风险点。

2. 排

“排”，就是通过对党规党纪、企业制度的执行情况、工作流程的检查情况等进行排查，梳理出制度和流程的缺失或者不完善，以及制度、流程、监督的制约、制衡机制不完善的问题点。主要用于业务流程风险点、制度机制风险点的排查。上述排查工作，需要自上而下开展，可以结合巡视巡察、审计和业务检查工作开展，找出可能引发腐败的制度、环节、监督上的漏洞。国有企业一般可以通过开展“大家来找碴”活动，或者通过企业内部平台，开展合理化建议征集等活动，发挥基层员工，尤其是基层党支部纪检委员的作用，查缺补漏。

上述排查工作可以每年制订出计划，具体分配到每个季度（月）排查某个业务板块（区域）的制度、环节、流程等存在的问题。

3. 查

“查”，就是通过已掌握的问题，倒查存在的风险点和其他问题点，“查”适用于上述五类风险点的排查。已掌握的问题包括上级巡视巡察、审计发现的问题，监督发现的问题，信访查实的问题，各类内部业务检查通报的问题等。通过掌握的问题，要“透过现象看本质”，梳理出问题背后制度缺失、监督缺失，党员干部的思想品德、岗位履职上的问题等，以问题导向，找准廉政风险点和其他问题点。

（三）排查廉政风险点的要求

1. 注重“联合作战”

廉政风险点涉及面广，牵涉业务环节多，国有企业纪检机构一定要结合企业特点，和人力资源、财务、审计、市场等专业部门密切合作，融会贯通，形成排查合力，才能顺利、高效地开展廉政风险点排查工作。

2. 注重动态排查

廉政风险点在国有企业中表现为可能发生廉政风险的具体环节和岗位，监督的对象是人，而随着相关人员的岗位调整、职责调整、权力变化，廉政风险也会随之发生变化。因此，在具体落实中应做到廉政风险动态变化，排查工作也要动态变化。如某个部门排查过所有风险点，无异常。但是随着某个关键岗位人员的调整，廉政风险环境已经发生变化，经过一段时间后，应重点对思想道德、岗位职责、外部环境风险点等重新开展排查工作。

3. 注重结果运用

廉政风险点排查的目的是发现隐患、杜绝风险，开展有效监督。如果仅仅把廉政风险点排查工作当成任务,重形式不重效果或者重结果不重运用,那么排查工作就是“一查了之”,便成了形式主义。因此,要深化廉政风险点排查结果的运用,将廉政风险点排查的结果和巡视巡察发现的问题整改、监督执纪“四种形态”的实践、干部聘任制工作等结合起来,通过强化监督、加强教育、完善制度、奖惩激励、责任追究等多种措施,筑起“防火墙”,让党员干部远离腐败。

八、运用好监督成果

监督是纪检工作的首要职责。监督的最终目的就是要发现问题,解决问题。如果监督工作高高举起、监督结果轻轻放下,久而久之,员工对纪检机构的工作也会由期待变成失望,甚至失去信心。要发挥监督的重要作用,就是要对监督成果善加运用;纪检工作要取得实效,关键是要用好监督成果,坚持立行立改,强化整改责任,推动深化改革,发挥更大治本作用。对监督工作,也要按巡视的标准和要求,做到件件有着落、事事有回音。我们要充分认识领会到:监督成果运用是发挥监督作用、增强纪检工作成效的重要手段,也是维护纪检工作严肃性和权威性、保持其强大生命力的重要保证。我们更要把监督的结果转换为监督的成果,让监督工作真正发挥出强“基”健“体”的作用。本节主要介绍监督成果运用的几个方面。

(一)政治生态的分析

政治生态是指一定政治系统内部各要素之间,以及政治系统与其他社会系统之间相互作用、相互影响、相互制约所形成的生态联动,是一个地方或一个领域的政治生活现状,以及政治发展环境的集中反映,是党风、政风、社会风气的综合体现。政治生态大体区分为政治内生态和政治外生态。政治内生态是指政治系统内部各要素之间的生态联动;政治外生态则是指政治系统与其他社会系统之间的生态联动。

监督的成果运用之一,就是准确评判出被监督单位(部门)的政治生态。对于被监督单位的政治生态,国有企业纪检机构绝不能只依据被监督单位提供的自查、总结等报告,来研判被监督单位的政治生态。必须依据日常监督的情况，作出自己的评价和综合分析，要善于透过现象看本质，结合信访反映的问题、监督发现的问题等，把被监督单位（部门）的情况摸清楚、把握准、分析透，找准症结才能对症下药。要做好政治生态分析工作，重点要运用好以下几点监督成果：

1. 运用好关键基础数据

要想做好政治生态分析，在日常监督中必须掌握被监督单位的基础数据，如单位的职能、架构，党组织设置情况，员工情况，党员情况；年度内党组织对被监督单位党员干部、关键岗位人员运用"四种形态"处置的情况；汇总梳理的信访举报、问题线索处置情况、案件管理、党风监督和员工民主测评等基础数据。

2. 运用好前期发现的问题

日常监督要注重收集被监督单位被巡视巡察的报告、审计工作报告、上级相关部门的通报等资料，从中梳理出被监督单位前期已被发现的问题，并以此为抓手，作为监督的重要内容，紧盯整改情况。发现问题不整改，比没有发现问题还严重。因此，巡视巡察、审计、监督执纪、各类业务检查发现的问题是否整改完毕，也是评价一个单位政治生态的重要依据。

3. 运用好现场监督成果

通过列席被监督单位重要会议、查看相关资料等方式开展现场监督，来看"三重一大"、落实上级重要决策部署、双重组织生活制度、巡视巡察整改情况等执行情况，以此判断被监督单位是否言行一致，能否严格执行各项规章制度，纪律规矩意识是否入脑入心等。各项制度的执行情况是政治生态分析的重要内容之一，来源于日常监督的积累。

在日常监督中，既要掌握基础数据，也要注重整理发现的问题，建立监督台账，据实描述出被监督单位政治生态建设所做主要工作、特点以及存在的问题或不足，这样在撰写政治生态分析报告时就能做到心中有数，据实进行综合评价，对被监督单位精准"画像"。

进行政治生态分析研判的最终目的是要让被监督单位认识到自己

的政治生活状态，发现不足，找准自身存在的问题，及时纠偏矫正。同时让上级领导掌握被监督单位的政治生态情况，有利于进一步有的放矢地开展党内监督。

（二）监督执纪“四种形态”的实施

准确运用监督执纪“四种形态”的总体要求是：坚持以事实为依据，以党规党纪和法律法规为准绳，违纪必究，执纪必严；坚持惩前毖后、治病救人的原则，综合考虑性质情节、觉悟态度、整改实效等因素，惩戒与教育相结合，做到宽严相济；坚持开展批评和自我批评经常化，让咬耳扯袖、红脸出汗成为常态，严肃党内政治生活，夯实党要管党、全面从严治党的基础，为国有企业推进各项工作开展提供坚强的政治保证和纪律保证。

国有企业纪检机构要找准职责定位，敢于监督、严于监督、善于监督。监督的成果，是准确运用线索处置、谈话函询、初步核实、立案审查等多种方式，处理各类违规违纪行为，实现党内监督常态化的重要依据。

根据监督的成果，国有企业纪检机构要加强实践运用“第一种形态”，可以采取谈话提醒、批评教育、责令检查、诫勉等方式“红红脸、出出汗”，要充分发挥党支部在实践运用“第一种形态”中的战斗堡垒作用，使“红红脸、出出汗”在支部组织生活中实现常态化，把监督的成果运用到极致。

监督发现的重大问题线索，应及时移交相关部门，依规依纪依法开展执纪问责工作。涉嫌职务犯罪等“第四种形态”的，应按程序报上级纪委（派驻纪检监察组）或移交地方纪委监委协同查处。

（三）廉政鉴定的出具

廉政鉴定是对一个干部在党风廉政方面的精准“画像”。纪检机构出具廉政鉴定，是为了防止干部带病提拔、带病上岗、带病评优评先，充分说明了国有企业对党风廉政建设工作的重视。但是要做好廉政鉴定，给鉴定对象画好“像”，就离不开日常监督的成果。

对干部做廉政鉴定是一件非常严肃的工作，要对鉴定对象本人负责,要对组织负责,要坚决防止和尽力杜绝带病提拔、带病上岗、带病评优评先等问题的发生;要对党的事业负责,如果廉政方面有问题的干部仍被提拔重用或评为先进,将会影响员工对党和企业的信任度,也会挫伤清正廉洁干部的工作积极性,不利于凝聚人心、弘扬正气。因此,出具一份廉政鉴定,就是对纪检部门监督工作的一次考试。

没有调查就没有发言权,廉政鉴定必须在日常监督的基础上进行,须做到以下几点:一是本人要出具廉政承诺。鉴定对象针对自身是否认真学习党规党纪、是否忠诚于党,做到“两个维护”,是否存在违反廉洁自律的行为等作出说明。二是所在党支部根据日常监督情况,按上述内容出具鉴定对象的廉政情况说明。三是本单位(部门)党组织(二级党委、党总支)依据鉴定对象的工作表现,出具廉政情况说明。四是上级党组织开展廉政考察。考察可以由纪检机构单独进行,也可以与干部考察工作合并进行。廉政考察必须包括廉政勤政情况测评、廉政谈话、廉政考察专题报告等基本环节。廉政谈话应由两名及以上纪检工作人员开展,谈话对象应包括廉政鉴定对象所在单位领导班子、工作中直接接触鉴定对象的员工、服务对象等。

廉政鉴定要坚持民主集中制原则,在扎实做好上述工作的基础上,由纪检机构领导班子集体研究决定后,形成廉政鉴定结果,以正式文件形式送达有关部门。廉政鉴定结果的意见应当明确,即廉政鉴定对象在廉政勤政方面的测评情况,干部群众对其反映如何,有无对其的举报或投诉等,纪检机构是同意、暂缓还是不同意提拔、评优评先等意见。

(四)重大问题的报告

国有企业一般都建立有重大事件报告制度,纪检机构在日常监督中,一旦发现有重大问题,应主动执行“双报告”制度,即向同级党委报告的同时,也向上级纪委报告。

一般情况下,监督中发现有以下情形之一,应及时执行“双报告”制度。(1)发现贪污、挪用、诈骗企业资金的案件;(2)发生盗窃、抢劫企业财产的案件;(3)发生内部案件,并造成重大社会影响或引发群体行为的;(4)发生其他刑事案件;(5)重要数据、生产经营等企业信息损坏、丢失、泄露,或重要业务单据、空白凭证损毁、丢失可能导致重大损失的事件;(6)党委(党组)在“三重一大”事项决策方面与纪委存在较大意见分歧或违规形成决议的;(7)发生重大信访、负面(网络)舆情以及突发事件、特殊敏感问题等;(8)发生火灾、溺水、交通等安全事故,造成人员重大伤亡或财产重大损失的;(9)涉及群众集中反映强烈的重要民生问题的;(10)其他应当报告的重大事项。

报告采取电话、网络与书面相结合的方式。初报可通过电话、书面报告或者其他方式直接报告;续报可通过电子网络或者书面形式报告;处理结果报告应当采用书面形式。涉密内容按照有关保密要求报告。

国有企业纪检机构及时汇报监督中发现的重大事项,有利于及时挽回企业损失、及时制止不良影响的蔓延、及时防止严重事态的发展等,因此,国有企业纪检机构一定要把重大事项的报告作为监督成果的运用之一,高度重视,形成制度。

附件3-1

纪检监督检查记录表

单位：

监督检查时间	年 月 日至 月 日
地点	
监督检查人员	
监督检查项目名称	
监督类别	1. 日常监督；2. 专项监督；3. 其他
具体监督 检查内容	
监督检查 发现问题	
意见和建议	
被监督检查单位 （人员）意见	

填表人： 填表日期： 年 月 日

第四章 国有企业纪检监察工作办案流程规范

一、问题线索的定义和来源

针对国有企业而言,问题线索就是反映国有企业各级党组织、党员干部及监察对象违反党的纪律、国家法律法规和企业规章制度等有关问题的相关材料。问题线索是国有企业纪检监察机构开展监督检查、审查调查及追责问责等工作的源头和基础。

(一)问题线索的内容

根据国有企业的违纪违法风险点具有一定集中性的特点,问题线索的内容主要包括以下方面:

1. 违反国家法律法规或企业的相关规章制度

如:违反国有企业领导人员廉洁从业若干规定、设立“小金库”、违反企业的异地交流干部管理办法;违反企业的财经、生产经营、薪酬绩效等经营管理有关规定的行为。拒不执行或者变相不执行、拖延执行履行出资人职责的机构、行业管理部门等有关部门和具有领导职权的上级领导人员依法作出的决定、命令的。

2. 违反中央八项规定精神

如:收受管理和服务对象、主管范围内的下属单位和个人、工作业务范围内的企业和个人以及其他与其行使职责 相关的单位和个人所赠送的财物的;接受管理和服务对象、主管范围内的下属单位和个人、工作业务范围内的企业和个人以及其他与其行使职责相关的单位和个人提供的宴请、旅游、健身、娱乐等活动安排；违反规定在公务接待、公务交通、会议和培训、办公用房、商务招待、外事接待、差旅等方面超标准、超范围的；违反规定组织、参加用公款支付的宴请、高消费娱乐、健身活动，或者违反规定用公款购买赠送或者发放礼品、消费卡(券)的；公款旅游或者以学习培训、考察调研、职工疗养为名变相公款旅游的等。

3. 违反党的六大纪律

违反政治纪律的常见行为包括拒不执行党和国家的方针政策及决策部署；串供或者伪造、销毁证据，对抗组织审查；散布反对社会主义基本经济制度、削弱国有经济主导地位作用的言论；拒不执行或者变相不执行中国共产党和国家有关基本经济制度、国有企业改革的路线方针政策、重大经济决策部署等。违反组织纪律的常见行为包括违反议事规则，个人或少数人决定重大问题；拒不执行党组织的分配、调动、交流等决定；不按照有关规定向组织请示报告重大问题、事项；在组织进行谈话、函询时，不如实说明情况等。违反廉洁纪律的常见行为包括利用职务上的影响，大操大办婚丧喜庆事宜；利用职权或者职务上的影响，为亲朋好友经营活动谋取利益；党员领导干部的配偶、子女及其配偶，违反有关规定在该党员领导干部管辖的地区和业务范围内从事可能影响其公正执行公务的经营活动。违反群众纪律的常见行为包括对待群众态度恶劣、简单粗暴，造成不良影响等。违反工作纪律的常见行为包括党组织负责人在工作中不负责任或者疏于管理，给企业造成较大损失；党员领导干部对于到任前已经存在且属于其职责范围内的问题，消极回避、推卸责任，造成严重损害或者严重不良影响的；违规干预插手工程建设、采购等工作，造成不良影响等。违反生活纪律的常见行为包括违背社会公序良俗，在公共场所有不当行为，造成不良影响的；与他人发生不正当性关系，造成不良影响的等。

4. 违法犯罪行为

如：利用职务上的便利，侵吞、窃取、骗取或者以其他手段非法占有本企业、关联企业财物，或者将本企业、关联企业财物挪归个人使用的；

利用职务上的便利,索取本企业的关联企业、与本企业有业务关系的企业,以及管理和服务对象等单位和个人物质性利益,或者非法收受他人财物为其谋取利益的;向国家工作人员,公司、企业或者其他单位的工作人员,外国公职人员、国际公共组织官员行贿的;利用职权或者职务上的影响,在企业产权转让、增资、资产转让等国有资产交易过程中为本人、他人及其经营管理的企业谋取私利的;利用职权或者职务上的影响,在采购营销、投资并购、资产租赁、工程建设、招标投标、金融信贷、出版发行等过程中为本人、他人及其经营管理的企业谋取私利的;利用企业上市或者上市公司并购、重组、定向增发等过程中的内幕信息或者企业的商业秘密、知识产权、业务渠道等无形资产或者资源为本人、他人及其经营管理的企业谋取私利的等。

(二)问题线索的来源

国有企业是我国国民经济的基础和骨干。党的十八大以来,我们党坚持把惩治国有企业领域腐败问题放在突出位置。党的二十大报告强调,深化整治权力集中、资金密集、资源富集领域的腐败。二十届中央纪委三次全会明确继续紧盯重点问题、重点领域、重点对象、新型腐败和隐性腐败,把严惩政商勾连的腐败作为攻坚战重中之重,深化整治金融、国企、能源、烟草、医药、基建工程和招投标等领域腐败问题,坚决惩治群众身边腐败,集中整治跨境腐败问题。党中央的一系列决策部署为国有企业坚定不移深化反腐败斗争,一体推进不敢腐、不能腐、不想腐明确了努力方向。国有企业的问题线索来源,有其一定的特殊性,具体来源主要集中在以下几方面。

1. 信访举报

信访举报是国有企业问题线索来源的主渠道。信访举报主要是指通过网络(邮箱、微信、QQ 等)、电话、信件、当面反映等形式直接向国有企业纪检监察机构进行的检举揭发。

(1)信访举报的受理。信访举报分为实名举报和匿名举报。在举报中署名的并非实名举报,一定要向署名人核实后,确认是举报人使用本人真实姓名进行的检举揭发才能认定为实名举报。否则,即使署有姓名和联系方式、通信地址，经多次电话、书信寄达仍无法取得联系的，仍按照匿名举报处置。根据《纪检监察机关处理检举控告工作规则》相关要求，鼓励实名检举控告，强调对实名检举控告优先办理、优先处置。纪检监察机关信访举报部门对属于本机关受理的实名检举控告，应当在收到检举控告之日起15个工作日内告知实名检举控告人受理情况。此外，实名检举控告对突破重大案件起到重要作用，或者为国家、集体挽回重大经济损失的，还可以对检举控告人予以奖励。因检举控告致其合法权利受到威胁或者侵害的，检举控告人可以提出保护申请等。

(2)信访举报的办理流程。在国有企业纪检监察机构，信访举报应指定部门或者专人负责接收信访举报，按照规定移送有关部门，并将移送情况通报案件监督管理或指定部门。收到的来信、来电、来访，需要逐件编号登记在《信访举报电话记录单》(见附件4－1)或《接待来访记录单》(见附件4－2)上。对于重复信访或者无问题线索、线索模糊的信访可以提出办结的办理意见，并填写《重复/无实质内容信访件登记表》(见附件4－3)。对收到的信访件要进行研究，作出鉴别，提出处置意见。属于纪检业务范围外的，应按程序审批后，及时按程序移交相关业务或者职能部门处理，并填写《业务范围外问题线索(信访举报)转办登记表》(见附件4－4)。对于有价值的问题线索，可以提出转问题线索处置的办理意见，提出的办理意见需要由经办部门负责人、纪委书记、党委书记(一般被反映对象为党委管理的干部或特别重要的信访件时)审批。

(3)信访举报的办理要求。信访举报不得拖延和积压，办理意见应当在收到问题线索之日起一个月内提出，并制订处置方案，填报《信访拟办呈批表》(见附件4－5)履行审批手续。对于接收到的所有信访件，均应逐年归档、建立台账，相关台账格式见《20××年××公司纪委接收信访举报和问题线索台账》(见附件4－6)。

2. 在巡视巡察中发现

巡视巡察工作是对被巡视巡察单位一次全面的政治体检，国有企业已全面开展系统内的巡视巡察工作。巡视巡察工作应始终坚持问题导向，牢固树立"发现不了问题就是失职"的理念，发现问题，形成震慑。巡视巡察人员要善于从企业经营管理的资料中"找"出线索，从组织有针对性的个别谈话、座谈会中"听"出线索，从有主题的调查问卷、民主测评中"看"出线索，从企业财务账目等中"察"出线索，从经营管理的异常现象中"判"出线索。

3. 在企业开展的业务、财务检查，经济审计等活动中发现

国有企业有很多的业务、财务检查制度规定，以及制订了各类审计计划，定期对相关岗位或者专项费用进行审计。因此，在财务检查、质量检查、经济审计等活动中会发现很多问题，国有企业应制定业务部门移交问题线索给纪检机构的相应管理办法，确保上述检查、审计中发现的可能存在腐败等隐患的问题线索能及时移交企业的纪检机构查办。

4. 纪检机构在监督、执纪工作中发现

近年来，国有企业纪检监察机构均高度重视日常监督工作，很多国有企业结合自身特点，每年制定专项监督计划，对人员外包、业务招待、干部异地交流费用报销、入党材料真实性等方面开展主动监督，在监督中发现问题线索。在纪律审查工作中，违纪或涉案相关人员也会主动交代、揭发出一些问题线索。

5. 在干部考察或谈心谈话中发现

干部考察需要开展个别谈话，而谈心谈话也是个别交流的一种方式，谈话对象往往因为个别交流的环境而没有顾虑，愿意说出其听到、看到的一些情况，而这些情况往往包含着有价值的问题线索。

6. 在舆情或社交平台中发现

现代社会网络发达，经常会出现社会反响较大的热点甚至舆情问题，尤其是国有企业的领导干部或者关键岗位人员，一旦有违规违纪，甚至违法行为，很容易被新闻媒体或者各类社会传媒平台曝光。国有企业的纪检人员也有一定的社交圈，而这个社交圈往往是熟人圈，因

此，我们要善于做顺风耳、千里眼，在日常聊天等社交中要保持高度的警觉性，主动收集有价值的信息，可以从舆情、社交中及时发现问题线索。

7. 其他渠道移交

除了上述问题线索来源外，现在还有地方纪检监察机关、公安机关、检察院、审计机构等在工作中发现的问题线索会移交给企业纪委。

二、问题线索的处置

（一）问题线索处置的要求

根据相关规定，问题线索管理要全过程实行监督检查。其中仅提及姓名职务，没有反映相关违纪违法等问题或者所反映的问题与其没有关联、没有实质内容、与组织已掌握的情况不一致或明显失实的等，不作为问题线索的材料，也不作为回复党风廉政意见的依据。

根据《监督执纪工作规则》规定："纪检监察机关应当结合问题线索所涉及地区、部门、单位总体情况，综合分析，按照谈话函询、初步核实、暂存待查、予以了结4类方式进行处置。线索处置不得拖延和积压，处置意见应当在收到问题线索之日起1个月内提出，并制定处置方案，履行审批手续。"根据《关于新形势下党内政治生活的若干准则》规定："对涉及违纪违法行为的举报，对党员反映的问题，任何党组织和领导干部都不准隐瞒不报、拖延不办。"

（二）问题线索处置的流程

根据有关规定，收到问题线索，承办部门应指定专人建立台账，逐件登记、编号。对属于本级纪检机构受理范围的初次信访举报问题线索，一般应当在5个工作日内移送相关部门；发现属于上级纪委受理范围的问题线索材料，应当在5个工作日内将原件移送上级纪委。对国有企业退休、离职人员，党组织关系已转入居住地街道、社区党组织的，如问题线索反映其涉嫌违纪、违法行为主要发生在国有企业工作期间或者与当时职务有密切关联的，一般根据其退休、离职前的管理权限，由有关国有企业的纪检监察机构处置。

对于应交由下级纪检机构办理的问题线索，要通过《问题线索督办函》(见附件4－7)或《问题线索转办函》(见附件4－8)进行督办或转办。对于由本级纪检机构办理的问题线索，承办人员要对问题线索进行研判，在收到问题线索1个月内进行研究，提出具体处置意见，起草《关于反映××(单位)××(职务)××(姓名)有关问题线索办理意见的请示》(见附件4－9)，并须经承办部门负责人、纪委书记、党委书记(涉及下一级单位、部门主要负责人的问题线索)批准。问题线索处置流程见图4－1。

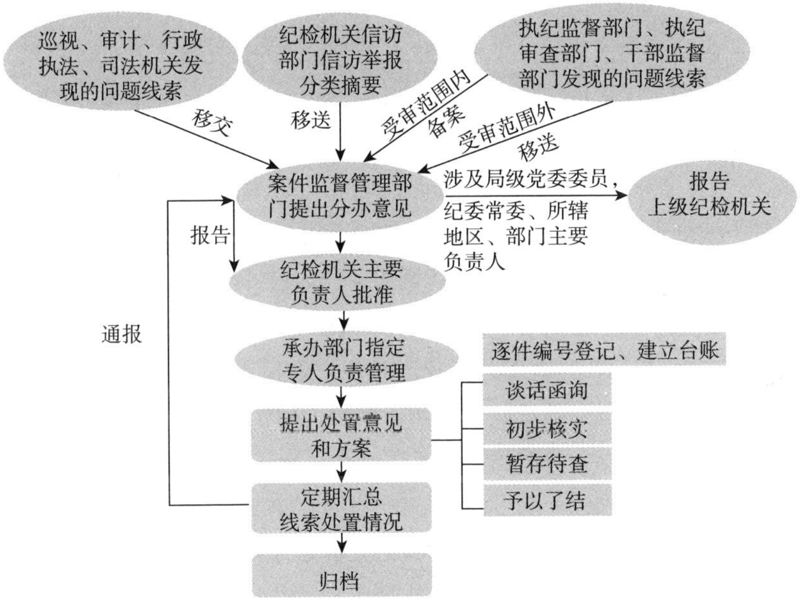

图4－1　问题线索处置流程

承办部门应当依据掌握的被反映人廉洁自律、历史信访件等情况，结合问题线索所涉及单位或部门的政治生态情况，进行综合分析，一般按照谈话函询、初步核实、予以了结三类方式进行处置，慎重使用暂存待查处置方式。四类处置方式可以结合起来使用。对采用谈话函询方式处置的，须按一定比例进行抽查复核。

(三)谈话函询

《中国共产党党内监督条例》明确规定,纪检机关"接到对干部一般性违纪问题的反映,应当及时找本人核实,谈话提醒、约谈函询,让干部把问题讲清楚"。依据上述规定,如果反映的属于一般性问题,通常进行谈话函询。

1. 谈话函询的程序

根据《监督执纪工作规则》规定,采取谈话函询方式处置问题线索,应按程序报批,谈话函询的报批手续通常和前期线索处置呈批程序合并,呈批时应拟定好谈话方案和相关工作预案,避免多次呈批。在谈话结束或收到函询回复后一个月内写出谈话函询的情况报告和处置意见,经研究后按程序报批。根据不同情形作出相应处理:反映不实,或者没有证据证明存在问题的,予以采信了结,并向被函询人发函反馈;问题轻微,不需要追究纪律责任的,采取谈话提醒、批评教育、责令检查、诫勉谈话等方式处理;反映问题比较具体,但被反映人予以否认且否认理由不充分具体的,或者说明存在明显问题的,一般应当再次谈话或者函询;发现被反映人涉嫌违纪或者职务违法、职务犯罪问题需要追究纪律和法律责任的,应当提出初步核实的建议。对诬告陷害者,依规依纪依法予以查处。必要时可以对被反映人谈话函询的说明情况进行抽查核实。谈话函询材料应当存入廉政档案。谈话函询的业务流程见图4-2。

2. 谈话的要求

确定采取谈话形式的,要制订谈话方案和相关工作预案,起草《关于与××(人员)进行谈话的方案》(见附件4-10)报批。谈话方案一般包括谈话核实的问题线索,谈话对象、谈话人员、记录人,谈话的时间、地点、配合单位和人员,以及针对谈话过程可能出现的突发情况、注意事项,提前制定相应处置措施,一般包括安全、医疗、保密等突发情况的预案。

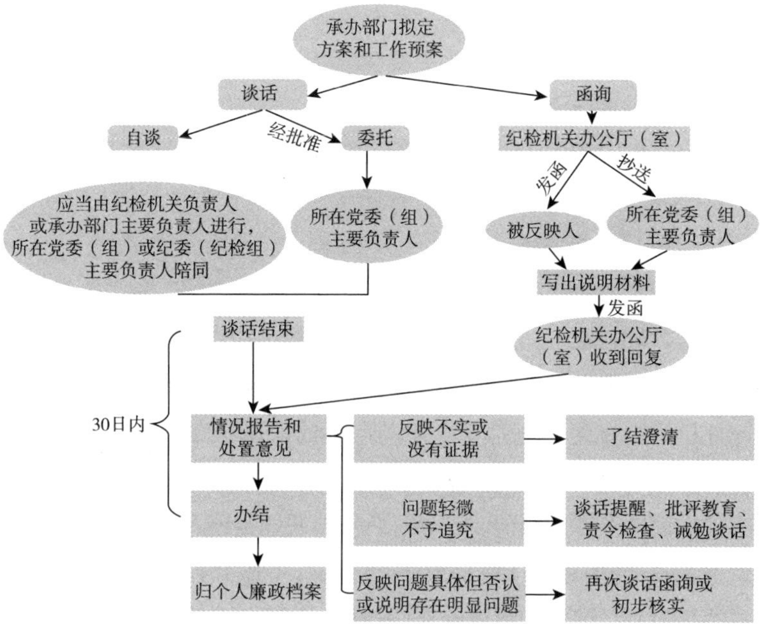

图 4 – 2　谈话函询的业务流程

根据《监督执纪工作规则》规定，谈话应当由企业纪检机构相关负责人或者承办部门负责人进行，可以由被谈话人所在党委、纪委有关负责人陪同；经批准，也可以委托被谈话人所在党委主要负责人进行，并通过《委托谈话函》（见附件 4 – 11）交办。

谈话应制作谈话笔录。谈话后可以视情况由被谈话人写出书面说明。对于委托谈话的，受委托党组织可以制作工作记录。

3. 函询的要求

（1）发函要求。函询应当以承办部门名义发函给被反映人或党组织，并抄送其所在党委（党组）、纪委的主要负责人（函询对象非主要负责人）。发函参照《关于请作出书面说明的函》（见附件 4 – 12）等格式。

（2）回函要求。被反映人（党组织）收到函询书后，应当本着对党组织忠诚老实的义务和要求，于 15 个工作日内如实写出说明材料，存在问题的,应当主动检讨、悔错改错。如果被函询人为下一级党组织主要负责人的,或者其所作说明涉及主要负责人的,应当直接回函至发函机关。如果被反映人是非主要负责人,且其说明内容不涉及主要负责人,则被反映人的说明材料应由所在党组织主要负责人签署意见后回函,以督促党组织主要负责人认真履行管党治党主体责任,起到审核把关、监督提醒的作用。

4. 谈话函询的情况报告和处置意见

根据《监督执纪工作规则》规定,承办部门应当在谈话结束或者收到函询回复后1个月内写出情况报告和处置意见。建议模板为《关于反映××(单位)××(职务)××有关问题的谈话/函询情况报告》(见附件4-13),并按程序报批。根据不同情形作出相应处理:反映不实或者没有证据证明存在问题的,予以采信了结,并向被函询人发《函询回复采信反馈函》(见附件4-14)反馈;问题轻微,不需要追究纪律责任的,采取谈话提醒、批评教育、责令检查、诫勉谈话等方式处理;反映问题比较具体,但被反映人否认且否认理由不充分具体的,或者说明存在明显问题的,一般应当再次谈话或者函询;发现被反映人涉嫌违纪或者职务违法、犯罪问题需要追究纪律和法律责任的,应当提出初步核实的建议。

对于采取谈话函询处置的问题线索,必要时可以对被反映人谈话函询的说明情况进行抽查核实,以形成震慑,维护监督执纪的严肃性和准确性。

(四)初步核实

涉嫌违规违纪违法的线索具体,具备可查性,需要追究纪律或法律责任的,应果断进行初步核实。

1. 初步核实的程序

根据《监督执纪工作规则》规定,国有企业纪检监察机构采取初步核实方式处置问题线索,应当制订工作方案,成立核查组。根据《国有企业管理人员处分条例》的规定,对具有可查性的问题线索,任免机关、单位应当进行初步核实。

实践中,一般起草《关于反映××(单位)××(职务)××有关问题线索的初核工作方案》(见附件4-15),初核工作方案主要内容一般包括:(1)初核的依据,即有关领导指示或批示;(2)问题线索来源和反映的主要问题;(3)核查组人员组成;(4)初核方法、步骤,包括初核时间、重点问题、主要工作方法步骤等;(5)安全工作预案、办案纪律和保密纪律要求及注意事项等。

初核请示要严格按程序报批。被核查人为下一级党委(党组)主要负责人的,纪检机关应当报同级党委主要负责人批准。初核工作方案一般附在初核请示后面呈报,也可单独报批。初步核实的呈批程序通常可以和问题线索处置意见呈批的程序合并,既提出初核的处置意见,又要制定好初核工作方案,同步报领导审批,避免实践中的多次呈批。初核工作方案按程序报批后,要严格依据方案开展相关工作,如有超出方案的内容,需另行报批。

初核请示批准后,应成立核查组,开展谈话、收集证据等初核工作。需根据所反映问题的范围、性质以及线索复杂程度和工作量来选配核查组人员,并充分考虑业务能力等与问题线索的匹配情况,可适时补充财务和审计等部门的专业人员。初步核实的业务流程示意见图4-3。

根据1994年中央纪委制定的《中国共产党纪律检查机关案件检查工作条例》规定,"初步核实的时限为两个月,必要时可延长一个月。重大或复杂的问题,在延长期内仍不能初核完毕的,经批准后可再适当延长"。《监督执纪工作规则》不再对初步核实的时限作出规定,目的就是要让纪检监察机关把初步核实工作做扎实。为了确保承办部门提高工作效率,尽快完成初步核实工作任务,国有企业纪检监察机构可以自行规定一般线索的初步核实期限,需要延长则履行审批手续。根据相关规定,如经过初步核实6个月后仍无实质性进展的,或者暂存待查超过一年时间的,相关承办部门需要报告原因并提出下一步工作建议。

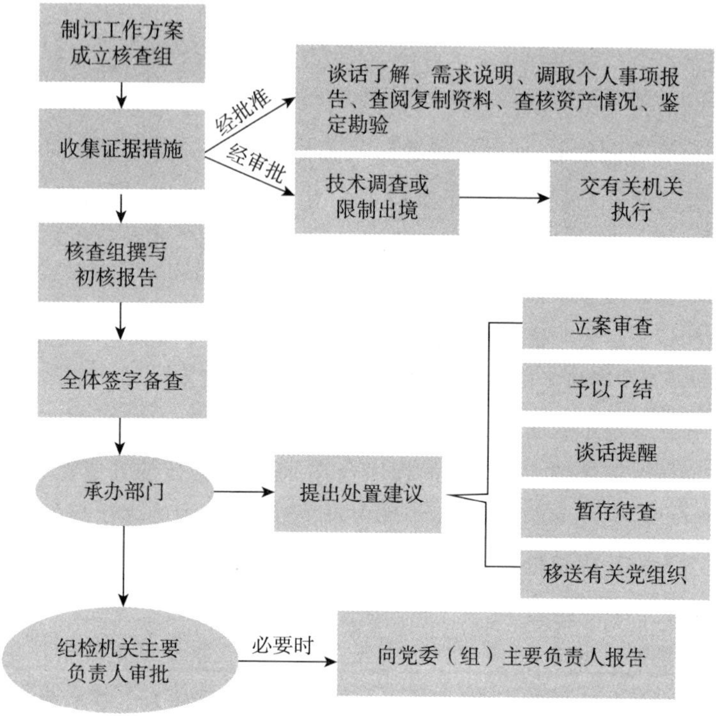

图4－3　初步核实的业务流程

2. 核查手段

按照《监督执纪工作规则》的规定，国有企业纪检监察机构在初核阶段经批准可以采取必要措施收集证据，与相关人员谈话了解情况，要求相关组织作出说明，调取个人有关事项报告，查阅复制文件、账目、档案等资料，查核资产情况和有关信息，进行鉴定勘验。对被核查人及相关人员主动上交的财物，核查组应当予以暂扣。有监察权的国有企业纪检监察机构还可以根据《监察法》的有关规定开展调查工作。根据《国有企业管理人员处分条例》的规定，重大违法案件调查过程中，确有需要的，可以商请有管理权限的监察机关提供必要支持。

其中，查阅复制文件、账目、档案等资料涉及有关单位取证，如在饭店、宾馆、商店等查阅相关消费记录。在此过程中，一是需要注意对案情的保密,一般找相关单位的纪检机构或综合办公室对口接待,提出需要查询的时间段和具体的要求;二是注意对个人隐私的保护。必要时可以向相关地方纪委监委或中央纪委国家监委(地方纪委监委)派驻国有企业纪检监察组提出申请协助,通过银行、通信运营商等单位协查涉案人员银行卡、通信、第三方平台转账等交易或通话、聊天记录等证据。如需地方纪委监委协助,应制定《商请协助采取措施函》(见附件4-16)。

需要调阅领导干部个人有关事项或人事档案时,根据国有企业相关资料管理要求,一般需填写《领导干部个人有关事项报告查阅审批表》(见附件4-19-1)或《干部人事档案查阅审批表》(见附件4-19-2)。

3. 核查谈话

按照规定,初核过程中采取的谈话措施属于"走读式"谈话的范围,开展"走读式"谈话要严格执行中纪委有关规定,需制订谈话方案和安全预案,以及申请谈话室等(涉及谈话的系列模板见附件4-17),按程序逐级报批。对谈话对象涉嫌违法的情况要进行慎重的研判,应当事先做好协调准备工作,如预判谈话可能突破,且后续需要采取留置措施的,在谈话方案中应明确具体的预案和详细措施,并和地方纪委监委落实好相关衔接工作。经评估,谈话安全风险较高、难以防止发生安全问题的,不得采取"走读式"谈话。因此,国有企业纪检监察机构一定要坚持把谈话对象的个人履历、身体状况、性格特点、家庭关系、工作表现、为人处世等"六必知"作为"走读式"谈话的前置条件进行认真研判。

"走读式"谈话应当始终由2名以上谈话人员共同进行,被谈话人为女性的,应当有女性工作人员参加。在谈话中途遇有如厕、吃饭或者其他需要离开谈话室的情况,要注意避开情绪波动关键节点。谈话暂停期间,应当由2名以上人员陪护,确保被谈话人始终处于可控范围。单次谈话时间不得超过10小时(不包括休息、吃饭等非谈话时间,休息、吃饭等具体起止时间应在笔录中记录),不晚于22:00。根据国有企业纪检工作的实际情况,建议实践中谈话结束时间一般不要晚于20:00,一次性持续谈话(无休息状态)一般不超过4—6小时(各个企业纪检机构可以自行作出明确规定)。

核查谈话是国有企业纪检监察机构收集证据的主要手段,谈话的效果直接决定谈话的结果。除了谈话安全所要求的“六必知”外,谈话人应该充分准备,预判被谈话人谈话时的态度,找到被谈话人的“软肋”,寻找合适的突破点。尤其谈话前的政策攻心,需要一定的技巧,要根据掌握的情况,打破被谈话人可能留存的幻想,做到如实坦诚地说明清楚情况。谈话时根据被谈话人的心理活动情况,可以采取长时间静默、举例说后果等方式增加一定的严肃性,也可以采取互称“同志”、关心家庭等方式拉近关系,消除对立情绪,让其放下思想包袱。

4. 谈话笔录的要求

笔录的质量直接决定谈话的质量,因此,谈话笔录的规范要求很高。实践中,笔录常见的问题主要包括:缺少谈话的具体起止时间;休息、吃饭、如厕等起止时间没有记录;出现多处手写修改;没有每页签名;缺少身体状况如何,能否接受谈话等安全内容;缺少有无补充内容,本次谈话有没有逼供、诱供等规范问题内容;被谈话人未规范签署意见及签名、按指印;谈话人、记录人未签名等。常用的谈话笔录基本格式见附件4-18。

笔录要始终坚持实事求是原则,切忌简单粗暴,主观臆断。谈话之前,核查组人员应该先开一个碰头会,确定由谁主谈、先谈什么内容、切入点在哪里、可能会出现什么问题,对预判的问题怎么谈等,拟出一个可行的谈话提纲,以免谈话时遗漏、重复问题。在谈话时,主谈人员一定要思路清晰,紧紧围绕被谈话人的违纪违法事实进行提问,突出主题。谈话笔录必须采取一问一答的形式,并必须按照被谈话人的表述如实记录,切忌自问自答或由谈话人叙述事实,甚至嫌被谈话人啰唆,按自己主观判断代替被谈话人陈述意思,笔录最后必须征求被谈话人意见,并签字确认。

5. 证据收集的要求

根据《中共中央纪律检查委员会关于查处党员违纪案件中收集、鉴别、使用证据的具体规定》等有关规定，收集违犯党纪案件的证据，由党的纪律检查工作人员或党组织委派的党员负责进行，收集证据必须2人及以上人员进行；收集书证采用提取会议记录及纪要、介绍信、制度文件、合同协议、个人记录、私人信件、日记、审批单据、财务凭证等方法，并尽可能提取原件。如不能提取原件的，用摘抄或复印的方法提取，但应注明出处、原件保存单位，并应由原件保存单位加盖公章。例如，“此材料复印于×××单位（个人处），共计×页，已与原件核对无异，因档案管理要求（或者因保密工作需要等取得原件确有困难的原因），原件存于×××单位（个人处）”，调取人（2名）、提供人签写姓名和日期，提供单位在首、末页及全部材料骑缝处盖章。

摘抄或复印会议记录、个人记录、私人日记时，要注意时间的连续性，节录材料不得断章取义。对可作为书证的私人日记、信件等原始材料的收集只能采取动员的方法，不得强行收集，涉及个人隐私的，有关党组织应为其保密；在没有物证、书证的情况下，仅凭言词证据定案时，必须有两个以上（含两个）证据，才能定案；仅有受审查党员的交代，没有其他证据，不能定案；受审查党员拒不承认，其他证据确实充分，仍可定案。

从上述规定中可知，证据的收集应当由两名以上纪检工作人员共同进行，并按规定出示工作证件及相关规范文书。为工作方便，国有企业纪检工作人员应尽量制作表明纪检工作岗位的工作证件，在核查取证工作中主动出示，供对方查证身份。被到访单位根据需要，可以复印来访纪检工作人员工作证进行留存记录备查。

上述规定对证据收集的规范性、有效性提出了具体要求。值得强调的是，在没有物证、书证的情况下，仅凭言词证据定案时，必须有两个以上（含两个）证据，才能定案。因为言词证据往往是国有企业纪检办案中最常规的证据，所以一定要在有两个人及以上的笔录证据且能相互印证的情况下，方能定案。常见的受贿、公款吃喝等违纪违法行为都是在证人较少的违纪场景下发生，需要对证据运用加以研判。

示例

某国有企业一位副总经理张某被下属王某举报接受其行贿的一款名表,价值8万元。经谈话了解有3名员工表示曾看到张某佩戴过该品牌手表,但不知道手表来源。举报人王某陈述了行贿的时间、地点,并提供了购买手表的发票,但陈述当时无其他知情人。张某对举报内容均予以否认,同时张某不能提供购买该表的付款记录,称系早几年在实体店现金购买的低价"水货",并在某次旅游途中将该表遗失。

此示例中,虽有三人证实张某佩戴过被举报的类似手表,但是缺乏手表系受贿来的有效证词。张某承认有类似手表,但称系"水货",仅有举报人兼行贿人王某的证言,没有证据能够证明此表是彼表。因此仅凭上述证言证词的证据不足以定性张某受贿。

除前述要求之外,国有企业纪检工作人员还要充分利用各种社会信息平台功能,不断提升自身的核查能力。比如,注册企查查、天眼查等平台用户,可以查询到各个企业、经营者的基本信息,对领导人员或家属经商办企业,以及各个企业之间的关联情况均可查询掌握。同时要加强各种平台功能运用的学习,如支付宝、微信里有带有公章的,可以指定查询期间的交易流水记录下载功能,必要时可以让相关人员导出上述PDF文件,打印出来让本人签字、注明来源和日期,作为证据使用。

6. 初步核实情况报告

初步核实工作结束后,核查组应当撰写《关于反映××(单位)××(职务)××(姓名)有关问题线索初步核实情况的报告》(初核报告,见附件4-20),列明被核查人的基本情况、反映的主要问题、办理依据以及初步核实结果、存在疑点、处理建议,由核查组全体人员签名备查,由专题会研究同意后,经纪检机关主要负责人审批,必要时要向同级党委(党组)主要负责人报告。

初核是初步了解、核实查证,尽管不一定达到事实完全清楚、证据全部确凿等程度,但必须注重提高初核质量,初核结论要达到一定程度(第二种形态及以上处置)的违纪事实确实充分,为立案后的审查调查奠定基础。核查报告中须由承办部门提出具体处置意见,初核后的处置结论有多种方式:拟立案审查调查、予以了结、谈话提醒、暂存待查、移送有关党组织处理等。如对问题线索进行初核后,没有证据证明存在问题的,按照规定程序报批后予以了结;问题轻微,不需要追究纪律和法律责任,但需要对本人谈话提醒的,按照程序报批后办理;核查中发现尚不能排除问题存在的可能性,在现有条件下难以进一步开展核查工作的,可程序报批后予以暂存待查;发现存在一定违纪问题,但不需要给予党纪处分,可以视情况提出诫勉或者组织处理等建议,按照规定报批后,移交有关党组织处理;对于上述采取予以了结、谈话提醒、移送有关部门处理的,必须完成全部初步核实工作,做到事实清楚,在初核报告中写明具体处理意见。发现确有违纪或者职务违法、犯罪问题,需要追究纪律和法律责任的,按照规定程序报请立案审查调查。判断涉嫌严重违纪违法或职务犯罪、需要移交地方纪委监委的,应填报《关于将××涉嫌职务犯罪问题线索移交××监委的请示》(见附件4－21),经上级纪检机构研究同意后,按程序审批移交。

对于要进入立案审查程序的,既起草初核报告,也起草立案审查的请示。对案情简单,经过初步核实已查清主要违纪、违法事实,需要追究纪律法律责任的,不需要再进一步开展审查调查工作,应当履行立案程序后再移送审理,立案和移送审理可以一并报批。

7. 澄清工作

根据《监督执纪工作规则》《纪检监察机关处理检举控告工作规则》等规定,国有企业纪委可以结合企业实际,制定相关规范,做好澄清工作。

(1)澄清的条件。

经核查认定检举控告失实,同时又具备以下情形之一的,应当予以澄清:①被检举控告人在换届选举、选拔任用、评先评优等工作中受到或者可能受到影响的。②被检举控告人人身权利、财产权利受到侵害或者正常工作、生活受到不良影响的。③失实检举控告在一定范围或者社会上造成不良影响的。④其他确有必要澄清的情形。经核查认定检举控告失实,但尚有被检举控告人其他问题线索拟进行核查的,应当待其他问题线索查结后再研究决定澄清事宜。

(2)澄清工作的方式。

根据《纪检监察机关处理检举控告工作规则》规定,纪检监察机关核查认定检举控告失实、有必要予以澄清的,经本机关主要负责人批准后,可以采取以下方式予以澄清:①向被检举控告人所在地区、部门、单位党委(党组)主要负责人以及本人发函说明或者当面说明。②向被检举控告人所在地区、部门、单位党委(党组)通报情况。③在一定范围内通报。

国有企业纪检监察机构可以结合上述要求,通过以下方式开展澄清工作:

①书面澄清。由承办部门向澄清对象送达澄清函,载明澄清事项、澄清机关和时间等,抄送其所在单位党委主要负责人,根据需要抄送相关组织(人事)部门。

②当面澄清。对澄清对象造成心理影响的,承办部门可派员或者发函委托其所在单位党组织负责人当面澄清事实,帮助其消除思想顾虑,激励其担当作为、履职尽责。

③会议澄清。在澄清对象所在单位等一定范围内造成影响的,承办部门可派员或者发函委托澄清对象所在单位党组织负责人,在相应范围内开会澄清。

④通报澄清。涉及澄清对象换届选举、选拔任用、评先评优等事项的,承办部门应及时向其所在单位或者组织(人事)部门通报情况,消除影响。

⑤其他更为适宜的方式。

以上澄清方式可以合并使用。

(3)澄清的程序。

《国有企业管理人员处分条例》规定，调查中发现国有企业管理人员受到不实检举、控告或者诬告陷害，造成不良影响的，任免机关、单位应当按照规定及时澄清事实，恢复名誉，消除不良影响。国有企业纪检监察机构可按上述澄清要求指导相关调查部门开展澄清工作。工作中应遵循以下工作流程：

①认定评估。各级纪委应组织相关人员对核查情况及结果进行充分研究讨论，确保事实清楚、证据确凿、定性准确，认定检举控告失实的，应结合澄清的标准和要求，对是否开展澄清工作进行评估。

②征求意见。经集体研究评估后，认为需要进行澄清的且拟采取会议澄清、通报澄清等公开方式澄清的，应于呈批澄清建议前征求澄清对象本人意见，结合澄清事项具体情况、工作实际需要等因素，综合考虑确定适宜澄清方式。

③呈报审批。承办部门应在初步核实情况报告中提出具体建议（载明澄清方式、范围），连同澄清稿件一并呈报本单位纪委书记，经批准后实施。涉及重要岗位领导人员，或者造成较大影响、拟公开澄清的，必要时呈报同级党委主要负责人批准。

④组织实施。根据批准的方式和范围，由相关承办部门确定澄清的时间（应于批准之日起 15 个工作日内）、地点并通知相关人员，澄清时应严格按照澄清稿件内容对调查核实结果进行说明，不得涉及核查工作细节，不得公开涉及国家及企业秘密、个人隐私等不宜公开的内容。采取公开方式在较大范围内澄清的，应做好工作预案，防止造成不良影响。相关纪委办公室应当做好相关记录，工作结束后，及时将澄清工作相关材料归入信访档案、干部廉政档案备查。

⑤跟踪提醒。坚持把思想政治工作贯穿澄清工作始终，澄清工作结束后，应听取澄清对象的思想认识及表态，体现组织澄清是非、保护干部的鲜明态度，引导其放下思想包袱、正确对待群众监督。提醒澄清对象在民主生活会、组织生活会上讲清失实检举控告澄清情况和个人思想认识，以消除误解、增进团结，自觉接受组织监督。根据需要适时通过适当

方式开展回访，了解澄清对象的工作表现、思想认识等情况。

（五）暂存待查

如果线索具有可查性，但目前时机、条件不成熟，比如存在涉案、知情人员无法找到等情况，暂不具备核查条件，今后条件成熟了可立即开展核查的，可以暂存待查。

（六）予以了结

线索反映的问题失实，或者没有可能开展核查，包括虽有违纪事实，但情节轻微，不需要追究纪律责任，已建议有关党组织作出妥当处理等情况的，可以予以了结。

示例：

1. 无有效线索的举报

×××公司领导，我公司副总张某好色得要命，还经常和一群狐朋狗友吃喝到深夜。

处理建议：虽不构成违纪违法问题线索的条件，但是出于对干部的管理和关爱，应采取谈心谈话方式进一步了解情况，对一些苗头性问题及时提醒帮助，如通过谈心谈话发现其存在违规违纪行为，则应根据情节采取妥当处置方式。否则应予以了结。

2. 线索模糊的举报

尊敬的×××公司领导，我是×××公司的一名员工，我公司副总张某经常公车私用、公款吃喝，还经常受贿贪污。工资比员工高十几倍，还买了两套学区房，在群众中影响恶劣，请查处！

处理建议：虽然举报部分内容涉及违纪违法问题，但是没有具体线索，对此也不能"一刀切"地予以了结处置，根据中纪委的最新要求，应依据张某所在单位的政治生态、历史信访举报等情况进行分析，也可以结合群众反映、当地房价和张某家庭收入情况进行研判，如果买的房价值和其收入悬殊较大，建议采取谈话函询方式进行处置，有异常情况再进一步核实调查，否则予以了结。

国有企业纪检监察机构应在结合被反映人或单位的政治生态、党风廉政建设和反腐败斗争整体情况的基础上，根据被反映人或单位以往问题线索和处置情况，被反映问题的性质、线索的可查性等方面进行综合分析、判断，区分不同情况，提出处置意见。对于党的十八大以来特别是党的二十大以来不收敛、不收手，问题线索反映集中、群众反映强烈，政治问题和经济问题交织的腐败案件，违反中央八项规定精神的问题，作为监督执纪重点，要优先处置。

三、立案审查调查

根据《监督执纪工作规则》规定，对党员、干部以及监察对象涉嫌违纪或者职务违法、职务犯罪，需要追究纪律或者法律责任的，应当立案审查调查。凡报请批准立案的，应当已经掌握部分违纪或者职务违法、职务犯罪事实和证据，具备进行审查调查的条件。[①]

（一）立案审查调查的条件

初步核实过程中，报请立案应当符合两个条件：一是存在涉嫌违纪或者职务违法、职务犯罪的事实；二是需要追究纪律或者法律责任。所谓“涉嫌”，主要是指相关证据表面存在违纪或者职务违法、职务犯罪事实，可以不是全部事实或者证据。据此，可以终止初步核实工作，并将尚未核查清楚的问题在初步核实报告中注明清楚，按照程序，办理立案手续，依规依纪依法调查取证，直至获取证据、查清事实、作出处理。

需要说明的是，实践中，很多违纪案件情节简单，在初步核实阶段已经将案件细节调查清楚，取得了足以追究党纪责任的证据，此情况可以走简易流程，即补充立案程序，再按程序经批准直接移交审理，不再开展审查调查取证工作。同样，也有无须初步核实的情形，比如根据纪检监察机关监督执纪相关规定，对受到行政处罚或者检察机关决定不予起诉的党员和监察对象，需要追究纪律责任或者给予政务处分

---

① 根据《国有企业管理人员处分条例》的规定，经初步核实后，对属于《公职人员政务处分法》和本条例规定的违法情形，需要给予处分的，经任免机关、单位主要负责人批准后立案。决定立案的，应当书面告知被调查人和其所在企业。

的,由相关监督检查部门提取有关材料,办理立案手续,按照有关规定进行核实。

(二)立案审查调查的程序

根据《监督执纪工作规则》规定,对于符合立案条件的,承办部门应当起草立案审查调查呈批报告及《立案审批表》(见附件4-22),其中立案呈批报告包括问题线索来源、被核查人基本情况、初核发现存在的问题、尚未查清的问题、被核查对象态度和认识、初核组意见、相关领导对初核报告的批示等内容。呈批报告经纪检机关主要负责人审批,报同级党委主要负责人批准,予以立案审查调查,并制作《立案决定书》(见附件4-23)。

立案审查调查决定应当通过《立案通知书》(见附件4-24)向被审查调查人宣布,同时告知其权利和义务,并让其在《被审查人权利义务告知书》(见附件4-25)上签字。立案情况还要通过《立案通知书》形式向被审查调查人所在党委(党组)主要负责人通报。需要转下级纪检机构办理的案件或问题线索,应下发《交办案件/问题线索函》或《指定管辖决定书》(见附件4-26)。国有企业纪检监察机构主要负责人应当主持召开相关人员参加的专题会议进行研究,审批审查调查方案。审查调查方案主要内容包括:审查调查工作原则、任务、审查调查组成员及具体分工安排,以及办案纪律、后勤保障要求等内容。审查调查方案经批准后,审查调查组应当严格执行,遇有重要事项及时请示。在监督执纪过程中审查调查组需填报《暂予扣留、封存涉案款物登记表》(见附件4-27)对涉案的款物进行暂扣、封存处置。经批准同意后,审查组按照既定的方案,实施审查措施、拟定违纪事实材料并与被审查人见面。根据上述情况,形成审查报告,经纪检机关主要负责人审批后移交审理。审查调查的业务流程见图4-4。

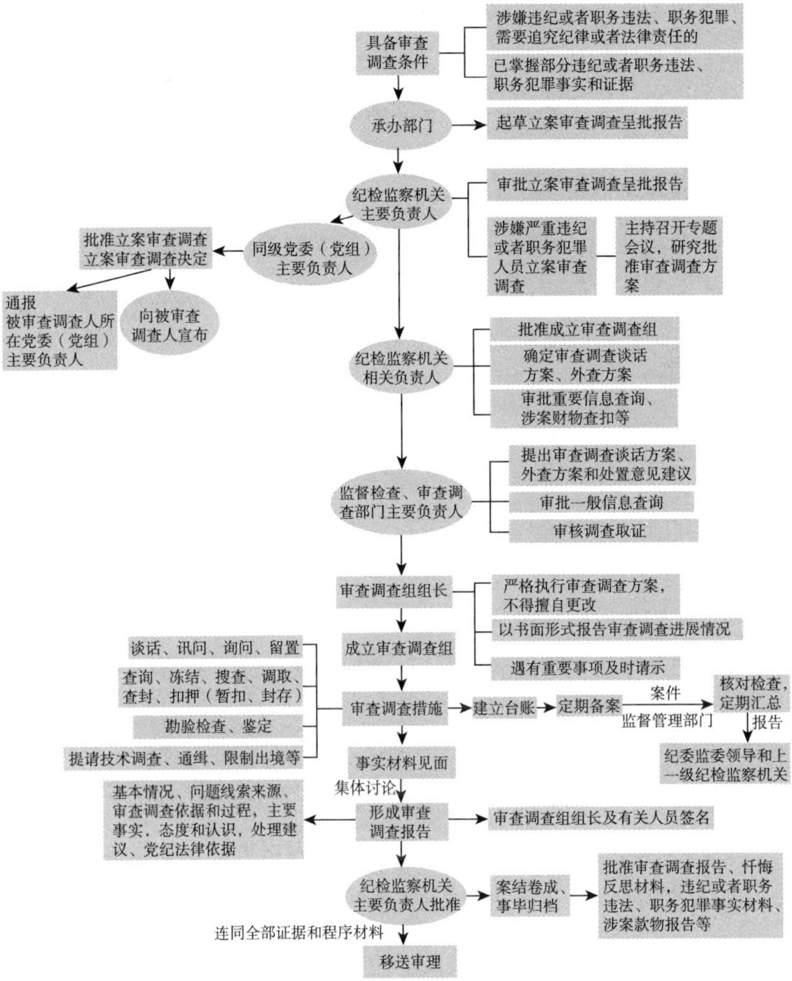

图 4－4　审查调查的业务流程

审查对象被立案或者调查后未采取留置措施的，案件承办部门应当在一年内办结其问题线索，因特殊原因需要延长问题线索办理时间的，应当报纪检机构主要负责人批准。

需要追究纪律责任和法律责任的，原则上同时办理纪委立案审查手续和监委立案调查手续，并填报《向司法、执法机关移送问题线索函》

(见附件4－28)与《商请立案审查函》(见附件4－29)。实践中,认为违纪需要追究纪律责任,但尚不确定其涉嫌职务违法、职务犯罪的,可以先办理纪委立案审查手续,根据审查情况再决定是否移交地方监委(派驻纪检监察组)采取进一步措施。

对依法受到刑事责任追究的党员和监察对象,需要追究纪律责任或者给予政务处分的,原则上可以不再履行立案程序,由相关承办部门依据司法机关的生效判决、裁定等法律文书及其掌握的相关人员问题线索提出意见,需要直接作出党纪、政务处分的,移送案件审理室办理。

(三)审查调查的基本要求

1. 审查调查工作安全

审查调查工作有很高的工作和纪律要求。在安全上,除了必须严格执行对被审查调查对象"六必知"的要求外,还要严格遵守审查调查方案(包括谈话方案、外查方案),不得擅自更改方案确定的内容。审查调查工作出现新情况时,需要随时作出相应的工作安排,因此,审查调查组需要及时报告审查调查进展情况,对重要事项及时请示,形成《关于××(单位)××(职务)××涉嫌(严重)违纪问题的审查工作方案》(见附件4－30),按照规定程序报批后实施。

2. 审查调查措施的使用和监督

根据《监督执纪工作规则》规定,审查调查组依照党章党规和《监察法》及其实施条例,经审批进行谈话、讯问、询问、强制到案、责令候查、管护、留置、查询、冻结、搜查、调取、查封、扣押(暂扣、封存)、勘验检查(调查实验)、鉴定,提请有关机关采取技术调查、通缉、限制出境等措施。上述规定,赋予了国有企业纪检监察机构(派驻纪检监察组)必要的权限和调查措施。一方面实现了调查措施法治化,如用"留置"取代了"双规";另一方面也完善了自我监督机制,严格审批权限,规范内控程序,确保不滥用措施。需要注意的是,根据相关规定,采取讯问、询问、强制到案、责令候查、管护、留置、搜查、查封、扣押、通缉措施,应当以监委名义进行,无监察权的国有企业纪检监察机构不得适用,且讯问、留置、冻结、搜查、查封、扣押、通缉等相关措施应在立案后进行，其他调查措施可以在初步核实阶段使用。如果需要提请地方监委进行配合，采取上述措施，应制作《委托审查/调查函》（见附件4－31）。

3. 审查调查事实材料和报告

根据《监督执纪工作规则》规定，在审查调查工作结束后，要形成书面文件《××（同志）违纪（违法）事实材料》（见附件4－32），与被审查调查人见面，听取其意见并规范签署意见。这是审查调查工作中的重要程序，也是规范办案、固定证据的需要，还是对被审查调查人权利的保护。审查调查组要如实记录被审查调查人员签署不同意见或者拒不签署意见的情况，并作出说明或者注明情况。

审查调查工作结束后，审查调查组要集体讨论，形成《关于××（单位）××（职务）××违纪案的审查报告》（见附件4－33）。审查调查报告的内容应当包含被审查调查人的基本情况、问题线索来源和审查调查的依据、过程，主要违纪或者职务违法、职务犯罪事实，被审查调查人的态度和认识，处理建议以及党纪法律依据等。审查调查组组长和相关人员应该在审查调查报告上签署姓名。如审查调查工作结束后，并未发现有违纪或者职务违法、职务犯罪事实，审查调查组集体讨论并报批后应出具《撤销案件决定书》（见附件4－34），对于立案审查调查期间暂予扣留、封存的款物应予以解除处置，并填报《解除暂予扣留、封存涉案款物清单》（见附件4－35）。

4. 移送审理

根据《监督执纪工作规则》规定，审查调查报告以及忏悔反思材料或个人检讨材料、违纪或者职务违法、职务犯罪事实材料、涉案财物报告等，应当按程序报纪检机关主要负责人批准，连同全部证据和程序材料，依照规定移送审理。这就要求审查调查组形成审查调查报告和移交审理的书面请示，书面请示应简述审查调查情况和结论，提出移交审理的申请，报经纪检机关主要负责人同意后，连同全部案宗、同步录音录像等材料，形成《××同志案卷材料清单》（见附件4－36－1），一同移送案件审理部门。

5. 案卷归档

审查调查全过程形成的材料，应当按照要求形成卷宗目录并规范完整归档。需要对证据材料编号（一般用自动号码机在材料的右上角加盖页码数字），并形成材料汇总清单，逐行按材料名称、起止页码进行登记汇总。如果涉及职务犯罪，还应将违纪违法问题案卷和职务犯罪调查案卷分开归档，有助于下一步移送司法机关，符合刑事诉讼的要求和标准，提高纪检监察机关惩治腐败的效率。形成完整、标准、规范的档案资料，有利于今后资料的查找利用，更是重要的历史凭证。

四、案件审理

案件审理不是一个独立的办案环节，是纪检监察工作的重要组成部分，履行着审核把关和监督制约的基本职能。案件审理工作对内承担着对监督执纪和审查调查工作的有效监督，对外担负着将案件移送地方纪委监委审查调查、检察机关起诉的把关审核职责。审理工作对于国有企业纪检监察机构来说是审查处理违纪案件的最后一道关口，也是体现纪法贯通、法法衔接的一个重要节点。对于案件审理部门而言，在做好自己工作的同时，要注重与其他部门的沟通与配合，特别要加强与执纪审查部门之间的沟通，充分了解每个案件的具体情况，区别不同情况提出客观公正的意见，真正落实好审核把关和监督制约的职能。

（一）审理的基本要求

《党的纪律检查机关案件审理工作条例》第二十条规定："凡需经本级党委、纪委决定或批准以及需报上级党委、纪委批准的案件，在正式决定或批准前，必须经过审理部门审理。"《监督执纪工作规则》第五十四条规定："纪检监察机关案件审理部门对涉嫌违纪或者职务违法、职务犯罪问题，依照规定应当给予纪律处理或者处分的案件和复议复查案件进行审核处理。"

案件审理的基本要求是"事实清楚、证据确凿、定性准确、处理恰当、手续完备、程序合规"。这24个字的基本要求也是对违纪违法案件进行审查调查必须遵循的基本原则。事实主要是指处分决定或审查结论所依据的事实，是定案的基础。证据确凿就是上述违纪违法事实都是有确实、充分的证据加以认定。定性是对违纪违法行为正确与错误界限的判断过程，定性不准就必然导致处理偏差。手续完备、程序合规，是指要按法定程序审查调查案件，是处理恰当的制度保证。

审理的范围不仅包括党员、干部以及监察对象涉嫌违纪或者职务违法、职务犯罪案件，还包括职务违法、职务犯罪以外的涉嫌其他违法犯罪，需要追究纪律和法律责任的案件。

坚持审查调查与审理分离的原则，审查调查人员不得参与审理。审理组必须两人及以上，并明确一名组长。

案件审理工作应当在受理之日起1个月内完成，案件审理部门与审查调查部门对案件事实、性质、处理意见分歧较大，或者案件特别重大疑难复杂的，经（一般为审理工作分管领导）批准，可适当延长审理时限或提前介入，规范填写《××公司纪委延长审理时限审批表》（见附件4－37）或《提前介入审理登记表》（见附件4－38）。其中退回重新审查调查或补充审查调查的时间不计入审理时限。

（二）审理的基本程序

根据《监督执纪工作规则》规定，审理部门收到经纪检监察机关主要负责人审批移送审理的请示及审查调查报告等相关材料后，经审核符合移送条件的予以受理，不符合移送条件的暂缓受理或者不予受理。

审查调查部门在调查过程中如有需要，可以请审理部门（人员）提前介入，可以借助审理部门的工作，把问题尽快分析透、研究透，提高效率，缩短办理时间。经提前介入审理的案件，在审查调查结束后，仍要正式移送审理。

审理部门经形式要件审核并予以受理后，应立即组成两人及以上的审理组并指定主办人。审理组应该按照审理工作程序及基本要求认真开展审理工作，全面审阅案卷材料，坚持集体审议原则，提出审理意见。根据审理情况，派人与被审查调查人谈话，核对违纪违法事实，听取被审查调查人意见，了解有关情况，进行纪法教育，做好《审理谈话笔录》（见附件4－39)，形成《关于××(同志)(严重)违纪案的初步审核意见》(见附件4－40)向审查调查组反馈并交流沟通。如发现证据不足、事实不清的，应退回重新审查调查或补充审查调查。审理工作结束后形成《关于××(单位)××(职务)××(同志)(严重)违纪案的审理报告》(见附件4－41)，审理报告主要包括被审查调查人基本情况、审查调查简况、主要违纪违法事实、涉案财物处置、被审查调查人的态度和认识、审查调查部门意见、审理意见等。

在案件审理工作中要贯彻民主集中制原则，充分听取不同意见，集思广益，有利于案件办理更加扎实、公正、可靠，保证办案质量，提高效率。一是审理部门在集体充分讨论的基础上提出审理意见，起草审理报告，经纪委主要负责人审阅同意后报请纪委会议审议。二是纪委会讨论作出决定，实行少数服从多数的原则。三是要坚持下级组织服从上级组织的原则，下级党组织或纪委对上级党组织或纪委作出的决定有不同意见，可以保留，也可以根据规定向上级反映或者请求重新审查调查，但在上级改变处理决定之前，必须坚决执行。需报同级党委审批的，应以承办部门名义征求同级党委组织部和被审查人员党组织意见，再提交同级党委会讨论作出处理处分决定。案件审理的业务流程见图4－5。

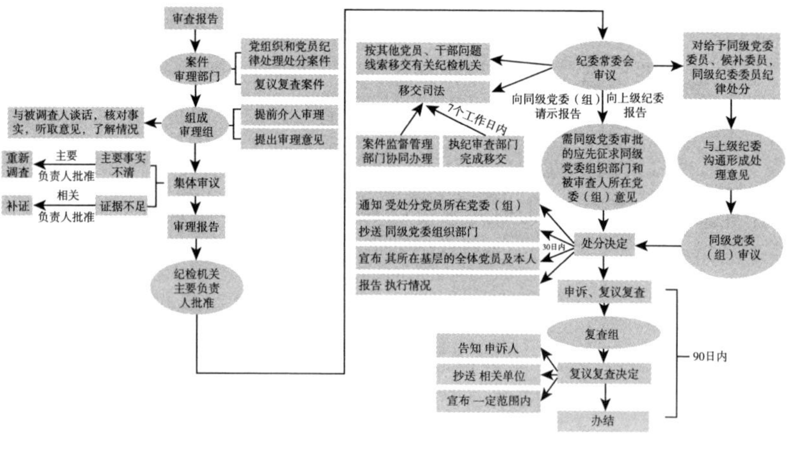

图4－5　案件审理的业务流程

五、处理处分

（一）处理处分的类型

按常规统计口径，处理处分主要分为以下四大类：

1. 组织处理

根据《中国共产党组织处理规定（试行）》规定，所称组织处理，是指党组织对违规违纪违法、失职失责失范的领导干部采取的岗位、职务、职级调整措施，包括停职检查、调整职务、责令辞职、免职、降职。

2. 其他处理方式

根据中央纪委国家监委统计口径，其他处理方式为：批评教育、责成作出口头或书面检查、召开民主生活会进行批评帮助、纠正或责令停止违纪行为、通报批评、责成退还违纪所得、诫勉谈话、警示谈话、责令公开道歉、责令公开检讨、取消当选资格、限期改正、取消预备党员资格、延长预备期。

3. 党纪处分

种类为：警告、严重警告、撤销党内职务、留党察看、开除党籍。

4. 政务处分

种类为：警告、记过、记大过、降级、撤职、开除。

（二）党纪处分的基本流程

在研究确定给予违纪党员处分后，根据国有企业的实际情况，将党纪处分基本流程梳理如下：

（1）违纪党员所在支部支委会讨论，并做好会议记录。

（2）违纪党员所在支部支委会根据研究结果，拟定给予党纪处分的意见草稿。

（3）召开违纪党员所在支部党员大会讨论，做好会议记录（时间、地点、会议内容、应到实到人数，同意、不同意、弃权的表态人数、讨论结果）。

（4）形成支部给予违纪党员党纪处分的决议。

（5）被审查人应当在党支部党员大会决议上签写意见；拒不签写意见或者因其他原因不能签写意见的，支部委员会（含未设支部委员会的支部书记）应当在决议上注明。

(6)按照轻处分和重处分,分别召开纪委会议、党委会议审议研究,形成会议记录。按照《中国共产党处分违纪党员批准权限和程序规定》规定,除本规定和有关党内法规另有规定外,给予各级党委管理的党员警告、严重警告处分,可以由同级纪委审查批准;给予其撤销党内职务、留党察看或者开除党籍处分,须经同级纪委审查同意后报请这一级党委审议批准。

(7)形成党委《关于给予××(同志)××处分的决定》(见附件4-42)或纪委《关于给予××(同志)××处分的决定》(见附件4-43)。

(8)给违纪党员送达处分决定文件《纪律处分决定送达本人回证》(见附件4-44),需本人签署意见"服从组织决定"或其他意见。

(9)给所在党支部、相关部门(国有企业的人力、党建部门)的《纪律处分决定送达回证》(见附件4-45)。

(10)填写《党纪政务处分执行情况报告单》(见附件4-46)(国有企业的纪检机构、组织人事部门)。

(11)拟写一案一整改报告,由案发单位提交。

处分决定作出后,纪检机关应当通知受处分党员所在的党委(党组),抄送同级党委组织部门,并按规定在一个月内向其所在的基层党组织中的全体党员以及本人宣布。①

(三)党纪处分的特殊程序

特殊程序就是指在特殊情况下,县级及以上各级党委和纪委有权直

① 任免机关和单位对国有企业管理人员的处分程序在《国有企业管理人员处分条例》中已作详细规定。调查终结并经审理后,任免机关、单位应当根据下列不同情况,分别作出处理:(1)确有应受处分的违法行为的,根据情节轻重,按照处分决定权限,作出处分决定,并向有管理权限的监察机构通报情况;(2)违法事实不能成立的,撤销案件,并书面通知被调查人和其所在企业;(3)符合免予、不予处分条件的,作出免予、不予处分决定,并送达被调查人和其所在企业;(4)被调查人涉嫌其他违法或者犯罪行为的,依法移送主管机关处理。对国有企业管理人员作出给予处分、免予或不予处分、撤销案件的决定,应当按照程序经任免机关、单位领导班子集体讨论决定。作出处分决定前,应当将调查认定的违法事实及拟给予处分的依据告知被调查人,听取被调查人的陈述和申辩,并对其陈述的事实、理由和证据进行核实,记录在案。被调查人提出的事实、理由和证据成立的,应予采纳。不得因被调查人的申辩而加重处分。给予国有企业管理人员处分,应当自立案之日起一年内作出决定;案情复杂或者遇有其他特殊情形的,调查期限可以适当延长,但是延长期限不得超过6个月。

接决定给予党员纪律处分，不走支部流程。

按照《中国共产党处分违纪党员批准权限和程序规定》规定，有下列特殊情况之一，县级以上各级党委和纪委（国企相当于处级级别的市公司党委、纪委）可以直接决定给予违纪党员党纪处分：（1）案情涉密、敏感的；（2）违纪案件跨地区跨部门跨单位的；（3）违纪党员系县级以上各级党委管理的党员干部的；（4）违纪党员所在的基层党组织无法正常履行职责、不正确履行职责或者其负责人同违纪问题有关联的；（5）违纪党员所在党支部党员大会经讨论无法及时形成决议，或者因可到会有表决权的党员人数未超过全部应到会有表决权的党员半数，不能及时召开党支部党员大会讨论表决的；（6）县级以上纪委提级审查下级党委（党组）管理的党员的；（7）党章和有关党内法规规定的其他情况。

（四）"四种形态"的运用

监督执纪工作应当把纪律挺在前面，把握"树木"与"森林"的关系，深化运用监督执纪"四种形态"，经常开展批评和自我批评，及时进行谈话提醒、批评教育、责令检查、诫勉，让"红红脸、出出汗"成为常态；党纪轻处分、组织调整成为违纪处理的大多数；党纪重处分、重大职务调整的成为少数；严重违纪涉嫌犯罪追究刑事责任的成为极少数。

运用"四种形态"绝不意味着对违法犯罪的腐败分子以纪代法、高举轻放，而是说要尽最大努力防止党员干部成为"阶下囚"。要改变的，不是腐败分子的结局，而是堕落的轨迹，通过在法律底线之上设置多道防线，防止小缺点变成大错误，拦截从违纪走向违法。根据《中国共产党纪律检查委员会工作条例》规定，"四种形态"主要按以下情形进行把握运用：

（1）党员、干部有作风纪律方面的苗头性、倾向性问题或者轻微违纪问题，或者有一般违纪问题但具备免予处分情形的，运用监督执纪"第一种形态"，按照规定进行谈话提醒、批评教育、责令检查等，或者予以诫勉，其中在对监督对象进行谈话提醒、批评教育、诫勉谈话时，应撰写《监督谈话工作记录》（见附件4－47）；对监督对象进行批评教育时，应同步下发《批评教育函》（见附件4－48）；对监督对象进行责令检查时，应同步下发《责令检查通知书》（见附件4－49）；对监督对象进行诫勉谈话时，应同步下发《关于通报××（同志）诫勉情况的函》（见附件4－50）和《诫勉书》（见附件4－51）。

（2）党员、干部有一般违纪问题，或者违纪问题严重但具有主动交代等从轻减轻处分情形的，运用监督执纪“第二种形态”，按照规定给予警告、严重警告处分，或者建议单处、并处停职检查，调整职务，责令辞职，免职等处理。

（3）党员、干部有严重违纪问题，或者严重违纪并构成严重职务违法的，运用监督执纪“第三种形态”，按照规定给予撤销党内职务、留党察看、开除党籍处分，同时建议给予降职或者依法给予撤职、开除公职、调整其享受的待遇等处理。

（4）党员、干部严重违纪、涉嫌犯罪的，运用监督执纪“第四种形态”，按照规定给予开除党籍处分，同时依法给予开除公职、调整或者取消其享受的待遇等处理，再移送司法机关依法追究刑事责任。

（五）“三个区分开来”的运用

党的十八大以来，中纪委多次强调要坚持“三个区分开来”，“三个区分开来”清楚地划分了容错机制的适用范围，明确了哪些错误和失误是可以纳入容错机制的，哪些错误和失误是要接受处罚的。因此，正确把握“三个区分开来”的重要意义，这是容错纠错理论发展的新阶段，是党建理论的新突破，是全面深化改革的重大创新。“三个区分开来”具体为：（1）把干部在推进改革中因缺乏经验、先行先试出现的失误和错误，同明知故犯的违纪违法行为区分开来；（2）把上级尚无明确限制的探索性试验中的失误和错误，同上级明令禁止后依然我行我素的违纪违法行为区分开来；（3）把为推动发展的无意过失，同为谋取私利的违纪违法行为区分开来。

（六）执纪成果的运用

在对党员干部执行适当的处理处分后，要充分运用监督执纪的成果，在干部任用、廉政考察、评优评先等工作中严把关口，出具相应的《关于×××等×名同志任前听取意见的复函》(见附件4－52)、《干部(党风)廉政情况表》(见附件4－53)。依照《监督执纪工作规则》规定,纪检机关对监督执纪中发现的突出问题,经综合分析后,认为应当向有关党组织提出纪律检查建议的,应下发《关于××××有关问题的纪律检查建议》(见附件4－54)。

六、复议复查

申诉的主体是党员。向党的上级组织直至中共中央提出请求、申诉和控告,并要求有关组织给予负责的答复,是党员的权利。《中国共产党党员权利保障条例》规定,党员对于党组织给予本人的处分、鉴定、审查结论或者其他处理不服的,有权向本人所在党组织、上级党组织直至中共中央提出申诉。

(一)申诉的受理

党员对所有党纪处分不服的申诉,一般情况下,由原来作出处分决定的党组织进行复议或复查。对需要复议复查的申诉,按照党的纪律检查机关案件审理工作的有关规定办理。不需要复议复查的,由承办的纪律检查机关或有关党组织对申诉人说明理由,做好工作。如果既受到党纪处分,又受到政务处分的,应当分别向有关机关提出申请。

(二)复议复查的程序

根据《监督执纪工作规则》规定,申诉办理部门应成立复查组,对案卷材料进行书面审查,对案件主要事实、证据进行审核,如果有必要,可以调查核实,请原办案部门或人员就有关问题作出说明。经集体研究后,提出办理意见,报纪检监察机构相关负责人批准或者纪委常委会会议研究决定,并作出复议复查决定,决定应当告知申诉人,抄送相关单位,并在一定范围内宣布。

(三)复议复查的基本要求

1.复议复查人员要求

坚持复议复查和审查审理相分离,原案审查、审理人员不得参与复议复查。

2. 结论的审批要求

经过复议复查,如果原结论或处理决定是正确的,应作出维持原结论或处理的决定,并报原批准的党委或纪委批准结案;需要改变原结论或处理决定的,应作出新的处理决定,并经原批准的党委或纪委批准执行。如果复议复查结论和决定是由原批准的党委或纪委作出的,则不必办理上述批准手续。

3. 结论的通知要求

申诉的问题经复议复查后,由承办的党委或纪委将处理意见或复议复查结论同申诉人转达,并听取其意见。复议复查结论和决定应当送达申诉人,还要抄送原处理决定机关和有关党委,并在一定范围内宣布。

4. 纠错的要求

对于党员、党组织的申诉,应当按照全错全纠、部分错部分纠、不错不纠的原则,实事求是地处理。凡属于冤假错案,无论是哪级组织,哪个领导确定、审批的,都要实事求是地纠正。

5. 复议复查的时限要求

复议复查工作应当在 3 个月内办结,3 个月的时限计算,应当从受理复议复查之日起算。

根据《国有企业管理人员处分条例》的规定,国有企业管理人员对任免机关、单位作出的涉及本人的处分决定不服的,可以自收到处分决定之日起一个月内,向作出决定的机关、单位申请复核,受理复核的机关、单位应当在一个月内作出复核决定。被处分人对任免机关、单位作出的复核决定仍不服的,可以自收到复核决定之日起一个月内按照管理权限向上一级机关、单位申诉。受理申诉的机关、单位应当在二个月内作出处理决定。

七、移送监委或公安机关

根据《监察法》的规定,各级监察委员会是行使国家监察职能的专责机关,依照该法对所有行使公权力的公职人员进行监察,调查职务违法和职务犯罪,开展廉政建设和反腐败工作,维护宪法和法律的尊严。国有企业纪检监察机构要进一步完善“双重领导、垂直管理、提级监督、借助资源”的“大监督”执纪格局，要坚持担当作为，以更大力度深化改革，继续加强与地方纪委监委的对接联系，形成监督执纪合力，提高监督执纪的权威性、有效性。共同探索新体制下国有企业与地方纪委监委协作开展案件办理的有效途径，促进与地方纪委监委衔接更加顺畅有效。这就需要我们结合企业特点，研究制订相关的工作方案。

（一）移送监委或者公安机关的条件

目前大部分国有企业，尤其央企实行中央纪委国家监委派驻制，如，依据2024年修正的《监察法》第十二条第二、三款之规定，经国家监察委员会批准，国家监察委员会派驻本级实行垂直管理或者双重领导并以上级单位领导为主的单位、国有企业的监察机构、监察专员，可以向驻在单位的下一级单位再派出；经国家监察委员会批准，国家监察委员会派驻监察机构、监察专员，可以向驻在单位管理领导班子的普通高等学校再派出；国家监察委员会派驻国务院国有资产监督管理机构的监察机构，可以向驻在单位管理领导班子的国有企业再派出。但是仍有相当数量的国有企业没有监察权。因此，在具体操作过程中，遇到涉嫌职务违法、职务犯罪的问题，因为没有监察权，国有企业纪委需要在上级派驻纪检监察组的指导下，将案件移交给地方监委或者公安机关开展案件的调查工作。

1. 移交监委的对象范围

监察委员会成立后，履行着查处公职人员职务违法和职务犯罪的职能。国有企业移交监委的一定还是本企业的“公职人员”，根据《监察法》规定，国有企业的管理人员属于公职人员。因此，如果是国有企业的管理人员经过初步核实，涉嫌严重的职务违法、职务犯罪行为，需要进一步追究刑事责任的，经指定管辖，移交地方监委。

2. 移交公安机关的对象范围

国有企业纪检监察机构是党内监督和国家监察的专责机构，监督对象为党的领导干部和全体党员。如果是国有企业工作人员（含党员领导干部）实施了职务犯罪以外的治安违法、刑事犯罪行为，经过企业纪检监察机构的初步核实，认定需要进一步追究行政、刑事责任的，应移交所辖地公安机关。

(二)移送的基本流程

1. 内部呈批

经过初步核实、立案审查、审理环节,在涉嫌严重职务违法、职务犯罪的事实清楚、证据确凿的情况下,经办部门按照程序报纪检机构、同级党委主要负责人批准同意,向上级纪委(派驻纪检监察组)提出移交地方监委的请示。

根据国有企业纪检监察机构由本系统上级纪检监察机构和地方纪委监委双重领导的要求,在征得本系统上级纪检监察机构同意后,还应向所属地方纪委监委进行汇报,由所属地方纪委监委指定管辖的地方监委接受案件。

2. 初步沟通

在请示上级纪检监察机构(派驻纪检监察组)、地方纪委监委同意后,可以与指定接受案件的地方纪委监委进行初步沟通。初步沟通时,要准备好汇报材料,简明扼要地汇报案件的基本情况,涉嫌严重职务违法、职务犯罪的具体情节,掌握的部分证据、目前存在的疑点问题等。经过初步沟通,地方纪委监委经研判,认为符合移交条件的,再做正式移交。经沟通,确定做正式移交后,应制定《移交案件函》(见附件 4－55)、《移送问题线索函》(见附件 4－56)进行移交。

有的案件,经同级党委主要负责人、上级纪检监察机构(派驻纪检监察组)、地方纪委监委同意,指定管辖的地方监委在审查调查期间就提前介入,若联合办案的,此环节可以省略。

3. 正式移交

经过初步沟通,地方监委认为被审查调查人涉嫌严重职务违法、职务犯罪的部分证据确凿,符合办理留置手续的条件,应通知国有企业纪检监察机构办理移交手续。移交手续包括移交函,相关涉嫌职务违法、职务犯罪的全部案宗,同步录音录像,证言证词,相关笔录等材料,被审查调查人的忏悔反思材料、涉案款物情况报告等。

具体交接时应和地方监委约定移交被审查调查人的具体形式和具体时间，并拟定移交地方纪委监委的宣读词（见附件4－57），当场向被审查调查人宣布。

八、案卷归档

根据《纪检监察机关案件档案管理办法》规定，纪检监察机关案件档案是指纪检监察机关在履行纪检监察职责，查处各种违纪案件工作中形成并处理完毕的、具有保存价值的、经过整理立卷系统保管的纪检监察案件材料。

（一）归档的要求

案件材料分为检查（调查）类、审理类和信访类。案件材料实行案件承办部门立卷制度，做到谁办案谁立卷，案结卷成。案件承办人员应从受理办案开始，注意收集办案全过程形成的材料，结案后及时整理。案件材料若有遗漏或缺损，应附说明。案件材料以案件为单位整理立卷。两个以上单位合办的案件，主办单位保存原件，协办单位保存复制件或打印件。

（二）归档的范围

（1）办案依据材料：检举、揭发、申诉材料，领导批示，会议决定。（2）初步核实材料、立案报告。（3）转办的文字材料。（4）办案计划或调查方案。（5）审查调查报告和主体身份证明材料及证据。（6）有关案件处理的决定材料：会议记录、会议纪要、决定事项通知等。（7）批复材料：批复通知、监察决定、监察建议、复核决定等。（8）正式文件的印件、签发稿及主要领导修改的重要文稿。（9）审理报告及相关附件。（10）与当事人见面材料、个人检讨材料或忏悔反思材料。（11）结案报告。（12）与案件有关的通报、报道。（13）与案件有关的声像材料等。

（三）归档的装订要求

（1）卷内材料原则上应按照实际办案程序依次排列，每页编号。（2）可根据案件材料的多少，一案一卷或一案数卷。（3）证据材料，可按材料所反映的问题或材料的名称等特征分类，每一类再按时间顺序排列。可按照证据材料的重要程度，将主要证据材料排列在前，旁证材料排列在后。

附件 4 –1

信访举报电话记录单

× ×公司纪委　编号:〔20 × ×〕×号

<table>
<tr><td>来电人
姓名</td><td></td><td>单位及
职务</td><td colspan="2"></td></tr>
<tr><td>来电
号码</td><td colspan="2"></td><td>身份证号</td><td></td></tr>
<tr><td>被反映
对象</td><td></td><td>单位及
职务</td><td colspan="2"></td></tr>
<tr><td>接电人
姓名</td><td></td><td>接电
时间</td><td colspan="2"></td></tr>
<tr><td>反映事项
内容摘要</td><td colspan="4"></td></tr>
<tr><td>备注</td><td colspan="4"></td></tr>
</table>

记录人:　　年　　月　　日

附件 4－2

接待来访记录单

××公司纪委　编号:〔20××〕×号

来访人姓名		单位及职务			
联系方式			身份证号		
被反映对象		单位及职务			
接访人姓名		接访时间		接访地点	
反映事项内容摘要					
信访人提供的材料					

记录人:　　　年　　月　　日

附件 4－3

重复/无实质内容信访件登记表

序号	信访编号	收件日期	被反映人	单位职务	主要内容	领导批示	备注

附件 4－4

业务范围外问题线索（信访举报）转办登记表

序号	信访编号	收件日期	被反映人	单位职务	主要内容	接收部门意见	备注

附件4－5

信访拟办呈批表

信访编号(自编号)：　　　　　　系统编号：

信访类属		信访形式		信访来源	
被反映人		单位及职务		职级	
反映人		联系电话		单位/地址	
受理时间		问题性质			
信访摘要					
拟办意见	根据信访举报内容,提出直接办结(重复件、无实质内容等情况)、转综合办大信访(业务范围外情况)、转下级阅处、转下级办理并报结果、转线索本级办理等办理意见。				
部门领导意见					
纪委书记意见					
备注					

填表人：　　　　　日期：

附件 4－6

20××年××公司纪委接收信访举报和问题线索台账

自编号	信访编号	线索编号	接收日期	地区属性	被反映人（单位）	单位职务	职级	来源	内容摘要	是否实名	是否重复	类属	办理意见	办理情况			备注
														处置意见	办理结果	办结时间	
1									1. 涉嫌违反××纪律：××× 2. 涉嫌违反××纪律：××× 3. 涉法反映：			检举控告/业务范围外/无实质内容	转下级阅处/转下级报结果/转线索自办/转出/直接办结	谈话/函询/初步核实/予以了结	了结（未发现问题）/了结（转党组织）/转立案		
2									根据反映问题性质，按照涉嫌违反六大纪律、涉嫌违反中央八项规定精神、违反国家法律法规问题分别摘要归类			根据业务范围内外进行分类	按办理机构提出意见	按四类处置方式进行填报	根据结果进行分类		
3																	
4																	

附件 4 - 7

中共××公司纪律检查委员会

××纪转函〔20××〕××号

问题线索督办函

××纪委：

现转去问题线索件××件，线索编号××××、××××，请予以核查。自收件之日起____个月内，向××公司纪委书面报告办理情况和拟处理意见，经同意后按程序办理。需延长核查时间的，向××公司纪委书面说明理由，经同意后方可延期。

工作中，请按有关规定做好举报人保护工作，检举控告信件禁止转被反映人以及检控事项涉及的人员和单位。

附件：问题线索×件（编号××号、××号、××号）

联系人：　　　　　联系电话：

××公司纪委办公室

20××年×月×日

附件 4－8

中共××公司纪律检查委员会

××纪函〔20××〕××号

问题线索转办函

××分公司纪委：

现转去问题线索×件，请酌处（“要结果”的应注明）。

工作中，请按有关规定做好举报人保护工作，检举控告信件禁止转被反映人以及检控事项涉及的人员和单位。

请及时将问题线索录入监督执纪问责系统，并按照实际处置情况同步更新，严禁超时处置、滞后操作。

附件：问题线索×件（编号××号、××号、××号）

联系人：　　　　　联系电话：

××公司纪委办公室

20××年×月×日

附件 4－9

关于反映××(单位)××(职务)××(姓名)有关问题线索办理意见的请示

×××××××××：

我办于20××年×月×日收到反映××(单位)××(职务)××(姓名)有关问题线索(线索编号,收到多封信的,逐一列出编号),经梳理研究,提出如下办理建议。

一、被反映人基本情况

××,男,汉族,××年×月生,中共党员,简要概述主要履历(问题反映时期担任的职务和现任职务必填)。

二、反映问题线索摘要

注:根据线索内容,将所反映问题按照涉嫌违反党的六大纪律、违反中央八项规定精神和涉嫌违反国家法律法规问题分别归类、排序。

(一)反映涉嫌违反政治纪律问题

1.

2.

(二)反映涉嫌违反中央八项规定精神问题

(三)反映涉嫌违反组织纪律问题

…………

三、办理建议

针对第二部分梳理出的问题,研究提出对应的处置意见。常用的办理意见包括初核、函询、直接了结。对于反映问题较多,需要分类处置的,一般按照较重的意见把握。例如,反映10个问题,其中5个问题较为具体,拟进行初核,其他问题拟通过函询或直接与本人谈话了解的,在提出处置意见时,应当说明哪些问题建议初核,哪些问题建议待这些问题初核后,根据核实情况进一步处置。

对拟进行初核的，应大致说明以哪些问题作为核实的重点和切入点，以及简要的初步步骤考虑。待领导批准同意办理意见后，另行制订初核工作方案（人员、时间、初核的问题、方法和步骤，注意事项等）。

妥否，请批示。

××纪委办公室

20××年×月×日

附件 4 – 10

关于与××（人员）进行谈话的方案

20××年×月×日，我们收到信访举报/××单位转来问题线索，反映××（单位）××（职务）××存在××等问题，经履行报批程序后，拟对××进行谈话，现制订方案如下。

一、简要介绍案情和掌握证据情况

（简要介绍案情和掌握的证据情况，明确此次谈话的必要性和重要性。）

二、被谈话人基本情况

（按照“六必知”的要求，对包括被谈话人的个人履历、工作表现、性格特点、身体状况、家庭等情况进行分析并明确被谈话人心理和身体等方面的重点注意事项。）

三、谈话目的和方式方法

1. 谈话的主要目的。（一是明确要核实什么问题或突破什么问题。二是明确此次谈话要达到的预期目的。）

2. 谈话的方式方法。（一是明确和区分是什么性质的谈话，是一般核实性还是突破性谈话。二是明确谈话氛围，要根据被谈话人基本情况和谈话性质确定。三是制定谈话提纲，明确谈话的突破口和切入点，明确谈话策略和如何使用证据等。四是根据被谈话人级别，合理确定谈话人员。）

3. 谈话的重点事项。（一是为达到谈话目的，明确谈话中要注意什么问题。二是明确在谈话中要解决的重点是什么，如果谈话中反映出新的问题线索怎么办，要有预想和应对措施；如果是审查谈话要突破、深挖问题，要做好预案。）

四、谈话组成员

组长：×××

组员：×××、×××

谈话人：×××；记录人：×××；安全员：×××

谈话组成员职责：（谈话组成员要职责明确，谁负责谈话、谁负责被谈话人的安全检查和看护、谁负责谈话场所的安全检查和应急处置等都要分工明确、责任到人。谈话组至少要由2人组成，被谈话人为女性时，必须抽调女性工作人员参加谈话。）

五、谈话时间和地点

（要载明谈话时间，严格执行有关谈话时间的相关规定，单次谈话时间不超过10小时，谈话不得超过当晚22时，一般安排在白天工作时间；谈话地点要依据谈话性质慎重确定。）

六、工作步骤

（要明确先做什么后做什么。如：1. 组织谈话组成员学习谈话方案，进一步明确工作职责和谈话重点事项，熟知掌握应急措施等。2. 开展谈话前预演。3. 开展谈话……）

七、安全及注意事项

1. 谈话场所安全方面。一是……；二是……。

2. 人身安全方面。一是……；二是……。

3. 医疗急救方面。一是……；二是……。

××公司纪委

20××年×月×日

注：该谈话方案文书模板适用于初核、审查工作中需要开展的“走读式”谈话。

附件 4－11

××纪委函〔20××〕×号

委托谈话函

________同志：

根据《中国共产党纪律检查机关监督执纪工作规则》第二十八条、《中华人民共和国监察法》第十九条之规定，经公司纪委研究，委托你与____同志谈话核实以下问题：

一、××××××；

二、××××××；

三、××××××。

请在收到函件后15个工作日内与____同志进行谈话，并记录谈话情况。请于谈话结束后5个工作日内，将谈话情况径寄公司纪委××室。必要时，附被谈话人的书面说明。

联系人：________________联系方式：________________

××公司纪委

20××年×月×日

抄送××同志（下级纪委主要负责人）

附件 4－12

中共××公司纪律检查委员会

××纪委函〔20××〕×号

关于请作出书面说明的函

______________：

根据《中国共产党纪律检查机关监督执纪工作规则》《中华人民共和国监察法》等有关规定，经公司纪委主要领导同志批准，请你（党组织）就反映的以下问题（见附件 12－1），按照书面说明的有关要求（见附件 12－2）如实作出说明。请在收到函件后 15 个工作日内，将说明材料报____同志审阅签名并通过机要径寄（径送）××公司纪委××室。

联系人：________________联系方式：________________

附件：1. 反映××同志（党组织）问题摘要

2. 书面说明的有关要求

××公司纪委

20××年×月×日

抄送××同志（该人员所在党委/单位和纪委主要负责人）。

附件 1

反映××同志(党组织)问题摘要

1. ××××××
2. ××××××
3. ××××××

附件 2

书面说明的有关要求

根据《中国共产党党内监督条例》、《中国共产党纪律检查机关监督执纪工作规则》和《关于对党员领导干部进行诫勉谈话和函询的暂行办法》、《中华人民共和国监察法》、《中华人民共和国监察法实施条例》等有关规定，现提出如下要求：

1. 被反映人（党组织）要如实作出说明；如今后查明未如实作出说明的，被反映人（党组织）要承担相应责任。

2. 书面说明材料应由被反映人（党组织主要负责人）亲笔书写并签名；因故不便亲笔书写而打印的书面说明材料及附件，每页均应有本人签名，有修改处亦应签名。

3. 被反映人的个人书面说明材料应由所在党委/单位主要负责人签名。党委/单位主要负责人本人作说明或者所作说明涉及党委/单位主要负责人的不在此列。

4. 被反映人应在收到函件后 15 个工作日内，将书面说明材料寄出（邮寄地址：×××××××）；因特殊情况不能如期完成的，应及时说明理由。

附件 4－13

关于反映××(单位)××(职务)××有关问题的谈话/函询情况报告

××××:

20××年×月×日,我们收到反映××(单位)××(职务)××有关问题线索。经批准,对反映××同志有关问题线索进行谈话/函询。×月×日,××同志与××同志进行了谈话核实,××同志陪同进行了谈话。(×月×日,对其进行了函询。)×月×日,××同志作出了书面说明,说明材料已报××同志签字。(其间,我们对××问题进行了抽查核实)。现将有关情况报告如下。

一、个人基本情况

……

二、反映问题谈话/函询(及抽查核实)情况

(一)关于×××问题

经谈话/函询,××同志称……

经抽查核实,……

(二)关于×××问题(针对所反映的问题,逐条列明)

……

三、本人认识和态度

(根据具体情况予以说明)

四、其他需要说明的情况

……

五、处理意见

我们认为,……(就问题情况及态度进行分析,并提出处理建议)

××公司纪委

20××年×月×日

附件 4－14

中共××公司纪律检查委员会

××纪委函〔20××〕×号

函询回复采信反馈函

__________：

20××年×月×日，公司纪委函请你就有关问题反映作出书面说明（××纪委函〔20××〕×号）。20××年×月×日，收到报来的书面说明材料。经研究，公司纪委对你所作的说明予以采信，函询问题予以了结。

××公司纪委

20××年×月×日

抄送××同志（下级党委、纪委主要负责人）

附件 4－15

关于反映××(单位)××(职务)××
有关问题线索的初核工作方案

20××年×月×日,我们收到信访举报/××单位转来问题线索,反映××(单位)××(职务)××存在××等问题,经××公司纪委书记批准,对反映××的问题线索进行初核,现制订方案如下。

一、个人基本情况

……

二、反映的主要问题

……

三、方法和步骤

(一)调阅×××、×××等资料。

(二)以×××的名义,请××单位提供××的××信息。

(三)对××的档案或资料进行分析,重点关注××情况。

(四)经批准后,与××、××、××等同志进行谈话核实,核查反映的相关问题。

(五)综合核查情况,形成初步核实报告,报领导审批。

四、初核组成员

……

五、时间安排

……

六、安全预案及注意事项

……

××公司纪委

20××年×月×日

附件 4－16

中共××公司纪律检查委员会

××公司纪函〔20××〕×号

商请协助采取措施函

__________：

根据工作需要，××公司纪委决定对____采取____措施。根据《中华人民共和国监察法实施条例》和《中国共产党纪律检查机关监督执纪工作规则》等有关规定，现商请你单位协助____。

承办部门：__________

联 系 人：__________联系方式：________________

附件：相关措施文书

××公司纪委

20××年×月×日

附件4-17-1

与××同志的谈话方案

一、需要核查的主要问题

1. ××××××

2. ××××××

……

二、谈话的组织实施

1. 谈话时间:××××××

2. 谈话地点:××××××

3. 谈话人员:××××××

4. 谈话对象:××××××

5. 谈话内容:××××××

6. 注意事项:××××××;谈话时做好思想政治教育工作,谈话完成后对谈话对象适度减压。

三、谈话提纲

1. 向××了解××××××等基本情况。

2. 向××了解××××××的具体情况。

……

附件 4－17－2

关于与××（人员）开展“走读式”谈话的安全预案

20××年×月×日，我们收到信访举报/××单位转来问题线索，反映××（单位）××（职务）××存在××等问题，经履行报批手续后，决定对××开展“走读式”谈话，现制订安全预案如下。

一、安全责任分工

与××谈话，由××同志作为安全工作的总负责人，谈话组成员××、××作为具体负责人，××纪委/纪检委员协助做好相关安全工作。

二、安全责任地点

谈话对象由谈话人员或通过××纪委相关人员通知，在××（具体地点）谈话室进行谈话，如有需要，在××（具体地点）谈话点进行谈话，安全责任以谈话场所为范围。

三、谈话安全保障

1. 事前充分准备，摸清底数准确研判。谈话前要积极了解谈话对象工作履历、身体状况、性格特点、家庭关系等基本信息，尽可能做到应知尽知，准确做好风险评估和研判。充分研判可能存在的各类风险，综合考量其生活态度，对风险较高的要慎重开展谈话。谈话一般不安排在高楼层。谈话场所应进行全面检查，排除安全隐患。

涉及用餐的，要做好餐饮保障，确保卫生安全。

2. 事中冷静观察，稳妥处置风险隐患。要善于从谈话对象的言行、面部微表情、肢体语言中，及时捕捉其心理变化，有针对性调整谈话策略。对出现情绪过于紧张、言行异常等情况的，要及时帮其缓解压力，待恢复正常后再继续谈话。对出现自伤、自杀等紧急情况的，要在确保自身安全的情况下，及时制止，妥善处置，立即送往医院。对呼吸、面色、血压等出现异常症状的，要中止谈话，及时送往医院。

谈话对象交代问题后，要积极研判和把握其心态，对症下药，有效释放压力解开心结,不得让谈话对象带着风险隐患离开。针对谈话对象畏情、畏罪、担心被打击报复等心理,要做好思想疏导,消除谈话对象顾虑。

3. 事后妥善交接,切实防范安全风险。妥善安排人员接送谈话对象往返谈话场所,履行“手递手”交接手续。多次谈话的,接送人员应相对固定。谈话人员要告知接送人员,不得打听谈话内容,发现谈话对象有异常情况要及时报告。必要的,要向谈话对象所在单位党组织负责人或纪检机构负责人通报情况,请其帮助做好思想稳定工作;根据需要与家属沟通,告知注意事项,请其关心关爱谈话对象。

谈话结束一周内要适时适度进行回访,以传达组织关心、沟通情况为主,由谈话人员当面或者打电话等方式进行,防止人为扩大知情面。

4. 积极稳妥处置安全事故事件。发生谈话安全事故事件后,纪检机关要积极稳妥做好家属安抚、舆情管控等善后工作,防止发生次生问题。

四、注意事项

1. 切实保障谈话对象合法权益,严禁采取侮辱、打骂、体罚、威胁、指供、诱供及其他违纪违法方式办案。谈话人员应当严格执行谈话方案,不得随意扩大谈话范围。

2. 谈话人员应当严格遵守保密纪律,严格控制案情和谈话工作信息的知悉范围,严防失泄密问题,避免造成不良影响和安全隐患。

××公司纪委

20××年×月×日

附件 4－17－3

谈话安全风险评估表

<table>
<tr><td colspan="2">谈话对象</td><td></td><td>单位职务</td><td></td></tr>
<tr><td rowspan="11">谈前评估</td><td>工作履历</td><td colspan="3">（是否担任过重要领导职务、人生经历是否存在需要关注的事项）</td></tr>
<tr><td>身体状况</td><td colspan="3">（是否患有抑郁症等精神疾病及其他重大疾病）</td></tr>
<tr><td>性格特点</td><td colspan="3">（是否内向、偏执、易冲动）</td></tr>
<tr><td>家庭关系</td><td colspan="3">（婚姻状态、夫妻及子女关系状况）</td></tr>
<tr><td>为人处世</td><td colspan="3">（是否强势霸道、好面子）</td></tr>
<tr><td>涉及问题严重程度</td><td colspan="3"></td></tr>
<tr><td>涉及其他问题可能性</td><td colspan="3"></td></tr>
<tr><td>此前被审查情况</td><td colspan="3"></td></tr>
<tr><td>其他情况</td><td colspan="3"></td></tr>
<tr><td>是否需要接送</td><td colspan="3"></td></tr>
<tr><td>填表人</td><td colspan="3"></td></tr>
<tr><td rowspan="6">谈后评估</td><td>有无异常情况（包括情绪、身体、思想等）</td><td colspan="3"></td></tr>
<tr><td>交代问题程度</td><td colspan="3"></td></tr>
<tr><td>本人认识和态度</td><td colspan="3"></td></tr>
<tr><td>思想负担程度</td><td colspan="3"></td></tr>
<tr><td>回访情况</td><td colspan="3"></td></tr>
<tr><td>填表人</td><td colspan="3"></td></tr>
</table>

××公司纪委　　　　　　　　　　　　填表日期：　　年　　月　　日

附件 4－17－4

谈话期间暂予保管物品登记表

<table>
<tr><th>序号</th><th>物品名称</th><th>数量</th><th>特征</th></tr>
<tr><td>1</td><td></td><td></td><td></td></tr>
<tr><td>2</td><td></td><td></td><td></td></tr>
<tr><td>3</td><td></td><td></td><td></td></tr>
<tr><td>4</td><td></td><td></td><td></td></tr>
<tr><td>5</td><td></td><td></td><td></td></tr>
<tr><td>6</td><td></td><td></td><td></td></tr>
<tr><td>7</td><td></td><td></td><td></td></tr>
<tr><td>8</td><td></td><td></td><td></td></tr>
<tr><td>……</td><td></td><td></td><td></td></tr>
<tr><td>保管</td><td>物品所有人签名：</td><td>保管人签名：</td><td>保管时间： 时 分</td></tr>
<tr><td rowspan="2">交还</td><td colspan="3">上述保管物品已交还物品所有人，确认无误。</td></tr>
<tr><td>物品所有人签名：</td><td>保管人签名：</td><td>交还时间：时 分</td></tr>
</table>

××公司纪委　　　　填表日期：　年　月　日

附件 4-17-5

谈话对象交接表

谈话对象姓名		单位职务			
谈话地点		到达时间	时 分	离开时间	时 分
接送人员签字					
谈话对象单位负责人或家属签字					
谈话对象签字					
谈话人员签字					

××公司纪委　　　　　　　　　　填表日期：　年　月　日

备注:有关人员拒不签字的,应当记录在案,由接送人员签字备查。

附件 4 -17 -6

谈话室申请表

填表人：　　　　　　　　填表日期：

承办部门	
使用日期	
计划时间	
谈话性质	
谈 话 室	
谈 话 人	
谈话对象	
其他需求	
是否将本表背面的安全提示告知参与谈话的工作人员：□是 □否	
联 系 人	
联系电话	
实际使用时间	
部门意见	
领导意见	

填表说明：1. 本表正反面打印，领导审批后纪委办留存。

2. 谈话人：承办部门谈话人姓名。谈话对象：被谈话人单位、职务、姓名。谈话性质：填写核查谈话、审查谈话、谈话函询、提醒谈话等。其他需求：填写全程录音录像等。谈话室：填写房间号。实际使用时间：使用谈话室完毕后填写。

附件 4－17－7

谈话室使用安全提示

谈话人员应当遵守××公司纪委关于“走读式”谈话的相关规定，并做好以下工作：

1. 切实保障被谈话人的合法权益。对被谈话人不得打骂、体罚或使用侮辱性语言；一次谈话不超过 10 小时，不晚于 22 时；谈话持续时间超过 6 小时的（建议时间，各企业纪检部门可以自定），应当安排被谈话人适当休息；谈话一般安排在白天工作时间。

2. 谈话一般需要安排 3 名工作人员，其中 1 名为安全员，负责处置突发情况。全程不得少于 2 名人员陪护，其中至少 1 人为工作人员。

3. 谈话开始前，谈话人员应当了解被谈话人的身体状况，视不同情况开展谈话前可对被谈话人的随身物品进行安全检查，要求被谈话人将手机和存在安全隐患的物品交谈话人员暂存。

4. 谈话期间，谈话人员应当密切关注被谈话人的生理、情绪变化，被谈话人身体出现不适的，及时送往医院进行检查、治疗，并依据医护人员建议作出相应的处理。

5. 被谈话人所用食品应当由机关食堂提供，由工作人员交被谈话人食用；被谈话人就餐在谈话区域内进行。被谈话人员签名或书写材料应当使用经过安全处理的专用笔。

6. 谈话结束后，严格履行交接程序，并做好跟踪回访、心理疏导等工作。

附件 4－18

中共××公司纪律检查委员会

谈话笔录

谈话时间：________年____月____日____时____分至____日____时____分

谈话地点：________

谈话人：A、B 记录人：B

被谈话人姓名：____性别：____ 年龄：____

工作单位、职务：____

政治面貌：____

是否党代表、人大代表、政协委员：____

住址：____

联系方式：____

问：(出示工作证件)我们是××公司纪委的核查人员，现依纪依法与你进行谈话。你应当如实回答我们的提问，有意作伪证或者隐匿证据应负相应的纪律、法律责任。以上告知事项你清楚了吗？

答：清楚了。

问：说一下你的基本情况。

答：(姓名、曾用名、性别、出生年月日、身份证件种类及号码、民族、籍贯、文化程度、有无党派，是否党代表、人大代表或者政协委员，工作单位、职务级别或者职业、住址、有无违纪、犯罪记录等。)

问：你的身体状况如何，有无既往病史，能否正常接受谈话？

答：____

问：对于本次谈话人员，你是否申请回避？

答：____

问：对于本次谈话地点，你有无异议？

答：

问：说一下你的工作简历？

答：

问：（谈话基本内容）

答：

问：本次谈话中，有无虐待体罚、威胁、引诱、欺骗或者其他非法情形？

答：

问：你还有什么要补充的吗？

答：

问：你以上所讲是否属实？

答：

问：你看一下笔录，和你说的是否一致？如果记载有遗漏或者差错，可以提出补充或者改正。如无误请签字确认。

答：

[被谈话人亲笔书写："以上笔录共×页，我已看过（或者向我宣读过），和我说的相符。"并逐页签名、捺指印]

谈话人：（亲笔签名）　记录人：（亲笔签名）

年　月　日

（注：前述谈话安全预案、风险评估表、谈话对象交接表、谈话笔录等文书模板亦适用于立案审查阶段"走读式"谈话的情况。）

附件 4 -19 -1

领导干部个人有关事项报告查阅审批表

<table>
<tr><th colspan="2">内容
项目</th><th>姓名</th><th>单位</th><th>职务</th><th>政治面貌</th></tr>
<tr><td colspan="2" rowspan="2">查阅对象</td><td></td><td></td><td></td><td></td></tr>
<tr><td></td><td></td><td></td><td></td></tr>
<tr><td colspan="2" rowspan="2">查阅人员</td><td></td><td></td><td></td><td></td></tr>
<tr><td></td><td></td><td></td><td></td></tr>
<tr><td colspan="2">查阅事由</td><td colspan="4"></td></tr>
<tr><td colspan="2">查阅内容</td><td colspan="4"></td></tr>
<tr><td colspan="2">查阅单位意见</td><td colspan="4">领导签字：
（盖印）
年 月 日</td></tr>
<tr><td rowspan="2">提供单位</td><td>保管部门意见</td><td colspan="4">年 月 日</td></tr>
<tr><td>领导批示</td><td colspan="4">年 月 日</td></tr>
</table>

附件4－19－2

干部人事档案查阅审批表

<table>
<tr><td colspan="2">内容
项目</td><td>姓名</td><td>单位</td><td>职务</td><td>政治面貌</td></tr>
<tr><td colspan="2" rowspan="2">查档对象</td><td></td><td></td><td></td><td></td></tr>
<tr><td></td><td></td><td></td><td></td></tr>
<tr><td colspan="2" rowspan="2">查档人员</td><td></td><td></td><td></td><td></td></tr>
<tr><td></td><td></td><td></td><td></td></tr>
<tr><td colspan="2">查档事由</td><td colspan="4"></td></tr>
<tr><td colspan="2">查档内容</td><td colspan="4"></td></tr>
<tr><td colspan="2">查档单位意见</td><td colspan="4">领导签字：
（盖印）
年　　月　　日</td></tr>
<tr><td rowspan="2">组织人事部门</td><td>主管部门意见</td><td colspan="4">年　　月　　日</td></tr>
<tr><td>领导批示</td><td colspan="4">年　　月　　日</td></tr>
</table>

附件 4－20

关于反映××(单位)××(职务)××(姓名)有关问题线索初步核实情况的报告

××公司纪委领导：

按照领导要求，××公司纪委办由××同志组成的核查组，于20××年×月×日至×月×日，赴××对反映××(单位)××(职务)××(姓名)的有关问题线索进行了初步核实。现报告如下。

一、被反映人基本情况

××，男，汉族，××年×月生，中共党员，简要概述主要履历(问题反映时期担任的职务和现任职务必填)。

二、核查经过

核查组与××、××等共计××人进行了谈话了解。调取了××、××等材料。最后和××本人见面，就相关问题进行了谈话了解。

三、核查情况

1. 反映××的问题。经查，情况属实。具体如下：

……

2. 反映××的问题。经查，未发现反映的问题。

……

3. 反映××的问题。经查，存在反映的问题，但

……

四、涉案款物情况

……

五、处理建议

1. 反映的××问题，经查属实，已涉嫌违纪。根据《×××》规定，建议对××同志立案审查，给予相应的纪律处分。

2. 反映的××问题，虽存在但×××，考虑到×××，建议对其诫勉

谈话(谈话提醒、组织调整等)。

3. 反映的××问题,未发现存在问题,建议予以了结。

4. ……

妥否,请批示。

核查组(签名):

20××年×月×日

附件 4－21

中共××公司纪律检查委员会

关于将××涉嫌职务犯罪问题线索移交××监委的请示

××纪委(上级纪委):

20××年×月×日,我委收到××(单位)××(职务)××的有关问题线索,主要反映×××等问题。20××年×月×日,经××公司纪委领导批准,对××有关问题线索进行初核。目前,已初步查明××涉嫌违纪违法和职务犯罪。鉴于此,我委拟将其涉嫌职务犯罪问题线索移交××监委开展监察调查。

妥否,请示。

附件:关于反映××(单位)××(职务)××有关问题线索初步核实情况的报告

联系人: 联系电话:

××公司纪委

20××年×月×日

附件 4－22

中共××公司纪律检查委员会

立案审批表

发生案件单位					
当事人姓名		性别		出生年月	
参加工作时间		政治面貌		职务职称	
案件来源				受理日期	
主要案情和处置意见	对初步核实情况做简要介绍，提出立案申请。				
承办部门意见	（承办人签名）				
纪委书记意见					
党委书记意见	按《中国共产党纪律检查机关监督执纪工作规则》要求，报同级党委主要负责人批准。				

填报人：　　　　日期：

附件 4－23－1

中共××公司纪律检查委员会

立案决定书

（存　根）

____

××纪立〔　　〕号

事由__________

被审查人__________

工作单位__________职务__________

性别__________年龄__________政治面貌__________

身份证件及号码__________

批准人__________

批准时间__________

承办部门__________

承办人__________

填发时间__________

填发人__________

附件 4－23－2

中共××公司纪律检查委员会

立案决定书

××纪立〔　　〕号

根据《中国共产党纪律检查机关监督执纪工作规则》第三十七条之规定，本委决定对__________一案立案审查。

年　　月　　日

（纪委印）

1. 立案决定已于________年____月____日向我宣布，被审查人：

2. 立案决定已于________年____月____日通过电话等形式向被审查人宣布，宣布人：

附件4－24－1

中共××公司纪律检查委员会

立案通知书

（存　根）

____

××纪立通〔　　〕号

事由__________

被审查人__________

工作单位__________职务__________

性别__________年龄__________政治面貌__________

身份证件及号码__________

批准人__________

批准时间__________

承办部门__________

承办人__________

填发时间__________

填发人__________

附件 4－24－2

中共××公司纪律检查委员会

立案通知书

××纪立通〔　　〕号

根据《中国共产党纪律检查机关监督执纪工作规则》第三十八条之规定，本委决定对__________一案立案审查。

特此通知。

年　　月　　日

（纪委印）

附件 4-24-3

中共××公司纪律检查委员会

立案通知书

××纪立通〔　　〕号

__________:

根据《中国共产党纪律检查机关监督执纪工作规则》第三十八条之规定,本委决定对__________一案立案审查。

特此通知。

年　　月　　日

(纪委印)

附件4-25

被审查人权利义务告知书

×××：

你的违纪案件已由我委立案办理，根据《中国共产党章程》《中国共产党党员权利保障条例》《中国共产党纪律检查机关案件检查工作条例》等有关规定，你在案件办理过程中享有如下权利：

1. 向党组织负责地揭发、检举党的任何组织和任何党员的违纪违法事实的权利；

2. 要求与案情有关或牵连的案件办理人员回避的权利；

3. 陈述权、申辩权，对案件事实、证据、定性依据等案件情况的知情权；

4. 对党纪条规和相关政策咨询的权利；

5. 合法的人身权和财产权；

6. 对处分或处理不服的申诉权。

履行如下义务：

1. 自觉接受组织的审查，如实说明情况，主动交代问题，认真检查错误，配合组织尽快查清问题；

2. 不得与同案人或知情人串通情况、订立攻守同盟，不得对抗组织审查或进行反审查；

3. 不得对检举控告人、证人及上述人员的家属进行打击报复。

被审查人（签字、捺指印）：

年　　月　　日

附件 4－26－1

中共××公司纪律检查委员会

××纪委函〔20××〕×号

交办案件/问题线索函

__________：

根据《中国共产党纪律检查机关监督执纪工作规则》等有关规定，现将________案件/问题线索转去，请你单位立案审查/核查。

重要情况请及时报告。

承办部门：________

联 系 人：________联系方式：__________

附件：相关材料共____页

××公司纪委

20××年×月×日

附件4－26－2

中共××公司纪律检查委员会

指定管辖决定书

（存　根）

××纪指〔　　〕号

事由__________

被审查人__________

工作单位__________职务__________

性别__________年龄__________政治面貌__________

被指定管辖单位__________

其他对管辖权有争议的单位__________

批准人__________

批准时间__________

填发人__________

填发时间__________

第一联　统一保存

附件 4－26－3

中共××公司纪律检查委员会

指定管辖决定书

××纪指〔　　〕号

__________：

根据《中国共产党纪律检查机关监督执纪工作规则》第九条的规定，现将案件__________________________________指定__________管辖。

年　　月　　日

（纪委印）

第二联　附卷

附件 4－26－4

中共××公司纪律检查委员会

指定管辖决定书

××纪指〔　　〕号

__________：

根据《中国共产党纪律检查机关监督执纪工作规则》第九条的规定，现将案件______________________________指定__________管辖。

年　　月　　日

（纪委印）

第三联　送达被指定管辖单位

附件 4－26－5

中共××公司纪律检查委员会

指定管辖决定书

××纪指〔　　〕号

__________：

根据《中国共产党纪律检查机关监督执纪工作规则》第九条的规定，现将案件__________________________________指定__________管辖。

年　　月　　日

（纪委印）

第四联　送达其他对管辖权有争议的单位

附件 4－27

中共××公司纪律检查委员会

暂予扣留、封存涉案款物登记表

第　页　总　页

编号	款物名称	数量	规格	单位	特征	备注

被暂扣、封存款物持有人：
见证人：
执纪人员：

年　月　日

本清单一式四份，一份统一保存，一份附卷，一份交被暂扣、封存款物持有人，一份交保管工作人员。

附件 4－28

中共××公司纪律检查委员会

××纪委函〔20××〕×号

向司法、执法机关移送问题线索函

__________：

根据查办违纪职务违法职务犯罪案件协作配合工作机制的要求/《中华人民共和国监察法实施条例》第三十二条的规定，现将________问题线索转去，办理情况请及时反馈。

承办部门：__________

联 系 人：__________联系方式：________

附件：问题线索材料共____页

××公司纪委

20××年×月×日

附件 4－29

中共××公司纪律检查委员会

××纪委函〔20××〕×号

商请立案审查函

××××××（单位）：

________正在对________案件立案审查。根据《纪检监察机关（机构）在监督检查审查调查工作中开展协作配合的指导意见（试行）》第三十六条的规定，现商请你单位对其涉案人员________立案审查。

联系人：________；联系方式：__________。

附件：相关材料共____页

××公司纪委

20××年×月×日

附件 4 – 30

关于××(单位)××(职务)××
涉嫌(严重)违纪问题的审查工作方案

经批准,决定对××(单位)××(职务)××涉嫌(严重)违纪违法问题开展审查,现制订工作方案如下。

被审查人基本情况

……

一、人员安排及具体分工

审查组由××同志任组长,××同志任副组长。审查组分设综合组、内审组、外查组,具体人员及分工如下:

1. 综合组。由××任组长,主要负责××××××工作,××、××等同志参加,设在××集中办公。

2. 内审组。由××任组长,主要负责××××××工作,××、××等同志参加,设在××集中办公。

3. 外查组。由××任组长,主要负责××××××工作,××、××等同志参加,设在××集中办公。

此外,根据审查工作需要,从××、××(单位)抽调干部参与,视进展情况随时申请补充人员力量。

二、时间安排与设立临时党支部

……

三、拟审查的主要问题

在初核工作基础上,结合××、××主动交代的情况,谈话、外查紧密配合,同步推进以下重点工作。

(一)涉嫌违反党的纪律问题

……

(二)涉嫌违反国家法律法规问题

……

四、工作方法步骤

（一）宣布立案决定

由××同志在××（地点）向××本人宣布立案审查（并免去其××职务）的决定，并立即与××进行谈话，向其强调纪律规定，要求其积极配合审查，信任组织、依靠组织，主动、尽快、全面讲清问题，争取从轻减轻处理。同时，向××（单位）送达《立案通知书》。

如审查组认为，审查开始时与被审查人谈话和宣布立案决定，会影响案件审查工作的，可根据案情，在适当时机谈话和宣布立案决定。

（二）与相关人员谈话

1. 谈话方式。……

2. 谈话人员。……

3. 谈话内容。……

（三）同步开展外围核查工作

……

（四）起草审查报告

……

五、审查工作保障

（一）办案经费。……

（二）办案设备。……

（三）交通食宿。……

六、注意事项

（一）确保安全，防范风险。……

（二）加强请示，及时报告。……

（三）严格保密，控制范围。……

（四）依规依纪，文明办案。……

……

××纪委办公室（承办部门）

20××年×月×日

附件 4－31

中共××公司纪律检查委员会

××纪委函〔20××〕×号

委托审查/调查函

________：

因办理________案件需要，根据有关规定，现委托你单位协助采取________措施，收集________的证据材料并提供给________。

联系人：________联系方式：________

附件：相关措施文书

××公司纪委

20××年×月×日

附件 4 - 32

××(同志)违纪(违法)事实材料

××,男,汉族,××年×月生,××年×月加入中国共产党,××年×月参加工作。××年×月起历任……;××年×月任××(单位)××(职务)。

经查,××同志的主要违纪事实如下:

……

××同志的上述行为已构成违纪。依据《中国共产党纪律处分条例》相关规定,应给予相应的党纪处分。

(注:该材料需由被审查人员书面签署"以上事实属实,同意"的意见,并签字按手印;如被审查人员签署不同意见或拒不签字的,审查组应作出书面说明)

附件 4 - 33

关于××(单位)××(职务)××违纪案的审查报告

20××年×月,经××同志批准,××公司纪委对反映××(单位)××(职务)××(姓名)有关问题线索进行了初核。×月×日,对××同志立案审查。经查,××违反了(政治纪律、中央八项规定精神、组织纪律、廉洁纪律、群众纪律、工作纪律、生活纪律)。×月×日,与××同志进行违纪事实见面,其签署了"同意"的意见。现将情况报告如下。

一、个人基本情况

××,男,汉族,××年×月生,××年×月加入中国共产党,××年×月参加工作。××年×月起历任……;××年×月任××(单位)××(职务)。

二、主要违纪事实

……

三、涉案财物情况

……(如不涉及可不写)

四、其他需要说明的问题

(根据实际情况写清是有需要说明的情况)

五、××同志的态度和认识

……

六、处理建议

××同志××违反了(政治纪律、中央八项规定精神、组织纪律、廉洁纪律、群众纪律、工作纪律、生活纪律、国家法律法规)。根据违纪事实,结合本人态度,审查组建议:依据《中国共产党纪律处分条例》第×条、2018 年《中国共产党纪律处分条例》第×条、2015 年《中国共产党纪律处分条例》第×条、2003 年《中国共产党纪律处分条例》第×条之规定,给予××同志××处分,建议免去其担任的(职务调整意见)。

附件:1. ××同志干部任免审批表

2. ××同志个人检讨材料

3. ××同志违纪事实材料

4. 相关法规制度依据

××案审查组

20××年×月×日

附件 4－34－1

中共××公司纪律检查委员会

撤销案件决定书

（存　根）

××纪撤字〔　　〕号

事由__________

被审查人__________

工作单位__________职务__________

性别__________年龄__________政治面貌__________

身份证件及号码__________

撤销案件原因__________

批准人__________

批准时间__________

承办部门__________

填发时间__________

填发人__________

第一联　统一保存

附件 4－34－2

中共××公司纪律检查委员会

撤销案件决定书

××纪撤字〔　　〕号

本委立案审查的＿＿＿＿＿案件，因＿＿＿＿＿，根据《中国共产党纪律检查机关案件检查工作条例实施细则》第三十八条之规定，本委决定撤销案件。

年　　月　　日

（纪委印）

撤销案件决定已于＿＿＿＿年＿＿月＿＿日向我宣布。

被审查人：

第二联　附卷

附件 4－34－3

中共××公司纪律检查委员会

撤销案件决定书

××纪撤字〔　　〕号

本委立案审查的__________案件，因__________，根据《中国共产党纪律检查机关案件检查工作条例实施细则》第三十八条之规定，本委决定撤销案件。

年　　月　　日

（纪委印）

第三联　送达被审查人所在单位

附件 4－35

中共××公司纪律检查委员会

解除暂予扣留、封存涉案款物清单

第　页　总　页

编号	款物名称	数量	单位	特征	备注
以上款物如数收到 领取人(签章): 执纪人员(签章):　发还日期:　　月					

本清单一式四份,一份统一保存,一份附卷,一份交领取人,一份交原款物持有人。

附件 4 - 36

关于拟将×××案移送审理的请示

×××(纪委主要负责人):

经××年×月×日×××纪委书记专题会议研究决定,同意将×××案(立案编号:×××纪立字〔20××〕××号)按程序移送审理,现根据《中国共产党纪律检查机关监督执纪工作规则》等有关规定,审查调查组拟将该案件及全卷材料移送审理。

妥否,请批示。

附件:关于×××案的审查调查报告(含必要附件)

××案审查组

20××年×月×日

附件 4－36－1

××同志案卷材料清单

更新日期：

序号	材料类型(及/或名称)	页码	备注
1	《干部任免审批表》(×××同志)		
2	关于××××××违纪案的审查报告		
3	×××同志个人检查材料(日期)		
4	×××同志违纪事实见面材料(日期)		
5	关于反映××××××有关问题线索核查情况和下一步工作意见的请示(日期,含立案审批表)		
6	问题线索处置呈批表(日期,含×封信访件)		
7	谈话笔录 1－×××(职务)		
8	谈话笔录 2－×××(职务)		
9	谈话笔录 3－×××(职务)		
10	……		
11	书证材料 1－×××		
12	书证材料 2－×××		
13	书证材料 3－×××		
14	……		
15	其他材料		
16			
17			
18			
19			
20			

档案整理：×××　整理日期：　年　月　日

交接人：__________接收人：__________

附件 4－37

中共××公司纪律检查委员会

××公司纪委延长审理时限审批表

案件名称			
被审查人		单位职务	
立案时间		受理时间	
审理组 意见	年　　月　　日		
部门领导 意见	年　　月　　日		
纪委书记 意见	年　　月　　日		

附件 4－38

提前介入审理登记表

审查人员		立案时间	
被审查人		出生年月	
工作单位		职务	
案由			
主要违纪事实及倾向性意见			
提前介入原因			
是否装订成卷	（案卷册）	是否形成审查报告初稿	
审查组意见			
部门领导意见			
纪委书记意见			
备注			

附件4－39

中共××公司纪律检查委员会

审理谈话笔录

谈话时间:____年____月____日____时____分至____日____时____分

谈话地点:__________

谈话人:__________记录人:__________

被谈话人姓名:__________性别:__________年龄:__________

工作单位、职务:__________

身份证号码:__________政治面貌:__________

是否党代表、人大代表、政协委员:__________

住址:__________

联系方式:__________

主要谈话内容:向被谈话人表明审理人员的身份;告知被谈话人审理谈话的依据;与其进行谈话的主要目的;告知被谈话人在案件审理阶段的权利义务,强调党员对党忠诚的义务,不如实供述需要承担的法律责任;询问被谈话人是否需要申请审理人员回避,如要求回避说明理由;核对被谈话人基本情况;询问在审查阶段审查人员是否存在侵犯其个人人身、财产等合法权利的情况;审查组是否将违纪违法事实材料与被谈话人确认;与被谈话人核对违纪违法事实,对审查认定的违纪违法事实有无异议,听取被谈话人的意见以及有无从轻减轻或免于处罚的请求及理由;听取被谈话人对自己的违纪违法行为的认识。根据党章党规党纪和国家法律法规规定,对被谈话人进行必要的思想政治和纪律教育;鉴于被谈话人的行为已违纪违法,将被追究党纪政务责任,被谈话人对此有何意见、想法和要求;其他需要了解的情况或被谈话人补充说明的问题。

笔录结束,应由被谈话人亲笔书写"以上笔录共×页,我已看过(或者向我宣读过),和我说的相符",并逐页签名、捺指印。

附件 4－40

关于××(同志)(严重)违纪案的初步审核意见

20××年×月×日,经××同志批准,审理组受理了审查组移送的××严重违纪案。现将初步审核意见和补证建议报告如下。

××,性别×,×族,××年×月生,××××人,××××文化程度,××年××月参加工作,××年×月加入中国共产党(民主党派、无党派人士)。××年×月任××××,××年×月任××××,××年×月辞去(被罢免、免去、撤销)×××职务(资格)。系××××(任党委委员、党代表、人大代表、政协委员等党内外其他职务情况)。

一、审查情况

××年×月×日,经×××、×××批准,核查组对×××(写明问题线索来源,如上级交办、群众举报、有关机关移送、巡视发现等)反映××的问题进行初核。

××年×月×日,经×××批准,纪委对××涉嫌严重违纪问题立案审查。

二、初步审核意见及补证建议

(一)违反党的纪律

1. 违反政治纪律

审核意见:经审核,该问题……

(说明:审核意见应根据阅卷情况提出明确意见。如“基本事实清楚,主要证据到位,倾向予以认定”、“基本事实清楚,证据尚不完全到位,建议补充完善证据后予以认定”、“事实尚不完全清楚,证据缺口较大,建议补充完善证据后再予以研究认定”或者“基本事实清楚,主要证据到位,建议在性质认定方面进一步予以研究”)

补证建议(或需要说明的问题):……

(说明:如有补证建议,应逐一列明。如无补证建议可不填,但有其

他需要说明的问题,可一并说明)

2. 违反中央八项规定精神

3. 违反组织纪律

4. 违反廉洁纪律

5. 违反群众纪律

6. 违反工作纪律

7. 违反生活纪律

(二)违反国家法律法规

……

三、其他意见和建议

(一)关于……问题

(二)关于……问题

(说明:对审核中发现的关于主体身份情况、审查程序手续、涉案财物和人员处理、文书规范、卷宗装订等方面存在的问题及下一步工作建议,可在“其他意见和建议”部分写明;如没有发现问题,可不写)

以上意见如无不妥,建议提供审查组参考。

附件:关于××(严重)违纪案的审查报告

××案审理组

20××年×月×日

附件 4 - 41

关于××(单位)××(职务)××(同志)(严重)违纪案的审理报告

20××年×月,经××同志批准,××公司纪委对反映××(单位)××(职务)××(姓名)有关问题线索进行了初核。×月×日,对××同志立案审查。

×月×日,××公司纪委领导同志批准审查报告。×月×日,审查组将××违纪案移交案件审理,现将审理情况报告如下。

××,男,×族,××年×月生,××年×月加入中国共产党,××年×月参加工作。××年×月起历任……;××年×月任××(单位)××(职务)。

一、主要违纪违法事实

……

二、涉案款物情况

……

三、被审查调查人的态度和认识

××同志在审查调查期间能积极配合组织……

四、处理建议

××同志××违反了(政治纪律、中央八项规定精神、组织纪律、廉洁纪律、群众纪律、工作纪律、生活纪律、国家法律法规)。根据违纪事实,结合本人态度,审查组建议:依据《中国共产党纪律处分条例》第×条第×款之规定给予××同志××处分,建议免去其担任的(职务调整意见)。

五、审理意见

经审理,××同志违反了××纪律。

1. 综合××同志违纪事实和态度表现,依据《中国共产党纪律处分条例》第×条之规定，给予××同志××处分，建议免去其担任的××部门××职务（职务调整意见）。

2. 对××同志违纪所得，按规定予以收缴；对××交代其违规收受的礼品、礼金，按规定登记上交（对经认定不属于违纪所得财物，适时予以返还）。

（如建议给予组织处理，应写明处理意见、程序、权限和依据；如需履行终止党代会代表资格、建议撤销有关职务等其他程序，也应予写明。）

附件：1. ×××干部任免审批
2. ×××个人检讨材料（或忏悔反思材料）
3. ×××违规违纪（违法）事实材料
4. 起诉意见书（有需要的情形）
5. 相关法规制度依据

××案审理组
20××年×月×日

附件 4－42

中共××公司委员会

×党委〔20××〕×号

★

关于给予××(同志)××处分的决定

××,男,×族,××年×月生,××年×月加入中国共产党,××年×月参加工作。××年×月起历任……;××年×月任××(单位)××(职务)。

经查,××同志存在以下违反××(政治纪律、中央八项规定精神、组织纪律、廉洁纪律、群众纪律、工作纪律、生活纪律、国家法律法规)的问题。

一、××××××

××××××

二、××××××

××××××

××同志身为党员领导干部,违反×××,其行为已构成违纪。经××公司党委会议20××年×月×日讨论,依据《中国共产党纪律处分条例》第×条、2018年《中国共产党纪律处分条例》第×条、2015年《中国共产党纪律处分条例》第×条、2003年《中国共产党纪律处分条例》第×条之规定,决定给予××同志×处分。

本处分决定自20××年×月×日起生效。如不服本处分决定,可向××公司党委、中央纪委直至中共中央提出申诉。

中共××公司委员会
20××年×月×日

主送:××(公司党委),××(被处分人)。

抄送:××公司纪委办公室,党委组织部,党委党建工作部。

××公司党委办公室20××年×月×日印发

附件 4－43

中共××公司纪律检查委员会

××党纪字〔20××〕×号

关于给予××(同志)××处分的决定

××,男,×族,××年×月生,××年×月加入中国共产党,××年×月参加工作。××年×月起历任……;××年×月任××(单位)××(职务)。

经查,××同志存在以下××问题。

一、××××××

××××××

二、××××××

××××××

××同志作为×××,对×××问题负有×××责任,对×××问题负有×××责任。经××公司纪委会议20××年×月×日研究,并报党委同意,依据《中国共产党纪律处分条例》第×条、2018年《中国共产党纪律处分条例》第×条、2015年《中国共产党纪律处分条例》第×条、2003年《中国共产党纪律处分条例》第×条之规定,决定给予××同志×处分。

本处分决定自20××年×月×日起生效。如不服本处分决定,可向××公司纪委、党委、中央纪委直至中共中央提出申诉。

中共××公司纪律检查委员会

20××年×月×日

主送：××（单位党委），××（被处分人）。

抄送：××公司党委办公室，党委党建工作部，党委组织部。

××公司纪委办公室 20××年×月×日印发

附件 4 -44

纪律处分决定送达本人回证

送达文件名称	《关于给予××××处分的决定》 ××〔20××〕×号
送达时间	
送达地点	
被送达人签字	××× 年　月　日
送达单位	×××
送达人	×××　×××
备注	

附件4-45

纪律处分决定送达回证

<table>
<tr><td>收件人</td><td colspan="2"></td><td colspan="2">事由</td><td></td></tr>
<tr><td>送达单位</td><td colspan="5"></td></tr>
<tr><td>送达地点</td><td colspan="5"></td></tr>
<tr><td>送达文件</td><td>文件文号</td><td>送达人</td><td>收件人</td><td>收件日期</td><td>不能送
达理由</td></tr>
<tr><td></td><td></td><td></td><td></td><td></td><td></td></tr>
<tr><td></td><td></td><td></td><td></td><td></td><td></td></tr>
<tr><td></td><td></td><td></td><td></td><td></td><td></td></tr>
<tr><td></td><td></td><td></td><td></td><td></td><td></td></tr>
<tr><td colspan="6">备注：</td></tr>
</table>

注：请收件人或代收人签名或盖章后将此证交送达人或寄回。

附件 4－46

党纪政务处分执行情况报告单

<table>
<tr><td>受处分人姓名</td><td colspan="3"></td><td>原职务职级</td><td></td></tr>
<tr><td>处分决定
生效时间</td><td colspan="3"></td><td>批准或决定
机关</td><td></td></tr>
<tr><td rowspan="3">处分决定
主要内容</td><td>党纪</td><td colspan="2"></td><td rowspan="3">送达本人
时间</td><td rowspan="3"></td></tr>
<tr><td>政务</td><td colspan="2"></td></tr>
<tr><td>其他</td><td colspan="2"></td></tr>
<tr><td>送达单位</td><td colspan="3"></td><td>送达人</td><td></td></tr>
<tr><td>送达地点</td><td colspan="3"></td><td>接收人</td><td></td></tr>
<tr><td>处分决定宣布
时间及范围</td><td colspan="5"></td></tr>
<tr><td>处分决定
（批复）归入
人事档案时间</td><td colspan="5"></td></tr>
<tr><td colspan="3">处分后职务、职级</td><td colspan="2">处分前工资</td><td>处分后工资</td></tr>
<tr><td colspan="3"></td><td colspan="2"></td><td></td></tr>
<tr><td colspan="3">建议党外职务撤销
或调整情况</td><td colspan="3"></td></tr>
<tr><td colspan="3">受刑事处分需办理
开除公职手续时间</td><td colspan="3"></td></tr>
<tr><td colspan="3">备注</td><td colspan="3"></td></tr>
</table>

执行单位：

××公司纪委（盖章）　　　　××公司人力资源部（盖章）

经办人（签名）：__________　　　　经办人（签名）：__________

附件 4 - 47

中共××公司纪律检查委员会

监督谈话工作记录

时间:________年____月____日

地点:__________

谈话人:________记录人:________

被谈话人:________年龄:________政治面貌:________

单位及职务:________

谈话类型:__________

内容:__________

附件 4－48

中共××公司纪律检查委员会

××〔20××〕×号

批评教育函

××同志：

（注明给予批评教育的事由）

××公司纪委在×××工作中，发现你存在×××问题。

（阐述给予批评教育的依据）

你的上述问题，违反了《××××》的相关规定，但鉴于你能及时纠正错误，未造成不良影响。经×月×日纪委会研究，决定对你进行批评教育。

（进行批评教育，并提出相应的要求）

发生此类问题，说明你平时疏于学习，党性意识不强，对自己要求不高。希望你能正视自己的问题，引以为戒，在今后的工作中时刻牢记自己党员的身份，加强学习，强化纪律意识，进一步增强党性观念，在群众中树立党员良好的形象。

××公司纪委

20××年×月×日

附件 4－49

中共××公司纪律检查委员会

××〔20××〕×号

责令检查通知书

××同志：

（注明责令检查的事由）

××公司纪委在×××工作中，发现你存在×××问题。

（阐述责令检查的依据，并提出相应的要求）

你的上述问题，违反了《××××》的相关规定，但鉴于你错误情节轻微，未造成不良影响，能及时纠正，经×月×日纪委会研究，决定责令你作出书面检查。请在收到通知后，在7个工作日内作出书面检查，并报送到×××××。

××公司纪委

20××年×月×日

附件 4－50

中共××公司纪律检查委员会

××纪办函〔20××〕×号

关于通报××(同志)诫勉情况的函

××××××(组织人事部门):

20××年×月×日,经××公司纪委研究并报×××同志同意,决定对××同志进行诫勉谈话。诫勉自20××年×月×日起生效。

特此函告。

附件:诫勉书等材料

××公司纪委办公室

20××年×月×日

附件 4－51

中共××公司纪律检查委员会

××〔20××〕×号

诫　勉　书

20××年×月×日，经××公司纪委研究并报××同志同意，决定对××同志进行诫勉。

一、个人基本情况

××××××

二、诫勉事由

20××年×月，××担任×××期间，××××××××××××，违反了××××××。××对此负有×××责任。

诫勉自20××年×月×日起生效。

××公司纪委

20××年×月×日

附件 4－52

中共××公司纪律检查委员会

××纪办函〔20××〕×号

关于×××等×名同志任前听取意见的复函

(来函单位):

《关于×××等×名同志任前听取意见的函》收悉。

口径1:经审核,××××××××××纪委未收到涉及×××、×××等×名同志的信访举报(或问题线索),对×××等×名同志拟提拔使用无不同意见。

口径2:经审核,××××××××××纪委收到涉及×××同志的信访举报(或问题线索),尚未处置或尚未处置完毕的,答复"正在处置中,待查清问题后再作答复"。

口径3:××××××××××纪委收到过涉及×××同志的信访举报(或问题线索),经核查未发现问题或反映失实,答复"收到来信、举报或问题线索,经核查未发现违规违纪问题,问题线索作了了结处理。对×××同志拟提拔使用不持异议"。

口径4:××××××××××纪委收到过涉及×××同志的信访举报(或问题线索),经查确有严重问题的,提出不宜使用的建议。

口径5:××××××××××纪委收到过涉及×××同志的信访举报(或问题线索),经核查,问题或部分问题属实,已作出纪律处分或组织处理,已过影响期的,按照实际情况写实。

注:其他情形视具体情况予以回复。

××公司纪委办公室

20××年×月×日

附件 4－53

干部（党风）廉政情况表

姓名		职务		出生年月	
在办拟办问题线索	问题线索： 1. 审查工作发现：①××××年×月，×××案件，涉案人员×××交代，××××××。②……。 2. 巡视工作发现：①××××年×月，××届××第××轮巡视××（单位名称）移交线索反映，××××××。②……。 3. 审计工作发现：①××××年×月，审计线索反映，××××××。②……。 4. 信访举报反映：①××××年×月，信访举报反映，××××××。②……。 5. 其他反映：①××××年×月，其他线索反映（说明具体来源），××××××。②……。 办理情况： 1. 线索 1－①，××××年×月，经××、××同志批准，正在初核。线索 1－②，拟谈话函询，待呈报×领导审批。 ……				
	处置方式				
办结问题线索	问题线索： 1. 审查工作发现：①××××年×月，×××案件涉案人员×××交代，××××××。②……。 2. 巡视工作发现：①××××年×月，××届××第××轮巡视××（单位名称）移交线索反映，××××××。②……。 3. 审计工作发现：①××××年×月，审计线索反映，××××××。②……。 4. 信访举报反映：①××××年×月，信访举报反映，××××××。②……。 5. 其他反映：①××××年×月，其他线索反映（说明具体来源），××××××。②……。 办理情况： 1. 线索 1－①，经核查，××××年×月，经××批准立案。××××年×月，给予××处分。线索 1－②，函请×××作出书面说明，				

续表

<table>
<tr><td rowspan="3"></td><td colspan="2">本人予以否认，××××年×月，组织予以采信了结，××××年×月，向本人反馈函询了结情况。
……</td></tr>
<tr><td>处分处理情况</td><td></td></tr>
<tr><td>四种形态</td><td>第×种形态×次</td></tr>
<tr><td>（党风）廉政意见回复情况</td><td colspan="2"></td></tr>
<tr><td>备注</td><td colspan="2"></td></tr>
</table>

附件 4－54

纪律检查建议书

××纪字〔20××〕×号

关于××××有关问题的纪律检查建议

××××(单位)党委:

20××年×月,××公司纪委在××××××工作中发现,你单位所属××××××存在如下问题:

1. ×××××××××××。

2. ×××××××××××。

3. ×××××××××××。

鉴于以上情况,经××××主要领导同意,建议:

1. ×××××××××××。

2. ×××××××××××。

3. ×××××××××××。

依据有关规定,对纪律检查建议,无正当理由拒不采纳的,视情况对被建议单位给予责令纠正、通报批评等处理,对负有责任的领导人员和直接责任人依规依纪依法给予处理。请在收到此建议书×个月内将采纳情况书面报送至××公司纪委办公室。

附件:1. 核查发现的问题及责任认定

2. 相关制度规定

××公司纪委

20××年×月×日

抄送：×××××××

××公司纪委办公室20××年×月×日印发

附件 4－54－1

纪律检查建议书送达回执

标　题	
文　号	
接收时间	
被建议单位 负责人	主要负责人签名
被建议单位 名　称	××公司党委(印章)

注:请收到信件后第一时间将该回执径寄××公司纪委办。

附件 4－55

中共××公司纪律检查委员会

××纪委函〔20××〕×号

移交案件函

________：

根据《中华人民共和国监察法实施条例》第四十九条和纪检监察机关（机构）在监督检查审查调查工作中开展协作配合相关事宜之规定，现将__________案件及相关材料移交你单位审查/调查。

承办部门：__________

联 系 人：__________联系方式：__________

附件：相关材料____件共____页

××公司纪委

20××年×月×日

附件 4－56

中共××公司纪律检查委员会

××纪委函〔20××〕×号

移送问题线索函

__________：

根据《纪检监察机关(机构)在监督检查审查调查工作中开展协作配合的指导意见(试行)》第四十二条之规定,现将问题线索转去,请阅处。

承办部门:__________

联 系 人:__________联系方式:__________

附件:问题线索材料____件共____页

××公司纪委

20××年×月×日

附件 4－57

移交纪检监察机关宣读词

____________同志：

现在我代表××公司纪委，向你宣布将你移交纪检监察机关的决定。

经查，你的有关行为已经涉嫌严重职务犯罪。根据《中华人民共和国监察法》《中国共产党纪律检查机关监督执纪工作规则》有关规定，经公司党委研究，并报上级纪委同意，决定将你移交××（省、市、县）纪委监委接受审查调查，这几位是××（省、市、县）纪委监委的同志。请你积极配合办案人员工作，主动交代问题，讲清违法事实真相，并检举揭发其他问题，争取组织的宽大处理。

以上内容你听清楚了吗？

××公司纪委

20××年××月××日

第五章　制作笔录

本章主要就国有企业纪检机构在问题线索初核和审查调查阶段如何制作高质量的谈话笔录进行详细讲解。第一部分主要阐述国有企业纪检机构制作谈话笔录的重要性及适用情形；第二部分主要以涉嫌受贿的讯问笔录为模板，从程序规范和实体规范的角度出发，对谈话笔录的结构内容进行解析；第三部分就做好谈话笔录应该注意的事项进行探讨；第四部分从实体规范角度谈如何做好违反中央八项规定精神、党的六大纪律、企业规章制度以及违反国家法律法规规定等笔录的要点；第五部分主要是谈一下制作自书材料的要点。

一、国有企业纪检机构谈话笔录概述

（一）谈话笔录的重要性①

对于国有企业纪检机构开展监督执纪问责工作而言，谈话笔录的重要性不言而喻，主要体现在以下方面。

1. 谈话笔录是谈话取证工作与其他证据相结合的成果

谈话取证工作在国有企业纪检机构开展监督执纪问责工作中的重要性，已在谈话章节探讨过，而笔录是谈话取证工作的成果形式，在所有的证据中具有无可替代的地位，称笔录为“证据之王”毫不为过。无论是违反中央八项规定精神问题，还是违反党的六大纪律、企业规章制度，

---

① 参见王健：《如何做好笔录》，中国方正出版社2020年版，第10－18页。

甚至违反国家法律法规等问题，谈话笔录都是初步核实、审查调查过程中必需的证据，而且往往是跟外查取证工作取得的证据互相印证、息息相关，其能将相关书证、物证等关联起来形成完整的证据链，所以说谈话笔录是内审谈话跟外查取证相结合的成果。

2. 谈话笔录是定性量纪的重要依据

谈话笔录在案件查办所需的所有的证据中处于十分重要的地位，主要体现在对违规违纪违法行为定性量纪方面。谈话笔录能直观展现出被谈话人有无违规违纪违法行为、有何种违规违纪违法行为、违规违纪违法问题严重与否、应当给予何种处理处分等要素信息，所以谈话笔录是定性量纪的重要依据，谈话笔录制作的好坏直接影响整个案件的成败与质量。

3. 谈话笔录是体现初核、审查调查工作质量好坏的重要载体

谈话笔录是由纪检工作人员在初核、审查调查阶段制作的，它可以将内审谈话和外查所取得的书证、物证等证据链接起来形成完整的证据链，能直观反映实体和程序等内容是否合规合纪合法，最终谈话笔录还要作为证据材料归卷保存备查，接受时间和历史的检验。所以说谈话笔录是体现初核、审查调查工作质量好坏的重要载体。

（二）谈话笔录的适用情形

根据《党纪处分条例》《监督执纪工作规则》《监察法》等规定，国有企业纪检机构制作的谈话笔录不能作为移送司法机关对涉嫌犯罪的被谈话人定罪量刑的证据，但是可以作为问题线索材料移交或者移送有权管辖相关罪名的机构。对无监察权的国有企业纪检组织而言，谈话笔录适用于以下情形：

一是用于有中共党员身份的员工涉嫌违纪违法问题的初步核实、审查调查谈话取证工作。

二是用于对非中共党员身份的员工违规违法问题的初步核实、审查调查谈话取证工作。

三是用于对员工违规违纪违法问题涉及的相关证人的谈话取证

工作。

四是用于采取谈话函询中的谈话方式处置问题线索时，由纪检机构谈话的情形。

在本章节中，着重关注前面三种情形的谈话笔录。

二、对谈话笔录的结构解析

众所周知，谈话笔录大概分为三个部分：一是基本情况介绍；二是谈话笔录的内容；三是对笔录内容的认定。工作中，国有企业纪检组织常做的违规违纪谈话笔录与地方纪委监委所做的讯问笔录还存在一些区别，主要表现在讯问笔录作为法院定罪量刑的证据，其在实体规范和程序规范上比普通的谈话笔录更注重逻辑性、规范性、合法性要求。按照"要求、标准就高不就低"原则，本部分以地方监委所做的涉嫌受贿犯罪的讯问笔录为模板，对谈话笔录的结构做详细解析。

（一）笔录模板

××市监察委员会

讯问笔录（以涉嫌受贿罪为例）

讯问时间：________年____月____日____时____分至____月____日____时____分

讯问地点：________

讯问人：________记录人：________

被讯问人姓名：________性别：____年龄：____民族：____

工作单位、职务：________

是否为人大代表、政协委员：________

家庭住址：________

联系方式：________

1.问：我们是××监察委员会的工作人员（出示工作证、出具讯问通知书，留置讯问除外），根据《中华人民共和国监察法》等有关规定，现依法对你进行讯问,本次讯问过程依法进行全程同步录音录像,你要如实回答我们的提问,不得隐瞒、捏造、夸大或者缩小相关事实,否则要负相应的法律责任,根据法律规定,你如实供述自己的罪行和认罪认罚可以得到从宽处理。以上告知你听清楚了吗?

答:听清楚了。

1－1. 问:你是否愿意在这里接受询问/谈话?(用于对证人的谈话)

答:愿意,是我选择在这里接受询问/谈话的。

1－2. 问:你是否同意对本次询问/谈话进行同步录音录像?(用于对证人的谈话)

答:同意/不同意。

2. 问:下面我们按照《中华人民共和国监察法》等有关规定向你宣读送达《被调查人权利义务告知书》,你是否明白你的权利义务?

答:我明白自己的权利义务并签字确认了。

3. 问:根据《中华人民共和国监察法》的规定,监察人员有下列情形之一的,有权要求回避:①是监察对象或者检举人的近亲属的;②担任过本案的证人的;③本人或者其近亲属与办理的监察事项有利害关系的;④有可能影响监察事项公正处理的其他情形的。你是否申请回避?

答:。

4. 问:你目前身体和精神状况如何? 能否接受讯问?

答:(主要是了解被调查人的身体和精神状况,以防止讯问过程中发生突发情况,影响笔录的效力)

5. 问:你有没有既往病史?

答:(主要是了解被调查人有无既往病史,以防止讯问过程中发生突发情况,确保办案安全)

6. 问:说一下你的基本情况?

答:姓名,曾用名,性别,出生年月,身份证号码,民族,籍贯,文化程度,参加工作时间,入党时间(对中共党员),现在的工作单位及职务(还有党内职务),住所等信息。

7. 问:说一下你的工作经历?

答:(从参加工作开始,主要详细记明被调查人的工作简历,包括被调查人从事某项工作或担任某个职务的起止时间、具体工作单位及职务等,如1998年1月至2002年1月,在××单位工作,任××职务;连续在同一单位工作先后担任不同职务的,可以集中表述,如1998年1月至2002年1月,在××单位工作,历任××、××、××职务。另外,如无特殊情况,对于个人基本情况和工作简历情况仅在第一次讯问时问清即可)。

8. 问:你是否为(党代表)人大代表或政协委员?

答:(如是,应当记明具体的级届,如"××省第十二届人大代表")

9. 问:你有无受过党纪、政务(政纪)处分以及单位处分,是否受过行政处罚?

答:[如有,应当记明何时何因被何单位处以何种党纪、政务(政纪)处分以及单位处分,行政处罚]

10. 问:你有无受过刑事责任追究?

答:(如有,应当记明何时何因被何司法机关追究以及刑事责任追究的结果,包括不起诉、判处刑罚、免予刑事处罚等)

11. 问:你是如何到案的?

答:(电话通知,自行投案,被抓获,网上追逃,其他机关移送,通知到特定工作场所被控制等)

12. 问:说一下你的家庭基本情况?

答:(详细记明被调查人的父母、子女、同胞兄弟姐妹等近亲属的姓名、年龄、职业、住址、联系方式等基本情况)

13. 问:说一下你及你家庭成员的财产收支情况?

答:(包括银行余额、股票、基金、理财、购买房产商铺、购买车辆、债权债务等动产、不动产的情况)

14. 问:你是否有违法、犯罪行为?

答:有(本模板以有违法、犯罪行为为前提)。

15. 问:具体说一下相关违法、犯罪的事实?

答:好的。(综合讯问笔录,一般采用总分结构,即先概括记录被调查人涉嫌违法犯罪的事实、总数额,然后再分别以时间顺序记录各次涉嫌违法、犯罪的事实;涉嫌违法、犯罪的事实较多的,除综合讯问笔录外,建议采用"一事一证"的记录方式,如在受贿犯罪案件中,即以行贿人为单位分别形成笔录;以行贿人为单位的各受贿犯罪事实的记录,一般按以下顺序记录:被调查人与行贿人的认识及交往过程——每次行受贿的过程,包括时间、地点、赃款赃物的特征、数额数目及去向等——各具体谋利事项)

16. 问:说一下你上述违法、犯罪事实发生时,你担任的职务及具体工作职责?

答:(单位基本情况;单位现任领导班子成员及有关期间历任班子成员;财务人员及与案件有关部门的主要人员;与案件有关的业务流程;被调查人职务和工作职责;其他与案件有关的基本工作情况)

17. 问:你和行贿人(王某某)是怎么认识的?

答:(如果是其他人介绍的,要问清介绍人的具体身份、联系方式,为进一步获取证人证言做准备)

18. 问:请讲一下王某某送钱/物品给你的经过?

答:。

19. 问:你为什么要收王某某送的钱/物品?

答:(主要是问受贿人的主观故意,也看其对自己所犯错误的认识,后面问其对整个事情的认识是再一次看其是否知错悔过、认罪认罚)

20. 问:王某某为什么要送钱/物品给你?

答:(要注意关注行贿人是否为谋取不正当利益,为对王某某进行调查做准备,看其是否涉嫌行贿罪,因为行贿罪是指:为谋取不正当利益,给予国家工作人员以财物的行为)

21. 问:王某某送钱/物品给你,你们之间是否有商量过?

答:(看是否有过商量、是否为事前预谋或者事后的再起意、是否为

索贿或者被动受贿等)

22. 问:你给王某某/王某某的公司提供了什么帮助?

答:(写清受贿人是如何为行贿人谋取利益,包括正常履职和违反法律、法规、规章制度和政策履职为行贿人谋取利益)

23-1. 问:王某某送给你的钱/物品有何特征?

答:(注意写清是人民币还是其他货币,送钱的同时是否还送有其他物品,如烟、酒等)

23-2. 问:王某某送给你的钱/物品是从哪里来的?

答:(如知道从哪里来则写清楚,如不知道则写以行贿人说的为准或者问行贿人才清楚)

24. 问:王某某送钱/物品给你是否有其他人知道,或者有其他人在场看到?

答:。

25. 问:你收到王某某送给你的钱/物品后,是否写有收条、借条或者办有其他手续?

答:(如写有借条,则要分清是受贿还是借款)

26. 问:你收到王某某送给你的钱/物品后如何处理了?

答:(比如说购买房产、汽车、投资以及用于家庭开支,事关开展追赃或者追逃工作)

27. 问:到目前为止,你是否退过上述钱/物品给王某某或者他的亲属?

答:。

28. 问:你和你的亲属与王某某及其亲属有没有债权债务关系?

答:。

29. 问:在王某某所做项目里面,你或你的亲属有没有占股份或投资?

答:。

30. 问:王某某送给你的钱/物品是属于赠予吗?

答:。

31. 问：你送过钱/物品给王某某没有？

答：。

32. 问：对于你的上述行为，你是如何认识的？

答：。

33. 问：就你以上所述，你还有没有需要补充的？

答：。

34. 问：对于你的上述行为，你有无需要辩解的？

答：。

35. 问：你是否还有未交代清楚的问题？

答：目前想到的就是这么多，以后要是想起来的话再向你们交代。

36. 问：你是否有检举揭发他人违纪、违法、犯罪行为或者提供重要线索？

答：。

37. 问：本次讯问中，工作人员有无非法羁押、刑讯逼供、疲劳审讯、威胁、引诱、欺骗或者以其他非法方法获取供述或者其他证据的情形？

答：。

38. 问：你以上所说是否属实？

答：。

39. 问：我们现在把笔录打印出来，你核对一下笔录，看和你说的是否相符？如果没有阅读能力，我们会向你宣读；如果记载有遗漏或者差错，可以提出补充或者改正。确认笔录无误后，请签名、按指印。

答：。

（被调查人亲笔：以上笔录共×页，我已看过/已向我宣读，和我说的相符。本页之前逐页在页面底部中间位置亲笔签名、按指印）

被调查人亲笔签名捺印和日期

讯问人：　　　　　记录人：

（二）结构解析

1. 程序规范方面

（1）笔录头的适用。对中共党员身份的被谈话人（包括被核查人、被审查调查人、证人）的谈话笔录，用国有企业纪委的单笔录头或者用国有企业纪委和国有企业内设的负责监督执纪问责工作的职能部门（比如叫“监督部”）的双笔录头都可以；对非中共党员身份的被谈话人（包括被核查人、被审查调查人、证人）的谈话笔录，用国有企业中负责监督执纪问责工作的职能部门（比如叫“监督部”）单笔录头。

（2）笔录类型。统一叫作“谈话笔录”，不能叫“谈话记录”，因为谈话笔录是作为定性量纪的重要依据，需要被谈话人签字捺印确认的，而谈话记录更多的是作为过程记录的材料，适用情形是不一样的，一般是不需要被谈话人签字捺印确认的。

（3）谈话时间。根据中央纪委国家监委的有关规定，开展“走读式”谈话执行“双 10 制”，即单次谈话时长不得超过 10 小时（不包括谈话对象饮食和必要的休息时间），夜间谈话不得超过 22 时（晚上 10 点），所以谈话时间不能跨日，开始谈话时间可以机打（具体到分钟），结束时间在“时”和“分”处可以由被谈话人手签，因为笔录打印出来到核对笔录签字按指印是有时间差的，一般让被谈话人亲手签上其核对完笔录签字时的具体时间并按指印确认，按指印原则要求是用右手大拇指。

（4）谈话人和记录人。谈话人和记录人原则上要求是专职纪检人员，保证监督执纪问责工作的政治性、严肃性、保密性。笔录开头处谈话人和记录人名字可以机打（在笔录结尾处安排有谈话人和记录人亲笔签名一栏的时候），也可以由参与本次谈话的两名谈话人分别亲笔签名（不得代签或者冒签）；记录人如是两名谈话人之一的，谈话人和记录人两处都要亲笔签名。谈话人、记录人不能在同一段时间的不同笔录上签名，否则会出现证据被排除的情况。

（5）姓名、性别、年龄、民族。姓名是现用名；性别是男/女；年龄是写公历周岁；民族写全称，如壮族、汉族等。

(6)工作单位、职务。写现在的工作单位和职务,如无固定工作单位、职务则根据实际情况写,比如自由职业者/个体户等。

(7)是否为人大代表、政协委员、党代表。根据实际情况写,主要是看是否为本届人大代表、政协委员、党代表。按照法律规定,对于本届的人大代表,如果采取法律规定的限制人身自由的措施,应当经该级人民代表大会主席团或者人民代表大会常务委员会许可。

(8)家庭住址和联系方式。家庭住址要写被谈话人及其家属的常住地址,以备文书送达事宜。联系方式写常用的手机号码,无手机号码则写常用的、确保能及时联系的座机号码。

(9)笔录模板第1问。主要是对被谈话人是被核查/审查调查对象时的相关告知。一是有关同步录音录像的告知。根据《监察法》《党纪处分条例》《刑事诉讼法》《监督执纪工作规则》等有关规定,对被核查/审查调查对象的谈话,无论是在标准谈话场所还是在其他指定的场所,都要把同步录音录像事项告知被核查/审查调查对象,每次谈话后均应制作同步录音录像光盘。对证人的谈话,如进行同步录音录像应当征得其同意,具体如笔录模板中第1-2问中的问答模式(问:你是否同意对本次询问/谈话进行同步录音录像?答:同意/不同意);谈话地点也要由其选择,具体如笔录模板第1-1问中的问答模式(问:你是否愿意在这里接受询问/谈话?答:愿意,是我选择在这里接受询问/谈话的)。一定要记录是由其选择的,因为证人有选择谈话地点的权利。二是有关从宽处理的告知。根据上述相关规定,参考刑事案件的标准,谈话人员应当在谈话时告知被核查/审查调查对象如实供述可以得到从宽处理;对证人应当告知其有如实作证的义务,要实事求是,不得隐瞒、捏造、夸大或者缩小相关事实,否则要负相应的责任。

对于上述告知事项,在笔录中均应得到被谈话人的回应,如"看清楚了""听清楚了""听明白了"等。如其不清楚、不明白的,谈话人员要向其解释清楚、明白。

(10)笔录模板第2问。主要是讲在对被核查/审查调查对象、证人进行首次谈话时的权利义务告知。在初核阶段，对被核查对象应当制作《被谈话人权利义务告知书》告知其应有的权利义务；在审查调查阶段，对被审查调查对象应当制作《被审查/调查人权利义务告知书》告知其应有的权利义务，包括对经初核之后立案审查调查的被谈话人，在初核首次谈话时应当制作《被谈话人权利义务告知书》告知其应有的权利义务，立案审查调查之后的首次谈话仍应当制作《被审查/调查人权利义务告知书》告知其应有的权利义务；无论是在初核阶段还是在审查调查阶段，对证人都是用《证人权利义务告知书》告知其应有的权利义务。

对于上述告知事项，在笔录中均应得到被谈话人的回应并签名确认，回应如“我明白我的权利义务并签名确认了”；如其不明白，谈话人员要向其解释明白再让其签名确认。

(11)笔录模板第3问。主要是讲被谈话人是否申请谈话人员回避告知。一般而言，对谈话人有以下情形的，被谈话人有权要求回避：①是被谈话人或者检举人的近亲属的；②担任过本案的证人的；③与本案有利害关系的；④有可能影响公正处理的其他情形的。

上述告知事项，要在笔录中体现被谈话人回应“申请/不申请”的情况。

(12)笔录模板第4、5问。这里既有程序规范的要求，也有实体规范的要求。程序规范方面的要求主要是了解被谈话人的身体和精神状况、既往病史，主要是要保障办案安全和保证笔录的效力，特别是精神状况方面，如果被谈话人有精神方面的疾病且在发病期间，则该笔录的效力是受影响的。

(13)笔录模板第9、10、11问。主要是了解被核查/审查调查对象有无受过党纪、政务(政纪)处分以及单位处分？是否受过行政处罚？有无受过刑事责任追究？如何到案？目的是查清是否有从轻减轻、从重加重等情节。

(14)笔录模板第34问。主要是保障被核查/审查调查对象为自己的行为辩解的权利。

(15)笔录模板第35问。主要是保障被核查/审查调查对象争取主动交代的权利。

(16)笔录模板第36问。主要是保障被谈话人检举揭发、争取立功的权利。

(17)笔录模板第37问。主要是排除工作人员非法取供/取证行为，保证程序规范。

(18)笔录模板第38问。与被谈话人确认其以上所说的是否属实。

(19)笔录模板第39问。主要是保障被谈话人核对、修改笔录的权利，再次向其确认其应享有的权利得到了有效保护，保证笔录的合法性。

(20)建议国有企业纪检机构在谈话笔录中增加两问(在笔录模板的第38问之后的位置设问)：一是问笔录结束时被谈话人的身体和精神状况如何？目的是了解被谈话人在谈话结束时的身体和精神状况，如有异常情况则需要及时作出应对，保障谈话工作从开始到结束再到送被谈话人离开(或自行离开)全过程的安全。二是问被谈话人是否明白自己对这次谈话的内容有保密的义务？目的是提醒被谈话人要遵守谈话工作的要求，做好保密工作。

(21)笔录结尾处必须由被谈话人亲笔书写“以上笔录共×页，我已看过/已向我宣读，和我说的相符”，然后签名写日期、捺印。核对笔录时有修改或者补充的要捺印确认外，如修改或者补充超过1行，在每行内容的前中后位置各捺印确认。笔录超过1页的，被谈话人除了在笔录结尾处亲笔签名写日期捺印确认外，其他页建议参考刑事案件笔录模板，在每页底部中间位置亲笔签名捺印确认，日期可不写。

(22)在笔录的最末尾位置，谈话人和记录人要各自亲笔签名，确认并对该份笔录的真实性、完整性负责，不得代签、冒签。

2. 实体规范方面

笔录模板中第4问至第33问的内容都是属于实体规范的范畴，国有企业纪检组织制作谈话笔录的时候可以参照笔录模板中的条理、架构、逻辑、设问等内容来进行制作，下面主要从犯罪四要件方面解析上述涉嫌受贿罪的笔录模板。

(1)主体要件。

受贿罪的主体是特殊主体,即国家工作人员。国家工作人员,是指一切国家机关、国有企业、事业单位和其他依照法律从事公务的人员。包括在国家各级权力机关、各级行政机关、各级司法机关、各级军事机关、国有公司、企业、事业单位、人民团体中从事公务的人员,以及国家机关、国有公司、企业、事业单位委派到非国有公司、企业、事业单位、社会团体中从事公务的人员。其他依法从事公务,并领取相应报酬的人员。

主体要件主要在笔录模板第6问的个人基本情况体现,包括自然人身份信息和国家工作人员身份信息等内容:姓名,曾用名(一定要问),性别,出生年月(出生年月应为公历,以户籍或身份证登记的为准,用阿拉伯数字表述),身份证号码(用阿拉伯数字表述,“号码”二字后不加冒号),民族,籍贯,文化程度(统一表述为××文化,不得使用××学历、××学位),参加工作时间,入党时间(对中共党员),现在的工作单位及职务(工作单位及职务的表述要规范、完整,不得使用简称,如“中共××县委书记”不得表述为“××县委书记”;犯罪嫌疑人已被免职的,应当在职务前加“原”或工作单位及职务前加“原系”“案发前系”,如“××市人民政府原市长”或“原系××市人民政府市长”、“案发前系××市人民政府市长”;担任有党内职务的也要记录,因为最终处分可能会涉及“撤销党内职务”),住所(经常居住地,如经常居住地与户籍所在地不一致的,应在经常居住地后用括号注明户籍所在地)。

笔录模板中问其身体和精神状况,工作简历,是否是党代表、人大代表、政协委员,家庭基本情况,财产情况等,也属于与主体要件相关的信息。

(2)客体要件。

受贿罪侵犯的主要客体是国家机关、国有公司、企事业单位、人民团体的正常管理活动;次要客体是国家工作人员职务行为的廉洁性。

客体要件主要体现在笔录模板的第6、7、16、22问的问答情况中,通过了解受贿人现在的工作单位和职务，受贿行为发生时的工作单位和职务、工作职责、履职情况，如何帮助行贿人、提供何帮助等信息体现客体要件的内容。

(3)主观要件。

受贿罪在主观方面是由故意构成，只有行为人是出于故意所实施的受贿行为才构成受贿罪，过失行为不构成本罪。

主观方面主要体现在笔录模板的第18、19、20、21、25、27、32问的问答情况中，通过了解受贿人收受行贿人所送钱/物品的经过，如何帮助行贿人，跟行贿人如何商量，为什么要收受行贿人送的钱/物品，收钱/物品是否办有手续，有没有退过钱/物品给行贿人，对自己的行为有何认识等信息体现主观方面的内容。

(4)客观要件。

受贿罪在客观方面表现为行为人利用职务上的便利，索取他人财物，或者非法收受他人财物，为他人谋取利益。利用职务上的便利是指利用本人职务上主管、负责或者承办某项公共事务的权力所形成的便利条件或利用与职务有关的便利条件。

客观方面主要体现在笔录模板的第6、7、14、15、16、17、18、19、20、21、22、23-1、23-2、24、25、26、27、28、29、30、31、33问的问答情况中，通过了解受贿人在任职和职责范围内、履职过程中有没有利用本人职务上主管、负责或者承办某项公共事务的权力所形成的便利条件，有没有索取他人财物的行为，有没有非法收受他人财物为他人谋取利益的行为，如何利用职权或职务便利为行贿人谋取利益，受贿的详细经过，收受钱的种类、数量、票面金额及包装袋的物理特征与来源、去向，收受物品的数量、价格、品种、包装、购买地、支付方式、发票、存放形式、产权变更登记、来源、去向等，收受钱/物品的原因、时间、地点、次数，是否办有手续，有无其他人知道或者在场，受贿人收钱/物品的原因，行贿人送钱/物品的原因，有无退还钱/物品情况，是不是借款，受贿人和行贿人之间有没有赠予、债权债务关系等信息体现客观方面的内容。

三、做好谈话笔录应当注意的事项

(一)注重学习积累、准备充分

1.强化学习,注重知识积累

平时要注重对纪法条规、本领域相关专业知识等的学习和积累。因为要做好监督执纪问责工作,尤其是在国有企业纪检机构手段和措施有限的情况下,工作人员必须在平日里加强对党和国家方针政策、国家法律法规规定及其司法解释、党内法规、本领域相关专业知识等的学习,理解并积累违规违纪违法问题的构成要件和证明标准、财务、相关专业等方面的知识,只要工作人员学习和积累足够丰富,在开展监督执纪问责工作的时候就能更容易找准违规违纪违法的点,制作谈话笔录的时候也能有的放矢、得心应手、事半功倍。

2.未雨绸缪,做到准备充分

(1)全面了解掌握案情,明确笔录的目的和作用。制作谈话笔录之前,工作人员要准备充分,必须对整个案件情况有全面的了解和掌握,包括相关书证材料,同时要明确制作该份笔录在案件中的目的和作用。要明确该份笔录要跟被谈话人了解什么信息、笔录要证明什么、需要与什么书证等材料印证、做笔录时需要注意的事项等,同时要考虑该笔录在整个案件证据链中的衔接转合作用。如果对案情不熟悉不掌握,对做该份笔录的目的不清楚、该份笔录在案件中起何作用也不了解的话,笔录制作中就会出现主题不明、逻辑不清、废话连篇、空无一物的问题。

(2)列好谈话提纲和做好预笔录。在谈话之前,应根据案件的实际情况和做该份笔录的目的和作用,列好书面的谈话提纲和做好预笔录。借鉴中央纪委、国家监委和地方各级纪委监委的一些经验做法,在做谈话笔录之前,可以结合当前已掌握的客观方面证据和相关事实,列好谈话提纲和做好预笔录(最好是经过讨论或进行预演练习),这样能让工作人员在开展谈话和做谈话笔录过程中做到心里有数、有条有理、循序渐进、不离主题,而且能保证谈话笔录的质量。

(二)实事求是、用语准确规范

1.必须坚持实事求是原则

实事求是是开展监督执纪问责工作必须坚持的基本原则,制作谈话笔录也必须坚持做到实事求是。实事求是要求谈话笔录的内容要客观真实,做到如实地反映案件相关事实、谈话情况,真实、客观地反映被谈话人的原意,不能加入工作人员的主观臆断,更加不能生编硬造、弄虚作假。实事求是还要求在制作谈话笔录时既要做到如实记录违规违纪违法行为,也要记录被谈话人合理的辩解,无论是有利于证实案件的内容还是不利于证实案件的内容,无论是实体要件内容还是程序要件内容,都要客观记录、如实反映。

2.必须做到用语准确规范

在监督执纪问责工作中,无论是阐释条文,还是辨析事实,抑或谈话和制作谈话笔录,都要以违规违纪违法事实为依据、以党纪党规法律法规为准绳,做到用语严谨准确。首先要求工作人员要懂纪言纪语、法言法语,要认真学习党纪党规法律法规,提高纪法素养,培养纪法思维,能够从讲政治的高度实事求是地制作谈话笔录。其次要求谈话笔录内容必须紧扣相关规定、纪律、法律的内容,文字表达要精准明确,对每个违规违纪违法问题的谈话笔录必须明确有或者没有违规违纪违法行为,而且答案必须是唯一的,就是有或者没有,不能说可能有或者可能没有;有违规违纪违法行为的,必须明确该行为违反的是什么规定、什么纪律、什么法律,如果笔录中对该行为违反何规何纪何法不能确定,则无法做到准确定性,定性都不准何谈量纪、量刑。

笔录的制作看起来是件容易的事,但在制作过程中也会出现一些问题。比如:笔录中提到的单位名称原则上应当表述全称,如果该单位名称较长且后文中多次出现,可以在首次出现时表述全称的同时括号注明该单位的规范简称;笔录中首次出现的人物或者地点,必须要介绍人物的身份和地点的情况;笔录涉及的人较多时,尽量使用人名,少用人称代词,防止引起指代不明、相互混淆;笔录中涉及的金额,一般应当使用阿拉伯数字,采用币种加数额的表述方式,如人民币10万元、美元5万元;表述时间,要尽可能用具体时间,尽量少用今年、去年、上个月、下个月等指代时间;对一些特殊称谓、专用名词,需要注意规范表述,如法定代表人不能表述为法人代表,某局原局长不能表述为原某局局长。如果对某些领域的专业术语、专有名词不太了解,可以通过结合相关书证、查阅相关资料的方式尽量做到表述准确、规范。①

(三)规范严谨、布局合理

1. 规范严谨

(1)程序规范方面。

懂规矩讲程序是我们开展执纪审查工作的基本要求,要确保正确行使纪检权力,实现纪检工作高质量发展,必须高度重视程序规范。在制作谈话笔录的时候也一样,要求工作人员重视程序规范,具体有以下几个方面:

一是通知程序事宜。被谈话人(包括被核查人、被审查调查人、证人)未被限制人身自由的,应当在首次谈话时向其出具《谈话通知书》。在实践中要注意,谈话需要出具通知书的时候,必须先出具通知书再谈话,谈话笔录记录的时间不得早于出具通知书的时间。

二是安全保障程序事宜。按照中央纪委有关规定,与未被留置的人员谈话的,应当在具备安全保障条件的场所进行,强调"无安全不谈话",对被谈话人的接送、医疗保障等工作都要充分考虑。对证人制作谈话笔录要记录是由其选择地点,因为证人有选择谈话地点的权利;对关键或者重要证人,工作人员指定地点的,要如实记录证人是否同意。

三是告知程序事宜。参考刑事案件的标准,谈话人员应当在谈话时告知被核查/审查调查对象如实供述可以得到从宽处理;对证人应当告知其有如实作证的义务,要实事求是,不得隐瞒、捏造、夸大或者缩小相关事实,否则要负相应的责任等;告知被谈话人权利义务的,按其身份向

① 参见王健:《如何做好笔录》,中国方正出版社2020年版,第127-135页。

其出示相关权利义务告知书，让其在《被谈话人权利义务告知书》/《被审查/调查人权利义务告知书》/《证人权利义务告知书》上逐页签字捺指印确认，并在笔录中记录被谈话人的回答"以上告知事项我已清楚了"。

四是同步录音录像规定事宜。按照中央纪委的有关要求，对被核查/审查调查人的谈话应当进行全程同步录音录像，在笔录中要告知被核查/审查调查人并记录该事项。对证人的谈话，如需进行同步录音录像应当征得其同意并在笔录中记录该事项。

五是笔录核对程序。笔录制作完成后，应当交由被谈话人核对，没有阅读能力的，应当向其宣读。司法实践中有犯罪嫌疑人签成"以上笔录共××页，我已看过，和你说的相符/和我说的不相符"，工作人员因为疏忽没认真检查核对，给案件查办带来不必要的麻烦，要引起重视。工作人员也要对笔录进行认真核对，最后签字确认。签字必须用可清楚辨认的字体，不能用花式签名，对不能辨认的签字要重新打印笔录让其补签。

六是时限方面规定事宜。按照中央纪委的有关规定，结合国有企业的特点，谈话应当遵守时限规定，保证被谈话人饮食和必要的休息时间并在笔录中注明吃饭、休息的起止时间。对未采取留置措施的，单次谈话和制作谈话笔录时间不得超过10个小时，谈话不得超过晚上10点。对已采取留置措施的，单次谈话和制作谈话笔录时间不得超过6个小时。一般情况下，不得安排在零点至凌晨6点之间谈话和制作谈话笔录。

（2）实体规范方面。

实体规范意识要求工作人员在制作谈话笔录时做到以下方面：

一是忠于客观事实。忠于客观事实就是要做到客观、如实地反映谈话情况，包括被谈话人所作的违规违纪违法供述和对被谈话人自己有利的辩解，都要进行记录。不同的被谈话人有不同的社会背景、文化程度和语言表达水平，工作人员在制作笔录的过程中，记录的内容要尽可能符合谈话对象的语言风格、文化水平等，这样能让谈话笔录更加客观真实。被谈话人表述不清楚或者表述过于烦琐的，工作人员可以做概述、总结、归纳、整理，记录时可以不是原话录入，但不能偏离被谈话人基本的意思表示，而且必须经被谈话人认可。对于工作人员在谈话现场释法说理以及做思想工作的过程和反映被谈话人、证人心理活动的外在表现等客观情况，都可以视情况需要在笔录中客观记录、有所体现，比如沉默、哭泣等，这也是忠于事实的要求。

二是实体要件完备。要求谈话笔录内容必须做到实体要件完备，存在违规违纪违法行为，必须从实体方面明确记录相应的违规违纪违法行为的构成要件，也就是要体现违规违纪违法行为的四要件内容，即主体要件、客体要件、主观要件、客观要件。参照犯罪构成四要件的相关理论，主体要件要关注行为人的自然人身份情况和任职情况，对违规违纪违法行为发生时的任职和职权范围尤其要重点关注。客体要件要关注行为人的违规违纪违法行为所侵害的社会关系、法益，比如企业的管理制度、市场公平交易制度、职务的廉洁性、他人的财产权、健康权等。主观要件要关注行为人对其所实施的违规违纪违法行为及其结果所具有的心理状态，要客观反映其心理状态是如何形成的、对自己的行为是如何认识的等情况。客观要件要关注违规违纪违法行为的具体表现，包括该行为的社会危害性和构成该行为的所有客观事实特征。以笔录模板提到的受贿行为的客观要件为例：要了解受贿人有没有利用职务便利，有没有索取他人财物的行为，有没有非法收受他人财物为他人谋取利益的行为、如何利用职权或职务便利为行贿人谋取利益、受贿的详细经过、收受钱物的具体情况、受贿的原因、受贿人和行贿人之间有没有赠予、债权债务关系等信息。

三是逻辑严谨清晰。笔录是对违规违纪违法行为人进行定性量纪、定罪量刑最关键、最重要的证据之一。制作谈话笔录要做到能给看笔录的人（如审理工作人员）直观反映违规违纪违法行为全貌的程度，要求制作出来的笔录必须要有严谨清晰的逻辑结构，要做到遵循客观规律、主次分明、整体协调，要在违规违纪违法行为构成要件的框架里，在忠于事实、忠于被谈话人原意的前提下，对谈话内容进行整理加工、提炼概括，把相关违规违纪违法行为本身及行为的时间、地点、方式、对象、手段、危害结果等展现得有条有理。

四是记录详略得当。制作谈话笔录的过程就是还原违规违纪违法事实的过程，对于重要细节（比如违反廉洁纪律，收受关系密切的年轻异性的礼品礼金，可能两者之间会存在不正当两性关系），即使不是构成要件的内容，也要多设问予以固定并记入笔录，使笔录的内容和情节翔实、丰富。另外，还原事实过程并不意味着所有事情都要事无巨细地记录，制作谈话笔录不等于全部记录，否则直接用录音笔或者录音录像设备记录下来之后播放就可以了。特别是被谈话人记忆模糊或有意为之讲一些不符合客观事实的或者不准确的情节的时候，一定要注意辨别，可以先模糊简略记录，不能为了追求情节上的一致而失去真实性。

五是供证印证。证明违规违纪违法事实相关的证据有 8 种：物证，书证，证人证言，被害人陈述，被审查调查人陈述、供述和辩解，鉴定意见、勘验、检查、辨认、调查实验等笔录，视听资料，电子数据。国有企业纪检组织制作的谈话笔录，是证人、被核查/审查调查人的言词证据，是 8 种证据之一，记载的是被谈话人还原或者证明相关违规违纪违法事实的过程，其中记录的违规违纪违法行为要件必须是完备的，其实体部分内容是构成违规违纪违法行为所必需的主体、主观方面和客体、客观方面四要件的总合。对国有企业中的违规违纪案件而言，谈话笔录只是诸多证据之一，必须紧紧围绕证据的客观性、关联性、合法性来制作，其中四要件的内容必须要与案件的其他证据相互印证，使在案的所有证据达到“明确合理可信”的标准①（该标准主要针对国有企业中的违纪违规案件）。比如主体方面，笔录必须与自然人身份材料、入党材料、任职文件等书证相印证。比如客观方面，笔录中记录的违规违纪违法行为本身及行为的时间、地点、方式、对象、手段、危害结果等信息，也必须与收集在

① 根据中央纪委国家监委对纪检监察证据适用问题研究调研成果：对于违纪案件，应当按照“明确合理可信”的标准办理，充分体现“纪严于法”的要求；对于职务违法案件，应当严格按照“清晰且令人信服”的标准办理；对于职务犯罪案件，应当严格按照“排除合理怀疑”的标准办理，以便与刑事司法“法法衔接”。目前违纪案件和职务违法案件的证据标准仍在不断探索完善。我们认为国有企业纪检组织也应当参照适用。

案的其他人的言词证据、相关书证、其他类型证据相印证。

(3)非法证据排除方面。

制作谈话笔录时要增强非法证据排除意识,要求工作人员做到不得刑讯逼供(通过虐待、打、骂、体罚、饿冻晒烤、威胁等行为获取被谈话人供述)、指供诱供(将被核查、审查调查对象未交代的案件事实或者情节作为设问,或者根据没有依据的假设引导对象回答,如在对象还没有交代的情况下问"你为何要收某某送的钱"。直接为对方设定问题,要求对方回答"是"或"否",如在行受贿案件中,直接把行贿人的名字和行贿人说的话说给受贿人听,问受贿人是不是这么回事。出示书证过程诱导式发问,如问"这张交易凭证是不是你送钱给某某领导的凭证",应该问"你仔细辨认一下,跟我们说说交易凭证是怎么回事"。通过假设性、倾向性发问,得到希望的结果,如问"如果你不是领导的话,某某会送钱给你吗"。这些情况都有指供诱供的嫌疑,要避免出现这样的情况)、骗供(办案人员用欺骗手段或者以不能实现的承诺获取被谈话人的供述)等行为。

示例

在某案卷材料中,有一些笔录是在凌晨制作的,到审查起诉阶段,律师向法院提出非法证据排除,法院经依法审查认为办案机关存在疲劳审讯的行为,依法排除了晚上24时之后至凌晨6时之间做的笔录。如果办案机关没有其他时间段可供证明当事人违法犯罪的笔录,证据材料将难以形成完整证据链。

这个示例旨在提醒国有企业纪检工作人员,在拿不准或者感觉有证据风险的时候,一定要有非法证据排除意识,视情况需要合理安排时间就同一问题多谈一次。如:可以在初核的时候多谈一次,在立案审查调查之后多谈一次,甚至在移送审理前再谈一次,有备无患。

(4)谈话笔录的瑕疵补正。

谈话中因为工作疏忽,谈话笔录会出现一些瑕疵,可以及时调整、补充。如:首次谈话时,工作人员已经口头告知相关权利义务和规定,但被谈话人未在告知材料签字按指印确认的,可以由工作人员作出书面说明;工作人员没有告知被谈话人相关权利义务和规定的,且无法通过合理方式进行补正和说明的,应当及时重新谈话取证并履行相关告知程序;对谈话工作人员遗漏签名的笔录,可由原谈话工作人员补充签字,不能让他人代签或者冒签;对谈话时间等记录有误的,可进行修改之后让被谈话人捺手印确认;谈话工作人员记录错误,被谈话人拒绝确认的,可以结合同步录音录像等相关证据作出说明;对同一事项所谈内容出现前后矛盾或者内容不一致、笔录与自书材料不一致的,应当要求被谈话人说明以哪一次为准,对存在问题作出合理解释;被谈话人拒绝在笔录上签名按指印确认的,工作人员应当在笔录上记载并签字确认。

2. 布局合理

(1)谈话笔录内容布局。

本部分主要讲制作谈话笔录如何引入正题和不同阶段的谈话笔录内容布局要点。

①如何引入正题。[1]

一是以人引入。引出人员,通过记录被谈话人与案件有关人员的关系和交往情况将笔录引入正题,从人员之间的关系设问答,带动笔录的深入和展开。一般设问的顺序内容包括四层:你是否认识某某人?(点出与案件有关人员,突出该人员的身份,比如"××公司的某某人")→你们是怎么认识的?是在业务往来中认识还是通过他人介绍认识?(通过问答反映出被谈话人与该人员之间认识和熟悉的过程)→你们之间是什么关系?(通过问答反映出是否存在职权上的领导、隶属、管理或制约关系等)→你们往来之间有无问题需要交代/说明?(由这个问题正式将笔录引入正题并展开)。

二是以事引入。引出事件,通过记录被谈话人与某些特定事件之间

① 参见丁伟:《纪检监察办案谈话》,中国方正出版社2019年版,第164-169页。

的联系将笔录引入正题。一般设问的顺序内容包括三层：点出事件，比如问：你在某处是否做过某工程/项目？（点出的事件必须是经过查证且与案件有关联的）→说明事件，比如问：你说一下该工程/项目的情况？（通过问答说明该事件的简要情况、涉及相关人员，为笔录的进一步叙述做铺垫）→由事到事，通过对关联事件提出疑问将笔录引入正题，如查证该工程/项目没有走正常的招投标程序的，可问：为什么这个工程/项目没有走正常的招投标程序？如查证该工程/项目中的价格明显高于市场价的，可问：为什么采购的价格明显高于市场价格？或者直接问：在参与上述工程/项目过程中有无问题需要向我们交代/说明？通过关联事件的问答，逐步将笔录引入正题并展开。

三是以物引入。引出特定的物品，通过直接点出或者出示的形式提问，直接将笔录引入正题。特定的物品都是与谈话内容或事实有直接关联的，比如一些相关书证、物证、材料等，是要经过查证确认的，一般都是调查中的核心证据材料。比如问：你看一下这张票据并跟我们说一下怎么回事？/你说明一下你的某房产或车辆的来源？/你说明一下你佩戴的手表或首饰的来源？通过直接抛出相关物品让其说明情况，从而将笔录引入正题。

②不同阶段的谈话笔录内容布局要点。①

一是初期笔录宜先粗后细、先点后面。在谈话初期，需要制作笔录的时候，建议先顺应被谈话人的叙述，先不要深挖细节、不要急于完成整个违规违纪违法行为构成要件的详细记录。一般情况下，被谈话人交代问题有一定的规律，往往是由小到大、由少到多、由物到钱、由轻到重、由违规违纪到违法。如果被谈话人真心悔过改过，相信组织，能如实彻底地交代自己所有违规违纪违法问题，循序渐进问清楚抓细节是没有问题的，但是被谈话人往往都会存在害怕、侥幸等心理，有的被谈话人先是交代一两件事试探组织和工作人员的底线或者掌握情况，如果在这种情况

① 参见王健：《如何做好笔录》，中国方正出版社2020年版，第164－169页。

下工作人员就要求其对这一两件事作详细交代,被谈话人可能会认为组织和工作人员并没有掌握太多情况,进而不愿意再作进一步交代。所以在谈话初期被谈话人开口交代时,工作人员宜采取疏导、引导等方式,先不要在细节上过于纠缠深入,让其继续讲下去,对其交代的情况仅作简单如实记录,就像画一棵大树,先把树干画好,再添枝加叶。

二是中期笔录可力求完整、供证结合、突出态度。到了谈话中期,可以着手制作一份总笔录,把现有成果固定住,防止翻供。对于总笔录的格式,一般采用“总—分”或“总—分—总”的格式比较清晰。比如,在制作被谈话人收受财物的总笔录时,可问:谈一下你与张某某的交往问题。答:我和张某某是在2009年认识的,此后逐渐交往。他多次送给我人民币、美元、港币,以及一块××牌手表。问:具体谈一下每次收受财物的情况?答:(被谈话人就每次收受财物的过程分别作交代)。然后再对所有收受财物的情况汇总。问:你接着说。答:我目前就想起了这些,张某某一共送给我人民币×万元,美元×万元,港币×万元,一块××牌手表。后续完善收受财物的原因、如何利用职务便利等其他要素。这样的笔录结构合理、逻辑清晰,是一种较好的固定谈话成果的方式。

对于制作中期笔录,在实践中需要关注以下方面:第一,要体现外查结果,尽可能把外查结果和笔录相关要素(比如违规违纪违法行为四要件)结合起来,做到供证结合、相互印证,以达到全案的取证目的。第二,中期笔录要重点关注被谈话人的思想认识,通过其思想认识判断其是否真诚悔过改错,进而甄别其所交代问题的真实性。第三,如果被谈话人思想认识不到位或者交代问题不真实,则有针对性地进一步加大谈话力度,加强思想教育,提高其思想认识,做到真诚悔过改错、如实交代问题。

三是后期笔录应一事一记、做实做细。到后期谈话的时候,在中期制作总笔录之后,要适时考虑制作分笔录。制作分笔录,在时间上一般不宜太早,否则会让被谈话人产生过关心理。分笔录可采用一人一记、一事一记的记录方式,如对于多次收受贿赂和多次利用职权的,可以一事一记，不要综合叙述，不要把诸多问题都记在同一份分笔录上。后期笔录一般要把相关违规违纪违法行为的构成要件跟外查获取的相关证据结合起来，要做实做细、相互印证，使笔录和在案的其他证据形成完整的证据链，达到证据“确实充分”的证明标准。

关于本部分提到的初期、中期、后期笔录，是对假设的案情复杂的职务犯罪案件所做的设计，相关的要求和标准对国有企业纪检机构而言是比较高的。因国有企业审查调查手段、权限有限，所以在日常工作中应具体情况具体对待，可以参照上述初期、中期、后期笔录要点制作相关谈话笔录；如果是安排一两次谈话的，可以把初期、中期、后期笔录要点结合在一起制作相关谈话笔录。

(2)制作笔录时间布局。

国有企业纪检机构在开展谈话工作的时候，选择制作谈话笔录的时间也是很重要的，必须提前做好布局：

一是初步核实阶段。根据《监督执纪工作规则》第三十四条的规定，核查组经批准可以与相关人员谈话了解情况，相关人员包括证人和被核查人。在初步核实阶段与相关人员谈话应当制作谈话笔录，制作谈话笔录的时候应当按照问题线索反映的顺序，进行“一对一”的核实了解。

二是审查调查阶段。根据《监督执纪工作规则》第四十三条规定，立案审查调查方案批准之后，应当与被审查调查人谈话。在审查调查阶段谈话应当制作谈话笔录，制作谈话笔录的时候应当归纳初核阶段查明的问题，结合审查调查阶段查明的新问题，以违反中央八项规定精神，违反党的政治纪律、组织纪律、廉洁纪律、群众纪律、工作纪律、生活纪律，违反公司制度规定，违反国家法律法规的顺序进行表述，对违反国家法律法规规定的，应当着重记录被谈话人行为违反的是何种法律法规，并将同一类违法行为集中表述。

三是适时制作主体笔录和家庭财产收支笔录。出于工作需要可以适时制作主体笔录和家庭财产收支笔录。比如，在首次谈话未达到谈话取证目的、进展不畅或者需要初步判断被谈话人的态度的时候，在谈话工作人员之外其他工作人员需要了解被谈话人的个人基本情况的时候，在外查工作需要了解被谈话人的房产、车辆等财产情况的时候，在防止被谈话人翻供的时候，或者在需要给被谈话人传导组织会严查彻查其所有问题的信号和压力的时候等，可以视情况制作主体笔录和家庭财产收支笔录。

制作主体笔录要尽可能详细、全面，包括：个人基本情况、曾用名，民族、出生年月、籍贯，身份证号码和户口所在地，所有在用的联系方式，所有可居住地的住址，重要社会关系（视情况记录，一般包括被谈话人夫妻双方的直系亲属，主要是父母、儿女或者孙子女；旁系亲属一般包括兄弟姐妹、伯叔姑姨舅及其配偶、子女等；和被谈话人关系密切的其他亲朋好友；除亲属以外，存在经济往来的人员），被谈话人入党时间地点和党组织关系所在单位，被谈话人是否为党代表、人大代表或政协委员（相应程序的需要），被谈话人的完整党政职务（在出现撤销党内职务处分时尤其需要关注），有无受过党纪政务处分和有无受过刑事责任追究（适用宽严相济政策时需要关注）等信息，对这些相关信息，宁可多问多记不可少记，有备无患。

制作家庭财产收支笔录①，主要记录被谈话人的家庭财产收支情况，包括：家庭成员的所有工资收入、持有股票期权情况、遗产、投资入股或者合伙经营获利、不动产、借贷情况、受赠情况、大概开支等信息。制作家庭财产收支笔录强调要适时，因为该笔录主要是用来防止被谈话人对涉案相关财物的来龙去脉部分事实翻供的，制作早了可能引起被谈话人的猜疑和警惕；制作晚了可能引起被谈话人的犯意，进而转移财产、掩饰、隐瞒违规违纪违法所得等，给工作增加困难。建议在被谈话人真诚悔过改错、努力寻求组织或者工作人员对其态度的认可阶段，适时切入该话题，并尽可能详细记录，以便与外查取得的相关证据进行比对、

① 参见王健：《如何做好笔录》，中国方正出版社2020年版，第172－173页。

印证。

(四)关注再生证据、间接证据

在制作谈话笔录的时候,一定要高度关注再生证据、间接证据,并确保笔录与再生证据、间接证据能够互相印证,形成完整的证据链。

1. 再生证据

所谓再生证据,就是被核查人、被审查调查人及其利害关系人在违规违纪违法行为实施完毕,为掩护自己的行为,逃避惩罚所进行的一系列反调查活动的过程中所形成的,能够证明案件真实情况的一系列证据。

以受贿案件为例,再生证据在受贿案件中的主要表现形式有:一是串供、订立攻守同盟,统一口径,对抗审查调查。如行贿人与被调查人制造假的借条。二是被调查人及其家属在案发前和案发后为了逃避调查将赃款赃物转移至亲朋好友处。三是被调查人得知自己可能会被调查后,提前安排相关行贿人出境、隐匿行踪或者躲藏起来以逃避调查。四是被调查人或行贿人听到风声之后,想方设法打听案情等。

上述反调查行为都会产生相应的证据,如制造“假借条”、转移和处理赃款赃物等。这些虽然不是证明受贿犯罪的直接证据,但是却能够间接印证相关的犯罪事实。调查人员应当关注并调取相关再生证据后,在笔录中予以固定、结合运用,使再生证据和在案的其他证据形成完整的证据链。

2. 间接证据

所谓间接证据,就是以间接方式与案件主要事实相关联的证据,即必须与其他证据连接起来或通过推理才能证明案件主要事实的证据,亦称为“旁证”。间接证据必须与其他证据(包括直接证据和间接证据)结合,形成一个完整的证明体系,才能体现证明力。在多数刑事案件中,司法人员在认定案件事实时使用的既有直接证据,也有间接证据。在少数案件中,由于没有被告人的认罪供述和目击证人证言等直接证据,司法人员在认定被告人的罪行时只能使用间接证据,这类案件可称为“间接证据案件”、“旁证案件”或者“零口供案件”。①

同样以受贿案件为例,间接证据包括:受贿人和行贿人的个人情况,收受财物的原因、时间、地点、次数,有无其他人在场,受贿的详细经过,财物的数量、价格、品种、包装、购买地、支付方式、发票、存放形式、产权变更登记,有无退还情况等;行贿人为何行贿,行贿的时间、地点和次数,行贿款的来源等;相关证人(知情人、关系人、中间人、亲友)的证言;物证,包括追缴的赃款赃物,用赃款购买的物品及照片等;书证,包括受贿人或行贿人收受财物或送出财物的有关笔记、日记,证明行贿款来源的银行存折、支取账单等;鉴定意见,包括笔迹鉴定、审计鉴定、估价鉴定意见等;勘验、检查笔录,包括赃物藏匿现场勘验、检查笔录及照片等;视听资料、电子数据,包括行贿受贿行为的录音、录像,聊天记录等;搜查、扣押、起赃、收缴、封存笔录或证明等。

行受贿案件在国有企业中也是比较常见的案件,国有企业纪检机构尤其要重视以下间接证据:一是为他人谋取利益的证据。为他人谋取利益包括承诺、实施和实现三个阶段。承诺为他人谋取利益的证据需要深挖行受贿双方的主观心理状态和真实意思表示,主要是通过被调查人的供述和辩解、行贿人的证言证实。实施和实现阶段的证据主要是调取被调查人在审批表上的签字记录、相关批示和文件,为请托人打招呼的相关证据等。二是职务违规违纪违法所得的相关证据。对于违规违纪或职务违法行为所获得的财物,应记明种类、数量与金额;对于违规违纪或职务违法行为所获得的职务、职级、衔级、级别、职称、待遇、学历、学位、资格、荣誉、奖励等其他利益,应详细记录获得的时间、颁布机关、具体种类等,以便办案机关及时追缴、处理或建议有关单位或组织予以纠正。三是行贿人经营业务的相关证据。制作受贿案件的谈话笔录时,涉及行贿人的要细问到其名下的、实际控制的或者与其有关联的公司、企业,细问其是否为相关公司、企业谋利等,为国有企业后续开展行贿人及其相

① 参见何家弘、吕宏庆:《间接证据的证明方法初探》,载《证据科学》2021年第3期。

关公司、企业禁入国有企业业务范围做准备。四是行受贿双方对对方为何行受贿的认识的相关证据。比如在初核阶段先找行贿人谈话的时候（还没找受贿人），要问行贿人“受贿人为什么要收受你送的财物”，回答“受贿人应该是认为他给我或者我的公司提供了帮助，所以我送财物给他的时候他就收下了”，进而问受贿人是如何给其提供帮助的，通过这样了解受贿人“利用职务便利，收受他人财物，为他人谋取利益”的客观事实，为找受贿人谈话做好充分准备。先找受贿人谈话的时候，要问受贿人“行贿人为什么要送财物给你”，回答“他应该是感谢我关照他，所以送财物给我”，进而问如何利用职务便利关照行贿人，如果受贿人有利用职务便利、排除公平竞争、违规违纪违法去关照行贿人的，那行贿人涉嫌行贿犯罪的可能性很大，这个时候一定要把行贿人“谋取不正当利益”问清楚并记清楚，在找行贿人谈话的时候就可以拿来震慑行贿人，明确其行为已涉嫌行贿犯罪（《刑法》第三百九十条），如果其不配合组织工作就依法对其行为进行处理，如果其配合组织工作就依法给其机会和政策，做到“进可攻，退可守”。

四、从实体规范角度谈各类谈话笔录的要点

本部分主要从实体规范角度谈国有企业纪检组织制作谈话笔录的要点，关注点主要集中在各类违规违纪违法行为的四要件内容，至于谈话笔录整体的条理、架构、逻辑、设问等细节方面，可以参照前面的笔录模板。

（一）违反中央八项规定精神的谈话笔录要点

对于违反中央八项规定精神的谈话笔录要点部分，首先解答中央八项规定精神适用于什么对象、适用于什么时间、对党员如何适用三个方面问题：

一是适用于什么对象。2012 年 12 月，中共中央政治局会议审议通过了《十八届中央政治局关于改进工作作风、密切联系群众的八项规定》；2017 年 10 月，中共中央政治局会议再次审议通过了《中共中央政治局贯彻落实中央八项规定的实施细则》。上述两个中央文件均是面向

中央政治局的各位领导同志所作的规定。两个文件颁布后,中央及地方各级党的机关开始各自贯彻落实“中央八项规定精神”,逐步形成管党治党的有效手段。因此,“中央八项规定精神”适用于除中共中央政治局以外的所有党员领导干部。

二是适用于什么时间。以2012年12月4日中共中央政治局审议通过中央八项规定为时间节点,相关违规违纪行为发生在2012年12月4日以后的,对行为人按违反中央八项规定精神问题认定;行为人相关违规违纪行为发生在2012年12月4日之前的,不作为违反中央八项规定精神问题认定,而是根据违规违纪行为的具体情况和当时的党纪和相关规定作出相应认定,坚持“从旧兼从轻”的原则。

三是对党员如何适用。对党员而言,在性质认定上,违反中央八项规定精神问题可能是违反廉洁纪律,也可能是违反工作纪律等其他纪律,具体性质需根据违纪党员的具体行为和党纪规定作出认定。在条款适用上,对党员违反中央八项规定精神问题行为,并不是直接依据中央八项规定作出定性处理,而是依据《党纪处分条例》分则对应的具体条款。

制作违反中央八项规定精神的谈话笔录要点:

(1)主体必须是有责任能力的党员领导干部。笔录中必须记明违规违纪人员的入党时间、入党地点、党组织关系所在地、党内职务等(对党员领导干部),入职时间、入职地点、所在单位、担任职务等(对非党员领导干部),自然人身份情况等。

(2)侵犯的客体是党在新形势下坚持全面从严治党、加强作风建设、密切联系群众、整治和纠正“形式主义、官僚主义、享乐主义和奢靡之风”等路线方针政策的政治性、严肃性。笔录中要通过记明违规违纪人员对自己的违规违纪行为的认识,表明该行为破坏党全面从严治党、加强作风建设、密切联系群众、整治和纠正“四风”等路线方针政策。

(3)主观方面可能是故意,也可能是过失。笔录中要通过设问答客观记录违规违纪人员实施违规违纪行为时的心理活动状态,因为有的人是故意违反中央八项规定精神，有的人是出于过失或不明真相违反中央八项规定精神，对于过失或不明真相而违反规定的，可以按照规定从轻或者减轻处理。

（4）客观方面必须具有违反中央八项规定精神的具体行为。违反中央八项规定精神的行为，具体表现为：违规公款吃喝、公款国内旅游、公款出国（境）旅游、违规配备使用公务用车、楼堂馆所违规问题、违规发放津补贴或者福利、违规收送礼品礼金、大办婚丧喜庆、提供或者接受超标准接待、接受或者用公款参与高消费娱乐健身活动、违规出入私人会所、领导干部住房违规、违规接受管理服务对象宴请、形式主义和官僚主义问题和其他违反中央八项规定精神的行为。行为人只要实施了其中的一种行为，就具备了构成违反中央八项规定精神行为的客观要件。下面简单罗列违反中央八项规定精神的各类行为的具体表现形式，在制作笔录的时候要详细客观记录：

①违反公务接待管理规定的行为。主要表现形式：一是超标准、超范围接待行为。二是借公务接待之机大吃大喝行为。三是其他违反公务接待管理规定的行为。笔录中要记明接待方和参与接待的被接待方，因为双方都要受到纪律追究，既要追究违规公务接待的决定者、组织者和参与者，也要追究对违规公务接待负有领导责任的党员领导干部。

②公款吃喝行为。主要表现形式：一是交际性吃喝行为。比如一些领导干部在集中学习、培训期间相互宴请。二是交易性吃喝。比如用公款宴请上级部门管钱、管物、管项目的主管人员等。三是纯粹的吃喝。比如一些领导干部时不时地以各种名义组织公款聚餐吃喝活动。笔录要记明组织者、参与者、支付款项等，因为对该行为追究纪律责任的对象既包括组织者也包括参加者，无论是批准的人还是单纯参加的人都要视情况给予一定的处分；对于参加宴请的党员领导干部，知道或者应当知道参加的是公款支付的宴请，就要受到纪律追究；除了给予适当的纪律处分，参加公款宴请型饭局，还要退回应当由个人支付的饭餐费用（一般按照人均数计算）。

③公款旅游行为。主要表现形式:一是用公款旅游行为。二是借公务差旅之机旅游行为。三是以公务差旅为名变相旅游行为。四是以各种名义变相用公款出国境旅游。笔录中要记明是否以“考察”“学习”“红色教育”“招商引资”名义行公款旅游之实,或者参加国有企业下属单位、企业组织的考察旅游。

④违反公务用车管理规定。主要表现形式:一是违规配备、购买、更换、装饰、使用公务车的行为。比如超排量、公车私用等。二是其他违反公务用车管理规定的行为。比如换用、借用、占用下属单位或者其他单位和个人的车辆,公务人员既领取公务交通补贴,又违规乘坐公务用车等。笔录要客观记录上述具体情况。

⑤违规收礼、送礼行为。主要表现形式:一是收受可能影响公正执行公务的礼品、礼金、消费卡等。二是收受其他明显超出正常礼尚往来的礼品、礼金、消费卡等。三是向从事公务的人员及其配偶、子女及其配偶等亲属和其他特定关系人赠送明显超出正常礼尚往来的礼品、礼金、消费卡等。四是用公款购买赠送、发放礼品。笔录中要客观记明具体的行为表现,特别是记录“礼品、礼金、消费卡”这部分的时候,一定要与时俱进、实事求是,因为随着互联网产业的发展,很多往来是使用各种电子支付券、红包等,这些是实在的物质利益,属于消费卡的范畴。

⑥违规操办婚丧喜庆等事宜。主要表现形式:一是利用职权或者职务上的影响操办婚丧喜庆事宜,在社会上造成不良影响。二是在操办婚丧喜庆事宜中,借机敛财或者有其他侵犯国家、集体和人民利益的行为。笔录中要记明是否借机敛财(如叫人“凑份子”),有无利用职权或者职务上的影响,是否大操大办,是否在社会上造成不良影响,是否动用公车、公物、公共场地,是否动用下属公职人员帮忙操办,是否利用下属公职人员工作时间帮忙操办,是否利用下属公职人员职务身份帮忙操办等。

⑦违规发放津贴补贴福利。主要表现形式:一是巧立名目乱发钱物。二是自行提高津贴补贴标准。三是借重大活动筹备或节日庆祝之机变相向职工发放钱物以及违反规定使用专项经费发放津贴补贴。四

是虚报冒领财政资金发放津贴补贴。五是违规使用工会会费发放津贴补贴等。笔录中要客观记录上述行为的具体情况。

⑧违反会议活动管理规定。主要表现形式:一是违规举办会议。比如违反会议活动管理规定,到禁止召开会议的风景名胜区开会或者批准举办各类节会、庆典活动。二是违规举办评比达标表彰活动。比如未按规定的程序批准,擅自举办评比达标表彰活动或者借评比达标表彰活动之机,收取费用。笔录中要客观记录上述行为的具体情况。

⑨违反办公用房管理规定。主要表现形式:一是决定或者批准兴建、装修办公楼、培训中心等楼堂馆所。二是超标准配备、使用办公用房。三是用公款包租、占用客房或者其他场所供个人使用等形式。笔录要记明是谁提出、谁经办、分管该事项的领导是谁、主要领导和其他领导的意见等,因为对该行为要追究直接责任者和领导责任者中党员的党纪责任。如果按照国有企业规定,暂时用公款包租或者占用客房供到新的地方任职或者挂职的干部个人(暂时难以安排住宿和办公用房)使用的,笔录对该情况也要客观记录,这样的行为不构成违规违纪。

⑩违规接受宴请等行为。主要表现形式:一是接受可能影响公正执行公务的宴请。二是接受可能影响公正执行公务的旅游、健身、娱乐等活动安排。笔录要记明接受宴请的具体情况,包括宴请方的身份情况、如何支付费用、如何列支处理费用等,因为此处的宴请是指违规接受管理服务对象的宴请,不包括违规接受公务接待中的宴请,所以要做到实事求是、具体情况具体分析。

⑪形式主义和官僚主义问题。主要表现形式:一是在贯彻落实方面,有的领导干部对贯彻落实中央重大决策部署表态调门高,但行动落实少,或者说一套做一套。二是在调查研究方面,有的单位搞形式、走过场,无论什么调研主题,去的是同一条路线、访的是同一批对象、听的是同一套说辞,搞走秀式调研。三是在服务群众方面,有的单位表面上推进服务型政府建设,有的门面好看但还是事办不成,照样推脱扯皮;有的政务服务热线电话长期无人接听。四是在项目建设方面,一些地方热衷

于打造领导看得到、注意得到的项目工程，而不考虑群众需求和客观实际，结果是领导注意了、表扬多了而群众不满意。五是在召开会议方面，一些地方无论什么会议都要层层重复开，一个接一个，检查评比走马观花，导致干部疲于应付，没有时间抓落实工作。六是在改进文风方面，有的地方写文件、写报告照搬照抄，内容不是来自调查研究，而是源自抄袭拼凑。七是在责任担当方面，有的领导干部"只求不出事，宁愿不做事"，凡事都要上级拍板，避免自己担责，甚至层层往上报、层层不表态。八是在工作实效方面，有的地方对工作不重实效重包装，一项工作刚开始就急于总结成绩、搞汇报、宣传典型，追求搞材料汇报出政绩。九是在履行职责方面，有的部门热衷于与下属单位签订"责任状"，将责任下移，试图让下级的"责任状"成为自己的"免责单"。十是在对待问题方面，有的党员干部对身边不良风气和违规问题态度漠然，知情不报，甚至在组织向其了解情况时仍不说真话。笔录中要客观记录上述行为的具体表现情况，比如去何地调研，事先有无了解与调研主题是否符合，如何调研，调研成果等情况；比如贯彻落实中央重大决策部署，是怎么表态的，怎么跟领导和干部群众说的，如何抓落实的，落实的效果如何，领导和干部群众的评价，是否在社会上造成不良影响等情况，便于组织定性量纪。

⑫其他违反中央八项规定精神的行为。主要表现形式：一是出入私人会所。二是违规取得、持有、实际使用运动健身卡、会所和俱乐部会员卡、高尔夫球卡等各种消费卡。三是违规公款高消费娱乐、健身活动。四是谋求特殊待遇。如违反工作、生活保障制度，在交通、医疗、警卫等方面为本人、亲属及其他特定关系人谋求特殊待遇。五是在分配、购买住房中侵犯国家、集体利益。六是生活奢靡、贪图享乐、追求低级趣味。笔录中要客观记录上述行为的具体情况，比如"生活奢靡、贪图享乐"是否明显超出了当地正常生活消费水平，业余生活中有庸俗、不高尚、不符合共产党员道德情操的爱好，私生活中存在享乐主义和奢靡之风的情况、造成的不良影响等情况，便于组织定性量纪。

（二）违反六大纪律的谈话笔录制作要点

1. 违反政治纪律

违反政治纪律的行为，是指党的组织和党员违犯党在政治方向、政治立场、政治言论、政治行为上的一些规定和要求，危害党在政治上的高度集中统一，依照党内法规规定应当受到党的纪律追究的行为。违反政治纪律行为主要是在《党纪处分条例》第六章，从第四十九条到第七十六条。

制作违反政治纪律谈话笔录要点：

（1）主体必须是有责任能力的党员和党组织。非中共党员不构成违反党的政治纪律行为的主体。党员既包括普通党员，也包括领导干部。笔录中必须记明违纪人员（包括党员领导干部、党组织违纪的直接责任者和领导责任者）的入党时间、入党地点，组织关系所在地，党内外职务，自然人身份等；对违纪的党组织要记明该党组织的基本情况。

（2）客体是侵犯全体党员领导干部及各级党组织在政治方向、政治立场、政治言论、政治行为方面必须遵守的规矩，破坏党的高度集中统一。笔录中要通过记录违纪行为的后果、违纪人员或者党组织中违纪直接责任者和领导责任者对违纪行为的认识等，表明该违纪行为对党在政治上的高度集中统一的危害。

（3）主观方面可能是故意，也可能是过失。有的是故意违反了党的政治纪律，有的是过失或不明真相违反了党的政治纪律，笔录中要根据已掌握的客观事实记明违纪人员在实施违纪行为的时候是主动、有预谋、有计划的还是因为过失或不明真相，对于过失或不明真相的党员，可以按照规定从轻、减轻或者免予处分。

（4）客观方面必须具有违反政治纪律的具体行为，即违反《党纪处分条例》第六章所规定的各种政治纪律负面清单。违纪人员只要实施了其中的一种行为，就具备了违反政治纪律行为的客观要件。笔录中要客观记录违反政治纪律行为的具体表现、后果、影响等。

以《党纪处分条例》第六十三条对抗组织审查的第四项规定“向组织提供虚假情况，掩盖事实”为例，要记录党员干部如何知道反映自己的问题被组织进行初步核实的,或者如何知道组织对自己进行立案审查的,得知被组织核查和立案审查后做了什么,有没有主动向党委(党组)或者纪委等有关组织提供虚假情况,何时提供虚假情况,何人接收的虚假情况材料,提供虚假情况的目的(是否为了掩盖违纪事实、企图干扰、妨碍组织审查)是什么,对自己实施对抗组织审查行为有何认识等;情节方面,要记录其向组织提供虚假情况的形式,是否存在乱说、瞎说、假说、反话正说、面对证据极力抵赖、欺骗组织等行为,或以辞职、提前退休等方式对抗组织审查等情况,到定性量纪的时候要综合考虑、重点把握党员干部"积极"与"对抗"的恶性程度。

2. 违反组织纪律

违反组织纪律的行为,是指违反党内法规以及国家法律法规中所规定的有关党和国家组织工作方面的原则、规定和制度,依照党内法规应当受到党的纪律追究的行为。违反组织纪律行为主要是在《党纪处分条例》第七章,从第七十七条到第九十三条。

制作违反组织纪律谈话笔录的要点:

(1)违纪主体必须是有责任能力的党员和党组织。非中共党员不构成违反党的组织纪律行为的主体。党员既包括普通党员,也包括领导干部。笔录中必须记明违纪人员(包括党员、党组织违纪的直接责任者和领导责任者)的入党时间、入党地点,组织关系所在地,党内外职务,自然人身份等;对违纪的党组织要记明该党组织的基本情况。

(2)侵犯的客体是党的组织和全体党员必须遵守和维护党在组织上团结统一的行为准则。笔录中要通过记录违纪行为的后果、违纪人员或者党组织违纪的直接责任者和领导责任者对违纪行为的认识等,表明该行为对党和国家有关组织工作方面的原则、规定和制度的危害。

(3)主观方面多数是故意,个别违纪行为是过失,比如《党纪处分条例》第八十四条第二款规定的用人失察失误行为就是过失。笔录中要实事求是记录违纪人员实施违纪行为时的主观心理状态,比如问其"你当时这样做是怎么考虑的?"让其说出违纪行为发生时自己的心理活动状态,做到具体情况具体分析。

(4)客观方面要求必须具有违反组织纪律的行为,即违反《党纪处分条例》第七章所规定的各种违纪行为。比如:拒不执行党组织决定的行为,拒不执行组织的分配、调动、交流决定的行为,违反规定程序发展党员的行为等。笔录中要客观记明行为人主动实施的行为或者拒不执行的行为,行为带来的后果、影响等。

再以《党纪处分条例》第八十一条第一款第二项规定"在组织进行谈话、函询时,不如实向组织说明问题"为例,要记录党员干部因何事和问题被何组织谈话函询,在组织进行谈话、函询过程中是否如实向组织说明问题的行为,被谈话、函询人是否存在避而不答、抵赖否认或隐瞒编造、歪曲事实的行为,是否存在"应说但未说"或"虽说但不全"的行为,实施行为时的主观心态如何(不如实说明在主观上应当是故意),对自己不如实向组织说明问题的行为有何认识等情况。《党纪处分条例》第八十一条第一款要求行为达到"情节较重"才构成违反组织纪律,对"情节较重"要记录党员干部是否存在两次或两次以上刻意回避、隐瞒编造、虚假歪曲谈话函询问题的情节,是否存在无正当理由不按规定时限回复组织函询或态度蛮横的情节,是否存在对反映问题的人进行追查或伴有打击报复行为的情节。

值得在此强调的是,在对党员干部实施上述行为进行定性量纪的时候要做到综合考量、实事求是,对于那些经组织两次或两次以上谈话函询的党员干部,如果其仍有隐瞒真相欺骗组织的想法,并采取"主动"向组织和有关领导同志提供虚假情况的方式,混淆是非,设置障碍,蓄意干扰、妨碍正常的调查工作的,则应根据《党纪处分条例》第六十三条第四项的规定,按违反政治纪律中对抗组织审查行为认定;如果其在组织谈话函询中存在"被动"地说明问题、否认或隐瞒、编造、歪曲违纪事实被认定为违反组织纪律行为,到初核阶段或审查阶段仍作出"向组织提供虚假情况,掩盖事实的"积极对抗组织审查行为的,应当以同时违反《党纪处分条例》第六十三条第四项和第八十一条第一款第二项规定,数错并罚，合并处理。

3. 违反廉洁纪律

违反廉洁纪律的行为，是指违反各级组织和全体党员为确保清正廉洁地从事公务活动或者其他活动中应当遵守的廉洁用权的行为规则，党组织和党员干部在从事党的工作中或者其他与行使职权有关的活动中，违反应当遵守的廉洁从政、廉洁用权的各种行为规范和规则，依照党内法规应当受到党的纪律追究的行为。违反廉洁纪律行为主要是在《党纪处分条例》第八章，从第九十四条到第一百二十一条。

制作违反廉洁纪律谈话笔录要点：

（1）违纪主体必须是有责任能力的党员和党组织。非中共党员不构成违反党的廉洁纪律行为的主体。党员既包括普通党员，也包括领导干部。笔录中必须记明违纪人员（包括党员、党组织违纪的直接责任者和领导责任者）的入党时间、入党地点，组织关系所在地，党内外职务，自然人身份等；对违纪的党组织要记明该党组织的基本情况。

（2）侵犯的客体是党组织和党员在从事公务活动或者其他与行使职权有关的活动中，应当遵守的廉洁用权的行为规则，党员领导干部在从事公务活动或者其他与行使职权有关的活动中的职务的廉洁性和清正廉洁的政治本色。笔录要通过记明违纪人员对自己的违纪行为的认识，表明该行为侵害了党员干部职务的廉洁性和清正廉洁的政治本色。

（3）主观方面可能是故意，也可能是过失。笔录中要通过设问答方式客观记录违纪人员实施违纪行为时的心理活动状态，因为有的党员是故意违反了党的廉洁纪律，有的党员是出于过失或疏忽违反了党的廉洁纪律，对于过失疏忽违反了党的廉洁纪律的党员，如果能够主动及时纠正，可以按照规定从轻或者减轻处理。

（4）客观方面必须具有违反廉洁纪律的行为，即违反《党纪处分条例》第八章所规定的各种违反廉洁纪律的行为。行为人只要实施了其中的一种行为，就具备了构成违反廉洁纪律行为的客观要件。在笔录中要记明违反廉洁纪律的行为的具体情况，比如《党纪处分条例》第一百一十三条中违反有关规定组织、参加用公款支付的宴请的行为：除了记明组织者，还要客观记录宴请发生的时间节点（是否在党的十八大之后），其他参与者（是党员同样需要追究相应责任，非党员的也有可能要追究相应责任），所上的菜肴、烟酒等，看是否属于名贵海鲜、野生动物、高档烟酒，以甄别是否属于违反中央八项规定精神，为定性量纪提供支撑。

再以《党纪处分条例》第九十九条中“借用管理和服务对象的钱款、住房、车辆等，可能[①]影响公正执行公务，情节较重的”为例，要记录以下内容：一是党员干部和出借人之间是否属于管理与被管理或者服务与被服务的关系，如果没有管理和服务关系，只是亲戚朋友之间的正常借用一般不构成违纪。二是借用的钱款、住房、车辆等对象的具体情况，如果是借用钱款和其他物品，要具有比较大的数额和使用价值，至少与住房、车辆的价值或者使用价值大致相当才构成违纪，一般数百元的小额借款或者物品不构成违纪。三是借用的具体情况，有无“借而不还”、“假借真拿”、“借鸡生蛋”或者以他人名义实为自己借用等情况，是否约定有利息、借用期限，是否写有借据、借条、收条、欠条等手续，被查处时是否归还，借用的原因、实际用途、价值大小、时间长短，是否属于“情节较重”等。四是是否存在可能影响公正执行公务的具体情况。“可能”主要是指预防性，即具有影响公正执行公务的可能性，就应当禁止，而不能等到已经产生了影响公正执行公务的后果才去处理。至于是否可能影响公正执行公务，要根据实际情况由党组织认定，不能依据当事人的判断。[②]

再如，国有企业党员领导干部中常发生的收受礼品礼金等财物的行为，该行为在《党纪处分条例》第九十七条作出规定：“收受可能影响公正执行公务的礼品、礼金、消费卡（券）和有价证券、股权、其他金融产品等财物，情节较轻的，给予警告或者严重警告处分；情节较重的，给予撤

① 2023 年新修订的《党纪处分条例》新增“可能”二字，增加了对该违纪问题的惩处力度。

② 参见本书编写组：《〈中国共产党纪律处分条例〉释义》，中国方正出版社 2018 年版，第 246 页。

销党内职务或者留党察看处分;情节严重的,给予开除党籍处分。收受其他明显超出正常礼尚往来的财物的,依照前款规定处理。"对收礼品礼金等财物的行为要记录以下内容:一是对"收受可能影响公正执行公务的礼品、礼金、消费卡(券)和有价证券、股权、其他金融产品等财物"。要记录收受礼品礼金等财物的具体情况(如数额、价值等),收礼人和送礼人之间有无管理和被管理关系,送礼人有无具体请托事项,收礼人是否承诺利用职权为送礼人谋利,收礼人有无利用职务便利为送礼人谋利等情况。在收礼人和送礼人有管理和被管理的关系下,具体给予处分时应做到实事求是,按照不同情形作不同处理。二是对"收受其他明显超出正常礼尚往来的财物的"。首先要强调,该规定是对党员干部在日常生活中收受同事、同学、老乡、朋友等(无管理和被管理关系)馈赠的礼品、礼金、消费卡等财物的行为提出更严要求,也就是说,即使党员干部在日常生活中收受礼品礼金等财物的行为与公务或者公正执行公务无关,如果"明显超出正常礼尚往来"的,也要予以处分。对该规定要记录收受礼品礼金等财物的具体情况(如数额、价值等),收礼人和送礼人之间的关系,双方在礼节上是否有来有往(要求做到"你对我怎么样,我也对你怎么样",或者做到大致相当,不能只来不往),当地正常经济水平、风俗习惯,送礼人的个人经济能力,礼品礼金等财物的价值是否明显超出当地正常经济水平、风俗习惯、送礼人的个人经济能力等情况。具体给予处分时应做到实事求是,根据各种因素综合考虑酌情处理。

4. 违反群众纪律

违反群众纪律的行为,是指违反党内法规以及国家法律法规中所规定的有关联系群众、服务群众等群众工作中必须遵循的行为规范和规则,依照党内法规规定应当受到党的纪律追究的行为。违反群众纪律行为主要是在《党纪处分条例》第九章作出规定,从第一百二十二条到第一百二十九条。

制作违反群众纪律谈话笔录要点:

(1)违纪主体必须是有责任能力的党员和党组织。非中共党员不构成违反党的群众纪律行为的主体。党员既包括普通党员，也包括党员领导干部。笔录中必须记明违纪人员（包括党员、党组织违纪的直接责任者和领导责任者）的入党时间、入党地点，组织关系所在地，党内外职务，自然人身份等；对违纪的党组织要记明该党组织的基本情况。

（2）侵犯的客体是党同人民群众的血肉联系。笔录中要通过记明违纪人员对自己的违纪行为的认识，表明该行为破坏党同人民群众的血肉联系，损害党的执政基础。

（3）主观方面可能是故意，也可能是过失。笔录中要通过设问答方式客观记录违纪人员实施违纪行为时的心理活动状态，因为有的党员是故意违反党的群众纪律，有的党员是出于过失或不明真相违反了党的群众纪律，对于过失或不明真相的党员，可以按照规定从轻或者减轻处理。

（4）客观方面必须具有违反群众纪律的具体行为。违反群众纪律的行为，主要是指《党纪处分条例》第九章所规定的各种违反群众纪律的行为。行为人只要实施了其中的一种行为，就具备了构成违反群众纪律行为的客观要件。笔录要记明违反群众纪律的行为的详细情况，而且要做到具体情况具体分析，因为这些行为有的是恶劣的，后果是严重的，需要给予党纪惩处；有的则情节轻微，允许教育改正，不一定要上升到纪律处分。

以《党纪处分条例》第一百二十二条中“在管理、服务活动中违反有关规定收取费用”和“在办理涉及群众事务时刁难群众、吃拿卡要”为例。因为国有企业大多与国计民生息息相关，国有企业经营业务中有很多涉及管理、服务群众的事务，以上述在管理、服务活动中和涉及群众事务时发生的违纪行为为例。对“在管理、服务活动中违反有关规定收取费用”，要记录党员参与管理、服务活动的依据和情形（以厘清相关人员责任），是否依规依纪开展管理、服务活动，按照规定能否收取费用，如何收取费用，收取的费用如何处置等情况。对“在办理涉及群众事务时刁难群众、吃拿卡要”，要记录党员参与办理涉及群众事务的依据和情形（以厘清相关人员责任），办理该项群众事务的有关流程、制度规定，如何刁难群众，如何吃拿卡要等情况。有必要提醒一点，对吃拿卡要的情形要注意具体情况具体分析并记录，因为群众纪律中提到的吃拿卡要行为涉及的钱物一般不是很多，属于占小便宜的性质，招致群众的反感，疏远了群众的感情，如果党员在从事服务群众工作中索取或者收受大额财物，则可能违反廉洁纪律或者涉嫌职务违法犯罪，构成条规竞合，应当择一重处。

5. 违反工作纪律

违反工作纪律的行为，是指党组织和党员在从事党的各项工作中违反应当遵循的行为规范和规则，依照党内法规应当受到党的纪律追究的行为。违反工作纪律行为主要是在《党纪处分条例》第十章，从第一百三十条到第一百四十九条。

制作违反工作纪律谈话笔录要点：

(1)违纪主体必须是有责任能力的党员和党组织。非中共党员不构成违反党的工作纪律行为的主体。党员既包括普通党员，也包括党员领导干部。笔录中必须记明违纪人员(包括党组织中违纪的直接责任者和领导责任者)的入党时间、入党地点，组织关系所在地，党内外职务，自然人身份等；对违纪的党组织要记明该党组织的基本情况。

(2)侵犯的客体是党和国家机关的正常工作秩序和管理制度。笔录要通过记明违纪行为后果、违纪人员对自己的违纪行为的认识等，表明该行为侵害了党和国家机关的正常工作秩序和管理制度。

(3)主观方面可能是故意，也可能是过失。有的是故意违反了党的工作纪律，有的是出于过失或不明真相违反了党的工作纪律，对于过失或不明真相的党员，可以按照规定从轻或者减轻处理。笔录中要通过设问答方式客观记录违纪人员实施违纪行为时的心理活动状态，做到实事求是。

(4)客观方面必须具有违反工作纪律的具体行为，即违反《党纪处分条例》第十章所规定的各种违反工作纪律的行为。笔录要记明违反工作纪律的行为的详细情况，包括带来的影响和后果等。

以《党纪处分条例》第一百四十条规定为例。“在上级检查、视察工作或者向上级汇报、报告工作时对应当报告的事项不报告或者不如实报告,造成严重损害或者严重不良影响的”情形,要如实记录党员或党组织是不是掌握有关情况而隐瞒不报,是否知道提供的情况、材料、数据不实而予以提供;其行为是不是为了掩饰发生的问题、粉饰太平,隐瞒真实情况;或者是为了谋取上级的肯定和赞许,上报假情况、假数字、假典型;或者是为了应付检查,采取无中生有、移花接木、指鹿为马等手法,看似在表格上完成了考核指标,实际上并没有完成任务等。对于“应当报告的事项”要根据实际情况予以界定并记录,因为有的是上级单位明确要求报告的事项,有的是上级单位没有明确要求,但根据自身的工作职责应当报告的事项。本行为需要有一定的后果,即造成严重损害或者严重不良影响的,要记录是否引起舆情或者信访举报、是否被上级通报批评、是否严重损害单位形象、是否造成严重损失等。另外,记录相关内容时要注意本行为与《党纪处分条例》第六十一条规定的“不按照有关规定向组织请示、报告重大事项”的行为相区别,两者主要区别是报告的内容不同,本行为强调的是工作层面内容上的报告,第六十一条中不请示、报告的是“重大事项”,具有特定的内涵,属于违反政治纪律的行为。

对《党纪处分条例》第一百四十条中提到“在上级检查、视察工作或者向上级汇报、报告工作时纵容、唆使、暗示、强迫下级说假话、报假情的”,要如实记录党员或党组织在上级检查、视察工作或者向上级汇报、报告工作时是否有纵容、唆使、暗示、强迫下级说假话、报假情的行为;是否存在明知情况不实或者明知有问题,不但不制止、不纠正、不如实报告,还纵容、唆使、暗示、强迫下属说假话、报虚假情况,以达到共同掩盖问题、隐瞒实情的目的等情况。该行为的性质比上述隐瞒不报、弄虚作假等行为更加恶劣,因此要从重或者加重处分。

6. 违反生活纪律

违反生活纪律的行为,是指党员在婚姻家庭、人际交往、公共场所等社会生活中违反应当遵守的传统美德、社会公德、家庭美德等行为规范和规则,依照党内法规应当受到党的纪律追究的行为。违反生活纪律行为主要是在《党纪处分条例》第十一章作出规定,从第一百五十条到第一百五十四条。

制作违反生活纪律谈话笔录的要点:

(1)违纪主体必须是中共党员,非中共党员不构成违反党的生活纪律行为的主体。党员既包括普通党员,也包括党员领导干部。笔录中必须记明违纪人员的入党时间、入党地点,组织关系所在地,党内外职务,自然人身份等。

(2)侵犯的客体是党的先进性和纯洁性。党的先进性和纯洁性决定了:在政治、组织、社会生活等方面,对党员的行为要求都比普通公民较高,党员不仅在生产、工作和学习上发挥先锋模范作用,在社会生活和婚姻家庭方面也应起到先锋模范作用。笔录要通过记明违纪行为后果、违纪人员对自己的违纪行为的认识等,表明该行为侵害了党的先进性和纯洁性。

(3)主观方面可能是故意,也可能是过失。笔录中要通过设问答方式客观记录违纪人员实施违纪行为时的心理活动状态,做到实事求是。

(4)客观方面必须具有违反生活纪律的具体行为,即违反《党纪处分条例》第十一章所规定的各种违反生活纪律的行为。行为人只要实施了其中的一种行为,就具备了构成违反生活纪律行为的客观要件。笔录要记明违反生活纪律的行为的详细情况,包括带来的影响和后果等,同时也要做到具体情况具体分析,因为对不同的情节会有不同的定性。比如违反生活纪律中"与他人发生不正当性关系"的情形,具体的情节不同可能会构成不同的违纪甚至犯罪行为:如果行为人利用职权、教养关系、从属关系或者其他相类似关系与他人发生性关系的,属于违反生活纪律的从重情节;如果其利用职权为对方提供帮助并与对方发生不正当性关系的,或者在与对方发生不正当性关系的同时,向对方送钱送物,以保持不正当关系,这就成了搞权色交易或者钱色交易,属于违反廉洁纪律;如果是以金钱、财物为媒介发生性关系,则构成《治安管理处罚法》

中的嫖娼行为；如果行为人利用职权、从属等关系，以降职、调离、开除等相威胁，违背女性意愿，迫使其女性下属与其发生性关系的，则构成了强奸罪，除应当追究党纪责任外，还应当移送司法机关追究刑事责任。

再以《党纪处分条例》第一百五十条规定为例，提到“生活奢靡、铺张浪费、贪图享乐、追求低级趣味，造成不良影响的”，在做笔录的时候要分情形实事求是记录。对“生活奢靡、铺张浪费、贪图享乐”要记录党员在生活中是否存在贪图享受、宣扬及时行乐，讲排场、比阔气、挥金如土等情况；在工作中是否存在安于现状、得过且过、拈轻怕重等情况。对“追求低级趣味”要记录党员在兴趣爱好、业余生活方面，是否存在热衷于庸俗、不高尚、不符合共产党员道德情操的爱好的行为，比如沉迷打麻将、打扑克、网游、色情录像书刊等，如有沉迷打麻将、扑克之类的行为的，还要注意关注是否存在借打麻将、扑克之名行赌博之实的情况，如有的话要看是否受过行政处罚、是否构成行政法规定的赌博行为或者刑法规定的赌博罪，如果构成的话则应追加其违反国家法律法规规定的责任。该条规定党员“生活奢靡、铺张浪费、贪图享乐、追求低级趣味”的行为要“造成不良影响”才构成违反生活纪律，所以在笔录中也要客观反映“不良影响”的情况，比如在单位中或者在社会上是否引起众人非议，是否引发现实或者网络舆情、是否引起信访举报等情况。

（三）违反国家法律法规规定的谈话笔录要点

对于国有企业员工违反国家法律法规规定的问题，是中共党员身份的员工按照《党纪处分条例》给予党纪处分，对非中共党员的员工依照国有企业的相关政务处分管理制度规定给予处分。因国有企业纪检机构对违反国家法律法规规定行为本身没有处理权限，比如违反刑法、行政法规等行为，应当移交有管辖权的部门依法对当事人/单位作出处理。国有企业纪检机构在遇到这样的违法、犯罪问题时（比如在谈话过程中被谈话人主动提及自己有违法、犯罪行为），可以制作相关违法、犯罪问题的谈话笔录。对员工存在的过了追诉时效的违法、犯罪行为，国有企业纪检组织也可以结合事实和证据予以认定并依规依纪依法作出处理，对认定把握不准的可以征求有管辖权的部门的意见。对国有企业纪检机构而言,本部分内容是有必要去熟悉掌握的。本部分采用罗列的方式,讲述了一些违反国家法律法规规定行为(国有企业中易发的、常见的)的谈话笔录要点。

1. 涉嫌贪污罪

贪污罪(《刑法》第三百八十二条),是指国家工作人员和受国家机关、国有公司、企业、事业单位、人民团体委托管理、经营国有财产的人员,利用职务上的便利,侵吞,窃取,骗取或者以其他手段非法占有公共财物的行为。

制作涉嫌贪污罪的谈话笔录要点:

(1)主体是国家工作人员和受国家机关、国有公司、企业、事业单位、人民团体委托管理经营国有财产的人员,是特殊主体。笔录中必须记明行为人的自然人身份,工作简历,与贪污有关的职务及职权范围,企业性质,是否从事公务,是否受国家机关、国有公司、企业、事业单位、人民团体委托管理、经营国有财产等。

(2)客体是复杂客体,既侵犯了公共财物的所有权,又侵犯了国家工作人员职务行为的廉洁性。笔录要通过记明行为人对自己的违法行为的认识、行为指向的对象(公共财物)等,表明该行为侵犯了公共财物的所有权和国家工作人员职务行为的廉洁性。

(3)主观方面是故意,而且出于直接故意,并具有非法占有公共财物的目的,过失不构成本罪。笔录中要通过设问答方式客观记录行为人实施贪污行为时的主观态度、心理活动状态,做到实事求是。

(4)客观方面必须具有利用职务之便,侵吞、窃取、骗取或者以其他手段非法占有公共财物的行为。在笔录中,要把利用职务之便,侵吞、窃取、骗取或者以其他手段非法占有公共财物行为的客观事实要素记录完备,包括时间、地点、人物、事件、手段、原因、结果等要素,其中如何利用职务之便一定要记录清楚,因为这是贪污罪区别于诈骗、盗窃等侵犯财产罪的重要特征。

2. 涉嫌受贿罪

受贿罪(《刑法》第三百八十五条),是指国家工作人员利用职务上的便利,索取他人财物的,或者非法收受他人财物,为他人谋取利益的,是受贿罪。国家工作人员在经济往来中,违反国家规定,收受各种名义的回扣、手续费,归个人所有的,以受贿论处。

制作涉嫌受贿罪的谈话笔录要点:

(1)主体是国家工作人员,是特殊主体。笔录中必须记明行为人的自然人身份,工作简历,与受贿有关的职务及职权范围,企业性质,履行的职责是否从事公务,是否受国家机关、国有公司、企业、事业单位、人民团体委托管理经营国有财产等。

(2)侵犯的客体是国家工作人员职务行为的廉洁性和国家机关、国有公司、企业、事业单位、人民团体的正常管理活动。笔录要通过记明违法人员对自己的违法行为的认识等,表明该行为侵犯了国家工作人员职务行为的廉洁性和国家机关、国有公司、企业、事业单位、人民团体的正常管理活动。

(3)主观方面是故意,只有行为人是出于故意所实施的受贿行为才构成受贿罪,过失行为不构成本罪。笔录中要记明行为人实施受贿行为时的心理、动机等,如果涉及共同犯罪,还要记明共谋的过程,做到实事求是。

(4)客观方面必须具有利用职务上的便利,索取他人财物的行为;或者具有利用职务上的便利,非法收受他人财物,为他人谋取利益的行为。在笔录中要记明每次行受贿的过程(时间、地点、赃款或赃物或财产性利益的数额数目、特征、来源、去向等),是主动索要还是被动受贿,谋利事项(如何请托、如何谋利等),如何许诺(明示或者暗示、真实或者虚假都可以构成本罪)等。如何利用职务上的便利也要实事求是记明,比如普通型受贿中,利用职务上的便利是指利用本人职权以及利用职务上有隶属、制约关系的其他国家工作人员的职权;在斡旋型受贿中,利用职务上的便利是国家工作人员利用本人职权或地位形成的便利条件。

3. 涉嫌挪用公款罪

挪用公款罪(《刑法》第三百八十四条),是指国家工作人员利用职务上的便利,挪用公款归个人使用,进行非法活动的,或者挪用公款数额较大、进行营利活动的,或者挪用公款数额较大、超过3个月未还的,是挪用公款罪,处5年以下有期徒刑或者拘役;情节严重的,处5年以上有期徒刑。挪用公款数额巨大不退还的,处10年以上有期徒刑或者无期徒刑。挪用用于救灾、抢险、防汛、优抚、扶贫、移民、救济款物归个人使用的,从重处罚。

制作涉嫌挪用公款罪的谈话笔录要点:

(1)主体是国家工作人员,是特殊主体。笔录中必须记明行为人的自然人身份,工作简历,与挪用公款有关的职务及职权范围,企业性质,履行的职责是否从事公务,是否受国家机关、国有公司、企业、事业单位、人民团体委托管理经营国有财产等。

(2)侵犯的客体是公款的占有权、使用权、收益权以及国家工作人员职务行为的廉洁性。笔录要通过记明违法人员对自己的违法行为的认识等,表明该行为侵犯了公款的占有权、使用权、收益权和国家工作人员职务行为的廉洁性。

(3)主观方面是直接故意,只有行为人明知是公款而故意挪作他用才构成挪用公款罪,过失行为不构成本罪。笔录中要实事求是记明行为人实施挪用公款行为时的心理活动、动机目的等,看是为了使用还是想非法占有,如果是想非法占有那就构成贪污罪。

(4)客观方面必须具有利用职务上的便利,挪用公款归为个人使用,进行非法活动的;或挪用公款数额较大,进行营利活动的;或者挪用公款数额较大,超过3个月没有归还的行为。在笔录中要记明行为人如何利用职务上的便利,如何实施挪用公款的行为,挪用公款数额(挪用数额很小,社会危害性不大的,不作为犯罪,只作为一般的违规违纪违法行为处理),公款是否为救灾、抢险、防汛、优抚、扶贫、移民、救济款物,归个人使用情况(本人使用或者交给、借给他人使用),进行非法活动情况

（比如赌博、走私等违法犯罪活动，按照数罪并罚处理），本人挪用公款数额较大进行营利活动情况（为私利以个人名义将挪用的公款借给他人或者企事业单位、机关、团体使用的，不管这些单位是否用于营利活动，都视为行为人个人使用进行营利活动），挪用时间（如果挪用的时间很短，造成的社会危害性不大，可以作为《刑法》第十三条规定的"情节显著轻微危害不大"的情况，不认为是犯罪，作为一般的挪用本单位资金的违规违纪违法行为处理），是否想归还或者有没有能力归还（主观上不想还或者客观上不能还的话可能转化为贪污罪），归还时间等。

4. 涉嫌私分国有资产罪

私分国有资产罪（《刑法》第三百九十六条），是指国家机关、国有公司、企业、事业单位、人民团体，违反国家规定，以单位名义将国有资产集体私分给个人，数额较大的行为。

制作涉嫌私分国有资产罪的谈话笔录要点：

（1）主体是国家机关、国有公司、企业、事业单位、人民团体，本罪是单位犯罪，但根据法律规定只处罚私分国有资产的直接负责的主管人员和其他直接责任人员。笔录中必须记明私分国有资产的直接负责的主管人员和其他直接责任人员的自然人身份，工作简历，与私分国有资产有关的职务及职权范围等。

（2）侵犯的客体是国有资产（不包括集体经济组织的财物和其他公共财物）的管理制度及其所有权。笔录要通过记明直接负责的主管人员和其他直接责任人员对自己的违法行为的认识等，表明该行为侵犯了国有资产的管理制度及其所有权。

（3）主观方面是直接故意，行为人须有明知是国有资产而故意违反国家规定，将其集体私分给个人的确定故意，如疏忽大意地误将国有资产当作企业资金加以集体私分者，不构成本罪。笔录中要实事求是记明行为人实施私分国有资产行为时的心理活动、动机目的等，以判断其实施行为时是故意还是过失。

（4）客观方面，要求国家机关、国有公司、企业、事业单位、人民团体等法人,实施了违反国家规定,以单位名义将国有资产集体私分给个人,数额较大的行为。在笔录中要记明如何违反国家规定,违反何规定,为何要违反规定,如何集体私分,私分给何人(如私分给自己的话可能涉嫌贪污罪),是否经有关主管部门批准或者按照有关政策规定等。

5. 涉嫌单位受贿罪

单位受贿罪(《刑法》第三百八十七条),是指国家机关、国有公司、企业、事业单位、人民团体,索取、非法收受他人财物,为他人谋取利益,情节严重的,对单位判处罚金,并对其直接负责的主管人员和其他直接责任人员,处3年以下有期徒刑或者拘役;情节特别严重的,处3年以上10年以下有期徒刑。前款所列单位,在经济往来中,在账外暗中收受各种名义的回扣、手续费的,以受贿论,依照前款的规定处罚。

制作涉嫌单位受贿罪的谈话笔录要点:

(1)主体是国有单位,包括国家机关、国有公司、企业、事业单位、人民团体,本罪是单位犯罪,但根据法律规定对单位判处罚金,并对其直接负责的主管人员和其他直接责任人员进行处罚。笔录中必须记明国有单位的具体情况,国有单位直接负责的主管人员和其他直接责任人员的自然人身份,工作简历,与单位受贿行为有关的职务及职权范围等。

(2)侵犯的客体是国有单位正常管理活动和声誉。笔录要通过记明国有单位直接负责的主管人员和其他直接责任人员对违法行为的认识等,表明该行为侵犯了国有资产的管理制度及其所有权。

(3)主观方面是直接故意,即国家机关、国有公司、企业、事业单位、人民团体具有索取或者收受贿赂,为他人谋取利益的动机、目的。笔录中要实事求是记明国有单位直接负责的主管人员和其他直接责任人员实施单位受贿行为时的心理活动、动机目的,是否经单位决策机构授权或同意(如果是国有单位中的国家工作人员个人的故意行为则可能构成受贿罪),单位如何决策等,据此判断是否为国有单位的故意。

(4)客观方面,要求国家机关、国有公司、企业、事业单位、人民团体实施了索取、非法收受他人财物,为他人谋取利益,情节严重的行为;或者在经济往来中,在账外暗中收受各种名义的回扣、手续费的行为。在笔录中要记明如何索取、非法收受他人财物,如何为他人谋取利益(包括正当利益和不正当利益),情节严重的情况,数额是多少(如数额不足定罪标准且没有其他严重情节,则应按一般单位受贿行为对待,不宜按犯罪处理),涉及财物的来源、去向,谁保管涉及的财物。如果是在经济往来中,在账外暗中收受各种名义的回扣、手续费的,要记明经济往来情况,收受回扣、手续费等具体情况,是否入单位账或者在单位账上记载,是否经单位同意(如果是国有单位中的国家工作人员个人的故意行为则可能构成受贿罪),账外如何保管回扣、手续费等。

6. 涉嫌国有公司、企业、事业单位人员滥用职权罪和国有公司、企业、事业单位人员失职罪

国有公司、企业、事业单位人员滥用职权罪和国有公司、企业、事业单位人员失职罪(《刑法》第一百六十八条),是指国有公司、企业的工作人员,由于严重不负责任或者滥用职权,造成国有公司、企业破产或者严重损失,致使国家利益遭受重大损失的,处3年以下有期徒刑或者拘役;致使国家利益遭受特别重大损失的,处3年以上7年以下有期徒刑。国有事业单位的工作人员有前款行为,致使国家利益遭受重大损失的,依照前款的规定处罚。国有公司、企业、事业单位的工作人员,徇私舞弊,犯前两款罪的,依照第一款的规定从重处罚。

制作涉嫌国有公司、企业、事业单位人员滥用职权罪和国有公司、企业、事业单位人员失职罪的谈话笔录要点:

(1)主体是特殊主体,即国有公司、企业、事业单位的工作人员,其他主体不构成本罪。笔录中必须记明国有单位的具体情况,国有公司、企业、事业单位的工作人员的自然人身份,是否受国有公司、企业委派到国有控股、参股公司从事公务的人员,工作简历,与滥用职权、失职行为有关的职务及职权范围等。

(2)侵犯的客体是国有公司、企业、事业单位财产权益和社会主义市场经济秩序。笔录要通过记明国有公司、企业、事业单位的工作人员

对自己违法行为的认识等，表明该行为侵犯了国有公司、企业、事业单位财产权益和社会主义市场经济秩序。

(3)主观方面是间接故意与过失。行为人的行为虽是直接故意的，但其对致使国家利益遭受重大损失的结果却不是直接故意，其并不希望国有公司、企业、事业单位破产或严重亏损。笔录中要实事求是记明国有公司、企业、事业单位实施违法行为时的心理活动、动机目的，以判断其是故意还是过失造成国有公司、企业、事业单位破产或严重亏损的结果。

(4)客观方面表现为国有公司、企业的工作人员，由于严重不负责任或者滥用职权，造成国有公司、企业破产或者严重损失，致使国家利益遭受重大损失或者特别重大损失的行为；国有事业单位的工作人员，由于严重不负责任或者滥用职权，致使国家利益遭受重大损失或者特别重大损失的行为；国有公司、企业、事业单位的工作人员，徇私舞弊，犯前两款罪的行为。本罪属于结果犯，只有造成国有公司、企业破产或者严重损失，致使国家利益遭受重大损失(国有公司、企业、事业单位的工作人员)时，才构成犯罪。在笔录中要客观记明如何履行职权，是故意滥用职权还是严重失职，行为造成什么后果，造成损失的情况(结果)，是否有徇私舞弊情节(履职过程中徇私情，如接受吃请等；如果收受财物，视具体情节可能构成受贿罪，要实行数罪并罚)等。

7. 涉嫌巨额财产来源不明罪和隐瞒境外存款罪

巨额财产来源不明罪和隐瞒境外存款罪(《刑法》第三百九十五条)，是指国家工作人员的财产、支出明显超过合法收入，差额巨大的，可以责令该国家工作人员说明来源，不能说明来源的，差额部分以非法所得论，处5年以下有期徒刑或者拘役；差额特别巨大的，处5年以上10年以下有期徒刑。财产的差额部分予以追缴。国家工作人员在境外的存款，应当依照国家规定申报。数额较大、隐瞒不报的，处2年以下有期徒刑或者拘役；情节较轻的，由其所在单位或者上级主管机关酌情给予行政处分。

制作涉嫌巨额财产来源不明罪和隐瞒境外存款罪的谈话笔录要点：

(1)主体是国家工作人员，是特殊主体，非国家工作人员不构成本罪。笔录中必须记明行为人的自然人身份，工作简历，企业性质，是否从事公务，是否受国家机关、国有公司、企业、事业单位、人民团体委派从事公务，是否退休（如已退休不构成本罪）等。

（2）侵犯的客体是国家工作人员职务行为的廉洁制度和公私财物的所有权。笔录要通过记明违法人员对自己的违法行为的认识等，表明该行为侵犯了公共财物的所有权和国家工作人员职务行为的廉洁性。

（3）主观方面是故意。笔录中要通过设问答方式客观记录行为人明知财产不合法而故意占有，案发后又故意拒不说明财产的真正来源，或者有意编造财产来源的合法途径；或者故意隐瞒、不按规定申报境外的存款情况等。

（4）客观方面表现为国家工作人员的财产或支出明显超出合法收入，且差额巨大，本人不能说明其合法来源；或者故意隐瞒境外的存款情况。在笔录中要记明行为人说明其财产情况、支出情况、合法收入情况，其财产、支出明显超出合法收入的情况（看差额是否巨大，30万元以上），其对差额的说明情况，境外存款情况等。如果其不能说明来源，构成本罪；如果说明了合法来源，不构成本罪；如果说明了非法来源，经查证属实，应按其行为性质认定违法犯罪，不构成本罪。

8. 涉嫌行贿罪

行贿罪（《刑法》第三百八十九条），是指为谋取不正当利益，给予国家工作人员以财物的，是行贿罪。在经济往来中，违反国家规定，给予国家工作人员以财物，数额较大的，或者违反国家规定，给予国家工作人员以各种名义的回扣、手续费的，以行贿论处。因被勒索给予国家工作人员以财物，没有获得不正当利益的，不是行贿。

制作涉嫌行贿罪的谈话笔录要点：

（1）主体是一般主体。笔录中必须记明行为人的自然人身份，工作简历，与行贿有关的经营范围或者与个人谋取不正当利益相关工作、业务范围等。

（2）客体是复杂客体，侵犯了国家经济管理的正常活动，又侵犯了国家工作人员职务行为的廉洁性。笔录要通过记明行为人员对自己的行为的认识等，表明该行为侵犯了国家经济管理的正常活动和国家工作人员职务行为的廉洁性。

(3)主观方面表现为直接故意，即明知自己的行为是收买国家工作人员以及其他依法从事公务的人员利用职务上的便利为自己谋取不正当的利益而实施这种行为，意图谋取不正当利益。笔录中要通过设问答方式客观记录行为人实施行贿行为时的主观态度、心理活动状态，是主动还是因被勒索而被迫实施行为，要做到实事求是。如果是被勒索而被迫给予国家工作人员以财物，也没有获得不正当利益的，两者同时具备的，不构成本罪。

(4)客观方面的表现：为谋取不正当利益，给予国家工作人员以财物，或者在经济往来中，给予国家工作人员以各种名义的回扣、手续费的行为，该行为须达到一定界限才能构成犯罪。在笔录中要记明谋取什么利益，谋取的利益正当与否(谋取正当利益的不构成本罪，可能构成违规违纪)，如何向国家工作人员请托，国家工作人员如何答复，给予国家工作人员以财物或者以各种名义的回扣、手续费的起因、经过、结果，财物、回扣、手续费的特征、数量、来源、去向，是否被国家工作人员勒索，国家工作人员如何利用职务便利为行为人谋取不正当利益，行为人是否主动交代行贿行为等。

9. 涉嫌单位行贿罪

单位行贿罪(《刑法》第三百九十三条)，是指单位为谋取不正当利益而行贿，或者违反国家规定，给予国家工作人员以回扣、手续费，情节严重的，对单位判处罚金，并对其直接负责的主管人员和其他直接责任人员，处3年以下有期徒刑或者拘役，并处罚金；情节特别严重的，处3年以上10年以下有期徒刑，并处罚金。因行贿取得的违法所得归个人所有的，依照本法第三百八十九条、第三百九十条的规定定罪处罚。

制作涉嫌单位行贿罪的谈话笔录要点：

(1)主体是单位，包括公司、企业、事业单位、机关、团体，单位行贿罪与单位受贿罪不同,主体并不仅仅局限于国有公司、企业、事业单位、机关、团体,还包括集体所有制企业、中外合作企业、有限公司、外资公司、私营公司等。笔录中必须记明单位的基本情况,单位直接负责的主管人员和其他直接责任人员的自然人身份,工作简历,与单位行贿行为有关的职务及职权范围等。

(2)客体是复杂客体,侵犯了国家经济管理的正常活动和国家工作人员职务行为的廉洁性。笔录要通过记明单位直接负责的主管人员和其他直接责任人员对自己的行为的认识等,表明该行为侵犯了国家经济管理的正常活动和国家工作人员职务行为的廉洁性。

(3)主观方面是直接故意,即明知单位的行为是收买国家工作人员以及其他依法从事公务的人员利用职务上的便利为单位谋取不正当的利益而实施这种行为,意图谋取不正当利益。笔录中要通过对单位直接负责的主管人员和其他直接责任人员设问答方式客观记录行为人实施单位行贿行为时的主观态度、心理活动状态,是主动还是因被勒索而被迫实施行为等,要做到实事求是。如果单位是被勒索而被迫给予国家工作人员以财物,也没有获得不正当利益的,两者同时具备的,不构成本罪。

(4)客观方面表现:单位为谋取不正当利益而行贿,或者违反国家规定,给予国家工作人员以回扣、手续费,情节严重的行为,该行为与行贿罪一样,也须达到一定界限才能构成犯罪。在笔录中要记明谋取什么利益,谋取的利益正当与否(谋取正当利益的不构成本罪,可能构成违规违纪),如何向国家工作人员请托,国家工作人员如何答复,给予国家工作人员以财物或者以各种名义的回扣、手续费的起因、经过、结果,财物、回扣、手续费的特征、数量、来源、去向,因单位行贿而进行的活动情况(如因单位行贿而进行违法犯罪活动进而构成其他犯罪的,依照数罪并罚的规定处理),是否被国家工作人员勒索,国家工作人员如何利用职务便利为行为人谋取不正当利益,行为人是否主动交代行贿行为,因行贿取得的违法所得归属情况(如归个人所有的,按法律规定没收财产)等。

10. 涉嫌职务侵占罪

职务侵占罪(《刑法》第二百七十一条),是指公司、企业或者其他单位的人员,利用职务上的便利,将本单位财物非法占为已有,数额较大的行为。

制作涉嫌职务侵占罪的谈话笔录要点:

(1)主体是特殊主体,包括公司、企业或者其他单位的人员。具体是指三种不同身份的自然人:一是股份有限公司、有限责任公司的不具有国家工作人员身份的董事、监事;二是除公司董事、监事之外的不具有国家工作人员身份的经理、部门负责人和其他一般职员和工人;三是集体性质企业、私营企业、外商独资企业的职工,国有企业、公司、中外合资、中外合作企业等中不具有国家工作人员身份的所有职工。笔录中必须记明行为人的自然人身份,工作简历,与职务侵占行为有关的职务及职权范围,企业性质,是否为国家工作人员(如是国家工作人员,则构成贪污罪)等。

(2)客体是公司、企业或者其他单位(非国有)的财产所有权。笔录要通过记明行为人对自己的违法行为的认识,行为指向的对象(公司、企业或者其他单位的财物,包括动产和不动产)等,表明该行为侵犯了公司、企业或者其他单位的财产所有权。

(3)主观方面是直接故意,且具有非法占有公司、企业或者其他单位财物的目的。过失不构成本罪。笔录中要通过设问答方式客观记录行为人实施职务侵占行为时的主观态度、心理活动状态,做到实事求是。

(4)客观方面表现为利用职务上的便利,侵占本单位财物,数额较大的行为。在笔录中要记明如何利用职务上的便利(如监守自盗,如果不是利用自己的职务便利,而是利用自己熟悉地形、工作上的便利,那可能构成盗窃,不构成职务侵占),如何侵占单位财物客观事实要素(包括时间、地点、人物、事件、手段、原因、结果等要素),侵占行为是否完成,侵占的财物的特征、数额、数量(职务侵占罪的立案标准为6万元以上为数额较大,100万元以上为数额巨大,如未达到数额较大,不能构成本罪)等。

11. 涉嫌非国家工作人员受贿罪

非国家工作人员受贿罪(《刑法》第一百六十三条),是指公司、企业或者其他单位的工作人员，利用职务上的便利，索取他人财物或者非法收受他人财物，为他人谋利益，数额较大的，处5年以下有期徒刑或者拘役。数额巨大的，处5年以上10年以下有期徒刑，可以并处罚金。数额特别巨大或者有其他特别严重情节的，处10年以上有期徒刑或无期徒刑，并处罚金。公司、企业的工作人员在经济往来中，违反国家规定，收受各种名义的回扣、手续费，归个人所有的，依照前款的规定处罚。国有公司、企业中从事公务的人员和国有公司、企业委派到非国有公司、企业从事公务的人员有前两款行为的，依照本法第三百八十五条、第三百八十六条的规定定罪处罚。

制作涉嫌非国家工作人员受贿罪的谈话笔录要点：

(1)主体是特殊主体，即公司、企业或者其他单位的工作人员。笔录中必须记明行为人的自然人身份，工作简历，与受贿有关的职务及职权范围，企业性质，是否为国家工作人员或者受国家机关、国有公司、企业、事业单位、人民团体委托管理经营国有财产的人员（如是则构成受贿罪）等。

(2)侵犯的客体是国家对公司、企业以及非国有事业单位、其他组织的工作人员职务活动的管理制度。笔录要通过记明行为人对自己的违法行为的认识、如何利用职务便利为他人谋取利益等，表明该行为侵犯了国家对公司、企业以及非国有事业单位、其他组织的工作人员职务活动的管理制度。

(3)主观方面是故意，即公司、企业、其他单位人员故意利用其职务之便接受或索取贿赂，为他人谋取利益，过失行为不构成本罪。笔录中要记明行为人实施受贿行为时的心理、动机等，如果涉及共同犯罪，还要记明共谋的过程，做到实事求是。

(4)客观方面表现为利用职务上的便利，索取他人财物或非法收受他人财物，为他人谋取利益，数额较大的行为；或者在经济往来中，违反国家规定，收受各种名义的回扣、手续费，归个人所有的行为。在笔录中要记明每次行受贿的过程（时间、地点、赃款或赃物或财产性利益的数额数目、特征、来源、去向等),是主动索要还是被动受贿,如何利用职务上的便利,如何为他人谋取利益(国家工作人员利用职务便利索贿的,不需要为他人谋取利益就构成受贿罪;如是非国家工作人员受贿,索取他人财物也需要为他人谋取利益才构成本罪),谋利事项(如何请托、如何谋利等),如何许诺(明示或者暗示、真实或者虚假都可以构成本罪)等。

12. 涉嫌挪用资金罪

挪用资金罪(《刑法》第二百七十二条),是指公司、企业或者其他单位的工作人员,利用职务上的便利,挪用本单位资金归个人使用或者借贷给他人,数额较大、超过3个月未还的,或者虽未超过3个月,但数额较大、进行营利活动的,或者进行非法活动的,处3年以下有期徒刑或者拘役;挪用本单位资金数额巨大的,处3年以上10年以下有期徒刑;数额特别巨大的,处7年以上有期徒刑。

制作涉嫌挪用资金罪的谈话笔录要点:

(1)主体是特殊主体,即公司、企业或者其他单位的工作人员。具体是指三种不同身份的自然人:一是股份有限公司、有限责任公司的不具有国家工作人员身份的董事、监事;二是除公司董事、监事之外的不具有国家工作人员身份的经理、部门负责人和其他一般职员和工人;三是集体性质企业、私营企业、外商独资企业的职工,国有企业、公司、中外合资、中外合作企业等中不具有国家工作人员身份的所有职工。笔录中必须记明行为人的自然人身份,工作简历,与挪用资金行为有关的职务及职权范围,企业性质,是否为国家工作人员或者受国家机关、国有公司、企业、事业单位、人民团体委托管理经营国有财产的人员(如是国家工作人员,不构成本罪,而是构成挪用公款罪)等。

(2)侵犯的客体是公司、企业或者其他单位的资金的使用收益权,犯罪对象是公司、企业或者其他单位的资金,这里说的资金包括国有或者集体所有的资金(如果行为人是国家工作人员,则构成挪用公款罪)。笔录要通过记明违法人员对自己的违法行为的认识,挪用资金的具体情况等,表明该行为侵犯了公司、企业或者其他单位的资金的使用收益权。

(3)主观方面是直接故意,即行为人明知自己在挪用或借贷本单位资金,仍利用了职务上的便利故意为之,过失行为不构成本罪。笔录中要实事求是记明行为人实施挪用资金行为时的心理活动、动机目的等,看是为了使用还是想非法占有,如果是想非法占有那就构成职务侵占罪。

(4)客观方面表现为行为人利用职务上的便利,挪用本单位资金归个人使用或者借贷给他人,数额较大、超过 3 个月未还;或者虽未超过 3 个月,但数额较大、进行营利活动;或者进行非法活动。在笔录中要记明行为人如何利用职务上的便利(不是利用职务便利的不构成本罪),如何实施挪用资金的行为,挪用资金数额(挪用数额很小,社会危害性不大的,不作为犯罪,只作为一般的违规违纪违法行为处理),归个人使用或者借贷给他人情况,进行非法活动情况(比如赌博、走私等违法犯罪活动),本人挪用公款数额较大进行营利活动情况(以个人名义将挪用的公款借给他人或者企事业单位、机关、团体使用的,不管这些单位是否用于营利活动,都视为行为人个人使用进行营利活动),是否想归还或者有没有能力归还(主观上不想还或者客观上不能还的话可能转化为贪污罪),挪用时间(如果挪用的时间很短,造成的社会危害性不大,可以作为《刑法》第十三条规定的"情节显著轻微危害不大"的情况,不认为是犯罪,作为一般的挪用本单位资金的违规违纪违法行为处理),归还时间(是否超过 3 个月,是否案发前归还,如情节轻微)等。

13. 违反《治安管理处罚法》规定的赌博行为

赌博行为(《治安管理处罚法》第七十条):以营利为目的,为赌博提供条件的,或者参与赌博赌资较大的,处 5 日以下拘留或者 500 元以下罚款;情节严重的,处 10 日以上 15 日以下拘留,并处 500 元以上 3000 元以下罚款。

制作违反《治安管理处罚法》规定的赌博行为的谈话笔录要点:

(1)主体是一般主体。笔录中必须记明行为人的自然人身份,工作简历等。

(2)侵犯的客体是国家的社会治安管理秩序。笔录要通过记明行为人对自己的违法行为的认识等,表明该行为侵犯了国家的社会治安管理秩序。

(3)主观方面是故意,且以营利为目的参与赌博。笔录中通过设问答方式了解行为人对自己参与赌博的认识表明行为人实施赌博行为时的心理活动、动机目的,是否以营利为目的(以营利为目的,不管赌博过程是输钱还是赢钱)等。

(4)客观方面表现为以营利为目的,为赌博提供条件的,或者参与赌博赌资较大的行为。笔录中要实事求是记明行为人参与赌博的经过(包括时间、地点、参与人员、赌博方式、赌博金额等),是否被公安机关处理,如被处理要记明公安机关对其行政处罚情况(包括罚款金额、是否被行政拘留)。

14. 违反《治安管理处罚法》规定的卖淫、嫖娼行为

卖淫、嫖娼行为(《治安管理处罚法》第六十六条):卖淫、嫖娼的,处10日以上15日以下拘留,可以并处5000元以下罚款;情节较轻的,处5日以下拘留或者500元以下罚款。在公共场所拉客招嫖的,处5日以下拘留或者500元以下罚款。

制作违反《治安管理处罚法》规定的卖淫、嫖娼行为的谈话笔录要点:

(1)主体是一般主体。笔录中要记明行为人的自然人身份、工作简历、是否为党员(如是党员的话需要严肃处理)等。

(2)侵犯的客体是国家的社会治安管理秩序。笔录要通过记明行为人对自己的违法行为的认识等,表明该行为侵犯了国家的社会治安管理秩序。

(3)主观方面是故意,且是直接的故意。笔录中要实事求是记明行为人实施行为时的心理活动、动机目的等。

(4)客观方面表现为不特定的异性之间或同性之间以金钱、财物为媒介发生性关系的行为。笔录中要实事求是记明行为人每次卖淫嫖娼的经过(包括时间、地点、参与人员、卖淫嫖娼方式、嫖资多少、如何支付等),是否被公安机关处理,如被处理要记明公安机关对其行政处罚情况

(包括罚款金额、是否被行政拘留)等。如存在有相关人员涉嫌组织卖淫罪或者其他违法犯罪的,可以客观记录并作为问题线索材料移交有权管辖部门处理。

15. 私设“小金库”行为

“小金库”是指:违反国家财经法规及其他有关规定,应列入而未列入符合规定的单位账簿的各项资金(含有价证券)及其形成的资产。

制作私设“小金库”行为的谈话笔录要点:

(1)主体是国家机关、团体、企事业单位。笔录中必须记明行为人的自然人身份,工作简历,所在单位的性质,是否为国家机关、团体、企事业单位等。

(2)客体是国家财产的所有权、国家经济活动的正常秩序。笔录要通过记明行为人对自己的违规违纪违法行为的认识等,表明该行为侵犯了国家财产的所有权、国家经济活动的正常秩序。

(3)主观方面是设立“小金库”行为出于主观故意,目的是方便用钱用物,其核心表现是故意使相应资金、财物,规避或者脱离财政、审计、纪委监委等监管监督。笔录中要实事求是记明行为人实施行为时的心理活动、动机目的等。

(4)客观方面表现为违反国家有关规定,隐瞒、截留应当上缴国家的财政收入。笔录中要实事求是记明所截留、账外存放资金的来源,是否属于应列入本单位财务部门账内或纳入预算管理,所截留、账外存放资金的形成方式,“小金库”资金或形成的资产的存放或保管方式如何,由谁保管,如何开支和管理(如有私分现象则涉嫌贪污罪),余额存放地点,单位的意图(看是主要领导的意图还是经领导班子研究决定,单位内部都有谁知道,分工如何),行为人应承担的责任等。

国有企业中比较常见的违反国家法律法规的行为还有涉嫌非法经营同类营业罪(《刑法》第一百六十五条)、为亲友非法牟利罪(《刑法》第一百六十六条)、对单位行贿罪(《刑法》第三百九十一条)、酒驾(《道路交通安全法》第九十一条)、吸毒(《治安管理处罚法》第七十二条)等。国有企业纪检组织在开展工作中,如遇到其他违反国家法律法规的行为,视情况根据相关法律法规规定的条文来制作谈话笔录,在此不再一一罗列。

(四)违反国有企业员工处分管理相关制度的谈话笔录要点

在我国,国有企业是国民经济的重要支柱,涉及的业务往往事关国计民生、国家安全和国民经济命脉,所以对在国有企业从业人员有高于普通人的规范要求是合情合理的。现存的国有企业中,基本都已经有自己内部适用的员工处分管理相关制度。如果还没有制定或者需要修改企业内部适用的员工处分管理相关制度的,应参照《公职人员政务处分法》相关规定来处理。

制作违反国有企业员工处分管理相关制度的谈话笔录要点:

(1)违规主体必须是有责任能力的国有企业员工及行使公权力的派遣制人员。笔录中必须记明违规人员的入企时间、地点,担任的职务,自然人身份等。

(2)侵犯的客体是国有企业的管理制度规定。笔录要通过记明违规行为后果、违规人员对自己的违规行为的认识等,表明该行为侵犯了国有企业的管理制度规定。

(3)主观方面可能是故意,也可能是过失。笔录中要通过设问答方式客观记录违规人员实施违规行为时的心理活动状态,做到实事求是。

(4)客观方面必须具有违反国有企业的管理制度规定的具体行为。在笔录中,把国有企业的管理制度相关条文规定的违规行为的客观事实要素记录完备即可,包括时间、地点、人物、事件、原因、结果等要素,前文已做举例说明,在此不再赘言。

(五)如何制作辨认笔录、出示书证笔录

1. 辨认笔录①

国有企业纪检机构可以参照刑事案件的规定制作辨认笔录。首先说什么是辨认:辨认是指为了查明案情、核实证据,工作人员在必要时让

① 参见王健:《如何做好笔录》,中国方正出版社 2020 年版,第 86 – 89 页。

被谈话人(包括被核查人、被审查调查人、证人、被害人、其他涉案人员)对与案件相关的人员、物品、场所等进行辨认的活动。辨认笔录就是为如实记录反映辨认过程和结论、辨认人进行辨认的具体情况和辨认结果而制作的笔录。对国有企业纪检组织来说,辨认笔录也是以谈话笔录的形式展现的,在结构、内容要素上应当参照谈话笔录来制作。

制作辨认笔录的要点如下:

一是辨认应当在工作人员的主持下进行,工作人员不得少于 2 人。二是辨认前应当向辨认人详细询问辨认对象的具体特征,并告知其故意虚假辨认应负的纪律和法律责任。三是坚持实事求是、依规依纪依法辨认原则。不得在辨认前向辨认人展示辨认对象及其影像资料,不得给辨认人任何暗示,也不得强迫、诱导辨认人指认。四是坚持辨认活动个别进行原则。五是坚持辨认对象混杂原则。辨认时应当将辨认对象混杂在其他对象中。六是其他相关建议。在辨认人物时,被辨认的人数不得少于 7 人,照片不得少于 10 张;辨认物品时,同类物品不得少于 5 件,照片不得少于 5 张;辨认一般是对实物进行,如果实物是名贵字画等贵重物品或存在搬运不便等情况的,可以对实物照片进行辨认,对实物照片进行辨认的,在照片中除物品外,还需体现扣押编号和标尺,如有包装物需一并拍照;辨认的照片要表明是由有关部门依规依纪依法制作出来的;辨认人需将辨认结果写在辨认照片下,注明"以上照片我已仔细辨认,我确定第 × 张照片就是 × ×",并签名写日期捺指印确认;辨认材料(照片)应当附在相应的辨认笔录后面;对于手表、金条、金银珠宝首饰等特征不明显或者类同物太多的不易辨认物品,辨认人能够辨认出来的,应当在笔录中体现辨认人的辨认合理性的解释,这样使辨认笔录更加真实。

2. 出示书证笔录①

制作出示书证笔录,主要目的是要把笔录和相关的书证结合起来形

---

① 参见侯广聪、李亚群:《如何做好谈话》,中国方正出版社 2021 年版,第 242 – 246 页。

成证据链,防止笔录和相关书证脱节。出示书证笔录跟辨认笔录一样,也是以谈话笔录的形式展现的,在结构、内容要素上也应当参照谈话笔录来制作。该笔录有以下作用:一是通过出示书证确定某些时间、地点、人物、签名、金额、项目具体情况、银行账号等信息,让笔录更加翔实具体。二是能让审理室在阅卷时直观了解在案有哪些书证,尽快熟悉证据。

制作出示书证笔录的要点如下:

一是应当在工作人员的主持下进行,工作人员不得少于2人。二是在笔录中应避免出现“辨认”字样,可用“出示某某材料给某人查看”的表述,被谈话人可以表述“经我仔细查看,材料上面的签名是本人签的”。三是坚持实事求是、关联原则。出示书证要实事求是,并不是所有书证均需要出示,与当事人有关联才可能要出示。比如有被谈话人签字的材料需要其确认的;需要结合书证进行谈话的,如被谈话人签署的和谋利事项有关的文件;本人的银行流水、交易凭证、开户信息等;以他人名义开立的银行账户、以他人名义购买房产、车辆的书证等。四是出示书证一般应当向被谈话人出示完整的书证,由被谈话人指出其中与案件相关的部分,并具体阐明查看书证后的意见。特殊情况下,比如出于保密等工作需要,也可以只出示与当事人有关部分的书证,对此情况工作人员应当作出书面说明。五是同一份书证要分别向多人出示且需要签名确认的,应当各自使用单独的书证复印件,避免被谈话人之间产生影响。六是对于被谈话人手机、电脑等电子设备上的聊天记录、转账记录等电子数据,由于客观原因无法收集、提取,可由2名以上工作人员采取拍照或者截图打印等方式固定相关证据,并对取证过程和原因作书面说明,固定证据之后视情况给相关被谈话人出示确认并在笔录中注明。七是出示时,应当给予被谈话人足够的时间,独立阅读、查看书证,被谈话人对书证的来源合法性提出质疑的,工作人员可以向其讲明调取书证的程序,证明书证的合法性。八是除书证是原件、需要鉴定等特殊情况外,一般应当让被谈话人在书证上签名捺指印确认。九是其他建议。记录时应注明书证的主要特征和要素,对能够证明书证唯一性的特征,如编号、文号、日期、签章等,必须注明。对同一次谈话出示不同的记录类书证、合同类书证、证件类书证等,要在记录中予以区分,做到翔实、具体、区分明确。记录发问时,要注意与笔录的前述部分互相照应,在前述部分被谈话人没有供述过的情况,不能在发问中直接以叙述事实的口吻出现,因为这样会给人有指供、诱供的印象。

五、特殊情况下的自书材料

(一)被核查人、被审查调查人的自书材料

在初核和审查调查工作中,被核查人、被审查调查人请求自行书写(或者电脑编辑打印)说明材料的,应当允许;必要的时候,工作人员也可以要求其自行书写(或者电脑编辑打印)说明材料。

被核查人、被审查调查人的自书材料主体内容一般应分为三部分:第一部分写明本人的基本情况,包括:姓名、曾用名、性别、出生年月、身份证号码、民族、籍贯、文化程度、现在的工作单位及职务(有则写)、住所、联系电话等。第二部分写明其违规违纪违法行为的具体表现,包括该行为的社会危害性和构成该行为的所有客观事实特征。该部分内容应当与在案的其他证据互相印证,形成完整的证据链。第三部分写明其对自己违规违纪违法行为的认识和其当前的思想认识、态度。

上述自书材料要求被核查人、被审查调查人逐页签名、捺指印确认,并在末页写明日期,有修改的地方也要捺指印确认。收到自书材料之后,由 2 名以上工作人员在首页注明收到时间并签名确认。被核查人、被审查调查人需要提供本人身份证复印件并签名捺指印确认,附在自书材料后面。

另外,在办案期限内,无论是对证人还是对被核查人、被审查调查人,只要阻却制作谈话笔录的情形消失,还是要抓紧开展谈话取证制作好谈话笔录,如果实在无法在办案期限内完成的,核查组/审查组/调查组应当作出书面说明。

(二)证人的自书材料

对于国有企业纪检机构而言,因为手段措施有限,在开展监督执纪

问责工作中经常会遇到证人(尤其是外单位的人员或者社会人员)不愿意当面接触、不接受谈话,或者因为疫情封控等原因不得接触谈话,或者因为滞留、移居国外等情况。遇到上述情况时工作人员也可以要求证人自行书写(或者电脑编辑打印)说明材料。

证人的自书材料主体内容应分为两部分。第一部分写明本人的基本情况,包括:姓名、曾用名、性别、出生年月、身份证号码、民族、籍贯、文化程度、现在的工作单位及职务(有则写)、住所、联系电话等。第二部分写明需要其证明的事项的所有相关信息,包括该事项的起因、发展、经过、结果,涉及的人员、单位,与相关人员如何认识、如何交往,经济往来情况等。要注意该部分内容要与在案的其他证据互相印证,不能搞成反证。

该自书材料要求证人逐页签名、捺指印确认,并在末页写明日期,有修改的地方也要捺指印确认。证人需要提供本人身份证复印件并签名捺指印确认,附在自书材料后面。收到自书材料之后,由 2 名以上工作人员在首页注明收到时间并签名确认。

证人仅能提供自书材料的,核查组/审查组/调查组要对原因和情况作出书面说明。

(三)主动上交或者主动退赔违规违纪违法所得的自书材料

被核查人、被审查调查人主动上交其违规违纪违法所得的,应当由其自行书写说明材料并签字、捺指印确认。内容方面:一是表明自己的身份;二是表明违规违纪违法所得的来源、性质等情况;三是表明其是主动上交或者主动退赔。

如果涉及共同所有的财产的,应由其本人和共同所有人分别自行书写说明材料或者合写一份说明材料,明确本人和共同所有人的身份、财产来源、性质以及本人、财产所有人的处置态度并分别签名、捺指印确认,避免引起不必要的麻烦。

收到该自书材料之后,由 2 名以上工作人员在首页注明收到时间并签名确认。

六、结语

总而言之，制作谈话笔录是纪检工作人员必备的基本功，往往最能体现出工作人员的办案理念、专业技能和文字功底，国有企业纪检工作人员要高度重视，在平时的监督执纪问责工作实践中，要多学多思多做，要集思广益，研究解决制作谈话笔录过程中遇到的问题，对高质量的谈话笔录多分析、多总结提炼，不断提高制作谈话笔录的能力和水平。

第六章　开 展 谈 话

本章主要讲国企纪检组织开展谈话工作的相关内容，侧重于初核和审查调查阶段的“走读式”谈话。首先简述企业舞弊调查谈话和国企纪检组织谈话之间的关系、各自特点和存在的问题，然后根据《监督执纪工作规则》和中纪委国家监委的其他相关规定，讲述什么是“走读式”谈话、“走读式”谈话分类之核实性谈话与突破性谈话、如何实现核实性谈话到突破性谈话，再结合国企纪检组织开展“走读式”谈话工作的流程，讲述做好“走读式”谈话前的相关准备和认识、谈话过程中的应对和把控、谈话后相关管控工作和其他应当关注的事项。

一、企业舞弊调查谈话和国企纪检组织谈话

（一）企业舞弊调查谈话和国企纪检组织谈话之间的关系

关于企业舞弊调查谈话和国企纪检组织谈话之间的关系，从数学集合原理来说，个人理解两者的关系应该是“子集与全集”关系，而不是“交集”关系，企业舞弊调查谈话包括国企纪检组织谈话。理由如下：一是从概念来说，企业包括国企和私人企业，国企是企业的“子集”；二是从谈话的对象来说，企业舞弊调查谈话的对象一般是对舞弊行为负有直接责任或者管理责任的企业员工，而国企纪检组织谈话的对象一般是违规违法的国企员工和违纪（特指党纪）违法的国企员工（具有中共党员身份的），前者包含后者；三是从针对的行为来说，国企纪检组织谈话针对的是员工或者内设部门的违规违纪违法行为，主要是员工和内设部门

违反六大纪律(具有中共党员身份的员工)、中央八项规定精神、国家法律法规规定等行为,而企业舞弊调查谈话针对的行为,除前述行为之外,它还可以根据企业需要,针对其他舞弊行为(企业认为有必要的话)进行调查,这点在私人企业中尤为明显;四是从开展谈话主体来说,开展企业舞弊调查谈话的主体有很多,包括企业内部设立的合规、纪委(设党委的企业)、监督、纪检组(设党组的企业)、人事等部门,各级纪委监委派驻企业的纪检监察机构,而开展国企纪检组织谈话的主体就是国企的纪检机构,包括国企纪委、纪检组、各级纪委监委派驻国企的纪检监察机构等。

(二)国企纪检组织谈话和企业舞弊调查谈话各自的特点和存在的问题

1. 国企纪检组织谈话的特点和存在的问题

先说国企纪检组织谈话的特点,因为国企纪检组织“有限的监察权”的特点使然,国企纪检组织谈话是有一定的公权力作为后盾和支撑的,大多数采取的是“走读式”谈话模式,极少部分有监察权的国企纪检组织采取的是“留置式”谈话模式,无论是“走读式”谈话还是“留置式”谈话(下文再专门展开),都要依规依纪依法开展。这是国企纪检组织谈话的最大特点,是由谈话主体的特性决定的。上文讲了开展国企纪检组织谈话的主体就是国企的纪检机构,包括国企纪委、纪检组、各级纪委监委派驻国企的纪检监察机构等,国企大多跟国计民生息息相关,担当国家的经济命脉重任,体现政府的意志和利益,必须坚持党和政府的领导,所以国企纪检组织天然具有公权的属性。因此,国企纪检组织在开展谈话工作的时候,必须做到依规依纪依法,只有这样才能体现公权领域对公权的限制原则①和“四个全面”②中“全面依法治国”的要求。

---

① 在公权领域,如行政机关、司法机关执法行为和纪检监察机关执纪执法行为,要求是“法无明文规定不可为”,体现对公权的严格限制,防止公权滥用。在私权领域,如民事法律行为,要求是“法不禁止则自由”,体现对私权的鼓励。

② “四个全面”是指:全面建设社会主义现代化国家、全面深化改革、全面依法治国、全面从严治党。

当前国企纪检组织谈话存在的问题主要有以下方面:一是部分国企纪检组织工作人员谈话经验不足、纪法思维缺失、纪检业务理论水平不高,越到企业基层纪检力量越薄弱,越往下监督执纪问责能力越弱。存在这些问题主要是由国企纪检组织工作人员的专业背景决定的,当前国企纪检组织的工作人员大多数是从国企的各个专业技术岗位转岗的,专业背景一般是与国企经营业务有关的专业,并非纪检或者纪检相关专业出身。二是部分国企纪检组织谈话场地随意,安全防范措施不到位,办案安全意识淡薄。相对于各级纪委监委而言,国企纪检组织专业性不足,对硬件升级的必要性的认识存在不足,程序意识、规范意识不足,导致部分国企纪检组织对谈话场所的选择和升级改造也有所欠缺。三是部分国企纪检组织在开展谈话工作的时候存在底气不足、偏“宽松软”的情况。偏“宽松软”的客观原因一方面是国企纪检组织开展监督执纪问责工作手段措施的限制,就国企本身而言,业务有自己的特点,但是国企员工违规违纪违法行为与外部并无二致,对待类似的问题线索和案件情况,国企纪检组织能使用的手段措施受到极大的限制;另一方面的原因是国企纪检组织工作人员和国企的其他工作人员一样,干部管辖权限大都是在国企,可能会存在“在一个锅吃饭”的情形,有时开展谈话工作会有不好意思、不想或者不敢谈、讲“一团和气”。四是部分国企纪检组织在思想上对党建工作仍然不够重视。有些国企系统的纪检机构存在对一体推进“三不腐”机制的认识不足、重业务轻党建、做“老好人”等思想,导致推进反腐败工作时存在“上热、中温、下冷”的现象,出现如企业基层的党总支、党支部纪检委员没有充分发挥作用等问题。

2. 除国企纪检组织谈话之外的企业舞弊调查谈话的特点和存在的问题

在这里要讲的企业舞弊调查谈话,是除国企纪检组织谈话之外的企业舞弊调查谈话,该部分企业舞弊调查谈话是由企业内部设立的合规、监督或人事等部门对企业舞弊行为的调查谈话,该谈话的目的是还原企业舞弊行为事实和获取支撑该行为事实的言词证据。该部分企业舞弊调查谈话有以下特点：首先，没有任何公权力支撑，绝对不能限制谈话对象的身体自由，也不能借助带有职权性的调查手段获取谈话所需的对象个人信息；其次，谈话所获得事实证据并不具有权威性，存在与司法调查（如公安机关开展的调查）、行政调查（如工商、税务等部门开展的调查）、纪委监委执纪执法等相衔接的相关问题；最后，除国企纪检组织谈话之外的企业舞弊调查谈话不仅要受到公法领域的绝对限制，而且还受到私法领域的限制，表现为被谈话对象以及其他利益相关方能以控告、举报、投诉，以及民事诉讼、舆论影响等手段反制企业舞弊调查谈话，并对企业造成利益减损。

当前企业舞弊调查谈话（除国企纪检组织谈话之外）存在的问题有以下方面：一方面是与国企纪检组织谈话存在的共性问题。比如谈话经验不足、谈话场地随意，安全措施不到位，思想不重视等，产生问题的原因也类同，不再赘言。重点要说的另一方面问题是该类谈话在公法和私法领域存在的困境。企业舞弊调查谈话本质上属于一种民事行为，因此调查谈话人员往往面临以下困境：要在没有公权力支撑的前提下技巧性地揭示舞弊事件的真相，确保保密性，并能获取到有效证明事件真相的言词证据。前面说到，企业舞弊谈话（除国企纪检组织谈话之外）的工作人员不具备公权力，更没有法律赋予的侦查或者审查调查权力作为谈话后盾，所以在谈话取证的时候绝对不能采取任何限制人身自由的强制手段，也不能采用威胁、引诱、欺骗、诽谤等任何可能侵犯谈话对象合法权益的方法手段，在这些限制下要通过谈话取证技巧性揭示舞弊事件的真相，又要保证保密性、取证的有效性，是值得研究的课题。

总而言之，国企纪检组织谈话是在有一定公权力支撑的前提下开展的，仍然面临许多困难和问题，而国企纪检组织谈话之外的企业舞弊调查谈话是没有公权力支撑的，可以说其较之国企纪检组织谈话更具挑战性，企业舞弊调查谈话取证对于谈话工作人员而言确实像是在“走钢丝”，下文进行重点阐述的国企纪检组织常用的“走读式”谈话对企业舞弊调查谈话的研究有很大的参考借鉴意义。

二、"走读式"谈话的适用范围及基本遵循

(一)"走读式"谈话的定义

谈话是纪检监察常用的执纪执法措施手段之一,关于纪检监察谈话,在《监察法》《监察法实施条例》《中国共产党党内监督条例》《监督执纪工作规则》等党规党纪国法中均有相关规定。"走读式"谈话是纪检监察常用的谈话方式之一,关于"走读式"谈话的定义,参照中央纪委国家监委有关审查调查安全管理等相关要求。本书认为,"走读式"谈话是纪检监察机构在办案场所或者其他指定场所开展谈话、询问、讯问后允许谈话对象离开的工作方式。

(二)"走读式"谈话的适用范围

1. 从"四种形态"[①]维度

首先,在日常监督中,针对苗头性、倾向性的以"咬耳扯袖、红脸出汗"为目的的"第一种形态"的谈话属于日常监督谈话,一般不纳入"走读式"谈话适用规范。

其次,"走读式"谈话适用于"第二种形态"谈话。适用"第二种形态"是指党纪轻处分(一般指党内警告、严重警告)、政务处分(一般指警告、记过、记大过、降级)、组织调整的情形。"第二种形态"对应的情形,一般来说,其违纪违法行为的主要事实的性质、情节,大多不具备采取留置的条件,因而只能适用"走读式"开展谈话。

最后,"走读式"谈话适用于"第三种形态"谈话和部分"第四种形态"谈话。对于"严重职务违法或职务犯罪",并在具备《监察法》第二十四条

---

① 《中国共产党党内监督条例》第七条规定:"党内监督必须把纪律挺在前面,运用监督执纪'四种形态',经常开展批评和自我批评、约谈函询,让'红红脸、出出汗'成为常态;党纪轻处分、组织调整成为违纪处理的大多数;党纪重处分、重大职务调整的成为少数;严重违纪涉嫌违法立案审查的成为极少数。"

所列举的特定情形下，可以适用留置[①]，亦即，对于涉嫌严重职务违法或职务犯罪的情形，如果不具备《监察法》第二十四条所列举的（一）（二）（三）（四）等四种情形，也就是对于可能适用"党纪重处分、重大职务调整"进行处置的，可以适用"走读式"谈话措施，即"走读式"谈话亦适用于"第三种形态"的谈话，以及部分的"第四种形态"的谈话。根据《监察法》第二十三条的规定，如果办案机关需要找责令候查对象谈话，因没有采取或已经解除留置措施，因而属于"走读式"谈话。

2. 从审查调查工作程序维度

广义的审查调查工作包括问题线索受理、初步核实、立案审查调查、移送审理的全过程。狭义的审查调查指经过初步核实之后的立案之后的审查调查工作。以是否"立案"划分，分为初步核实阶段和审查调查阶段，"走读式"谈话可以适用于初步核实阶段和审查调查阶段。

根据《监督执纪工作规则》规定，初步核实阶段可以依法采取谈话方式收集证据，使用对象一般为被核查对象之外的相关人员。在立案审查调查阶段，谈话或讯问是一种法定的调查取证措施，谈话的适用对象是被审查调查人。此外，在立案简易程序下，经过严格审批，在初步核实阶段也是可以向被核查对象收集证据，与被核查对象开展"走读式"谈话。

因此，"走读式"谈话在审查调查工作程序中适用如下：一是纪检监察机关在初步核实过程中，与被核查人、参与人、知情人进行的核实性谈话或者突破性谈话（下文会着重展开）；二是在立案审查调查过程中，对未被采取留置措施或刑事等强制措施的被审查调查人、涉案人及相关证人进行的谈话、讯问、询问。

---

① 《监察法》第二十四条第一、二款规定："被调查人涉嫌贪污贿赂、失职渎职等严重职务违法或者职务犯罪，监察机关已经掌握其部分违法犯罪事实及证据，仍有重要问题需要进一步调查，并有下列情形之一的，经监察机关依法审批，可以将其留置在特定场所：（一）涉及案情重大、复杂的；（二）可能逃跑、自杀的；（三）可能串供或者伪造、隐匿、毁灭证据的；（四）可能有其他妨碍调查行为的。对涉嫌行贿犯罪或者共同职务犯罪的涉案人员，监察机关可以依照前款规定采取留置措施。"

(三)做好“走读式”谈话的基本遵循

关于做好“走读式”谈话的基本遵循,在《中国共产党党内监督条例》《监督执纪工作规则》等相关规定中提道:国企各级纪检机构要把“走读式”谈话安全工作上升到政治的高度,强化政治责任意识,切实提高对“走读式”谈话安全重要性的认识;“走读式”谈话应坚持“惩前毖后,治病救人”的理念,坚持“同志式”、平等式、“帮助式”谈话,坚决克服单纯办案思想,坚决纠正“撬开嘴、拿证据”的错误做法,切实把思想政治工作贯穿“走读式”谈话全过程和各环节,达到教育人、帮助人、挽救人、转化人的目的;“走读式”谈话应当坚持依规依纪依法,安全为先、预防为主,程序规范、全程管控,责任明确、监督有力的原则,从根本上消除风险隐患。

三、“走读式”谈话的分类

(一)对“走读式”谈话分类的必要性和重要意义

“走读式”谈话是办案取证手段措施之一,其成果是认定案件事实的证据之一,必须有极强的目的性和极高的要求,而每个案件、每次谈话、每个谈话对象的具体情况都是不同的,因此,对“走读式”谈话进行分类十分必要,在这里,我们把“走读式”谈话分为核实性和突破性谈话。在《监督执纪工作规则》等相关规定中,对“走读式”谈话特别要求制作谈话提纲(或谈话方案),谈话提纲首先要求明确谈话目标和要求,也就是明确谈话预期目的是核实或突破,所要取得的主要成果,谈话中应当注意和解决的重点问题;然后才是有关的谈话步骤和方式,包括如何切入主题、先谈什么、后谈什么、怎么结束,以及如何选用谈话策略和证据使用等方面的内容。

部分纪检监察工作人员在开展“走读式”谈话取证过程中经常遇到这样的困境:如果缺少被审查对象的交代,就需要耗费大量的人力、物力去收集外围证据,但是在很多时候,即使办案人员收集了大量的外围证据,发现还是因为缺少被审查对象的交代,无法认定被审查对象的违规违纪违法事实,即办案人员无法直接通过谈话形成一个闭环的证据链,从而认定对象的违规违纪违法事实。出现这个困境的重要原因之一,就是在对被审查对象开展“走读式”谈话之前没有能准确区分本次谈话是属于核实性谈话还是突破性谈话。对于一次核实性谈话，做过多的外围调查对于获取对象的交代供述并非必要；而如果对于本该需要采取突破性的谈话策略技巧突破对象心理防线以获取对象交代的案件，却因为畏难或能力不足等原因，而采取核实性谈话的策略，任由对象作出否定性的、辩解性的、虚假的、隐瞒性的“陈述”，那么，案件的办理就必然失败。

总而言之，把“走读式”谈话分为核实性和突破性谈话，对于确保采取正确的谈话策略和成功办理案件有着重要指导意义。

（二）如何准确区分核实性谈话与突破性谈话

每次谈话是属于核实性谈话还是突破性谈话，并不是以办案人员的个人主观意志为转移的，而是根据具体案件本身的证据情况决定的，也就是由对象的交代这一证据在构筑违规违纪违法案件事实的证据链条中的地位与作用决定的。本部分结合案例的事实和证据为大家阐述核实性谈话与突破性谈话的定义和如何准确区分核实性谈话与突破性谈话。

1. 核实性谈话

（1）核实性谈话的定义。

所谓核实性谈话是指，对象的交代并不是认定其违规违纪违法事实以及对其作出纪法处理的必要条件，亦即，没有对象的真实交代、供述这个证据，根据已经掌握的证据或可以掌握的其他证据，一样可以认定被审查调查对象的违纪违法事实并对其进行处置，类似于《刑事诉讼法》中的“零口供”。

（2）对核实性谈话的判断。

示例 1

某位被核查人，反映的问题是违规为多名亲属安排工作并取得干部身份。经过初步核实，对象当年曾授意办公室伪造政府文件，请托有关人员为再婚妻子违规办理干部录用手续，以及利用职务便利或影响力，在干部录用中为其亲属谋取利益的问题。

经提取相关书证等客观证据、证人证言等言词证据，已经基本形成了有关的证据链条。如果被核查对象如实陈述事实,交代自己的主观故意,就可以使证据链条达到闭环。但是,就算被核查对象拒不交代其涉嫌的上述问题,因为相关证据齐全,同样可以达到认定其违纪违法行为事实标准,则对该对象的谈话就属于核实性谈话。

示例2

某关押在看守所的另案犯罪嫌疑人甲之妻乙,举报本案被核查对象刘某在办案过程中向甲索贿。具体事项如下:刘某利用其办案之机,在看守所提讯甲的过程中,故意支开其他办案人员,借机向甲推荐律师,并将自己的电话号码告知甲,然后由乙联系刘某,按照刘某提供的银行账号,将约定的钱款转入指定的银行账户。同时,为了更隐蔽地联系,刘某要求乙购买一张电话卡给自己用。其间,刘某告知乙,办案部门查扣甲的银行存折中总共有存款人民币数十万元,并未被冻结,可以转出;乙将该款取出之后,再转给刘某钱款若干。另外,经前期外围了解到被核查对象具有丰富的法学理论和实践经验,掌握较强的侦查与反侦查技能。

面对该示例中的刘某,常规突破途径是先外围取证再合围开展“走读式”谈话争取突破刘某,获取其交代、供述。具体开展如下工作:

其一是围绕资金流向取证。本示例涉及几个银行卡(账号),通过查询有关的银行账户及资金流向,可锁定有关银行账号实际为刘某控制,可以证明贿赂钱款被囊入了对象刘某腰包。

其二是围绕通信流向取证。本示例涉及几个涉案当事人的电话号码,通过对上述号码进行通讯信息查询及监控,分析通话时间、内容、次数、基站位置等,可以印证举报内容。

其三是围绕有关的人获取证言。本示例可能涉及的关联人员包括嫌疑当事人、嫌疑当事人之妻、嫌疑当事人的其他家属成员、律师、嫌疑人当事人同事等,以及上述资金信息流、通信信息流有关节点的人员等,对这些人进行问话,可以获取直接或间接的证据,并与其他书证、物证相互印证。

其四是分析该示例的基础卷宗。发现在办案中存在的违背一般办案规律的行为，这可能是导致案件取证不足的关键；存在办案漏洞没有得到及时查补，漏洞被嫌疑人及其家属利用的地方；原案中的嫌疑人的最终处理情况；以及本案对象刘某接受过相应的培训，具有足够的办案专业知识，上述违背办案规律、存在明显的办案漏洞且长时间得不到查补是办案人员人为的失误等。

综上所述，虽然被审查对象的交代、供述和辩解，是认定其犯罪事实成立的重要证据，但是在被审查对象刘某拒不交代，负隅顽抗的情况下，由于被审查对象在作案过程中留下了大量可供收集、提取、固定的证据痕迹，上述证据已经形成了一个比较完整的"证据链条"，也能以"零口供"认定其违规违纪违法事实。在这种情况下，对刘某的谈话可以归为核实性谈话。

2. 突破性谈话

（1）突破性谈话的定义。

所谓突破性谈话是指，从被审查对象处获取其在组织初核、审查调查工作中尚未被组织掌握或尚未完全掌握的违规违纪违法事实的交代，被审查对象的交代不仅是其认定违规违纪违法事实的证据材料，也是达到证据确实充分标准的必要条件。换言之，没有被审查对象的交代、供述这一证据，就无法认定其涉嫌违规违纪违法的事实，亦无法对其作出纪法处理。典型的如收受型贿赂案件，"天知、地知、你知、我知"，可供获取的其他客观证据较少，对象的侥幸心理较强，对这类对象的谈话，一般即为典型的突破性谈话，谈话的过程具有一定的对抗性，需要首先克服被审查对象的对抗，才能获取到据以定案量纪的交代、供述，因而具有一定的挑战性。

（2）对突破性谈话的判断。

示例

某国有企业的科室负责人甲，曾在司法机关工作，接受当事人的请托，暗示该科室其他几名工作人员，为他人谋利，并收受财物。案发后，甲被该国有企业纪检监察机构查处。几名行贿当事人交代，通过熟悉甲的中间人乙向甲说情送礼，收受财物时，甲的妻子丙在场。

该示例的现有证据及证据分析如下：

证人证言：已经收集到的是几名行贿人及科室工作人员的证言证据，每一份证据都属于案内知情，内容合情合理，与客观情况相符；几份证言之间互相印证，没有矛盾，因此可以判定已经收集的几份证人证言来源合法，内容客观真实。但是，根据刑事诉讼的“排除合理怀疑”的证明标准，这些证人证言仍旧只能算是单方证据。

潜在证据之一：丙的证言，但是，目前其下落不明，有意逃避作证，且难以对其采取措施，短时间内难以到案。如果收集到丙的证言，即使没有甲的真实交代，也基本上达到了证据确实、充分的要求，该受贿的违纪违法事实即可以得到证明，甲也会知道抗拒徒劳而作出交代。

潜在证据之二：甲的交代供述，但是，该对象抗拒交代供述，暂时难以收集到。

其他书证：原案的案卷卷宗材料，但是该案中，甲只是审核把关，并未实际参与审理，无法直接指证甲。

综上，目前能够证明甲受贿的证据只有行贿人的直接证人证言以及几名工作人员的间接证据，在证据上仍处于“一对一”的状态，即行贿人指证甲受贿，甲否认受贿。而“一对一”的证据状态，是无论如何都无法认定受贿事实的。因此，成功办案的关键就是获取甲的真实交代；或者找到其妻子丙，并获取其真实的交代，这就属于典型的突破性谈话。

（三）如何实现从突破性谈话到核实性谈话的转变

根据上文提到的内容，每次谈话是属于核实性谈话还是突破性谈话，并不是以办案人员的个人主观意志为转移的，而是根据具体案件本身的证据情况决定的，也就是由对象的交代这一证据在构筑违规违纪违法案件事实的证据链条中的地位与作用决定的。由此我们可以知道，就全案的证据而言，核实性谈话对在案其他证据的要求比突破性谈话的要求更高。下面结合案例浅析如何实现从突破性谈话到核实性谈话的转变，以供探讨。

1. 从突破性谈话到核实性谈话的转变路径分析

实现从突破性谈话到核实性谈话的转变的路径有两条：一是根据纪

法关于认定事实的基本证据规则认定违规违纪违法事实。二是充分挖掘除口供以外的其他证据，实现从突破性谈话向核实性谈话的转变，从而实现不依赖于谈话对象的交代、供述定案。

先说说纪法关于认定事实的基本证据规则。纪法关于事实认定的证据规则有着基本相通、类似的规定，在《刑事诉讼法》《监察法实施条例》中体现如下：

(1)《刑事诉讼法》关于事实证据的认定基本规则。

《刑事诉讼法》第五十五条规定："对一切案件的判处都要重证据，重调查研究，不轻信口供。只有被告人供述，没有其他证据的，不能认定被告人有罪和处以刑罚；没有被告人供述，证据确实、充分的，可以认定被告人有罪和处以刑罚。证据确实、充分，应当符合以下条件：(一)定罪量刑的事实都有证据证明；(二)据以定案的证据均经法定程序查证属实；(三)综合全案证据，对所认定事实已排除合理怀疑。"

该条规则，在学理上称为"孤证不得定案规则"、证据补强规则，又被称为"零口供"规则。该规则是庭审中证据综合运用的基本原则。

(2)《监察法实施条例》中关于证据运用基本原则的规定。

《监察法实施条例》第六十条规定："监察机关认定案件事实应当以证据为根据，全面、客观地收集、固定被调查人有无违法犯罪以及情节轻重的各种证据，形成相互印证、完整稳定的证据链。只有被调查人陈述或者供述，没有其他证据的，不能认定案件事实；没有被调查人陈述或者供述，证据符合法定标准的，可以认定案件事实。"第六十一条规定："证据必须经过查证属实，才能作为定案的根据。审查认定证据，应当结合案件的具体情况，从证据与待证事实的关联程度、各证据之间的联系、是否依照法定程序收集等方面进行综合判断。"第六十二条规定："监察机关调查终结的职务违法案件，应当事实清楚、证据确凿。证据确凿，应当符合下列条件：(一)定性处置的事实都有证据证实；(二)定案证据真实、合法；(三)据以定案的证据之间不存在无法排除的矛盾；(四)综合全案证据，所认定事实清晰且令人信服。"第六十三条第一款规定："监察机关调查终结的职务犯罪案件，应当事实清楚，证据确实、充分。证据确实、充分，应当符合下列条件：（一）定罪量刑的事实都有证据证明；（二）据以定案的证据均经法定程序查证属实；（三）综合全案证据，对所认定事实已排除合理怀疑。"

由《刑事诉讼法》《监察法实施条例》的上述规定可知，无论是在违规违纪案件、职务违法案件，还是职务犯罪案件中，即使没有对象的交代与供述，也是可以认定对象违规违纪违法或犯罪事实并给予纪法惩处的。但是，对于不同性质的案件，对证据延伸性、证据链条的闭合性要求有所区别：对于刑事案件（包括职务犯罪案件）而言，要达到"事实清楚，证据确实、充分"，对所认定事实已排除合理怀疑，形成完整、缜密的证据链条，得出排他性的唯一证明结论。对于职务违法案件而言，要求达到"事实清楚、证据确凿"，据以定案的证据之间不存在无法排除的矛盾，所认定的事实清晰且令人信服。对于违规违纪案件而言，其证据证明标准要低于职务违法犯罪，基本要求是"事实清楚、证据确凿、定性准确、处理恰当、手续完备、程序合规"。

假如：某被审查对象交代"每年春节收受服务对象两瓶五粮液和两条中华香烟，自己也会回馈一些物品"，服务对象也承认，二者相互印证。这种证据链条，可以认定违纪，但是对于认定职务违法或职务犯罪是不够的，就需要继续查证补强证据链条。假如通过查证补强，上述所送的烟酒当时的市场价值达到 5 万元，但是烟酒已经被消费了，因此无法鉴别烟酒真假，无法准确评估真实价值。这种情况下，可以认定职务违法，但是达不到认定为职务犯罪的标准。

2. 从突破性谈话向核实性谈话的转变的案例模型

示例

某突破性谈话对象，工作经验和社会阅历十分丰富。其存在的主要问题是违反中央八项规定精神，违反六大纪律，为亲友承揽工程项目，违法收受财物。案发后，被审查对象做了大量的对抗审查调查工作，包括多次召集有关人员开会，进行串供，相互订立攻守同盟；将家中的烟酒等予以销毁，名贵物品、购物卡、现金等分多处转移至其信得过的亲友处，退还赃款；咨询、了解纪检监察机关办案的基本流程和策略等。在接受审查调查期间，拒不交代任何问题。同时，由于证据取证不到位，尚不具备留置的条件，办案组对其进行的谈话只能采取“走读式”谈话方式。

对此，办案组一方面通过“走读式”谈话持续对其开展深入细致的思想政治工作，加大教育挽救力度；另一方面在暂时不能通过突破性谈话获取对象的交代、供述的情况下，加大外查力度，获取大量的外围证据，形成稳固的证据链条。

(1)取证范围及方向。

①理论基础：凡行为必有痕迹，案件的发生或存在表现为一定的信息，这些信息会以信息流的形式在时空中流转，表现为包括但不限于：通信流、资金流、人的记忆流、电子数据流等形式的信息，调查取证工作是在一定的时空中追踪这些信息流及其轨迹，加以识别、收集、固定，而形成一定形式载体的证据。

②取证操作：首先，围绕“人”“权”“事”确定圈子内的关联主体，从而形成一张多层级的、“蜘蛛网”状的关联人员图谱。其次，对上述人员一定时间段内的社会交往、通信、资金财产、经营的项目等进行地毯式的查询，对所收集的大数据信息进行分析研究，从中寻找可疑点。最后，围绕这些关联主体在案发前后的通信、资金财产、社会人员交往、行动轨迹等进行监控查询。

(2)取证发现。

一是发现并查扣了对象及其家属所转移、隐匿的大量赃款赃物；二是发现了对象及其家属在案发前有退赃行为；三是案发前存在串供行为，并查到部分参与串供的成员；四是在某项目中存在数个行贿人反复“沟通”如何行贿的情形；五是存在家属收受好处或家属在场的情形。

(3)拓展发现。

其一是围绕赃款赃物的去向进行正反向溯源。在锁定这些赃款、赃物的去向的基础上,围绕这些赃款、赃物,特别是其中的有形赃物,进行反向溯源,获取的信息流包括以下方面:一是赃物流;二是与赃物有关的资金流;三是与物和钱有关的书证流;四是经手赃物赃款的人流;五是相应的通信流等。通过对上面的每一个信息流的痕迹进行识别、追踪与固定,初步锁定了有关人员在特定的事项中与对象及其家属存在权钱交易关系。

其二是针对退赃行为进行正反向溯源。围绕有关赃款的去向,提取有关的书证、物证及人证;同样进行正反向溯源,查证赃款的来源,同样提取有关的书证、物证、人证;进而确定对象与有关人员之间存在经济交易往来,并存在人事、工程项目等利益关系,进而确定这种往来的性质为权钱交易。

其三是扩大对行贿一方证据的核查范围。如某行贿事实中,实际有多个利益行贿人,在谋划、获取项目及前后每一次的行贿的过程,多个行贿人都会有一个共谋及行动过程,包括钱款的来源与出处都留下相应的痕迹。特别是有的证言还显示行贿过程,还是在特定的场所及环境,如被审查对象的家里,有特定的家具及摆放,有特定的人员,如被审查对象的家人在旁边,甚至家属参与收钱等。这样,在一个行贿事项中就同时有了多个证人证言,打破“一对一”的孤证状态。

其四是针对存在串供对抗行为进行取证。特别是有时是以“开会”的形式,多人参与串供,突破其中薄弱环节并运用“离间”即可获取串供的内容。从而获取多份相互印证的证人证言,并进而获取有关的书证、物证等。

通过上述外围调查取证,获取了大量的有关对象违规违纪违法的证据材料,形成了稳固的证据链条,达到了能够以“零口供”对其定案的程度。同时,面对如此多的确实、充分的证据,对象亦不得不作出交代、供述,包括办案机关大量尚未掌握的其他违规违纪违法事实。至此,对该对象的“走读式”谈话实现了从突破性谈话向核实性谈话的转变。

四、“走读式”谈话前的准备和认识

（一）谈话是一项系统工程

国企纪检组织开展的“走读式”谈话是要从被谈话人处获取言词证据（包括被核查人陈述、被审查调查人供述、证人证言等），相比其他证据，言词证据可以说是“证据之王”，对违规违纪违法事实的认定至关重要，必须高度重视。

谈话是一项系统工程，因为谈话工作的前、中、后各个阶段都会涉及并运用到多个学科的知识，往往综合了逻辑学、谈判学、证据学、生理学和心理学等学科。现实中有很多案例能说明，比如在河北“第一秘”李真案中，谈话工作人员是在和李真探讨《易经》时找到突破口的。因此，国企纪检组织在开展谈话工作时一是要求谈话组人员务必做到团结一致、齐心协力；二是要求谈话组人员在谈话前做好充分的准备，准备得再怎么充分都不为过；三是要求谈话组人员要不断拓展自己的思维、视野、知识面，不断在谈话实践中总结提高，只有这样才能真正做好谈话取证工作。

（二）养成纪法思维

谈话是一项系统工程，要求我们国企纪检工作人员养成纪法思维。纪法思维包括（但不限于）以下思维、意识。

1. 系统思维

（1）系统思维要求国企纪检工作人员在开展工作过程中坚持追求政治效果、纪法效果、社会效果“三效合一”。坚持追求政治效果要求我们坚持正确的政治方向，坚持党的领导，坚持全面从严治党；坚持追求纪法效果要求我们严格依规依纪依法办案，以法律纪律和道德规范等作为判断是非的基本依据，让违规违纪违法者受到应有的惩治；坚持追求社会效果要求我们顺应社会性和人民性的要求，既要维护党和国家、人民的利益，又要兼顾社会对公平正义、纪法权威的普遍认同，切实提升社会对案件的获得感。

“三效合一”体现了“坚持惩前毖后、治病救人，把纪律挺在前面”的原则要求。组织培养领导干部不容易，处分领导干部时必须坚持“以事实为依据，以纪法为准绳”，实事求是地进行定性量纪。就违规违纪违法而言，纪律和法律是有界限的，如滥发津补贴和私分国有资产、收受礼品礼金和受贿等的界限，从客观方面表现就是一个数额界点（比如3万元、10万元的界点），我们在对相关问题、行为进行处理的时候就要做到坚持追求“三效合一”，根据工作需要和组织决定采取哪种形态处理，实体处理时也要依规依纪依法进行，该从宽的从宽，该从重的也要坚决从重处理。

（2）系统思维要求国企纪检工作人员从问题线索开始到最终处分执行结束整个过程中要形成系统性的思考，并对监督执纪问责工作开展提供指导。其在纪检工作中表现如下：

对问题线索、信访件进行研判分析→对问题线索、信访件涉及的违规违纪违法问题做初步定性（定方向）→根据初步定性在纪律、法律、规定中找依据→按依据和方向收集四方面要素（主体、客体、主观方面、客观方面）涉及的各类证据（包括谈话获取的言词证据）。

在工作开展过程中有新的问题出现时，同样按照上述思维模式处理；同一个问题线索、信访件涉及多个问题的话，逐一分解问题，按照上述思维模式处理每一个问题。

（3）系统思维要求国企纪检工作人员在工作实践中结合个人实际培养出自己的办案思维、套路。培养路径一般如下：套路模板（自己看到的、听到的或者经办的案例）→自己总结提高→形成自己的思维、套路。

在培养个人系统思维的过程中，要充分认知并理解以下几点：一是“案件无大小”。每个案件无论涉及金额大还是金额小，都要按照实体和程序要求去办理，树立起“把每一个案子当成人生中的第一个案子去办，把每一次谈话当成人生中的第一次谈话去谈”理念，要坚持做到“高目标、严标准”，否则大案变小案，小案变遗憾。二是“有认认真真都办不成的案子,没有随随便便就能办得好的案子”。案子办得成与否、好与坏,关键在于工作人员的工作态度,在监督执纪问责工作中要实事求是、认认真真地去落实每一项工作,才能办成、办好案子。三是“经历不可以复制,但经验可以学习”。每个纪检工作人员的专业背景、工作经历可能都不尽相同,就个人经历而言确实是不可以复制,但是在经历的工作中总结、提炼形成的好经验是可供分享学习的。

(4)系统思维要求国企纪检工作人员在开展工作过程中对违规违纪违法问题涉及数额、工作对象的身份岗位、发生时间节点等方面有高度的敏感性。

①对数额的敏感性(在违规违纪情形和职务犯罪情形竞合的时候):1 万元(受贿、贪污特殊情形,《最高人民法院、最高人民检察院关于办理贪污贿赂刑事案件适用法律若干问题的解释》第一条规定)、3 万元(一般受贿、贪污情形数额较大的起刑点,较大的范围是 3 万—20 万元;也挪用公款用于非法活动的起刑点)、5 万元(挪用公款用于营利活动或超过 3 个月未还两种情形的起刑点)、6 万元(非国家工作人员受贿和挪用资金用于非法活动的起刑点)、10 万元(私分国有资产、单位受贿起刑点,挪用资金用于营利活动或超过 3 个月未还两种情形的起刑点)、20 万元(一般受贿、贪污情形数额巨大的起刑点,巨大的范围是 20 万—300 万元)、30 万元(国有企业、公司工作人员滥用职权和巨额财产来源不明起刑点)、50 万元(国有企业、公司工作人员失职起刑点)、100 万元(非国家工作人员受贿,数额巨大)、300 万元(一般受贿、贪污的数额特别巨大,300 万元以上)。

②对工作对象身份和岗位的敏感性:要辨别工作对象的身份[①]是否

---

① 辨别身份的主要目的:当国企工作人员涉嫌监委管辖的 101 个职务犯罪罪名时,如果是国有企业管理人员(包括国家工作人员和非国家工作人员身份的人员)或者是国有企业中行使公权力的公职人员(包括非国家工作人员身份的人员)的则移交纪委监委,国有企业中除前述人员之外的工作人员则移交公安。

为国家工作人员[①],是否为行使公权力的公职人员(监察对象)[②]、国有企业管理人员[③];工作对象的岗位是否为董事、经理、监事、会计、出纳等关键岗位。

③对问题发生时间节点的敏感性:要关注中央八项规定精神出台时间(以 2012 年 12 月 4 日为界)、行为发生时间、行为持续时间、党的十八大和党的十九大召开时间[④](从严量纪情节)等。

2. 安全意识

安全意识再怎么强调、重视都不为过。对纪检工作而言,安全就是生命线,没有例外。可以毫不夸张地说,如果有 100 件案子,我们努力办好了其中的 99 件,有 1 件出了办案安全事故、事件,也会面临被问责追责,所以强调安全意识的目的必须是"零"安全事故、事件,这就要求我们在整个监督执纪问责过程中(包括初核、审查、审理、处分、回访等环节)要重视排查安全风险,还有在工作对象、家属和工作人员自身、案件信息的安全方面,都要努力降到"零风险"。尤其是谈话前、中、后,都必须严格执行中央纪委国家监委的规范要求,不能疏忽大意,要把每一个案件、工作对象都当作自己人生的第一个案件、工作对象去认真对待,杜绝办案安全事故、事件的发生。

---

① 《刑法》第九十三条规定:"本法所称国家工作人员,是指国家机关中从事公务的人员。国有公司、企业、事业单位、人民团体中从事公务的人员和国家机关、国有公司、企业、事业单位委派到非国有公司、企业、事业单位、社会团体从事公务的人员,以及其他依照法律从事公务的人员,以国家工作人员论。"

② 《监察法实施条例》第三十七条规定:"监察机关依法对所有行使公权力的公职人员进行监察,实现国家监察全面覆盖。"

③ 《监察法实施条例》第四十条规定:"监察法第十五条第三项所称国有企业管理人员,是指国家出资企业中的下列人员:(一)在国有独资、全资公司、企业中履行组织、领导、管理、监督等职责的人员;(二)经党组织或者国家机关,国有独资、全资公司、企业,事业单位提名、推荐、任命、批准等,在国有控股、参股公司及其分支机构中履行组织、领导、管理、监督等职责的人员;(三)经国家出资企业中负有管理、监督国有资产职责的组织批准或者研究决定,代表其在国有控股、参股公司及其分支机构中从事组织、领导、管理、监督等工作的人员。"

④ 党的十八大召开时间是 2012 年 11 月 8 日,党的十九大召开时间是 2017 年 10 月 18 日。

另外，我们在高度重视办案安全的同时，不能出现因为强调安全而不办案的倾向，这是不作为、不担当的表现，在开展监督执纪问责工作中，必须担当，认真做好安全预案和相关应对方案，真正杜绝安全事故、事件的发生。

3. 规范意识

“规范不能打折扣，也不能讨价还价。”规范意识的要求更多表现在具体工作的形式上，规范性要求在短期内是看不出效益的，但是有直接的危害。前面说过国企纪检组织的特点，因为部分工作人员规范意识淡薄，在以往的工作中都是按照自己的思路跟着感觉走，形成习惯之后就一直按照习惯去做，这是经验主义错误，长此以往，所办案件的质量肯定会存在这样那样的问题，到案件质量检查的时候，存在的问题肯定会暴露，届时再整改的话为时已晚，因为《监督执纪工作规则》中明确实行办案质量责任终身问责制①。

规范意识的要求还体现在笔录制作、案卷整理、文书制作、谈话等方面。比如在制作笔录的时候，就国企纪检组织而言（除有监察权的机构之外），作为言词证据的话抬头就应该是谈话笔录，如果按照以前惯例还是叫谈话记录的话，那就是一个错误；另外，除了走简易程序，即初核查清所有问题的，立案和审理同时报批，可以不做审查调查笔录和其他立案审查调查工作的情况之外，其他经过初核的问题线索在立案审查之后不做笔录，这也是一个错误，立案之后简单或者复杂都好，都是要求做笔录的，而且必须要在笔录中体现保障被审查人权利义务（被审查人权利义务告知书），要问对方有没有违规违纪违法行为、自己的错误认识等，这里也包含了程序规范的要求；还有在核查谈话中，对被核查人也好，对证人也好，应当按要求分别告知对方权利义务（被谈话人权利义务告知

---

① 《监督执纪工作规则》第七十三条规定：“对案件处置出现重大失误，纪检监察干部涉嫌严重违纪或者职务违法、职务犯罪的，开展‘一案双查’，既追究直接责任，还应当严肃追究有关领导人员责任。建立办案质量责任制，对滥用职权、失职失责造成严重后果的，实行终身问责。”

书)，本身这就是规定的动作，不能说以前没这样做过就不做；还有在谈话的时候不能以威胁、引诱或者以暴力手段方式获取言词证据，对被核查(审查调查)人也不能诱供、指供、刑讯逼供等。强调规范意识，是保证我们取证的合法性、合规性，也是保护我们国企纪检工作人员本身。

比如在呼格吉勒图冤假错案中，公安机关原来靠刑讯逼供取得的并据以定案的证据，在事实真相出现之后都被依法排除，当时办理该案的相关责任人员有被追究刑事责任的，有被进行党纪、政务处分的，从该案中可见规范意识对我们开展监督执纪问责工作的重要性。

4.程序意识

充分认识"程序即正义""没有程序就没有实体公正"。讲程序意识先跟大家讲实体法和程序法的概念。实体法是指规定具体权利义务内容或者法律保护的具体情况的法律，比如刑法、民法、行政法、公司法、商法等，《党纪处分条例》也是广义上的实体法范畴；程序法就是规定行使具体实体法所要遵循的程序，如刑诉法、民诉法、行诉法、仲裁法等，国企纪检组织开展工作依据的《监督执纪工作规则》等相关规定也属于广义上的程序法范畴。程序意识要求大家认识到"程序即正义""没有程序就没有实体公正"，程序是实体公正的保障，要求我们必须做到严格执行工作程序规定，有效管控风险点。无论是在线索处置、谈话函询、初核立案、审查调查、案件审理等各个环节，还是在制定方案、呈报审批、具体实施、制作笔录、交接移送、收集证据等工作中，都要严格执行工作程序规定，做到手续完备，确保纪检权力正确行使，实现纪检工作高质量发展，不能因为目的正当而规避程序、忽略手续，不计方法、不计后果。

5.证据意识

充分认识"以审判为中心""证据要求和标准就高不就低""零口供"。按照四种形态的划分，国企纪检工作中面临的绝大多数是按照前三种形态处理的问题，极少部分问题是按照第四种形态处理。讲证据标准就按照"要求和标准就高不就低"的要求，按照刑事诉讼的要求和标准跟大家讲，以后大家在实践中努力达到这样的证据标准，就算达不到违法犯罪移送司法的要求，至少能培养出高标准、严要求的证据意识，以违法犯罪证据的要求和标准去办理违规违纪案件，自然是水到渠成。

证据：是指依照诉讼规则认定案件事实的依据。参照何家弘教授、刘品新教授《证据法学》中的理论，证据应当具有三个特性：一是客观真实性，是指诉讼证据必须是能证明案件真实的、不依赖于主观意识而存在的客观事实。二是关联性，是指作为证据的事实不仅是一种客观存在，而且它必须是与案件所要查明的事实存在逻辑上的联系，从而能够说明案件事实。三是合法性，是指证据必须由当事人按照法定程序提供，或由法定机关、法定人员按照法定的程序调查、收集和审查。

刑事案件证据有以下八种：物证，书证，证人证言，被害人陈述，犯罪嫌疑人、被告人供述和辩解，鉴定意见，勘验、检查、辨认、侦查实验等笔录，视听资料。

证据证明对象：一是实体法律事实。包括有关犯罪（违规违纪）构成要件的事实；还有作为从重、加重、从轻、减轻、免除刑事处罚的事实；犯罪嫌疑人、被告人的个人情况和犯罪后的表现等事实。二是程序法事实。比如我们收集证据的方法是否合法、合规，手续是否完备等。

以审判为中心：《人民检察院刑事诉讼规则》中要求对涉嫌职务犯罪的案件，收集的所有证据材料都应严格遵循刑事审判关于证据的要求和标准，包括主体身份材料，被调查人供述和辩解，证人证言，物证，书证，视听资料，电子证据，鉴定意见，勘验、检查、搜查笔录等。

零口供：《刑事诉讼法》第五十五条规定："对一切案件的判处都要重证据，重调查研究，不轻信口供。只有被告人供述，没有其他证据的，不能认定被告人有罪和处以刑罚；没有被告人供述，证据确实、充分的，可以认定被告人有罪和处以刑罚。证据确实、充分，应当符合以下条件：（一）定罪量刑的事实都有证据证明；（二）据以定案的证据均经法定程序查证属实；（三）综合全案证据，对所认定事实已排除合理怀疑。"

证据意识要求在还原一个违规违纪违法事实的时候，要做到对事实相关细节都要有呼应，比如在时间（该具体的时候就具体，该模糊的时候要模糊,视情况而定,不要机械刻板)、地点(跟时间的要求差不多,同样要实事求是,比如在行受贿案件中,行贿人、受贿人的情况都是不一样的,有人送得多,有人收得多,所以视情况需要做模糊或者具体处理,但是应该考虑互相包含、对应)、人物(个人情况、联系方式、职务、住所、与对象的关系等)、事情的起因经过结果等细节;再如通过银行或者微信、支付宝等形式转账,肯定要关注时间、什么银行的银行卡、微信支付宝的转账记录等,如果是银行卡近期转账的话,也是要了解清楚时间地点甚至考虑调监控等;比如是给现金的话,要考虑钱从哪里来、如何包装、收钱之后如何使用、请托事项等;比如谈到项目的话,要简单说一下项目的整个流程,包括签字、审批等与利用职务便利相关的细节,这样取证才能事半功倍、提高效率。

6. 保密意识

首先强调,在这里所说的保密意识,主要与案件查办工作相关。保密本身就是对我们所有纪检工作人员的基本素质要求。对案件查办工作相关的或者在工作中接触掌握的其他相关秘密信息,我们纪检工作人员都负有保密的义务和责任,绝对不能因为自己只在某个案件签了保密协议、承诺,就只对某个案件保密,这样的理解是片面的。我们纪检工作人员必须严守纪法底线和案件信息安全底线,我们办的每一个案件最终走向会怎么样是不确定的,因为我们通过核查、审查掌握的违纪违规或者违法事实有可能只是冰山一角,我们国企纪检系统内收到的问题线索也有可能只是小部分的问题;或者是因为我们国企纪检工作人员对某些问题的认知、定性量纪有偏差,只认为是涉嫌违规违纪,而实际定性应当是涉嫌职务违法犯罪,在这样的情况下,如果我们国企纪检工作人员把相关的案件信息泄露出去,这样的行为有可能构成违规违纪甚至涉嫌违法犯罪,这是很不应该的。

(三)纪法知识储备和案例等素材的准备、积累提炼

1. 准备好党纪党规、法律法规等书籍

准备好《中国共产党章程》《党纪处分条例》《国有企业管理人员处

分条例》《刑法》《刑事诉讼法》《监察法》等书本、教材，最好是正面有国徽、党徽标志的，以增加庄严感。准备法律法规、党纪党规并带到谈话室的原因，主要是保证谈话工作人员，能清晰准确表述出要用到的法律法规和党纪党规，因为在谈话的时候，如果谈话工作人员不能清晰准确表述出相关规定、政策的话，那谈话的效果会大打折扣，备有法律法规、党纪党规在手则可在谈话时从容应对，增强谈话工作的严肃性，有利于树立谈话工作人员的权威性。

2. 学深悟透，注重言语规范

(1)从轻、减轻。《党纪处分条例》第十七条规定："有下列情形之一的，可以从轻或者减轻处分：(一)主动交代本人应当受到党纪处分的问题；(二)在组织谈话函询、初步核实、立案审查过程中，能够配合核实审查工作，如实说明本人违纪违法事实；(三)检举同案人或者其他人应当受到党纪处分或者法律追究的问题，经查证属实，或者有其他立功表现；(四)主动挽回损失、消除不良影响或者有效阻止危害结果发生；(五)主动上交或者退赔违纪所得；(六)党内法规规定的其他从轻或者减轻处分情形。"第二十二条第一款规定："从轻处分，是指在本条例规定的违纪行为应当受到的处分幅度以内，给予较轻的处分。"第二十三条第一款规定："减轻处分，是指在本条例规定的违纪行为应当受到的处分幅度以外，减轻一档给予处分。"

(2)从重、加重。《党纪处分条例》第二十条规定："有下列情形之一的，应当从重或者加重处分：(一)强迫、唆使他人违纪；(二)拒不上交或者退赔违纪所得；(三)违纪受处分后又因故意违纪应当受到党纪处分；(四)违纪受到处分后，又被发现其受处分前没有交代的其他应当受到党纪处分的问题；(五)党内法规规定的其他从重或者加重处分情形。"第二十二条第二款规定："从重处分，是指在本条例规定的违纪行为应当受到的处分幅度以内，给予较重的处分。"第二十三条第二款规定："加重处分，是指在本条例规定的违纪行为应当受到的处分幅度以外，加重一档给予处分。"

(3)零口供。《刑事诉讼法》第五十五条第一款规定:“对一切案件的判处都要重证据,重调查研究,不轻信口供。只有被告人供述,没有其他证据的,不能认定被告人有罪和处以刑罚;没有被告人供述,证据确实、充分的,可以认定被告人有罪和处以刑罚。”《监察法实施条例》第六十条规定:“监察机关认定案件事实应当以证据为根据,全面、客观地收集、固定被调查人有无违法犯罪以及情节轻重的各种证据,形成相互印证、完整稳定的证据链。只有被调查人陈述或者供述,没有其他证据的,不能认定案件事实;没有被调查人陈述或者供述,证据符合法定标准的,可以认定案件事实。”

(4)自首。《刑法》第六十七条第一款规定:“犯罪以后自动投案,如实供述自己的罪行的,是自首。对于自首的犯罪分子,可以从轻或者减轻处罚。其中,犯罪较轻的,可以免除处罚。”

(5)立功。《刑法》第六十八条规定:“犯罪分子有揭发他人犯罪行为,查证属实的,或者提供重要线索,从而得以侦破其他案件等立功表现的,可以从轻或者减轻处罚;有重大立功表现的,可以减轻或者免除处罚。”

(6)对抗组织审查。《党纪处分条例》第六十三条规定:“对抗组织审查,有下列行为之一的,给予警告或者严重警告处分;情节较重的,给予撤销党内职务或者留党察看处分;情节严重的,给予开除党籍处分:(一)串供或者伪造、销毁、转移、隐匿证据;(二)阻止他人揭发检举、提供证据材料;(三)包庇同案人员;(四)向组织提供虚假情况,掩盖事实;(五)其他对抗组织审查行为。”

(7)四种形态。《党纪处分条例》第五条规定:“深化运用监督执纪‘四种形态’,经常开展批评和自我批评,及时进行谈话提醒、批评教育、责令检查、诫勉,让‘红红脸、出出汗’成为常态;党纪轻处分、组织调整成为违纪处理的大多数;党纪重处分、重大职务调整的成为少数;严重违纪涉嫌犯罪追究刑事责任的成为极少数。”

(8)免除处罚。《刑法》第三百九十条规定:“行贿人在被追诉前主动交待行贿行为的,可以从轻或者减轻处罚。其中,犯罪较轻的,对侦破重大案件起关键作用的，或者有重大立功表现的，可以减轻或者免除处罚。”

上面的知识内容需要大家认真学懂学透、学思践悟，每个知识点最好自己提炼一些在本企业发生的或者是企业外部发生的但大部分员工都知悉的案例，在谈话的时候要严肃、认真地表达清楚（不用全部讲完，要实事求是、因人而异，看谈话情况需要），务必结合自己提炼的案例把相关党规党纪、法律、政策规定讲深讲细讲透给工作对象听。盘点在国企的违规违纪违法案例，大多数被核查（审查调查）人正是因为平时对自己在思想政治方面的学习不够重视，存在偏重工作业务现象，认为自身的思想建设不重要，很少学习党章党规党纪法律、政策等方面的知识，进而导致违规违纪违法行为、问题的发生。因此，在国企纪检谈话工作中，谈话工作人员一定要对被谈话人加强党规党纪法律、政策等宣传，要义正词严，保证谈话工作人员权威，做好工作对象的思想政治工作，不断总结提高自己的谈话工作能力和水平。

（四）做好谈话工作方案及安全预案

根据《监督执纪工作规则》等相关规定的要求，谈话方案的内容要包括：谈话对象的基本情况、谈话提纲、案情概况、掌握的证据材料情况、谈话目标和要求（包括明确谈话预期目的是核实或是突破，所要取得的主要成果，谈话中应当注意和解决的重点问题等内容）、谈话方式和步骤（包括如何切入主题，先谈什么、后谈什么、怎么结束等内容）、谈话策略和证据使用（包括“惩前毖后、治病救人”方针、“四种形态”政策阐释，谈出问题后的政策把握，谈话对象有关要求的答复及其申辩的回应等内容）、谈话人员安排、谈话场所及地点的安排、如何通知谈话对象、谈话方案审批、接送谈话对象安排、提前安排医护保障、谈话对象的回访等方面。

安全预案：应当列明安全风险事项、应急处置措施、安全责任和保密要求等，一人一方案，内容一般应当包括谈话对象突发疾病现场急救保障、餐饮保障和卫生安全、自伤、自杀、失联、脱逃等紧急情况的防范和处置、谈话场所发生停电等突发情况紧急处置、针对问题较为严重、安全风险等级较高的谈话对象的准备措施等。安全预案可以并入谈话方案，也可以单独制定，与谈话方案一并报批。强调无安全预案或者预案未经批准不得谈话。

（五）全面了解谈话对象基本情况

按照有关规定，谈话前应当对谈话对象的个人履历、身体精神状况、性格特点、家庭关系、工作表现、为人处世六个方面了解掌握，做到“六必知”，并按照“一人一策”制订谈话方案和安全预案。我们将“六必知”相关基本情况扩展为“九子”，即面子、身子、老子、妻子、女子、儿子、票子、房子、车子。“面子”包含工作履历、接受组织核查（审查调查）前后可能发生的地位变化、心理落差等信息；“身子”包含谈话对象及其相关人员的身体、精神的健康状况等信息；“老子”包含谈话对象的长辈、与长辈的关系、感情好否等信息；“妻子”包含家庭关系中妻子或者丈夫（谈话对象是女性时）、夫妻感情好否等信息；“女子”包含生活作风方面的信息；“儿子”包含家庭关系中儿子或者女儿、与儿女之间感情好否等信息；“票子”包含现金、存款、股票、期货、经商办企业等信息；“房子”包含谈话对象及其相关人员名下的不动产、住址等不动产方面的信息；“车子”包含谈话对象及其相关人员名下车辆、常用车辆等动产方面的信息。

在谈话前尽可能了解掌握谈话对象的相关基本信息，尽可能做到应知尽知，方便谈话工作人员准确摸底、做好风险评估和研判。在对掌握的信息进行研判之后，对性格急躁、爱面子，患有严重身体疾病或者精神疾病、遭遇重大变故等情况的谈话对象，应当充分研判可能诱发的各类风险，综合考量其生活态度，对风险较高的应当慎重开展谈话。谈话前确实难以了解谈话对象有关信息或者做不到应知尽知的，在谈话现场首先应当补充了解核实，做好风险评估后再进行正式谈话。要强调一点，必须要高度重视谈话风险评估工作，应当做到见人见事、一人一评估，不得千篇一律，搞形式主义。

（六）研究谈话对象履职基础资料，掌握基本信息

在国企的违规违纪违法案件中，大多数案件的发生跟职务职权、岗位职责、履职情况等密切相关。比如在行受贿案件中，行贿人绝对是没

有“无缘无故的爱”的，肯定是冲着受贿人的职务职权去的；比如违反工作纪律（要求）案件，行为人是存在不履行或者不正确履行自己职责行为的；比如违反廉洁纪律（要求）案件，行为人大都会存在利用职权、谋取私利等行为；比如违反生活纪律（要求）案件，往往也是和行为人的身份、职务职权、地位等密切相关。

对国企纪检组织开展“走读式”谈话工作而言，谈话前准备得再怎么充分都不为过。前面说到国企纪检组织的一个特点是“有限的监察权”，相对各级纪委监委而言，大部分国企纪检组织在开展工作的时候手段措施是有限的，常规能拿到的是被谈话人的任职经历、任职文件、岗位说明书、履职依据等材料，对于拿到的这些材料，在开展正式谈话的准备阶段，谈话组人员一定要尽量研究透彻，要紧扣被谈话人的职务职权，尽量全面了解清楚被谈话人的身份、工作经历、是否依规依纪依法履职等情况，这样在谈话过程中我们才能“有备无患”、应对自如。

在国企纪检组织开展谈话过程中，会遇到各种类型的被核查（审查调查）人，有的人把自己的责任推给下属、有的人推给领导、有的人推给第三方劳务派遣的人员，组织一查到就说自己这也不知道那也不知情，诸多狡辩、诡辩，存在逃避、推脱、推卸责任的心理。在被谈话人出现狡辩、诡辩、逃避、推脱、推卸责任等行为的时候，我们可以把谈话准备阶段掌握的任职文件、分工文件、会议纪要、工作照片等材料出示给他看，迅速推翻他的狡辩、诡辩，打消他逃避、推脱、推卸责任心理，最终达成我们谈话取证的目的。

（七）谈话场所的选择和布置

1. 谈话场所的选择

国企纪检组织有自己的特点和局限性，所以在开展“走读式”谈话时，对谈话场所的选择视情况而定。

（1）对反映问题轻微、经研判安全风险较低的核实性谈话，可以安排在会议室、办公室等相对宽松的场所进行，也可以根据谈话对象意愿，选择合适的场所。

(2)对审查调查、安全风险评估等级较高的谈话,原则上应在标准谈话室进行。谈话一般不安排在高楼层。

(3)谈话对象工作、生活在外地的,可选择在纪检组织所在地、谈话对象所在地或者纪检组织指定地点谈话。需要商请地方纪委监委协助的,按照中央纪委国家监委关于开展协作配合的有关规定办理。

(4)谈话前,应安排 2 名及以上谈话工作人员共同对谈话室、卫生间、录音录像设备等进行检查,在排除安全隐患、确保无设备故障之后再开始谈话。

2. 谈话场所的布置

心理学研究表明,杂乱的外部环境不利于人与人之间的交流活动(包括谈话)。在杂乱无序的外部环境中,人的注意力往往受影响无法集中或者容易转移到关注外部环境方面。所以在谈话场所选择好之后,对于谈话场所的布置也要重视,整个谈话场所的布置尽量简约、整齐、干净,排除干扰,尽量不要放可能吸引被谈话人注意力的东西。比如早早放了瓶装水、笔、纸等东西给被谈话人,其可能会拿在手上把玩或者写写画画,这样被谈话人的注意力会被分散或者转移,如果工作人员没注意到也没有加以制止、纠正的话,那工作人员宣讲政策法律法规、营造紧张气氛、做思想工作或者施加压力等效果肯定大打折扣,进而影响谈话工作效果。

(八)谈话人员的选择和分工

1. 谈话人员的选择

主谈和辅谈人员的选择很重要,作出人员选择的时候应考虑以下方面:一是案件的性质。如果是贪污挪用类案件,建议选择熟悉财会知识的做主谈人员;行受贿案件则选择社交面广、熟悉各类“潜规则”的做主谈人员;渎职失职类案件,建议选择有过类似案件办理经验的做主谈人员。二是考虑被谈话人的个人情况。比如:性别、性格特征、兴趣爱好、职务级别、任职经历、是否同姓本家、专业、学历、是否同校毕业等情况,有针对性地选择好主谈人员,可以更好、更快地跟对象建立信任对话关系，有利于谈话取证工作。

2. 谈话人员的分工

一般而言，主谈人员主导谈话工作，在谈话前要跟辅谈人员沟通好并做好谈话计划，包括谈话主题、基本步骤、突破口的选择、证据材料出示等重点问题；辅谈人员做好相关辅助和记录工作，包括主谈人员谈话内容、谈话取得的效果、对象的反应、神态变化等，做好辅助工作也是很重要的，对辅谈人员的能力也是一种锻炼和提高；原则上分别唱红黑脸，可以一个人唱完红黑脸，也可以两个人配合，分阶段实施，切记不可生搬硬套，要实事求是，因人而异，做到同向发力。主谈和辅谈人员之间的配合要有默契，个人动作也要利落干净，比如谈话人员都要保持好端正姿态，不要做太多动作，不要一个谈话人员在这边义正词严地说话，一个谈话人员在旁边动这动那，这样会分散被谈话人的注意力，谈话效果肯定不好。

3. 其他相关要求

谈话必须由 2 名以上人员共同进行，并明确其中 1 名办案经验丰富的同志担任安全员，严格禁止单人谈话或者单独接触谈话对象。谈话对象为女性的，一般应当有女性谈话人员参加。初步核实中的重要谈话，谈话人员应当尽可能以本级单位干部为主，并与谈话对象的职务职级尽可能相适合。谈话对象是领导干部的，相关领导应当出面谈话或者靠前指挥，强化现场把控、指导、监督。纪检机构分管（协管）领导、承办部门负责人应当亲自开展重点人员、场次的谈话，落实“首谈制”，即与主要对象的第一场谈话原则上由纪检机构负责人或监督部门负责人首谈，与关键涉案人员的第一场谈话原则上由核查（审查）组负责人首谈。

（九）谈话人员应当具备的心理素质

我们将谈话人员应当具备的心理素质概述为“三心”，即信心、细心和耐心。

1. 信心

信心体现谈话人员的高站位（政治站位），谈话人员必须营造信心，坚信我们背后依靠的是强大的党和组织，我们是代表党和组织在履行职责，打消对象的心理优势、定式。这点在国企中有必要强调，前面说了，国企工作人员大多是在"一个锅里吃饭"、低头不见抬头见，很多纪检工作人员在开展谈话的时候往往会有顾虑，没有信心或者信心、底气不足，必须正视这一缺点，努力改正，培养树立起高度的自信，这样才会取得良好的谈话效果。

2. 细心

细心体现谈话人员对案件的观察、分析、判断能力，比如在核查（审查）工作中（包括谈话工作），保持发现问题的敏感性，做到见微知著，并且能迅速作出正确应对和处置。细心要求谈话人员既要关注违法事实，也要关注相关的违规违纪事实，比如在受贿案件中，开展"走读式"谈话的目标是搞清楚行受贿方面的问题，但是在谈话的过程中被谈话人提到一起喝茅台（高档酒水）、吃鱼翅燕窝（高档菜肴）和食用野生保护动物制作的菜肴等细节，那谈话人员要关注并拓展思维，看相关行为是否违反中央八项规定精神或者廉洁纪律、相关领导是否存在履行"一岗双责"不到位等。

3. 耐心

耐心体现谈话人员对纪律、法律、政策的掌握和贯彻能力和对案件、谈话场面局势的掌控能力。在合规合纪合法的前提下，谈话工作人员要审时度势，合理安排好时间，合理有序推动谈话进度。在有限的时间内，谈话工作人员和被谈话人员比较的首先是耐心，在掌握一定事实和证据的基础之上，谈话人员要视情况分配好时间，有策略、有针对性地做好思想政治工作，往往是坚持多一秒就能更接近事实真相。在国企纪检工作人员中，许多同志因为缺乏纪检相关专业背景和知识、案件经验，有时候谈话容易急躁、被动、没有耐心。所以在谈话中如何做到有耐心也是值得大家关注的，谈话工作人员谈话时可以设身处地、换位思考，因为在开展谈话工作中，谈话人员是在代表组织依规依纪依法履行工作职责，被谈话人则是在配合组织开展工作，这样将心比心，能让谈话人员增强耐心，也有利于树立谈话人员的信心。

（十）通知和接送被谈话人

1. 如何通知被谈话人

在开展“走读式”谈话工作中，通知被谈话人也要引起重视，国企纪检组织可以参照以下做法：一是可以委托被谈话人所在单位纪检机构或者党组织负责人通知，也可由谈话工作人员直接通知。在通知前应当提前拟定通知口径，注意方式方法，一般不提前告知谈话内容。首次谈话一般当天或者提前一天通知。被谈话人有实际困难需要改变谈话时间的，应当尽可能照顾。二是通知被谈话人是作为证人的，可以明确告知其证人身份，请其配合作证，谈完即回，打消顾虑。三是在通知时遇到被谈话人不配合的，要及时报告，研究对策，稳妥应对。

2. 如何接送被谈话人到谈话场所

纪检机构通知被谈话人之后，要妥善安排好人员准时接送被谈话人到谈话场所接受谈话。一是开展多次谈话的，要求接送人员应当相对固定。二是选择接送人员的时候，坚持回避原则，不得安排与案件、被谈话人有利害关系的人员接送。三是至少安排 1 名接送人员负责接送，如果该名接送人员还负责开车的话，应当再安排至少 1 名人员一起接送。四是原则上应当由被谈话人所在部门安排接送人员，或者由被谈话人指定的亲友负责接送；被谈话人为社会人员的，可以与其沟通，指定接送人员。五是被谈话人主动提出自行到谈话场所的，谈话工作人员可以同意。六是接送人员陪同被谈话人到达谈话场所之后，谈话工作人员要和接送人员办理好“手递手”交接手续，登记好接送人员情况和到达时间等信息；被谈话人随身携带有不宜带进谈话场所的物品的，要清点做好登记并妥善保存，是涉案物品的要登记并由专人保管，待立案之后再出具暂扣相关手续。

五、谈话过程的把控

（一）如何切入谈话主题

国企纪检组织开展谈话工作必须遵循循序渐进的原则，我们结合国企的特点和自己的工作经验讲述两个常用策略，以供参考。

1. 常用策略一

开场表明身份、告知权利义务，阐明纪检部门和谈话工作人员的工作职责→其有违规违纪违法行为（因为你存在问题，所以才找你，找你是要解决你自己的问题，而不是解决我们纪检部门、工作人员的问题）→政策攻心，宽严相济，态度决定出路（我们是出于工作，职责所在，你必须实事求是、认真对待，只有这样才能争取最好的出路，如果负隅顽抗，那最终肯定会害了自己，进一步还可能会连累家人朋友等）→从"面"上提示类似其违规违纪违法行为表现，由其自由获取信息、对号入座，谈话工作人员根据其表现寻找并抓其弱点（谈话到一定程度，被谈话人想要出路的时候，这个阶段往往还是有侥幸心理，有些时候讲了一些问题也有可能是"投降不交枪"，避重就轻，工作人员必须审时度势，把步骤、政策反复使用，直到被谈话人真正愿意"投降交枪"为止）→因势利导（顺着事情发展的趋势，用政策对其思想加以引导），随机应变。

2. 常用策略二（以涉及行受贿问题为例）

开场表明身份、告知权利义务，讲国家、中央自上而下反腐大势所趋→举例讲关于其违规违纪违法行为的类似情况→讲清只有尽早地配合才有出路（一是囚徒困境，利用行受贿双方之间无法信任对方的心理，分化攻守同盟，激化矛盾；二是利用从轻从宽情节政策引导被谈话人，明确迟配合不如早配合、早配合不如现在配合，只有配合组织工作才能争取组织宽大处理，态度决定出路）→针对被谈话人可能的辩解做好反驳的准备，随机应变 。

模板和策略因人（被核查/审查调查人、证人）而异，不能一一罗列，大家可以根据实际情况需要作相应的调整，做到学思悟践：按照策略模板来谈话→谈话之后自己总结提高→形成自己的思维、策略→在以后的谈话中学以致用。

（二）被谈话人心理和行为变化过程和一般应对

1. 被谈话人心理变化过程

根据谈话工作实践，在参考借鉴全国检察业务专家刘立宝老师、吴克利老师等人的观点、方法的基础上，结合心理学、行为学等方面的理论知识，我们将被谈话人在谈话（主要是突破性谈话）过程中的心理和行为变化分成五个阶段：防守、对抗、试探、动摇、供述。其中在试探、动摇、供述这三个阶段，有时候被谈话人的心理和行为状态会返回到对抗阶段，这是难免的，因为无论谈话工作人员的思想工作做得多好，总会有疏忽的地方。出现这样的反复的情况时，谈话工作人员必须重新走回之前的步骤做思想工作，努力改变其心理定式，纠正其心理和行为的偏差，以达到谈话取证的目的。

2. 各阶段心理和行为的表现和一般应对

（1）防守阶段。

防守阶段的被谈话人，常见的表现为：有的人沉默不语、消磨时间；有的人不正面回答问题、转移话题；有的人对自己关系网抱有信心、存在侥幸心理；有的人以静制动、留意观察谈话工作人员的言行举止等。

措施：一是营造宽严有度的谈话氛围，首次谈话的，要先告知被谈话人的权利义务，并在谈话笔录中记录，同时实事求是地针对不同的被谈话人选择恰当的谈话方式，非必要不得刻意营造紧张的谈话气氛。二是时刻保持非法证据排除意识、底线意识，不得以采取留置措施或者其他限制人身自由的手段措施、对亲属进行调查等威胁恐吓被谈话人。三是要尽量在短时间内拉近双方的心理距离，通过宣传党纪国法、政策规定等方式，让被谈话人对党纪国法产生并保持敬畏之心，给其适度的心理压力。四是要降低被谈话人的心理优势，比如安排其书写个人情况、工作简历、家庭情况、经手项目、工作职责等，让其对组织和谈话工作人员产生一定的“服从”意识。五是要恰当把握谈话力度和节奏，对涉及多个问题的，一般从易到难、由浅入深，逐个解决，不要急于求成、过度施压。

（2）对抗阶段。

对抗阶段的被谈话人，常见的表现为：有的人态度强硬、拒不供述；有的人虚张声势、气焰嚣张、摆谱耍官威；有的人狡辩抵赖、胡搅蛮缠，要么为自己开脱，要么死顶硬扛；有的人装疯卖傻、装病寻短见、积极对抗；

有的人沉默不语、回避问题、消极对抗;有的人以自己具备某些特殊专长(国企中比较常见)孤芳自赏、自视甚高,鄙视谈话工作人员等。

措施:一是正面打破被谈话人的对抗、拒供心理,化解其对抗情绪。对积极对抗、气焰嚣张的,可以抢抓先机、大张声势地压倒其嚣张气焰,让其产生畏惧心理;对消极抵抗的,可以先让其说出顾虑,释放内心的压力;对自视甚高的,可以投其所好,引起共鸣,使其内心折服。二是要掌握主动,控制节奏。要想办法让被谈话人自然而然地“有求”于组织和谈话工作人员,比如提出要喝水、喝茶、喝咖啡,这样对积极或者消极对抗的被谈话人都是比较有效的。谈话工作人员要做到这点,应避免自我设限,比如前面场所设置部分提到的,不要提前摆好水、笔、纸给被谈话人,减少干扰的同时给被谈话人创造主动同组织和谈话工作人员沟通的机会。三是循序渐进,视情况需要不断威之以法纪、晓之以情理,逐步降低其抵触情绪,消磨其意志,做到有针对性地攻其心、夺其志,比如通过讲对抗组织审查调查被从重甚至加重处理案例、宽严相济政策使用等,慢慢引导被谈话人让其把精力和注意力放到实事求是搞清楚相关问题上来。

(3)试探阶段。

试探阶段的被谈话人,常见的表现为:有的人索要证据,以试探谈话工作人员掌握证据的程度;有的人通过喊冤示弱、痛哭流涕、假装表示悔改等“表演”行为来迷惑谈话工作人员,试探组织的底线,希望能够蒙混过关;有的人编造故事、偷梁换柱、张冠李戴、混淆视听,转移或分散谈话工作人员的注意力,并通过观察谈话工作人员的言行举止,评估谈话工作人员是否掌握其违规违纪违法事实或者掌握程度等。

措施:一是谈话工作人员要时刻注意,保持警惕,做到喜怒不形于色,避免不经意间让被谈话人套取到案情和证据信息,或者让其从谈话工作人员的言行举止中探出其他端倪,进而导致被谈话人的状态返回到对抗阶段,甚至产生更强的拒供心理。二是对被谈话人的表演,对其编造故事、混淆视听等行为不轻信、不表态,说话要留有余地,做到进可攻退可守。三是适时结合案例进行释法说理，端正其态度。比如举中纪委国家监委通报的一些党员领导干部的例子，如某些人妄图“以小博大”、假投案，抱着侥幸心理去试探组织的底线和权威，组织识破这些行为之后，给其罪加一等，追加其违反政治纪律然后严肃处理，通过举例让其产生畏纪、畏罪心理，再加以引导，使其态度端正选择配合组织工作。四是使用部分真凭实据反击其试探行为，明确提醒和警告其不要再抱有侥幸心理、做无谓的动作，其涉及的相关问题组织上都已掌握，突然给被谈话人制造恐慌，使其阵脚大乱，然后再通过策略引导或者迫使其走向供述阶段。

(4)动摇阶段。

动摇阶段的被谈话人，常见的表现为：有的人投石问路，想看谈话工作人员对其供述问题可能持有的态度；有的人避重就轻，丢卒保帅；有的人时供时翻，虚虚实实；有的人刻意奉承拍马屁，企图软化谈话工作人员，削弱阻止深挖其问题的力度，以减轻纪法的追究等。

措施：一是用好“囚徒困境”①的理论。比如在行受贿案件中，要利用受贿人和行贿人之间无法信任对方的心理，以挑拨关系、制造矛盾、扩大矛盾等方法破坏行受贿人之间攻守同盟，告知双方积极主动配合组织可以得到从宽处理，或者通过给双方看对方写材料的照片巧妙暗示对方已经供述，引导他们互相揭发，推动双方走到供述阶段。二是利用好时间的压力和办案程序向前的压迫作用。要突出时间的重要性和紧迫性，强调时间流逝意味着办案程序可能会发生变化，手段措施也会随着发生变化，宽严相济政策也会变化，越往后从宽的机会和空间越小，让其不要

① “囚徒困境”是1950年美国兰德公司的梅里尔·弗勒德(Merrill Flood)和梅尔文·德雷希尔(Melvin Dresher)拟定出相关困境的理论，后来由顾问艾伯特·塔克(Albert Tucker)以囚徒方式阐述，并命名为“囚徒困境”。典型的表现案例为：两个共谋犯罪的人被关入监狱，不能互相沟通情况。如果两个人都不揭发对方，则由于证据不确定，每个人都坐牢一年；若一人揭发，而另一人沉默，则揭发者因为立功而立即获释，沉默者因不合作而入狱十年；若互相揭发，则因证据确实，二者都判刑八年。由于囚徒无法信任对方，因此倾向于互相揭发，而不是同守沉默。

无谓地浪费时间和机会，推动其走向供述阶段。三是用好“打拉结合、以退为进”的策略。要求谈话工作人员做到默契配合，一方解释法律后果，威慑扮“黑脸”让其紧张起来，另一方关心感化扮“红脸”，给其一个心理舒适空间，消除其紧张顾虑心理，将其推进至供述阶段。

(5)供述阶段。

供述阶段的被谈话人，常见的表现为：有的人是在谈话工作人员的策略震慑下或者在没有退路的情况下，不得不进行供述或者避重就轻部分供述，口服心不服，可能随时翻供；有的人从思想深处认识到了自己行为、错误的严重性，认识到了其给国家和社会带来的危害，彻底交代自己的问题，心服口服等。

措施：一是肯定被谈话人争取从宽处理的态度和认识，依规依纪依法做好相关取证工作。二是要积极研判和把握被谈话人的心态，尽量做到全面掌握其真正顾虑什么、害怕什么、希望什么等信息，然后对症下药。三是抓住其供述心理，因势利导，使其作出进一步的交代、供述。针对口服心不服的被谈话人，尤其要重视，要合理安排时间让被谈话人开口把自己的问题在镜头下真实完整讲出来，然后安排其写相对完整而简洁的自书材料，之后整合具体的情况做成笔录以固定其供述，防止其翻供或者回到对抗状态。四是实事求是，针对不同的情况进一步做实做细思想工作。对口服心不服的要继续加强释法说理，充分运用宽严相济政策、“惩前毖后、治病救人”方针、“四种形态”等给其施加压力，促使其真心悔过，真正对组织心服口服。对心服口服的，要有效给其释放压力，打消其顾虑和害怕等心理，同时依规依纪依法给其一定的政策保证，让其看到希望，稳定其心理预期，防止其回到对抗阶段，同时也要合理安排完成谈话取证工作。

“尽信书不如无书”，谈话工作人员要坚持实事求是，具体问题具体分析，因为每个案件、每个被谈话人，在不同的阶段表现出来的情况都有可能不同，而且瞬息万变，我们在本部分只能罗列比较常见的典型表现和一般的应对，做不到也不可能做到穷尽罗列，所以在开展谈话工作中还是要随机应变，根据谈话工作的需要作出及时的调整和准确的应对。下面内容主要是结合案例罗列一些在谈话过程中常用的策略和注意事项。

（三）坚持实事求是原则

实事求是原则要求办案人员开展谈话工作时必须坚持客观公正的立场，不得有存私心或者徇私罔顾纪法等行为。我们从多年的办案工作实践总结出来一点：只有坚持客观公正的立场，先把谈话工作和相关取证做扎实，然后对符合从宽政策依规依纪依法从宽处理，有从重情节的也要依规依纪依法从重处理，只有做到实事求是，整个案件处理起来才会“进可攻退可守”。在工作中，经常看到这样的情况：纪检工作人员在开展谈话工作的时候，有些同志想着“大家在一个锅里吃饭”不好意思；有些同志想着自己跟被谈话人认识、交情不错而不忍心措辞严厉；有些同志担心被谈话人领导级别高不敢执纪等。事实证明，首先考虑这样那样特殊原因，存私心或者徇私罔顾纪法，没有做到坚持客观工作立场开展谈话工作的，相当大的一部分案件做成了“夹生饭”，进退两难。比如某副县长的案子，办案单位首先掌握行贿人向其行贿上百万元的线索，由此对其开展调查工作，在谈话（审讯）环节，当时因为参与办案的本地纪检工作人员多，有部分同志存私心且未依规依纪依法申请回避，没有能客观公正地把握和推进谈话取证工作，错过谈话突破时机，导致该副县长发展至拒绝与谈话工作人员进行言语交流的境地，进而导致涉及该案的相关人员大多数翻供，该案件陷入困境，经过办案单位的不懈努力，该案子最终以“零口供”坐实该副县长犯贪污罪，被法院依法判处有期徒刑3年多，但是该案由涉案上百万元的大案变成涉案数万元的小案，取得的纪法效果、社会效果、政治效果打了折扣，不得不说是一个遗憾。

坚持实事求是原则还要求我们谈话工作人员认识到：谈话工作人员与被谈话人之间的对立是客观事实，谈话工作人员一定要严肃认真地对待每一个被谈话人，我们可以在心理上藐视其违规违纪违法行为，但在谈话取证策略上要高度重视。国企纪检组织开展的“走读式”谈话，从形式上虽然可以说是跟平时聊天差不多，但是如果谈话工作人员真当

“走读式”谈话是跟平时的聊天一样，直来直去，直接问被谈话人有没有问题，被谈话人说没有，那就没有开展谈话取证的必要了，所以在谈话时谈话工作人员必须要明确谈话取证目标，要把控住谈话的场面局势，不能让被谈话人漫无边际、离题万里，要稳打稳扎、步步为营、依规依纪依法开展谈话取证工作并达成目标。

（四）运用好宽严相济政策

宽严相济政策主要是常用在刑事范畴，所以先介绍宽严相济刑事政策，个人根据理论通说对宽严相济刑事政策的理解如下：宽严相济政策是党中央在构建社会主义和谐社会新形势下提出的一项重要政策，是我国的基本刑事政策。对于最大限度地预防和减少犯罪、化解社会矛盾、维护社会和谐稳定，具有特别重要的意义。

大而化之，宽严相济政策也是可以用到违规违纪范畴的，尤其在国企纪检组织开展谈话（重点是突破性谈话）工作中，用好宽严相济政策很重要。在使用宽严相济政策时，要记住“神仙都怕坐牢”这句老话，对被谈话人担心、害怕的方面，我们要用好“墨菲定律”①，有策略地放大、往严重的方向给他分析清楚，比如在职务犯罪案件中，可以讲其不如实供述、拖延时间的话，随着核查、审查调查程序向前推进，会引起被从严处理的后果，最后可能会进看守所、监狱，让其内心有所触动，积极争取组织的从宽处理；讲到组织可能对其作出何种处理的时候，也要审时度势、实事求是，如果还需要继续施压那就以案释理，如果其已经坦白、不需要施压，那就讲解政策，让其争取从宽处理。针对一般的违规违纪违法问题也是如此使用宽严相济政策，通过谈话让被谈话人充分认知从宽政策和从严政策之间的巨大落差，促使其在内心上作出趋利避害的选择，进而如实供述自己的违规违纪违法行为，争取组织的宽大处理。

① “墨菲定律”是一种心理学效应，在谈话中可以向被谈话人解释为：如果你担心某种情况发生，那么它就更有可能发生。解释墨菲定律的目的是对被谈话人形成压力，使其选择积极应对。

（五）注意避免僵局

在谈话（主要是突破性谈话）过程中，不到一定火候和时机，不要问闭合性的问题，如果火候、时机未到，谈话工作人员贸然问被谈话人（被核查或者审查调查人）有没有违规违纪违法问题，对这样闭合的问题被谈话人肯定回答没有，在第一次回答没有之后，其可能就会有一定的心理暗示和思维定式，改变这样的心理暗示和思维定式是很不容易的。很多被谈话人在正式谈话前段听谈话工作人员政策宣传、做思想教育工作的时候，往往会因为紧张或者心不在焉没听进去，甚至有些人连对谈话工作人员提的简单问题都没做出反应，这样达不成有效沟通交流，更达不到获取有效信息的谈话目的。谈话过程中一定要反复交流，多设问开放性的问题，该做思想工作的时候还是要重复做思想工作，确认被谈话人听懂弄通法律法规政策规定，要不断地引导、强调，让被谈话人以对自己认真负责的态度重视谈话工作。被谈话人对法律法规政策规定有不明白的地方，要想办法让被谈话人设问，谈话工作人员尽自己的能力解答清楚，这样形成有效的沟通交流，有沟通交流才可能获取有效信息，才能达到谈话的目的。谈话工作人员必须时刻保持清醒的头脑，审时度势，清晰判断对象的心理状态处于何种阶段，视情况合理设问发问，不可轻进冒进，避免谈话走入僵局。

（六）坚持非法证据排除意识

国企纪检组织在开展谈话工作过程中要坚持非法证据排除意识，因为非法证据排除意识事关案件成败与工作人员自己的“饭碗”，国企纪检工作人员千万要避免因为办案不规范而被追究责任，甚至丢掉自己的“饭碗”。在谈话过程中，非法证据排除意识要求谈话工作人员在谈话过程中不能有刑讯逼供（通过打、骂、体罚、饿冻晒烤等行为获取被谈话人供述）、诱供（办案人员用某种许诺作为交换条件，诱使其按照办案人员的意图作出供述）、指供（按照办案人员主观臆断和既定框架，指名指事要求其供述，比如在行受贿案件中，直接把行贿人的名字和行贿人说的话说给受贿人听，问受贿人有没有这回事，这就有指供的嫌疑了，要避免出现这样的情况）、骗供（办案人员用欺骗手段或者以不能实现的承诺获取被谈话人的供述）等行为。

在这里要明确，策略性谈话跟指供、诱供、骗供是有区别的，我们可以策略性地抛出“面”，把我们掌握的“点”置于“面”中，通过政策攻心、做思想工作让其实事求是供述。比如某受贿人在10年前的春节收受了行贿人送的苹果手机和平板电脑（有其他证据证明的情况下），在谈话的时候受贿人记不起来，那工作人员可以讲讲一般春节人情往来常送的苹果（寓意平平安安，过年图个吉利），通过“苹果”这种水果给受贿人形成一个心理暗示，这就是策略性谈话手段，这是允许的。

（七）管理好谈话过程中的微表情、微动作

对谈话过程中的微表情、微动作的管理，涉及心理学、行为学、生理学、生物学等多个学科的理论知识，印证前面说到的“谈话是一项系统工程”。关于如何管理谈话过程中的微表情、微动作，在实践中注意把握以下几个方面。

1. 对谈话工作人员的微表情、微动作的管理

在谈话工作中，谈话工作人员的着装打扮方面也属于要管理的范围，原则上要求谈话人员在谈话时着相对正式、简洁的服装打扮。比如男同志可以选择西服、带领夹克衫，天气热的时候可以选择单色衬衫或者单色带领的T恤衫；女同志可以选择职业套装或者简约纯色的连衣裙。尽量避免穿着运动服、牛仔装、花格子、颜色鲜艳等过于花哨、休闲的服装，不能戴墨镜、变色镜，尽量不要佩戴不必要的饰物，要给被谈话人展示以严肃、端庄的形象，特别是在首次谈话的时候。

对于谈话人员的言行举止，要求做到举止沉稳、不急不躁、成竹在胸，比如工作人员坐下来的时候都要姿势端正微微前倾，做到严肃又不失亲和，不要一个在端坐说话，一个在旁边动这动那，这样会分散对象的注意力，谈话效果肯定不好。站立的时候要站有站样，行走动作、手上的动作视情况需要调整，一般要求比平时动作稍慢稍少，减少对被谈话人的干扰或者分散其注意力。眼神方面，谈话人员的眼神要清澈坚定，以

示专注，在谈话过程中要与被谈话人保持眼神交流，因为眼神能透露内心，视情况需要在眼神交流中以给其施压，比如被谈话人讲假话的时候，可以通过长时间对视，通过眼神传达对其的质疑，有时候能收获很好的效果。

谈话时对称呼、语速、语音、语气等方面也要视情况需要进行调整，最好能做到通过语言传导不同压力，表达政策变化，以达到做通被谈话人思想工作的目的。称呼包括对被谈话人的称呼和对办案人员的称呼，国企里面因为大家是“在一个锅里吃饭”，在谈话时要拉近心理距离时，可以用实际称呼某某总（职务）或者稍缓和一点的称呼，比如某某同志、老×、小×；要批评施压或者降低被谈话人心理优势的时候，可以直接呼其名字；对办案人员的称呼也有讲究，要视情况需要调整，比如要展示级别对等或者更高级别的时候，可以说是代表中纪委国家监委来的同志，或者说是上级国企纪检组织的某组长、主任、书记、处长、科长等；比如要展示组织强大的后盾作用的时候，可以多说“我们这组”“大家”等，以传达还有其他工作组、其他同志在开展工作，这样也可以给被谈话人传导无形的压力。语速、语音、语气方面，在释法说理的时候，语气可以像朋友间交流一样，语速可以稍慢，语音可以适中；在批评的时候，要义正词严，语气加重，语速可以稍快，声音可以大一点。

2. 对被谈话人的微表情、微动作的管理

在谈话过程中，对被谈话人的微表情、微动作的管理，要结合心理学、行为学等多学科的知识来开展。一般而言，谈话工作人员在谈话过程中所观察到被谈话人的微表情、微动作，其包含或展示的内容和意思通常是被谈话人内心无意识或潜意识的真实表现，微表情、微动作往往能比语言更能表现出真实的感情和想法。谈话工作人员管理被谈话人的微表情、微动作，就是要冷静观察谈话对象的言行、面部表情、肢体语言，从中及时捕捉被谈话人的心理变化，有针对性调整谈话策略。

比如被谈话人处于高压之下的时候，身体会作出一些下意识的反应，谈话工作人员应当及时捕捉这些瞬间，如被谈话人身体后仰、双手抱肩表示防卫，手心出汗、眼神躲闪表示紧张，欲言又止、身体挺直表示动摇，说话时目光大多是向左上方或左方看表明可能是在说谎或者想说谎，说话时神情变化不大、日光自然地向右上方或右方看表明可能说的是真话等，谈话工作人员要善于通过观察这些微表情、微动作来识别被谈话人的心理状态，及时进行加压或疏导，使其达到如实供述、陈述的状态。

谈话工作人员要管理好自己的微表情、微动作，首先要做到“喜怒不形于色”，无论被谈话人讲钱的数额多大、问题有多严重，都要做到淡然处之，否则被谈话人一看谈话工作人员喜上眉梢，可能就知道组织没掌握多少问题，那他也会心里乐开花，投谈话工作人员所好，顺杆爬。对于谈话经验不足的同志，有时候可能会害怕和被谈话人有目光接触，建议可以盯着被谈话人的两只眼睛和鼻尖之间的三角区域看，这样的眼神在被谈话人角度看起来是被人直直盯视着的。

总之，谈话工作人员要对观察到被谈话人的微表情、微动作进行分析，临场必须能迅速掌握到被谈话人真实心理状况（因为谈话中给谈话工作人员作出反应的时间往往就是一两秒），及时调整谈话策略，迅速作出正确应对，以达到谈话取证的目标。

（八）谈话过程中用好证据材料

在谈话过程中，有时候是要向被谈话人出示相关的证据材料的，在实践中注意把握以下几个方面：一是重要的、唯一的、容易灭失的证据材料不要轻易出示原件。比如被谈话人手写的收条、借条等材料，一般是出示复印件给被谈话人看，因为被谈话人可能会因为畏罪、脱罪等心理作出毁坏原件的行为，比如撕毁材料或者把材料吞进肚子里，这是有现实案例的，给谈话工作带来很大的安全风险。二是出示的证据材料要有相关性。比如银行流水，一般只能出示被谈话人自己的流水给他看，如果是有证据证明被谈话人长期掌握着他人的银行卡，他人不清楚相关情况的话，可以考虑出示他人的银行流水给被谈话人看，这样要对双方都做好相关出示材料的辨认笔录，互相印证对方的说法，形成证据链。三是出示证据材料要讲究方式方法。根据谈话工作的需要，谈话人员可以用明示或者暗示的方法巧妙地出示证据材料，比如装一大包资料告诉被谈话人说这些都是证据材料，这样通过暗示给其增加压力，比如拍了行受贿双方在谈话场所接受谈话的照片（特别是安排写材料的照片），可以看情况需要把相对方的照片明示给被谈话人看，让其对号入座、自由发挥想象，促使其配合做好谈话取证工作。

（九）谈话过程中巧用信息的“点”和“面”

示例

问题线索指向某学校的校长收受行贿人的好处费，在审讯行贿人的过程中，行贿人先交代了其送给校长好处费的事情，谈话人员在问其在学校做项目的情况的时候，无意中提到让行贿人好好回忆其在某学校做项目的时候与学校领导如何对接工作，比如跟校长、副校长怎么对接工作，结果该行贿人在精神高度紧张的情况下又主动交代了其送有好处费给该学校一名姓“付”的副校长，这是组织上没有掌握的情况，之前也没有了解到学校领导里有个姓“付”的副校长，属于意料之外的收获。在这个例子里，学校领导是一个“面”，包括了校长和副校长，而姓“付”的副校长则是一个“点”，谈话人员无意中作了“面”上的提示，当时谈话人员与该行贿人双方的心理和信息是错位的、不对称的，该行贿人因为精神高度紧张，谈话人员说到“副”校长，其获取到的信息是姓“付”的副校长，是其自己对号入座获取到“点”。

“付”副职的例子旨在提醒国企纪检组织的工作人员，在开展谈话的时候，要注意提示的“点”和“面”，避免出现指供（证）、诱供（证）等违规违纪违法现象。比如被谈话人要求提示什么是违规违纪违法行为的时候，就跟他讲六大纪律、违反国家法律法规规定等。比如被谈话人要提示涉及什么项目的时候，就跟他讲是他工作以来经手的项目，项目年限、任职期间等方面可以有一定限制，看谈话需要而定。比如被谈话人要提示涉及什么人的时候，可以看需要跟他说，人就是他经办事项接触的人，让其好好回忆。比如行贿人姓张，送了1万元，你可以说我不管是张三、李四、王五、陈六，是谁送的就是谁送的，不管送的是5000元、1万元、10万元，还是50万元，你拿了多少就是多少，现在数额大小不是问题，你的态度决定你的出路，必须实事求是讲清楚，只有这样才能争取组织从宽处理，在这个例子里“张”姓和“1万元”是“点”，列举的四个人和钱的数目是一个“面”。谈话人员通过语言提及被谈话人有问题或者可能有问题的方面作为一个“面”，这个“面”是不具体的，是模糊的，点到即止，让被谈话人对号入座，自由获取自己有问题的“点”，这样谈话往往能有良好效果。

（十）谈话结束前的注意事项

谈话工作结束前，谈话人员应当将谈话结果、被谈话人的状态、新发现的问题等有关情况简要报告纪检机构或者办案部门的相关领导，收到谈话人员报告情况，相关领导要及时给出明确指导或者意见。对于相关领导的明确指示，谈话人员应当以适当的方式妥善传达给被谈话人，以减轻被谈话人的心理压力，稳定其心理预期。相关领导在必要的时候，应当安排与被谈话人见面谈话，主要做好思想疏导工作，以传达组织对其的重视和关注，让其感受到组织和领导的关心，看到希望和出路。

办案部门和相关领导要实事求是分析研判，针对被谈话人畏情心理，应当给予关心和保护，承诺并切实把影响降到最小范围。针对被谈话人关注案件处理预期、涉案财物收缴等问题，应当及时回答，符合政策的，当场给予明确答复；超出谈话方案范围的，请示后予以解答；不符合政策的，做好解释说明。针对被核查/审查调查人之外的涉案人员、证人，其因说明他人违规违纪违法问题后产生不安和“愧疚”，不希望扩大知情面、担心被打击报复等心理，应当及时引导，肯定其作证行为，承诺为其保密。总之，谈话工作人员要确认被谈话人放下思想包袱，有针对性并有效地消除其思想顾虑之后再结束谈话工作，并妥善安排被谈话人离开谈话场所。

六、谈话结束后的相关管控工作

（一）如何送被谈话人离开谈话场所

谈话结束之后要妥善安排被谈话人安全离开谈话场所并做好交接

工作。纪检机构应当合理安排人员送被谈话人离开谈话场所，履行“手递手”交接手续。跟接被谈话人到谈话场所有类似的要求：一是开展多次谈话的，要求送的人员应当相对固定。二是选择送的人员的时候，坚持回避原则，不得安排与案件、被谈话人有利害关系的人员。三是至少安排 1 名人员负责送被谈话人，如果该名人员还负责开车的话，应当再多安排至少 1 名人员一起。四是原则上应当由被谈话人所在部门安排人员，或者由被谈话人指定的亲友负责送其离开谈话场所；被谈话人为社会人员的，可以与其沟通，指定人员。五是被谈话人主动提出自行离开或者谈话工作人员认为被谈话人自行离开更适宜的，填写相关审批表经办案部门负责人批准后，可以同意被谈话人自行离开，在相关接送表上注明并由被谈话人签名确认。六是对谈话后要求，除经批准同意自行离开谈话场所的之外，谈话工作人员要通知负责送的人员到达谈话场所并办理好“手递手”交接手续；同时明确要求负责人员不许讨论案情、不许打听谈话内容，发现被谈话人有思想和行为上的异常要及时报告（两不许一报告），明确提出保密要求并签名确认；谈话工作人员在负责人员未到达谈话场所前，不得让被谈话人离开谈话场所或者离开谈话工作人员的视线，做到无缝交接；谈话工作人员要归还被谈话人随身携带物品并当面清点确认。

（二）谈话后的相关管控工作

在国企纪检组织谈话工作中，对于谈话后的相关管控工作的要求，同样也是强调安全第一，虽然在前面也提到过安全意识，在这里还是要再提一次，以提高国企纪检组织对办案全过程安全的认识和重视。在谈话后，办案部门不能一谈了之，谈完就当甩手掌柜，仍然应当高度重视并开展相关管控工作至案件办结。

首先，办案部门要做好综合分析研判工作。要在谈话结束前根据被谈话人所讲的问题、其本人对问题的认识和态度、担心顾虑等方面综合评估是否有安全风险，必要时要向被谈话人的单位领导、要好的同事或者家属沟通，告知有关情况和注意事项（不涉及案情，注意保密），提醒被谈话人的单位领导、要好的同事或者家属要关注、关心、关爱被谈话人,体现人文关怀。

其次,办案部门要开展适时适度的回访工作。工作实践表明,谈话结束后的数天内被谈话人的思想可能会有较大的波动,存在一定的办案安全风险,办案部门应当根据正面或者侧面了解到的情况,做好分析研判,认为有必要的时候要适时适度回访并做好记录。回访以传达组织关心、沟通情况为主,可由谈话人员当面或者通过电话联系等合情合理的方式进行,注意防止因回访工作人为扩大知情面,避免出现因回访致使被谈话人心理负担增加等情况。如果被谈话人主动联系谈话人员的,谈话人员要及时了解被谈话人的实情,如其有疑问的要及时解答并做好心理疏导工作,同时做好记录并口头或者书面报告办案部门领导。

重视谈话后的相关管控工作是要大家明白:谈话工作中安全无小事,谈话人员该做的工作、动作要做到,尽量做到考虑周全、谋定而后动,毕竟安全是生命线,再怎么强调都不为过。

七、谈话工作其他注意事项

(一)如何应对主动投案的被谈话人

国企纪检组织在开展谈话工作中,有时候会遇到主动投案的被谈话人,这是比较特殊的情况,针对这样的情况,在这里有必要专门讲一下在谈话过程中如何应对主动投案的被谈话人。主动投案的被谈话人范围要做一个扩大解释,包括自首的、主动交代的、非主动投案但一进入谈话阶段就主动供述自己违规违纪违法问题等几个类型的被谈话人。

主动投案的被谈话人在谈话实践中是比较少见的,谈话工作人员首先要做一定的研判甄别,不能偏听偏信,要结合反映问题线索材料、职权职务、业务、项目信息、其他相关人员的说法等要素,分析被谈话人所讲的问题是否属实、真实性有多大,是否存在"以小博大""投降不交枪"等行为,防止被谈话人"投案变投机"。在甄别研判之后,对真正主动投案的被谈话人,要肯定其积极主动、争取从宽处理的态度和认识,依规依纪依法做好相关记录、收集其他相关证据材料,兑现从宽的政策,视情况需要在一定范围内做好宣传工作,鼓励其他有问题的人员主动向组织交代问题;对假投案的被谈话人,要严肃批评,坚持实事求是原则,充分运用宽严相济政策,尽力做通其思想工作,促使其真正投案,做到“投降交枪”。

（二）如何找系统外人员谈话

国企纪检组织开展谈话工作的时候,因为手段、措施使用的限制,对涉及国企系统之外的案件相关人员的谈话工作面临诸多困难,比如对方不接电话、不愿意见面、见面不配合工作、与国企系统工作人员串供等情况。遇到这样的困难的时候,首先要充分利用好相关单位领导的作用,如系统外的案件相关人员有单位的,那办案人员可以到相关单位了解该人员与其单位的哪位领导较为熟悉,通过其单位的领导协调做通其思想工作,化解其对办案人员的抵触心理,进而配合国企纪检组织做好谈话取证工作。其次要利用好地方纪委监委、公安机关等外部力量,充分发挥中纪委国家监委现有的对“双管干部”互相协作工作机制的作用,比如通过商请地方纪委监委、公安机关通知或者协调其见面谈话。最后要抓住国企系统外人员与国企之间的关键联系点,比如其在国企业务范围内做有项目、业务的,则可以在工程款拨付等方面做文章,在合法合规、合情合理的前提下,让其权衡利弊,促使其积极配合做好谈话取证工作;比如其是国企系统职工的亲朋好友,那可以通过让该国企系统职工做思想工作,争取其配合国企纪检组织做好谈话取证工作。如果经过多方努力协调都未能达成见面谈话的话,那可以退而求其次,采取电话录音或者让其自书材料。

（三）关于自书材料和同步录音录像

国企纪检组织开展谈话的时候,要根据不同情形,实事求是地判断是否安排被谈话人自书材料。安排被谈话人自书材料原则上应当在谈话现场完成,确有相关原因不能在现场完成的,需要其离开谈话现场后书写提交的,应当按规定报批准。如果谈话笔录能够满足证据要求的,一般不再安排被谈话人自书材料。如果被谈话人主动提出自书材料或者工作需要其自书材料的,最好先实事求是做通思想工作之后再安排其自书材料，避免反复自书材料。谈话结束后，被谈话人又主动提交自书材料的，工作人员一般只接收材料，给予其积极的肯定，无特殊情况不再开展谈话，如确需进一步开展谈话应按规定报告请示领导之后再进行。

国企纪检组织开展谈话的时候，原则上都应当按照中纪委国家监委有关要求进行全程同步录音录像，尤其是在标准谈话场所以外进行的“走读式”谈话，应当配备移动式录音录像设备进行全程同步录音录像，谈话过程中不允许中断。谈话结束后，要及时拷贝同步录音录像资料并检查确认是否有误，确认无误之后由办案部门归档备查。

（四）坚持谈话与外调相结合原则

国企纪检组织在开展谈话工作中，要坚持谈话与外调相结合原则。谈话与外调相结合的工作路径如下：由外调取得的证据材料促进谈话取证工作→由谈话取证工作成果促进外调进一步取证工作→谈话取证成果和外调取证成果相结合→互相印证形成完整的证据链。以行受贿问题线索为例，在具体案件查办工作中的操作可以是这样：假如收到某国企经理在某项目中收受供应商好处费20万元的问题线索，纪检工作人员首先应当分析研判定方向，然后外围调取某项目相关资料、涉及相关人员的银行流水等证据材料，如证据材料显示该项目跟该经理的职务职权行为有关，该经理与供应商有20万元资金往来，则可以对该经理和供应商开展谈话取证工作做好第一轮笔录，根据笔录提到的项目经办情况、供应商的资金来龙去脉情况等信息，进一步调取完善相关证据材料（包括书证、证人证言等），直至事实清楚，证据确实充分并形成完整的证据链。

（五）打铁还需自“生”硬

前面提到部分国企纪检组织在开展谈话工作的时候存在底气不足、偏“宽松软”的问题。要解决这一问题，要求国企纪检组织和工作人员必须从自身出发，必须着力践行“打铁还需自身硬”要求，着力提升监督执纪问责本领，以彻底的自我革命精神锻造一支纪检监察铁军，在国企的监督执纪问责实践中做到自“生”硬气、正气，做到坚决防止“灯下黑”。按照十九届中央纪委六次全会精神，国企纪检机关要做到坚决防止“灯下黑”，将“三不”一体推进理念贯穿队伍自身建设始终①。做到准确把握“三不”一体推进的理论内涵和实践要求，结合干部监督工作职责定位，深化“四种形态”运用机制，从严约束纪检监察权力，努力将监督、办案、警示、惩戒、整改、治理一体贯穿于干部监督工作。做到着力巩固不敢腐的惩治震慑，坚持有案必查、有腐必惩，聚焦纪检监察干部违反政治纪律和政治规矩，以及以案谋私、串通包庇、跑风漏气等突出问题，坚决查处执纪违纪、执法违法、失职失责行为，刀刃向内清除队伍中的“害群之马”，切实解决“灯下黑”问题。

（六）严格落实请示报告制度

根据《监督执纪工作规则》《关于进一步做好“走读式”谈话安全工作的意见》《中管企业纪检监察机构“走读式”谈话安全工作规程（试行）》等有关规定，国企纪检组织在开展谈话过程中，除了一般事项的请示报告，一旦案情发生重大变化、被谈话人交代的问题涉及严重职务违法或者职务犯罪、继续开展谈话安全风险较大的，谈话工作人员应当及时向相关领导报告，经研判需要采取留置措施的，应按规定及时将情况报告至有监察权的纪检机构，请示下一步的工作。

在这里有必要讲一下立案的标准。以中共党员身份为例，《监督执纪工作规则》第三十七条规定立案审查调查的条件：应当已经掌握部分违纪或者职务违法、职务犯罪事实和证据，具备进行审查调查的条件。《监督执纪工作规则》第三十七条释义明确规定：在初核阶段获取的违纪或者职务违法、职务犯罪事实大部分只能是相对清晰的事实，而不是证据确实充分、可以达到认定条件的事实。掌握的事实和证据，必须是事实和证据同时具备，但可以不是全部事实或全部证据，掌握部分事实和部分证据即可立案，但掌握的事实和证据应该是对应的，即掌握的证据是证明该事实的材料，与该事实具有内在联系，不存在矛盾和疑问。

① 参见《以彻底的自我革命精神锻造纪检监察铁军》，载中央纪委国家监委网，https://www.ccdi-gov.cn/yaowen/2022.03/t20220331_183234.html。

假如行贿人说通过银行转账送了20万元好处费给受贿人，打开手机一看到有相关聊天记录，在银行流水中也看有相关转账记录，做笔录固定相关证据材料后已达到同时具备部分事实和证据的立案要求，在这样的情况下谈话工作人员应该择机请示报告领导，领导经研判后妥善安排下一步的工作。

八、结语

总之，“走读式”谈话是国企纪检组织开展监督执纪问责工作的重要环节，国企纪检组织必须依规依纪依法开展这项工作；同时，国企纪检组织工作人员要不断总结每次成功谈话的经验、吸取每次失败谈话的教训，要不断加强学习，在实践中不断提高谈话取证的能力和水平，要始终贯彻执行“三不腐”一体推进理念，努力打造国企纪检铁军形象，争取国企的党风廉政建设和反腐败斗争取得新的更大成效。

第七章　外查及证据收集工作

一、外查的工作机制

(一)外查的定义

外查即外围调查。广义上的外查是相对内审谈话而言的一种调查活动,是审查调查工作的重要组成部分。一般是指案件进入审查调查阶段,需要向被审查调查人和共同留置对象以外的其他个人、单位、团体收集物证、书证、证人证言、视听资料、电子数据等证据材料的调查活动。简而言之,进入审查调查阶段后,除向主要被审查调查人和共同留置对象谈话、讯问取证外,其他的工作都属于外查工作的范畴。

外查工作的核心任务就是收集固定被审查调查人违规、违纪、涉嫌职务违法、职务犯罪问题和挖掘、拓展新的问题线索的证据和相关材料,包括物证、书证、证人证言、视听资料、电子数据、鉴定意见等。《监督执纪工作规则》第四十五条规定:“外查工作必须严格按照外查方案执行,不得随意扩大审查调查范围、变更审查调查对象和事项,重要事项应当及时请示报告。外查工作期间,未经批准,监督执纪人员不得单独接触任何涉案人员及其特定关系人,不得擅自采取审查调查措施,不得从事与外查事项无关的活动。”

因此,在开展外查工作的过程中要紧紧把握两点:一是要确保外查取证到位,为内审谈话提供帮助和支撑。切实加大调查取证力度,形成严密证据链条,主动为内审谈话提供线索和证据。二是要处理好严守时限与保证质量的关系,按时保质保量完成取证任务。既要提高效率,在规定时限内完成任务,又要提高标准,保证案件质量。

需要说明的是,外查不同于协查,切不可把国有企业委托地方纪委监委协助调查的行为理解为外查。协查是国有企业囿于职责权限,需要借助地方纪委监委的手段开展审查调查工作,比如地方纪委监委立案后可以按程序协调公安、通信、银行等机构协助调取当事人的银行流水、通话详单、扣押查封涉案款物及调取被审查调查人的大数据信息等。

(二)成立外查组

案件进入审查调查阶段,要及时成立审查调查组。针对比较复杂、牵涉面较广的案件,审查调查组可以再细分为内审组、外查组和综合组等3个小组。对于国企纪检组织而言,因为纪检工作人员少、专业能力素养有待提高等问题突出,必须"因地制宜"、实事求是,做到"看菜吃饭",办理普通案件时,审查调查组不必再细分为3个小组,可以直接由审查调查组成员完成外围调查、内审谈话及沟通对接等综合工作。

(三)制定外查方案

外查组要制定外查方案,报领导审批后实施。外查方案主要包括:外查要素、外查目标、组织分工、阶段任务、安全保障等。

1. 外查要素

外查要素应当包括外查工作的参与者、沟通方式、载体、常用措施、手续材料等方面的内容。开展外查工作必须做到准备充分、要素完备。比如去外单位开展外查工作,首先要拟定介绍信,经单位部门领导审核、纪委主要领导审批后盖章有效,并由2名以上纪检工作人员(如是抽调借调的工作人员,建议办理统一的临时工作证件)在载明的有效期内前去外单位对接。一般对接部门为对方的纪检部门,如果是私人企业,则可直接找其负责人进行沟通,或者是协商跟该私人企业有业务关系的单位、部门沟通。涉及谈话的,要考虑谈话地点的安全问题,比如让该单位提供一个独立的、安全可靠的房间,或者去酒店开一个低层、安全的房间等。在与被谈话人开展谈话前,要摸清被谈话人的性格特点,全面了解和掌握其涉案的真实情况，并按规定制作谈话方案报批。

外查常用措施手续材料方面：根据《监督执纪工作规则》、《监察法》及其实施条例等规范性文件的规定，纪检监察机关在审查调查中可以依法采取谈话、讯问、询问、留置、查询、冻结、搜查、调取、查封、扣押（暂扣、封存）、勘验检查、鉴定、提请有关机关采取技术调查、通缉、限制出境等措施。结合国企纪检组织的权限和工作实践情况，对没有监察权限的国企纪检组织，通常需要有监察权限的相关纪检监察机构协助采取有关调查措施，相关纪检监察机构常用的是“调取”和“查询”两种措施。先简单介绍两种措施的使用情况：一是调取措施。向有关单位、个人调取书证，由调查人员提出拟调取的相关书证材料名称、清单或者范围，开具调取证据通知书，在书证材料份数较多的情况下应当同时使用调取证据清单，不得在调取证据通知书上笼统填写“相关证据”。二是查询措施。根据工作需要，监察机关可以向有关单位查询涉案单位和个人的存款、汇款、债券、股票、基金份额等财产，由调查人员提出查询的名称及账户，开具协助查询财产通知书到相关金融机构办理查询事项。查询结束后，由协助查询的金融机构填写回执并签字具章以附卷。

2. 外查目标

外查目标简言之有三个方面：一是查清事实真相，核实作为立案依据以及已经掌握的问题线索；二是收集、固定和审核有关证据；三是挖掘、拓展新的问题线索。① 在具体实施的过程中，要以查清事实为目标，通过完善外围证据链，与证人谈话，并结合谈话情况收集相关物证、书证、电子数据等证据，逐步接近事实真相。除了查清事实外，通过开展外查工作，也会发现一些举报之外的问题。比如，在调查某项目经理王某违规分包工程、违规接受管理服务对象安排的旅游和宴请问题时，意外获得王某与某一名女子存在不正当男女关系，且存在套取项目资金私设“小金库”的问题，外查组及时将新发现的问题线索反馈给内审组，为内

① 参见吕东韬：《如何做好外查》，中国方正出版社2021年版，第17－18页。

审组突破谈话提供了“子弹”，内审充分运用好这些“子弹”，对王某形成震慑，谈话取得重大突破。

3. 组织分工

在成立外查组时，要对组内配备的人员有充分的了解，因为“千人千面”，每个人都有自己的长处和优点，要善于利用每名组员的长处，把他放在最适合的岗位上做到岗责匹配，争取同心协力，快速并高效达成外查工作目标。比如王某性格偏内向，但思维缜密，善于分析问题，则可把他放在证据审核小组进行把关。除了人岗匹配之外，外查组还可以根据案件的复杂程度将外查组工作人员分成若干小组。如设置外查组内勤岗位，负责管理外查文书、分配外查任务、汇总外查证据等；设置外查组综合岗位，主要对外查证据进行分析、研判，整理案卷；设置若干外查小组，具体负责调取证据。

外查组内分工后，一般应按照各自分工开展工作，同时及时做好沟通。外查组组长要负责密切联系专案组的内审组、综合组，实时掌握内审组的工作需求，协调有关单位和个人配合工作，及时向负责案件审查调查工作的领导汇报外查证据收集情况。综合组主要负责后勤保障、安全管理、证据审核及相关暂扣物品登记工作。

4. 阶段任务

外查的核心任务是收集固定被审查调查对象及相关人员涉嫌违纪违法乃至犯罪的证据。外查一般会经历三个阶段，以国有建筑工程公司建摩天大楼为例：第一阶段就是“夯实基础”。此阶段的工作目标是与内审组紧密联系，加强沟通，将被审查调查人的言词证据和相关证据及时传递到外查组，结合言词证据和反映的问题搭建起被审查调查人违纪的基本框架。需要说明的是，囿于国企纪检组织的权限，地方纪委监委外查时常用的搜查、扣押、冻结等手段措施，国企纪检组织无法使用。第二阶段就是“封顶大吉”。此阶段的工作目标是确保查实被审查调查人涉嫌违纪、职务违法、职务犯罪的问题，达到“事实清楚、证据确凿、定性准确、处理恰当、手续完备、程序合法”二十四字基本方针的要求，形成相互印证、环环相扣、完整稳定的证据链，达到移送审理乃至移送司法的条件。第三阶段就是“验收交付”。此阶段一般正式完成了外围调查的取证工作，整个审查调查工作已进入移交审理程序，审理部门根据相关规定审理发现存在遗漏证据的，还需要外查组进行补充证据，如果存在事实不清的，还需要外查组进一步查清事实。①

5. 安全保障

安全是审查调查工作的“生命线”，是审查调查工作的“1”，如果发生安全事故，个案办理的“三个效果”将归于“0”，因此，在外查工作开展的过程中一定要注意安全问题。由于外查对象一般不是本单位人员，“走读式”谈话可能不会得到对方的配合，这时候我们可以采取上门谈话的形式，与对方单位相关部门接洽，选择安全可靠的谈话房间进行谈话，并做好谈话对象的安全交接工作。针对一些配合人员距离远或不便于与其当面谈话的（比如人在国外等情况），还可以让他写出情况说明并签字按指印后邮寄给外查组或者以视频形式取证。

二、外查应坚持的原则

要严格把握外查工作的原则，一方面要严格按外查方案开展工作，不得随意扩大审查调查范围、变更审查调查对象和调查事项，保证审查调查工作稳扎稳打、按部就班；另一方面要坚持实事求是，对于外查方案中确实没有预见或者没有具体涉及的情况，应当及时向领导请示报告，确保所发现的情况得到及时处置。总之，外查工作要坚持强化党的领导，坚持实事求是、客观公正，坚持依规依纪依法开展工作。

（一）处理好案件查办与企业发展的关系

任何事物的发展都要把握一个“度”字，纪律审查工作要做到恰到好处，不能罔顾事实办“人情案”，也不能超出范围办“冤假案”。因此，我们在办案过程中既要本着维护党纪尊严、强化纪律震慑的原则坚决查处违纪违法行为，又要综合考量所在企业发展稳定大局，在案件查办工

---

① 参见吕东韬：《如何做好外查》，中国方正出版社 2021 年版，第 20 - 22 页。

作和企业发展中找到平衡点，既保证企业发展不受影响，又要彰显绝不姑息的纪法权威，确保政治效果、纪法效果和社会效果有机统一。

（二）处理好自主调查与组织协调的关系

案件调查工作是一个全面的工作，需要各方面通力配合才能达到想要的预期效果。专案组要注意排除外界干扰，独立自主开展调查工作，同时要注意加强协调沟通，发挥工作合力，督促被审查人所在单位党委切实履行主体责任，承担相关任务，帮助做好被谈话人的思想工作等；同时要协调被调查人所在单位纪委做好谈话通知、调取书证、信息查询、接送谈话人及其他后勤保障等工作。对于一些超出国企纪检监察机关权限的措施，还要协调地方纪检监察机关予以支持。

（三）处理好外查取证与内审谈话的关系

外查取证与内审谈话既要同步推进，又要明确两者的主次关系，即以内审谈话为审查调查工作的关键，外查取证工作服务和服从于内审谈话。当然，外查取证也可以发现新的问题线索和证据，为内审突破或扩大“战果”提供重要支持。

（四）处理好惩处与挽救的关系

“惩前毖后、治病救人”是党的纪律处分工作中需要长期坚持的原则。外查工作也应当坚定地贯彻该原则，既要依纪依法查清问题，严厉打击违纪违法甚至犯罪行为，又要深入理解把握党的政策要求，运用好监督执纪“四种形态”，切实做到惩治与挽救相结合、宽严相济，避免出现“一棍子打死”的问题。

（五）处理好严肃执纪与办案安全的关系

外查过程中要本着忠于组织、忠于纪律的原则开展工作，做到“不徇私情”“不枉纪法”，原原本本还原客观事实。随着审查调查工作的深入，势必给被审查人造成一定的精神压力，当压力达到临界点，其可能发生自杀、自残或危害办案人员的行为。因此，既要严肃查清违纪违法犯罪事实，又要直面查处时间集中、谈话取证量大、涉案人员心理压力较大等风险因素，制订安全预案，严控安全风险，确保万无一失。

（六）处理好查处时间和保证质量的关系

外查工作要注意时效性，确保在较短的时间内查清问题，同时也要注意质量，要提高标准，确保办案质量，确保收集的证据能够达到案件移送审理甚至移送检察机关时，证据材料经得起检验。因此，在工作中一定要制定行之有效的方案、明确运转高效的分工、确保案件质量经得起历史的检验。

三、外查能力提升和工作管理

（一）提高政治站位，强化队伍建设

纪检监察干部应以习近平新时代中国特色社会主义思想为指导，深刻领悟“两个确立”的决定性意义，不断增强“四个意识”、坚定“四个自信”、做到“两个维护”。始终把企业纪检监察工作放在企业党委和企业生产经营工作全局中去谋划、部署和推进。要传承和发扬党的优良传统、强化责任担当，真正成为立场坚定、意志坚强、行动坚决的表率。要把握好政治方向，增强政治判断力、提高政治领悟力、强化政治执行力，自觉把旗帜鲜明讲政治落实到案件外查的各个环节，不断增强外查工作的政治效果、纪法效果、社会效果。

（二）严格审核把关，严控证据标准

纪检监察机关办案始终坚持实事求是原则，以事实为依据、以纪法为准绳。证据质量决定案件质量，更决定着案件审查的走向。外查工作是审查调查工作的重要组成部分，开展外查工作必须严把证据质量关，为案件质量打下坚实的基础。

外查工作中要严格对证据材料的审核把关，主要需做好以下几方面工作：

一是要学习新思路新方法。外查组要不断组织学习贯彻中央纪委国家监委审查调查工作新要求，努力将要求内化为外查取证的思路和方法，外化为调查取证的具体行动，不断推进高质量收集证据工作。外查组也可以邀请专案组办案经验较为丰富的同志讲授取证技巧，如外查谈话的注意事项等，提高外查组工作人员的实战能力。

二是要牢固树立质量意识。外查组工作人员要始终将案件质量摆在首位,时刻牢记“事实清楚、证据确凿、定性准确、处理恰当、手续完备、程序合法”的二十四字基本方针,严格遵循办案程序规范、履行办案审批手续、严守纪检监察干部行为规范特别是办案行为规范,切实发挥案件“质检员”作用。

三是要打有准备之战。开展外查谈话之前,谈话人员需要反复查看相关谈话笔录及书证资料,明确外查谈话需要解决的问题、证言及书证资料呈现的事情经过、如何实现取证目的等关键问题,列出详细的谈话提纲,预判谈话对象的回答并预埋应对之策。谈话接近尾声之时,谈话人员不急于将笔录交给谈话对象签字确认,应当将谈话情况与内审组有关谈话人员进行沟通,确定是否有需要补充完善之处,尽量减少与某一外查谈话对象的谈话次数。在调取书证之前,外查人员需要调取书证的具体内容、存放位置、对接人员等关键信息,再有指向性地调取。当然,调取书证的过程中会遇到一些新情况、新问题,外查人员要多些耐心,详细询问对接人员以弄清情况,并及时向外查组负责人汇报情况,确保相关书证能及时调取到位。

四是要群策群力。“人不会两次踏入同一条河流”,同样不会有完全相同的两个案件。外查人员要坚持群策群力,常态化地集体研究案件中遇到的疑难复杂问题,为外查取证工作指明方向。

(三)强化管理规范,提高纪律意识

管理出效益,管理出质量。审查调查工作中,外查组工作繁多、人员不足,必须通过管理挖掘工作潜能,提升工作质效。

一是及时分解任务。外查组的工作任务既可以来源于综合组、内审组,也可以来源于自身。外查组的综合人员要加强与综合组、内审组的沟通频率,及时了解专案组需要外查解决的问题,经外查组讨论确定具体工作任务之后,按照分工分配给各外查小组。

二是及时比对证据。外查组人员调取证据材料之后应当及时交给外查组综合人员,做好登记和任务销账,并将材料移送给专案组综合组的工作人员。当然,外查组综合人员要及时列出证据对比表,比对在案证据对同一事实的描述、呈现情况,证据之间存在明显分歧或者存在某一证据取证不到位的情况,应当在向外查组负责人汇报之后,再次开展外查工作。

三是强化文书管理。外查组经常使用的调取、查询文书应当由外查组内勤人员专人保管,根据工作任务向外查小组开具法律文书,并及时登记台账。任务结束之时,外查小组工作人员应当将文书回执或没有使用的文书归还内勤人员,确保法律文书用于特定用途。

四是严防泄密行为。泄密将使在办案件处于极为被动的局面。要与包括外查人员在内的专案组成员签订保密承诺书,将保密责任扛在每名同志的肩上。在外查工作中,要使用保密电脑、专用优盘等防泄密工作办理案件或传递案件资料,工作资料要及时锁入保密柜。严格遵守案件交流讨论的有关规定,避免出现过失泄露案情的情况。

四、证据基础

证据是外查工作需要解决的核心问题,我们通常说的办案,简单来讲就是收集证据。在审查调查阶段,必须依规依纪依法调取相关证据,容不得半点马虎。

纪检监察工作与司法工作联系紧密,在纪检监察机关办案的过程中,涉及违法犯罪的问题一般会移送司法机关依法审查起诉、审判。根据中央纪委国家监委相关指导精神,国企纪检监察机构必须进一步做好纪法衔接、法法贯通工作。本章结合有关司法工作要求,介绍国企纪检监察机构外查中与证据、证据收集等工作相关的知识。

(一)证据及证据收集的定义

证据,是可以用于证明案件事实的材料。实践中,证据就是还原客观事实真相的有力依据,它对纪检监察机关及纪检监察干部查明案件事实并依规依纪依法处置案件具有十分重要的意义。证据问题是国企纪检监察机构办案的核心问题,在任何一个问题线索的初核、立案审查调查、审理过程中,都需要通过证据和证据形成的证据链还原事情的本来面目,并依据充足的证据而作出处分、处理。

证据收集,是指执法机关和律师为了证明特定的案件事实,按照法律规定的范围和程序,收集证据和证据材料的法律活动。在国有企业纪检监察机关查办案件中,证据必须由纪检监察干部依据法定程序收集。依法收集证据,对查明案件事实,正确处理案件,具有十分重要的意义。从司法实践的角度看,相当一部分冤假错案是因为没有依法收集证据。

(二)证据的分类

由于国企纪检监察机构收集证据的措施比地方纪委监委的少,日常执纪工作中有权直接收集和委托有监察权限的纪检监察机构协助收集到的证据大概有以下几类:

(1)物证,指能够证明案件真实情况的物品和痕迹。

(2)书证,指以其记载的内容证明案件真实情况的文字(包括符号、图画)。

(3)证人证言,指证人就其所了解的案件情况所作的陈述。凡是知道案件真实情况的人都可以作为证人。不能辨别是非的人,不能正确表达的人,不能作为证人。

(4)视听资料,指可以用作证明案件事实的重现的原始声响或形象的录音录像材料。

(5)被害人陈述,指受违纪行为直接侵害的人员就案件事实情况所作的控告和述说。

(6)被调查人陈述,指受审查党员就案件事实所作的交代、申辩和对同案违纪人员的检举、揭发。

(7)鉴定意见,指鉴定人运用专门知识或技能对办案人员不能解决的专门事项进行科学鉴定后所作出的结论。

(8)勘验检查笔录,指公安、司法人员对与案件有关的场所、物品及其他证据材料进行勘验、检查时所作的笔录。

(三)证据收集的方法

纪检工作人员必须以事实为依据还原客观事实,从某种意义上来说,以事实为依据其实就是以证据为依据,但证据不会从天而降,一般情况下被审查调查对象及相关涉案人员也不会主动交出(实践中也有主动投案并上交相关证据的情况),大部分时候需要我们尽力并依规依纪依法收集。国企纪检组织经常使用的证据收集方法主要有:

1. 查阅并调取纸质资料

查阅纸质资料是国企纪检组织在执纪审查工作中最常用的证据收集方法。办案过程中,我们一般会根据举报信所反映内容列出需要查阅的纸质资料清单,弄清获取资料的途径与方式。查阅资料时,一般先采取快速阅读的办法,在确定这些材料是与案件事实相关的材料后,再有重点地仔细阅看。查阅过程中,不仅要关注已有的材料,而且要利用联系的观点,发散性思维,通过这些材料查看是否还可以发现其他有用的证据线索。对于与案件相关的纸质资料,还应当予以复印,并注明提供人、提取人姓名及原件存放之处。

2. 收集电子资料

收集电子资料是指利用录像、录音、查阅聊天记录、转账记录、权威网站数据等方式收集证据的行为。如在立案审查某项目经理收受礼金问题时,查阅其微信流水、银行流水等。此种情况要注意保护被审查人的隐私和权利,必须是在被审查人主动、自愿提交微信记录、微信流水、银行流水时才可使用。电子资料具有易改动性,收集电子资料时一定要注意使用视频等方式记录收集过程,确保收集的电子资料客观真实。

收集电子资料,还有一种情况是网络检索相关证据,比如在立案审查某项目违反规定施工导致地铁塌陷事故问题时,需要调取市政府网站、市地铁公司网站发布的事故认定报告。那么就需要纪检人员从该网站打印该书证材料。再如,在核查某项目违规高价购置钢材案件中,需要还原当时的钢材价格,那么就要打开“我的钢铁网”,找寻历史日当日钢材价格,然后打印出来。需要说明的是使用网络检索取证时,一定注意要收集具有政府或行业权威性的证据。通常政府性网址的后缀为gov. cn,如广州市政府网址 http://www. gz. gov. cn/。

特别说明的是，采用电子收集的方式时，如果电子证据很关键，数据存量又比较大，需要刻录光盘随案卷保存，不可随意在网络传播。

3. 察看现场

察看现场是指实地走访相关现场。比如，在核查某市政交通项目私自出租业主交付的部分红线用地用来谋取利益，那我们在调阅相关地勘资料后，就要实地察看该地块的地理位置、周围环境等。通过察看现场，能够更清楚更全面地了解和把握案件事实，而且可以通过拍照、录像等手段保存影像资料，将相关证据固定起来。

4. 发送函件

发送函件是指在外查工作中涉及外单位时，需要对方协助开展调查工作的一种取证方式。此种方式有利于合规、快速地开展取证工作，在满足纪律审查严谨性要求的同时，能够极大提高纪检人员的工作效率。例如，核查某工程项目经理王某违纪案时，需要相关协作方提供合同签订的相关证据、补充合同的相关证据，可以发函到分包单位，要求其配合提供相关书证、言词证据材料。

5. 向第三方取证

向第三方取证是指除收集被审查调查人所在单位的证据资料外，还需要相关第三方单位提供的证据。由于国企纪检组织权限问题，日常办案中一般是做通相关涉案人员的思想工作后，其个人愿意主动配合组织提供相关证明材料。如当事人配合组织去有关机关或单位查询相关信息或记录，如查询工商登记信息、户籍信息、房屋产权信息、通信记录、银行账户流水明细等。

有关单位对案件事实出具证明也是一种常见的证据，一般将其归类到书证种类当中。对单位证明，要注意证据形式上的完备性。单位证明应该是对案件事实的介绍和证明，而不是对事实的推测或评论。单位证明应当由出具证明的经办人和单位负责人签字，同时应当加盖单位印章。

6. 谈话取证

在外查工作中，谈话取证是指通过与案件相关人员谈话，取得他们言词证据的取证方法。实践中,此种方法和查阅资料一样,是最常用、单个案件用得最多的取证方法。在谈话取证过程中,一定要注意保护被谈话人的权利,不能通过打骂、威胁等非法手段诱导、逼迫被谈话人说出他不想说的话。制作笔录时,既要原汁原味记录被谈话人所做的表达,特别是对某些事情的行话熟语一定要如实记录,同时也要对谈话对象的回答进行总结、归纳,避免谈话笔录过于分散,提高谈话效率。

证人证言在纪律审查中的作用非常重要,主要表现在:第一,它作为直接证据,和其他实物证据配合起来,一起还原了案件的客观事实;第二,作为客观书证材料的补充,证人证言的客观回忆现实感更强,更具有立体感,有利于形象地感知当时的环境和客观情况。

(四)证据收集的注意事项

收集证据是审查调查的基础工作,严格依规依纪依法收集和审查判断证据是推进纪检监察工作规范化、法治化的必然要求,对国企纪检组织也是如此。实践中,收集证据必须形成了相互印证、完整稳定的证据链,才能实现“事实清楚、证据确凿、定性准确、处理恰当、手续完备、程序合法”的二十四字基本方针,进而取得良好的政治效果、纪法效果和社会效果。因此,审查调查人员在收集证据时应注意以下方面要求:

1. 客观全面

收集的证据所证明的事实是客观存在的,不是主观想象、臆断或者虚构的,而且要从不同角度收集所有能够证明案件事实的证据。要围绕违纪和职务违法、职务犯罪的构成要件全面收集定性量纪、定罪量刑的证据,既要收集违纪违法行为的证据也要收集无违纪违法行为的证据;既要收集具有从轻、减轻情节的证据,也要收集具有从重、加重情节的证据。

2. 依纪依法

收集证据的主体、方法、程序以及证据的形式都应当符合法律法规规定的要求,特别要遵守程序合法的原则,不能为了所谓的方便取证而减少环节,确保收集的证据具有合法性。对非法收集的证据予以排除,对瑕疵证据要求审查调查部门予以补正或作出合理解释。

3. 及时细致

实践中，收集证据要求纪检工作人员必须具有敏锐的洞察力、观察力和分析能力，通过及时细致全面的取证工作，去伪存真，尽可能地还原事实真相。在证据的收集和审核工作中，要注意审查判断证据的真实性、合法性、关联性，及时排除虚假的、违法的和与案件无关的证据。当收集的证据在证明方向上互相矛盾时，要进行比较，鉴别真伪，合理排除其中的矛盾，并综合全案证据，对所认定的事实排除合理怀疑。

“及时细致”的另一个要求就是防止漏取或过度取证。取证之前一定要有取证清单，最好是经核查组或审查组讨论过的比较客观全面的取证清单。漏取证据会造成证据链不闭环，给审查调查工作带来难度，或给被审查人以藏匿、销毁证据的机会。如果不分主次地过度取证，又可能造成关键证据不到位，一般证据却过度调取的不利局面，造成资源、精力及时间的浪费。

五、实物证据的收集与固定

实物证据是审查调查工作中常见的证据种类，包括物证、书证、电子数据、视听资料等。实物证据具有客观性和稳定性强的特点，我们日常办案中的“零口供”办案，就是依赖实物证据的客观性和稳定性。

《监督执纪工作规则》第四十六条规定：“纪检监察机关应当严格依规依纪依法收集、鉴别证据，做到全面、客观，形成相互印证、完整稳定的证据链。”这表明在监督执纪中对证据的要求越来越严格。

证据是监督执纪中的核心问题。执纪人员必须将以证据为核心的观念贯穿于初步核实、立案审查、案件审理的全过程，并且使所收集、固定的证据客观、真实、全面。

（一）书证

书证是指以文字、符号、图画等记载的内容和表达的思想来证明案件事实的书面文件和其他物品。[1] 凡是以文字来记载人的思想和行为

① 参见陈光中、徐静村主编：《刑事诉讼法学》，中国政法大学出版社 2002 年版，第 154 页。

以及采用各种符号、图案来表达人的思想,内容对待证事实具有证明作用的物品都是书证,包括文件资料、会议记录、会计凭证、各类票据、各类证件、交易流水,等等。

1. 书证收集的基本原则

收集、固定书证材料必须符合证据的“三性”要求,即客观性、关联性、合法性。

(1)客观性。书证的客观性,是由两个因素决定的:一是案件事实。由于案件事实是客观存在的,伴随案件事实发生所留存的痕迹也是客观存在的,不是主观想象、猜测和捏造的事物。二是书证本身。不管是否被提取,书证都是客观存在的,不会随着人的意志而发生改变。所以在开展纪律审查工作中要排除主观臆想、先入为主等带有主观偏激感情色彩的信息,甚至道听途说来源不明的信息。比如在核查某项目经理违反群众纪律、粗暴管理、打骂职工的线索时,不能偏听一家之言,先入为主在心里给该项目经理扣上为非作歹的帽子,一定要围绕客观事实收集与固定书证材料,避免先入为主,防止“疑邻盗斧”的情况出现。

(2)关联性。不是所有的客观事实都可以成为案件的书证材料,只有那些与案件事实有实质性联系的客观事实才能成为证据。首先,证据关联性是证据存在的基本方式。这种证据事实不是从来就有的,而是在案件发生过程中形成的,离开了与案件事实的联系,证据就不可能存在。比如,在办理某项目经理违反廉洁纪律收受礼品礼金案件时,他收受的1万元礼金是该案的证据,而跟这1万元现金放在一起的其他现金则不是本案证据。其次,证据的关联性构成了证据的运动。要动态地看待与评价证据,在不同的时空环境,证据也会发生变化。换言之,有必要对变化中的证据进行追根溯源。比如,该项目经理把1万元存入银行卡,又通过银行卡转入微信支付,在微信支付里把钱花掉了,那么实物证据1万元现金已经变成了银行卡里的1万元存现,又变成了微信支付里的1万元充值。这时收集固定的证据就是银行存入1万元、银行转出1万元的信息及微信支付充值1万元的信息。

(3)合法性。这是指证据的形式、收集出示和查证,都由法律予以规范和调整,作为定案根据的证据必须符合法律规定的采证标准,为法律所容许。①《监察法》第四十三条第二款规定,“调查人员应当依法文明规范开展调查工作。严禁以暴力、威胁、引诱、欺骗及其他非法方式收集证据,严禁侮辱、打骂、虐待、体罚或者变相体罚被调查人和涉案人员”。《监督执纪工作规则》第四十六条规定,“纪检监察机关应当严格依规依纪依法收集、鉴别证据,做到全面、客观,形成相互印证、完整稳定的证据链……严禁以威胁、引诱、欺骗以及其他违规违纪违法方式收集证据;严禁隐匿、损毁、篡改、伪造证据”。综合上述规定,常见的合法性要求包括,法定人员依法定程序予以收集、具备法定形式、具有合法的来源、经过法定程序出示和查证等。

2. 书证收集的基本要求

(1)程序合法。《监督执纪工作规则》第四十二条规定:“审查调查工作应当依照规定由两人以上进行,按照规定出示证件,出具书面通知。”因此,我们在收集书证材料时必须由两人或以上纪检人员携带本人工作证、法律文书一起办理调取手续。外查时,国企纪检组织根据需要可以提前和相关单位纪检组织沟通协调,争取得到支持与配合。调取书证材料后必须形成证据材料清单,载明材料名称、文件编号、发文日期、主要内容及证据所在页码、提供部门、提供人、份数、页数等基本信息,尤其是诸如合同的甲乙双方、签订日期、合同金额等主要事项要认真记录下来。

需要重点说明的是:对于被审查调查人、证人等自行提供的查询材料和书证,诸如银行流水、微信消费记录、房产证明等,应当审慎使用,必要时向相关数据保管机构重新调取。在实际工作中,有些办案人员曾遇到被审查调查人私下导出银行 PDF 版流水后利用软件转化为 EXCEL 再进行删除、篡改等编辑,再转化为 PDF 打印给审查组的情况,隐瞒事

① 参见陈光中、徐静村主编:《刑事诉讼法学》,中国政法大学出版社 2002 年版,第 131 页。

实真相，使审查调查工作陷入被动局面。

(2)形式规范。调取书证尽量调取原件，调取原件确有困难，也可以调取原件的复印件。提供书证的主体为单位的，应当在书证的首页、尾页加盖单位公章，并加盖骑缝章。

调取复印件时，除了要满足前述盖章要求外，还要在书证首页空白处注明“本复印件共计××页，复印属实，原件存放于××单位”。然后，由提供人和调取人(至少2名)签名、签写日期，并由提供单位在首末页和骑缝盖章。复印件不能清晰、完整反映原件内容的，由书证原持有人、保管人或者办案人员对相关内容予以补正，并签字或者盖章。①

需要重点说明的问题：一是关于书证页数的问题。统计书证页数时，正反面均有文字的为2页，材料中一个信封为1页。二是已调取的书证可复印使用。同一案件中，不同人所涉事实需要同一书证时，不需要重复调取，可以复印使用，但要复印全面，调证手续也要复印，建议将该证据材料复印到相应问题卷宗，并在入卷时于复印件首页标注明确“此材料复印于本案第×卷，共计××页，已与原件核对无异”，并由2名以上调查人员签写姓名、日期。

(3)内容完整精准。书证的收集过程往往会经历海调证据、发现证据、精选证据等阶段。海调证据阶段应根据举报信内容，尤其是制订好的审查方案进行有目的、有方向的搜索。发现证据阶段重在发现与案件有关联的书证材料，这一阶段应做到“应取尽取”，把原件取到办案场所再进行下一步分析。精选阶段则是在对已调取的书证材料进行梳理、分析、选择后，确定哪一些可以作为证据闭合某些问题，其他相关性不大的则不再复印留存。

关于完整性问题，如果调取的是文件、通知、会议纪要等，则要保持其完整性，同时用铅笔在有关事项上作标记，便于翻阅。如果材料较多(比如合同、董事会规则等较长的文本)，可以尽最大可能复印与案件有

---

① 参见孙宏斌：《如何做好证据收集与审查》，中国方正出版社2021年版，第92页。

关联的内容,同时在调取说明里进行说明。关于精准性问题,如在同一单位调取书证较多,应在梳理后按事项进行分类或按照逻辑顺序排列,便于后期整理。同时调取书证时应避免过度取证,要精准取证,避免给后期工作带来不便。

3. 常见书证的调取

(1)相关人员身份材料。①被审查调查人身份材料。从同级党委组织部或单位人事部门调取其干部履历表、干部任免审批表、职务任免文件,注意核实被审查调查人是否各级人大代表、政协委员、党代会代表、党委委员或候补委员、纪委委员,并调取入党申请书、入党志愿书、党员登记表、确认主体身份的笔录、分工文件以及人大代表、政协委员及其他社会身份材料。特别要注意任职文件和实际履职不一致的情况,比如甲国企董事长已调至乙国企任职董事长,但在新的董事长没有到任的情况下,暂时负责甲国企工作,这就需要组织部门出具说明。②证人身份材料。从公安机关户籍管理、出入境管理等部门调取其身份信息材料(居民身份证、港澳台身份证件或者外籍护照等),在询问证人时可以由其提供复印件,并要求其在复印件上注明“本复印件由我本人提供,与原件一致”,并签字按指印。证人死亡的,可以到公安等部门调取其死亡证明材料。③其他涉案人员身份材料,如被审查调查人的配偶、子女、父母等直系亲属或者与其有密切关系的其他亲属、情人等,建议根据案件需要,调取上述人员与被审查调查人关系方面的证据。如结婚证、离婚证、原始的户籍证明、同户证明、户口本等。

(2)涉案公司等单位证明材料。①如果只需要企业登记的基本信息,如企业基本情况、许可、自然人出资、非自然人出资、主要人员、变更备案可由两名以上的调查人员在国家市场监督管理总局“国家企业信用信息公示系统”官网上下载,并在打印页上注明来源及调取人员姓名、日期;如果需要调取更加详细的资料,可以到市场监督管理部门调取登记设立、变更、注销、统一社会信用代码证书、营业执照、资质证书、法定代表人、股东等信息材料。②对于存在挂靠关系的公司,建议由被挂靠单位出具书面说明,然后询问相关证人,调取合同、财务资料等能证明挂靠关系的证据。③对于法定代表人与实际控制人不一致的,建议调取能证实实际控制人的相应书证材料和言词证据。书证材料如验资证明、转账证明、流水等,言词证据如法定代表人的证言、股东的证言等。另外,也可写“情况说明”,说明实际控制人的情况,并加盖该公司公章。④对于涉及企业人员的任职情况,在工商登记资料中未显示,也没有相关任免文件的,可以由企业出具情况说明。情况说明也可使用调取证据通知书和调取证据清单来证明情况来源的合法性。⑤涉及国有企业人员职务犯罪的行为,在工商登记资料中无法直接体现其是国有企业性质公司的,可由国有资产管理部门出具证明材料,对其是国有性质予以证明[①]。⑥对于正在服刑的证人,可在提审时调取其罪犯信息登记表等材料;被采取强制措施或留置措施的证人,调取挽留、逮捕、留置等法律文书复印件[②]。

(3)财务会计资料。①对于比较单一的会计资料可以直接复印取证,对于比较复杂的或需要通过计算、汇总取证的资料,则需要办案人员进行分类汇总梳理后,形成图表,打印后由汇总人、财务人员进行签字确认,同时把数据来源资料附后。对于财务明细账、序时账、科目余额表等系统内资料,可以刻录 CD 盘的形式收集,同时做好标记。②调取会计凭证时,既要调取记账凭证,也要调取所附的原始凭证,如果没有原始凭证,可让凭证提供单位作出说明。③可对账目资料上出现的经手人、审核人、负责人等进行询问,详细了解账目资料的情况。④如果有需要,还可以委托有资质的机构对账目进行鉴定。

(4)查询银行、房产等财产材料。因国企纪检组织权限有限,不能像地方纪委监委可以采取查询、调取等措施从相关单位、部门直接获取银行流水、房产信息等材料。国企纪检组织目前常用的做法是给被审查人做思想工作,使之愿意配合工作,然后由工作人员陪同被审查人去银行

---

① 参见孙宏斌:《如何做好证据收集与审查》,中国方正出版社 2021 年版,第 96 页。

② 参见孙宏斌:《如何做好证据收集与审查》,中国方正出版社 2021 年版,第 96 页。

打印银行流水，或者到不动产登记管理部门查询不动产信息等，从而达到取证的目的。

纪检监察机构在办理涉嫌职务犯罪案件的时候，以下注意事项也值得国企纪检组织了解和关注：①查询银行流水的注意事项。一是要查询开户信息、银行流水、底单凭证（通常柜台转账或大额转账会有底单）；二是要查询往来双方的流水，避免出现一方有出账记录，但另一方无进账记录的情况。如某案件调取的一份银行流水中，有一笔转账有转出记录，但未查到进账记录，后经详细查询，出现此种情况的原因系被退回；三是如果银行流水需要向证人出示，则证人必须说明自己名下银行交易记录的用途、去向等。②办案机关直接向银行查询记录。一般情况下，由监察机关直接向银行查询相关信息，不建议由被审查调查人或者证人等通过网上银行打印并提供银行流水等材料。如必须根据被审查调查人提供的相关材料才能查询的，只能以查询的书证作为证据，提供的证据一般不作为证据使用，可以根据被审查调查人提供的证据再查询一遍。③注明调取过程。从银行等单位调取的书证较为重要，一定要按照要求注明调取过程。如建议由 2 名调查人员在书证空白处注明“此银行流水及开户信息共计×页，系调查人员××、××于××年××月××日从××银行××支行查询调取”，并由 2 人签名、注明日期。

（5）谋取利益相关材料。干部提拔、职务调整方面，需要调取相关党委会纪要及会议记录、干部任免文件、任职文件等资料，在调取会议记录时，一定要调取完整的记录，涉及其他事项的可以采取相关保密措施。工程分包、物资采购、设备租赁等相关资料需要调取分包合同、招标信息、中标通知书、工程分包（物资采购、设备租赁）合同及过程结算、支付资料。需要注意的是工程类分包资料比较多，调取时注意分类整理，根据待查证事实重点提取，如待查的事实是领导帮助行贿人拿到工程项目，那么重点是调取工程的招投标和中标等资料。如果是打招呼拿工程款，那么重点是调取支付等资料。

（6）失职渎职类相关材料。这类需要调取的书证首先是被审查调查人的任职文件、个人档案资料和个人事项报告等材料；对于国家工作人员在一个时间段内利用职务便利或者职权、地位形成便利条件的，建议调取其在这段时间内的工作职责、职务分工情况的书证，注意核实请托事项的具体审批是否有被审查人签字等情况，并调取相应职责分工文件、本人在任期间的工作业绩证明材料以及本单位、业主单位或第三方机构出具的事件调查报告等书证材料。假如某项目经理在某市地铁项目建设中，因为个人履职不到位，好大喜功搞地下掘进，未考虑到安全支护问题，造成部分地面塌陷、污水管道、通信管道等地下埋藏线路受损的严重后果，像这样的案件就需要调取某地铁集团公布的事件调查结果作为证据材料。

(二)物证

物证是指以其外部特征、存在场所和物质属性证明案件事实的实物和痕迹。[①] 根据中纪委相关规定，国企纪检组织不能像地方纪委监委一样采取搜查调查对象住所、办公室以提取必要物证的措施，但可以对相关物证采取暂扣和封存等措施。《监督执纪工作规则》第四十七条规定：查封、扣押(暂扣、封存)、冻结、移交涉案财物，应当严格履行审批手续。执行查封、扣押(暂扣、封存)措施，监督执纪人员应当会同原财物持有人或者保管人、见证人，当面逐一拍照、登记、编号，现场填写登记表，由在场人员签名。对价值不明物品应当及时鉴定，专门封存保管。纪检监察机关应当设立专用账户、专门场所，指定专门人员保管涉案财物，严格履行交接、调取手续，定期对账核实。严禁私自占有、处置涉案财物及其孳息。

1. 暂扣、封存工作要求

(1)严格报批。《监督执纪工作规则》第四十七条第一款规定："查封、扣押(暂扣、封存)、冻结、移交涉案财物，应当严格履行审批手续。"因此，核查组在核查案件时，对于必要的物证收集要严格按照程序报请

---

① 参见陈光中、徐静村主编:《刑事诉讼法学》(第4版)，中国政法大学出版社2010年版，第167页。

领导审批同意之后方可实施。一般来说,核查组应填写暂扣、封存涉案款物呈批表(见附件7-1),将原款物持有人、原款物保管人、拟暂扣封存的款物、暂扣封存理由等内容详细说明,经承办室负责人签字、纪委分管领导、纪委主要领导签字后方可实施暂扣、封存工作。

(2)详细登记。报批后,办案人员可依照《监督执纪工作规则》规定,对被审查调查人、涉案人员相关财物、文件实施暂扣、封存等措施。实施暂扣、封存手续之前,应当向财物、文件持有人(保管人)出示法律文书,制作暂扣、封存涉案款物登记表(见附件7-2),将相关款物名称、数量、规格、单位、特征等一一列明,并经承办人、原款物持有人(保管人)、见证人、现款物保管人等共同签字备案。

(3)涉案物证的移交、保管。核查组在处置涉案物证时必须明确专人负责统一保管涉案物品。对于货币、证券及其他财物应统一放置保险柜进行保管,对于电脑、办公用具及其他易于转移的物证也应集中统一存放并贴封条进行封存,对于涉案车辆、不动产等不易转移的,应就近委托所在单位纪检机构专人保管。审查调查组应当出具保管委托书,与受委托单位办理交接手续,报双方案件监督管理部门备案。对一些真伪不明、价值不清的财物还应当及时委托有资质的鉴定机构进行价值鉴定。

(4)暂扣、封存的解除。经查明,暂扣、封存的财物与案件无关,应当在3个工作日内解除措施。

2. 暂扣、封存应注意的问题

(1)共同见证,仔细清点。实施暂扣、封存时必须有持有人或者保管人、见证人在场,并应当场签字,见证人应当选取与案件无关的人来担任。以上人员在场有利于证实整个过程,有利于审查调查人员严格依规依纪依法行使审查调查权,防止侵犯当事人的合法权利。在双方共同见证的基础上,要仔细清点,逐一拍照、登记、编号,填写登记表,由在场人员当场核对、签名。在登记表上写明查封、扣押(暂扣、封存)财物和文件的名称、规格、特征、质量、数量、文件和电子数据的编号,以及发现的地点和时间等。

（2）强化证据意识，注意物证的相关性。拟暂扣、封存的财物必须与审查调查的违纪行为有关联，能够或者有可能证明该违纪行为的真实情况，与案件无关的财物不得暂扣、封存。在做暂扣、封存相关笔录时，注意请财物持有人或保管人说明拟被查封、扣押财物的来源，或根据同期发现的其他信息对该财物的来源进行追溯，为后期的审查调查综合分析提供可靠信息。

（3）把握好暂扣、封存的时机和顺序。应根据案件审查调查需要暂扣、封存。在审查调查阶段，要根据涉嫌违纪及职务违法犯罪事项的严重程度、采取措施的必要性，根据工作进度和策略，适时对主要审查调查对象、重要涉案人所提及的与案件有关的财物进行暂扣或扣押。

（4）做好后续工作。比如，对于扣押的银行卡、证券基金等开户资料或凭证，要及时查询确认开户信息、资金余额和交易流水等，比较分析交易情况；审查调查组要加强对登记表及清单的管理，按规定加强实体财物的保管，如纪委没有保管条件，可以依照规定及时存入指定的专用账户或者移交涉案财物管理部门保管，同时填写涉案物品保管委托书（见附件7－3）；对经查明与案件无关的财物、文件，应当在3个工作日内退还，并填写解除暂扣、封存涉案款物清单（见附件7－4），办理交接手续。

（三）关于物证的认定

国企纪检组织也许没有监察权限，但也有必要了解涉嫌职务违法犯罪时，如何处理物证。以黄金、首饰等贵重金属为例。如果未扣押到实物，一般不予进行违法认定；如果扣押到实物，但未辨认出系何人所送，一般也不予进行违法认定，可作主动上交处理；如果扣押到实物，并进行了真伪、价格鉴定，一般予以违法认定。

需要注意的问题：

（1）所扣押的款物应当经被审查调查人或相关人员辨认，辨认规则适用于《监察法实施条例》第一百四十一条至第一百四十四条的规定。

（2）将涉案财物移送司法机关前，对具备鉴定条件的涉案财物应当按规定进行真伪鉴定和价格认定，便于司法机关准确判定犯罪所得金额，及犯罪所得是否追缴到位。

六、其他证据收集方面

对于国企纪检组织来说，有必要了解和关注电子数据、视听资料、鉴定意见和材料翻译、域外书证调取和涉案财物价格认定的方式方法等非常用证据类型，以备不时之需。

（一）电子数据、视听资料调取

电子数据的提取和固定有两种途径：一是原则上对于存储介质中的电子数据，如U盘、CD、电子邮箱、电脑硬盘中的电子数据，一般委托公安机关提取。该存储介质需采取扣押手续予以封存后移交公安机关。二是对于不宜扣押的存储介质，如证人手机中的微信聊天记录、手机银行转账记录等电子数据，对该电子数据可以通过调查人员、当事人拍照、打印或者截图等方式提取和固定，对于提取的过程应当制作笔录，有条件的应对提取过程进行同步录音录像，也可以通过数据保存机构提取。

（二）鉴定意见和材料翻译调取

鉴定意见部分要注意以下几点：(1)鉴定意见指为了解决案件中的某些专门性问题，聘请有专门知识和技能的人，进行鉴定后作出的书面意见。除鉴定意见之外，案卷中应当附委托鉴定的手续材料，并提供鉴定机构或者鉴定人的资质证明，鉴定人员不少于2人。(2)鉴定完成后应当将鉴定意见告知书送达被审查人及相关单位、人员，告知其有申请重新鉴定的权利并听取意见。告知鉴定意见应当全面，不能仅告知鉴定结果。(3)一般将犯罪行为时作为鉴定基准日。

（三）关于涉案财物的价格认定

对于涉案财物的购买或者交易时间与犯罪行为发生时间距离较远的，建议委托有关部门进行价格认定，而不宜将购买或者交易价格作为涉案金额认定。如确有证据证实是2000年买的黄金，但是在2010年才送出的，一般不将2000年购买时的价格作为犯罪数额，而应以2010年送出时的鉴定价格作为犯罪数额。

附件 7 – 1

中共×××集团有限公司纪律检查委员会
暂扣、封存涉案款物呈批表

原款物持有人	
原款物保管人	
拟暂扣封存 涉案款物	
暂扣封存理由 （审查组）	
承办室意见	
纪委分管领导意见	
纪委主要领导意见	
备注	

附件7－2

中共×××集团有限公司纪律检查委员会
暂扣、封存涉案款物登记表

编号	款物名称	数量	规格	单位	特征	备注

承办人：
原款物持有（保管）人：
保管工作人员：
见证人：

年　　月　　日

此清单一式四份，审查组、原款物持有人、保管工作人员各一份，附卷备查一份。

附件 7 – 3

涉案物品保管委托书

根据工作需要,经批准,现将我们审查案件中暂扣、封存的涉案物品委托你单位代为保管,请你单位在保管期间尽到保管责任,确保物品完好无损,保管时间自　　年　月　日至　　年　月　日。

附件:暂扣、封存涉案物品移交清单

委托单位(签章)

受托单位(签章)

年　月　日

中共×××集团有限公司纪律检查委员会
暂扣、封存涉案物品移交清单

编号	款物名称	数量	规格	单位	特征	备注
移送承办人： 审查组负责人： 接收人： 接收单位负责人： 年　　月　　日						

清单一式三份，审查组、保管单位各一份，附卷备查一份。

附件 7－4

中共××集团有限公司纪律检查委员会
解除暂扣、封存涉案款物清单

第　页总　页

编号	款物名称	数量	规格	单位	特征	备注

批准人（签章）：

以上款物如数收到　原款物持有（保管）人：

发还执行人（签名）：

发还日期：

此清单一式五份，发还执行人、原款物持有（保管）人、审查组、保管单位各一份，附卷一份。

第八章　国有企业常见违纪违法行为的认定与处分

一、基本概念

(一)违纪与违纪构成

1. 违纪概念

违纪,是指违反党的纪律的行为。具有以下三个基本特征:

(1)违纪必须是危害党、国家和人民利益的行为,即对党、国家和人民利益具有一定危害的属性,简称一定的危害性。

(2)违纪必须是违反有关党纪处分条规的行为,即具有违反党的纪律规范的属性,简称违纪性。

(3)违纪必须是依照党纪处分条规应当受到党纪处罚的行为,即具有应受党纪处罚的属性,简称应受处罚性。

任何违纪都必须同时具备这三个基本特征,缺少其中任何一个基本特征,都不构成违纪。

2. 违纪构成

违纪构成,是指党纪处分条规规定的,决定某一行为构成违纪所必须具备的主观要件和客观要件的有机整体。具有两个重要特征:一是违纪构成是党纪处分条规加以规定的;二是违纪构成是一系列主观要件和客观要件的有机整体。

任何一种违纪的成立都必须具备以下四个方面的构成要件:

(1)违纪客体。这是用以说明违纪侵犯了什么样的党内关系和社会关系的要件。任何违纪都侵犯了一定的党内关系和利益关系，即一定的客体。不侵犯任何客体的行为，是不构成违纪的。违纪客体是任何违纪构成所不可缺少的要件。

(2)违纪的客观方面。这是用以说明违纪客体是通过行为人怎样的行为受到侵害，以及受到何种程度侵害的要件。它主要包括危害行为及其所造成的危害结果以及特定的时间、地点、方法等。

(3)违纪主体。这是用以说明违纪党员基本特征的要件。它不仅包括党员的党纪责任能力，而且包括党员的特殊身份。

(4)违纪的主观方面。这是用以说明违纪党员在怎样的心理支配下实施危害行为的要件。它包括过错(故意和过失)以及违纪动机、违纪目的等。每种违纪的成立都必须具备故意或者过失。行为人如果在客观方面造成了危害结果，但在主观方面既无故意，又无过失，则不构成违纪。

(二)证据的收集与运用

1. 证明该行为主体方面的证据

主要是指能够证明被审查人党员干部身份的证据。

(1)被审查人系党员干部的，可按照干部管理权限和党组织管理关系，通过相应组织(人事)部门查阅其干部人事档案、党组织关系材料，调取其最新干部任免审批表、职务任免文件、党组织关系文件、劳动合同关系证明、户籍证明、婚姻证明等。

(2)被审查人系“两代表一委员”或党代会、党的委员会全体会议、党的纪律检查委员会全体会议，人民代表大会或者人大常委会，政协全体会议或者政协常委会选举、决定、任免、批准等程序产生职务的，可收集委员当选通知或证明材料、委员简历、代表登记表、公报、决议或公告等书证。

(3)被审查人系本届人大代表、政协委员的，可收集人大代表证书或政协委员证书、人大或政协相关决议、公告等书证。

(4)被审查人的职责，可通过其所在单位提取相关工作制度、工作规则、工作流程、岗位职责等规定，以及工作分工文件、会议纪要等书证。

（5）被审查人陈述（主体身份基本情况）。

（6）相关证人证言。

2. 证明该行为主观方面的证据

主要是指能够证明被审查人主观上具有故意实施违纪行为的相关证据。

（1）被审查人陈述。违纪的动机、目的；是否知道其行为违反规定，违反哪些规定等；有无共同违纪的，以及其通谋的时间、地点、方式、内容，形成何种内容的共同违纪故意；有无对抗组织审查的行为，以及被审查人的动机、目的，具体谋划、实施情况等。

（2）证人证言。其他参与或知情人员的证言，证明被审查人存在违纪的主观故意。

3. 证明该行为客观方面的证据

主要是指证明被审查人实施违纪行为的证据。

（1）被审查人陈述。关于实施违纪行为的具体情况，包括原因、时间、地点、形式、次数、参与人员、经过、违纪所得财物等；是否有共同违纪人及分工、实施等情况，各参与人员在共同违纪中所起的作用和应负的责任，并确认在共同违纪中是为首者、教唆者，还是胁从者或其他成员；有无对抗组织审查的行为及具体如何对抗的；相关违纪事实还有无其他人参与或知情。

（2）证人证言。参与实施违纪行为人员的证言，如违纪的形式、原因、地点、时间、过程、违纪所得财物等情况。其他知情人证言，包括但不限于如何知情以及所了解的违纪案件具体情况。

（3）物证。能够反映案件真实情况的物品和痕迹。如实施违纪行为时的钱、烟、酒、购物卡等物品。

（4）书证。指以记载的内容证明案件真实情况的文字（包括符号、图画）。如实施违纪行为时记录相关内容的纸条、便笺，相关的报账凭据、会议记录等。

(5)视听资料、电子数据。被审查人或相关证人提供的相关视频、照片、手机短信记录、电子邮件、QQ 聊天记录、通话记录和微信聊天记录、现场录像等。

二、对抗组织审查行为的认定与处分

(一)典型案例

2015 年,检察机关发现某市原体育局私设“小金库”问题,2016 年初,为欺瞒组织,市文广新局原局长、市体育总会原会长李某某指使市原体育局副局长韩某等人将“小金库”原始凭证烧毁。2017 年 8 月至 11 月,纪检监察机关对市原体育局部分涉案人员进行调查,李某某指使韩某等人在市纪委对面某宾馆包住房间持续盯守,并屡次向被核查人员打探案情,阻挠同案人员向纪检监察机关提供证据材料。李某某还多次在自己家中及单位办公室召集相关涉案人员秘密聚会串联研究对抗组织审查。李某某、韩某还有其他严重违纪问题。李某某、韩某分别受到开除党籍、开除公职处分。①

(二)主要表现形式

党章将“对党忠诚老实”作为党员必须履行的义务,将“对党忠诚”写入入党誓词。每一名党员在任何时候都必须对党忠诚老实,尤其是在党组织审查处理其违纪行为期间,更应该对自己所犯错误认真反省检讨,积极主动地向党组织如实坦白,积极协助组织及时查清违纪事实,决不允许有串供、伪造证据、隐匿证据、阻止他人揭发检举、包庇同案人员、提供虚假情况、掩盖事实等对抗组织审查的行为,这既是党员的义务,也是党员必须遵守的一项政治纪律。

(1)串供或者伪造、销毁、转移、隐匿证据的。(2)阻止他人揭发检举、提供证据材料的。(3)包庇同案人员的,主要包括:①隐瞒、掩饰同案人员的违纪事实;②出具假证或者伪造、销毁、隐匿证据,以有利于同案

---

① 王鑫、钟星月:《吉林松原体育局原局长贪贿四百万重审判 8 年,曾包房盯守纪委办案》,载《环球时报》2021 年 9 月 8 日,https://baijiahao.baidu.com/s?id=1710260031647875784&wfr=spider&for=pc。

人员;③为同案人员窝藏、转移赃款、赃物、通风报信;④有其他包庇同案人员的行为。(4)向组织提供虚假情况,掩盖事实的。(5)有其他对抗组织审查的行为的。实践中,其他对抗组织审查的行为有:采取非法手段对举报人进行打击报复,收买甚至威胁办案人员或其家属;暗中指使或唆使涉案人到纪检机关缠访闹访;专门模拟纪委谈话场景进行演练;利用新媒体造谣传谣施压;偷拍偷录调查取证过程、自残自杀、装疯卖傻、利用职权施压、煽动不明真相群众闹事;等等。行为人实施上述五种行为中的任何一种行为,即构成本违纪行为。实施两种或两种以上行为的,仍按一种违纪行为论处,不合并处理,可在量纪时作为量纪情节予以考虑。

作案前后或案发前后,被审查调查人容易作出一些反常的举动,要善于利用逻辑分析是否存在对抗审查调查的行为,一切不符合逻辑的现象都应该值得注意。如腐败分子作案时往往不敢将钱存到自己的账户而是存到其密切相关人的账户或购买大宗商品、资产,有风吹草动后往往急于转移资产,在得知同案犯被控制后,急忙转移赃款到相关账户,一个文化较低的人在接受问询阶段表现出对纪法很熟悉,多名涉案人对案发多年前的事件措辞和细节过于精确,就值得怀疑是否存在串供;又如在被举报调查期间账本被火烧或被偷,多半是其账本有问题。

(三)处理处分相关规定

2003年《党纪处分条例》第二十四条将此类行为称为"干扰、妨碍组织审查行为";2015年修订的《党纪处分条例》(2016年1月1日起实施)则把此类行为表述为对抗组织审查行为,在分则中单独作为违反政治纪律的行为予以认定;2018年和2023年修订对本条未作实质性修改。因此,如果被审查人干扰、妨碍组织审查的行为全部发生在2016年1月1日前,可作为从重或加重处分的情节认定;如果其对抗组织审查的行为发生或延续至2016年1月1日后,应单独认定其为违反政治纪律行为,与其他违纪行为合并处理。

（四）相关注意事项

1. 关于对抗行为和正常行使权利的区别

党章赋予了党员进行申辩、申诉的权利，同时《中国共产党党员权利保障条例》第三十五条中规定“党员实事求是的申辩、作证和辩护，应当受到保护”。被审查人在接受组织审查时，对违纪事实、行为性质等提出的合理辩解，不属于对抗组织审查的行为，组织应该认真听取；由于存在思想顾虑或畏惧心理，谈话初期避重就轻、拒不交代，但经思想教育后能够积极配合组织调查、如实交代问题的，一般应作为态度问题予以反映，不宜认定为对抗组织审查行为。被审查人经过思想教育仍顽固不化，对证据确凿的违纪事实仍拒不交代，综合其他证据足以认定其拒绝履行对党忠诚老实的基本义务时，方能认定为对抗组织审查行为。

2. 关于干扰巡视工作行为的定性

实践中，对于发生或延续至 2016 年 1 月 1 日以后干扰巡视工作的行为，如在巡视组巡视期间，有的党员通过打探巡视消息，提供虚假材料，甚至模拟巡视谈话等方式干扰巡视工作，该行为的根本目的是防止组织发现其违纪违法问题，逃避组织查处，因此在本质上属于对抗组织审查的行为，应依据 2015 年《党纪处分条例》第五十七条之规定，视情节轻重给予行为人相应党纪处分。2018 年《党纪处分条例》（2018 年 10 月 1 日起实施）新增了第五十五条关于干扰巡视巡察工作的规定。2023 年《党纪处分条例》第六十二条明确责任人为“直接责任者和领导责任者”。因此，对于发生或延续至 2018 年 10 月 1 日后的该行为，定性为干扰巡视巡察工作，不再认定为对抗组织审查。

3. 对抗组织审查行为的完成形态

只要违纪党员将对抗组织审查行为实施完毕，就已达到该违纪行为的完成形态，应根据情节轻重给予相应的纪律处分。当对抗组织审查行为达到完成形态时，对其两大客体的侵害程度应区别对待：对主要客体的侵害以实害性为标准，只要实施对抗组织审查行为就侵害了对党忠诚老实的基本义务；对次要客体的侵害以危险性为标准，只要实施对抗组织审查行为，就可能侵害纪检监察机关的正常办案秩序，如这种可能性转化为实质性的侵害结果，则作为结果加重情节从量纪方面予以考虑；对抗组织审查行为即使未对次要客体造成实质性侵害，也不影响对该违纪行为的认定。

（五）办案指南

1. 利用对抗审查调查获取再生证据

对于对抗审查调查行为如果能够加以利用，有时候反而能够为案件突破提供良机。如很多被审查调查人或其家属在得知被查后，急于掩藏转移财产或建立攻守同盟、制造伪证等，这都会制造再生证据。在检查对抗审查调查中获取的证据，对突破原案及对抗审查调查行为均是有利证据。

2. 密切关注案件相关人或其亲朋好友的动向

被审查调查对象采取对抗审查调查措施，往往很少使用自己的账户、电话、车辆或者亲自出面，而通过其周围的亲朋好友来实施，要关注相关人员的异常情况。

3. 及时固定言词证据、保护证人

对于关键证人的言词证据，要及时加以固定，为了防止关键证人翻供，可以通过录音录像加以巩固。此外，加强对证人的保护，尽量不让相关利益人接触影响证人。

4. 离间瓦解

现实中攻守同盟建立后往往因为利益分配、作用大小、亲疏程度、主犯从犯等因素最终破防，办案人员要善用这些矛盾。此外通过做说情人思想工作，让其反过来做涉案人思想工作，或通过说情人传递模糊的信息或施加压力，扰乱其心智。

5. 加大对作伪证等人员的打击力度

通过加大打击相关包庇分子、作伪证人员的力度，必要时通过司法机关刑事立案，形成威慑。

6. 强化初核秘密性、适度性，立案后要加快审查调查速度

初核的重要原则就是秘密性，为能够立案审查调查做准备，很多对

抗审查调查行为就是因为初核做得不够隐秘，透露了风声，而增加了日后办案的难度。为避免走漏风声，部分初核工作多在异地进行，如银行查询、通话记录等，也可以采取声东击西、调虎离山等方式，避免引起被审查调查人注意。初核要适度，该立案就立案，因为初核不能对人身财产采取强制措施，一些重要证据不及时控制，后期就很难固定。立案后加快办案速度，特别要注重搜查和其他固定可变化、灭失的证据工作，避免相关证据消失。

7. 规范文明执纪执法

要特别注意被相关人利用我们执法中不规范的行为，努力做到文明执纪，杜绝暴力取证、刑讯逼供等现象。在审查调查过程中，要提高被对抗审查调查的意识及防范被对抗审查调查的能力。取证要完整规范，不能留"小尾巴"，如受贿笔录中少问一句是否有投资合伙关系，被审查调查人在审理阶段或庭审提供投资协议，就可能翻案。

三、违反规定组织参加迷信活动行为的认定与处分

（一）典型案例

湖南省某市某区党工委原委员、管委会原副主任马某某将自己在同一职级"原地踏步"8 年的原因归结为"运气不好""风水不佳"。办案人员在搜查其名下房屋时，发现门框、书架、花瓶上到处贴满了咒符，"只求仕途更进一步"。"马某某 22 岁就给自己制定了一张时间表：'10 年干到处级干部，15 年升到厅级干部。'"办案人员介绍，马某某抱负高、权力欲强，当仕途发展和自己的期待产生落差时，就把希望寄托到了鬼神之说上。①

（二）主要表现形式

实践中，一些党员干部理想信念动摇，世界观、人生观、价值观扭曲，精神空虚，参与到迷信活动中，具体表现形式为有的热衷于算命卜卦、求

① 邹太平、廖培：《疯狂敛财为跑官　湖南省株洲高新区管委会原副主任马某某严重违纪违法案剖析》，载中央纪委国家监委网站，https://www.ccdi.gov.cn/yaowenn/202006/t20200624_80284.html。

神拜佛;有的为了升官,找大师占卜算命,想依靠鬼神换来官运亨通;有的为保平安,到寺庙烧香拜佛,念经打坐、求神保佑;有的在决策时请“大师”当顾问,选拔干部时以“八字”作参考;出门要选“黄道吉日”,办事须择“吉祥数字”;门外立菩萨、室内设佛堂;等等。封建迷信实质是愚昧落后的封建意识和唯心主义的世界观,与马克思主义世界观格格不入。

组织、参加迷信活动,是指党员组织、参加“跳大神”、算命、念经、求神拜佛等迷信活动,依据党内法规应当受到党纪追究的行为。本违纪行为客观表现为实施了组织求神拜佛等迷信活动或者参加上述迷信活动并造成了不良影响。主要包括三种认定情况。

一是组织迷信活动。这里的“组织”,是指策划、领导、指挥、开展迷信活动。“迷信活动”,既包括封建迷信活动,也包括其他一些迷信的形式,如烧香求仙以及乞求神灵消灾、祛病、发财、升官等。

二是参加迷信活动。这里的“参加”,是指明知迷信活动而自愿参加的行为。参加迷信活动需要造成不良影响才能给予党纪处分。“造成不良影响”,主要是指因参加迷信活动,引发群众议论,影响党员形象。

三是对于一般参加人员,只有造成不良影响的,才给予处分,对于不明真相的,经批评教育后确有悔改表现的,可以免予处分或者不予处分。

(三)处理处分相关规定

中国共产党是马克思主义政党,拥有科学的世界观、价值观,共产党员应当是彻底的唯物主义者,是无神论者,坚决反对一切怪力乱神的迷信活动。党员组织或参加迷信活动是党风不正、信仰缺失、精神颓废的表现,丧失正确信仰,放弃理论武装,完全背离了党的性质和宗旨,与党的先进性格格不入,危害十分严重,是党的纪律绝不容许的。具体规定如下:

1.《党纪处分条例》

第七十条　组织迷信活动的,给予撤销党内职务或者留党察看处分;情节严重的,给予开除党籍处分。参加迷信活动或者个人搞迷信活动,造成不良影响的,给予警告或者严重警告处分;情节较重的,给予撤销党内职务或者留党察看处分;情节严重的,给予开除党籍处分。对不明真相的参加人员，经批评教育后确有悔改表现的，可以免予处分或者不予处分。

2.《中共中央关于加强党的政治建设的意见》

二、坚定政治信仰

（一）坚持用党的科学理论武装头脑

要坚定理想信念，牢固树立共产主义远大理想和中国特色社会主义共同理想，挺起共产党人的精神脊梁，坚决防止不信马列信鬼神、不信真理信金钱。

3.《关于新形势下党内政治生活的若干准则》

全党特别是高级干部必须严格遵守党的政治纪律和政治规矩……党员不准搞封建迷信，不准信仰宗教，不准参与邪教，不准纵容和支持宗教极端势力、民族分裂势力、暴力恐怖势力及其活动。

（四）相关注意事项

1. 注意与违法行为的区别

要把组织、参加迷信活动与利用迷信活动破坏国家法律实施、诈骗钱财、扰乱社会管理秩序、伤害他人性命的行为区分开来，后者可能触犯《治安管理处罚法》第二十七条的规定，构成违法；触犯《刑法》第三百条的规定，构成利用迷信破坏法律实施罪等犯罪，需要追究相关人员党纪责任的，依据《党纪处分条例》总则中的纪法衔接条款处理。

2. 注意与宗教信仰的区别

要注意把违纪行为与参加一般的民俗活动、正常的宗教活动区分开来。不能把一些有着历史文化传统和民族、区域特色的民俗、习俗活动当成迷信活动。党员组织或参加这些活动确有不当的，应以批评教育为主。宗教团体进行正常的宗教活动，如组织祈祷、宣讲教义和经典等活动，也不应当认定为搞封建迷信活动。党员偶尔到寺庙、道观、教堂等合法宗教活动场所参观游览或者观看活动仪式，或者因为工作需要，经组织批准，参加宗教仪式的，也不能认定为参加迷信活动。

3. 做好处分的后半篇文章

“冰冻三尺非一日之寒。”对组织、参加迷信活动的人员处分容易，而要做好政治思想工作需要付出很多的心血。首先，要注重教育引导。教育引导是新形势下对信教群众工作的基本方式。通过谈心谈话等面对面的方式，通过广播、电视、报刊、网络等多种渠道，再加上开展娱乐、文化、健身活动等辅助方式，加强对违纪人员的教育引导，努力提高违纪人员的思想素质、文化素质、科技素质和生产能力、生活能力，努力增强违纪人员的爱国意识、公民意识和法治意识。其次，用好典型示范。单纯的说教，或者仅靠处理处分，改变一个人的思想往往成效甚微，但是通过选树先进典型，发挥先进典型的榜样、辐射、带动、示范效应来感染、影响、激励、带动违纪人员，往往能取得事半功倍的效果。最后，加强关心关爱。组织、参加迷信的活动人员，从其心理上分析，大多数人是想通过迷信活动来求福免灾等。加强对上述人员的关心关爱，帮助他们解决实际困难，有利于使他们的思想教育和观念转变。

（五）办案指南

1. 了解组织、参与迷信活动的目的，作出正确研判

和被审查人以及其他参与者谈话了解被审查人组织、参与迷信活动的目的，这是区分违纪行为是违法行为还是宗教信仰的关键。

2. 了解审查对象平时的言行举止，从根源剖析

通过和被审查人以及周边群众、同事谈话了解被审查人日常言行举止是否存在“不信马列信鬼神”的情况，了解其心理变化，是否知道自己从事违纪行为，剖析其组织、参加迷信活动是偶发事件还是其政治思想问题。

3. 确定组织、参与迷信活动行为的证据

收集被审查人组织、参加迷信活动的证据，确定组织、参与迷信活动的地点、次数、具体时间、其他参与人员、资金等违纪行为要素，以及造成不良社会影响的程度，如群众是否议论、媒体是否曝光，网络是否上热搜等，上述是对违纪行为进行量纪的重要依据。因此，取证时要重点取得

组织、参加上述活动，造成不良影响的证据。

4. 深查背后的"以公谋私""权钱"交易

对被审查人组织、参加迷信活动的资金来源要深入调查，调取被审查人审批的费用报账清单，防止利用职务影响力公款支出相关费用，也要防止被审查人以"甲方"地位，让"乙方"出钱组织、参加迷信活动，因此对迷信活动背后的"以权谋私""权钱"等交易要一查到底。

四、公款旅游等违纪行为的认定与处分

（一）典型案例

2019 年 4 月，某机关党委在组织任职培训班期间，原书记宗某某同意改变培训日程，游览了多个 5A、4A 级景区，相关费用由当地友协支付或协调解决。其间，宗某某等人还组织培训班全体人员先后 3 次违规接受地方政府及地方友协宴请。宗某某受到党内严重警告处分，调离机关党委（人事工作部），其他相关责任人受到相应处理，均退赔相关费用。①

（二）主要表现形式

所谓"公款旅游"，是指明目张胆、公开地组织、参加参观、游览等旅游活动，并且用公款支付旅游费用，这些旅游活动与公务或者工作没有任何关联性或者必要性。

所谓"借公务差旅之机旅游"，是指确实有实际公务需要出差，但却改变公务行程，绕道没有列入出差计划的名山大川、著名景点，借机进行游览、参观等旅游活动。这种情况属于"搭车"公款旅游，有的党员干部借出差在外远离监督，工作之外搞副业，有的借机在出差目的地游山玩水，有的绕道其他地方游玩，把出差时间拉长，把出差路程绕远，回来后把参观游玩发生的费用一并用公款报销，不但耽误正常工作，而且造成公款挥霍浪费。即使是私人支付在景区发生的门票等费用，也违背了公

① 佚名：《中央纪委国家监委公开曝光六起违反中央八项规定精神典型问题》，载中央纪委国家监委网站 2020 年 9 月 30 日，https://www.ccdi.gov.cn/jdjbnew/jdjbyw/202203/t20220329_180992.html。

务出差的目的，影响了正常工作，浪费了公家的差旅费用。

党的十八大以后，随着认真贯彻执行中央八项规定精神，明目张胆的公款旅游行为大幅减少，但是仍有一些党员干部心存侥幸，本违纪行为的认定在客观方面表现为用公款旅游或者借公务差旅之机公款旅游。

本违纪行为的主体是特殊主体，既包括党和国家工作人员或者其他从事公务人员中的党员，也包括党政机关、人民团体、国有企业、事业单位的党组织。党组织有本行为的，应当追究直接责任者和领导责任者的纪律责任。本违纪行为在主观方面是故意，即行为人明知道自己的这些行为是公款旅游或者借公务差旅之机旅游，仍然为之。

（三）处理处分相关规定

1.《党纪处分条例》

第一百一十五条　有下列行为之一，对直接责任者和领导责任者，情节较轻的，给予警告或者严重警告处分；情节较重的，给予撤销党内职务或者留党察看处分；情节严重的，给予开除党籍处分：

（一）公款旅游或者以学习培训、考察调研、职工疗养等为名变相公款旅游；

（二）改变公务行程，借机旅游；

（三）参加所管理企业、下属单位组织的考察活动，借机旅游。

以考察、学习、培训、研讨、招商、参展等名义变相用公款出国（境）旅游的，对直接责任者和领导责任者，依照前款规定处理。

2.《党政机关厉行节约反对浪费条例》

第十三条　党政机关应当建立健全并严格执行国内差旅内部审批制度，从严控制国内差旅人数和天数，严禁无明确公务目的的差旅活动，严禁以公务差旅为名变相旅游，严禁异地部门间无实质内容的学习交流和考察调研。

3.《中央和国家机关差旅费管理办法》

第四条　中央单位应当建立健全公务出差审批制度。出差必须按规定报经单位有关领导批准、从严控制出差人数和天数;严格差旅费预算管理,控制差旅费支出规模;严禁无实质内容、无明确公务目的的差旅活动,严禁以任何名义和方式变相旅游、严禁异地部门间无实质内容的学习交流和考察调研。

4.《国有企业领导人员廉洁从业若干规定》

第七条第五项　国有企业领导人员应当勤俭节约,依据有关规定进行职务消费。不得有下列行为:

(五)用公款旅游或者变相旅游;

(四)相关注意事项

1. 注意区分性质

实践中,我们要注意把握政策界限。如果借公务差旅之机,改变公务行程,而且旅游的费用是由公款支付,就构成公款旅游违纪行为。但是如果在公务差旅期间,在不影响正常公务,没有安排正常公务的间隙,利用休息时间,经领导同意后,自行前往、自费参观当地的一些文化场所、历史古迹,时间较短,没有造成不良影响的,一般不宜认定为违纪。即便如此,党员干部也要谨慎行事,分清公私界限,如果大张旗鼓地到风景名胜区参观游览,被群众误认为公款旅游,造成不良社会影响的,也会受到纪律追究。

2. 把握量纪尺度

对公款旅游或者借公务差旅之机旅游行为进行量纪处分时,在查清违纪事实,准确认定违纪性质后,应当坚持惩前毖后、治病救人的原则,综合运用监督执纪“四种形态”,认真区别不同情况,综合各方面因素,恰当地进行量纪处分。要综合运用量纪制度,依据《党纪处分条例》关于加重、从重、减轻、从轻、免予处分和不予处分的规定,在规定的量纪幅度的基础上,决定最后执行的处分档次。

(五)办案指南

(1)与被审查人谈话了解公款旅游或者借公务差旅之机旅游的动机、目的。包括其是否知道行为违反规定,违反哪些规定等;共同违纪的，要查明通谋的时间、地点、方式、内容，以及形成何种内容的共同违纪故意。

（2）收集被审查人公款旅游或者借公务差旅之机旅游的知情人证言。要与有关旅游活动经办人员、提供服务的旅行社工作人员、地方接待单位的人员、公款报销的财务人员等谈话了解，证明被审查人公款旅游或者借公务差旅之机旅游的主观故意。

（3）与被审查人谈话了解公款旅游或者借公务差旅之机旅游的具体情况，包括时间、地点、次数、参与人员、活动过程、相关费用支付报销等情况；共同违纪的分工、实施等情况，如其他参与公款旅游或者借公务差旅之机旅游人员情况，各参与人员在共同违纪中所起的作用和应负的责任，并确认在共同违纪中是为首者、教唆者还是其他成员；相关违纪事实还有无其他人参与或知情等，掌握违纪过程。

（4）收集好违纪书证。如公务出差的请示、报批文件，集体研究的会议纪要，公务差旅活动的内容和行程安排，借机旅游的活动安排或者旅游方案，旅游合同或者协议，旅行车辆租用文件，景点门票，旅游照片，旅游费用支付、报销凭证等。

五、违规收受礼品礼金行为的认定与处分

（一）典型案例

2013 年至 2020 年，时任某经济开发区管理委员会副主任的曹某某在春节、中秋等节日期间，多次收受其管辖范围内某私营房地产公司负责人赠送的 13 箱高档酒、10 条高档烟等礼品。2021 年春节期间，曹某某收受该公司负责人通过快递寄送的白酒、水果等礼品。上述礼品折合共计 8.8 万余元。曹某某受到党内严重警告处分，违纪所得予以收缴。[①]

（二）主要表现形式

收受礼品礼金，表现在收受以客观形态存在的一切财物，包括货币、

① 佚名：《中央纪委国家监委公开通报十起违反中央八项规定精神典型问题》，载中央纪委国家监委网站，https://www.ccdi.gov.cn/toutiaon/202112/t20211227_160344.html。

有价证券、商品等。此外,对收礼人而言,其所追逐的利益的着眼点,既可以是财物的价值,也可以是财物的使用价值。如房产、汽车等实物的居住、使用权。收受礼金违纪行为主要追求的是狭义的财物概念,即财物的价值,如现金、购物卡、礼品等财物。

本违纪行为认定主体是特殊主体,主要是指党和国家工作人员或者其他从事公务人员中的党员。本违纪行为的主观方面是故意,即明知收受礼品礼金等财物可能影响公正执行公务或者明知收受的财物明显超出正常礼尚往来范围,仍故意实施收受行为。党组织有本行为的,应追究领导责任者和直接责任者的党纪责任。实务中有如关联交易企业间或企业内部的超标准新年拜访等党组织研究决定的违纪行为。

本违纪行为的客观方面认定有两种表现:一是收受可能影响公正执行公务的礼品礼金等财物的行为;二是收受其他明显超出正常礼尚往来财物的行为。因此,收受没有超出正常礼尚往来、不影响公正执行公务的礼品礼金等财物不构成违纪。

(三)处理处分相关规定

2023 年《党纪处分条例》第九十七条规定:“收受可能影响公正执行公务的礼品、礼金、消费卡(券)和有价证券、股权、其他金融产品等财物,情节较轻的,给予警告或者严重警告处分;情节较重的,给予撤销党内职务或者留党察看处分;情节严重的,给予开除党籍处分。收受其他明显超出正常礼尚往来的财物的,依照前款规定处理。”

沿革:2003 年《党纪处分条例》规定了 2018 年《党纪处分条例》第八十八条第一款内容;2015 年《党纪处分条例》增加了第二款“收受其他明显超出正常礼尚往来的礼品、礼金、消费卡等的”;2018 年《党纪处分条例》在修订时,在第一款增加了“有价证券、股权、其他金融产品等财物”,将第二款中的“礼品、礼金、消费卡等”修改为财物;2023 年修订时,将消费券纳入禁止收受的财物范畴。通过条例的历史沿革可知,随着经济水平的提高,受礼的形式日益丰富,从收受礼品礼金发展为收受有价证券、股权等财物,与腐败形式多样化相符。

（四）相关注意事项

1. 理解“可能”的概念

所谓“可能”，是预防性的，即具有影响公正执行公务的可能性就应当予以禁止，无须证明已经产生了影响公正执行公务的后果。

这种“可能”，不能以接受安排的党员干部或公职人员的主观意愿为依据，而是根据党员干部或公职人员与对方当事人之间的关系进行客观分析判断。一般来说，只要存在上下级关系、管理监督关系、服务关系以及正在行使职权履行职责，均应当认定存在“可能”。换言之，构成本违纪行为，不以行为人为他人谋取利益以及送礼人是否获得正当、不正当利益为必要条件。

2. 理解“公务”的概念

所谓“公务”，是广义的公务活动，既包括正在执行的具体公务活动，也包括宏观的公务管理活动。可以理解为既是一种公务工作行为，又是一种公务管理模式。从语境分析，“公务”前虽有一个动词“执行”，但并非只有执行者才构成违纪，决策者依然构成违纪。

3. 区分正常礼尚往来

中国是礼仪之邦，在我国的历史文化中，做客带点“四盒礼”“伴手礼”，朋友之间互赠礼物是人之常情，礼尚往来是一种习俗。但如果明显超出当地经济发展水平、生活水平、风俗习惯、个人经济承受能力以及一般、正常的礼节性的往来，我们一般会认为“不正常”。“不正常”是基于执纪者的一般价值判断，是结合对所辖地礼尚往来的正常认知判断，所以要明显不一致才能认定为“不正常”。

（五）办案指南

1. 做好问题线索分析研判

拿到问题线索后，要进行分析，为什么会有举报？通过举报信的时间、邮戳、文字等进行初步判断，是干部调整恶意针对竞争对手，还是个人恩怨公报私仇，抑或正义使然惩恶扬善。我们做分析不是为了找到举报人，而是要判断该线索的可查性，节约执纪资源。这种行为一般是“一对一”,如果线索中的时间、地点、人物、事件等细节都描述得十分详细,且能够作出合理、可信的基础判断,基本上可查性较高;反之,可查性较低。

2. 梳理并搜集关键证据

一是送礼人与受礼人之间的业务往来关系、管理关系、服务关系、监督关系等证明资料。如业务往来关系中的合同审批单、合同签约单、提货单、验收单、财务付款单等有审批人签字的资料。二是与笔录闭环的印证材料。比如笔录中提到的提现交易凭证、办卡交易凭证、股权协议、有价证券等。三是相关物证。主要包括证明存在违纪行为的物品,具体有黄金、首饰、相机、手表、名烟名酒等,重点是现金、银行卡、股权、购物卡等。

3. 谈话取证时要关注主观方面

对被审查人有无收受礼品礼金行为,为什么收受他人给予的财物要清晰记录。主观方面的故意易被遗漏,如果是通过其亲属、身边的工作人员、特定关系人等收受的,则需要在谈话中了解被审查人对上述人员收受对方财物是否知情。

4. 追踪收送礼目的

与送礼人谈话了解其为什么送礼给被审查人,其主观上是否有为己谋利的故意,包括本人有无请托、被审查人有无承诺及其对此事的态度,涉及送给亲属财物的,还要问是否将此情况告知被审查人,以印证被审查人是否知情。涉及单位送礼品礼金或部分领导人员共同违纪的,要调取相关会议纪要,或相关人员通谋的时间、地点、达成违纪决策共识、共同违纪的分工等言证。

5. 相关细节要详细

一是要注意收受财物的具体情况,包括时间(重点关注送礼时间是否为逢年过节)、地点(办公室或家里的布局及财物所放的具体位置)、人员、金额、包装等细节。收受现金的,要核实现金的资金来源、套取发票内容、进账及提现的银行卡号及提现记录、现金的特征(面额、扎数等)及包装特征(袋子、信封的颜色等)等细节。二是要核实收受财物是否有其他人在场或知情。三是要核实收受财物的去向及处理,是否登记上交、退回，重点关注是否回赠等值财物，是自用、再转送他人等，送与他人是否涉及其他违纪违法问题，以及本人对所收受财物的处理态度，是否愿意上缴组织等。

6. 注意纪法贯通

要核实有无索贿问题，区别罪与纪。本违纪情形主要是党员仅收受了礼品、礼金、消费卡等，没有利用职权或职务上的影响为对方谋取利益，如果查实为对方谋取利益，或具有最高人民法院、最高人民检察院《关于办理贪污贿赂刑事案件适用法律若干问题的解释》第十三条规定的情形，则构成《刑法》规定的受贿犯罪，应当依照纪法衔接条款处理。

六、违反公务交通工具管理规定行为的认定与处分

（一）典型案例

2017 年 10 月至 2019 年 7 月，某局机关服务中心物业处原副处长侯某某利用职务上的便利，先后 139 次使用由其负责管理的两辆机要通信用车办理私事，共产生费用 3678.4 元，其中元旦假期、春节假期先后 9 次公车私用。侯某某受到党内警告处分，并被责令退还违规用车费用。[①]

（二）主要表现形式

该违纪行为主要表现为党员干部利用职务之便，损公肥私、假公济私，如把公车当成免费的私家车，把单位驾驶员当成“家奴”，旅游、探亲、度假，送孩子上学、送父母看病、送保姆买菜等。另外表现为私车公养，这一违纪现象在国有企业比较多，比如私人车辆维修、保养、加油等使用公款。除汽车以外，违规使用其他公务交通工具，如飞机、轮船、火车、摩托车等，同样是违反党纪的行为。

本违纪行为的认定在客观方面表现为违反有关规定因私使用公务交通工具。违反有关规定，是指违反《党政机关公务用车管理办法》《党政机关厉行节约反对浪费条例》《关于全面推进公务用车制度改革的指导意见》等有关规定。所谓“因私使用”公务用车，是指违反公务用车使

---

① 《中央纪委国家监委公开通报六起违反中央八项规定精神典型问题》，载中央纪委国家监委网站，https://www.ccdi.gov.cn/toutiaon/202012/t20201228_98625.html。

用管理规定,使用公车从事私人事务或活动。如使用公车载乘亲友探亲旅游,接送亲属上学就医、迎来送往,或者将配备给领导干部的专车给亲属私人使用,将公务用车借给他人因私使用等,2017 年 12 月 5 日施行的《党政机关公务用车管理办法》明确了“私车公养”的禁止性规定,因此私车公养也属于违反公务用车管理办法的行为。除上述规定外,国有企业、高校等制定公务用车管理办法,均作为有关规定出现,但效力不能高于前述规定。

(三)处理处分相关规定

1.《党纪处分条例》

第一百一十七条　违反有关规定配备、购买、更换、装饰、使用公务交通工具或者有其他违反公务交通工具管理规定的行为,对直接责任者和领导责任者,情节较重的,给予警告或者严重警告处分;情节严重的,给予撤销党内职务或者留党察看处分。

2.《党政机关厉行节约反对浪费条例》

第二十九条　根据公务活动需要,严格按规定使用公务用车,严禁以任何理由挪用或者固定给个人使用执法执勤、机要通信等公务用车,领导干部亲属和身边工作人员不得因私使用配备给领导干部的公务用车。

3.《党政机关公务用车管理办法》

第十六条　党政机关应当加强公务用车使用管理,严格按照规定使用公务用车,严禁公车私用、私车公养,不得既领取公务交通补贴又违规使用公务用车。

第二十六条　党政机关有下列情形之一的,依纪依法追究相关人员责任:

(一)超编制、超标准配备公务用车的;

(二)违反规定将公务用车登记在下属单位、企业或者个人名下的;

(三)公车私用、私车公养,或者既领取公务交通补贴又违规使用公务用车的;

(四)换用、借用、占用下属单位或者其他单位和个人的车辆,或者擅自接受企事业单位和个人赠送车辆的；

（五）挪用或者固定给个人使用执法执勤、机要通信等公务用车的；

（六）为公务用车增加高档配置或者豪华内饰的；

（七）在车辆维修等费用中虚列名目或者夹带其他费用，为非本单位车辆报销运行维护费用的；

（八）违规处置公务用车的；

（九）有其他违反公务用车配备使用管理规定行为的。

4.《关于全面推进公务用车制度改革的指导意见》

党政机关不得以特殊用途等理由变相超编制、超标准配备公务用车，不得以任何方式换用、借用、占用下属单位或其他单位和个人的车辆，不得接受企事业单位和个人赠送的车辆，不得以任何理由违反用途使用或固定给个人使用执法执勤、机要通信等公务用车，不得以公务交通补贴名义变相发放福利。公务人员不得既领取公务交通补贴、又违规乘坐公务用车。

（四）相关注意事项

1. 注意量纪尺度

根据《党纪处分条例》第一百一十七条规定，有公车私用等违规使用公务交通工具行为的，需要达到情节较重，才能给予党纪处分。所谓“情节较重”，一般是指顶风违纪，有禁不止，因私驾驶公车出入明显不应当出现公车的地方，或者多次违规因私使用公车，因违规使用公车发生交通事故、违章等，在党员和群众中造成较大不良影响，给党和政府的形象造成较大损害等。

2. 把握政策界限

实践中，要注意把握政策界限，如果在公车使用过程中，仅是顺路去办了私人事务，并非特意公车私用，也没有造成不良影响，一般不宜按违纪处理，可以给予批评教育。但是如果造成了不良影响或者其他不良后果，则应受到党纪处分。广大党员干部要提高思想认识，分清公私界限，牢记公车姓“公”，自觉遵守规定，远离违规行为，切不可因贪图一时的便利而受到纪律追究。

(五)办案指南

1. 收集故意违纪的证据

主要是指能够证明被审查人主观上具有故意违规公车私用等行为的证据。主要包括公车私用的动机、目的;是否知道其行为违反规定,违反哪些规定等。

2. 注意细节,便于定性

通过与公车管理人员、司机、乘坐人员等谈话了解被审查人公车私用等违规使用公务交通工具的具体过程,包括被审查人违规使用公务交通工具的时间、去向、次数、参与人员、相关费用报销情况等;共同违纪的分工、实施等情况,如其他参与公车私用等违规使用公务交通工具人员的情况,各参与人员在共同违纪中所起的作用和应负的责任,并确认在共同违纪中是为首者、教唆者,还是其他成员;相关违纪事实还有无其他人参与或知情。

3. 收集好书证,便于确定违纪事实

如车辆使用的派车单、出入登记、过路过桥收费凭证、停车收费凭证、车辆使用照片、ETC 行车缴费记录等。

七、违规发放津补贴等行为的认定与处分

(一)典型案例

2013 年至 2019 年,浙江省某市某局管理处原处长王某某通过签订虚假用工合同、伪造工资表等形式套取资金,以春运加班补助、职工庆生费等名义,违规发放津贴补贴共计 41.41 万元,其中王某某个人领取 5.35 万元。王某某还存在违规套取资金设立“小金库”等违纪问题。王某某受到开除党籍、政务撤职处分,降为一级科员,被责令退赔相关费用。①

---

① 佚名:《中央纪委国家监委公开通报六起违反中央八项规定精神典型问题》,载中央纪委国家监委网站,https://www.ccdi.gov.cn/jdjbnew/jdjbyw/202203/t20220330_183132.html。

（二）主要表现形式

根据相关违纪案例通报及《违规发放津贴补贴行为处分规定》等，违规发放津贴补贴或福利问题，主要表现形式有以下十二种：

（1）违反规定自行新设项目或者继续发放已经明令取消的津贴补贴的；（2）超过规定标准、范围发放津贴补贴的；（3）违反中共中央组织部、人力资源和社会保障部有关公务员奖励的规定，以各种名义向职工普遍发放各类奖金的；（4）在实施职务消费和福利待遇货币化改革并发放补贴后，继续开支相关职务消费和福利费用的；（5）违反规定发放加班费、值班费和未休年休假补贴的；（6）违反中共中央纪委、中共中央组织部、监察部、财政部、人事部、审计署《关于规范公务员津贴补贴问题的通知》等规定，擅自提高标准发放改革性补贴的；（7）超标准缴存住房公积金的；（8）以有价证券、支付凭证、商业预付卡、实物等形式发放津贴补贴的；（9）违反规定使用工会会费、福利费及其他专项经费发放津贴补贴的；（10）借重大活动筹备或者节日庆祝之机，变相向职工普遍发放现金、有价证券或者与活动无关的实物的；（11）违反规定向关联单位（企业）转移好处，再由关联单位（企业）以各种名目给机关职工发放津贴补贴的；（12）其他违反规定发放津贴补贴的。

本违纪行为的认定主要包括以下两方面：一是违规设定薪酬，即违反相关规定，自己给自己或者他人确定工资、津贴、奖金等薪酬；二是违反相关规定，以各种名义发放津贴、补贴、奖金等物质性奖励，如发放购房补助、项目奖励、股权激励等。

（三）处理处分相关规定

1.《党纪处分条例》

第一百一十四条　违反有关规定自定薪酬或者滥发津贴、补贴、奖金、福利等，对直接责任者和领导责任者，情节较轻的，给予警告或者严重警告处分；情节较重的，给予撤销党内职务或者留党察看处分；情节严重的，给予开除党籍处分。

2.《违规发放津贴补贴行为处分规定》

第三条　有违规发放津贴补贴行为的单位，其负有责任的领导人员和直接责任人员，以及有违规发放津贴补贴行为的个人，应当承担纪律责任……

（四）相关注意事项

1. 注意区分合法合规补贴

未休年休假补贴，属于合法合规报酬，《职工带薪年休假条例》明确规定：用人单位不安排职工休年休假又不依照条例及本办法规定支付未休年休假工资报酬的，由县级以上地方人民政府劳动行政部门依据职权责令限期改正；对逾期不改正的，除责令该用人单位支付未休年休假工资报酬外，用人单位还应当按照未休年休假工资报酬的数额向职工加付赔偿金；对拒不执行支付未休年休假工资报酬、赔偿金行政处理决定的，由劳动行政部门申请人民法院强制执行。如果符合实际，按程序审批发放也无可非议，但有些单位"钻空子"，将此福利化，不管休没休，全休还是半休，都变相造表发放，显然这也在查处范围之列。

2. 对相关领导的问责

对于有违规发放津贴补贴行为的单位，根据《党纪处分规定》第三十九条规定，违纪行为有关责任人员分为直接责任者、主要领导者、重要领导责任者。所以其纪律责任承担主体是单位中负有责任的领导人员和直接责任人员。所谓负有责任的领导人员，是指担任一定领导职务，直接作出或者参与作出实施违规发放津贴补贴行为的决策，或者疏于管理，对违规发放津贴补贴行为造成的损害后果负有责任的人员。因此，对单位的违法违纪行为，应当处分单位负有责任的领导人员和直接责任人员。

（五）办案指南

1. 综合研判动机

要研判违规发放津补贴的目的、动机，有利于进一步规范收入分配秩序，从根源上遏制各单位自定政策滥发工资津贴补贴的现象。

2. 全面收集证据

要收集能够证明违规发放津补贴的证据。如是否明知故犯；其决定或决策违规发放津补贴的时间、方法、过程、次数、结果、参与人员等情况；如果委托安排其他人办理，则须了解清楚实施过程；违规决定或决策发放津补贴的会议记录纪要、津补贴的发放明细、银行转账流水或凭证；等等。

3. 核清发放范围

要核查清楚违规发放津补贴的范围。包括违规发放奖励性补贴、改革性补贴，超标准、超范围发放年终一次性奖金以及其他补贴等。主要与违规发放津补贴的业务经办人、负责人谈话了解被审查人要求相关业务经办人员如何进行违规发放津补贴等。

八、不如实向组织说明问题违纪行为的认定与处分

（一）典型案例

2011 年，浙江省某厅某处原处长顾某某在职期间创办一家环保公司，其后又陆续创办三家环保公司。为逃避调查，顾某某安排他人代持股份，自己参与运营。

2016 年 6 月，派驻纪检监察组向其函询，要求如实答复与某环保公司是否有经营、帮忙关系，顾某某予以否认。同年 7 月，省环保厅党组对顾某某进行廉政谈话时，顾某某对来信反映的个人、亲属经商办企业或在企业拥有股份股权等问题一概予以否认。2019 年 12 月，顾某某已退休，派驻纪检监察组就其退休后是否从事环保业务、违规经商办企业等问题进行函询，顾某某再次予以否认。顾某某还涉及其他违法犯罪问题，获刑 11 年 6 个月。①

（二）主要表现形式

不如实向组织说明问题行为是指党组织采取谈话、函询方式，向被谈话、函询人要求就具体问题说明情况时，被谈话、函询人存在避而不答、抵赖否认或隐瞒编造、歪曲事实等行为。根据《党纪处分条例》第八十一条规定，构成本违纪行为需把握三个要点：一是行为发生在党组织

---

① 韩亚栋：《深度关注丨谈话函询考校忠诚老实》，载中央纪委国家监委网站，https://www.ccdi.gov.cn/yaowenn/202208/t20220811_210720.html。

进行谈话函询过程中；二是党员存在不如实向组织说明问题的行为，不如实说明的前提应当是主观故意；三是只有“情节较重”才构成违反组织纪律的本违纪行为。

谈话函询问题一般是从违反组织纪律角度认定，重在强调没有如实向组织说明问题的行为。但是对于那些经组织两次或多次谈话函询，仍隐瞒真相，欺骗组织的恶劣行为，可考虑转化为违反政治纪律行为来认定。

（三）处理处分相关规定

《党纪处分条例》第八十一条规定：“有下列行为之一，情节较重的，给予警告或者严重警告处分：……（二）在组织进行谈话函询时，不如实向组织说明问题；……有前款第二项规定的行为，同时向组织提供虚假情况、掩盖事实的，依照本条例第六十三条规定处理。”

（四）相关注意事项

1.“谈话、函询”的有关规定

“谈话、函询”既是问题线索的4类处置方式之一。主要包括两种情况：一是指问题线索处置方式中的谈话、函询；二是指组织人事部门根据相关规定进行的函询，以及党委（党组）作出的函询。

各级党委（党组）和纪检监察机关是谈话函询的责任主体。具体分为：党委（党组）、党委组织人事部门、纪检监察机关。党委（党组）可以对认为需要谈话、函询的事项开展谈话函询。

反映的问题比较轻微，查实后只能给予党纪、政务轻处分、免予处分或不需要作出党纪、政务处分的，或者反映的问题笼统、模糊，没有实质内容，难以查证核实的，可以采取谈话、函询的方式进行处置。

2.关于“在组织进行谈话、函询时，不如实向组织说明问题”与“向组织提供虚假情况，掩盖事实”的区别

不如实向组织说明问题的行为，应当发生在组织谈话函询阶段，属于“被动”地说明问题，否认或隐瞒、编造、歪曲违纪事实；且组织谈话函询所涉及的问题具有一般性或比较笼统，不涉及严重违纪问题。而向组

织提供虚假情况的行为，应当是采取“主动”向组织和有关领导同志提供虚假情况的方式，混淆是非，设置障碍，蓄意干扰、妨碍正常的调查工作，应依据《党纪处分条例》第六十三条第四项之规定，按违反政治纪律，对抗组织审查行为认定。

3. 关于非党干部处理

中央纪委、中组部《关于对党员领导干部进行诫勉谈话和函询的暂行办法》第十二条规定：“非中共党员领导干部，需要进行诫勉谈话和函询的，适用本办法。”因此，非党干部也可适用函询。

（五）办案指南

1. 审核程序手续

主要包括谈话、函询的审批流转材料、函询通知、收件与送达等相关材料。

2. 收集关键证据

主要包括：一是被反映人提供的函询回复书面说明材料及有关附件；二是与被反映人开展谈话的谈话笔录（受委托党组织制作的工作记录）等，以及其本人写出的书面说明；三是有关当事人的证言或情况说明；四是所在单位职能部门提供的有关情况说明或重要书证等；五是能证明被反映人涉嫌违纪行为的相关证据。

九、党员领导干部违规经商办企业行为的认定与处分

（一）典型案例

四川某航空股份有限公司分公司原党委书记、副总经理，基建指挥部原总经理周某某，2018 年至 2021 年，利用职务便利，为他人在工程承包、推荐工程分包、工作招录等方面谋取利益，与他人共同或者个人单独收受贿赂 3000 余万元。被开除党籍、解除劳动合同，判处有期徒刑 13 年 6 个月并处罚金 300 万元。①

---

① 吕勇、曾铃琳：《四川紧盯薄弱环节剖析重点案例　推进国资国企系统治理》，载中央纪委国家监委网站，https://www.ccdi.gov.cn/yaowenn/202302/t20230224_248794.html。

（二）主要表现形式

古有“靠山吃山”“一人得道，鸡犬升天”，今有“靠企吃企”“一人升官，全家发财”，夫妻联手、父子上阵、兄弟串通，以经商办企业、包揽工程、批发项目等形式，实现权力变现。具体表现形式为：

1. 领导干部本人违规经商办企业

领导干部不能在其管辖的地区和业务范围内违反有关规定从事可能影响其公正执行公务的经营活动，或者有其他违反经商办企业禁止规定的行为。《党纪处分条例》对党员领导干部本人违规经商办企业的最高处分是开除党籍。

2. 党员领导干部的配偶、子女及其配偶违规经商办企业

1993 年中央纪委第二次全体会议对领导干部廉洁自律提出“5 个不准”，涉及经商办企业的有“3 个不准”，特别是提出领导干部“不准利用职权为配偶、子女和亲友经商办企业提供任何优惠条件”。2022 年 6 月 19 日，中共中央办公厅印发了《领导干部配偶、子女及其配偶经商办企业管理规定》，进一步加强对领导干部配偶、子女及其配偶经商办企业的管理。

3. 党员领导干部及其配偶、子女借“影子股东”“影子公司”违规经商办企业

这些年来，“影子股东”“影子公司”作为新型隐蔽腐败问题不断被揭露出来。

违规经商办企业行为，是指党和国家机关、人民团体中的党员干部以及国有企业（公司）事业单位中的党员领导干部，违反党和国家有关规定经商办企业的行为。实践中，我们不仅要从党员领导干部自身上看，还要结合其与其配偶子女等亲属经商办企业一起看，一起查。

（三）处理处分相关规定

1.《党纪处分条例》

第一百零三条　违反有关规定从事营利活动，有下列行为之一，情节较轻的，给予警告或者严重警告处分；情节较重的，给予撤销党内职务

或者留党察看处分；情节严重的，给予开除党籍处分：

（一）经商办企业；

（二）拥有非上市公司（企业）的股份或者证券；

（三）买卖股票或者进行其他证券投资；

（四）从事有偿中介活动；

（五）在国（境）外注册公司或者投资入股；

（六）其他违反有关规定从事营利活动的行为。

利用参与企业重组改制、定向增发、兼并投资、土地使用权出让等工作中掌握的信息买卖股票，利用职权或者职务上的影响通过购买信托产品、基金等方式非正常获利的，依照前款规定处理。

违反有关规定在经济组织、社会组织等单位中兼职，或者经批准兼职但获取薪酬、奖金、津贴等额外利益的，依照第一款规定处理。

2.《国有企业领导人员廉洁从业若干规定》

第五条　国有企业领导人员应当忠实履行职责。不得有利用职权谋取私利以及损害本企业利益的下列行为：

（一）个人从事营利性经营活动和有偿中介活动，或者在本企业的同类经营企业、关联企业和与本企业有业务关系的企业投资入股；

（二）在职或者离职后接受、索取本企业的关联企业、与本企业有业务关系的企业，以及管理和服务对象提供的物质性利益；

（三）以明显低于市场的价格向请托人购买或者以明显高于市场的价格向请托人出售房屋、汽车等物品，以及以其他交易形式非法收受请托人财物；

（四）委托他人投资证券、期货或者以其他委托理财名义，未实际出资而获取收益，或者虽然实际出资，但获取收益明显高于出资应得收益；

（五）利用企业上市或者上市公司并购、重组、定向增发等过程中的内幕消息、商业秘密以及企业的知识产权、业务渠道等无形资产或者资源，为本人或者配偶、子女及其他特定关系人谋取利益；

（六）未经批准兼任本企业所出资企业或者其他企业、事业单位、社

会团体、中介机构的领导职务,或者经批准兼职的,擅自领取薪酬及其他收入;

(七)将企业经济往来中的折扣费、中介费、佣金、礼金,以及因企业行为受到有关部门和单位奖励的财物等据为已有或者私分;

(八)其他利用职权谋取私利以及损害本企业利益的行为。

第六条 国有企业领导人员应当正确行使经营管理权,防止可能侵害公共利益、企业利益行为的发生。不得有下列行为:

(一)本人的配偶、子女及其他特定关系人,在本企业的关联企业、与本企业有业务关系的企业投资入股;

(二)将国有资产委托、租赁、承包给配偶、子女及其他特定关系人经营;

(三)利用职权为配偶、子女及其他特定关系人从事营利性经营活动提供便利条件;

(四)利用职权相互为对方及其配偶、子女和其他特定关系人从事营利性经营活动提供便利条件;

(五)本人的配偶、子女及其他特定关系人投资或者经营的企业与本企业或者有出资关系的企业发生可能侵害公共利益、企业利益的经济业务往来;

(六)按照规定应当实行任职回避和公务回避而没有回避;

(七)离职或者退休后三年内,在与原任职企业有业务关系的私营企业、外资企业和中介机构担任职务、投资入股,或者在上述企业或者机构从事、代理与原任职企业经营业务相关的经营活动;

(八)其他可能侵害公共利益、企业利益的行为。

3. 其他规定

1984年12月中共中央、国务院印发了《关于严禁党政机关和党政领导干部经商、办企业的决定》规定:“乡(含乡)以上党政机关在职干部(包括退居二线的干部),一律不得以独资或合股、兼职取酬、搭干股分红等方式经商、办企业;也不允许利用职权为其家属、亲友所办的企业谋取利益。党政机关的在职干部,如本人要求保留公职去经商、办企业,可予批准,但不能保留原来的职务,其工资及生活福利待遇应即停发。如果本人要求辞去公职经营个体或集体经济,应予同意。党政机关干部可以采取向投资公司投资的方式,为国家和地方的经济发展作贡献,投入的资金可按照银行的规定获得利息,但不能参与有关企业的经营活动,更不能从中分红。"

1992 年 6 月,中共中央办公厅、国务院办公厅印发的《关于党政机关兴办经济实体和党政机关干部从事经营活动问题的通知》第二条规定:"县及县以上党政机关在职干部一律不得经商、办企业,不得兼有党政机关干部和企业职工双重身份。在机构改革试点中,应支持和鼓励一部分干部从党政机关分离出来,从事包括第三产业在内的各种经济活动,尤其应提倡其中的专业技术人员领办、承包、租赁亏损、微利企业,创办开发性、服务性的经济实体。但这些人员不能保留原在党政机关担任的职务,不能再以党政机关的名义或以党政机关干部的身份从事经营活动,要与党政机关脱钩。"

(四)相关注意事项

1. 注意主体身份

违规经商办企业,顾名思义,就是违反我国法律规定私自经商办企业,需要注意的是特殊主体,也就是说只有国家工作人员或者国有企业、事业单位的党员领导干部等,才构成此类违纪。

2. 正确界定违规经商办企业

从事或者参与营利性活动,在企业或者其他营利性组织中兼任职务。如果不从事或者参与营利性活动,在企业或者其他营利性组织中兼任职务的,就不属于此类违规行为。

3. 注意对辞职的党政干部经商办企业的要求

根据《关于党政领导干部辞职从事经营活动有关问题的意见》的要求,党政干部辞去公职后 3 年内,不得到原任职务管辖的地区和业务内的企业、经营性事业单位和社会中介组织任职,不得从事或者代理与原工作业务直接相关的经商、办企业活动。

（五）办案指南

1. 确定被审查人的身份和职责

确定身份和职责是判定其是否属于违规经商办企业违纪主体的重要依据。可通过其所在单位提取干部履历、个人档案，相关工作制度、工作规则、工作流程、岗位职责等规定，以及工作分工文件、会议纪要等书证确定。

2. 了解其经商办企业的动机

主要包括：被审查人自己是否知道是违纪行为，对亲属经商办企业的情况是否知悉等。

3. 了解其经商办企业的具体情况

主要包括被审查人及其亲属经商办企业的时间、方法、过程、次数、结果、参与人员等情况；对企业的情况进行说明，从事业务，与管辖业务的关系，是否存在“打招呼”“站台”等情况；如果委托安排其他人办理，则明确如何实施；参股持股情况说明；是否存在委托代持、收受干股等情况；有无对抗组织审查的行为及具体如何对抗；相关违纪事实还有无其他人参与或知情。

4. 向知情人了解有关情况

主要是与知情人谈话了解审查对象及其亲属经办企业业务经营的具体负责人，重点掌握被审查人为自己和亲属经营企业的手段、结果等。

5. 收集违纪书证

如企业工商注册信息、股东出资信息、出资协议、代持协议、经商办企业的过程资料，如招投标过程资料、物资采购过程资料、工程建设过程资料、商品检测报告、发改委物价报告等。

6. 深查背后的“关联交易”

针对被审查人及其家属经办企业的情况，通过调阅合同、付款凭证、会议记录等方式，核查是否存在被审查人利用职务影响力，介绍或者徇私舞弊，让自己或其家属经办的企业与自己所在企业（单位）发生交易，并从中谋取利益。

十、为亲属或特定关系人谋取不正当利益行为的认定与处分

(一)典型案例

南京市某经济开发区党工委原书记鲁某某对子女失管失教,帮助儿子违规承接工程项目,其子也利用鲁某某职权影响帮他人谋利,而被父子二人“打招呼”的领导干部,与鲁某某却并没有直接职务隶属或制约关系。“行权方式间接化是当前相关腐败问题较为隐蔽的形式之一。”办案人员分析,这在表面上一定程度弱化了职权与谋利事项的关联性,使违纪违法行为更加隐蔽。①

(二)主要表现形式

利用职务上的便利或者影响力,为亲属或者特定关系人谋取利益,主要表现在以明显低于市场的价格为上述人员购买、出租企业的房屋、汽车等物品;以明显高于市场的价格购买、租赁上述人员出售、出租的房屋、汽车等物品;在物资采购、工程建设等招投标工作中为上述人员的公司“打招呼”“开绿灯”等;在企业的生产经营、干部提任、评优评先等活动中为上述人员“打招呼”“开绿灯”等。

本违纪行为的认定,主体是特殊主体,即国有企业管理人员。国有企业管理人员主要包括:一是在国有独资、全资公司、企业中履行组织、领导、管理、监督等职责的人员;二是经党组织或者国家机关,国有独资、全资公司、企业,事业单位提名、推荐、任命、批准等,在国有控股、参股公司及其分支机构中履行组织、领导、管理、监督等职责的人员;三是经国家出资企业中负有管理、监督国有资产职责的组织批准或者研究决定,代表其在国有控股、参股公司及其分支机构中从事组织、领导、管理、监督等工作的人员。

本违纪行为在客观方面表现为违反有关规定为亲属及其特定关系人谋取不正当利益。这里的违反有关规定,较为宽泛,包括生产经营、安

---

① 张培:《从案例通报看纪律要求丨筑牢拒腐防变家庭防线》,载中央纪委国家监委网站,https://www.ccdi.gov.cn/yaowenn/202405/t20240523_349830.html。

全环保、物资采购、工程建设、干部提拔任用、吸储放贷等各项管理制度和规范。

（三）处理处分相关规定

1.《党纪处分条例》

第九十四条　党员干部必须正确行使人民赋予的权力，清正廉洁，反对特权思想和特权现象、反对任何滥用职权、谋求私利的行为。

利用职权或者职务上的影响为他人谋取利益，本人的配偶、子女及其配偶等亲属和其他特定关系人收受对方财物，情节较重的，给予警告或者严重警告处分；情节严重的，给予撤销党内职务、留党察看或者开除党籍处分。

第九十五条　相互利用职权或者职务上的影响为对方及其配偶、子女及其配偶等亲属、身边工作人员和其他特定关系人谋取利益搞权权交易的，给予警告或者严重警告处分；情节较重的，给予撤销党内职务或者留党察看处分；情节严重的，给予开除党籍处分。

第九十六条　纵容、默许配偶、子女及其配偶等亲属、身边工作人员和其他特定关系人利用党员干部本人职权或者职务上的影响谋取私利，情节较轻的，给予警告或者严重警告处分；情节较重的，给予撤销党内职务或者留党察看处分；情节严重的，给予开除党籍处分。

党员干部的配偶、子女及其配偶等亲属和其他特定关系人不实际工作而获取薪酬或者虽实际工作但领取明显超出同职级标准薪酬，党员干部知情未予纠正的，依照前款规定处理。

第一百零四条　利用职权或者职务上的影响，为配偶、子女及其配偶等亲属和其他特定关系人在审批监管、资源开发、金融信贷、大宗采购、土地使用权出让、房地产开发、工程招投标以及公共财政收支等方面谋取利益，情节较轻的，给予警告或者严重警告处分；情节较重的，给予撤销党内职务或者留党察看处分；情节严重的，给予开除党籍处分。

利用职权或者职务上的影响，为配偶、子女及其配偶等亲属和其他特定关系人吸收存款、推销金融产品、经营名贵特产类特殊资源等提供帮助谋取利益的，依照前款规定处理。

2.《国有企业领导人员廉洁从业若干规定》

第六条 国有企业领导人员应当正确行使经营管理权，防止可能侵害公共利益、企业利益行为的发生。不得有下列行为：

（一）本人的配偶、子女及其他特定关系人，在本企业的关联企业、与本企业有业务关系的企业投资入股；

（二）将国有资产委托、租赁、承包给配偶、子女及其他特定关系人经营；

（三）利用职权为配偶、子女及其他特定关系人从事营利性经营活动提供便利条件；

（四）利用职权相互为对方及其配偶、子女和其他特定关系人从事营利性经营活动提供便利条件；

（五）本人的配偶、子女及其他特定关系人投资或者经营的企业与本企业或者有出资关系的企业发生可能侵害公共利益、企业利益的经济业务往来；

（六）按照规定应当实行任职回避和公务回避而没有回避；

（七）离职或者退休后三年内，在与原任职企业有业务关系的私营企业、外资企业和中介机构担任职务、投资入股，或者在上述企业或者机构从事、代理与原任职企业经营业务相关的经营活动；

（八）其他可能侵害公共利益、企业利益的行为。

（四）相关注意事项

1.如何认定亲属

按照我国现行法律规定，近亲属之间才有法定的权利义务关系，虽然不尽相同，但三大实体法和三大程序法都明确了近亲属范围：刑法中的“近亲属”包括夫、妻、父、母、子、女、同胞兄弟姊妹；民法中的“近亲属”包括配偶、父母、子女、兄弟姐妹、祖父母、外祖父母、孙子女、外孙子女；行政法中的“近亲属”包括配偶、父母、子女、兄弟姐妹、祖父母、外祖父母、孙子女、外孙子女和其他具有扶养、赡养关系的亲属。

在不同法律中，亲属的范围存在一定的交叉和空白，基于消除纪法衔接盲区，体现纪在法前、纪严于法的总体要求，把握党员领导干部“权利让渡”的理论基础，推动精准监督执纪执法，对违纪行为中“亲属”的范围应予以最大化。

2. 如何认定特定关系人

最高人民法院、最高人民检察院于2007年7月8日发布的《关于办理受贿刑事案件适用法律若干问题的意见》中所称的“特定关系人”，是指与国家工作人员有近亲属、情妇（夫）以及其他共同利益关系的人。2009年发布的《国有企业领导人员廉洁从业若干规定》中第二十七条第二款规定，“本规定所称特定关系人，是指与国有企业领导人员有近亲属以及其他共同利益关系的人”。

3. 如何认定不正当利益

“不正当利益”包括非法利益和其他不应当得到的利益。

非法利益是指违反法律、法规、政策，用非法手段取得的利益，非法利益不仅表现为获取手段的非法性和不正当性，更突出地表现为利益本身的违法性，非法利益的取得侵害了国家的法律秩序即国家的利益。

其他不应当得到的利益是指非法利益以外的其他不正当利益，其利益的本身不是法律、法规、政策所禁止的，但取得利益的手段与非法利益一样也具有非法性和不正当性，这种不当利益的取得，侵犯的是他人应当得到的利益。所以不正当利益的本质就是利益取得手段的不正当性。

（五）办案指南

1. 确定主体身份

除常规调取并审核其主体身份证明材料以外，如是在国有控股、参股公司及其分支机构中履行组织、领导、管理、监督等职责的人员，则需进一步提取该人的提名、推荐、任命、批准等文件。

2. 收集关键证据

主要包括：一是证明亲属或特定关系人与被审查人之间关系的相关证据，如户籍证明、婚姻关系证明等。二是谋取不正当利益的程序性资料,如招投标过程资料、干部提拔任用资料、物资采购过程资料、工程建设过程资料等,同时要注意既要收集程序上的不正当资料,也要收集实质上的不正当资料,如是否存在高买低卖、质次价高等。

3. 了解有关情况

主要包括:一是深入了解被审查人为上述人员谋取不正当利益的过程,通过谈话了解被审查人与亲属或特定关系人的关系;是否对亲属或特定关系人谋取不正当利益的情况知悉。二是其为亲属和特定关系人谋取不正当利益的原因、时间、方法、过程、次数、结果、参与人员等情况;如果委托安排其他人办理,则明确如何实施。三是与相关业务流程的经办人、负责人谈话了解被审查人为亲属和特定关系人谋取不正当利益的手段和结果等。

十一、违规兼职取酬行为的认定与处分

(一)典型案例

某县园林绿化管理所副所长唐某某,2014 年 4 月至 2019 年 6 月,违规将其二级建造师执业资格证书注册到建筑公司,兼任公司二级建造师,且在此期间领取薪酬。2019 年 9 月至 2020 年 5 月,唐某某在工程建设领域专业技术人员职业资格"挂证"等违规违法行为专项整治后,再次将其二级建造师执业资格证书违规注册至建筑公司并兼职。2020 年 7 月,唐某某受到党内警告处分。①

(二)主要表现形式

1. 传统型违规兼职取酬

这类违规兼职取酬问题最常见,一般表现为五种:

(1)行为人本身具有禁止兼职的身份要求,未经其所在的组织批准,在企业、人民团体、社团、协会等组织兼任职务。

(2)行为人经其所在的组织批准,在企业、人民团体、社团、协会等组织兼任职务,但同时领取(双份、多份)薪酬或变相薪酬。

① 吕佳蓉:《一人领两份工资,12 名公职人员"挂证"兼职挨处分》,载中央纪委国家监委网站,https://www.ccdi.gov.cn/yaowenn/202009/t20200927_82266.html。

(3)行为人经其所在的组织批准,在企业、人民团体、社团、协会等组织兼任职务,从本职岗位退休后,继续兼任在职期间经组织批准兼任的职务并领取相关薪酬。

(4)行为人退(离)休后在社会团体兼任职务,须按干部管理权限审批或备案后方可兼职。根据中共中央组织部《关于规范退(离)休领导干部在社会团体兼职问题的通知》(中组发〔2014〕11 号)的规定,党员领导干部退(离)休后在各类社会团体任职,也属于中央有关规定中明确的"兼职"。有一些退(离)休领导干部以兼职为名,利用个人影响找地方、部门和企事业单位要钱要车要办公场所,甚至领取较高薪酬。

(5)"返聘"是指退休人员的再次聘用。《公务员法》第一百条第一款规定,机关根据工作需要,经省级以上公务员主管部门批准,可以对专业性较强的职位和辅助性职位实行聘任制。2005 年中央组织部、中央宣传部、中央统战部、人事部、科技部、原劳动保障部、解放军总政部、中国科协《关于进一步发挥离退休专业技术人员作用的意见》第四条规定,切实维护离退休专业技术人员的合法权益。各单位聘请离退休专业技术人员要按照平等协商、报酬合理的原则,通过合同方式明确双方的权利和义务,保障双方的合法权益。但是有些返聘人员违反规定,甚至提要求,领取高额返聘报酬。

2. 利用资格证书违规兼职取酬

行为人具备相应的专业资格证书,在本职单位没有实际需要,未经组织批准,将自身的专业资格证书挂靠到相关单位,用于该单位申报相应资质使用,定期领取报酬。其行为一定程度上为其挂靠资格证书的单位骗取国家相应资质提供了帮助,并以此获得相应的报酬,属于变相的违规兼职取酬。比较常见的就是建造师、预算师、造价师、注册会计师、注册安全工程师等资格证书挂靠。

3. 接受单位长期邀请,领取固定报酬

根据相关规定,党员领导干部接受相关单位邀请,经组织批准,不定期到相关单位进行授课或宣讲并领取报酬,属于符合规定的行为。但是,若固定接受相关单位邀请以固定模式长期服务并领取报酬,则属于违规兼职取酬。

党员领导干部违规兼职取酬行为的认定:是指上述主体违反有关规定在经济组织、社会组织等单位兼职,或者经批准兼职但获取薪酬、奖金、津贴等额外利益的违纪行为。

(三)处理处分相关规定

1.《党纪处分条例》

第一百零三条第一、三款　违反有关规定从事营利活动,有下列行为之一,情节较轻的,给予警告或者严重警告处分;情节较重的,给予撤销党内职务或者留党察看处分;情节严重的,给予开除党籍处分:

(一)经商办企业;

(二)拥有非上市公司(企业)的股份或者证券;

(三)买卖股票或者进行其他证券投资;

(四)从事有偿中介活动;

(五)在国(境)外注册公司或者投资入股;

(六)其他违反有关规定从事营利活动的行为。

违反有关规定在经济组织、社会组织等单位中兼职,或者经批准兼职但获取薪酬、奖金、津贴等额外利益的,依照第一款规定处理。

2.《国有企业领导人员廉洁从业若干规定》

第五条第六项、第八项　国有企业领导人员应当忠实履行职责。不得有利用职权谋取私利以及损害本企业利益的下列行为:

(六)未经批准兼任本企业所出资企业或者其他企业、事业单位、社会团体、中介机构的领导职务,或者经批准兼职的,擅自领取薪酬及其他收入;

(八)其他利用职权谋取私利以及损害本企业利益的行为。

第六条　国有企业领导人员应当正确行使经营管理权,防止可能侵害公共利益、企业利益行为的发生。不得有下列行为:

(一)本人的配偶、子女及其他特定关系人,在本企业的关联企业、与本企业有业务关系的企业投资入股;

（二）将国有资产委托、租赁、承包给配偶、子女及其他特定关系人经营；

（三）利用职权为配偶、子女及其他特定关系人从事营利性经营活动提供便利条件；

（四）利用职权相互为对方及其配偶、子女和其他特定关系人从事营利性经营活动提供便利条件；

（五）本人的配偶、子女及其他特定关系人投资或者经营的企业与本企业或者有出资关系的企业发生可能侵害公共利益、企业利益的经济业务往来；

（六）按照规定应当实行任职回避和公务回避而没有回避；

（七）离职或者退休后三年内，在与原任职企业有业务关系的私营企业、外资企业和中介机构担任职务、投资入股，或者在上述企业或者机构从事、代理与原任职企业经营业务相关的经营活动；

（八）其他可能侵害公共利益、企业利益的行为。

3. 其他规定

（1）中共中央办公厅、国务院办公厅印发的《关于党政机关干部不兼任经济实体职务的补充通知》（1985年7月9日起施行）。

（2）中共中央办公厅、国务院办公厅印发的《关于清理党和国家机关干部在公司（企业）兼职有关问题的通知》（1989年2月5日起施行）。

（3）中共中央办公厅、国务院办公厅印发的《关于党政机关领导干部不兼任社会团体领导职务的通知》（1998年7月2日起施行）。

（4）中共中央纪委、中共中央组织部印发的《关于对党政领导干部在企业兼职进行清理的通知》以及各省级党委和省委组织部下发的规范性文件等。

（四）相关注意事项

1. 国企非领导班子成员能否兼职应视其行业或内部管理制度有无禁止性规定而定

《国有企业领导人员廉洁从业若干规定》第五条第六项规定：不得

未经批准兼任本企业所出资企业或者其他企业、事业单位、社会团体、中介机构的领导职务，或者经批准兼职的，不得擅自领取薪酬及其他收入。

《党纪处分条例》第一百零五条第一款规定："离职或者退（离）休[①]后违反有关规定接受原任职务管辖的地区和业务范围内或者与原工作业务直接相关的企业和中介机构等单位的聘用，或者个人从事与原任职务管辖业务或者与原工作业务直接相关的营利活动，情节较轻的，给予警告或者严重警告处分；情节较重的，给予撤销党内职务处分；情节严重的，给予留党察看处分。"第二款规定："党员领导干部离职或者退（离）休后违反有关规定担任上市公司、基金管理公司独立董事、独立监事等职务，情节较轻的，给予警告或者严重警告处分；情节较重的，给予撤销党内职务处分；情节严重的，给予留党察看处分。"之所以要对离职或者退（离）休后的党员或党员领导干部任职、从业作出较为严格的限制，其重要目的就是防止出现"期权腐败"等现象。

2. 违规兼职取酬的兼职单位不限于营利性组织

《党纪处分条例》第一百零三条规定，兼职取酬的禁止性人员违反规定在经济组织、社会组织等单位兼职或者经批准兼职但获取薪酬、奖金、津贴等额外利益的，构成违规从事营利活动行为。

3. 兼职不取酬行为也可能构成违纪

违规兼职取酬行为主要有两种表现形式：一种是未按规定履行批准或备案手续即兼职；另一种是虽经批准、备案程序进行兼职，但在兼职期间违规获取经济或其他额外利益。根据规定，对于前一种情形，认定行为人违纪并不以其实际获得报酬为必要条件。

（五）办案指南

1. 取得主观故意的证据

本违纪行为在主观方面是故意，即行为人明知道其作为领导干部，在按规定履行批准或备案手续后，在企业、事业等单位兼职并取酬，或未

① 2018 年《党纪处分条例》的限制对象是党员领导干部；2023 年修订后的《党纪处分条例》限制对象是所有党员，对全体党员提出了更高的行为要求。

按规定履行批准或备案手续,在企业、事业等单位兼职并取酬。要与被审查人、经办人或知情人谈话了解行为人违规兼职、违规取酬、违规兼职并取酬的动机、目的。

2. 注重了解细节

主要包括:被审查人违规兼职取酬的时间、方法、过程、次数、结果、参与人员等情况;对企业的情况进行的说明,在兼职企业所从事的业务等。

3. 调查兼职与现职务管辖业务范围有无"关联"交易

核查清楚被审查人兼职业务与其现任职管辖业务的关系,了解其是否存在为兼职公司(业务)在与现工作单位合作的过程中"打招呼""站台"等情况。

4. 注重证据闭环

要收集被审查人专职任职单位的相关信息、兼职单位的相关信息、专职任职单位及兼职单位的薪酬发放明细表、通信录、办公室相关情况等书证。

十二、违规报销行为的认定与处分

(一)典型案例

2019 年 3 月至 2020 年 10 月,某国有企业总经理徐某某先后 22 次在 KTV 等场所内组织高消费娱乐活动,其中有 4 次在中秋、国庆前后,相关费用共计 22.48 万元以餐饮费形式公款报销。徐某某还存在其他违纪问题。徐某某受到留党察看 1 年、撤职处分,并被责令退赔相关费用。①

(二)主要表现形式

1. 巧立名目

一些单位或个人消费的款项不能通过财务制度报销,于是采用开具

① 佚名:《中央纪委国家监委公开通报十起违反中央八项规定精神典型问题》,载中央纪委国家监委网站,https://www.ccdi.gov.cn/jdjbnew/jdjbyw/202203/t20220329_180990.html。

礼品、食品、耗材等类型发票的方式报销。

2. 化整为零

当消费金额过大时，为了避免引人注意或超标准消费，通常会采取开具多张小额发票的方式进行报销。而为客户分割大额发票也成了部分餐饮业主招徕生意和少数行政事业单位逃避监管的奇招妙术。

3. 空手套白狼

发票是单位采购报销的唯一凭证，但不是所有地方都可以开具单位想要的发票。于是，专门以收集倒卖发票为工作的“职业”应运而生。一些企业或个人为了报销的需要，专门向“黄牛党”购买各种各样的发票，然后利用这些“虚假发票”套取现金。

违规报销行为的认定，是指党和国家机关、人民团体中的党员干部以及国有企业（公司）事业单位中的党员领导干部，违反党和国家的有关规定，将本人、配偶、子女及其配偶等亲属应当由个人支付的费用，由下属单位、其他单位或者他人支付、报销的行为。本违纪行为的主体是特殊主体，主要是指企事业单位的党员干部。

（三）处理处分相关规定

1.《党纪处分条例》

第一百一十一条　利用职权或者职务上的影响，侵占非本人经管的公私财物，或者以象征性地支付钱款等方式侵占公私财物，或者无偿、象征性地支付报酬接受服务、使用劳务，情节较轻的，给予警告或者严重警告处分；情节较重的，给予撤销党内职务或者留党察看处分；情节严重的，给予开除党籍处分。

利用职权或者职务上的影响，将应当由本人、配偶、子女及其配偶等亲属、身边工作人员和其他特定关系人个人支付的费用，由下属单位、其他单位或者他人支付、报销的，依照前款规定处理。

2.《中国共产党廉洁自律准则》

第一条　坚持公私分明，先公后私，克己奉公。

3.《中央和国家机关差旅费管理办法》

第二十九条　违反本办法规定，有下列行为之一的，依法依规追究相关单位和人员的责任：

（一）单位无出差审批制度或出差审批控制不严的；

（二）虚报冒领差旅费的；

（三）擅自扩大差旅费开支范围和提高开支标准的；

（四）不按规定报销差旅费的；

（五）转嫁差旅费的；

（六）其他违反本办法行为的。

有前款所列行为之一的，由财政部会同有关部门责令改正，违规资金应予追回，并视情况予以通报。对直接责任人和相关负责人，报请其所在单位按规定给予行政处分。涉嫌违法的，移送司法机关处理。

（四）相关注意事项

1. 准确把握违纪与违法犯罪的界限

违规报销应由个人支付的费用（以下简称违规报销个人费用），侵害了国家公权力的廉洁性，触犯了党纪国法，违反了党的纪律甚至构成违法犯罪。区分行为是违纪还是违法犯罪的关键在于从该行为的错误本质及构成要件出发，准确界定其属性。对符合贪污、受贿、诈骗、滥用职权、玩忽职守等违法犯罪构成要件的，应依据纪法衔接条款予以定性处理，对其中应当追究刑事责任的，依法移送司法机关办理。对不符合违法犯罪构成要件但符合违反廉洁纪律等违纪构成要件的，应以纪律条款予以定性处理，体现纪严于法、纪在法前的评价原则。

2. 精准厘清罪名类别

对属于国家工作人员的党员干部利用主管、经手公共财产的职务便利，采取报销支出费用的方式，将自己购物、旅游等个人花费在本单位报销支出，从而占有公共财物的，应当根据《刑法》第三百八十二条的规定以涉嫌贪污罪定性处理。对不属于国家工作人员的其他党员干部实施上述行为的，应当依据《刑法》第二百七十一条第一款的规定，认定其涉嫌职务侵占罪。党员干部没有利用其职务便利，只是利用其熟悉单位工作流程等工作便利，采取虚报支出等虚构事实、隐瞒真相的欺骗方法在本单位报销个人费用，应依据《刑法》第二百六十六条的规定，认定其涉嫌诈骗罪。

3. 合理处置定性竞合的问题

违纪行为的竞合，主要表现为违规报销个人费用是其他违纪行为的前置手段或后续结果。如借公务出差之机绕道旅游的，其后续报销个人差旅补助费用的行为应为借机绕道旅游的违纪行为所吸收，报销所得费用应作为该违纪行为的违纪所得予以收缴，不再对违规报销个人费用行为单独作违纪认定。

违法犯罪的竞合常见于国家工作人员在下属单位报销个人费用并为该单位谋利的情形。要抓住问题的主要方面，考量行为人对报销款项来源的具体要求和认知、下属单位对自身行为性质的认识以及利益损益等因素，遵循主客观相一致原则，判断行为人与下属单位是合谋贪污还是行受贿合意，其中前者构成贪污，后者构成受贿。当行为人明确要求下属单位从公共资金中支出或者应当预见下属单位从公共资金中支出，下属单位不具备行贿意图的，宜认定为贪污。当行为人不问报销款来源，仅以为下属单位谋利为报销的条件，下属单位亦有行贿意图的，宜认定为受贿。

4. 准确认定相关人员的责任

在党员干部违规报销个人费用的过程中，他人明知行为人实施贪污、受贿、诈骗等活动而提供虚开发票等帮助的，应依法追究其纪律或法律责任，其中伙同报销人违纪甚至违法犯罪的，按共同违纪或共同违法犯罪处理。对从事审批、经手报销的人员，违规为他人报销个人费用，依照规定应当追究纪律或法律责任的，应当严肃追究。行为人明知他人违规报销个人费用或者应当预见他人违规报销个人费用，利用职权为报销人提供便利，帮助报销造成国有资产损失的，构成滥用职权罪，其中伙同报销人共同占有违纪违法所得的，与报销人构成贪污、职务侵占等罪的共犯。对怠于履行职责导致国有资产损失的，构成玩忽职守罪。对因管理缺失等而使他人违规报销个人费用负有领导责任，依据规定应当给予纪律处分或处理的，应当予以追究，给予党纪政务处分。

（五）办案指南

1. 收集主观故意的证据

本违纪行为在主观方面是故意，即被审查人明知道其作为领导干部，相关费用应该由个人支付，但是仍然纵容默许该费用由下属单位、其他单位或者他人支付、报销的行为。具体表现形式为被审查人故意或者默许将本人、配偶、子女及其配偶等亲属所产生的应当由个人支付的费用，由下属单位、其他单位或者他人支付、报销。

2. 重点调查被审查人利用职务便利或者影响力进行报销的证据

被审查人的职责，可通过其所在单位提取相关工作制度、工作规则、工作流程、岗位职责等规定，以及工作分工文件、会议纪要等书证。需了解被审查人违规报销的动机；是否对违规报销的情况知悉以及利用职务便利或者影响力审批报销的过程。与相关报销的经办人、负责人谈话了解关于被审查人如何要求相关财务人员或者其他经手人员进行费用报销等。

3. 细节清楚，证据闭环

收集被审查人将应由个人支付的费用公款报销的证据。包括公款报销的时间、方法、过程、次数、结果、参与人员等情况；若由下级单位报销，则调取本单位与下级单位的隶属关系材料；如果委托安排其他人办理，则明确如何实施；有无对抗组织审查的行为及具体如何对抗；相关违纪事实还有无其他人参与或知情；公款报销费用的发票及财务凭证、付款记录；等等。

十三、违规设立"小金库"行为的认定与处分

（一）典型案例

2016年至2018年，谭某某担任某戒毒所党委书记、所长期间，召集时任党委委员、副所长王某某、陶某某、崔某某及党委委员、政治处主任王某某等班子成员违规商议决定，指使王某某、陶某某安排相关人员以虚增戒毒学员人数、克扣戒毒学员营养费、虚增工程款等方式设立"小金

库”，共计 112.95 万元。其中，用于购买土特产送礼、违规公务接待等支出 35.34 万元，以加油卡、购物卡、节日慰问金等形式违规发放福利 43.53万元。此外，谭某某还存在其他违纪违法问题。2019 年 9 月，谭某某受到留党察看一年、政务撤职处分，降为四级调研员；王某某、陶某某受到党内严重警告、政务记大过处分。崔某某、王某某作为班子成员，对“小金库”问题不抵制、不反对、不上报，分别受到诫勉问责。现该“小金库”已清理完毕。①

（二）主要表现形式

1.“小金库”基本定义

2009 年，中共中央办公厅、国务院办公厅印发了《关于深入开展“小金库”治理工作的意见》。同年，中共中央纪委、监察部、财政部、审计署联合下发了《关于在党政机关事业单位开展“小金库”专项治理工作的实施办法》。对“小金库”表述为：违反法律法规及其他有关规定，应列入而未列入符合规定的单位账簿的各项资金（含有价证券）及其形成的资产，均属于“小金库”。

2010 年，中共中央纪委、原监察部、财政部、审计署、国务院国资委印发的《国有及国有控股企业“小金库”专项治理实施办法》。同年，原监察部、人力资源和社会保障部、财政部、审计署等四部委制定出台了《设立“小金库”和使用“小金库”款项违法违纪行为政纪处分暂行规定》，采用并确认了 2009 年治理工作对“小金库”概念的这一定义。

2. 国有企业“小金库”的主要表现形式及存放形态

根据《国有及国有控股企业“小金库”专项治理实施办法》对“小金库”表现形式的高度概括，国有企业“小金库”的主要表现形式包括：

（1）隐匿收入设立“小金库”。①用销售商品收入、提供劳务收入等营业收入设立“小金库”；②用资产处置、出租、使用收入设立“小金库”；③用股权投资、债权投资取得的投资收益设立“小金库”；④用政府奖励

---

① 云南省纪委监委：《云南通报 6 起“小金库”问题典型案例》，载中央纪委国家监委网站，https://www.ccdi.gov.cn/yaowenn/202010/t20201012_82442.html。

资金、社会捐赠、企业高管人员上交兼职薪酬、境外企业和中外合资企业中方人员劳务费用结余等其他收入设立“小金库”。

(2)虚列支出设立“小金库”。①虚列产品成本、工程成本、采购成本、劳务成本等营业成本设立“小金库”;②虚列研究与开发费、业务招待费、会议费、销售手续费、销售服务费等期间费用设立“小金库”;③虚列职工工资、福利费用、社会保险费用、工会经费、管理人员职务消费等人工成本设立“小金库”。

(3)转移资产设立“小金库”。①以虚假会计核算方式转移原材料、产成品等资产设立“小金库”;②以虚假股权投资、虚假应收款项坏账核销等方式转移资产设立“小金库”;③以虚假资产盘亏、毁损、报废方式转移资产设立“小金库”;④以虚假关联交易方式转移资产设立“小金库”。

(4)其他形式设立“小金库”。①违规收费、罚款及摊派等设立“小金库”;②以会议费、劳务费、培训费和咨询费等名义套取资金设立“小金库”;③以假发票等非法票据骗取资金设立“小金库”;④上下级单位之间相互转移资金或者通过其他账户转移资金设立“小金库”;⑤以收抵支,将支出直接与应收款相抵形成“小金库”;⑥其他应列入而未列入符合规定的单位财务账簿的各项资金或者以其他方式私设“小金库”。

(5)“小金库”的主要存放形态。

①现金形态。基本特点是支配权一般掌握在个别部门或小部分利益团体手里,主要用于为个人或少数人谋取额外的福利,使用时最为方便、快捷。

②银行存款形态。银行存款形态的“小金库”金额往往较大,主要由单位或部门支配,一般挂靠于二级单位或关联单位,有的以个人存款形式存在;有的将收入存放在下属单位,通过下属单位走账;有的通过收入转移、将资金直接存入个人账户,躲避日常监管等。

③往来款形态。有的单位将应该列入收入的资金不作收入,长期挂在“暂存”账上,还有将公款私自借出,以“暂付”款名义挂账长期不还,

或将支出直接冲减“暂存”或“暂付”。

④固定资产形态。主要表现为设备、汽车、房屋等不在账面反映，为“小金库”的进一步繁衍生息提供了基础。账外固定资产来源主要有：历史上形成的账外资产清理不彻底遗留下来的；利用特殊资源与其他单位合作获取的；利用职权以应收不收或放松管制为交易手段，让相关单位购买车辆、楼房等大宗物品等，挂靠在外单位，在本单位不入账，表面上表现为某种借用关系；获得捐赠固定资产，有的单位利用账外门面房、房屋、设备等出租，所得租金设立“小金库”，有的单位即使固定资产在账内反映，但搞“阴阳合同”，仅将部分收入纳入账内，有的单位则直接在承租方消费，以支抵收，收支均不入账。

⑤股权和债权形态。股权、债权往往以一种契约或协议的形式出现，甚至是一种口头上的承诺。其来源可能是单位改制变迁过程中形成的股权、债权关系，没有在账上反映，形成账外“小金库”；也可能是以权利作为交换而形成的所谓“干股”，成为“小金库”。这种形式的“小金库”隐蔽性较强，只有经办人和单位（部门）领导等少数人知道，有的单位只有一人知道。

⑥其他形态。实践中，高价格的消费品等形成的小金库形态越来越多，比如购物卡、酒店的储值卡、香烟、超出零售价格500元的酒水等。这些经常保存在办公室、后勤食堂等部门，用于处理一些无法正常核销的接待。

3.“小金库”的认定标准

认定是否属于“小金库”，关键看资金或资产是否列入符合规定的单位账簿。这是认定是否属于“小金库”的唯一标准。所谓“单位账簿”，是指本单位的会计账簿；所谓“符合规定的账簿”，是指按照国家统一的会计制度设置的账簿。

只有准确把握“小金库”的内涵和外延，根据关于违纪构成的“违纪客体、违纪的客观方面、违纪主体和违纪的主观方面”四要件理论，进而认定违纪与非违纪，罪与非罪，决定是否或者如何给予处理。必须重点把握违纪的构成要件:(1)设立“小金库”必须是独立核算的单位行为,其内设机构的行为应当视为团伙或个人行为。(2)设立“小金库”侵犯了国家财经制度。虽然有些设立“小金库”是为了实施其他的违纪违法行为,但仅就设立“小金库”而言,侵犯的客体应是财经制度。(3)设立“小金库”行为应出于主观故意,目的是方便用钱用物,其核心表现是故意使用相应资金、财物而脱离或者规避财政、审计、纪检等正常的监管监督。若由于业务不精或工作疏忽大意,未列入符合规定的指定单位账簿,或未列入单位账簿中符合规定的科目,都不应当认定为“小金库”;若在单位所有正规的账簿以外设账,或将资金在上下级单位账户中“倒腾”,而有意逃避检查、脱离或弱化正常监管,应当认定为“小金库”;若将单位收入或套取钱财放入个人账户,无人知晓,无人监管,则不应作为侵犯财经制度的“小金库”处理,而应考虑按贪污、侵占等性质研究认定。(4)设立“小金库”的时间节点就在设立之时,设立后该违纪行为即已完成,与之后如何使用无关。对于“小金库”款项的使用,不管是否合规,一般不影响对私设“小金库”行为的认定。

实践上,各级纪检监察干部应当坚持惩前毖后、治病救人,深刻理解“三个区分开来”的内涵,贯彻宽严相济政策,全面、历史、客观地对待已发生的相关问题,把保障企业生产经营与改革发展大局的执纪观落实到具体工作中。对于能够主动说明问题、主动上交违纪款项、主动挽回经济损失的单位和相关人员,视情况给予从轻、减轻或者运用“第一种形态”处理;对于拒不讲清问题、对抗组织调查、影响恶劣、金额巨大造成腐败的,视情况对有关责任人员给予组织处理或者纪律处分,直至追究其法律责任。

(三)处理处分相关规定

1.《党纪处分条例》

第一百二十一条　有其他违反廉洁纪律规定行为的,应当视具体情节给予警告直至开除党籍处分。

第一百二十二条第一款第六项　有下列行为之一,对直接责任者和领导责任者,情节较轻的,给予警告或者严重警告处分;情节较重的,给

予撤销党内职务或者留党察看处分;情节严重的,给予开除党籍处分:

(六)其他侵害群众利益行为。

2.《会计法》

第三条 各单位必须依法设置会计帐簿,并保证其真实、完整。

第九条 各单位必须根据实际发生的经济业务事项进行会计核算,填制会计凭证,登记会计帐簿,编制财务会计报告。

任何单位不得以虚假的经济业务事项或者资料进行会计核算。

第十六条 各单位发生的各项经济业务事项应当在依法设置的会计帐簿上统一登记、核算,不得违反本法和国家统一的会计制度的规定私设会计帐簿登记、核算。

3.《公司法》

第二百一十七条 公司除法定的会计账簿外,不得另立会计账簿。

对公司资金,不得以任何个人名义开立账户存储。

4. 其他规定

《设立“小金库”和使用“小金库”款项违法违纪行为政纪处分暂行规定》有关条款。

(四)相关注意事项

1. 准确认定“小金库”

因为“小金库”的表现形式多种多样,针对不同的表现形式,核查思路、收集证据等也不同。倘若认定“小金库”的表现形式、组织架构人员等方面有偏差,核查思路会偏移,随之所做的工作也会偏离主线。

2. 掌握设立“小金库”的背景

我们查办每一个案件,通过了解其发案背景,才能从更深层次掌握全案的来龙去脉、整体情况,给核查思路、核查方向提供更有价值的帮助和指导。

3. 核清“小金库”的收入来源及资金去向,重点关注是否存在个人违反廉洁纪律问题

查办“小金库”的关键在于,收入来源、资金去向,以及相关人员在

设立“小金库”及款项支出等方面起的作用。所以,收入来源和资金去向的数据一定要统计完整、准确,真实性要核查清楚。

4. 核查中注重收集相关人员违纪情节的证据,明晰责任,量纪恰当

查办一个案件,最终的结果是对违纪人员进行定性量纪,但最终的处分档次要有依据,不单单是违反了哪个条例,给予什么处分,还要考虑在案件查办过程中,违纪人员是否有加重、从重、从轻、减轻的情节,这些情节,在收集证据时最好体现在纸面上,一般都体现在谈话笔录中,这样可以最大限度地缩小自由裁量空间,依据更充分,也经得起检验。

5. 讲究核查策略

一是注重谈话技巧。对于心里没有底的谈话对象,可采用引而不发、虚实结合的谈话方式,对有应付准备的违纪者,可借题发挥,一语双关让其受到震慑,思维混乱,无法回避,从而如实交代问题。二是学会换位思考。我们要清醒分析被审查人不惜顶风违纪设立“小金库”的最终目的,是为职工谋福利,还是为自己拉关系走后门使用资金方便等,这样才能深入分析设立“小金库”的根源所在。三是运用政策教育。对违纪人应立足教育挽救,对违纪者摆事实、讲道理,以理服人,鼓励他们放下包袱、吸取教训,配合组织调查,将功补过。

6. 办案方式要随机应变

针对不同案件,要根据实际情况选择不同的方法,有的选择由外向内突破;有的选择迂回包抄,先选择次要人物、非重点问题,在事实证据上形成合围,再选择时机突破。

7. 注意识别“小金库”与“账外账”、收入往来挂账等

一是“小金库”属于“账外账”的一种表现形式。“账外账”是指单位将“各项经济业务事项”(涉及包含资金在内的各项资产),私设会计账册进行核算,形成账外资产;而“小金库”强调本应属于单位的资金转移到账外。最常见的“账外账”就是以各种名目将资金套取出来,另行开设账户进行经营,整个经营活动另设账簿核算,未反映在法定账册内。

二是在认定“小金库”时,还要注意在往来科目中列收列支,超范

围、超标准发放奖金、津贴，公款旅游、请客、送礼等，或往来科目核算有误，但只要是在符合规定的账簿内登记、核算，就不能认定为“小金库”，应按违反财政、财务、会计法律法规、规章制度进行处理。

三是在起草相关文书时，“小金库”不是法律用语，要依据《会计法》等相关法律法规，引述“账外资金（或资产）”“账外账”等法定用语。

（五）办案指南

1. 抓住关键时机

对于查办“小金库”类案件，抓住关键时机尤为重要。这就要求办案人员对案情进行深入分析，分析被审查人的心理状态，选择在违纪人员尚未完全摸清核查意图，攻守同盟尚未完全形成时，趁其不备，收集关键证据。可以通过背靠背谈话、检查财务保险柜等方式，出其不意收集证据。

2. 找准关键环节或人物

关键环节在这里指的是薄弱环节。在一个案子中，总有些部位是薄弱环节，比较容易入手调查，进而查清事实真相。实践中，要抓准执行层的人，因为他们的责任并不是很大，在很多情况下属于执行决策层的要求，利用其管理、处置国有资产的职权设立“小金库”，对执行层，一般采取做通思想政治工作的方式，一举突破，收集相关证据。“小金库”的特点是非常隐蔽，少数人知道它的存在，在办案现场，通过比对跟领导的出差轨迹、密切联系人等信息，发现和挖掘出关键人员。

3. 提取关键证据

关键证据是突破案件的必要条件。实践中，作伪证和损毁有效证据的行为时有发生。“小金库”的支出去向是违纪构成的主要要件，是客观的具体表现形式，也是主观故意重要的取证方向。其必然体现为主观故意，客观表现主要是违规发放福利、补助等“灰色消费”，请客送礼或为有关部门“买单”，购置不便公开的商品，用途不便公开或应由个人支付的费用，私分等。针对“小金库”案件的隐蔽性和特殊性，我们除了收集“小金库”收支明细账等关键书证外，还要提取有关会议记录、财务付款、差旅费、绩效奖金、单项奖等发放明细,追其资金来源。

十四、对待群众态度恶劣等行为的认定与处分

(一)典型案例

2018 年 7 月,某区工商局某工商所副所长王某某、工作人员褚某某对消费者投诉某家具店,处理不积极、不主动、不到位,态度冷漠,推诿扯皮,一会儿说不归他们管,一会儿又说领导不在。在与消费者约定处理时间的情况下,不出工、不回复,消费者 7 次拨打该所为其提供的业务联系电话无人接听,造成严重不良影响。2018 年 7 月,王某某、褚某某分别受到党内严重警告处分。区纪委给予负有领导责任的该所所长诫勉谈话。①

(二)主要表现形式

违反群众纪律的行为,是指违反党内法规以及国家法律法规中所规定的有关联系群众、服务群众等群众工作中必须遵循的行为规范和规则,依照党内法规规定应当受到党的纪律追究的行为。

1. 违反群众纪律的主要表现形式

(1)在扶贫领域或者其他方面,超标准、超范围向群众筹资筹劳、摊派费用,加重群众负担;违反有关规定扣留、收缴群众款物或者处罚群众;克扣群众财物,或者违反有关规定拖欠群众钱款;在管理、服务活动中违反有关规定收取费用;在办理涉及群众的事务时刁难群众、吃拿卡要,以及有其他侵害群众利益的行为。

(2)干涉生产经营自主权,致使群众财产遭受较大损失的行为。

(3)在社会保障、政策扶持、扶贫脱贫、救灾救济款物分配等事项中优亲厚友、明显有失公平的行为。

(4)利用宗族或者黑恶势力等欺压群众,或者纵容涉黑涉恶活动、为黑恶势力充当“保护伞”的行为。

(5)对涉及群众生产、生活等切身利益的问题依照政策或者有关规

---

① 佚名:《任城区通报 10 起不担当、不作为典型问题》,载网易网 2018 年 7 月 25 日, https://www.163.com/dy/article/DNI358HI0525C8NA.html。

定能解决而不及时解决,庸懒无为、效率低下;对符合政策的群众诉求消极应付、推诿扯皮,损害党群、干群关系;对待群众态度恶劣、简单粗暴,造成不良影响;弄虚作假,欺上瞒下,损害群众利益,以及其他不作为、乱作为等损害群众利益的行为。

(6)盲目举债、铺摊子、上项目,搞劳民伤财的"形象工程""政绩工程",致使国家、集体或者群众财产和利益遭受较大损失的行为。

(7)遇到国家财产和群众生命财产受到严重威胁时,能救而不救的行为。

(8)不按照规定公开党务、政务、厂务、村(居)务等,侵犯群众知情权的行为。

2. 对待群众态度恶劣、简单粗暴等违纪构成要件

本违纪行为的客观方面表现为对待群众态度恶劣、简单粗暴、颐指气使。有的比较明确具体,有的比较笼统;有的性质是恶劣的,后果是严重的,需要给予党纪惩处;有的则情节轻微,允许教育改正,不一定要上升到纪律惩处。因此,只要实施了本行为,且造成不良影响的,就具备了违纪构成的客观要件。

所谓"态度恶劣",是指在工作中对待群众态度冷漠、生硬、蛮横,语言粗俗,刁难、训斥群众或者与群众发生争吵、打骂、殴斗等行为。

所谓"简单粗暴",是指不按客观规律和科学方法办事,简单处理、消极应付、生搬硬套、独断专行甚至搞"一刀切",毫不顾及群众的想法和感受等行为。

所谓"颐指气使",是指对待群众耍权威,乱指使,傲慢无礼。

所谓"造成不良影响",一般是指因对待群众态度恶劣、简单粗暴、颐指气使,给群众身份和精神带来伤害,引发群众强烈不满,多次信访投诉,引发群体事件,社会舆论和媒体高度关注,损害党的形象,损害党群干群关系等。

(三)处理处分相关规定

《党纪处分条例》

第一百二十二条第一款第五、六项　有下列行为之一,对直接责任

者和领导责任者,情节较轻的,给予警告或者严重警告处分;情节较重的,给予撤销党内职务或者留党察看处分;情节严重的,给予开除党籍处分:

(五)在办理涉及群众事务时刁难群众、吃拿卡要;

(六)其他侵害群众利益行为。

第一百二十六条　有下列行为之一,对直接责任者和领导责任者,情节较重的,给予警告或者严重警告处分;情节严重的,给予撤销党内职务或者留党察看处分:

(一)对涉及群众生产、生活等切身利益的问题依照政策或者有关规定能解决而不及时解决,庸懒无为、效率低下,造成不良影响;

(二)对符合政策的群众诉求消极应付、推诿扯皮,损害党群、干群关系;

(三)对待群众态度恶劣、简单粗暴,造成不良影响;

(四)弄虚作假,欺上瞒下,损害群众利益;

(五)其他不作为、乱作为、慢作为、假作为等损害群众利益行为。

(四)相关注意事项

1.注意区分违纪与违法的界限

如果党员干部对待群众态度恶劣、简单粗暴、打骂群众,给群众的身体造成伤害的,可能会构成故意伤害罪。即使情节较轻,不构成犯罪,根据治安管理处罚法的有关规定,也是违法行为,会受到治安处罚。

2.与对涉及群众切身利益问题庸懒无为、效率低下行为违纪客观方面的区别

所谓“能解决而不及时解决,庸懒无为、效率低下”,是指依照政策或者有关规定能够解决的,但没有及时解决或不给解决,庸懒散漫,不负责任,不作为、慢作为,效率低下,造成了不良影响。对于一些群众提出的不符合政策的要求,或者是政策规定不允许的问题,党员干部不好解决,也无法解决的,不能认为其违反党的纪律;同时,依规依法做好解释劝解工作。

3. 与对群众合理诉求推诿扯皮、冷硬横推行为违纪客观方面的区别

所谓“符合政策的群众诉求”，主要是指群众提出的个人诉求或利益诉求，应当与现行法律法规、政策文件规定相符合，不能是违反法律法规和政策规定的无理要求。对没有法律或政策依据的无理诉求，不应当给予支持，对此党员干部不好解决，也无法解决的，不能认为其违反党的纪律；同时，依规依法做好解释劝解工作。

所谓“消极应付、推诿扯皮”，是指对群众提出的关乎其切身利益的愿望视而不见、不予理睬，对群众提出的合情合理的要求，设置各种障碍，能解决而不解决，能及时解决而随意拖延。

所谓“冷硬横推”，是指对群众态度冷淡，语气过硬，说话太横，推托事情。

4. 与弄虚作假、欺上瞒下，损害群众利益行为违纪客观方面的区别

所谓“弄虚作假、欺上瞒下”，主要是指在处理与群众的关系，办理涉及群众切身利益事项的时候，通过虚构、隐瞒、伪造事实，遮蔽、掩盖工作中的错误或失误，以及变造虚假成绩和事迹等，哄骗上级、糊弄群众，对上欺骗组织和领导，对下则向群众隐瞒事实，以达到博取信任或者逃避责任追究等目的，给群众利益造成损害的行为。《党纪处分条例》第一百四十条规定的不如实报告工作行为，强调的是党员或党组织在上级检查、视察工作期间，或者向上级汇报、报告工作时，明明掌握有关情况而隐瞒不报，或者明知道提供的情况、材料、数据不实而予以提供，目的是掩饰发生的问题、粉饰太平，隐瞒真实情况等。这属于违反工作纪律的行为，主要是破坏了工作秩序。

5. 与在办理涉及群众事务时刁难群众、吃拿卡要行为违纪客观方面的区别

所谓“办理涉及群众事务”，是指党员或党组织在履行职责的过程中所办理的涉及群众切身利益的各种事务。

所谓“刁难群众”，是指对应当为群众办的事，故意拖延不办，想方设法出难题、设障碍、使绊子，让群众在办理相关事务中门难进、脸难看、

话难听、事难办，跑断腿、磨破嘴。

所谓“吃拿卡要”，是指在服务群众过程中，利用职务便利向群众索取各种好处的形象说法，表现形式五花八门。所谓的“吃”，主要是接受所服务群众的宴请，有的是到宾馆酒店宴请，有的是到家中宴请。所谓的“拿”，一般是凭借手中的管理权、执法权等，不管群众愿意与否，强拿硬占群众的物品，群众虽不情愿却敢怒不敢言。所谓的“卡”，是指党员干部利用职务便利有意刁难群众，给来办事的群众制造障碍，其目的多数为“吃、拿、要”。所谓的“要”，一般是指党员干部采取提要求、暗示等方式主动向群众要钱要物。需要注意的是，党员干部在管理服务活动中，多次利用职务便利索取、收受群众财物的，累计3万元以上，就涉嫌受贿犯罪。

（五）办案指南

1. 关键证据收集

主要包括：一是能够证明被审查人主观上具有对待群众态度恶劣、简单粗暴、颐指气使故意的动机、目的，以及具体谋划和实施的时间、地点、方式、次数、情形、参与人员等情况；二是其他党员干部、下级及相关单位、受害群众关于被审查人实施本行为的证言，以及群众反映诉求等相关资料；三是被审查人或相关证人提供的有关证据等。

2. 相关责任界定

直接责任者，是指对待群众态度恶劣、简单粗暴、颐指气使的决定者、组织者和实施者。领导责任者，是指对待群众态度恶劣、简单粗暴、颐指气使的负有领导责任的党员领导干部。对于以集体会议研究决定的方式实施本行为，损害党群、干群关系的，参与集体决策者都属于直接责任者，领导责任者属于对决策人员负有领导责任的人员。在决策过程中明确表明反对意见的人不受追究。

3. 有关情节认定

情节轻重一般应根据违纪的目的、方式、手段、次数、产生的经济损失，造成的不良影响等因素综合衡量。

所谓“情节较重”，一般是指因对待群众态度恶劣、简单粗暴，导致群众身心受到伤害，或者引发媒体和舆论高度关注，群众反映强烈，引发群体性事件，损害党的形象，损害党群干群关系等。造成恶劣影响或者重大损害的，如导致群众自杀、自残，或者引发重大群体性事件、社会安全事件，严重损害党的形象，严重损害党群干群关系等，应认定属于“情节严重”。如果情节较轻或情节轻微，可以给予批评教育、责令检查、诫勉或组织处理。

十五、不履行或不正确履行职责行为的认定与处分

（一）典型案例

2015年10月以来，某镇政府镇长王某某、副镇长林某某、区环境监察局监察二科科长黄某某在开展辖区环境监察工作中，履行环境监察职责不到位，未组织全面排查，对辖区企业长期存在的偷排污水和无组织排放粉尘等环境违法问题未及时发现和处理。2017年9月，王某某受到党内警告、警告处分；林某某受到党内警告、行政记过处分；黄某某受到记过处分。①

（二）主要表现形式

《党纪处分条例》第一百四十九条是关于违反相关工作纪律的行为及其适用的处分种类和幅度的规定，属于兜底条款。其中的“其他工作”，就是为了适应执纪实践中可能遇到的新情况，以防止立法的不周延性。

该违纪行为的客观方面必须具备两个条件：一是在党的工作中不履行或者不正确履行职责，二是造成损失或者不良影响。缺少其中任何一个条件均不构成违纪。

党的十九大通过的《中国共产党章程》总纲中明确指出：“党政军民学，东西南北中，党是领导一切的。”也就是说，不论是党务工作还是行政工作，均是在贯彻落实执行党中央的决策部署，对于没有正确履行工作

---

① 戴奎、高建、黄锦恒编著：《纪检监察办案实务指南》，中国法制出版社2020年版，第52页。

职责的，均可依据《党纪处分条例》予以处理。

（三）处理处分相关规定

《党纪处分条例》

第一百四十九条　在党的纪律检查、组织、宣传、统一战线工作以及机关工作等其他工作中，不履行或者不正确履行职责，造成损失或者不良影响的，应当视具体情节给予警告直至开除党籍处分。

（四）相关注意事项

1. 注意该兜底条款强调的是职务职责性

《党纪处分条例》不可能列举所有违反工作纪律的行为，该条款是用来处理《党纪处分条例》第十章“对违反工作纪律行为的处分”具体条款中尚未列举、又需要追究纪律责任的行为，体现了我们党制定党内法规的预见性和前瞻性，使《党纪处分条例》所规定的内容更加严密。

2. 区分该条款规定违纪行为的客观行为方式

主要包括不履行或者不正确履行职责两方面。该条款违纪行为多是不作为形式，有时也可能是作为形式。

不履行职责是未履行职务所要求履行的行为，主要表现为：一是擅离职守，行为人在履职过程中擅自脱离工作岗位，不履行职责；二是未履行职责，即行为人在执行职务职责的过程中，该管的不管、该做的不做等。

不正确履行职责是指未按照党内法规、规章制度及国家法律法规等规定履行职责的行为，即行为人履行了职责，但没有按照规定履行职责。

3. 把握该项违纪行为的主体身份

不论是党的工作人员，还是政府及其他机构的党员干部，对其在工作中违反纪律的行为，不能一概援引违反工作纪律兜底条款进行定性归责，应具体情况具体分析。对于违纪行为在《党纪处分条例》中没有具体对应条款的，应审查其行为是否违反了法律法规的明文规定，若是违反了，则可以按照纪法衔接条款追究其纪律责任，而不是直接适用兜底条款。

(五)办案指南

实践中,对党员在工作中没有正确履行工作职责的行为,要区别情况适用条规、作出处理:

1. 违纪的认定

在认定违纪时,对工作中没有正确履行工作职责的行为,按照“纪在法前、纪严于法”的原则,通常情况下,可以依据《党纪处分条例》分则中有关违反工作纪律的条款给予党纪处分,没有具体对应条款的,可以依据《党纪处分条例》第一百四十九条规定定性处理。

2. 违法的认定

在认定违法时,如果法律法规对此类行为有明确规定,违反了该规定,亦属于职务违法行为。需要给予政务处分的,可根据被调查公职人员的具体身份,依照宪法、相关法律、行政法规和规章对违法行为及其处分规定,给予相应的政务处分。要按照《公职人员政务处分法》第六十七、六十八条的规定,对2020年7月1日前后的职务违法行为适用“从旧兼从轻”原则作出相应的政务处分。

3. 涉嫌犯罪的认定

在认定涉嫌犯罪时,对于情节严重,已经涉嫌滥用职权、玩忽职守等职务犯罪的,应当依据《党纪处分条例》总则第二十九条有关纪法衔接的条款追究其党纪责任,同时按照《监察法》《公职人员政务处分法》的有关规定依法给予其政务处分,并移送检察机关依法审查起诉。

十六、与他人发生不正当性关系行为的认定与处分

(一)典型案例

某市人大常委会原副主任黄某某因严重违纪违法行为被开除党籍和公职,涉嫌严重违法问题移送司法机关处理,值得大家注意的是,黄某某被批道德败坏,与多名女性长期保持不正当性关系,且通过代孕的方式婚外生育!身为领导干部的黄某某,完全丧失理想信念,严重背弃初心使命,对党极端不忠诚、不老实,目无组织、心无敬畏,一再拒绝组织挽救,挖空心思、千方百计对抗组织审查调查,多次搞迷信活动,品行低劣,

道德败坏，与多名女性发生不正当性关系，并通过代孕的方式婚外生育，个人利欲熏心、贪婪无度。黄某某的上述行为已构成严重违纪且违法并涉嫌受贿犯罪，在党的十八大后不知敬畏，不收敛、不收手、不知止，可以说性质十分严重，影响特别恶劣，依据相关规定，给予其开除党籍和公职处分！①

（二）主要表现形式

1. 有关概念

所谓“性关系”，根据中央纪委《关于对共产党员参与以财物为媒介的手淫、口淫活动应如何处理的请示的答复》、公安部《关于对同性之间以钱财为媒介的性行为定性处理问题的批复》等规定，性关系既包括异性之间的性关系，也包括同性之间的性关系；既包括性交活动，也包括其他能满足对方性欲的行为。

所谓“不正当性关系”，包括双方均有配偶或者一方有配偶而自愿发生不正当性关系，或者通过诱骗或者其他手段，与一名或多名对象发生性关系等情况。

所谓“利用职权”，主要是指与对方有直接或间接的领导与被领导等关系，能利用本人职务范围内的权力或者与职务有关的便利条件对对方产生影响。

所谓“从属关系”，一般是指上下级关系、管理者与被管理者的关系。

2. 主要表现形式及违纪构成要件

本违纪行为客观表现为不正当的性关系。主要包括三种具体表现：一是至少有一方有配偶而自愿发生性关系。二是双方在均无配偶的情况下，在同一时期与多名对象发生性关系。三是明知对方已与他人订婚，仍与其发生性关系。在上述三种具体表现形式下，造成不良影响。

---

① 广西壮族自治区纪委监委：《广西百色市人大常委会原副主任黄某某被“双开”》，载中央纪委国家监委网站，https://www.ccdi.gov.cn/yaowenn/202201/t20220126_167240.html。

实践中认定构成与他人发生不正当性关系行为，必须同时具备三个条件：一是双方必须发生了不正当的性关系；二是不正当的性关系必须是双方基于自愿发生的，并且不以金钱、财物为媒介；三是造成不良影响。

（1）违纪主体。本违纪行为的主体是一般主体即具有党纪责任能力的党员，既包括普通党员，也包括党员干部。既包括男性共产党员，也包括女性共产党员。如发生性关系的相对方没有配偶，则本方必须有配偶。如果双方均没有配偶，按照前述客观方面的描述，要求违纪党员在同一时间与多名对象自愿发生性关系等情节存在。

（2）违纪主观方面。本违纪行为在主观方面出于故意，即行为人明知自己与至少一方有配偶而自愿发生性关系，仍然故意与其发生性关系，是希望或者放任危害结果发生的心理态度。过失不构成该违纪，如无配偶的党员不知发生性关系的相对方有配偶，或者误认为相对方没有配偶的，则不构成该违纪。

3. 认定标准

（1）造成不良影响的判断。造成不良影响是指由于行为人发生不正当性关系的行为，给行为人自身名誉、行为人各自的家庭、行为人所在的组织和单位，造成了负面影响，如与他人发生不正当性关系的行为被舆论关注，被媒体爆料，或者导致其他不良后果，如配偶或者子女、其他亲属到单位反映、吵闹，要求处理相关人员。实践中，一般可以认定只要发生了不正当性关系，就造成了不良影响，不能因为没有不良影响的实际表象，就仅适用违反生活纪律兜底条款予以认定。

（2）情节较重或情节严重的认定。实践中，发生不正当性关系，又有下列情形之一的，一般可以认为“情节较重”或者“情节严重”：①造成婚姻、家庭破裂或者当事人夫妻感情破裂的；②直接导致虐待家庭成员或者遗弃家庭成员行为发生的；③双方长期发生不正当性关系，屡教不改，影响很坏的；④双方在众所周知的情况下继续发生不正当性关系或者公然发生不正当性关系或公开同居，影响很坏的；⑤发生不正当性关系的一方以各种手段或理由逼迫另一方或者另一方的配偶分居、离婚的；⑥发生不正当性关系的一方以种种手段逼迫自己的配偶分居、离婚的；⑦直接引起家庭、宗族、邻里械斗或者恶性事件发生，影响很坏或者后果严重的；⑧造成女方怀孕生育、堕胎或者因怀孕、生育、堕胎而发生人身伤亡的；⑨造成当事人及其配偶被杀害、被伤害的；⑩造成当事人及其配偶因羞辱自杀或者自我残害的；⑪造成恶劣影响或者造成其他严重后果的。

（三）处理处分相关规定

《党纪处分条例》

第一百五十一条　与他人发生不正当性关系，造成不良影响的，给予警告或者严重警告处分；情节较重的，给予撤销党内职务或者留党察看处分；情节严重的，给予开除党籍处分。

利用职权、教养关系、从属关系或者其他相类似关系与他人发生性关系的，从重处分。

（四）相关注意事项

准确把握不正当性关系的分类。单纯的不正当性关系属违反生活纪律，而在不正当性关系的基础上，搞权色交易、钱色交易则严重侵犯了党员领导干部的职务廉洁性，属于违反廉洁纪律。

1.与其他违纪违法行为的区分

（1）与利用特定关系与他人发生性关系违纪行为的区分。

利用特定关系与他人发生性关系在《党纪处分条例》第一百五十一条第二款作出规定，这里以违纪党员为男性进行比较，两者都存在与他人发生性关系的行为，行为人与女方发生性关系均基于双方自愿，均不违背女方的意志，并且两者都违反生活纪律。

两者主要的区别在于，与他人发生不正当性关系是基于双方的感情基础，感情是双方自愿发生性关系的原因；而利用特定关系与他人发生性关系则主要是行为人利用职权、教养关系、从属关系以及其他相类似的关系所形成的优势地位，这种关系一般能对对方政治、经济、工作等利益发生影响和制约。

(2)与权色交易违纪行为的区分。

根据《党纪处分条例》的篇章结构,“与他人发生不正当性关系”规定在违反生活纪律章节中,而权色交易规定在违反廉洁纪律章节中,因此权色交易的行为本质上侵犯了党员干部职务行为的廉洁性,并且行为人存在利用职权或者职务上的影响为对方谋取不正当利益而与之交易的情节。

两者的共同点都是与他人发生了不正当性关系,但权色交易中的不正当性关系带有利益交换的性质,往往是一方通过提供性服务得到职务、职级、工作岗位等方面的利益,另一方通过职权或职务上的影响为对方谋取利益。

(3)与钱色交易违纪行为的区分。

钱色交易是在违反廉洁纪律章节里进行规定的,该章违纪行为侵犯的是复杂客体,侵犯的主要客体是职务行为的廉洁性,侵犯的次要客体可以是社会主义道德风尚、公物的所有权等。虽然次要客体可能会随着具体的违纪行为而改变,但是职务行为的廉洁性这个主要客体贯穿于该章始终。因此,钱色交易违纪行为所给予的财物来源必须调查清楚。

两者的共同点都是与他人发生了不正当性关系,但钱色交易中的不正当性关系带有利益交换的性质,以金钱、财物等为媒介是其根本特征,往往是一方通过提供性服务得到金钱、物质上的利益,另一方直接给予财物或者通过职权和职务上的影响间接给予财物。实践中,钱色交易给予的财物都是价值较大的物品和财产性利益,如房产、车辆、大额现金、股票等。

(4)钱色交易与嫖娼的区分。

嫖娼行为是与不特定的女性发生性关系,发生性关系的前提是支付金钱,这是一种违法行为,违反了《治安管理处罚法》,应用纪法衔接条款予以处理,而钱色交易行为发生在特定主体之间,离不开地位、职权、身份的影响,包养情妇(夫)则是情节严重的情形。值得注意的是,先钱后色和先色后钱,不影响对其违纪的认定。

2. 党纪意义上卖淫和刑法意义上卖淫的区分

党纪意义上的卖淫和刑法意义上的卖淫的共同点是都包括进入式性行为的肛交、口交,但党纪意义上的卖淫包括手淫,刑法意义上的卖淫则不包括。

3. 注意同性性行为问题

与同性发生性行为,应与异性发生性行为视作一致,如同性的一方或双方在婚姻关系存续的情况下发生性行为,并造成不良影响的,属发生不正当性行为,不能简单认定为违反社会主义道德的行为;如果二人均未婚,则不能认定为发生不正当性行为,应认定为违反社会主义道德的行为。

4. 违纪转化的问题

不同违纪行为之间达到一定的条件就可以转化,如果违纪党员先是基于感情因素与他人发生不正当性关系,在交往过程中,又利用职权或者职务上的影响为对方谋取了较大的不正当利益或者给予对方巨额财物。这种情况下,应当认定为权色交易或钱色交易,而不宜再按照与他人发生不正当性关系处理。

5. 证据效力问题

实践中,发现存在只凭行为人单方陈述就认定"与他人发生不正当性关系"违纪行为的问题。根据中共中央纪律检查委员会《关于查处党员违纪案件中收集、鉴别、使用证据的具体规定》第二十二条规定,如果只有被审查人的交代或陈述,没有其他直接或间接证据进行佐证,或者无法查证的,且不能形成相互印证、完整稳定的证据链,则不能认定;若被审查人拒不承认而相关证据确实、充分的,仍可以认定。

(五)办案指南

1. 主体身份证明的收集与审核

主要包括被审查人的干部任免审批表或履历表、任免职文件、职责分工文件、党组织关系材料、“两代表一委员”证明材料等；当事双方的结婚证书、离婚证书等证明其婚姻状况的资料，户籍证明等。

2. 主观方面的证据收集与运用

主要是指能够证明被审查人主观上明知性关系不当性的证据。主要包括：一是被审查人陈述。与他人发生不正当性关系的动机、目的；婚姻状态、是否知道对方有配偶等；是否知道其行为违反规定，违反哪些规定等；有对抗组织审查行为的，纪律审查人员要查明被审查人的动机、目的，以及具体谋划、实施、对抗的情况。二是对方当事人证言。被审查人与其的交往过程，发生不正当性关系的动机、目的，是否有配偶，是否知道对方有配偶等。三是其他证人证言。证明被审查人与他人发生不正当性关系的主观故意。

3. 客观方面的证据收集与运用

主要是指证明被审查人与他人发生过不正当性关系的证据。主要包括：一是被审查人陈述。与他人发生不正当性关系的具体情况，包括原因、时间、地点、次数等；是否在同一时间内与多人发生不正当性关系；自己及他人家庭情况，是否造成了感情破裂、离婚等后果；有无对抗组织审查的行为及具体如何对抗；相关违纪事实还有无其他人参与或知情。二是对方当事人证言。与被审查人发生不正当性关系的具体情况，包括原因、时间、地点、次数等；是否因被审查人的职权、教养关系、从属关系等原因与其发生性关系；是否知道被审查人的家庭情况；是否造成了感情破裂、离婚等后果；有无对抗组织审查的行为及具体如何对抗；相关违纪事实还有无其他人参与或知情。注意在提取被审查人和当事人证言时，一般需要陈述发生性关系的第一次或者最近一次的时间、地点等，且双方的陈述应高度吻合，至于历史次数不一致不作为要素，除非次数很少，双方都记得很清楚，否则很难吻合，可以以保持关系多久作为要素。三是其他证人证言。是否知道被审查人与他人发生不正当性关系，包括但不限于如何知情以及所了解的违纪案件具体情况，一般用于证明不良影响。四是有关物证。二人发生不正当性关系的工具、药品等。五是视听资料、电子数据。被审查人或当事人或相关证人提供的相关视频、手机短信记录、电子邮件、QQ 聊天记录、通话记录和微信聊天记录、现场录像等。

4. 不扩大影响

实践中,若核查单纯的发生性关系案件,一般只要被审查人和当事人承认,原则上不找证人,除非有现场目睹的一方家人或朋友等,否则一般情况下不找其他人员谈话了解,以避免问题的传播和扩大。一是假设“证人”不是亲眼所见,无法证实违纪当事双方性关系的存在;二是如果主动询问其他人员,容易造成案情泄露,引发群众议论,给被审查人和对方当事人造成精神压力,甚至发生不可估量的后果。

十七、违反企业管理制度行为的认定与处分

(一)典型案例

2018 年 5 月,广东省某市某公司原党委书记、董事长冷某等人违反企业制定的《国有资产监督管理相关规定》,在明知上级主管单位持反对意见的情况下,擅自签字同意在股权变更文件上加盖公章,并让公司法定代表人孙某某配合办理工商变更登记。冷某违反规定程序乱决策、乱拍板、乱作为,事前不请示、事后不报告,削弱了国有资本对公司的控制力,使国有资产面临监管漏洞和重大风险。冷某还存在违反企业议事规则,个人决定其他重大事项问题,受到撤销党内职务、政务撤职处分。孙某某还存在违反招投标法律法规规定问题,受到党内严重警告处分。①

(二)主要表现形式

违反国有企业制度主要表现在:一是违反企业的劳动纪律制度,上班出工不出力,迟到早退、旷工等。二是违反企业薪酬绩效管理制度,套取薪酬,或者薪酬二次分配等。三是违反企业的经营管理制度,收入弄虚作假等。四是违反企业的财经制度,如违反成本管理要求,使用虚假

---

① 佚名:《中央纪委国家监委通报八起形式主义官僚主义典型问题》,载中央纪委国家监委网站,https://www.ccdi.gov.cn/toutiaon/202004/t20200426_97292.html。

发票或编造虚假经济事项变通报销；擅自提高成本费用开支标准；在成本费用中违规发放各种补贴、公款消费、滥发钱物等。五是违反企业的安全生产、岗位规范等其他一系列管理制度。

该违规行为的认定在客观方面表现为违反有关规定对企业造成损害。具体来说是客观上具有在工作中不履行或者不正确履行职责的情形，并且对企业造成了损失或者不良影响。

“不履行职责”，是指没有按照企业管理规章制度履行职责，主要包括拒绝履行职责、拖延履行职责、擅离职守和不作为，不履行职责行为等。拒绝履行职责是指没有理由，或者没有企业管理规定的理由，或者没有充分的理由对应该履行的职责不予履行，没有实施企业授予的职责范围内的特定义务；拖延履行职责是指在规定的时限内，或者在合理的期限内，或者在公开承诺的时间内不履行应该履行的职责；擅离职守，是指行为人不遵照企业管理规章制度对职守的要求，在执行职务的时间里，擅自脱离工作岗位；不作为，是指对应该履行的职责没有有效言行表示，既不拒绝履行，也不同意履行，更不实际履行。

“不正确履行职责”，是指没有按照企业管理制度规定的要求履行职责，包括玩忽职守、敷衍塞责、滥用职权、徇私舞弊等。概括说来，违规行为的客观表现多种多样，基本上涵盖了企业管理的各个方面、各个流程。

（三）处理处分相关规定

《党纪处分条例》

第三十五条第三款　党员违反国家法律法规、企事业单位或者其他社会组织的规章制度受到其他处分，应当追究党纪责任的，党组织在对有关方面认定的事实、性质和情节进行核实后，依照规定给予相应党纪处分或者组织处理。

第一百四十九条　在党的纪律检查、组织、宣传、统一战线工作以及机关工作等其他工作中，不履行或者不正确履行职责，造成损失或者不良影响的，应当视具体情节给予警告直至开除党籍处分。

(四)相关注意事项

1. 区别违规和违纪问题

一是二者说法不同,分别是违犯规定和违犯纪律的简称。二是规定是一种企业管理的具体制度,纪律是一种根本原则,违纪比违规严重,违纪行为必然由违规行为作为支持且是具体的行为。

2. 注意违反企业制度调查的主体部门

实践中,国有企业违规问题的调查通常由人事部门牵头、其他职能部门组织核查,拿出处置意见以后交由人事部门、职能部门、纪检部门会商。纪检监察体制改革以来,特别是国有企业纪检监察体制改革之后,大部分国有企业成立纪检监察组或纪委办公室(监察专员办公室),行使监察权,也会同时对管理人员违纪、违反企业制度的问题进行调查。

3. 运用好工作纪律的兜底条款

《党纪处分条例》第一百四十九条作为工作纪律的兜底条款,也是违规行为适用纪律处分的依据,需要特别强调的是,不能将本条规定的“工作”理解为狭义上的党务工作。《中国共产党章程》总纲中明确指出:“党政军民学,东西南北中,党是领导一切的。”也就是说,不论是党务工作还是行政工作,只要行为人是中共党员,其所做的一切行使公权力的工作均属于党的工作,均是在贯彻落实执行党中央的决策部署,所以包括国有企业事业单位、人民团体以及农村党员没有正确履行工作职责的行为,违反企业管理制度规定的行为均属于本条的调整范畴。

4. 区分违纪类型

在实践中,一个行为可能涉及违反党的若干纪律,如违反企业财经纪律制度,仅从违反企业制度上判断是违反了党的工作纪律。但是如果违反财经纪律的行为是违规报销应由个人承担的费用,则是违反了党的廉洁纪律或者违法。因此,需要在调查中仔细分析,作出性质的准确判断。

(五)办案指南

1. 与被审查人谈话了解违反制度的具体过程

主要包括其违反企业制度的原因、时间、方法、过程、次数、结果、参与人员等情况；如果委托安排其他人办理，则明确如何实施；相关违规行为还有无其他人参与或知情。

2. 收集证明被审查人的行为违反的相关企业管理制度

主要是指违反规定的具体制度，比如人事任免、薪酬发放、费用报销、物资采购、招标投标、履职待遇等具体制度。

3. 与相关业务流程的经办人、负责人谈话了解相关违反制度的事实

主要包括但不限于是否知情以及所了解被审查人违规行为的具体情况。

4. 调查研判后果

主要是指对违反企业制度造成的损失或者不良影响进行调查，收集相关证据，作为后续量纪的依据。

十八、涉酒驾驶行为的认定与处分

（一）典型案例

2021 年 9 月 18 日，安徽某市某学校原副校长汪某某饮酒后驾驶机动车被公安机关当场查获，经鉴定属于醉酒驾驶。2022 年 1 月 20 日，汪某某因犯危险驾驶罪被判处拘役 1 个月、缓刑 2 个月，并处罚金人民币 2000 元。2022 年 6 月，汪某某被开除党籍、开除公职。①

（二）本违纪违法行为的主要表现形式与认定

1. 酒驾、醉驾有关概念

根据国家质量监督检验检疫局发布的《车辆驾驶人员血液、呼气酒精含量阈值与检验》有关规定，饮酒驾车是指车辆驾驶人员血液中的酒精含量大于或者等于 20mg/100ml，小于 80mg/100ml 的驾驶行为。醉酒驾车是指车辆驾驶人员血液中的酒精含量大于或者等于 80mg/100ml 的驾驶行为。

根据《刑法》有关规定，交通肇事罪是指违反道路交通管理法规，发生重大交通事故，致人重伤、死亡或者使公私财产遭受重大损失，依法被

① 安徽省纪委监委：《安徽通报 4 起党员干部和公职人员酒驾醉驾问题》，载中央纪委国家监委网站，https://www.ccdi.gov.cn/yaowenn/202208/t20220831_214844.html。

追究刑事责任的犯罪行为。危险驾驶罪是指在道路上驾驶机动车追逐竞驶,情节恶劣,或者在道路上醉酒驾驶机动车等犯罪行为。

根据《道路交通安全法》有关规定,道路是指公路、城市道路和虽在单位管辖范围但允许社会机动车通行的地方,包括广场、公共停车场等用于公众通行的场所。交通事故是指车辆在道路上因过错或者意外造成的人身伤亡或者财产损失的事件。车辆是指机动车和非机动车。

饮酒(醉酒)驾车交通违法犯罪行为的认定,必须符合三个条件:一是血液酒精含量达到一定数值,即每百毫升血液中酒精含量大于等于20毫克、小于80毫克的为饮酒;每百毫升血液中酒精含量大于等于80毫克的为醉酒。二是驾驶机动车。三是上道路行驶的驾驶行为,主要是指车辆启动之后发生了物理位移。

2. 缓刑适用

自2017年5月1日起施行的最高人民法院《关于常见犯罪的量刑指导意见(二)(试行)》中关于危险驾驶罪的规定:"3. 对于醉酒驾驶机动车的被告人,应当综合考虑被告人的醉酒程度、机动车类型、车辆行驶道路、行车速度、是否造成实际损害以及认罪悔罪等情况,准确定罪量刑。对于情节显著轻微危害不大的,不予定罪处罚;犯罪情节轻微不需要判处刑罚的,可以免予刑事处罚。"这是醉驾入刑以来最高人民法院首次以司法解释的形式规定醉驾可以不予定罪处罚或者免予刑事处罚。浙江、上海、江苏等出台了醉驾案件最新规定并归纳出属于情节比较轻微的情形,包括挪动车位型、救治病人型、睡觉休息型、隔时醉驾型、尚未驶出型、被醉驾追尾型。

自2021年7月1日起实施的最高人民法院、最高人民检察院《关于常见犯罪的量刑指导意见(试行)》(法发〔2021〕21号)中关于交通肇事罪和危险驾驶罪分别对缓刑适用作出规定:"构成交通肇事罪的,综合考虑事故责任、危害后果、赔偿谅解等犯罪事实、量刑情节,以及被告人的主观恶性、人身危险性、认罪悔罪表现等因素,决定缓刑的适用""构成危险驾驶罪的,综合考虑危险驾驶行为、危害后果等犯罪事实、量刑情节，以及被告人主观恶性、人身危险性、认罪悔罪表现等因素，决定缓刑的适用”。

3. 违法、犯罪行为

违法是指国家机关及其公职人员、政党、武装力量、社会团体、企事业组织、公民违反国家现行法律和法规的规定，造成社会危害的，有过错的行为。违法可以作广义和狭义两种解释，狭义的违法指犯罪以外的一般违法；广义的违法包括一般违法行为和犯罪。

《党纪处分条例》有关规定中的其他违法行为，是指违反了刑法以外的其他法律法规，达到损害党、国家和人民利益后果的行为。对于涉嫌犯罪以外的其他违法行为，是否需要给予党纪处分，应看该行为是否符合“达到损害党、国家和人民利益的后果”的情形。

犯罪是指触犯刑法并依法应受刑事处罚的行为。而犯罪的社会危害程度比一般的违法行为更为严重。根据“纪在法前、纪严于法”的原则，犯罪的党员或公职人员，除应当受到刑事处罚外，还应受到党纪政务处分。

过失犯罪，指在过失心理支配之下实施的、根据刑法的规定已经构成犯罪的行为。犯罪过失，是指行为人应当预见自己的行为可能发生危害社会的结果，因为疏忽大意而没有预见，或者已经预见但轻信能够避免的心理态度。犯罪过失包括疏忽大意的过失和过于自信的过失两种类型。

不构成犯罪，主要是指依照《刑法》第十三条等的相关规定，情节显著轻微危害不大，不认为是犯罪，或者尚未达到刑事案件立案追诉标准，不认为是犯罪。比如，受贿数额在 3 万元以上的，才构成受贿罪，如果党员受贿数额不满 3 万元且无特定情节，则不构成犯罪，但是该行为是刑法禁止的行为，也损害党、国家和人民的利益，应当视具体情节给予警告直至开除党籍处分。

（三）处理处分相关规定

1.《党纪处分条例》

第七条第一款　党组织和党员违反党章和其他党内法规，违反国家法律法规,违反党和国家政策,违反社会主义道德,危害党、国家和人民利益的行为,依照规定应当给予纪律处理或者处分的,都必须受到追究。

第十八条 根据案件的特殊情况,由中央纪委决定或者经省(部)级纪委(不含副省级市纪委)决定并呈报中央纪委批准,对违纪党员也可以在本条例规定的处分幅度以外减轻处分。

第二十九条 党组织在纪律审查中发现党员有贪污贿赂、滥用职权、玩忽职守、权力寻租、利益输送、徇私舞弊、浪费国家资财等违反法律涉嫌犯罪行为的,应当给予撤销党内职务、留党察看或者开除党籍处分。

第三十条 党组织在纪律审查中发现党员有刑法规定的行为,虽不构成犯罪但须追究党纪责任的,或者有其他破坏社会主义市场经济秩序、违反治安管理等违法行为,损害党、国家和人民利益的,应当视具体情节给予警告直至开除党籍处分。

违反国家财经纪律,在公共资金收支、税务管理、国有资产管理、政府采购管理、金融管理、财务会计管理等财经活动中有违法行为的,依照前款规定处理。

党员有嫖娼或者吸食、注射毒品等丧失党员条件,严重败坏党的形象行为的,应当给予开除党籍处分。

第三十三条 党员犯罪情节轻微,人民检察院依法作出不起诉决定的,或者人民法院依法作出有罪判决并免予刑事处罚的,应当给予撤销党内职务、留党察看或者开除党籍处分。

党员犯罪,被单处罚金的,依照前款规定处理。

第三十四条 党员犯罪,有下列情形之一的,应当给予开除党籍处分:

(一)因故意犯罪被依法判处刑法规定的主刑(含宣告缓刑);

(二)被单处或者附加剥夺政治权利;

(三)因过失犯罪,被依法判处三年以上(不含三年)有期徒刑。

因过失犯罪被判处三年以下(含三年)有期徒刑或者被判处管制、拘役的,一般应当开除党籍。对于个别可以不开除党籍的,应当对照处分违纪党员批准权限的规定，报请再上一级党组织批准。

第三十五条　党员依法受到刑事责任追究的，党组织应当根据司法机关的生效判决、裁定、决定及其认定的事实、性质和情节，依照本条例规定给予党纪处分，是公职人员的由监察机关给予相应政务处分或者由任免机关（单位）给予相应处分。

党员依法受到政务处分、任免机关（单位）给予的处分、行政处罚，应当追究党纪责任的，党组织可以根据生效的处分、行政处罚决定认定的事实、性质和情节，经核实后依照规定给予相应党纪处分或者组织处理。其中，党员依法受到撤职以上处分的，应当依照本条例规定给予撤销党内职务以上处分。

党员违反国家法律法规、企事业单位或者其他社会组织的规章制度受到其他处分，应当追究党纪责任的，党组织在对有关方面认定的事实、性质和情节进行核实后，依照规定给予相应党纪处分或者组织处理。

党组织作出党纪处分或者组织处理决定后，监察机关、司法机关、行政机关等依法改变原生效判决、裁定、决定等，对原党纪处分或者组织处理决定产生影响的，党组织应当根据改变后的生效判决、裁定、决定等重新作出相应处理。

2.《公职人员政务处分法》

第十四条　公职人员犯罪，有下列情形之一的，予以开除：

（一）因故意犯罪被判处管制、拘役或者有期徒刑以上刑罚（含宣告缓刑）的；

（二）因过失犯罪被判处有期徒刑，刑期超过三年的；

（三）因犯罪被单处或者并处剥夺政治权利的。

因过失犯罪被判处管制、拘役或者三年以下有期徒刑的，一般应当予以开除；案件情况特殊，予以撤职更为适当的，可以不予开除，但是应当报请上一级机关批准。

公职人员因犯罪被单处罚金，或者犯罪情节轻微，人民检察院依法作出不起诉决定或者人民法院依法免予刑事处罚的，予以撤职；造成不良影响的，予以开除。

第四十一条 公职人员有其他违法行为，影响公职人员形象，损害国家和人民利益的，可以根据情节轻重给予相应政务处分。

第四十九条第一、二款 公职人员依法受到刑事责任追究的，监察机关应当根据司法机关的生效判决、裁定、决定及其认定的事实和情节，依照本法规定给予政务处分。

公职人员依法受到行政处罚，应当给予政务处分的，监察机关可以根据行政处罚决定认定的事实和情节，经立案调查核实后，依照本法给予政务处分。

3.《行政机关公务员处分条例》

第十七条第二款 行政机关公务员依法被判处刑罚的，给予开除处分。

（四）相关注意事项

1. 受行政处罚后如何处理，即党员或公职人员发生酒驾行为，没有发生交通事故，只是被公安机关给予行政处罚，如何定性和处理？

依据《党纪处分条例》第三十条规定，党员的行为违反了道路交通安全法的规定，应当认定为其他违法行为，视情节给予警告至开除党籍处分；《党纪处分条例》第三十五条规定，党员依法受到行政处罚，党组织可以根据生效的行政处罚决定认定的事实、性质和情节，经核实后依照规定给予相应党纪处分或者组织处理。因此，对于酒驾被行政处罚的行为，应当根据事实和情节给予相应的党纪处分。比如结合喝酒的原因、喝酒的时间、有无造成恶劣影响、酒精含量的高低、初次还是多次酒驾、工作一贯表现等因素进行综合评价。实践中，在没有造成恶劣影响的情况下，给予党纪轻处分较为合适。

《公职人员政务处分法》第四十一条规定，公职人员有其他违法行为，影响公职人员形象，损害国家和人民利益的，可以根据情节轻重给予相应政务处分；《公职人员政务处分法》第四十九条规定，监察机关可以根据行政处罚决定认定的事实和情节，经立案调查核实后，给予政务处分。实践中,在没有造成恶劣后果的情况下,给予政务轻处分较为合适。如果情节特别轻微,给予党纪轻处分的案件,不一定同时给予政务轻处分。

2. 被相对不起诉、免予刑罚的如何处理,即党员或公职人员因为酒驾造成交通事故或者因为醉驾行为被追究刑事责任,检察机关作出相对不起诉、法院判决免予刑事处罚的案件如何定性和处理?

依据我国刑法和道路交通安全法的有关规定,酒驾和醉驾面临的处罚不同,酒驾通常不会被追究刑事责任,但是饮酒后驾驶机动车发生重大交通事故,构成犯罪的,将会被追究刑事责任;醉驾通常涉嫌危险驾驶罪,一般处以拘役,并处罚金。依据我国刑事诉讼法和刑法的有关规定,情节轻微,危害不大的,对两者均可以作出不起诉决定或者判处免予刑事处罚。依据《党纪处分条例》第二十九条、第三十三条的规定,当被检察机关作出不起诉决定或者法院判处免予刑事处罚时,党员的行为应当定性为涉嫌犯罪行为,并给予党纪重处分,即撤销党内职务以上的处分。

3. 被判处刑罚后如何处理,即党员或公职人员因醉驾或酒驾发生重大交通事故而被判处拘役、有期徒刑,应当如何定性或处理?

依据《党纪处分条例》第三十四条规定,党员犯罪,因故意犯罪被判处刑法规定的主刑(含宣告缓刑)的;被单处或者附加剥夺政治权利的;因过失犯罪被依法判处 3 年以上(不含 3 年)有期徒刑的,应当给予开除党籍处分。因此,因醉驾或酒驾涉嫌犯罪被判处刑罚的,一般情况下都应当开除党籍。需要注意的是,这里所说的醉酒驾驶,并不以造成交通事故为要件,即使没有造成交通事故的醉酒驾驶也构成危险驾驶罪,应当给予开除党籍处分。如果党员醉酒驾驶造成交通事故且负事故全部或者主要责任,或者造成交通事故后逃逸,尚未构成其他犯罪的,应该依照《刑法》第一百三十三条的规定,从重处罚,当然也要受到开除党籍的党纪处分。因酒驾发生重大交通事故而涉嫌的交通肇事罪属于过失犯罪,如被判处 3 年以下有期徒刑或者拘役,一般应当开除党籍,在适用党纪处分时,经综合考虑后对个别可以不给予开除党籍处分的,应当对照处分党员批准权限的规定，报请再上一级党组织批准。另外值得强调的是，对因醉酒驾驶被免予刑事处罚的党员干部，依据《党纪处分条例》第三十三条的规定，也应给予撤销党内职务以上处分。

4. 根据行政处罚决定办理酒驾醉驾案件的核实及立案程序问题

根据《中国共产党纪律检查机关案件检查工作条例》第十二条规定，待公安机关对酒驾醉驾党员或公职人员作出行政处罚决定，认定党员或公职人员存在违法行为，且未发现有其他违纪违法问题线索需要核实的，纪检监察机关可以不需要经过初核程序即由承办部门直接办理立案审查调查手续，经核实后依照规定给予党纪政务处分或者组织处理。根据《党纪处分条例》第三十五条第二款规定，在给予酒驾醉驾违法但不涉及犯罪的党员党纪处分时，纪检监察机关须经过一定核实程序，不能不经核实，直接照搬行政机关的认定，对党员作出党纪处分。

5. 根据生效判决办理违法犯罪案件的程序问题

根据《中国共产党纪律检查机关案件检查工作条例》及其实施细则的有关规定，对已经公安、司法机关处理的移送纪检机关的案件，可由审理部门直接受理，提出处理建议并按程序呈报审批，不再履行立案手续。案件审理部门经审核发现除受刑事处罚的行为外还有其他违纪问题需要进一步调查核实的，应将案件转由审查调查部门按程序办理立案手续，并予以立案审查调查。

实践中，一般须在受理线索的同时办理简易立案程序手续（主要包括立案呈批报告、立案呈批表、立案决定书并视情况宣布等）后，再按程序移送审理并开展案件审理相关工作（视情况，不必反馈审核意见与补证，以及审理谈话等）。

6. 适用特殊减轻处分需把握的有关问题

根据《党纪处分条例》第十八条规定，为防止在实践中被滥用，特殊减轻处分在程序方面设定了严格要求，即只有中央纪委决定或者经省（部）级纪委（不含副省级市纪委）决定并呈报中央纪委批准，才可以对违纪党员在该条例规定的处分幅度以外减轻处分。因此，在实践中，《党纪处分条例》中规定只有开除党籍一个处分档次的违纪行为，原则上不能适用该条规定，如《党纪处分条例》第三十四条第一款规定的“因故意犯罪被判处刑法规定的主刑（含宣告缓刑）的；被单处或者附加剥夺政治权利的；因过失犯罪被依法判处三年以上（不含三年）有期徒刑的，应当给予开除党籍处分”的情形，不能适用该条规定，否则就会与《中国共产党章程》第四十条第二款中关于“严重违纪、严重触犯刑律的党员必须开除党籍”的规定产生冲突。

（五）办案指南

1. 关键证据收集

主要是指公安行政执法、司法机关等提取的相关证据，及其作出的相应处理决定文书，包括公安机关的行政处罚决定文书或立案决定文书（撤案的，相应文书也应调取）、检察机关的不起诉决定书或起诉书、法院的刑事判决文书等；参与饮酒活动其他人员的证言；呼气酒精含量检验单（有血液酒精含量检验报告单的，也应调取），血样提取笔录或者血样提取登记表；现场查获时拍摄的被告人及其所驾驶车辆的照片或者视听资料（含饮酒场所的视听资料或物证）等。

2. 做到酒驾醉驾“一案三查”

既要查当事人酒驾醉驾违纪违法问题，又要查背后的“四风”问题，对酒驾醉驾的党员干部或公职人员，要倒查回溯、跟进监督，查清饮酒原因、查清参与人员、查清饮酒场所、查清费用来源及支付渠道，是否存在违规公务接待、违规接受管理服务对象宴请等问题，还要查当事人所在单位履行全面从严治党“两个责任”情况，是否存在日常教育缺失、疏于监督管理、酒驾醉驾屡禁不绝等问题，视情追究相关党组织和领导干部的责任。

3. 其他相关人员的查处

如有证据证明，车辆保管人明知驾驶员喝酒以后，仍将车辆交给驾驶员驾驶的，一旦驾驶员被查获酒精含量达到 80 毫克/ 100 毫升以上，车辆保管人也将涉嫌危险驾驶罪共同犯罪。车辆保管人系中共党员、公职人员的，也应依据司法机关结论，给予党纪、政务的相应处分。

4. 全面把握量纪处理平衡

办理党员或公职人员酒驾醉驾案件中，在具体量纪时，应在全面把握事实和情节的基础上，从三个层次对该类案件确立一个相对明确的考量标准：

一是因酒后驾驶被行政处罚或者醉酒驾驶但因情节显著轻微不作为犯罪处理而由公安机关给予行政处罚的，在没有造成恶劣后果和影响的情况下，一般给予党纪或政务轻处分较为适宜。

二是因酒驾造成交通事故或者因醉驾行为被追究刑事责任，检察机关作出相对不起诉决定、法院判决免予刑事处罚的，应当同时给予党纪政务重处分。实践中，一般可给予撤销党内职务、撤销政务职务（“双撤”）及以上处分。

三是因醉驾或酒驾发生重大交通事故而被判处刑罚的，一般都应给予开除党籍、开除公职或解除劳动合同（“双开”）处分。

上述违纪行为还须依据《国有企业管理人员处分条例》相关规定，对其中符合《公职人员政务处分法》规定的违法行为，应再给予相应处分。

第九章　贪污贿赂案件的办理

一、贪污罪

（一）法条依据

1.《刑法》

第三百八十二条　国家工作人员利用职务上的便利，侵吞、窃取、骗取或者以其他手段非法占有公共财物的，是贪污罪。

受国家机关、国有公司、企业、事业单位、人民团体委托管理、经营国有财产的人员，利用职务上的便利，侵吞、窃取、骗取或者以其他手段非法占有国有财物的，以贪污论。

与前两款所列人员勾结，伙同贪污的，以共犯论处。

第二百七十一条第二款　国有公司、企业或者其他国有单位中从事公务的人员和国有公司、企业或者其他国有单位委派到非国有公司、企业以及其他单位从事公务的人员有前款行为的，依照本法第三百八十二条、第三百八十三条的规定定罪处罚。

2.最高人民法院《关于审理贪污、职务侵占案件如何认定共同犯罪几个问题的解释》（2000年7月8日起施行，法释〔2000〕15号）

第一条　行为人与国家工作人员勾结，利用国家工作人员的职务便利，共同侵吞、窃取、骗取或者以其他手段非法占有公共财物的，以贪污罪共犯论处。

第三条　公司、企业或者其他单位中，不具有国家工作人员身份的人与国家工作人员勾结,分别利用各自的职务便利,共同将本单位财物非法占为己有的,按照主犯的犯罪性质定罪。

3. 最高人民法院、最高人民检察院《关于办理妨害预防、控制突发传染病疫情等灾害的刑事案件具体应用法律若干问题的解释》(2003年5月15日起施行,法释〔2003〕8号)

第十四条第一款　贪污、侵占用于预防、控制突发传染病疫情等灾害的款物或者挪用归个人使用,构成犯罪的,分别依照刑法第三百八十二条、第三百八十三条、第二百七十一条、第三百八十四条、第二百七十二条的规定,以贪污罪、职务侵占罪、挪用公款罪、挪用资金罪定罪,依法从重处罚。

第十八条　本解释所称"突发传染病疫情等灾害",是指突然发生,造成或者可能造成社会公众健康严重损害的重大传染病疫情、群体性不明原因疾病以及其他严重影响公众健康的灾害。

4.《全国法院审理经济犯罪案件工作座谈会纪要》(2003年11月13日印发,法发〔2003〕167号)

二、关于贪污罪

(一)贪污罪既遂与未遂的认定

贪污罪是一种以非法占有为目的的财产性职务犯罪,与盗窃、诈骗、抢夺等侵犯财产罪一样,应当以行为人是否实际控制财物作为区分贪污罪既遂与未遂的标准。对于行为人利用职务上的便利,实施了虚假平帐等贪污行为,但公共财物尚未实际转移,或者尚未被行为人控制就被查获的,应当认定为贪污未遂。行为人控制公共财物后,是否将财物据为己有,不影响贪污既遂的认定。

(二)"受委托管理、经营国有财产"的认定

刑法第三百八十二条第二款规定的"受委托管理、经营国有财产",是指因承包、租赁、临时聘用等管理、经营国有财产。

(三)国家工作人员与非国家工作人员勾结共同非法占有单位财物行为的认定

对于国家工作人员与他人勾结,共同非法占有单位财物的行为,应

当按照《最高人民法院关于审理贪污、职务侵占案件如何认定共同犯罪几个问题的解释》的规定定罪处罚。对于在公司、企业或者其他单位中，非国家工作人员与国家工作人员勾结，分别利用各自的职务便利，共同将本单位财物非法占有的，应当尽量区分主从犯，按照主犯的犯罪性质定罪。司法实践中，如果根据案件的实际情况，各共同犯罪人在共同犯罪中的地位、作用相当，难以区分主从犯的，可以贪污罪定罪处罚。

（四）共同贪污犯罪中“个人贪污数额”的认定

刑法第三百八十三条第一款规定的“个人贪污数额”，在共同贪污犯罪案件中应理解为个人所参与或者组织、指挥共同贪污的数额，不能只按个人实际分得的赃款数额来认定。对共同贪污犯罪中的从犯，应当按照其所参与的共同贪污的数额确定量刑幅度，并依照刑法第二十七条第二款的规定，从轻、减轻处罚或者免除处罚。

四、关于挪用公款罪

（八）挪用公款转化为贪污的认定

挪用公款罪与贪污罪的主要区别在于行为人主观上是否具有非法占有公款的目的。挪用公款是否转化为贪污，应当按照主客观相一致的原则，具体判断和认定行为人主观上是否具有非法占有公款的目的。在司法实践中，具有以下情形之一的，可以认定行为人具有非法占有公款的目的：

1. 根据《最高人民法院关于审理挪用公款案件具体应用法律若干问题的解释》第六条的规定，行为人“携带挪用的公款潜逃的”，对其携带挪用的公款部分，以贪污罪定罪处罚。

2. 行为人挪用公款后采取虚假发票平帐、销毁有关帐目等手段，使所挪用的公款已难以在单位财务帐目上反映出来，且没有归还行为的，应当以贪污罪定罪处罚。

3. 行为人截取单位收入不入帐，非法占有，使所占有的公款难以在单位财务帐目上反映出来，且没有归还行为的，应当以贪污罪定罪处罚。

4. 有证据证明行为人有能力归还所挪用的公款而拒不归还，并隐瞒挪用的公款去向的，应当以贪污罪定罪处罚。

5. 最高人民法院研究室《关于对行为人通过伪造国家机关公文、证件担任国家工作人员职务并利用职务上的便利侵占本单位财物、收受贿赂、挪用本单位资金等行为如何适用法律问题的答复》(2004 年 3 月 30 日公布并施行,法研〔2004〕38 号)

行为人通过伪造国家机关公文、证件担任国家工作人员职务以后,又利用职务上的便利实施侵占本单位财物、收受贿赂、挪用本单位资金等行为,构成犯罪的,应当分别以伪造国家机关公文、证件罪和相应的贪污罪、受贿罪、挪用公款罪等追究刑事责任,实行数罪并罚。

6. 最高人民法院、最高人民检察院《关于办理国家出资企业中职务犯罪案件具体应用法律若干问题的意见》(2010 年 11 月 26 日印发,法发〔2010〕49 号)

一、关于国家出资企业工作人员在改制过程中隐匿公司、企业财产归个人持股的改制后公司、企业所有的行为的处理

国家工作人员或者受国家机关、国有公司、企业、事业单位、人民团体委托管理、经营国有财产的人员利用职务上的便利,在国家出资企业改制过程中故意通过低估资产、隐瞒债权、虚设债务、虚构产权交易等方式隐匿公司、企业财产,转为本人持有股份的改制后公司、企业所有,应当依法追究刑事责任的,依照刑法第三百八十二条、第三百八十三条的规定,以贪污罪定罪处罚。贪污数额一般应当以所隐匿财产全额计算;改制后公司、企业仍有国有股份的,按股份比例扣除归于国有的部分。

所隐匿财产在改制过程中已为行为人实际控制,或者国家出资企业改制已经完成的,以犯罪既遂处理。

第一款规定以外的人员实施该款行为的,依照刑法第二百七十一条的规定,以职务侵占罪定罪处罚;第一款规定以外的人员与第一款规定的人员共同实施该款行为的,以贪污罪的共犯论处。

在企业改制过程中未采取低估资产、隐瞒债权、虚设债务、虚构产权交易等方式故意隐匿公司、企业财产的,一般不应当认定为贪污;造成国有资产重大损失,依法构成刑法第一百六十八条或者第一百六十九条规

定的犯罪的，依照该规定定罪处罚。

二、关于国有公司、企业在改制过程中隐匿公司、企业财产归职工集体持股的改制后公司、企业所有的行为的处理

国有公司、企业违反国家规定，在改制过程中隐匿公司、企业财产，转为职工集体持股的改制后公司、企业所有的，对其直接负责的主管人员和其他直接责任人员，依照刑法第三百九十六条第一款的规定，以私分国有资产罪定罪处罚。

改制后的公司、企业中只有改制前公司、企业的管理人员或者少数职工持股，改制前公司、企业的多数职工未持股的，依照本意见第一条的规定，以贪污罪定罪处罚。

四、关于国家工作人员在企业改制过程中的渎职行为的处理

……

国家出资企业中的国家工作人员在公司、企业改制或者国有资产处置过程中徇私舞弊，将国有资产低价折股或者低价出售给特定关系人持有股份或者本人实际控制的公司、企业，致使国家利益遭受重大损失的，依照刑法第三百八十二条、第三百八十三条的规定，以贪污罪定罪处罚。贪污数额以国有资产的损失数额计算。

国家出资企业中的国家工作人员因实施第一款、第二款行为收受贿赂，同时又构成刑法第三百八十五条规定之罪的，依照处罚较重的规定定罪处罚。

五、关于改制前后主体身份发生变化的犯罪的处理

国家工作人员在国家出资企业改制前利用职务上的便利实施犯罪，在其不再具有国家工作人员身份后又实施同种行为，依法构成不同犯罪的，应当分别定罪，实行数罪并罚。

国家工作人员利用职务上的便利，在国家出资企业改制过程中隐匿公司、企业财产，在其不再具有国家工作人员身份后将所隐匿财产据为己有的，依照刑法第三百八十二条、第三百八十三条的规定，以贪污罪定罪处罚。

……

六、关于国家出资企业中国家工作人员的认定

经国家机关、国有公司、企业、事业单位提名、推荐、任命、批准等，在国有控股、参股公司及其分支机构中从事公务的人员，应当认定为国家工作人员。具体的任命机构和程序，不影响国家工作人员的认定。

经国家出资企业中负有管理、监督国有资产职责的组织批准或者研究决定，代表其在国有控股、参股公司及其分支机构中从事组织、领导、监督、经营、管理工作的人员，应当认定为国家工作人员。

国家出资企业中的国家工作人员，在国家出资企业中持有个人股份或者同时接受非国有股东委托的，不影响其国家工作人员身份的认定。

七、关于国家出资企业的界定

本意见所称“国家出资企业”，包括国家出资的国有独资公司、国有独资企业，以及国有资本控股公司、国有资本参股公司。

是否属于国家出资企业不清楚的，应遵循“谁投资、谁拥有产权”的原则进行界定。企业注册登记中的资金来源与实际出资不符的，应根据实际出资情况确定企业的性质。企业实际出资情况不清楚的，可以综合工商注册、分配形式、经营管理等因素确定企业的性质。

八、关于宽严相济刑事政策的具体贯彻

办理国家出资企业中的职务犯罪案件时，要综合考虑历史条件、企业发展、职工就业、社会稳定等因素，注意具体情况具体分析，严格把握犯罪与一般违规行为的区分界限。对于主观恶意明显、社会危害严重、群众反映强烈的严重犯罪，要坚决依法从严惩处；对于特定历史条件下、为了顺利完成企业改制而实施的违反国家政策法律规定的行为，行为人无主观恶意或者主观恶意不明显，情节较轻，危害不大的，可以不作为犯罪处理。

对于国家出资企业中的职务犯罪，要加大经济上的惩罚力度，充分重视财产刑的适用和执行，最大限度地挽回国家和人民利益遭受的损失。不能退赃的，在决定刑罚时，应当作为重要情节予以考虑。

7. 最高人民法院、最高人民检察院《关于办理职务犯罪案件严格适用缓刑、免予刑事处罚若干问题的意见》(2012 年 8 月 8 日印发,法发〔2012〕17 号)

二、具有下列情形之一的职务犯罪分子,一般不适用缓刑或者免予刑事处罚:

(一)不如实供述罪行的;

(二)不予退缴赃款赃物或者将赃款赃物用于非法活动的;

(三)属于共同犯罪中情节严重的主犯的;

(四)犯有数个职务犯罪依法实行并罚或者以一罪处理的;

(五)曾因职务违纪违法行为受过行政处分的;

(六)犯罪涉及的财物属于救灾、抢险、防汛、优抚、扶贫、移民、救济、防疫等特定款物的;

(七)受贿犯罪中具有索贿情节的;

(八)渎职犯罪中徇私舞弊情节或者滥用职权情节恶劣的;

(九)其他不应适用缓刑、免予刑事处罚的情形。

三、不具有本意见第二条规定的情形,全部退缴赃款赃物,依法判处三年有期徒刑以下刑罚,符合刑法规定的缓刑适用条件的贪污、受贿犯罪分子,可以适用缓刑;符合刑法第三百八十三条第一款第(三)项的规定,依法不需要判处刑罚的,可以免予刑事处罚。

……

四、人民法院审理职务犯罪案件时应当注意听取检察机关、被告人、辩护人提出的量刑意见,分析影响性案件案发前后的社会反映,必要时可以征求案件查办等机关的意见。对于情节恶劣、社会反映强烈的职务犯罪案件,不得适用缓刑、免予刑事处罚。

8. 最高人民法院《关于〈中华人民共和国刑法修正案(九)〉时间效力问题的解释》(2015 年 10 月 29 日公布,2015 年 11 月 1 日起施行,法释〔2015〕19 号)

第八条　对于 2015 年 10 月 31 日以前实施贪污、受贿行为,罪行极其严重，根据修正前刑法判处死刑缓期执行不能体现罪刑相适应原则，而根据修正后刑法判处死刑缓期执行同时决定在其死刑缓期执行二年期满依法减为无期徒刑后，终身监禁，不得减刑、假释可以罚当其罪的，适用修正后刑法第三百八十三条第四款的规定。根据修正前刑法判处死刑缓期执行足以罚当其罪的，不适用修正后刑法第三百八十三条第四款的规定。

9. 最高人民法院、最高人民检察院《关于办理贪污贿赂刑事案件适用法律若干问题的解释》(2016年4月18日印发施行，法释〔2016〕9号)

第一条第一款、第二款　贪污或者受贿数额在三万元以上不满二十万元的，应当认定为刑法第三百八十三条第一款规定的“数额较大”，依法判处三年以下有期徒刑或者拘役，并处罚金。

贪污数额在一万元以上不满三万元，具有下列情形之一的，应当认定为刑法第三百八十三条第一款规定的“其他较重情节”，依法判处三年以下有期徒刑或者拘役，并处罚金：

(一)贪污救灾、抢险、防汛、优抚、扶贫、移民、救济、防疫、社会捐助等特定款物的；

(二)曾因贪污、受贿、挪用公款受过党纪、行政处分的；

(三)曾因故意犯罪受过刑事追究的；

(四)赃款赃物用于非法活动的；

(五)拒不交待赃款赃物去向或者拒不配合追缴工作，致使无法追缴的；

(六)造成恶劣影响或者其他严重后果的。

第二条第一款、第二款　贪污或者受贿数额在二十万元以上不满三百万元的，应当认定为刑法第三百八十三条第一款规定的“数额巨大”，依法判处三年以上十年以下有期徒刑，并处罚金或者没收财产。

贪污数额在十万元以上不满二十万元，具有本解释第一条第二款规定的情形之一的，应当认定为刑法第三百八十三条第一款规定的“其他严重情节”，依法判处三年以上十年以下有期徒刑，并处罚金或者没收财产。

第三条第一款、第二款 贪污或者受贿数额在三百万元以上的,应当认定为刑法第三百八十三条第一款规定的“数额特别巨大”,依法判处十年以上有期徒刑、无期徒刑或者死刑,并处罚金或者没收财产。

贪污数额在一百五十万元以上不满三百万元,具有本解释第一条第二款规定的情形之一的,应当认定为刑法第三百八十三条第一款规定的“其他特别严重情节”,依法判处十年以上有期徒刑、无期徒刑或者死刑,并处罚金或者没收财产。

第四条 贪污、受贿数额特别巨大,犯罪情节特别严重、社会影响特别恶劣、给国家和人民利益造成特别重大损失的,可以判处死刑。

符合前款规定的情形,但具有自首,立功,如实供述自己罪行、真诚悔罪、积极退赃,或者避免、减少损害结果的发生等情节,不是必须立即执行的,可以判处死刑缓期二年执行。

符合第一款规定情形的,根据犯罪情节等情况可以判处死刑缓期二年执行,同时裁判决定在其死刑缓期执行二年期满依法减为无期徒刑后,终身监禁,不得减刑、假释。

第十六条第一款 国家工作人员出于贪污、受贿的故意,非法占有公共财物、收受他人财物之后,将赃款赃物用于单位公务支出或者社会捐赠的,不影响贪污罪、受贿罪的认定,但量刑时可以酌情考虑。

第十八条 贪污贿赂犯罪分子违法所得的一切财物,应当依照刑法第六十四条的规定予以追缴或者责令退赔,对被害人的合法财产应当及时返还。对尚未追缴到案或者尚未足额退赔的违法所得,应当继续追缴或者责令退赔。

第十九条第一款 对贪污罪、受贿罪判处三年以下有期徒刑或者拘役的,应当并处十万元以上五十万元以下的罚金;判处三年以上十年以下有期徒刑的,应当并处二十万元以上犯罪数额二倍以下的罚金或者没收财产;判处十年以上有期徒刑或者无期徒刑的,应当并处五十万元以上犯罪数额二倍以下的罚金或者没收财产。

第二十条　本解释自2016年4月18日起施行。最高人民法院、最高人民检察院此前发布的司法解释与本解释不一致的,以本解释为准。

10.最高人民检察院《关于贪污养老、医疗等社会保险基金能否适用〈最高人民法院最高人民检察院关于办理贪污贿赂刑事案件适用法律若干问题的解释〉第一条第二款第一项规定的批复》(2017年7月19日最高人民检察院第十二届检察委员会第六十七次会议通过,2017年7月26日公布,2017年8月7日起施行,高检发释字〔2017〕1号)

养老、医疗、工伤、失业、生育等社会保险基金可以认定为《最高人民法院、最高人民检察院关于办理贪污贿赂刑事案件适用法律若干问题的解释》第一条第二款第一项规定的"特定款物"。

根据刑法和有关司法解释规定,贪污罪和挪用公款罪中的"特定款物"的范围有所不同,实践中应注意区分,依法适用。

11.最高人民法院《关于被告人林某钦受贿请示一案的答复》(2017年2月13日答复福建省高级人民法院"闽高法〔2016〕250号"《关于立案追诉后因法律司法解释修改导致追诉时效发生变化的案件法律适用问题的请示》,最高法刑他字〔2016〕5934号)

追诉时效是依照法律规定对犯罪分子追究刑事责任的期限,在追诉时效期限内,司法机关应当依法追究犯罪分子刑事责任。对于法院正在审理的贪污贿赂案件,应当依据司法机关立案侦查时的法律规定认定追诉时效。依据立案侦查时的法律规定未过时效,且已经进入诉讼程序的案件,在新的法律规定生效后应当继续审理。

(二)犯罪表现形式

1.国有企业在改制过程中,通过收入不入账和做假账隐瞒国有资产,进行侵吞

王某某、曹某某在分别担任某拍卖行总经理、会计期间,利用某某市政府有关部门对某拍卖行清产改制的机会相互勾结。为低价竞买仁达拍卖行,两被告人利用职务上的便利,于2003年3月至2004年2月,在企业改制过程中,先后多次通过收入不入账、做假账的方式隐瞒国有资

产,共同侵吞本单位公款合计人民币127.54万元①。王某某、曹某某被法院以贪污罪追究刑事责任。

2. 主管退休、社保的国企工作人员利用职务上的便利,虚构退休材料骗取社会养老保险金

余某智利用其在某县粮食集团公司任人秘部主任,负责办理公司职工退休手续、社保手续的职务之便,先通过其妻子余某芳骗得亲戚林某某(无业人员)的身份证和照片,并串通其下属某贸易公司经理黄某德,制作了林某某为该公司退休职工以及林某某的职工退休审批表等虚假材料,后将上述材料报送某某县劳动局及某县社会保险基金管理局(以下简称县社保局)审核,骗取上述部门的批准。县社保局核定自2000年11月开始发放林某某的社会养老保险金后,余某智于同月初从县社保局领到林某某的社会养老保险金存折,并将该存折交给余某芳保管。此后至2012年7月,县社保局将社会养老保险金共83,241.53元划入林某某的社会养老保险金账户。其间,余某芳从该账户中取款82,021元用于家庭开支②。余某智被法院以贪污罪追究刑事责任。

3. 将个人损失转嫁给国有单位的行为,应该认定为贪污

窦某某、冼某某身为国有企业工作人员,在为各自单位从事期货交易活动的过程中,利用职务便利,采取欺骗手段,将私人账户上的期货合约在价格下跌时分别转入国有企业账户,造成国有企业在转入当天的持仓亏损分别为3.84万元和2.8万元。这种向国有企业转嫁个人损失的做法,虽然没有表现为直接地占有国有财物,但实质是以国有企业亏损来弥补个人损失的手段占有国有财物,是非法占有的一种行为。依照《刑法》第三百八十二条的规定,窦某某、冼某某的行为构成贪污罪,公诉机关指控罪名成立。本案的贪污数额,应按窦某某、冼某某移仓当日

① 参见(2008)通中刑二终字第0055号。

② 参见(2014)潮平法刑初字第31号。

的结算价计算。[①] 窦某某、冼某某被法院以贪污罪追究刑事责任。

4. 国有企业中的国家工作人员，通过改变结算对手、加价与国有企业结算等结算方式，骗取国有资产

三印厂是印包公司下属的国有企业，其企业财产是国有财产，张某某是在该企业中工作的国家工作人员。后指使三印厂供应科的采购人员在采购电动机、变频控制器等配套件时，让供货方在继续直接向三印厂供货的同时，改向唐某某的某公司结算货款，再由唐某某加价后与三印厂结算，三印厂将货款直接付给某公司。自 1997 年 1 月至 1999 年 12 月，上述供货单位给三印厂供货共计 188.1 万余元，而唐某某以某公司名义转手向三印厂结算上述货物的货款共计 274.4 万余元（均已扣除应交税款）。依据上海市价格事务所的价格鉴定结论，唐某某转开发票加价 86.2 万余元，加价幅度平均超过原价 45%。扣除上述供货单位可能给的销售让利数额，唐某某和张某某利用转开发票，使三印厂多支出货款合计 77.7 万余元[②]。张某某被法院以贪污罪追究刑事责任。

（三）常见疑难问题

1. 不法取得他人财物的认定

不法取得，是指将财物转移行为人占有。其既可能是对财物法律上的占有，也可能是对财物事实上的占有。行为人取得对主要为公共财物的他人财物的支配时，为本罪既遂[③]。

2013 年 10 月，郭某某利用担任某集团党委书记、董事长的职务便利，安排商运集团财务处处长信某某、会计赵某用账外资金 32.56 万元购买帕萨特轿车不入某集团账目，归郭某某个人所有。经法院审理认为：郭某某利用账外资金购买轿车归个人使用是其职务形成的便利条件，但该车购买后入户在其单位固定资产会计名下，公共财产所有权并

① 参见上海市黄浦区人民检察院诉窦某颖、冼某玲贪污案，载《最高人民法院公报》2003 年第 2 期。

② 参见唐某华等五人贪污、职务侵占、企业人员受贿案，载《最高人民法院公报》2002 年第 2 期。

③ 参见周光权：《刑法各论》，中国人民大学出版社 2021 年版，第 536 页。

未转移，虽该车暂未入公司固定资产，但该车的购车发票已全部入了公司财务账目，用公款购车的客观事实存在，但郭某某并未将该车过户于自己名下，并没有非法占有的主观故意，且无法确定郭某某自己占有使用了该车，其行为不符合贪污罪的构成要件，属滥用职权行为①。

2. 国有公司、企业在改制过程中隐匿公司、企业财产归职工集体持股的改制后公司、企业所有的行为的认定

改制后的公司、企业只有改制前公司、企业的管理人员或者少数职工持股，改制前公司、企业的多数职工未持股的，依照最高人民法院、最高人民检察院《关于办理国家出资企业中职务犯罪案件具体应用法律若干问题的意见》第一条的规定，以贪污罪定罪处罚。

3. 截留收入中单位应给的奖励款不应从贪污的数额中予以扣除

王某系某国有企业车间主任，为鼓励创收，该企业规定在保障职工月基本工资的前提下，每月进行财务核算，各车间超额完成收入的5%返给车间主任作为其个人奖金，其余95%留给企业统一调配管理。2007年，王某在完成各月规定任务后，利用一些客户不需要发票的机会，私揽数笔业务在该车间完成，累计获利10万元，全部据为己有②。

实践中，大量存在行为人侵吞单位货款或其他收入，而单位本身又有规定或惯例，会将货款、收入的一定比例作为资金返还行为人的情形。

此种情形下行为人应得的奖励款不应当从贪污数额中予以扣除，应认定王某的贪污数额为10万元。主要理由是：第一，该笔超收的10万元属于企业的经营所得，在未作出处理分配前仍然是企业所有的财产，所有权当然归于单位，依法应当受到《刑法》独立保护。行为人王某无权依据单位的所谓规定，直接处分企业财产。第二，股东侵吞公司财产的，对于股东在公司中所持有的个人份额，尚不能从贪污数额中予以扣除，类似本案所涉奖金、合理分红等的就更不应从贪污数额中予以

① 参见(2017)豫1402刑初865号。

② 参见沈志先主编：《职务犯罪审判实务》，法律出版社2013年版，第86－87页。

扣除。

4. 非国家工作人员构成贪污罪，除了注意国家工作人员构成贪污罪的一般要件外，还必须考察委托关系是否成立、受委托人是否经营管理国有财产、行为人侵吞的是不是国有财产

受委托管理、经营国有财产的人员不是国家工作人员，也不能以国家工作人员论，因此，只能成为贪污犯罪的主体，不能成为受贿、挪用公款等其他国家工作人员职务犯罪的主体。

对于国有单位中非从事公务的工作人员，即使是合同工，一旦在国有单位内部承担管理、经营国有财产的职责，则应当直接认定为国有单位中从事公务的人员，而不是受委托管理、经营国有财产的人员。所谓管理，是指具有监守或者保管公共财物的职权。经营者在经营期间通常同时行使管理职权，对公共财物具有处置权。所谓经营，是指将公共财物投放市场并作为资本使其增值的商业活动，或者利用公共财物从事营利性活动。

受委托管理、经营国有财产中的“委托”是基于信任或者合同等其他关系而产生的权利义务关系，被委托人与委托单位是一种平等的关系。受委托最典型的，就是公民个人与国有企业签订承包、租赁合同，依照合同约定对国有企业进行管理、经营。

受委托管理、经营不同于国有单位非国家工作人员从事的不具有公务性质的生产、服务等劳务活动。委托的内容必须限于对国有资产进行管理、经营。所谓管理，是指依委托行使监守或保管国有资产职权的活动；所谓经营，是指行为人在对国有资产具有管理职权的前提下，将国有资产投入市场，作为资本使其增值的商业活动，也就是对国有财物具有处分权。如果受委托的事项不是管理、经营国有财产，而是从事具体的保管、经手、生产、服务等劳务活动，不能适用《刑法》第三百八十二条第二款的规定（不构成贪污罪）。[①]

---

① 参见中华人民共和国最高人民法院刑事审判第一、二、三、四、五庭主办：《中国刑事审判指导案例》（第6卷），法律出版社2017年版，第57页。

委托方式多种多样，实践中除了承包、租赁和临时聘用以外，不排除其他形式存在的可能，但其共同的特征在于，委托双方属于平等的民事主体关系，这种委托是国有单位以平等主体身份就国有财产的管理、经营与被委托者达成协议，本质上是民事委托关系，因此有别于《刑法》第九十三条规定的“委派”。委派的实质是任命，具有一定的行政性，被委派者在委派事项及是否接受委派方面，与委派方不是处于平等地位而是具有行政隶属性质，两者间的关系具有隶属性和服从性。

在朱某岩贪污案中，朱某岩与泗阳县食品总公司破产清算组签订了租赁经营某县食品总公司肉联厂的合同，属于一种典型的民事委托方式，因此，朱某岩符合“受委托”管理、经营国有财产的要件，一审、二审法院对朱某岩以贪污罪定罪是正确的。①

5. 共犯的认定

关于利用国家工作人员的职务便利共同侵吞、窃取、骗取或者以其他手段非法占有公共财物以贪污罪的共犯论处问题，最高人民法院《关于审理贪污、职务侵占案件如何认定共同犯罪几个问题的解释》中虽然只规定了与国家工作人员共同贪污的情况，但不能据此得出只有与“国家工作人员”共同贪污的，才能认定为贪污共犯。该解释这样规定只是为了表述简明而已，实际的含义应当理解为：行为人与贪污罪的主体共同非法占有公共财物的，均以贪污罪共犯论处。也就是说，行为人与受委托管理、经营国有财产的人员勾结，利用受委托管理、经营国有财产人员的职务便利，共同侵吞、窃取、骗取或者以其他手段非法占有公共财物的，也要以贪污罪共犯论处。

对于共同故意的成立，理论上要求具备两个条件：一是各共犯都出于故意；二是各共犯的故意之间有联络，即共同犯罪人不但认识到自己在实施故意犯罪，而且认识到其在配合其他共同犯罪人实施故意犯罪。因此，在认定共同故意时，不需要证明共犯之间有积极的共谋行为。在

---

① 参见中华人民共和国最高人民法院刑事审判第一、二、三、四、五庭主办：《中国刑事审判指导案例》（第6卷），法律出版社2017年版，第89页。

徐某、罗某德贪污案①中，虽然没有证据证明二被告人曾经商量过要占有该47万余元资产，但二被告人在隐瞒真相的前提下于2000年9月7日缴清国资款，之后共同积极办理资产转移手续，足以表明其有非法占有的共同故意。

6. 既遂与未遂的认定

贪污罪是一种以非法占有为目的的财产性职务犯罪，与盗窃、诈骗、抢夺等侵犯财产罪一样，应当以行为人是否实际控制财物作为区分贪污罪既遂与未遂的标准。对于行为人利用职务上的便利，实施了虚假平账等贪污行为，但公共财物尚未实际转移，或者尚未被行为人控制就被查获的，应当认定为贪污未遂。行为人控制公共财物后，是否将财物据为己有，不影响贪污既遂的认定。

作为以非法占有为目的的直接故意犯罪，贪污罪存在未遂形态；其既遂、未遂的判断标准，与盗窃、诈骗、抢夺等财产犯罪一样，应当视行为人是否实际取得财物而定。具体到贪污不动产犯罪，只要行为人利用职务之便，采取欺骗等非法手段，使公有不动产脱离了公有产权人的实际控制，并被行为人现实地占有，或者行为人已经就所有权的取得进行了变更登记，即可认定为贪污罪的既遂，而且，在办理不动产转移登记之后，即使不动产尚未实现事实上的转移，也不影响贪污罪既遂的成立。在于某红贪污案中，于某红虽未就其所截留的公有房屋进行私有产权登记，但因该截留行为系在房屋移交过程中、房屋的所有权人不知情的情况下实施的，房屋所有权的代表人——房管所在一般情况下是不可能对该房屋主张权利的，被告人于某红弄虚作假、欺瞒所在单位截留公房的行为本身即意味着被告人于某红实现了对该公房事实上的占有。由于该公房已经实际脱离了房管所的控制，因此，被告人于某红将来是否进

① 参见中华人民共和国最高人民法院刑事审判第一、二、三、四、五庭主办：《中国刑事审判指导案例》（第6卷），法律出版社2017年版，第43页。

行私有产权登记,并不影响对其已经将该公房据为己有事实的认定[①]。

根据贪污罪既遂标准的通说"控制说",只要行为人取得对公共财物的实际控制与支配,就构成贪污罪的既遂。在王某龙挪用公款、贪污案中,通阳公司、厚缘公司属于财务独立核算的私营企业,王某龙将本应由神牛公司收取的款项转由两家公司分别收取以后,便实际实现了对这部分款项的控制、支配,其贪污犯罪行为已经既遂。行为人将赃款用于公务性支出的,不影响对其贪污行为的认定,用于公务支出的部分不能从贪污数额中扣除。根据犯罪既遂理论,犯罪既遂即代表着行为人的行为已经齐备了某种犯罪的全部构成要件,对其应以既遂状态下的行为及其结果定罪处罚。此后行为人对赃款、赃物的处分以及退赃、退赔等情形,不影响对其行为的定性,也不影响对犯罪数额的认定。这些事后行为只能在量刑时酌情考虑[②]。

7. 非法占有的认定

沈某某自 2002 年 12 月起,先后担任某供电公司市场部电费账务组账务员、市场开发组营销员、市场开发组组长、市场营销部客户服务专职等职,负责收取某供电公司相关客户单位的电费。2004 年 2 月至 2007 年 12 月,沈某某利用职务便利,以收缴电费为名,采用收取某公司等单位向沪北供电公司缴纳的电费不入账的方式,将截留的主要款项用以赌博、小部分用于归还个人债务、套取现金等。至 2007 年 12 月案发,沈某某的上述行为共计造成沪北供电公司损失 577 万元。上海市第二中级人民法院经审理认为:沈某某在担任国有企业某供电公司电费账务组账务员、市场营销部客户服务专职等职期间,身为国家工作人员,利用负责收取某供电公司相关客户单位电费的职务便利,采用收款不入账的方法,截留某公司等多家单位缴纳的电费后个人花用,侵吞沪北供电公司

① 参见中华人民共和国最高人民法院刑事审判第一、二、三、四、五庭主办:《刑事审判参考》(总第 106 集),法律出版社 2017 年版,第 45 页。

② 参见熊选国:《〈关于审理挪用公款案件具体应用法律若干问题的解释〉的理解与适用(一)》,载中华人民共和国最高人民法院刑事审判第一、二、三、四、五庭主办:《中国刑事审判指导案例》(第 6 卷),法律出版社 2017 年版。

577万余元国有资产，其行为已构成贪污罪，依法应予惩处。公诉机关指控沈某某犯贪污罪成立①。

行为人明知没有偿还能力截留本单位巨额钱款用于赌博等高风险活动可以推定具有非法占有的间接故意。非法占有目的是对被告人主观心态的评价，审判实践中一定要避免把虚开票据、虚列支出平账的客观行为与非法占有主观目的之间直接挂钩。平账是指把各个分类账户的金额与其汇总账户的金额互相核算，将原本不相等的情况调整为相等，只是账目处理的一种技术性手段，不能取代对被告人的主观心态评价。在缺乏直接证据印证时，推定被告人具有非法占有目的，需要结合被告人实施犯罪过程的具体行为，以被告人的内心想法和真实目的作出综合性判断。合理评价实施虚开票据的平账行为，应当遵循以下审查标准：

第一，平账行为是否造成挪用的公款从单位账目上难以反映出来。在赵某贪污、挪用公款案②中，赵某在公司账目上虚列支出与现金取款的次数及数额并不一一对应，反映其虚列的支出并不针对某一笔挪用的款项，对于"现金取款人是赵某本人"这一事实，赵某在账目票据中没有作假和隐瞒，因此虚列支出仅能从宏观上反映"收支平衡"的假象，仔细查账立刻就能查出问题。

第二，对财务账目的处理能否达到掩盖涉案款项去向的效果。在赵某贪污、挪用公款案中，赵某虚列支出的收款单位均与本单位有业务往来且本单位有到期付款义务，天津某股份公司所欠业务单位的款项均有相关证人证言可以证实。赵某虚列支出处理财务账目的行为，尽管从表

① 参见肖晚祥：《贪污罪主观故意包括间接故意》，载《人民司法》2010年第2期。

② 参见中华人民共和国最高人民法院刑事审判第一、二、三、四、五庭主办：《刑事审判参考》（总第103集），法律出版社2016年版，第94－95页。本案同时是2014年1月15日最高人民法院研究室《关于上诉不加刑原则具体运用有关问题的批复》（法研〔2014〕6号）"对于原判数罪并罚的上诉案件，在不超过原判决定执行的刑罚，且对刑罚执行也无不利影响的情况下，可以将其中两个或者两个以上的罪名改判为一罪并加重该罪的刑罚"的规定适用到现实中的一个案例，给司法实践确定一个参考原则：对数罪并罚的案件，在不超过一审判决决定执行刑罚，且对刑罚执行也无不利影响的情况下，将多个罪名改判为一罪并加重该罪判处刑罚，不违背上诉不加刑原则。

面上掩盖了公司总账目的差额，但这种账目平衡仅仅是账目总额结果的收支平衡，只能起到暂时性掩饰作用。从账目本身上看，各明细条目中并未实现一一对应，虚列支出项目在工程结算时无法核销，相关单位在盾构管片项目工程结束后结款清算时必然能够查出赵某挪用公款的行为。赵某不可能通过这种虚列支出的行为实现侵吞公款目的，不符合挪用转化贪污案件中“平账为了永久占有公款”的特征。

第三，从有无归还行为上判断被告人是否有非法占有目的。赵某在挪用公款的每一年度均有相同方式的还款行为，与挪用转化贪污案件相关司法解释中“且没有归还行为”的要件相矛盾。特别是在2009年赵某是以某混凝土制造有限公司的名义现金还款，反映出其主观上明知其虚列支出的行为造成本单位与债权单位的债务额发生变化，其通过债权单位给付现金避免账目混乱，因此还款行为进一步证明其主观故意没有发生转化。

8. 如何区分贪污罪和吸收客户资金不入账罪

银行或者其他金融机构及其工作人员以牟利为目的，采取吸收客户资金不入账的方式，将客户资金用于非法拆借、发放贷款，造成重大损失的，构成用账外客户资金非法拆借、发放贷款罪①。以牟利为目的，是指金融机构及其工作人员为本单位或者个人牟利，不具有这种目的，不构成该罪。这里的“牟利”，一般是指谋取用账外客户资金非法拆借、发放贷款所产生的非法收益，如利息、差价等。对于用款人为取得贷款而支付的回扣、手续费等，应根据具体情况分别处理：银行或者其他金融机构用账外客户资金非法拆借、发放贷款，收取的回扣、手续费等，应认定为“牟利”；银行或者其他金融机构的工作人员利用职务上的便利，用账外客户资金非法拆借、发放贷款，收取回扣、手续费等，数额较小的，以“牟利”论处；银行或者其他金融机构的工作人员将用款人支付给单位的回

① 2006年6月29日起施行《刑法修正案（六）》后，根据2007年11月6日起施行的最高人民法院、最高人民检察院《关于执行〈中华人民共和国刑法〉确定罪名的补充规定（三）》已将“用账外客户资金非法拆借、发放贷款罪”修改为“吸收客户资金不入账罪”。

扣、手续费秘密占为已有,数额较大的,以贪污罪定罪处罚;银行或者其他金融机构的工作人员利用职务便利,用账外客户资金非法拆借、发放贷款,索取用款人的财物,或者非法收受其他财物,或者收取回扣、手续费等,数额较大的,以受贿罪定罪处罚。

9. 如何区分贪污罪和私分国有资产罪

吴江某某大厦为全民所有制企业。1997 年 3 月,王某某被任命为吴江某某大厦总经理。吴江市某某资产经营有限公司由吴江市国有资产管理委员会与吴江市商业局投资设立。吴江市商业局被撤销后,由吴江市某某贸易集团公司(全民所有制企业)代替其成为股东。2005 年 3 月 1 日至 2008 年 2 月 29 日,王某某利用担任吴江某某大厦法定代表人、总经理,受吴江市某某资产经营有限公司委托,负责租赁经营吴江某某大厦的职务之便,采取收入不入账等手段,侵吞公款共计人民币 417 万余元。[①]

王某某私自决定将涉案房产隐匿,该项"决策"并没有通过单位决定机构讨论,也只有少数经手人员知晓,而知晓人员对决策也没有表决权。按照当时政府的规定,改制后企业由全体职工持有股份,但改制后企业成立后,大多数职工只持有一两股,而且随着改制的继续推进,改制后企业中的少数几个管理人员所占的股份比例越来越大,特别是王某某个人所占的股份经过扩股后比例超过了 50%。涉案房产虽然最后登记在改制后企业的分公司名下,但是原有职工退股时,王某某也未将所隐匿的房产价值计入其股权予以分配,故王某某所隐匿财产利益的分配对象不是改制前企业不同层面的多数人员,而是其自身或者少数工作人员,属于国家工作人员利用职务上的便利非法侵吞公共财物的行为,其行为构成贪污罪。

(1)从实施主体、行为方式、受益人员等方面区分贪污罪和私分国有资产罪[②]。私分国有资产罪和贪污罪在以下几个构成方面的差别是

---

① 参见(2011)吴江刑二初字第 0154 号。

② 参见中华人民共和国最高人民法院刑事审判第一、二、三、四、五庭主办:《中国刑事审判指导案例》(第 6 卷),法律出版社 2017 年版,第 81 页。

明显的:第一,实施主体方面。私分国有资产罪是单位犯罪,贪污罪则是自然人犯罪。第二,行为方式方面。私分国有资产罪一般表现为本单位领导集体研究决定并由单位统一组织实施,尽管往往需要采取一定的欺骗手段以逃避有关部门的监管,但就本单位内部而言是相对公开的,因而具有较大程度和较大范围的公开性;贪污罪表现为行为人利用职务便利,以侵吞、窃取、骗取等不为人知或者他人不知实情的方式实施,除了行为人或者共同行为人之外,其他人并不知情,因而具有相当的秘密性和隐蔽性。第三,受益人员的数量、构成方面。私分国有资产属于集体私分行为,表现为单位多数员工甚至所有员工均实际分取了财物,在受益人员的数量上具有多数性特征,而且,一般不以某一特定层面为限,在受益人员的构成上具有广泛性特征。在私分国有资产行为中,决策和具体执行的人员可以不是实际受益人,但是,实际受益人员不能仅仅局限在决策和具体执行等少数人员上。贪污罪属于个人侵占行为,分取赃物人与贪污行为人是直接对应的,具有一致性。在共同贪污犯罪中,分取赃物人仅限于参与决策、具体实施贪污行为以及为贪污行为提供帮助等的共同犯罪人。实践中也存在部分共同贪污犯罪人未分取赃物或者将赃物交给共同犯罪人之外其他人的情形,但这属于赃物的事后分割和处理问题。对多数性和广泛性的判断,不能单纯地以人数的多寡为依据,应当结合决策、执行人员与其他人员的比例关系加以具体分析,从而区分究竟是为了个人利益,还是为了单位多数人利益。

(2)从发放程序、发放范围、受益人对发放钱款的性质、来源是否知晓等方面区分贪污罪和私分国有资产罪①。

①从客观要件的不同把握二者的关键区别。

二者的区别在于,共同贪污是有权决定者共同利用职权便利,为少数人牟私利;私分国有资产罪是有权决定者利用职权便利,非法为多数人牟私利。因此,共同贪污通常表现为有权决定者与公司财务、营销或

---

① 参见中华人民共和国最高人民法院刑事审判第一、二、三、四、五庭主办:《刑事审判参考》(总第115集),法律出版社2019年版,第95-96页。

其他少数公款知情者相勾结，各自利用职权，共同侵吞公共财产；私分国有资产罪则通常表现为有权决定者集体决定将国有资产私分给单位员工，犯罪意志具有整体性特征，受益人一般也不以某一特定层面为限且具有广泛性特征。杨某某贪污、受贿案，从发放程序来看，虽然被告人刘某某辩解发放奖金之前召开过班子会议，但并无会议记录、决议等相关文件，发放奖金的人员范围、数额标准均由刘某某个人随意决定，未经正常决策程序和发放程序，亦无具体发放标准和考核办法，发放额外奖金实为刘某某个人意志而非单位意志的体现。从发放范围来看，发放对象仅限所有领导班子成员、财务人员，相对全体职工而言范围很小，且对其他职工保密，不具备一定的公开性。从奖金来源来看，发放的奖金均系由虚增支出等倒账形式套取出来的钱款，且使用未真实发生的发票进行虚假平账。综上，刘某某的行为不符合私分国有资产罪的犯罪构成，实际是以发放奖金之名行贪污之实。

②从受益人对发放钱款的性质、来源是否知晓来判断其主观内容。

共同贪污表现的是个人犯罪意志，主观上要求每个成员均具有将公共财产非法占为己有的故意，故需对发放钱款的性质、来源均明知。而私分国有资产罪体现的是单位犯罪意志，单位决策人员应对所分钱款的性质、来源知悉，其他受益人则不要求必须知晓。该案中，发放额外奖金的数额、范围均由被告人刘某某个人决定，系刘某某个人意志的体现。刘某某明知奖金的正常决策及发放程序、规定，仍违反相关流程和规定发放额外奖金，并授意会计虚假记账，两名财务人员明知奖金发放不合常规，仍积极套取钱款、虚假记账，故两名财务人员对该钱款的性质和来源是明知的，主观上具有相互勾结共同侵吞公款的共同贪污故意。

综上，一、二审人民法院认定被告人刘某某指使单位员工套取公款，以发放奖金的名义非法侵占的行为构成贪污罪，是正确的。

10. 如何区分贪污罪和非法经营同类营业罪

获取购销差价的非法经营同类营业行为与增设中间环节截留国有财产的贪污行为在增设中间环节、获取购销差价上具有共同性，但同时存在以下四点区别：

（1）对增设的中间环节是否客观存在要求不同。两种犯罪行为都人为增设了中间环节，使国有公司、企业原本与业务单位的直接购销关系变成了有其他公司、企业参与的间接购销关系，这个中间环节不是因经营的客观需要而自然产生的，本来不应存在，属于行为人故意设置。但是就获取购销差价的非法经营同类营业行为而言，由于需要从事同类营业，故增设的中间环节通常是客观所需，且中间环节所涉及的公司、企业往往成立并从事同类或者类似的经营行为已有一定时日；而对增设中间环节截留国有财产的贪污行为而言，由于虚设的中间环节不是用于正常的经营活动，故增设的中间环节通常是为了截留国有资产而虚构的。在经济活动中，尽管有时增设的中间环节涉及的公司、企业真实存在，但这些公司、企业往往是为了承揽相关业务而成立，并无从事同类或者类似经营行为的经历。

（2）对增设的中间环节是否具有经营能力要求不同。如果增设的中间环节都是客观存在的，则要看增设的中间环节是否具有经营能力。一般而言，贪污罪中为截留国有财产而增设的中间环节的经营，往往是无经营投资、无经营场地和无经营人员，即属于“三无”经营；而非法经营同类营业罪中增设的中间环节的经营，是有投资、有经营场所、有经营人员的经营，即具有经营同类营业的完全能力。

（3）对增设的中间环节是否进行了实际经营活动并承担一定的经营责任风险要求不同。如果增设的中间环节都客观存在且具有经营能力，则要看增设的中间环节是否进行了实际经营活动并承担一定的经营责任风险。有经营就有风险，就可能存在盈亏。如果增设的中间环节进行了实际经营活动并承担了一定的经营责任风险，则行为人所获取的购销差价系通过利用国有公司、企业让渡的商业机会进行的经营所得，属于获取购销差价的非法经营同类营业行为；如果增设的中间环节没有进行实际经营活动，而是由国有公司、企业一手操办，或者进行了相关的经营活动，但只管盈利，而由国有公司、企业承担经营责任风险，则此时行为人所获取的购销差价不是经营所得而是截留的国有财产,属于增设中间环节截留国有财产的贪污行为。

(4)对所获取的购销差价是否合理要求不同。如果增设的中间环节不仅客观存在、具有经营能力,而且进行了实际经营活动并承担了一定的经营责任风险,则要看所获取的购销差价是否合理。获取的购销差价合理的,属于获取购销差价的非法经营同类营业行为;不合理的,则为增设中间环节截留国有财产的贪污行为,因为此时的差价不再是经营行为的对价。当然,在法律没有明确规定的情况下,其合理范围需要司法人员根据经验具体把握。

一言以蔽之,区分获取购销差价的非法经营同类营业行为与增设中间环节截留国有财产贪污行为的关键,在于行为人是采取何种方式取得非法利益的。如果行为人直接通过非法手段将国有公司、企业的财产转移到兼营公司、企业中,属于截留国有财产的贪污行为,构成贪污罪;如果行为人没有直接转移财产,而是利用职务便利将任职国有公司、企业的营利性商业机会交由兼营公司、企业经营,获取数额巨大的非法利益,则构成非法经营同类营业罪。因为国有公司、企业让渡给兼营公司、企业的是商业机会,商业机会本身并非财物,不能成为贪污罪的对象。而且兼营公司、企业所获取的非法利益,系利用让渡的商业机会进行的经营所得,这种经营行为本身就存在一定的风险,并不意味着会百分之百地获利,与采取非法手段将国有公司、企业的财产直接转移到兼营公司、企业中的贪污行为方式不同。

11. 价值无法鉴定的情况下贪污数额的认定

杨某某于2001年11月至2002年初,在某出版总社出版发行部工作期间,利用担任出版发行部样书库库管员的职务便利,将其负责保管的该社于1950年至1965年发行的连环画《三打祝家庄》等样书1800余册盗出并销售,共获销赃款人民币16万元。

北京市东城区人民法院审理认为,杨某某为国有企业中从事公务的人员,利用职务便利窃取公共财产,其行为侵犯了公共财产的所有权,已构成贪污罪,依法应予刑罚处罚。

杨某某贪污的手段为窃取公共财产,在无其他方法可以鉴定贪污数额的情况下,依据其明确获得的16万元的数额认定贪污数额是适宜的,解决了鉴定机构因无实物而无法作价的问题。①

对于收受实物的贪污行为贪污数额的认定,一般以实物的市场价值计算,但是对于一些文物、古玩等物品,鉴定机构无法给出准确的市场价值的,此时,可以依据贪污行为人转卖实物获得的非法利益进行贪污数额的认定。

12. 如何认定"小金库"性质的公司为单位所有还是个人所有

从公司设立知情面来看,虽然从表面上看知情面较窄,具有一定的隐蔽性,但由于"小金库"性质公司的设立体现的是单位意志,单位的决策管理层应当对该公司的设立知情,而绝非仅个别领导知情。转制前的通某公司由神某公司出资设立,此时神某公司管理层对通某公司的设立是知情的。从公司管理来看,"小金库"及"小金库"性质公司的管理同样应体现单位意志,在"小金库"资金的收入、支出,或者"小金库"性质公司的人、财、物管理等方面都应体现单位的集体决策。因为从本质来讲,单位"小金库"中的资金仍属于单位财产,即使成立了独立的"小金库"性质的公司,该公司的财产也属于设立该公司的单位所有,公司事务也应由设立该公司的单位管理。从经费的使用及受益方来看,"小金库"或者"小金库"性质公司中的资金由设立其的单位支配、使用,受益方也是设立该"小金库"的单位,这是由"小金库"的性质决定的。②

(四)取证指引

1. 被调查人的供述和辩解

(1)犯罪主体。

①讯问被调查人是否属于国有公司、企业、事业单位、人民团体中从

---

① 参见最高人民法院中国应用法学研究所编:《人民法院案例选》(第7辑),人民法院出版社2017年版,第3832页。

② 参见中华人民共和国最高人民法院刑事审判第一、二、三、四、五庭主办:《刑事审判参考》(总第106集),法律出版社2017年版,第43-44页。

事公务的人员；是否属于国家机关、国有公司、企业、事业单位委派到非国有公司、企业、事业单位、社会团体中从事公务的人员；是否属于受国家机关、国有公司、企业、事业单位、人民团体委托管理、经营国有财产，委托的形式是承包、租赁还是临时聘用。②被调查人的工作职责以及与上下级之间、同一部门同事之间工作的具体分工。③是否受过刑事处罚；是否因贪污、受贿、挪用公款受过党纪、行政处分。[①]

(2)犯罪主观方面。

①讯问其有无贪污行为，是否知道或应当知道其所侵犯的是公共财产，是否清楚占有公共财产的后果，在清楚后果的情况下为何占有，占有的目的是什么。②共同犯罪的，讯问其完整的共谋过程，确定其他共犯人的犯意由谁提起，犯罪如何分工、赃款如何分配等。

(3)犯罪客体。

①讯问其所占有的是何种财产，是本单位的收入、支出、往来款还是资产，是国有资产还是劳动群众集体所有的财产；是否属于扶贫或其他公益事业的社会捐助或专项资金；如是个人财产是否被国家机关、国有公司、企业、集体企业和人民团体管理、使用或运输。②贪污的财产是否属于救灾、抢险、防汛、优抚、扶贫、移民、救济、防疫、社会捐助、养老保险、医疗保险、工伤保险、失业保险、生育保险或扣押、罚没等特殊款项。

(4)犯罪客观方面。

①讯问其如何利用职务便利，利用的是自己职务上的便利还是有隶属、制约关系的其他国家工作人员的职务便利；采取何种手段骗取、窃取、侵吞、私分公共财产，是虚列支出、虚构交易、虚报人员和项目、重复报销还是直接侵吞等；公共财产何时被其控制，现在何处；占有公共财产的过程是否有其他人知情或授意，是否与他人伙同；是否在国内公务活动或对外交往中接受礼物而不上交。②是否存在挪用行为到贪污行为

---

① 参见高建等编著：《刑事重点疑难问题二十八讲》，法律出版社 2021 年版，第421－423 页；陈国庆主编：《公职人员职务犯罪认定与证据指引》，中国方正出版社 2019 年版，第 59－65 页。

的转化,是否采取虚假平账、不入账等手段,是否携带挪用的公款潜逃。③贪污款物的去向,是否隐瞒真实去向,是否用于非法活动,是否归还、退赃,是否有能力归还而不归还,是否用于公务支出或社会捐赠。④贪污的时间、地点、数额、次数。

2. 证人证言

①询问被调查人上级是否授权或知情,其同事是否知情,经手人是否知情。②询问本单位财务人员是否知情,涉案票据是否异常、何时入账,被调查人报销票据时有何表现,是否收受被调查人财物或在子女升学、就业或其他事项上得到其帮助。③询问与其个人或单位有经济往来的第三方,二者之间的收付款情况,款项的去向,由何人经手等。④询问在公务活动或对外交往中的送礼人,礼物的来源、价值以及给予的主体到底是国家单位还是个人等。⑤询问被调查人近亲属是否知情,是否有收到被调查人大额款项的情况,被调查人消费情况如何,家中是谁管钱,有无家庭记账等。⑥询问在犯罪后串供、隐匿、销毁证据、转移赃款赃物的人员,这样做的目的,谁指使的,证据现在是否存在,其本人是否获利等。

3. 物证

①银行存款、现金、库存商品、礼物、黄金、古董、字画等及照片。②支付令、财务章、法人章。③涉及行为痕迹等方面的物证。

4. 书证

①证明被调查人身份的书证。包括户籍证明、身份证复印件、人口基本信息表,公务员登记表、干部任免审批表、参照公务员管理人员登记表、事业编制人员登记表、任命会议记录、任命文件、聘用合同、劳动合同、承包租赁合同、职务职责说明,入党志愿书,单位统一社会信用代码证书、营业执照、工商档案、改制文件,涉及子公司等单位的应同时调取其股东信息以确定公司性质等。(企业所有制形式的确定,应依据公司的营业执照证明,或者经公司所在地市场监督管理部门确认。不根据口头协议或者所谓的“假集体真私营”确定。)

②证明财物去向的书证。单位的银行对账单、取款或存款凭条、转账记录、账簿、原始凭证、记账凭证、现金支票、转账支票、票据存根、出库入库单、汇兑比率表、个人银行存款明细等。

③证明案件事实的书证。合同、协议、改制方案,申请表、发放明细表、人员名单,存折、台账,班子成员会议记录、内部请示,文件、规章制度,出行记录、款项性质的证明等。

④证明量刑情节的书证。悔过材料、自首立功材料,处分决定、刑事判决书、释放通知书,监察机关罚没据、被害单位收款证明等。

⑤其他书证。被调查人或其家属对案件情况或财物的记录。

5. 勘验、检查、搜查、辨认笔录

①对犯罪现场及财物的勘验、检查笔录。②对被调查人住所、办公室以及其财产存放地的搜查笔录。③被调查人对涉案物品的辨认笔录,他人对被调查人的辨认笔录等。

6. 鉴定结论

①伪造、变造会计资料的痕迹鉴定。②无法直接确定价值财产的评估、审计报告。③被调查人本人或冒充他人的笔迹、签名、印章的文件检验鉴定。④私刻的公章等物证的电子物证鉴定报告。

7. 视听资料、电子数据

①证明被调查人犯罪过程的视频、照片等,证明财产或财产性利益的电脑记录等。②手机通话记录,短信记录,QQ、微信聊天记录,支付宝、微信收款和支付记录,网络平台购物记录、游戏充值记录、打赏主播记录、网络平台借款记录、网络赌博下注记录,会计电子记账凭证等。③造成恶劣影响的各网站的发布、转载记录等。

8. 贪污罪收集证据中应注意的要点

①注意收集行为人主观故意的证据。当其占有的主观故意与客观行为结合时才能构成贪污,若只有挪用的故意则构成挪用类犯罪。②注意收集行为人职务行为的证据。“公务”与“劳务”不同,从事“公务”的人员为国家工作人员,从事“劳务”的人员并非国家工作人员。而且,要

注意区分行为人是利用职务上的便利还是利用工作上的便利，二者触犯的罪名是不同的。③注意收集款项去向的证据。庭审中，经常出现被告辩称用于单位公务支出的情况，在调查阶段应查清款项的去向，以免陷入被动。④注意收集单位负责人的意见或单位集体研究的意见。如果单位集体研究决定侵吞公款并以集体名义私分给个人，系私分国有资产罪而非贪污罪。

（五）立案和量刑标准（见表9－1）

表9－1　贪污罪定罪量刑对应表

贪污罪		贪污数额	数额＋贪污6种情形之一①
第一档	3年以下有期徒刑或者拘役，并处罚金（处10万元以上50万元以下）	3万元≤贪污数额＜20万元	1万元≤贪污数额＜3万元且有贪污6种情形之一
第二档	3年以上10年以下有期徒刑，并处罚金（20万元以上犯罪数额2倍以下）或者没收财产	20万元≤贪污数额＜300万元	10万元≤贪污数额＜20万元且有贪污6种情形之一
第三档	10年以上有期徒刑或者无期徒刑，并处罚金（50万元以上犯罪数额2倍以下）或者没收财产	贪污数额≥300万元	150万元≤贪污数额＜300万元且有贪污6种情形之一

① 贪污的6种情形为：（1）贪污救灾、抢险、防汛、优抚、扶贫、移民、救济、防疫、社会捐助等特定款物的；（2）曾因贪污、受贿、挪用公款受过党纪、行政处分的（国家监察体制改革后，行政处分改称政务处分）；（3）曾因故意犯罪受过刑事追究的；（4）赃款赃物用于非法活动的；（5）拒不交代赃款赃物去向或者拒不配合追缴工作，致使无法追缴的；（6）造成恶劣影响或者其他严重后果的。2017年8月7日起施行的最高人民检察院《关于贪污养老、医疗等社会保险基金能否适用〈最高人民法院最高人民检察院关于办理贪污贿赂刑事案件适用法律若干问题的解释〉第一条第二款第一项规定的批复》规定，养老、医疗、工伤、失业、生育等社会保险基金可以认定为“特定款物”。

续表

贪污罪		贪污数额	数额+贪污6种情形之一
第四档	无期徒刑或者死刑，并处没收财产；被判死刑缓期执行可以决定死刑缓期执行二年期满减为无期徒刑后，终身监禁，不得减刑、假释	贪污数额≥300万元并使国家和人民利益遭受特别重大损失	

二、受贿罪

（一）法条依据

1.《刑法》

第三百八十五条　国家工作人员利用职务上的便利，索取他人财物的，或者非法收受他人财物，为他人谋取利益的，是受贿罪。

国家工作人员在经济往来中，违反国家规定，收受各种名义的回扣、手续费，归个人所有的，以受贿论处。

第一百六十三条第三款　国有公司、企业或者其他国有单位中从事公务的人员和国有公司、企业或者其他国有单位委派到非国有公司、企业以及其他单位从事公务的人员有前两款行为的，依照本法第三百八十五条、第三百八十六条的规定定罪处罚。

2.《全国法院审理经济犯罪案件工作座谈会纪要》（2003年11月13日印发，法发〔2003〕167号）

三、关于受贿罪

（一）关于“利用职务上的便利”的认定

刑法第三百八十五条第一款规定的“利用职务上的便利”，既包括利用本人职务上主管、负责、承办某项公共事务的职权，也包括利用职务上有隶属、制约关系的其他国家工作人员的职权。担任单位领导职务的国家工作人员通过不属自己主管的下级部门的国家工作人员的职务为他人谋取利益的，应当认定为“利用职务上的便利”为他人谋取利益。

(二)"为他人谋取利益"的认定

为他人谋取利益包括承诺、实施和实现三个阶段的行为。只要具有其中一个阶段的行为,如国家工作人员收受他人财物时,根据他人提出的具体请托事项,承诺为他人谋取利益的,就具备了为他人谋取利益的要件。明知他人有具体请托事项而收受其财物的,视为承诺为他人谋取利益。

(三)"利用职权或地位形成的便利条件"的认定

刑法第三百八十八条规定的"利用本人职权或者地位形成的便利条件",是指行为人与被其利用的国家工作人员之间在职务上虽然没有隶属、制约关系,但是行为人利用了本人职权或者地位产生的影响和一定的工作联系,如单位内不同部门的国家工作人员之间、上下级单位没有职务上隶属、制约关系的国家工作人员之间、有工作联系的不同单位的国家工作人员之间等。

(四)离职国家工作人员收受财物行为的处理

参照《最高人民法院关于国家工作人员利用职务上的便利为他人谋取利益离退休后收受财物行为如何处理问题的批复》规定的精神,国家工作人员利用职务上的便利为请托人谋取利益,并与请托人事先约定,在其离职后收受请托人财物,构成犯罪的,以受贿罪定罪处罚。

(五)共同受贿犯罪的认定

根据刑法关于共同犯罪的规定,非国家工作人员与国家工作人员勾结,伙同受贿的,应当以受贿罪的共犯追究刑事责任。非国家工作人员是否构成受贿罪共犯,取决于双方有无共同受贿的故意和行为。国家工作人员的近亲属向国家工作人员代为转达请托事项,收受请托人财物并告知该国家工作人员,或者国家工作人员明知其近亲属收受了他人财物,仍按照近亲属的要求利用职权为他人谋取利益的,对该国家工作人员应认定为受贿罪,其近亲属以受贿罪共犯论处。近亲属以外的其他人与国家工作人员通谋,由国家工作人员利用职务上的便利为请托人谋取利益,收受请托人财物后双方共同占有的,构成受贿罪共犯。国家工作人员利用职务上的便利为他人谋取利益,并指定他人将财物送给其他人,构成犯罪的,应以受贿罪定罪处罚。

(六)以借款为名索取或者非法收受财物行为的认定

国家工作人员利用职务上的便利,以借为名向他人索取财物,或者非法收受财物为他人谋取利益的,应当认定为受贿。具体认定时,不能仅仅看是否有书面借款手续,应当根据以下因素综合判定:

(1)有无正当、合理的借款事由;

(2)款项的去向;

(3)双方平时关系如何、有无经济往来;

(4)出借方是否要求国家工作人员利用职务上的便利为其谋取利益;

(5)借款后是否有归还的意思表示及行为;

(6)是否有归还的能力;

(7)未归还的原因;等等。

(七)涉及股票受贿案件的认定

在办理涉及股票的受贿案件时,应当注意:

(1)国家工作人员利用职务上的便利,索取或非法收受股票,没有支付股本金,为他人谋取利益,构成受贿罪的,其受贿数额按照收受股票时的实际价格计算。

(2)行为人支付股本金而购买较有可能升值的股票,由于不是无偿收受请托人财物,不以受贿罪论处。

(3)股票已上市且已升值,行为人仅支付股本金,其"购买"股票时的实际价格与股本金的差价部分应认定为受贿。

3.最高人民法院、最高人民检察院《关于办理受贿刑事案件适用法律若干问题的意见》(2007年7月8日印发,法发〔2007〕22号)

一、关于以交易形式收受贿赂问题

国家工作人员利用职务上的便利为请托人谋取利益,以下列交易形式收受请托人财物的,以受贿论处:

(1)以明显低于市场的价格向请托人购买房屋、汽车等物品的;

(2)以明显高于市场的价格向请托人出售房屋、汽车等物品的;

(3)以其他交易形式非法收受请托人财物的。

受贿数额按照交易时当地市场价格与实际支付价格的差额计算。

前款所列市场价格包括商品经营者事先设定的不针对特定人的最低优惠价格。根据商品经营者事先设定的各种优惠交易条件,以优惠价格购买商品的,不属于受贿。

二、关于收受干股问题

干股是指未出资而获得的股份。国家工作人员利用职务上的便利为请托人谋取利益,收受请托人提供的干股的,以受贿论处。进行了股权转让登记,或者相关证据证明股份发生了实际转让的,受贿数额按转让行为时股份价值计算,所分红利按受贿孳息处理。股份未实际转让,以股份分红名义获取利益的,实际获利数额应当认定为受贿数额。

三、关于以开办公司等合作投资名义收受贿赂问题

国家工作人员利用职务上的便利为请托人谋取利益,由请托人出资,“合作”开办公司或者进行其他“合作”投资的,以受贿论处。受贿数额为请托人给国家工作人员的出资额。

国家工作人员利用职务上的便利为请托人谋取利益,以合作开办公司或者其他合作投资的名义获取“利润”,没有实际出资和参与管理、经营的,以受贿论处。

四、关于以委托请托人投资证券、期货或者其他委托理财的名义收受贿赂问题

国家工作人员利用职务上的便利为请托人谋取利益,以委托请托人投资证券、期货或者其他委托理财的名义,未实际出资而获取“收益”,或者虽然实际出资,但获取“收益”明显高于出资应得收益的,以受贿论处。受贿数额,前一情形,以“收益”额计算;后一情形,以“收益”额与出资应得收益额的差额计算。

五、关于以赌博形式收受贿赂的认定问题

根据《最高人民法院、最高人民检察院关于办理赌博刑事案件具体应用法律若干问题的解释》第七条规定,国家工作人员利用职务上的便

利为请托人谋取利益,通过赌博方式收受请托人财物的,构成受贿。

实践中应注意区分贿赂与赌博活动、娱乐活动的界限。具体认定时,主要应当结合以下因素进行判断:(1)赌博的背景、场合、时间、次数;(2)赌资来源;(3)其他赌博参与者有无事先通谋;(4)输赢钱物的具体情况和金额大小。

六、关于特定关系人“挂名”领取薪酬问题

国家工作人员利用职务上的便利为请托人谋取利益,要求或者接受请托人以给特定关系人安排工作为名,使特定关系人不实际工作却获取所谓薪酬的,以受贿论处。

七、关于由特定关系人收受贿赂问题

国家工作人员利用职务上的便利为请托人谋取利益,授意请托人以本意见所列形式,将有关财物给予特定关系人的,以受贿论处。

特定关系人与国家工作人员通谋,共同实施前款行为的,对特定关系人以受贿罪的共犯论处。特定关系人以外的其他人与国家工作人员通谋,由国家工作人员利用职务上的便利为请托人谋取利益,收受请托人财物后双方共同占有的,以受贿罪的共犯论处。

八、关于收受贿赂物品未办理权属变更问题

国家工作人员利用职务上的便利为请托人谋取利益,收受请托人房屋、汽车等物品,未变更权属登记或者借用他人名义办理权属变更登记的,不影响受贿的认定。

认定以房屋、汽车等物品为对象的受贿,应注意与借用的区分。具体认定时,除双方交代或者书面协议之外,主要应当结合以下因素进行判断:(1)有无借用的合理事由;(2)是否实际使用;(3)借用时间的长短;(4)有无归还的条件;(5)有无归还的意思表示及行为。

九、关于收受财物后退还或者上交问题

国家工作人员收受请托人财物后及时退还或者上交的,不是受贿。

国家工作人员受贿后,因自身或者与其受贿有关联的人、事被查处,为掩饰犯罪而退还或者上交的,不影响认定受贿罪。

十、关于在职时为请托人谋利,离职后收受财物问题

国家工作人员利用职务上的便利为请托人谋取利益之前或者之后,约定在其离职后收受请托人财物,并在离职后收受的,以受贿论处。

国家工作人员利用职务上的便利为请托人谋取利益,离职前后连续收受请托人财物的,离职前后收受部分均应计入受贿数额。

十一、关于"特定关系人"的范围

本意见所称"特定关系人",是指与国家工作人员有近亲属、情妇(夫)以及其他共同利益关系的人。

十二、关于正确贯彻宽严相济刑事政策的问题

依照本意见办理受贿刑事案件,要根据刑法关于受贿罪的有关规定和受贿罪权钱交易的本质特征,准确区分罪与非罪、此罪与彼罪的界限,惩处少数,教育多数。在从严惩处受贿犯罪的同时,对于具有自首、立功等情节的,依法从轻、减轻或者免除处罚。

4. 最高人民法院、最高人民检察院《关于办理国家出资企业中职务犯罪案件具体应用法律若干问题的意见》(2010 年 11 月 26 日印发,法发〔2010〕49 号)

四、关于国家工作人员在企业改制过程中的渎职行为的处理

国家出资企业中的国家工作人员在公司、企业改制或者国有资产处置过程中严重不负责任或者滥用职权,致使国家利益遭受重大损失的,依照刑法第一百六十八条的规定,以国有公司、企业人员失职罪或者国有公司、企业人员滥用职权罪定罪处罚。

国家出资企业中的国家工作人员在公司、企业改制或者国有资产处置过程中徇私舞弊,将国有资产低价折股或者低价出售给其本人未持有股份的公司、企业或者其他个人,致使国家利益遭受重大损失的,依照刑法第一百六十九条的规定,以徇私舞弊低价折股、出售公司、企业资产罪定罪处罚。

……

国家出资企业中的国家工作人员因实施第一款、第二款行为收受贿

赂，同时又构成刑法第三百八十五条规定之罪的，依照处罚较重的规定定罪处罚。

五、关于改制前后主体身份发生变化的犯罪的处理

……

国家工作人员在国家出资企业改制过程中利用职务上的便利为请托人谋取利益，事先约定在其不再具有国家工作人员身份后收受请托人财物，或者在身份变化前后连续收受请托人财物的，依照刑法第三百八十五条、第三百八十六条的规定，以受贿罪定罪处罚。

六、关于国家出资企业中国家工作人员的认定

经国家机关、国有公司、企业、事业单位提名、推荐、任命、批准等，在国有控股、参股公司及其分支机构中从事公务的人员，应当认定为国家工作人员。具体的任命机构和程序，不影响国家工作人员的认定。

经国家出资企业中负有管理、监督国有资产职责的组织批准或者研究决定，代表其在国有控股、参股公司及其分支机构中从事组织、领导、监督、经营、管理工作的人员，应当认定为国家工作人员。

国家出资企业中的国家工作人员，在国家出资企业中持有个人股份或者同时接受非国有股东委托的，不影响其国家工作人员身份的认定。

七、关于国家出资企业的界定

本意见所称"国家出资企业"，包括国家出资的国有独资公司、国有独资企业，以及国有资本控股公司、国有资本参股公司。

是否属于国家出资企业不清楚的，应遵循"谁投资、谁拥有产权"的原则进行界定。企业注册登记中的资金来源与实际出资不符的，应根据实际出资情况确定企业的性质。企业实际出资情况不清楚的，可以综合工商注册、分配形式、经营管理等因素确定企业的性质。

八、关于宽严相济刑事政策的具体贯彻

办理国家出资企业中的职务犯罪案件时，要综合考虑历史条件、企业发展、职工就业、社会稳定等因素，注意具体情况具体分析，严格把握犯罪与一般违规行为的区分界限。对于主观恶意明显、社会危害严重、

群众反映强烈的严重犯罪，要坚决依法从严惩处；对于特定历史条件下、为了顺利完成企业改制而实施的违反国家政策法律规定的行为，行为人无主观恶意或者主观恶意不明显，情节较轻，危害不大的，可以不作为犯罪处理。

对于国家出资企业中的职务犯罪，要加大经济上的惩罚力度，充分重视财产刑的适用和执行，最大限度地挽回国家和人民利益遭受的损失。不能退赃的，在决定刑罚时，应当作为重要情节予以考虑。

5. 最高人民法院、最高人民检察院《关于办理贪污贿赂刑事案件适用法律若干问题的解释》（2016年4月18日印发施行，法释〔2016〕9号）

第一条　贪污或者受贿数额在三万元以上不满二十万元的，应当认定为刑法第三百八十三条第一款规定的"数额较大"，依法判处三年以下有期徒刑或者拘役，并处罚金。

贪污数额在一万元以上不满三万元，具有下列情形之一的，应当认定为刑法第三百八十三条第一款规定的"其他较重情节"，依法判处三年以下有期徒刑或者拘役，并处罚金：

（一）贪污救灾、抢险、防汛、优抚、扶贫、移民、救济、防疫、社会捐助等特定款物的；

（二）曾因贪污、受贿、挪用公款受过党纪、行政处分的；

（三）曾因故意犯罪受过刑事追究的；

（四）赃款赃物用于非法活动的；

（五）拒不交待赃款赃物去向或者拒不配合追缴工作，致使无法追缴的；

（六）造成恶劣影响或者其他严重后果的。

受贿数额在一万元以上不满三万元，具有前款第二项至第六项规定的情形之一，或者具有下列情形之一的，应当认定为刑法第三百八十三条第一款规定的"其他较重情节"，依法判处三年以下有期徒刑或者拘役，并处罚金：

（一）多次索贿的；

（二）为他人谋取不正当利益，致使公共财产、国家和人民利益遭受损失的；

（三）为他人谋取职务提拔、调整的。

第二条　贪污或者受贿数额在二十万元以上不满三百万元的，应当认定为刑法第三百八十三条第一款规定的“数额巨大”，依法判处三年以上十年以下有期徒刑，并处罚金或者没收财产。

贪污数额在十万元以上不满二十万元，具有本解释第一条第二款规定的情形之一的，应当认定为刑法第三百八十三条第一款规定的“其他严重情节”，依法判处三年以上十年以下有期徒刑，并处罚金或者没收财产。

受贿数额在十万元以上不满二十万元，具有本解释第一条第三款规定的情形之一的，应当认定为刑法第三百八十三条第一款规定的“其他严重情节”，依法判处三年以上十年以下有期徒刑，并处罚金或者没收财产。

第三条　贪污或者受贿数额在三百万元以上的，应当认定为刑法第三百八十三条第一款规定的“数额特别巨大”，依法判处十年以上有期徒刑、无期徒刑或者死刑，并处罚金或者没收财产。

贪污数额在一百五十万元以上不满三百万元，具有本解释第一条第二款规定的情形之一的，应当认定为刑法第三百八十三条第一款规定的“其他特别严重情节”，依法判处十年以上有期徒刑、无期徒刑或者死刑，并处罚金或者没收财产。

受贿数额在一百五十万元以上不满三百万元，具有本解释第一条第三款规定的情形之一的，应当认定为刑法第三百八十三条第一款规定的“其他特别严重情节”，依法判处十年以上有期徒刑、无期徒刑或者死刑，并处罚金或者没收财产。

第四条　贪污、受贿数额特别巨大，犯罪情节特别严重、社会影响特别恶劣、给国家和人民利益造成特别重大损失的，可以判处死刑。

符合前款规定的情形，但具有自首，立功，如实供述自己罪行、真诚悔罪、积极退赃，或者避免、减少损害结果的发生等情节，不是必须立即执行的，可以判处死刑缓期二年执行。

符合第一款规定情形的，根据犯罪情节等情况可以判处死刑缓期二年执行，同时裁判决定在其死刑缓期执行二年期满依法减为无期徒刑后，终身监禁，不得减刑、假释。

（二）犯罪表现形式

1. 不取得财物的所有权，而是通过获得财物的使用权，非法收受他人财物

徐某某在担任纺织品站党委书记、副经理、经理期间，利用职务之便，在纺织品站所属的一处门面房对外招租的过程中，帮助中化三建某分公司副主任工程师窦某某顺利承租该处门面房经营“人文大酒店”，租赁期限为10年。2000年8月，窦某某因工作调动等原因，找到徐某某要求其帮忙将“人文大酒店”脱手转让给纺织品站。徐某某利用职务之便，促成纺织品站接管“人文大酒店”。2006年6月，为感谢徐某某在“人文大酒店”门面房租赁、转让等方面的帮忙关照，窦某某将其所有的房屋一套（已装修）送给徐某某，并将该房屋钥匙、房产证原件（该房产登记在姚某某名下）与姚某某身份证复印件一并交给徐某某。徐某某收受该房屋后一直占有并使用，但未办理过户手续。① 徐某某被法院以受贿罪追究刑事责任。

2. 收受他人赠与的明显超过人情往来的名贵烟酒、购物卡、股票、基金等其他具有市场价值的物品

刘某在分别担任贵州某某建设投资有限公司（国有控股有限责任公司）副总经理、总经理、董事长期间，利用职务便利，先后收受项目施工方、监理方、设计方等单位送的飞天茅台酒、购物卡等财物，为施工方、监理方、设计方等单位在工程项目承接、推进，工程款项结算、拨付等方面谋取利益。② 刘某被法院以受贿罪追究刑事责任。

3. 以资金短缺为由，向下属公司工作人员索取财物

2011年至2012年，陈某某作为武某铁路公司总经理，利用职务便

---

① 参见（2014）宜刑终字第00201号。

② 参见（2021）黔01刑终28号。

利,索取他人财物,具体事实如下:(1)2011年,陈某某以手头紧张为由,向武某铁路公司鄂州分公司经理陈某索要3万元。陈某将3万元以现金形式交给陈某某后,陈某某将该款用于个人消费。(2)2012年8月,陈某某向武某铁路公司下属武汉铁路某物流有限公司经理石某索要2万元。石某将2万元以现金形式交给陈某某后,陈某某将该款用于个人消费。① 陈某某被法院以受贿罪追究刑事责任。

(三)常见疑难问题

1. 构成受贿罪,以个人非法占有为必要条件

储某,案发前任某县城市建设投资管理中心(有限责任公司)主任(总经理)、某县重点工程建设管理局(城市建设投资有限责任公司)局长(总经理)、某县国有房地产投资有限公司董事长。法院认为:(1)2013年8月,李某某到储某家中,送给其人民币10,000元。储某于2013年8月退还李某某10,000元。经查,2013年8月,储某正在陆续退还此前的受贿款,此时他应无意愿收受他人财物,且退还及时,故不应认定为受贿。(2)2011年至2013年,某建筑有限公司承揽了某县重点工程。2012年下半年,储某新房木工装修,由李某某的公司木工班承建。工程结束后,储某付给木工班班长工程款约40,000元。李某某得知后便从家中拿出40,000元退给储某,储某以家庭经济困难暂借的名义收下。2013年七八月被告人储某委托其弟储某某退还李某某40,000元,后被检察机关扣押。经查,证人李某某证实,储某见其态度坚决,就说目前他资金紧张,这钱就算暂时借你的,就收下了;储某供述,证实他当时不收,李某某硬要塞给他,只好收下,并说就算借的,以后有钱再还。双方均证实是借款,不应认定为受贿②。

在受贿罪的认定中,以非法占有为必要条件,如果未有非法占有的主观目的,则不能认定为受贿,该要件可以区分日常的借贷关系与行受贿。

---

① 参见(2017)鄂71刑终6号。

② 参见(2014)望刑初字第00007号。

2. 受贿数额的确认，以受贿人实际控制的数额为准，具体数额的用途不影响受贿数额的认定

周某某作为国有企业工作人员，利用担任仙某社区社保科科长及负责仙某社区、仙某公司及水泥厂等企业职工档案管理职务便利，非法收受他人财物共计人民币47,500元，为他人谋取利益，其行为已构成受贿罪，公诉机关指控的该事实与罪名成立。其辩护人提出受贿罪中周某某在请人办事的过程中实际支出的部分应予扣减的意见，经查，周某某非法收受他人现金47,500元，并置于自己的控制之下，即为犯罪既遂，行为人对这些财物作出的各种处分，不能对受贿既遂成立发生影响，只能作为受贿既遂以外的量刑因素，所支出费用不应扣减，应认定为受贿数额，故该意见不予采纳。[①]

3. 感情投资型受贿的认定

最高人民法院、最高人民检察院《关于办理贪污贿赂刑事案件适用法律若干问题的解释》第十三条第二款规定的是受贿犯罪与"感情投资"的界限划分问题。在《刑法》没有规定赠贿、收受礼金方面犯罪的情况下，受贿犯罪牟利要件的认定需要把握一个底线，这个底线就是《全国法院审理经济犯罪案件工作座谈会纪要》确立的具体请托事项。鉴于此，纯粹的感情投资不能以受贿犯罪处理。同时，对于日常意义上的"感情投资"，又有必要在法律上作进一步区分：一种是与行为人的职务无关的感情投资；另一种是与行为人职务行为有具体关联的所谓的"感情投资"。对于后者，由于双方在职务活动中日常而紧密的关系，谋利事项要么已经通过具体的职务行为得以实现，要么可以推断出给付金钱有对对方职务行为施加影响的意图，这种情况下能够排除正常人情往来的，同样应认定为受贿。具体适用本款规定时，要注意把"价值三万元以上"和"可能影响职权行使"结合起来作整体理解：一方面，"价值三万元以上"可以累计计算，而不是以单笔为限；另一方面，对于确实属于正常人

---

① 参见(2017)赣0222刑初92号。

情往来、不影响职权行使的部分,不宜计入受贿数额。

该解释第十五条第一款主要针对的是小额贿款的计算问题。其明确多次受贿未经处理的,累计计算受贿数额,这主要借鉴了《刑法》对于多次贪污的数额计算规定。这里的“未经处理”,既包括达到定罪标准未受处理,也包括未达到定罪标准未受处理。受贿人多次收受小额贿款,虽每次均未达到该解释规定的定罪标准,但多次累计后达到定罪标准的,也应当依法定罪处罚,这里的“处理”包括刑事处罚和党纪、行政处分,已经受到处理的原则上不再累计。

收受“感情投资”如何认定为受贿。[①] 行贿人长期连续给予受贿人财物,且超出正常的人情往来,其间只要发生过具体请托事项,就可以把这些连续收受的财物视为一个整体,全额认定为受贿数额。在认定时应当注意以下两点:一是收受的连续性,这是得以在法律上将之作为整体行为对待的事实基础;二是排除人情往来因素。本案[②]中,被告人收受财物在时间上较为连贯,权钱交易性质明显,故不能将前期无请托事项时给予财物的行为与之后的关照、提拔割裂开来,而应作为同一整体对待,将多次收受的财物累计计算,以受贿论处。值得注意的是,最高人民法院、最高人民检察院《关于办理贪污贿赂刑事案件适用法律若干问题的解释》对国家工作人员利用职务上的便利为请托人谋取利益,受请托之前收受的应计入受贿数额的财物数额予以了明确,即在1万元以上的,应当一并计入受贿数额。

接受亲友财物构成受贿罪的认定[③]。接受亲友财物通常包括两种情况:一是亲友出于亲情或友谊,单方面、无条件地赠与财物;二是单纯利用亲友关系,为请托人办事,收受了请托人的答谢礼物。前者属于馈赠行为,后者属于亲友间的礼尚往来,均是正常合法行为。区分馈赠行为、礼尚往

---

① 参见中华人民共和国最高人民法院刑事审判第一、二、三、四、五庭主办:《刑事审判参考》(总第106集),法律出版社2017年版,第91-92页。

② 参见(2013)合刑初字第00064号。

③ 参见中华人民共和国最高人民法院刑事审判第一、二、三、四、五庭主办:《刑事审判参考》(总第118集),法律出版社2019年版,第150页。

来与受贿罪界限的关键在于行为人接受亲友的财物是否利用职务上的便利为亲友谋取利益。利用职务上的便利为亲友谋取利益，从而接受亲友财物的，构成受贿罪，否则，属于正常人情往来。在司法实践中，法院一般根据以下事实和情节加以综合分析认定：(1)行贿人的动机；(2)受贿人的动机；(3)受贿人受贿的事实；(4)受贿的数额和情节；(5)行贿人与受贿人的关系，存续时间；(6)请托事项的办理时间与收受贿赂的时间。

4. 受贿后用于单位公务支出或者受贿后退还的处理

最高人民法院、最高人民检察院《关于办理贪污贿赂刑事案件适用法律若干问题的解释》第十六条第一款规定了赃款赃物去向与贪污、受贿故意的认定关系问题。该解释明确，只要基于个人非法占有为目的实施贪污、受贿行为，不管事后赃款赃物的去向如何，均不影响贪污罪、受贿罪的认定。适用本规定时需要注意以下两点：一是赃款赃物的具体去向，在一些情形下特别是用于公务支出的情形下与贪污、受贿故意的认定是存在关联的，这也是该解释强调只有当贪污、受贿故意得以认定时，用于公务支出或者社会捐赠才不影响定罪的原因所在。对于行为时犯罪故意不明确或者不能证明存在贪污或者个人受贿故意的，则应根据案件事实并结合赃款赃物具体去向实事求是地加以认定。二是对赃款赃物用于公务支出或者社会捐赠的，量刑时应予酌情考虑。

及时退还的认定。最高人民法院、最高人民检察院《关于办理受贿刑事案件适用法律若干问题的意见》第九条第一款“国家工作人员收受请托人财物后及时退还或者上交的，不是受贿”的规定，是针对实践中国家工作人员主观上没有受贿故意，但客观上收受了他人财物，并及时退还或者上交，并非针对受贿既遂后退还或者上交的情形。没有及时退还或上交，且没有任何无法退还或上交的客观理由，应认定其实际收受财物后，主观心理发生了变化，产生了非法占有故意，应认定为受贿。就毋某某受贿案①所查明的全部犯罪事实而言，毋某某均具有受贿故意，并

① 参见中华人民共和国最高人民法院刑事审判第一、二、三、四、五庭主办：《刑事审判参考》(总第106集)，法律出版社2017年版，第89－90页。

为他人实际谋取或承诺谋取利益，部分谋利行为积极主动，甚至置法律、组织原则于不顾，不惜严重损害国家利益。再就毋某某交存款项的数额、时间及来源看，其2003—2005年分文未交，2009年收少交多，其他年份收多交少，并非及时、全部交存且差额明显，部分源于所查明的受贿事实和非法礼金，部分并不在查明事实之列而是源于其他收入甚至非法收入。从交存款物的部门、知情范围及处分情况来看，也能证明毋某某有受贿故意及心存侥幸：一是交存款物的部门既非纪律检查部门，亦非廉政专用账户，而是毋某某主管、便于控制的县招商局和县委办；二是知情者极少且知情内容有限，通报相关情况系迫于压力；三是交存款物的支取，必须经过毋某某同意或安排，毋某某对此具有绝对的控制、处分权。因此，毋某某案发前退还、交存部分款物，不属于该意见第九条规定的"及时退还或者上交"，而是借此混淆视听，逃避查处，相应数额不应从受贿数额中扣除。毋某某交存款物后主要用于公共支出，系其受贿犯罪既遂后对赃款、赃物的处置，属自由行使处分权的范畴，不影响受贿犯罪的性质及故意犯罪完成形态的认定，仅作为量刑情节酌情考虑。

"及时"不仅限于当时当刻，如果主观上有归还或者上交的意思，但因为客观方面的原因未能立即归还或者上交，在客观障碍消除后立即归还或者上交的，同样应当理解为"及时"。

5. 以借为名索取或者非法收受财物行为的认定

以虚假事实向行贿人施加压力进而索要财物构成索贿①。认定行为人是否构成索贿关键看其是否主动要求对方交付财物作为对价。吴某某受贿案②中，被告人吴某某表面上似乎并未直接向行贿人徐某某索要财物，而是以要给"领导的朋友"好处费为由主动要求徐某某交付财物给第三人。这一行为能否认定为索贿？我们认为，吴某某虽然采取欺

---

① 参见中华人民共和国最高人民法院刑事审判第一、二、三、四、五庭主办：《刑事审判参考》（总第106集），法律出版社2017年版，第76－77页。

② 参见中华人民共和国最高人民法院刑事审判第一、二、三、四、五庭主办：《刑事审判参考》（总第106集），法律出版社2017年版，第76－77页。

骗手段使徐某某相信确有“领导的朋友”介入并“自愿”向“领导的朋友”支付好处费，但吴某某在徐某某“自愿”交付之前已向其传递明确信号，即徐某某不付出一定代价不可能顺利承揽业务，徐某某面对这种情况并无多少选择余地。在徐某某表示愿意给对方好处费后，吴某某立即提出100万元的数额要求。该起受贿事实中，吴某某与徐某某的沟通过程符合索贿犯罪中受贿人积极地主导权钱交易进程，而行贿人比较被动地按照受贿人的要求给付财物的特点，犯罪情节较一般的被动接受贿赂的受贿犯罪更为恶劣，理应认定为索贿并酌情从重处罚。至于吴某某使用的欺骗手段，并不改变其主动向徐某某索要巨额贿赂的实质。对索贿行为必须结合行为人利用职务上的便利实施犯罪的背景准确定性，单纯地看该起事实，形式上似乎也符合诈骗罪的犯罪构成，但吴某某实施上述行为时充分利用了职务上的便利，徐某某也是基于对吴某某职权的信任交付财物，后在吴某某的帮助下承接了相关业务。徐某某虽误以为其所送财物交给了“领导的朋友”，但其对送出财物以满足吴某某的要求，进而借助吴某某的权力谋取利益有清晰的认识，其关注的重点不在于何人收取贿赂，而在于能否用贿赂换取利益，事实上徐某某也确实通过行贿获得了巨额利益。因此，以索贿而不是诈骗来评价吴某某在本起事实中的行为性质更为准确。

为他人谋取利益后以急事需要用钱等为由向他人索要钱款的构成受贿罪。2000年下半年至2003年2月，王某甲利用职务便利，接受某煤层气公司北京办事处主任王某乙的请托，通过向国家开发银行郑州分行负责人打招呼、在该行贷款委员会审议贷款项目时发表有条件同意的意见等方式，为河南省郑州市经济技术开发区向国家开发银行申请贷款人民币3亿元提供帮助，使王某甲从中获取好处费人民币300万元。为此，2005年3月，王某甲以急需用钱为由向王某乙索取人民币30万元。经法院审理认为，王某甲身为国家工作人员，利用职务上的便利，索取和非法收受他人财物，为他人谋取利益，其行为已构成受贿罪。[①]

① 参见《最高人民检察院公报》2010年第6期。

(四)取证指引

受贿罪案件主要需要收集三类证据,主体证据、主观方面证据、客观方面证据,以及被调查人及利益关系人在犯罪后为逃避调查实施的一系列反调查行为形成的部分再生证据。另外,近年来,被调查人通过表面合法的民商事行为获取贿赂的形式大量增加,具有相当的隐蔽性,对于此类受贿犯罪,应注重收集行受贿双方权钱交易性质方面的证据。①

1. 主体证据

主体证据,是指能证明被调查人系国有公司、企业或者其他国有单位中从事公务的人员和国有公司、企业或者其他国有单位委派到非国有公司、企业以及其他单位从事公务的人员,可构成受贿罪主体的证据,证据的主要形式是书证,包括两大类:被调查人的自然身份证据和职务身份证据。

(1)自然身份证据。公安机关提供的户籍证明、户口簿或者居住证复印件、户口卡或者居民身份证、护照复印件等。通过以上证据证明被调查人的姓名、国籍、性别、年龄、出生日期、民族、文化程度、婚姻状况和户籍地、经常居住地等个人自然情况,并确定刑事责任能力。

(2)职务身份证据。既包括工作证、干部履历表、干部登记表、聘书、聘用合同、任免文件(任免审批表、任免通知、任免书、任免决定)、委派通知、供职证明等被调查人职务方面的证据,也包括能反映其职权情况的证据,如被调查人所在部门的工作职责,"三定"方案,党委关于主管分工职责的文件,被调查人具体负责、经手、承办、管理某项具体公务的人证、书证,关于履职程序和权限的法律法规和单位内部规定等材料。

2. 主观方面证据

主观方面证据,即能证明被调查人明知索取或收受他人财物是以利用自身职务便利为他人牟利为交换条件,而故意违反有关规定,希望或者放任取得他人财物的证据。具体包括:(1)受贿的动机、目的,有无策

---

① 参见陈国庆主编:《公职人员职务犯罪认定与证据指引》,中国方正出版社 2019 年版,第 142 - 150 页。

划、策划的具体内容。(2)有无索要或收受财物的意思表示,意思表示的方式和具体内容。(3)对索要或收受他人财物的事实是否明知,即是否明知索要的财物或收受的财物属于贿赂,以及是否有将财物占为己有的故意。(4)对利用自身职务便利、为他人谋取利益作为交换条件是否明知,即被调查人是否明知与对方存在某种职务上的联系,是否明知对方意图通过被调查人利用自身的职权或者地位形成的便利条件,通过其他国家工作人员职务上的行为,为请托人谋取某种利益。

3. 客观方面证据

受贿罪客观行为包括利用职务便利、收受或索取贿赂、为他人谋取利益三类,行为证据即指能证明上述三类行为真实存在、确切发生的证据。

(1)利用职务便利的证据。

①被调查人的供述和辩解,证实被调查人的任职情况和职责范围,是否利用自己职务上主管、负责或者承办某项公共事务的职权及其所形成的便利条件。②证明被调查人身份和职责范围的制度等,被调查人利用职务行为的文件、记录、批文等书证。③行贿人证言,证实行贿人与被调查人是否存在个人关系、工作关系和业务关系,以及被调查人是如何利用职权或职务便利为行贿人谋取利益的,货币种类、数量、票面金额及包装袋的物理特征与去向等。

(2)收受或索取贿赂的证据。

①被调查人的供述和辩解,内容包括:收受财物的原因、时间、地点、次数,有无其他人在场,受贿的详细经过,物品的数量、价格、品种、包装、购买地、支付方式、发票、存放形式、产权变更登记,有无退还情况等。②行贿人的证言,内容包括:为何行贿,行贿的时间、地点和次数,行贿款的来源等。③证人证言,包括知情人、关系人、中间人、亲友的证言;物证,包括追缴的赃款赃物,用赃款购买的物品及照片;书证,包括受贿人或行贿人收受财物或送出财物的有关笔记、日记,证明行贿款来源的银行存折、支取账单等;鉴定意见,包括笔迹鉴定、审计鉴定、估价鉴定意见

等;勘验、检查笔录,包括赃物藏匿现场勘验、检查笔录及照片;视听资料、电子数据,包括行贿受贿行为的录音、录像,聊天记录;搜查、扣押、起赃、收缴、封存笔录或证明等。

(3)为他人谋取利益的证据。

为他人谋取利益包括承诺、实施和实现三个阶段。承诺为他人谋取利益的证据需要深挖行受贿双方的主观心理状态和真实意思表示,主要是通过被调查人的供述和辩解、行贿人的证言证实。实施和实现阶段的证据主要是调取被调查人在审批表上的签字记录、相关批示和文件,为请托人打招呼的相关证据等。

(4)再生犯罪证据。

再生犯罪证据是指被调查人及其利害关系人在犯罪行为实施完毕后,为掩护罪行,逃避惩罚进行一系列反调查活动的过程中所形成的,能够证明案件真实情况的犯罪证据。

在受贿案件中,再生证据的主要表现形式有:一是串供、订立攻守同盟,统一口径,对抗调查,如行贿人与被调查人制造假的借条等;二是被调查人及其家属在案发前和案发后为了逃避调查将赃款赃物转移至亲朋好友处;三是被调查人得知自己可能会被调查后,威胁相关行贿人,让其消失一段时间,逃避调查人员的调查;四是被调查人或行贿人得知相关情况后,为了了解案件是否已经涉及自己,通过各方关系向办案单位人员打听案情。

上述反调查行为都会产生相应的证据,如制造"假借条",处理赃物等,这些虽然不是证明犯罪的直接证据,但是能够间接印证相关的犯罪事实,增强法官内心确认。调查人员需要做的是调取相关再生犯罪证据后,在笔录中予以固定。

(5)通过新型贿赂形式受贿的证据。

随着经济和社会的发展变化,近年来受贿行为出现了一些比较特殊的新类型,与传统方式相比,受贿手段不断翻新,行为更具隐蔽性、复杂性。如行为人从简单地收受财物发展到参股或获取期权,并竭力钻法律和政策的空子，利用合法外衣来掩盖非法敛财实质。结合最高人民法院、最高人民检察院《关于办理受贿刑事案件适用法律若干问题的意见》就新型受贿的取证标准分析如下：

①交易型受贿。需要收集以下证据：证明该差价交易的真实情况、获取差价是基于其利用职务上便利为请托人谋取利益的证据，包括被调查人的供述和辩解、请托人及其他证人证言、房屋及汽车买卖合同等；证明该商品当地市场价格与实际支付价格的差额以及关于该商品最低优惠价格等方面的证据。其中确定该商品当地市场价格需要委托价格认证部门进行价格鉴定，在该过程中，对基准日的选择特别关键。

②干股型受贿。需要收集以下证据：证实被调查人收受请托人干股是基于其利用职务上便利为请托人谋取利益的证据；干股未实际转让的，证实双方关于达成干股转让合意的证据；干股实际转让的，证实干股转让的证据；有分红的，要对分红的情况和数额进行取证，因为分红不管被认定为受贿孳息还是受贿财物都应予以收缴。

③合作投资型受贿。需要收集以下证据：证实被调查人以“合作”开办公司或者进行其他形式“合作”投资收受请托人财物是基于其利用职务上便利为请托人谋取利益的证据；证明受贿数额的相关证据，区分收受出资额、收受利润两种类型。主要有“合作”开办公司或者进行其他“合作”投资的工商登记资料、投资合同或字据、分红记录、银行转账凭证等书证、物证。

④委托理财型受贿。需要收集以下证据：证实被调查人以委托请托人投资证券、期货或者其他委托理财的名义收受贿赂是基于其利用职务上便利为请托人谋取利益的证据；证明受贿数额的相关证据，区分未出资而获取收益还是获得收益明显高于应得收益。

⑤赌博型受贿。需要收集以下证据：证实被调查人以赌博形式收受请托人财物是基于其利用职务上便利为请托人谋取利益的证据；证明受贿数额的相关证据，即获得赌资的数额。主要包括被调查人的供述和辩解，请托人、赌博参与人等证人证言，现金、筹码等物证。

⑥挂名领薪型受贿。需要收集以下证据:证实被调查人以让特定关系人挂名领薪的方式收受请托人财物是基于其利用职务上便利为请托人谋取利益的证据;证明特定关系人挂名领薪,并不实际工作的证据;证明受贿数额的相关证据,即特定关系人挂名领薪的数额,如对此数额明知或概括知道的被调查人的供述和辩解、特定关系人单位相关领导、同事等证人证言、工作记录、考勤记录、工资发放记录、银行转账凭证等书证。

⑦离职型受贿。需要收集以下证据:证实被调查人与请托人达成其在职时为请托人谋取不正当利益、离职后收受请托人财物合意的证据,需要查清达成合意的时间、场合等具体细节;证明受贿数额的证据,即被调查人离职后收受的财物或离职前后连续收受的财物数额。

为适应不同读者的需要,本书在非国家工作人员受贿罪中,将以证据法定种类为基础列明证据收集要点。

(五)立案和量刑标准

表 9-2 受贿罪定罪量刑对应表

受贿罪		受贿数额	数额+受贿 8 种情形之一①
第一档	3 年以下有期徒刑或者拘役,并处罚金(处 10 万元以上 50 万元以下)	3 万元≤受贿数额<20 万元	1 万元≤受贿数额<3 万元且有受贿 8 种情形之一
第二档	3 年以上 10 年以下有期徒刑,并处罚金(20 万元以上犯罪数额 2 倍以下)或者没收财产	20 万元≤受贿数额<300 万元	10 万元≤受贿数额<20 万元且有受贿 8 种情形之一

---

① 受贿的 8 种情形为:(1)曾因贪污、受贿、挪用公款受过党纪、行政处分的;(2)曾因故意犯罪受过刑事追究的;(3)赃款赃物用于非法活动的;(4)拒不交待赃款赃物去向或者拒不配合追缴工作,致使无法追缴的;(5)造成恶劣影响或者其他严重后果的;(6)多次索贿的;(7)为他人谋取不正当利益,致使公共财产、国家和人民利益遭受损失的;(8)为他人谋取职务提拔、调整的。

续表

受贿罪		受贿数额	数额+受贿8种情形之一
第三档	10年以上有期徒刑或者无期徒刑，并处罚金（50万元以上犯罪数额2倍以下）或者没收财产	受贿数额≥300万元	150万元≤受贿数额<300万元且有受贿8种情形之一
第四档	无期徒刑或者死刑，并处没收财产；被判死刑缓期执行可以决定死刑缓期执行二年期满减为无期徒刑后，终身监禁，不得减刑、假释	受贿数额≥300万元并使国家和人民利益遭受特别重大损失	未规定

三、职务侵占罪

（一）法条依据

1.《刑法》

第二百七十一条第一款　公司、企业或者其他单位的工作人员，利用职务上的便利，将本单位财物非法占为己有，数额较大的，处三年以下有期徒刑或者拘役，并处罚金；数额巨大的，处三年以上十年以下有期徒刑，并处罚金；数额特别巨大的，处十年以上有期徒刑或者无期徒刑，并处罚金。

第一百八十三条第一款　保险公司的工作人员利用职务上的便利，故意编造未曾发生的保险事故进行虚假理赔，骗取保险金归自己所有的，依照本法第二百七十一条的规定定罪处罚。

2.最高人民法院《关于审理单位犯罪案件具体应用法律有关问题的解释》（1999年7月3日起施行，法释〔1999〕14号）

为依法惩治单位犯罪活动，根据刑法的有关规定，现对审理单位犯罪案件具体应用法律的有关问题解释如下：

第一条　刑法第三十条规定的公司、企业、事业单位，既包括国有、集体所有的公司、企业、事业单位，也包括依法设立的合资经营、合作经营企业和具有法人资格的独资、私营等公司、企业、事业单位。

3. 最高人民法院《关于审理贪污、职务侵占案件如何认定共同犯罪几个问题的解释》(2000 年 7 月 8 日起施行,法释〔2000〕15 号)

第二条　行为人与公司、企业或者其他单位的人员勾结,利用公司、企业或者其他单位人员的职务便利,共同将该单位财物非法占为己有,数额较大的,以职务侵占罪共犯论处。

4. 最高人民法院《关于在国有资本控股、参股的股份有限公司中从事管理工作的人员利用职务便利非法占有本公司财物如何定罪问题的批复》(2001 年 5 月 26 日起施行,法释〔2001〕17 号)

在国有资本控股、参股的股份有限公司中从事管理工作的人员,除受国家机关、国有公司、企业、事业单位委派从事公务的以外,不属于国家工作人员。对其利用职务上的便利,将本单位财物非法占为己有,数额较大的,应当依照刑法第二百七十一条第一款的规定,以职务侵占罪定罪处罚。

5. 最高人民法院、最高人民检察院《关于办理国家出资企业中职务犯罪案件具体应用法律若干问题的意见》(2010 年 11 月 26 日印发,法发〔2010〕49 号)

一、关于国家出资企业工作人员在改制过程中隐匿公司、企业财产归个人持股的改制后公司、企业所有的行为的处理

国家工作人员或者受国家机关、国有公司、企业、事业单位、人民团体委托管理、经营国有财产的人员利用职务上的便利,在国家出资企业改制过程中故意通过低估资产、隐瞒债权、虚设债务、虚构产权交易等方式隐匿公司、企业财产,转为本人持有股份的改制后公司、企业所有,应当依法追究刑事责任的,依照刑法第三百八十二条、第三百八十三条的规定,以贪污罪定罪处罚。贪污数额一般应当以所隐匿财产全额计算;改制后公司、企业仍有国有股份的,按股份比例扣除归于国有的部分。

所隐匿财产在改制过程中已为行为人实际控制,或者国家出资企业改制已经完成的,以犯罪既遂处理。

第一款规定以外的人员实施该款行为的,依照刑法第二百七十一条的规定,以职务侵占罪定罪处罚;第一款规定以外的人员与第一款规定的人员共同实施该款行为的,以贪污罪的共犯论处。

在企业改制过程中未采取低估资产、隐瞒债权、虚设债务、虚构产权交易等方式故意隐匿公司、企业财产的,一般不应当认定为贪污;造成国有资产重大损失,依法构成刑法第一百六十八条或者第一百六十九条规定的犯罪的,依照该规定定罪处罚。

(二)犯罪表现形式

职务侵占罪的行为方式多种多样,可以是采取盗窃方法取得,也可以使用诈骗手段或其他方式获取,凡是能够实现将单位财物非法占为已有的方法,只要利用了职务之便,就都是职务侵占罪的行为方式。职务侵占罪中的利用职务便利,是指行为人利用主管、管理、经营、经手本单位财物之职的便利条件,这里的职务不限于经营、管理活动,同时还包括劳务活动。但工作过程中形成的对环境及人员较为熟悉的有利条件不能视为职务便利。

1. 利用职务便利,虚构交易关系,通过报销程序,侵吞公司财产

张某某在任某某市医药公司党委副书记、总经理,某某益寿堂医药公司董事长,某某贵都商城公司实际控制人期间,利用职务之便,于2011年至2015年,通过购买服务再向单位“小金库”报销的方式,用单位集体资金支付应当由个人承担的费用共计人民币42.23万元①。

2. 利用业务上的便利,在质量检测过程中,将他人不合格产品鉴定为合格产品,为他人谋取利益,共同侵占公司利益

南京某某大学实验农药厂常州分厂系南京某某大学实验农药厂与江苏省某公司、江苏某化工科技有限公司、常州某营养保健药品厂于1995年7月在常州设立的分厂,经济性质是国有企业。但实际上常州分厂系由单某某、钱某某等人负责,实行独立核算、自负盈亏,南京某某大

① 参见(2017)鲁12刑终26号。

学实验农药厂对常州分厂产品质量负责，未对常州分厂进行出资。2004年3月至7月，赵某某1利用担任南京某某大学实验农药厂常州分厂的生产、技术负责人的职务之便，在为本厂采购包装材料及配料的过程中，先后为被告人赵某某2生产假冒灭菌成农药提供普通塑料内袋33.2万只、外袋30万只、纸箱1590只、烯唑醇原药20千克，价值合计人民币45,755元，该款由南京某某大学实验农药厂常州分厂与销售单位进行了结算。赵某某2向赵某某1交付货款人民币56,000元[①]。赵某某1被法院以职务侵占罪追究刑事责任。

3. 国有企业的工作人员借调到社会团体工作期间，利用公务便利，虚开发票，侵占财产

2015年1月至4月，崔某某在担任某市建筑施工行业协会（以下简称建筑协会）副秘书长兼办公室主任期间，利用分管财务等职务便利，通过某市某新区某街道某刻字服务部何某某，采用虚开印刷费发票进行报销的手法，先后2次将建筑协会资金共计人民币30.96万元予以侵吞，占为己有[②]。崔某某被法院以职务侵占罪追究刑事责任。

（三）常见疑难问题

1. 受聘于国有公司的行为人，在受聘期间利用职务之便窃取国有财产，实施过程中同时存在非利用职务便利行为的，根据犯罪结果与职务便利的因果关系予以定性

《刑法》第二百七十一条规定的职务侵占罪，是指公司、企业或者其他单位的工作人员，利用职务上的便利，将本单位财物非法占为己有，数额较大的行为。该罪主体为特殊主体，包括公司、企业或者其他单位的工作人员。具体是指三种不同身份的自然人，一是股份有限公司、有限责任公司的董事、监事；二是上述公司的职员，是指除公司董事、监事之外的经理、部门负责人和其他一般职员和工人；三是上述公司以外企业或者其他单位的工作人员。

---

① 参见（2005）天刑初字第193号。

② 参见（2016）沪0115刑初65号。

司法实务中,该罪的主体也可以是受临时委派或授权从事服务性工作的劳务人员,利用其合法持有、保管、使用本单位财物的便利,侵占本单位数额较大的财物者。行为人只要在单位负责或者经手一定的事项,接受用人单位管理,从事用人单位指定的工作,并获取劳动报酬和劳动保护,并与单位形成事实劳动关系,均应当认定其属于"公司、企业或者其他单位的工作人员"的范畴。

但是,国有公司、企业或者其他国有单位中从事公务的人员和国有公司、企业或者其他国有单位委派到非国有公司、企业以及其他单位从事公务的人员有《刑法》第二百七十一条第一款行为的,依照《刑法》第三百八十二、三百八十三条的规定,以贪污罪定罪处罚。《刑法》第三百八十二条第二款规定:"受国家机关、国有公司、企业、事业单位、人民团体委托管理、经营国有财产的人员,利用职务上的便利,侵吞、窃取、骗取或者以其他手段非法占有国有财物的,以贪污论。"第二百七十一条规定,公司、企业或者其他单位的工作人员,利用职务之便,将本单位财物非法占为己有的,构成职务侵占罪。国有公司受聘人员,既不属于国家工作人员,也不属于"受委托管理、经营国有财产的人员",不能成为贪污罪的主体,因此不构成贪污罪。对于受聘人员在受聘期间利用职务之便窃取国有财产,在实施过程中同时存在非利用职务便利行为的,如果能够证明犯罪结果与行为人利用职务便利存在必然的因果关系,非利用职务便利的行为仅占次要地位的,就应根据《刑法》第二百七十一条之规定按职务侵占罪定罪。①

2. 在国企改制后的公司中从事公务的没有委派手续的工作人员,不能视为国家工作人员

最高人民法院《关于在国有资本控股、参股的股份有限公司中从事管理工作的人员利用职务便利非法占有本公司财物如何定罪问题的批复》明确指出:"在国有资本控股、参股的股份有限公司中从事管理工作

① 参见张某贵、黄某章职务侵占案,载《最高人民法院公报》2002年第3期。

的人员，除受国家机关、国有公司、企业、事业单位委派从事公务的以外，不属于国家工作人员。”最高人民法院《全国法院审理经济犯罪案件工作座谈会纪要》第一条第二项进一步明确规定：“国有公司、企业改制为股份有限公司后，原国有公司、企业的工作人员和股份有限公司新任命的人员中，除代表国有投资主体行使监督、管理职权的人外，不以国家工作人员论。”某油田公司改制后属于国有控股企业而非单纯意义上的国有企业，景某某的身份系合同制工人，并非受国家机关、国有公司、企业、事业单位委派从事公务的人员，不属于国家工作人员，故不符合贪污罪的构成要件，其利用职务上的便利，将本单位财物非法占为己有，应以职务侵占罪定罪处罚。①

3. 国有企业的工作人员借调到社会团体，但从事的工作不具有公务性的，不能认定为国家工作人员

在崔某某贪污案中，关于崔某某的主体身份，现有证据证明崔某某系从中国建筑某有限公司借调至某建筑行业协会工作，某建筑行业协会是社会中介组织，是一种民间组织社会团体，其本身不是政府管理机构，且其运作的资金主要来源于会员单位，崔某某在协会中所从事的工作也不具有国家事务性及社会公共事务性，故依据现有证据尚不足以判定被告人崔某某系国家工作人员，也不足以判定崔某某系受国家机关、国有公司、企业、事业单位、人民团体委托管理、经营国有财产的人员，故崔某某不符合贪污罪的主体要件。②

在判断是否构成贪污罪时，首先要判定主体是否适格，实质的标准是，其工作是否为公务，不能依据形式的标准进行判定，否则势必扩大贪污罪的入罪范围，造成不适当的扩张。

4. 不在公司、企业职工名册但实际承担公司、企业管理职责的人，可以成为职务侵占罪的犯罪主体

职务侵占罪中“职务”的实质，基于“从事一定业务”所形成的身份、

---

① 参见(2014)庆中刑终字第8号。

② 参见(2016)沪0115刑初65号。

地位。这里的“职务”,实际上就是“业务”。业务,是指基于社会生活上的地位反复、持续实施的事务。公司、企业人员是否具有职务上的便利,其实质在于行为人是否在公司、企业或者其他单位具有一定职权,从而形成职务上的便利,或者因为实际从事一定业务而产生的主管、经手、管理单位财物的便利条件。车某实际从事的业务活动,充分说明其具备职务侵占罪的主体地位。从法律层面看,车某虽没有经过形式上的正式任命程序,但其长期、反复、继续以公司负责人身份行使公司重要职权的事实,足以表明其已经从实质上获得公司、企业人员的主体资格。①

在我国,公民取得国家工作人员身份,需经招录、提拔和任命等严格的任用程序。与前者不同,成为公司、企业人员却没有严格的这种任用程序,其任用相对比较灵活,限制较少,并无法律上的特别规定。但在正常情况下,出任公司的高层管理人员必须经过一定程序。然而,在个别情况下,如公司管理不规范或者公司原负责人有突然变故时,虽无正式任命身份,但因特殊事由,在其他公司负责人及员工不反对、默认的情况下,以公司名义活动,承担公司管理主要职责的,实际上就是公司、企业人员。因此,能否成为公司、企业人员,关键并不在于有没有形式上的任命程序,而在于其能否对内、对外以公司的名义开展活动,并将其法律行为所产生的后果归于公司。

实际上,即便是贪污、受贿这些只有国家工作人员才能构成的犯罪,在司法实务中,对国家工作人员身份的判断,也是看实质而不看形式的。因此,虽无真实的国家工作人员身份,但使用伪造的人事档案骗取国家工作人员身份,然后收受财物或者贪污的,实践中都会认定其具备特殊主体身份,从而以贪污罪、受贿罪定罪处罚。司法机关不会因为被告人的身份非真正通过合法程序取得,就否认其主体资格。其中的关键是审查行为人是否通过职权行使实际获取了不法利益,而不是仅仅看其主体资格是否在形式上齐备。

---

① 参见周光权:《职务侵占罪客观要件争议问题研究》,载《政治与法律》2018 年第 7 期。

（四）取证指引

1. 被调查人的供述和辩解

（1）犯罪主体。

①讯问被调查人是否属于国有企业的工作人员。②被调查人的工作职责。③是否受过刑事处罚。

（2）犯罪主观方面。

①讯问其有无非法占有公司财物行为的目的，是否知道或应当知道其所侵犯的是公司财产，是否清楚占有公司财产的后果，在清楚后果的情况下为何去占有，占有的目的是什么。②共同犯罪的，讯问其完整的共谋过程，确定其他共犯人的犯意由谁提起，犯罪如何分工、赃款如何分配等。

（3）犯罪客体。

讯问其所占有的是何种财产，是本单位的收入、支出、往来款还是资产。

（4）犯罪客观方面。

①讯问其如何利用职务便利，采取何种手段占有公司财产，是虚列支出、虚构交易、虚报人员和项目、重复报销还是直接侵吞等；公司财产何时被其控制，现在何处；占有公司财产的过程是否有其他人知情或授意，是否与他人伙同。②占有公司款物的去向，是否隐瞒真实去向，是否归还、退赃，是否有能力归还而不归还。③占有公司财物的时间、地点、数额、次数。①

2. 证人证言

①询问被调查人上级是否授权或知情，其同事是否知情，经手人是否知情。②询问本单位财务人员是否知情，涉案票据是否异常、何时入账，被调查人报销票据时有何表现。③询问与其个人或单位有经济往来的第三方，二者之间的收付款情况，款项的去向，由何人经手等。④询问

① 参见陈国庆主编：《公职人员职务犯罪认定与证据指引》，中国方正出版社2019年版，第810－814页。

被调查人近亲属是否知情，是否有收到被调查人大额款项的情况，被调查人消费情况如何，家中是谁管钱，有无家庭记账等。⑤询问在犯罪后串供、隐匿、销毁证据、转移赃款赃物的人员，这样做的目的，谁指使的，证据现在是否存在，其本人是否获利等。

3. 物证

①银行存款、现金、库存商品、礼物、黄金、古董、字画等及照片。②支付令、财务章、法人章。③涉及行为痕迹等方面的物证。

4. 书证

①证明被调查人身份的书证。公安机关提供的户籍证明、户口簿或者居住证复印件、户口卡或者居民身份证、护照复印件等。通过以上证据证明被调查人的姓名、国籍、性别、年龄、出生日期、民族、文化程度、婚姻状况和户籍地、经常居住地等个人自然情况，并确定刑事责任能力。被调查人的职务身份证据，既包括工作证、授权委托书、工资明细、聘书、聘用合同、任免文件（任免审批表、任免通知、任免书、任免决定）、任职证明等被调查人职务方面的证据，也包括能反映其职权情况的证据，被调查人具体负责、经手、承办、管理某项具体公务的人证、书证，关于履职程序和权限的法律法规和单位内部规定等材料。

②证明财物去向的书证。单位的银行对账单、取款或存款凭条、转账记录、账簿、原始凭证、记账凭证、现金支票、转账支票、票据存根、出库入库单、汇兑比率表、个人银行存款明细等。

③证明案件事实的书证。合同，申请表，存折、台账、内部请示，文件、规章制度，出行记录、款项性质的证明等。

④证明量刑情节的书证。悔过材料、自首立功材料，处分决定、刑事判决书、释放通知书，监察机关罚没据、被害单位收款证明等。

⑤其他书证。被调查人或其家属对案件情况或财物的记录。

5. 勘验、检查、搜查、辨认笔录

①对犯罪现场及财物的勘验、检查笔录。②对被调查人住所、办公室以及其财产存放地的搜查笔录。③被调查人对涉案物品的辨认笔录，

他人对被调查人的辨认笔录等。

6. 鉴定结论

①伪造、变造会计资料的痕迹鉴定。②无法直接确定财产价值的评估、审计报告。③被调查人本人或冒充他人的笔迹、签名、印章的文件检验鉴定。④私刻的公章等物证的电子物证鉴定报告。

7. 视听资料、电子数据

①证明被调查人犯罪过程的视频、照片等,证明财产或财产性利益的电脑记录等。②手机通话记录,短信记录,QQ、微信聊天记录,支付宝、微信收款和支付记录,网络平台购物记录、游戏充值记录、打赏主播记录、网络平台借款记录、网络赌博下注记录,会计电子记账凭证等。

(五)立案和量刑标准(见表9-3)

表9-3 职务侵占罪定罪量刑对应表

职务侵占罪		数额
第一档	3年以下有期徒刑或者拘役,并处罚金	≥3万元
第二档	3年以上10年以下有期徒刑,并处罚金	≥100万元
第三档	10年以上有期徒刑或者无期徒刑,并处罚金	未规定

四、挪用公款罪

(一)法条依据

1.《刑法》

第三百八十四条　国家工作人员利用职务上的便利,挪用公款归个人使用,进行非法活动的,或者挪用公款数额较大、进行营利活动的,或者挪用公款数额较大、超过三个月未还的,是挪用公款罪,处五年以下有期徒刑或者拘役;情节严重的,处五年以上有期徒刑。挪用公款数额巨大不退还的,处十年以上有期徒刑或者无期徒刑。

挪用用于救灾、抢险、防汛、优抚、扶贫、移民、救济款物归个人使用的,从重处罚。

第二百七十二条第二款　国有公司、企业或者其他国有单位中从事公务的人员和国有公司、企业或者其他国有单位委派到非国有公司、企业以及其他单位从事公务的人员有前款行为的，依照本法第三百八十四条的规定定罪处罚。

2. 最高人民法院《关于挪用公款犯罪如何计算追诉期限问题的批复》(2003 年 9 月 18 日最高人民法院审判委员会第 1290 次会议通过，法释〔2003〕16 号)

根据刑法第八十九条、第三百八十四条的规定，挪用公款归个人使用，进行非法活动的，或者挪用公款数额较大、进行营利活动的，犯罪的追诉期限从挪用行为实施完毕之日起计算；挪用公款数额较大、超过三个月未还的，犯罪的追诉期限从挪用公款罪成立之日起计算。挪用公款行为有连续状态的，犯罪的追诉期限应当从最后一次挪用行为实施完毕之日或者犯罪成立之日起计算。

3. 全国人民代表大会常务委员会《关于〈中华人民共和国刑法〉第三百八十四条第一款的解释》(2002 年 4 月 28 日第九届全国人民代表大会常务委员会第二十七次会议通过)

有下列情形之一的，属于挪用公款"归个人使用"：

(一)将公款供本人、亲友或者其他自然人使用的；

(二)以个人名义将公款供其他单位使用的；

(三)个人决定以单位名义将公款供其他单位使用，谋取个人利益的。

4.《全国法院审理经济犯罪案件工作座谈会纪要》(2003 年 11 月 13 日起施行，法发〔2003〕167 号)

(四)关于挪用公款罪

(一)单位决定将公款给个人使用行为的认定

经单位领导集体研究决定将公款给个人使用，或者单位负责人为了单位的利益，决定将公款给个人使用的，不以挪用公款罪定罪处罚。上述行为致使单位遭受重大损失，构成其他犯罪的，依照刑法的有关规定对责任人员定罪处罚。

（二）挪用公款供其他单位使用行为的认定

根据全国人大常委会《关于〈中华人民共和国刑法〉第三百八十四条第一款的解释》的规定，“以个人名义将公款供其他单位使用的”“个人决定以单位名义将公款供其他单位使用，谋取个人利益的”，属于挪用公款“归个人使用”。在司法实践中，对于将公款供其他单位使用的，认定是否属于“以个人名义”，不能只看形式，要从实质上把握。对于行为人逃避财务监管，或者与使用人约定以个人名义进行，或者借款、还款都以个人名义进行，将公款给其他单位使用的，应认定为“以个人名义”。“个人决定”既包括行为人在职权范围内决定，也包括超越职权范围决定。“谋取个人利益”，既包括行为人与使用人事先约定谋取个人利益实际尚未获取的情况，也包括虽未事先约定但实际已获取了个人利益的情况。其中的“个人利益”，既包括不正当利益，也包括正当利益；既包括财产性利益，也包括非财产性利益，但这种非财产性利益应当是具体的实际利益，如升学、就业等。

（三）国有单位领导向其主管的具有法人资格的下级单位借公款归个人使用的认定

国有单位领导利用职务上的便利指令具有法人资格的下级单位将公款供个人使用的，属于挪用公款行为，构成犯罪的，应以挪用公款罪定罪处罚。

（四）挪用有价证券、金融凭证用于质押行为性质的认定

挪用金融凭证、有价证券用于质押，使公款处于风险之中，与挪用公款为他人提供担保没有实质的区别，符合刑法关于挪用公款罪规定的，以挪用公款罪定罪处罚，挪用公款数额以实际或者可能承担的风险数额认定。

（五）挪用公款归还个人欠款行为性质的认定

挪用公款归还个人欠款的，应当根据产生欠款的原因，分别认定属于挪用公款的何种情形。归还个人进行非法活动或者进行营利活动产生的欠款，应当认定为挪用公款进行非法活动或者进行营利活动。

（六）挪用公款用于注册公司、企业行为性质的认定

申报注册资本是为进行生产经营活动作准备，属于成立公司、企业进行营利活动的组成部分。因此，挪用公款归个人用于公司、企业注册资本验资证明的，应当认定为挪用公款进行营利活动。

（七）挪用公款后尚未投入实际使用的行为性质的认定

挪用公款后尚未投入实际使用的，只要同时具备“数额较大”和“超过三个月未还”的构成要件，应当认定为挪用公款罪，但可以酌情从轻处罚。

（八）挪用公款转化为贪污的认定

挪用公款罪与贪污罪的主要区别在于行为人主观上是否具有非法占有公款的目的。挪用公款是否转化为贪污，应当按照主客观相一致的原则，具体判断和认定行为人主观上是否具有非法占有公款的目的。在司法实践中，具有以下情形之一的，可以认定行为人具有非法占有公款的目的：

1. 根据《最高人民法院关于审理挪用公款案件具体应用法律若干问题的解释》第六条的规定，行为人“携带挪用的公款潜逃的”，对其携带挪用的公款部分，以贪污罪定罪处罚。

2. 行为人挪用公款后采取虚假发票平帐、销毁有关帐目等手段，使所挪用的公款已难以在单位财务帐目上反映出来，且没有归还行为的，应当以贪污罪定罪处罚。

3. 行为人截取单位收入不入帐，非法占有，使所占有的公款难以在单位财务帐目上反映出来，且没有归还行为的，应当以贪污罪定罪处罚。

4. 有证据证明行为人有能力归还所挪用的公款而拒不归还，并隐瞒挪用的公款去向的，应当以贪污罪定罪处罚。

5. 最高人民法院、最高人民检察院《关于办理国家出资企业中职务犯罪案件具体应用法律若干问题的意见》（2010 年 11 月 26 日印发，法发〔2010〕49 号）

三、关于国家出资企业工作人员使用改制公司、企业的资金担保个

人贷款,用于购买改制公司、企业股份的行为的处理

国家出资企业的工作人员在公司、企业改制过程中为购买公司、企业股份,利用职务上的便利,将公司、企业的资金或者金融凭证、有价证券等用于个人贷款担保的,依照刑法第二百七十二条或者第三百八十四条的规定,以挪用资金罪或者挪用公款罪定罪处罚。

行为人在改制前的国家出资企业持有股份的,不影响挪用数额的认定,但量刑时应当酌情考虑。

经有关主管部门批准或者按照有关政策规定,国家出资企业的工作人员为购买改制公司、企业股份实施前款行为的,可以视具体情况不作为犯罪处理。

六、关于国家出资企业中国家工作人员的认定

经国家机关、国有公司、企业、事业单位提名、推荐、任命、批准等,在国有控股、参股公司及其分支机构中从事公务的人员,应当认定为国家工作人员。具体的任命机构和程序,不影响国家工作人员的认定。

经国家出资企业中负有管理、监督国有资产职责的组织批准或者研究决定,代表其在国有控股、参股公司及其分支机构中从事组织、领导、监督、经营、管理工作的人员,应当认定为国家工作人员。

国家出资企业中的国家工作人员,在国家出资企业中持有个人股份或者同时接受非国有股东委托的,不影响其国家工作人员身份的认定。

七、关于国家出资企业的界定

本意见所称"国家出资企业",包括国家出资的国有独资公司、国有独资企业,以及国有资本控股公司、国有资本参股公司。

是否属于国家出资企业不清楚的,应遵循"谁投资、谁拥有产权"的原则进行界定。企业注册登记中的资金来源与实际出资不符的,应根据实际出资情况确定企业的性质。企业实际出资情况不清楚的,可以综合工商注册、分配形式、经营管理等因素确定企业的性质。

八、关于宽严相济刑事政策的具体贯彻

办理国家出资企业中的职务犯罪案件时,要综合考虑历史条件、企

业发展、职工就业、社会稳定等因素，注意具体情况具体分析，严格把握犯罪与一般违规行为的区分界限。对于主观恶意明显、社会危害严重、群众反映强烈的严重犯罪，要坚决依法从严惩处；对于特定历史条件下、为了顺利完成企业改制而实施的违反国家政策法律规定的行为，行为人无主观恶意或者主观恶意不明显，情节较轻，危害不大的，可以不作为犯罪处理。

对于国家出资企业中的职务犯罪，要加大经济上的惩罚力度，充分重视财产刑的适用和执行，最大限度地挽回国家和人民利益遭受的损失。不能退赃的，在决定刑罚时，应当作为重要情节予以考虑。

6. 最高人民法院、最高人民检察院《关于办理贪污贿赂刑事案件适用法律若干问题的解释》(2016年4月18日起施行，法释〔2016〕9号)

第五条　挪用公款归个人使用，进行非法活动，数额在三万元以上的，应当依照刑法第三百八十四条的规定以挪用公款罪追究刑事责任；数额在三百万元以上的，应当认定为刑法第三百八十四条第一款规定的"数额巨大"。具有下列情形之一的，应当认定为刑法第三百八十四条第一款规定的"情节严重"：

(一)挪用公款数额在一百万元以上的；

(二)挪用救灾、抢险、防汛、优抚、扶贫、移民、救济特定款物，数额在五十万元以上不满一百万元的；

(三)挪用公款不退还，数额在五十万元以上不满一百万元的；

(四)其他严重的情节。

第六条　挪用公款归个人使用，进行营利活动或者超过三个月未还，数额在五万元以上的，应当认定为刑法第三百八十四条第一款规定的"数额较大"；数额在五百万元以上的，应当认定为刑法第三百八十四条第一款规定的"数额巨大"。具有下列情形之一的，应当认定为刑法第三百八十四条第一款规定的"情节严重"：

(一)挪用公款数额在二百万元以上的；

(二)挪用救灾、抢险、防汛、优抚、扶贫、移民、救济特定款物，数额在一百万元以上不满二百万元的；

（三）挪用公款不退还，数额在一百万元以上不满二百万元的；

（四）其他严重的情节。

第二十条 本解释自2016年4月18日起施行。最高人民法院、最高人民检察院此前发布的司法解释与本解释不一致的，以本解释为准。

（二）犯罪表现形式

1. 为帮助他人完成揽储任务而将公款以个人名义存入银行，但个人并未获取利益，不应认定为挪用公款进行营利活动；对于数额较大超过3个月未还的，应认定为挪用公款归个人使用

某市某供销合作社的工商登记性质为集体所有制企业，主管部门为某市某镇人民政府，具体由国有事业单位某市某镇农村经济服务中心负责管理。钱某清、钱某亚分别利用担任某市某供销合作社主任、出纳会计职务上的便利，2013年1月29日，钱某清为帮助其子（在中国农业银行江阴某支行工作）完成银行揽储任务，指使被告人钱某亚将某市某供销合作社公款100万元存入钱某清个人中国农业银行账户，后又应银行工作人员要求将该款以个人存单形式继续存放于银行。2014年10月，钱某亚为帮助朋友钱某（时任中国邮政储蓄银行某市某支行行长）完成银行揽储任务，向钱某清提出将上述款项转存至中国邮政储蓄银行某市某支行，钱某清表示同意，钱某亚即于当月30日将上述100万元转入钱某清中国邮政储蓄银行账户。2015年9月1日，钱某清、钱某亚将该款退还某市某供销合作社。法院认为："本案所涉资金的用途为帮助他人完成揽储任务或者钱某亚帮助儿子购买房屋，而现有证据不足以证明被告人钱某清、钱某亚在帮助他人完成揽储任务过程中将利息据为己有或者获取其他收益，亦不足以证明钱某亚通过炒房获利，故公诉机关指控钱某清、钱某亚挪用公款进行营利活动证据不足。"①钱某清、钱某亚被法院以挪用公款罪（归个人使用）追究刑事责任。

① （2018）苏02刑终55号。

2. 利用主管的职务便利，指使公职人员，将公款借给他人，他人利用公款归还个人贷款

2017 年 3 月，李某某在共妻子王某的要求下，利用其担任某县交通公司经理，对公司款项的使用具有决策权的职务之便，安排公司出纳樊某将公司资金出借王某的哥哥潘某用于归还为公司进货所产生的贷款。2017 年 3 月 10 日，樊某将 98 万元转给王某，王某再将其中的 88 万元款项转给潘某等人用于归还中国银行股份有限公司的贷款。2017 年 3 月 20 日、21 日，王某分 3 次将上述款项归还某县交通公司①。李某某被法院以挪用公款罪(归个人使用)追究刑事责任。

3. 采取虚增购货吨数、加大预付款金额的手段，挪用公款进行营利活动

2003 年 4 月，胡某以由其实际控制经营的某实业公司的名义入股某房地产公司。至 2004 年 3 月，某实业公司占某房地产公司股份比例为 95%。2004 年 9 月，为解决某房地产公司及某实业公司资金紧张的问题，胡某利用职务之便，采取虚增购货吨数、加大预付款金额的手段，将某国贸公司公款 3564 万元挪用于上述二公司以及该实际控制经营的某能源公司进行营利活动。事后于 2004 年 12 月将此款全部予以归还②。胡某被法院以挪用公款罪(归个人使用)追究刑事责任。

(三)常见疑难问题

1. 国有公司党委任命从事管理工作的人员，在该公司改制为国有控股公司后挪用该公司的资金，构成挪用公款罪

中国人寿保险股份有限公司系国有控股的股份有限责任公司，中国人寿保险股份有限公司某分公司系其分支机构。2005 年 12 月 31 日，中国人寿保险股份有限公司某分公司根据该公司党委的建议聘王某为中国人寿保险股份有限公司某分公司第二营业部副经理。2007 年 11 月 16 日，中国人寿保险股份有限公司南京分公司聘王某为某支公司经理。

---

① 参见(2019)浙 11 刑终 283 号。

② 参见(2020)晋 07 刑终 134 号。

2008年3月17日,王某利用担任中国人寿保险股份有限公司南京分公司某支公司经理的职务之便,从投保单位南京市某科技股份有限公司在中国人寿保险股份有限公司某分公司的账户中挪用人民币40万元用于投资股票①。

国有公司改制为国有控股的股份公司以后,原公司继续保留下来的党委仍具有监督、管理国有资产的职责,受其提名、推荐、任命、批准而在股份公司及其分支机构中从事组织、领导、监督、经营、管理工作的人员,仍属于国家工作人员,该类人员所实施的挪用本公司资金或者挪用本公司所控制的其他公司在本公司设立的账户中资金的行为,属于挪用公款行为,符合法定条件的,应以挪用公款罪定罪处罚。

2. 归个人使用的认定

对于以单位名义挪用的,不管使用公款的对象是单位还是个人都不构成犯罪。对"以个人名义"的理解,应当包括以下三种情况:一是国家工作人员超出其职权范围挪用的;二是未超出其职权范围,但以其他非法手段挪用公款给他人使用,如逃避会计监管挪用的;三是挪用人与使用公款人相互有约定,通过个人打交道的。"谋取个人利益"既包括非法利益也包括合法利益;既包括物质利益也包括非物质利益。

挪用公款罪侵犯的是单位对于公款的使用权,其实质是将单位公款非法置于个人的支配之下,也就是公款私用。这里所说的"私用",不是看最终的公款使用者是个人还是单位,而是指个人非法支配、使用单位公款的行为,侵犯了本单位对于公款的正常使用权。以个人名义将公款供其他单位使用的,该种行为的关键是"以个人名义",它是指打着个人的旗号,实践中多表现为在单位的出借款条上或者其他提供款项的文件上签的是个人的名字,且无单位公章。这样,虽然把单位的公款借给了其他单位,但手续上反映的却是个人把钱借出。解释中的"供"是提供的意思,包括借出或者赠与。全国人民代表大会常务委员会《关于〈中

① 参见(2011)鼓刑二初字第105号。

华人民共和国刑法〉第三百八十四条第一款的解释》中的“以个人名义将公款供其他单位使用的”规定，主要是根据行为人是如何将单位公款提供出去的，进一步判断是否侵犯了本单位对于公款的占有、使用权。“个人决定以单位名义将公款供其他单位使用，谋取个人利益的”中的“个人决定”，既包括行为人在其职权范围内决定，也包括超越职权决定。但是，单位集体讨论决定的，不属于“个人决定”。“以单位名义”，是指出借、提供公款的款条上清楚地写着单位的名称，而非个人的名字。这里所说“其他单位”中的“单位”，与《刑法》第三十条中单位的范围是一致的，即包括公司、企业、事业单位、机关、团体。“谋取个人利益”，既包括合法利益，也包括非法利益；既包括谋取财产性利益，如钱物，也包括谋取非财产性利益，如为子女解决住房等。“个人利益”是指具体利益，而不是指挪用人和用款单位的负责人相互认识，关系不错，是好朋友等。①

全国人民代表大会常务委员会《关于〈中华人民共和国刑法〉第三百八十四条第一款的解释》中的“以个人名义将公款供其他单位使用”包括挪用人私自将自己经手或者管理的公款以个人名义借给其他单位使用，也包括虽然通过集体决定的方式，但行为人以自己的名义，而不是以单位名义将公款借给其他单位使用。这种情况，行为人个人实际上对公款进行了控制和支配，是利用单位的钱为自己“做人情”，使借钱的单位承行为人个人的情，实质上属于行为人自己使用了公款。行为人挪用公款的行为属于“个人决定以单位名义将公款供其他单位使用，谋取个人利益的”，则挪用公款罪的构成必须以行为人谋取个人利益为要件，该情形下收受贿赂的行为，可能同时被认定为谋取个人利益，即一行为同时构成挪用公款罪和受贿罪，应当按照想象竞合犯从一重罪处断原则，

---

① 参见黄太云：《关于〈中华人民共和国刑法〉第三百八十四条第一款的解释的背景说明具体理解》，载中华人民共和国最高人民法院刑事审判第一、二、三、四、五庭主办：《中国刑事审判指导案例》（第6卷），法律出版社2017年版，第423－424页。

以受贿罪[①]定罪处罚。如果在此种情况下仍然机械地照搬适用最高人民法院《关于审理挪用公款案件具体应用法律若干问题的解释》第七条的规定,对行为人以挪用公款罪和受贿罪实行并罚,则实质上是对谋取个人利益的事实(包括挪用公款的事实)进行了双重评价,违反了《刑法》禁止重复评价的原则。挪用公款犯罪侵害公款的本质特征在于使单位公款失控、处于风险之中。侵犯本单位公款使用权是挪用公款罪的必备条件。归还可能性是挪用公款罪的成立前提。国家工作人员与非国家工作人员分别利用自己的职务便利,挪用国有公司与非国有公司共同设立的银行共管账户资金的行为,应当区分主从犯,根据主犯的性质认定;如果罪责相当,无法区分主从犯,一般成立挪用公款罪。[②]

挪用公款归单位使用,下列两种情况要按挪用公款罪处理:第一种情况,以个人名义将单位公款借给其他单位使用。因为是以个人名义,相当于先将公款挪给自己,自己再处分公款,那是对赃款的处置问题。这种情况属于"挪用公款归个人使用"。如何认定"以个人名义",司法实践中主要有三种情形:一是行为人超越职权,并逃避财务监管。如某公司的老总,他的朋友开的公司向他借钱,他就让财务将钱划出去,财务不肯,说没有名目。他就虚构了一个名目,说子公司需要钱,然后先将钱划到子公司的账上,再由子公司将钱打出去。这种情况实际上就是以个人名义。二是行为人与使用人约定以个人名义进行。三是尽管没有约定,但实际上借款、还款都是以个人名义进行的。第二种情况,行为人以单位名义将公款借给他人使用,谋取个人利益的。这种情况构成犯罪有两个条件:一是个人决定,不是集体决定;二是谋取个人利益。这里的个

---

① 《刑法修正案(九)》实施后,挪用公款罪和受贿罪的追诉时效不同,对个人决定以单位名义将公款借给其他单位收受贿赂按想象竞合从一重罪处罚,有可能要以挪用公款罪定罪处罚,如行为人 2012 年 1 月个人决定以单位名义挪用公款 100 万元给其他单位用于经营并收受贿赂 10 万元,2019 年 1 月案发,由于受贿罪已过追诉时效,对行为人根据想象竞合从一重罪应以挪用公款罪追究刑事责任。

② 参见王尚新、王宁:《关于对刑法第二百九十四条第一款和第三百八十四条第一款的立法解释的理解与适用》,载中华人民共和国最高人民法院刑事审判第一、二、三、四、五庭主办:《中国刑事审判指导案例》(第 6 卷),法律出版社 2017 年版,第 425 页。

人决定,既包括职权范围内的决定,也包括超越权范围的决定。“谋取个人利益”,既包括双方约定了的(不管行为人实际上是否获取了利益),也包括双方没有约定,但实际上行为人获取了个人利益的。这里的个人利益,既包括正当的利益,也包括不正当的利益;既包括物质性的利益,也包括非物质性的利益。物质性的利益,如钱财等;非物质性的利益,如解决就业指标等。但谋取的利益,应该是具体的、实际的利益,可以用证据证明的利益,不能把友情关系等都放进去。但也要防止过于机械,如国家工作人员擅自将公款借给自己或其家属参股的公司、企业使用,行为人实际上谋取了私利或者为了谋取私利,应以挪用公款行为论处①。

3. 关于国家出资企业工作人员使用改制公司、企业的资金担保个人贷款,用于购买改制公司、企业股份行为的定性处理

在理解时,需注意担保物的范围问题。我国刑法仅规定挪用公款罪而未规定挪用公物的刑事责任,尽管挪用公物作担保会使被挪用单位面临同样的损失风险,但从司法解释的角度,不宜对公款的理解作过度引申,故最高人民法院、最高人民检察院《关于办理国家出资企业中职务犯罪案件具体应用法律若干问题的意见》将挪用的对象限定为资金或者金融凭证、有价证券等资金凭证②。

4. 构成挪用公款罪的形式

明知使用人用于营利活动或者非法活动的,应当认定为挪用人挪用公款进行营利活动或者非法活动。根据最高人民法院《关于审理挪用公款案件具体应用法律若干问题的解释》的规定精神,如果行为人挪用公款用于个人贷款或者私人借款,也应当根据个人贷款或者私人借款的具体用途,认定其挪用公款的性质。如果个人贷款或者私人借款用于营利

---

① 参见熊选国:《〈关于审理挪用公款案件具体应用法律若干问题的解释〉的理解与适用(二)——兼论挪用公款罪的认定与处罚》,载中华人民共和国最高人民法院刑事审判第一、二、三、四、五庭主办:《中国刑事审判指导案例》(第6卷),法律出版社2017年版。

② 参见刘为波:《〈关于办理国家出资企业中职务犯罪案件具体应用法律若干问题的意见〉的理解与适用》,载中华人民共和国最高人民法院刑事审判第一、二、三、四、五庭主办:《中国刑事审判指导案例》(第6卷),法律出版社2017年版。

活动或者用于非法活动,对其挪用行为应当视为挪用公款进行营利活动或者非法活动[1]。

5.“挪用公款数额巨大不退还的”认定问题

不退还的时间限制在一审宣判前。挪用公款数额巨大不退还的,限定于因客观原因不能退还的情况,如果行为人主观上不想退还,如行为人将挪用的公款存入银行拒不交出等,说明行为人已从挪用公款的故意转化为非法占有的目的,应当按照贪污罪定罪处罚。

6. 正确认定挪用公款罪的客观形式

关于挪用公款用途的认定。一般来说,挪用公款搞非法活动,搞营利活动,或者归其他个人使用,用途是不难认定的。司法实践中主要有以下几种情况不好认定:一是挪用人和使用人不一致。行为人挪用公款以后给他人使用,如果他人使用的用途行为人知道,那么应视为行为人挪用公款,挪用人如果不知使用人使用挪用公款的用途,那么就视为挪用公款是归个人使用,按数额较大,超过 3 个月未还这个原则来处理。二是挪用公款以后归还贷款或归还他人的借款,应根据行为人借款的用途或者贷款的用途来确定他挪用公款的用途,如果原来贷款就是为了做生意,搞营利活动,那么这次挪用公款还贷款就视为挪用公款进行营利活动。三是挪用公款为营利活动做准备,应当视为挪用公款进行营利活动,不受时间限制,因为这种准备活动是进行营利活动的组成部分。四是挪用公款后尚未投入实际使用行为性质的认定。有的行为人挪用公款后尚未投入实际使用,如果行为人事先有明确的具体目的,且有证据证明,则应当根据其事先的目的认定其挪用公款的用途;如果没有证据证明行为人将挪用公款用于营利活动或者非法活动,应当根据从轻原则,只有同时具备“数额较大”和“超过三个月未还”的构成要件,才能认

---

① 参见熊选国:《〈关于审理挪用公款案件具体应用法律若干问题的解释〉的理解与适用(一)》,载中华人民共和国最高人民法院刑事审判第一、二、三、四、五庭主办:《中国刑事审判指导案例》(第 6 卷),法律出版社 2017 年版。

定为挪用公款罪。①

关于挪用公物归个人使用能否构成挪用公款罪的问题。挪用一般公物的行为不能按挪用公款罪定罪处罚，挪用用于救灾、抢险、防汛、优抚、扶贫、移民、救济物品的行为较挪用一般公物具有较大的社会危害性，而且《刑法》第三百八十四条第二款有明确规定，对挪用上述特定公物归个人使用构成犯罪的，应按照挪用公款罪从重处罚。

7. 挪用公款罪主体的认定

关于受委托管理、经营国有财产的人员能否作为挪用公款罪主体的问题。对于受委托管理、经营国有财产的非国家工作人员，利用职务上的便利，挪用国有资金归个人使用，构成犯罪的，应当依照《刑法》第二百七十二条第一款的规定，以挪用资金罪定罪处罚。

国有单位领导向其主管的具有法人资格的下级单位借公款归个人使用的认定。挪用公款并没有限于挪用本单位的公款，刑法上的挪用资金，是指挪用本单位的资金，而挪用公款，并没有规定是挪用本单位的公款。也就是说，挪用公款罪中“利用职务上的便利”，不限于利用本人职务上主管、经手、管理本单位某项公共事务的职权。利用职务上的便利，通过有隶属关系的下级单位国家工作人员的职权挪用公款的，也构成挪用公款罪。如果下级单位人员与上级单位领导共谋，给上级领导挪用公款出谋划策，帮助上级单位领导完成挪用公款的，下级单位人员已具有帮助上级单位领导挪用公款的主观故意和行为，应以挪用公款罪共犯论处；如果下级单位人员不知道上级单位领导划拨款项的真实意图，仅仅出于执行上级单位领导的指示而办理划拨手续，下级单位人员不应承担刑事责任；如果上级单位的领导将挪用公款的意图告诉下级单位人员，下级单位人员迫于上级单位领导的压力而挪用公款归上级领导使用的，一般也不宜以挪用公款罪论处，构成其他渎职犯罪的，依照《刑法》有关规定处理。

---

① 参见熊选国：《〈关于审理挪用公款案件具体应用法律若干问题的解释〉的理解与适用(二)——兼论挪用公款罪的认定与处罚》，载中华人民共和国最高人民法院刑事审判第一、二、三、四、五庭主办：《中国刑事审判指导案例》(第 6 卷)，法律出版社 2017 年版。

8. 关于挪用公款罪定罪处罚的数额

关于多次挪用公款数额的计算。“多次挪用公款,并以后次挪用的公款归还前次挪用的公款,挪用公款数额以案发时未还的实际数额认定。”正确理解最高人民法院《关于审理挪用公款案件具体应用法律若干问题的解释》的上述规定,应注意三个问题:一是挪用公款的时间以挪用公款数额达到构成犯罪的标准那天开始计算。二是解释规定的“案发时未还的实际数额”,实际上是指案发时,行为人挪用公款的总数额扣除了已经归还的数额,不能简单地理解为如果案发时行为人全部归还了就不定罪。三是正确认定“以后次挪用的公款归还前次挪用的公款”的情形。如行为人第一次挪用公款 5 万元,第二次又挪用了 5 万元,挪用 5 万元以后不是挪用后次还前次,而是挪用以后做生意,赚了钱以后把前面那次还了。这种情况挪用公款的数额还是要累计计算的,因为他是通过赚的钱来还前一次挪用的款项,不属于“拆东墙补西墙”的情形,其主观恶性与社会危害性与司法解释规定的情形有较大差别,数额应当累计计算。

(四)取证指引

1. 被调查人的供述和辩解

(1)犯罪主体。

①讯问被调查人是否属于国有公司、企业中从事公务的人员;是否属于国家机关、国有公司、企业委派到非国有公司、企业、事业单位、社会团体中从事公务的人员。

②是否为受委托,经营管理国有财产的人员,是否为公司、企业或者其他单位中的工作人员。

③是否为保管、分配和使用特定款物的直接负责的主管人员和其他直接责任人员。

④被调查人的工作职责以及与上下级之间、同一部门同事之间工作的具体分工。

⑤是否受过刑事处罚。

(2)犯罪主观方面。

①讯问其所挪用款项的性质,是公款、本单位资金还是特定款物,是否清楚挪用的后果,为何挪用,挪用的目的是什么,是否有非法占有的故意。供他人使用的,是否知道其具体用途。

②共同犯罪的,讯问其完整的共谋过程,如何确定同伙、犯意由谁引起,如何共谋、策划,犯罪如何分工等。

(3)犯罪客体。

讯问其所挪用的具体是何种财产,是本单位的资产、收入还是支出,是否为保证金、押金、定金,是国有资产还是劳动群众集体所有的资产,是否属于扶贫或其他公益事业的社会捐助或专项资金。如是个人财产是否被国家机关、国有公司、企业、集体企业、人民团体或公司、企业等单位管理、使用或运输。

(4)犯罪客观方面。

①讯问其如何利用职务便利,利用的是自己职务上的便利还是有隶属、制约关系的他人职务上的便利;采取何种手段挪用,是截留、套取还是直接挪用,挪用的过程是否有其他人知情或授意,是否与他人共同犯罪,是个人决定还是单位决定。

②挪用资金的去向,是用于非法活动、营利活动、其他活动还是其他公务,用于非法活动或营利活动所得是多少;是否归还个人欠款或供他人使用,欠款的原因或他人使用的去向是什么;是否以个人名义供其他单位使用,是否以单位名义供其他单位使用而谋取个人利益;挪用中是否收受他人贿赂,是否隐瞒真实去向,串供或毁灭证据。

③是否存在挪用行为到贪污行为的转化,是否携带挪用的公款潜逃,是否采用虚假发票平账、销毁有关账目或截留收入不入账,是否归还、退赃,是否有能力归还而不归还。

④是否多次挪用特定款物,是否造成直接经济损失,是否造成人民群众生产、生活严重困难,是否损害国家声誉,是否造成恶劣社会影响。

⑤挪用的时间、地点、次数、数额。[①]

2. 证人证言

①询问被调查人的上级是否授权或知情，其同事是否知情，经手人是否知情等。

②询问本单位财务人员是否知情，涉案票据是否异常、何时入账，被调查人报销票据时有何表现，是否收受被调查人财物或在子女升学、就业或其他事项上得到其帮助。

③询问与其个人或单位有经济往来的第三方，二者之间的收付款情况，款项的去向，由何人经手等。

④询问银行、股票、基金、保险、证券、债券、期货等行业中的相关人员关于被调查人购买该类产品的具体情况。

⑤询问被调查人从事非法活动中的知情人及相关人员。

⑥询问被调查人的近亲属是否知情，是否有收到被调查人大额款项的情况，被调查人消费情况如何，家中是谁管钱，有无家庭记账等。

⑦询问在犯罪后串供、隐匿、销毁证据、转移赃款赃物的人员，这样做的目的，谁指使的，证据现在是否存在，其本人是否获利等。

3. 物证

①现金或特定款物及照片。

②支付令、财务章、法人章等及照片。

③涉及行为痕迹方面的物证。

4. 书证

①证明被调查人身份的书证。包括户籍证明、身份证复印件、人口基本信息表，公务员登记表、干部任免审批表、参照公务员管理人员登记表、事业编制人员登记表、任命会议记录、任命文件、聘用合同、劳动合同、承包租赁合同、职务职责说明，入党志愿书，单位统一社会信用代码证书、营业执照、工商档案、改制文件，涉及子公司等单位的应同时调取

---

① 参见陈国庆主编：《公职人员职务犯罪认定与证据指引》，中国方正出版社2019年版，第87－92页。

其股东信息以确定公司性质等。（企业所有制形式的确定，应依据公司的营业执照证明，或者经公司所在地市场监督管理部门确认。不根据口头协议或者所谓的“假集体真私营”确定。）

②证明款物存在及挪出的书证。如非税收入专用收据、财政专户资金拨款通知单，银行账户对账单、存单、存折，取款或存款凭条、转账记录、电汇凭证、现金支票、转账支票、票据存根、进账单、出库入库单，现金及银行存款日记账和收入、支出、应收、应付款明细账，资产负债表，台账，申报名单、发放名单，发票等。

③证明案件事实的书证。如合同、协议、改制方案，申请表、发放明细表、人员名单，台账，班子成员会议记录、内部请示，文件、规章制度，出行记录等。

④证明款物去向的书证。如股票、基金、保险、证券、债券、期货等理财产品购买协议及交易记录，彩票兑奖券，房屋买卖合同及所有权证书、不动产登记表、购车合同、销售发票，借条、收条、借款合同，款项性质证明等。

⑤证明量刑情节的书证。如悔过材料、自首立功材料、处分决定、刑事判决书、释放通知书，监察机关罚没据、涉案单位收款证明等。

⑥其他书证。如被调查人或其家属对案件情况或财物的记录等。

5. 勘验、检查、搜查、辨认笔录

①对犯罪现场及财物的勘验、检查笔录。

②对被调查人住所、单位办公室以及其财产存放地的搜查笔录及扣押清单。

③被调查人对涉案物品的辨认笔录，他人对被调查人的辨认笔录。

6. 鉴定结论

①伪造、变造会计资料的鉴定。

②无法直接确定价值财产的评估、审计报告。

③被调查人本人或冒充他人的笔迹、签名、印章的文件检验鉴定。

④私刻的公章等物证鉴定报告。

7. 视听资料、电子数据

①证明被调查人犯罪过程的视频、照片等。

②手机通话记录、短信记录，QQ、微信聊天记录，支付宝、微信收款和支付记录，网络平台购物记录、游戏充值记录、打赏主播记录、网络平台借款记录、网络赌博下注记录，会计电子记账凭证等。

（五）立案和量刑标准

表 9－4　挪用公款罪定罪量刑对应表

挪用公款罪		进行非法活动	进行营利活动或者超过 3 个月未还
第一档	5 年以下有期徒刑或者拘役	3 万元≤挪用公款数额<100 万元，或 3 万元≤挪用特定款物数额①<50 万元	5 万元≤挪用公款数额<200 万元，或 5 万元≤挪用特定款物数额<100 万元
第二档	5 年以上有期徒刑	挪用公款数额≥100 万元，或 50 万元≤挪用特定款物数额<100 万元，或 50 万元≤挪用不退还数额<100 万元	挪用公款数额≥200 万元，或 100 万元≤挪用特定款物数额<200 万元，或 100 万元≤挪用不退还数额<200 万元
第三档	10 年以上有期徒刑或者无期徒刑	挪用不退还数额≥300 万元	挪用不退还数额≥500 万元

五、挪用资金罪

（一）法条依据

《刑法》第二百七十二条第一款、第三款　公司、企业或者其他单位的工作人员，利用职务上的便利，挪用本单位资金归个人使用或者借贷

① 挪用公款罪中的特定款物指：救灾、抢险、防汛、优抚、扶贫、移民、救济款物。根据 2003 年 1 月 30 日起施行的最高人民检察院《关于挪用失业保险基金和下岗职工基本生活保障资金的行为适用法律问题的批复》的规定，失业保险、下岗职工基本生活保障金属于救济款物范围。

给他人,数额较大、超过三个月未还的,或者虽未超过三个月,但数额较大、进行营利活动的,或者进行非法活动的,处三年以下有期徒刑或者拘役;挪用本单位资金数额巨大的,处三年以上七年以下有期徒刑;数额特别巨大的,处七年以上有期徒刑。

有第一款行为,在提起公诉前将挪用的资金退还的,可以从轻或者减轻处罚。其中,犯罪较轻的,可以减轻或者免除处罚。

(二)犯罪表现形式

1. 借款购买公司股权,取得公司职务后,利用职务上的便利,将公司的资产抵押,以偿还购买公司股权的借款

某粉末公司成立于1996年,原系某市二轻工业合作社下属的国有企业。2012年12月18日,某粉末公司的股东变更为:某市二轻工业合作社(占19.6%的股权)、应某1(占29.4%的股权)、应某2(占51%的股权)。应某2担任该公司法定代表人。李某某系应某2妻子。同年,修改公司章程,李某某被任命为公司监事,负责财务工作。2013年1月,应某2、李某某以某粉末公司所持土地使用权、厂房、设备等为抵押,以购买设备、材料为贷款用途,向某农村商业银行股份有限公司贷款人民币1600万元,另以某市某担保投资有限公司担保,向某农村商业银行股份有限公司贷款人民币400万元,合计人民币2000万元。应某2事先找到永康某金属制品有限公司、永康某工贸有限公司作为《购销合同》的销售方。为顺利办出贷款,李某某与银行接洽贷款补充材料事宜,并指示某粉末公司财务人员对相关数据进行修改。在贷款放款之前,李某某还到银行签署了保证函。应某2、李某某得到贷款2000万元,李某某协助应某2通过李某某的账户转账。其中,应某2以银行本票的形式将其中的474万元支付给骆某,作为向骆某购买某粉末公司股权的费用;转给应某1人民币290.68万元用于归还个人借款,转给俞某、应某蓉共计人民币506万元用于归还个人借款等。上述挪用的款项至今未予归

还[①]。应某2、李某某被法院以挪用资金罪追究刑事责任。

2. 利用管理、经手账户的便利,挪用国有企业资金,开展营利活动

2013年至2017年,梁某某任某铁路局材料科材料工,经手、管理某铁路局存放在户名为"黄某1"的银行账户内的单位资金。2015年2月至2017年9月,梁某某利用管理上述资金的职务便利,先后17次挪用其中的资金共计34,120,000元购买银行理财产品,共计获利83,786.47元[②]。梁某某被法院以挪用资金罪追究刑事责任。

(三)常见疑难问题

1. 本罪与职务侵占罪的界分

职务侵占罪,是指公司、企业或者其他单位的人员,利用职务上的便利,将本单位财物非法占为已有,数额较大的行为。本罪与职务侵占罪的区别主要表现为:(1)主观方面不同。本罪的主观目的在于非法取得本单位资金的使用权,但并不打算永久非法占有,而是准备用后归还;而职务侵占罪是以永久非法占有为目的,没有归还的打算。(2)客观方面不同。本罪客观方面表现为利用职务上的便利,挪用本单位资金归个人使用或者借贷给他人,数额较大、超过3个月未还,或者虽未超过3个月,但数额较大、进行营利活动,或者进行非法活动的行为;职务侵占罪客观方面表现为利用职务上的便利,将本单位财物非法占为已有,数额较大的行为。本罪的行为方式是挪用,即未经批准而擅自挪归个人使用或借贷给他人;职务侵占罪的行为方式是侵吞、窃取、骗取或者其他方式。(3)犯罪对象不同。本罪的犯罪对象只能是资金,不能是实物;职务侵占罪的对象可以是资金,也可以是其他具有经济价值的有形或无形的财物。(4)犯罪客体不同。本罪侵犯的客体是公司、企业或者其他单位资金的使用权;职务侵占罪侵犯的客体是公司、企业或者其他单位的财产所

---

① 参见(2019)浙0702刑初1219号。

② 参见(2020)桂7102刑初7号。

有权①。

2. 使用单位资金为个人贷款提供担保但未办理质押手续行为的司法认定

使用单位资金为个人债务提供担保是否属于挪用资金归个人使用，关键并不在于其是否存在担保手续，或者相关资金或凭证质押在民法上是否具有法律效力，而是要从实质上进行分析，判断单位是否对资金失去控制，单位资金是否决定了个人能够贷出款项、贷款数额、期限等。即使行为人利用不规范的贷款程序与担保方式，制造在民法上无效的担保行为，只要在刑法的实质判断层面使单位资金起到担保的事实效果，就应当认定为挪用资金归个人使用②。

（四）取证指引

1. 关于本罪主体的证据

本罪的主体是公司、企业或者其他单位的工作人员。

2. 关于本罪主观方面的证据

（1）被调查人、犯罪嫌疑人、被告人的供述和辩解。证实：①挪用资金的动机、目的；②如何预谋，预谋挪用资金的具体内容；③共同犯罪的策划、分工的时间、地点、内容，以及在策划下各个人相对应的犯罪行为。

（2）证人证言。①行为人所在单位的财务人员、主管人员、经手人员证言，证实发现犯罪的经过、犯罪的手段，以及被调查人、犯罪嫌疑人、被告人对挪用行为的隐瞒、欺骗情况，从而反映其主观故意；②被挪用资金使用人的证言，证实行为人利用职务便利为其提供行为人所在单位资金使用，并意图通过非法使用行为人所在单位资金而获得个人利益的事实。

（3）知情人证言，证实被调查人、犯罪嫌疑人、被告人主观上挪用资金归个人使用的目的。

---

① 参见陈国庆主编：《公职人员职务犯罪认定与证据指引》，中国方正出版社2019年版，第821页。

② 参见李鹏、樊天忠：《挪用资金罪司法认定中的若干疑难新问题》，载《政治与法律》2011年第5期。

(4)证明行为人挪用单位资金主观目的其他证据。①行为人以自己的名义将资金出借的书证,如借据等;②收集被调查人、犯罪嫌疑人、被告人犯罪前科,尤其对同类后果认知程度和控制能力起到一定的证明作用。通过上述证据,证明行为人主观上明知是本单位资金而故意挪作私用的主观心态。[①]

3. 关于本罪客观方面的证据

(1)被调查人、犯罪嫌疑人、被告人的供述和辩解。证实其主观上明知违反有关本单位资金管理、使用的规章制度,而将本单位资金擅自挪用的事实。具体应当包括以下内容:①实施挪用行为的时间、地点;②实施挪用行为的参与人、经手人;③实施挪用行为的方法、手段;④实施挪用行为的次数、数额以及是否达到数额较大、数额巨大的标准;⑤被挪用的是现金,还是支票等有价证券,以及其特征,如现金面值、支票编号、数量等;⑥被挪用资金的来源,是本单位账内资金,还是"小金库"资金;⑦挪用资金借给他人使用的,证实其与使用人的关系,以及是否因出借被挪用资金而获得利益、好处,如财物、账外回扣、手续费等;⑧具体、详细的犯罪经过,特别是利用职务便利的具体过程;⑨共同犯罪的起意、策划、分工、实施等情况,查明每一个被调查人、犯罪嫌疑人、被告人在共同犯罪中的地位和作用;⑩挪用行为是否被发现,何时、如何被发现,行为人如何排除单位领导、同事的怀疑;⑪挪用资金的去向、用途,注意区分是用于非法活动、营利活动,还是个人一般使用,特别是将被挪用资金借给他人使用的,是否明知使用人的真实用途,从而确认行为人挪用本单位资金的类型;⑫挪用款在案发前是否归还,何时、如何归还,是全部归还还是部分归还,是主动归还还是被追缴。

(2)证人证言。证实行为人挪用、使用资金等相关事实。①使用人证言,证实:第一,使用人与行为人的关系;第二,是否因使用被挪用资金而给行为人利益、好处,如财物、账外回扣、手续费等;第三,是否教唆、指

① 参见陈国庆主编:《公职人员职务犯罪认定与证据指引》,中国方正出版社2019年版,第822－826页。

使行为人挪用本单位资金；第四，使用被挪用资金的时间、数量、来源、具体用途；第五，行为人是否明知其使用本单位资金的用途，从而确认行为人挪用本单位资金的类型；第六，使用被挪用资金是否打算归还、是否归还及归还的时间、数额，证实其目的只是使用，而非占有。②财务人员、主管人员、经手人员等证人的证言，证实单位资金被挪用的情况。具体包括：第一，其与行为人的关系，与指控犯罪相关的经济往来等；第二，行为人的职责范围，以及在犯罪过程中履行职务和利用职务便利的情况；第三，资金被挪用的时间、数量；第四，资金被挪用的手段、理由、借口、名义及经过；第五，被挪用资金的来源；第六，单位对被挪用资金的财务记账、银行记录情况；第七，发现犯罪的经过；第八，行为人如何对其挪用行为进行隐瞒、欺骗、辩解；第九，是否归还及归还的时间、数量。③物证、书证。第一，查获的赃款及行为人用挪用的款项购买的物品；第二，书信、日记等，证实行为人实施挪用行为的时间、地点及经过等情况；第三，合同、收据、借条、欠条；第四，股票、债券、汇票、本票、支票等有价证券；第五，相关的账册、记账凭证、支票、本票、汇票存根等，证实行为人挪用资金的手法、数额、归还时间等；第六，本单位关于相应款物支出的财务记账、银行记录等；第七，证明被挪用的资金属于单位所有或管理、使用的书证材料，如合同书、付款方的支出凭单、银行票据等；第八，查获的银行存单、存折、股票资金账户、参股证等凭证，证实被调查人、犯罪嫌疑人、被告人挪用资金是否用于营利活动；第九，有关部门出具的证明，证实被挪用资金是否用于非法活动；第十，相关的购物发票、偿还债务的借据等，证实挪用资金是否属于归个人使用的情形；第十一，本单位出具的证明材料，证实行为人具有主管、管理、经手单位资金职务便利的证明材料，包括职务范围、职责内容、操作规程等，包括：委任书、聘任书、任命文件、会议记录，劳动合同、聘任合同，相关财物的支出、收入管理规定、操作流程；第十二，使用人的营业执照或有关企业性质的证明，证实被挪用资金是否归个人使用；第十三，行为人或使用人承诺还款的协议、欠条等，佐证被调查人、犯罪嫌疑人、被告人挪用资金的客观事实。

(3)鉴定意见。①司法会计鉴定意见、审计鉴定意见,证实挪用资金的次数、手段、数额等;②笔迹鉴定,证明被调查人、犯罪嫌疑人、被告人挪用的签字笔迹、印鉴等。

(4)现场勘查笔录、照片。包括提取物证现场等。

(5)视听资料、电子数据。包括监控视频、QQ 聊天记录、微信聊天记录等。

(6)其他证明材料。①目击证人辨认犯罪嫌疑人或物证的笔录;②被调查人、犯罪嫌疑人、被告人和证人指认现场笔录;③搜查笔录、扣押物品清单及照片,证实查获的作案工具及调取的相关物证;④退赃笔录、起赃笔录、收缴笔录;⑤报案登记、立案决定书及破案经过等书证,证实案件来源、侦破经过以及犯罪嫌疑人是否有自首情节等。通过上述证据,证实行为人实施了利用职务上管理本单位财物的便利条件,擅自挪用本单位资金归个人使用,进行非法活动,或者挪用本单位资金数额较大、进行营利活动,或者挪用本单位资金数额较大、超过 3 个月未还的行为。

4. 关于本罪客体的证据

通过上述主、客观方面的证据,证实行为人的挪用资金行为侵害了公司、企业或其他单位资金的使用权。

(五)立案和量刑标准

表 9-5 挪用资金罪定罪量刑对应表

挪用资金罪		进行非法活动	进行营利活动或者超过 3 个月未还
第一档	3 年以下有期徒刑或者拘役	3 万元≤挪用资金数额 <200 万元,3 万元≤挪用不退还数额 < 100 万元	5 万元≤挪用资金数额 < 400 万元,5 万元≤挪用不退还数额 <200 万元
第二档	3 年以上 7 年以下有期徒刑	挪用资金数额≥200 万元,100 万元≤挪用不退还数额 <200 万元	挪用资金数额≥400 万元,200 万元≤挪用不退还数额 <400 万元
第三档	7 年以上有期徒刑	未规定	未规定

六、利用影响力受贿罪

（一）法条依据

1.《刑法》

第三百八十八条之一 国家工作人员的近亲属或者其他与该国家工作人员关系密切的人，通过该国家工作人员职务上的行为，或者利用该国家工作人员职权或者地位形成的便利条件，通过其他国家工作人员职务上的行为，为请托人谋取不正当利益，索取请托人财物或者收受请托人财物，数额较大或者有其他较重情节的，处三年以下有期徒刑或者拘役，并处罚金；数额巨大或者有其他严重情节的，处三年以上七年以下有期徒刑，并处罚金；数额特别巨大或者有其他特别严重情节的，处七年以上有期徒刑，并处罚金或者没收财产。

离职的国家工作人员或者其近亲属以及其他与其关系密切的人，利用该离职的国家工作人员原职权或者地位形成的便利条件实施前款行为的，依照前款的规定定罪处罚。

2. 最高人民法院、最高人民检察院《关于办理贪污贿赂刑事案件适用法律若干问题的解释》（2016年4月18日起施行，法释〔2016〕9号）

第十条 刑法第二百八十八条之一规定的利用影响力受贿罪的定罪量刑适用标准，参照本解释关于受贿罪的规定执行。

刑法第三百九十条之一规定的对有影响力的人行贿罪的定罪量刑适用标准，参照本解释有关行贿罪的规定执行。

第十八条 贪污贿赂犯罪分子违法所得的一切财物，应当依照刑法第六十四条的规定予以追缴或者责令退赔，对被害人的合法财产应当及时返还。对尚未追缴到案或者尚未足额退赔的违法所得，应当继续追缴或者责令退赔。

第十九条第二款 对刑法规定并处罚金的其他贪污贿赂犯罪，应当在十万元以上犯罪数额二倍以下判处罚金。

（二）犯罪表现形式

1. 离职的国家工作人员或者其近亲属以及其他与其关系密切的人，利用该离职的国家工作人员原职权或者地位形成的便利条件，为请托人谋取不正当利益，索取请托人财物或者收受请托人财物

2012 年 7 月至 2015 年 10 月，杨某曾担任 A 银行上海总部金融服务一部支付结算处处长和金融服务一部副主任等职务，负责审核第三方支付业务许可证、对第三方支付机构和各银行业支付机构进行监管以及本部门日常管理工作。2016 年 11 月，杨某从 A 银行上海总部离职后，利用其原职权、地位形成的便利条件，通过电话、宴请等方式，要求原下属、现任 A 银行上海总部金融服务一部支付结算处清算组织管理科科长施某，在 B 公司名下子公司 C 公司分类评级中帮助提高分值，以帮助该公司顺利通过对第三方支付牌照续展的审核。嗣后，杨某以借款为由向 B 公司总经理黄某索取贿赂款人民币 350 万元[①]。杨某被法院以利用影响力受贿罪追究刑事责任。

2. 国家工作人员的近亲属利用该国家工作人员职权或者地位形成的便利条件，通过该国家工作人员职务上的行为，为请托人谋取不正当利益，索取请托人财物或者收受请托人财物

陈某华系某公司财务会计部副部长、监审部副部长。2010 年至 2018 年，被告人陈某华利用其兄陈某 1 担任某汽车有限公司执行副总经理所形成的便利条件，通过东风本田公司两任售后部部长李某 1 和郭某 1 的帮助，为他人谋取利益，收受他人财物共计人民币 7,144,575 元[②]。陈某华被法院以利用影响力受贿罪追究刑事责任。

（三）常见疑难问题

1. “密切关系人”的认定

对于密切关系人的理解必须从概念的内涵本身而非形式入手，即从关系的性质和关系的程度两方面来把握。“密切”是一个社会学概念，

---

① 参见（2021）沪 01 刑终 579 号。

② 参见（2020）鄂 03 刑终 169 号。

不可能得到量化的客观标准,对其把握必须结合具体的环境和条件。我们认为可以从以下几个方面来考察:第一,根据当事人的身份进行立法推定。为了方便司法实践操作,除了立法中明确的近亲属关系,对于司法解释中的"情人关系",有共同经济利益的"关系",一般情况下也可以推定为具有密切关系。但如果是其他的身份关系如同学关系、老乡关系等,则不可以直接推定,只能将其作为是否存在密切关系的一个证据线索。第二,从当事人与国家工作人员交往的具体表现来看,包括相互联系的情况、信任程度、利益关联等,以此来把握双方亲疏程度。第三,从是否为请托人谋取不正当利益来判断。影响力是客观上的能力,所以如果国家工作人员事实上实施了为请托人谋取不正当利益的行为,无论是否达到目的,都可以表明具有密切关系。①

2. 影响力的判断

利用影响力进行交易的行为包括四种:其一,国家工作人员利用权力性影响为他人谋利并收受贿赂。这也是我国刑法理论中所称斡旋受贿罪的行为方式。其二,国家工作人员利用非权力性影响为他人谋利并收受贿赂。在此种情形下,国家工作人员利用与其他国家工作人员熟悉的条件,利用自身的非权力影响(如品格、才能、资历)等为请托人谋利,并收受贿赂。其三,非国家工作人员利用国家工作人员的权力性影响为他人谋利,并收受贿赂。此种情形属于利用影响力受贿罪的典型情形。其四,非国家工作人员利用国家工作人员的非权力性影响为他人谋利,并收受贿赂。由于非权力性影响与职位没有必然关系,因此此种行为不符合利用影响力受贿罪规定的"通过该国家工作人员职务上的行为,或者利用该国家工作人员职权或者地位形成的便利条件",不能根据利用影响力受贿罪定罪处罚。②

---

① 参见高铭暄、陈冉:《论利用影响力受贿罪司法认定中的几个问题》,载《法学杂志》2012 年第 3 期。

② 参见雷安军:《利用影响力受贿罪若干问题研究——兼谈刑事判例制度》,载《湖北社会科学》2010 年第 2 期。

3. 利用影响力受贿罪与介绍贿赂罪的区别

中间人收受请托人财物,通过国家工作人员为请托人谋取不正当利益,认定为介绍贿赂罪还是利用影响力受贿罪的关键在于中间人是一般主体还是特殊主体。介绍贿赂罪的主要表现形式是:中间人接受请托人的请托,从中牵线搭桥,促成请托人直接向特定的国家工作人员行贿或代表请托人向特定的国家工作人员行贿。对于请托人而言,其非常清楚自己要向谁行贿。对于受托的国家工作人员而言,其也很清楚是谁在向其行贿。中间人本身是否收受请托人的好处,不影响其对象的明确性和其中间人的身份和作用。而利用影响力受贿罪的表现形式则有所不同,在利用影响力受贿罪的语境下,中间人的作用并不是牵线搭桥促成国家工作人员受贿,而是直接收受请托人的财物,然后利用其对国家工作人员的影响力,影响该国家工作人员的职务行为或职务便利,为请托人谋取不正当利益。被影响的国家工作人员本身是否收受好处,是否存在违法违纪行为,不影响该罪的成立。虽然两罪的犯罪主观方面都是直接故意,但具体的主观目的和心理状态有细微差别。就介绍贿赂罪而言,只要犯罪主体具有牵线搭桥、促成行贿的主观目的,就构成了直接故意,至于其是否有收受财物好处的主观目的和行为,不影响该罪的成立;而利用影响力受贿罪的主观目的就是自己收受财物,然后运用自己对行政权的影响力为请托人办事,如果中间人主观上没有收受请托人财物的意思,客观上也没有收受财物的行为,就很难认定为利用影响力受贿罪①。

4. 兼具权力性影响力和非权力性影响力的情况下,应当如何认定

在这种情况下,甚至当事人本人都很难确定利用的是什么关系,也不会过多考虑利用了什么关系,但在客观定罪时,我们必须弄清楚其行为究竟利用了什么关系才能确定具体成立何种犯罪。

由于当事人本人在行为时不可能声明"利用何种关系"来办事,所以证据往往难以认定。这时我们就需要借助理论。从理论本身来看,

---

① 参见最高人民法院中国应用法学研究所编:《人民法院案例选》(第8辑),人民法院出版社2017年版,第4069-4070页。

“权力性关系”与“非权力性关系”比较，非权力性关系往往是一种社会化的关系，是一种较为松散的关系。而权力性关系则往往是一种法律上的关系。权力性关系从本源意义上即赋予了行为人更多的法律责任，而非权力性关系如父母子女之间的关系，往往是被亲情、伦理联结，即使背叛了这种关系，承担的大多也是道德的“制裁”，所以权力性关系的判断应当具有优先性。①

（四）取证指引

1. 被调查人的供述和辩解

（1）犯罪主体。

①讯问被调查人是否为国家工作人员的近亲属、是否与国家工作人员存在特定关系。②是否知道国家工作人员的具体职责范围。③国家工作人员是否知晓被调查人收受贿赂。④是否受过刑事处罚。

（2）犯罪主观方面。

①受贿的动机、目的，有无策划、策划的具体内容。②有无索要或收受财物的意思表示，意思表示的方式和具体内容。③对索要或收受他人财物的事实是否明知，即是否明知索要的财物或收受的财物属于贿赂，以及是否有将财物占为己有的故意。④对利用特定关系人职务便利、为他人谋取利益作为交换条件是否明知。

（3）犯罪客观方面。

①被调查人特定关系人的任职情况和职责范围，是否利用特定关系人职务上的主管、负责或者承办某项公共事务的职权及其所形成的便利条件。②收受财物的原因、时间、地点、次数，有无其他人在场，受贿的详细经过，物品的数量、价格、品种、包装、购买地、支付方式、发票、存放形式、产权变更登记，有无退还情况等。③承诺为他人谋取利益的证据。

2. 证人证言

①行贿人的证言，内容包括：为何行贿，行贿的时间、地点和次数，行

---

① 参见高铭暄、陈冉：《论利用影响力受贿罪司法认定中的几个问题》，载《法学杂志》2012年第3期。

贿款的来源等。②证人证言,包括知情人、关系人、中间人、亲友的证言。

3. 物证

①现金或特定款物及照片。②涉及行为痕迹方面的物证。

4. 书证

①证明被调查人身份的书证。包括户籍证明、身份证复印件、人口基本信息表,公务员登记表、干部任免审批表、参照公务员管理人员登记表、事业编制人员登记表、任命会议记录、任命文件、聘用合同、劳动合同、承包租赁合同、职务职责说明,单位统一社会信用代码证书、营业执照、工商档案、改制文件,涉及子公司等单位的应同时调取其股东信息以确定公司性质等。②证明款物去向的书证。如股票、基金、保险、证券、债券、期货等理财产品购买协议及交易记录,彩票兑奖券,房屋买卖合同及所有权证书、不动产登记表、购车合同、销售发票,借条、收条、借款合同,款项性质证明等。③证明量刑情节的书证。如悔过材料、自首立功材料、处分决定、刑事判决书、释放通知书,监察机关罚没据、涉案单位收款证明等。④其他书证。如被调查人或其家属对案件情况或财物的记录等。

5. 勘验、检查、搜查、辨认笔录

①对犯罪现场及财物的勘验、检查笔录。②对被调查人住所、单位办公室以及其财产存放地的搜查笔录及扣押清单。③被调查人对涉案物品的辨认笔录,他人对被调查人的辨认笔录。

6. 鉴定结论

无法直接确定价值财产的评估、审计报告。

7. 视听资料、电子数据

①证明被调查人犯罪过程的视频、照片等。②手机通话记录、短信记录,QQ、微信聊天记录,支付宝、微信收款和支付记录,会计电子记账凭证等。[①]

---

① 参见陈国庆主编:《公职人员职务犯罪认定与证据指引》,中国方正出版社 2019 年版,第 174 - 176 页。

(五)立案和量刑标准

表 9-6 利用影响力受贿罪定罪量刑对应表

利用影响力受贿罪		数额	数额+利用影响力受贿的 7 种情形①之一
第一档	3 年以下有期徒刑或者拘役,并处罚金(10 万元以上犯罪数额 2 倍以下)	3 万元≤利用影响力受贿数额<20 万元	1 万元≤利用影响力受贿数额<3 万元且有利用影响力受贿的 7 种情形之一
第二档	3 年以上 7 年以下有期徒刑,并处罚金(10 万元以上犯罪数额 2 倍以下)	20 万元≤利用影响力受贿数额<300 万元	10 万元≤利用影响力受贿数额<20 万元且有利用影响力受贿的 7 种情形之一
第三档	7 年以上有期徒刑,并处罚金(10 万元以上犯罪数额 2 倍以下)或者没收财产	利用影响力受贿数额≥300 万元	150 万元≤利用影响力受贿数额<300 万元且有利用影响力受贿的 7 种情形之一

七、巨额财产来源不明罪

(一)法条依据

1.《刑法》

第三百九十五条第一款 国家工作人员的财产、支出明显超过合法收入,差额巨大的,可以责令该国家工作人员说明来源,不能说明来源的,差额部分以非法所得论,处五年以下有期徒刑或者拘役;差额特别巨大的,处五年以上十年以下有期徒刑。财产的差额部分予以追缴。

---

① 利用影响力受贿罪情节参照受贿罪标准执行,根据《〈关于办理贪污贿赂刑事案件适用法律若干问题的解释〉的理解与适用》中如受贿罪中曾因贪污、受贿、挪用公款受过党纪、行政处分的情节等不适用,剩下还有 7 种情形可以参照:(1)曾因故意犯罪受过刑事追究的;(2)赃款赃物用于非法活动的;(3)拒不交待赃款赃物去向或者拒不配合追缴工作,致使无法追缴的;(4)造成恶劣影响或者其他严重后果的;(5)多次索贿的;(6)为他人谋取不正当利益,致使公共财产、国家和人民利益遭受损失的;(7)为他人谋取职务提拔、调整的。

2.《全国法院审理经济犯罪案件工作座谈会纪要》(2003年11月13日印发,法发〔2003〕167号)

五、关于巨额财产来源不明罪

(一)行为人不能说明巨额财产来源合法的认定

刑法第三百九十五条第一款规定的"不能说明",包括以下情况:

(1)行为人拒不说明财产来源;

(2)行为人无法说明财产的具体来源;

(3)行为人所说的财产来源经司法机关查证并不属实;

(4)行为人所说的财产来源因线索不具体等原因,司法机关无法查实,但能排除存在来源合法的可能性和合理性的。

(二)"非法所得"的数额计算

刑法第三百九十五条规定的"非法所得",一般是指行为人的全部财产与能够认定的所有支出的总和减去能够证实的有真实来源的所得。在具体计算时,应注意以下问题:

(1)应把国家工作人员个人财产和与其共同生活的家庭成员的财产、支出等一并计算,而且一并减去他们所有的合法收入以及确属与其共同生活的家庭成员个人的非法收入。

(2)行为人所有的财产包括房产、家具、生活用品、学习用品及股票、债券、存款等动产和不动产;行为人的支出包括合法支出和不合法的支出,包括日常生活、工作、学习费用、罚款及向他人行贿的财物等;行为人的合法收入包括工资、奖金、稿酬、继承等法律和政策允许的各种收入。

(3)为了便于计算犯罪数额,对于行为人的财产和合法收入,一般可以从行为人有比较确定的收入和财产时开始计算。

(二)犯罪表现形式

国家工作人员的家庭财产和支出中,部分能够说明来源①,部分不能说明来源

周某某,原系某省委常委、统战部部长。2013年2月23日,其因涉

① 能够说明来源的财产如果构成其他犯罪,如受贿罪,应追究相关刑事责任。

嫌受贿罪被逮捕。通过侦查查明，周某某家庭财产和支出共计折合人民币135,453,353.83元，能够说明来源的财产共计人民币98,450,470.87元，共有人民币37,002.882.96元的财产不能说明来源。[①] 周某某被法院以巨额财产来源不明罪追究刑事责任。

（三）常见疑难问题

1. 认真核查财产来源证据，依法认定巨额财产来源不明的涉嫌犯罪事实及违法所得数额

甲某受贿、巨额财产来源不明违法所得没收案。甲某，男，某省人民政府原副省长，曾任A矿业（集团）有限责任公司董事长、总经理，B环保能源开发股份有限公司董事长。2000年9月至2014年8月，犯罪嫌疑人甲某及其亲属名下的财产和支出共计人民币3100余万元，港币43万余元，美元104万余元，欧元21万余元，加元1万元，英镑100镑；珠宝、玉石、黄金制品、字画、手表等物品155件。甲某的合法收入以及其亲属能够说明来源的财产为人民币1835万余元，港币800元，美元1489元，欧元875元，英镑132镑；物品20件。甲某亲属对扣押、冻结在案的人民币1265万余元，港币42万余元，美元104万余元，欧元21万余元，加元1万元及物品135件不能说明来源。[②]

办案中，检察机关对甲某本人及其转移至亲属名下的财产情况、甲某家庭支出及合法收入情况进行了重点审查，通过对涉案270余个银行账户存款、现金、155件物品的查封、扣押、冻结，对160余名证人复核取证等工作，查明了甲某家庭财产的支出和收入情况。根据核查情况，将甲某家庭的购房费用、购车费用、女儿留学费用、结婚赠与及债权共929万元纳入重大支出范围，计入财产总额。鉴于甲某已经死亡，且死亡前未对本人及转移至亲属名下的财产和支出来源作出说明，检察机关依法向甲某的亲属调查询问，由甲某亲属说明财产和支出来源，并根据其说明情况向相关单位、人员核实，调取相关证据。对于相关证据证实及甲

① 中华人民共和国最高人民检察院公报2014年第4期（总期141号）案例。

② 检例第130号。

某亲属能够说明合法来源的工资奖金、房租收入、卖房所得、投资盈利等共计1806万余元，以及手表、玉石、黄金制品等物品，依法在涉案财产总额中予以扣减。将犯罪嫌疑人及其亲属名下财产和家庭重大支出数额，减去家庭合法收入及其近亲属等利害关系人能说明合法来源的收入，作为甲某涉嫌巨额财产来源不明罪的违法所得，据此提出没收违法所得申请。利害关系人任某1和袁某对检察机关没收申请没有提出异议。任某2对于检察机关将甲某夫妇赠与的50万元购车款作为重大支出计入财产总额提出异议，并提供购车发票证明其购买汽车裸车价格为30万元，提出余款20万元不能作为重大支出，应从没收金额中扣减。检察机关根据在案证据认为不应扣减，并在出庭时指出：该50万元系由甲某夫妇赠与任某2，支出去向明确，且甲某家庭财产与任某2家庭财产并无混同；购车费用除裸车价格外，还包括车辆购置税、保险费等其他费用；任某2没有提供证据，证明购车款结余部分返还甲某夫妇。因此，其主张在没收金额中扣减20万元的依据不足，不应支持。该意见被法院判决裁定采纳。

2. 依法审查合法财产与违法所得混同的财产，按违法所得所占比例认定和申请没收违法所得孳息

经审查认定，依法应当申请没收的巨额财产来源不明犯罪所得为人民币1265万余元、部分外币以及其他物品。冻结在案的甲某及其亲属名下财产为人民币1800余万元存款、部分外币以及其他物品。其中本金1800余万元存款产生了169万余元孳息。关于如何确定应当没收的孳息，检察机关认为，可以按该笔存款总额中违法所得所占比例（约1265/1800 = 70.2%），计算出违法所得相应孳息，申请依法予以没收，剩余部分为合法财产及孳息，返还其近亲属。法院经审理予以采纳①。

3. 不能说明巨额财产来源合法的认定

巨额财产来源不明罪是《刑法》对国家工作人员的特殊要求，也是

① 参见最高人民检察院《关于印发最高人民检察院第三十二批指导性案例的通知》（检例第127—130号）。

《刑法》中唯一一个要求被告人承担举证责任的罪名。当公诉机关证实被告人的财产或者支出明显超过合法收入,并且差额巨大时,被告人就必须承担说明该巨额财产合法来源的义务,不能说明合法来源的,就构成巨额财产来源不明罪。这里的“不能说明其来源是合法的”,当然包括“行为人拒不说明财产来源”“行为人无法说明财产的具体来源”,以及“行为人所说的财产来源经司法机关查证并不属实”等情形。同时,针对司法实践中被告人往往编造合法来源的各种理由,或者说明其巨额财产来源于贪污、挪用、受贿等非法所得,而又不能得到证实的情况,《全国法院审理经济犯罪案件工作座谈会纪要》还明确,“行为人所说的财产来源因线索不具体等原因,司法机关无法查实,但能排除存在来源合法的可能性和合理性的”,属于“不能说明”合法来源。①

4. 是否应当限制犯罪嫌疑人(被告人)解释财产来源的时间

对犯罪嫌疑人(被告人)解释财产来源的时间进行限制的观点和做法是不可取的。司法机关在刑事诉讼中有责任查明案件事实。犯罪嫌疑人或被告人采取种种手段拖延时间,意图蒙混过关,这是正常的现象。如果限制其说明财产来源的时间,那么在此之后若又提出新的说明,甚至提出新的证据证明其财产来源的合法性,难道就不核实了?显然不行。司法机关必须坚持“以事实为根据、以法律为准绳”的原则。因此从理论上说,犯罪嫌疑人或被告人有权在诉讼的任何阶段对其财产来源作出说明,从而给司法带来困难,因为侦查、起诉、审判都不得就未定型的事实展开诉讼活动。例如侦查部门移送审查起诉部门后,被告人可能会作出新的说明,虽然审查起诉部门可以退回补充侦查也可以自行侦查。但是刑事诉讼法规定退回补充侦查不得超过两次,审查起诉部门又不可能花费大量时间自行侦查,显然容易造成工作上的被动。同样在一审和二审阶段,被告人也可能提出新的说明,使诉讼进程不断波

① 参见郭清国:《〈全国法院审理经济犯罪案件工作座谈会纪要〉的理解与适用》,载中华人民共和国最高人民法院刑事审判第一、二、三、四、五庭主办:《中国刑事审判指导案例》(第6卷),法律出版社2017年版。

动。司法机关举证责任的减轻和对被告人说明的依赖，是造成上述困难的原因，这些困难进而影响司法机关办理巨额财产来源不明案的积极性。①

5. 涉嫌巨额财产来源不明犯罪的人在立案前死亡，其他人能否代替说明财产来源

巨额财产来源不明犯罪案件中，本人因死亡不能对财产来源作出说明的，应当结合其近亲属说明的来源，或者其他利害关系人主张权利以及提供的证据情况，依法认定是否属于违法所得。已死亡人员的近亲属或其他利害关系人主张权利或说明来源的，应要求其提供相关证据或线索，并进行调查核实。没有近亲属或其他利害关系人主张权利或说明来源，或者近亲属或其他利害关系人虽然主张权利但提供的证据没有达到相应证明标准，或者说明的来源经查证不属实的，应当依法认定为违法所得，予以申请没收。②

（四）取证指引

1. 被调查人的供述和辩解

①讯问被调查人是否属于国有公司、企业、事业单位、人民团体中从事公务的人员；是否属于国家机关、国有公司、企业、事业单位委派到非国有公司、企业、事业单位、社会团体中从事公务的人员。②合法收入，包括本人工资和奖金、本人的合法积蓄和存款、本人依法继承的财产、合法受赠以及其他正当来源的财产等。③实际拥有财产的情况，包括住房、交通工具、通讯工具、家用电器、存款、现金、首饰、贵重金属等动产及不动产。④支出情况，包括犯罪嫌疑人及家庭成员的日常生活、学习和工作的消费以及其他支出如赠与他人的财产、罚款、罚金等。⑤关于差额财产部分的说明、解释、辩解等。

2. 证人证言

①其财产、收入和支出的总体情况；②财产、收入、支出的来源；③行

---

① 参见钱舫：《论巨额财产来源不明罪》，载《政法论坛》2001 年第 6 期。

② 最高人民检察院检例第 130 号。

为人的工资、奖金及继承的合法遗产和接受馈赠、捐助等情况；④能够证明被调查人、犯罪嫌疑人、被告人差额财产部分的解释、辩解等是否属实的证言。

3. 物证

现金或珠宝、玉石、黄金制品、字画、手表等物品及照片。

4. 书证

①证明被调查人身份的书证。包括户籍证明、身份证复印件、人口基本信息表，公务员登记表、干部任免审批表、参照公务员管理人员登记表、事业编制人员登记表、任命会议记录、任命文件、聘用合同、劳动合同、承包租赁合同、职务职责说明，入党志愿书，单位统一社会信用代码证书、营业执照、工商档案、改制文件，涉及子公司等单位的应同时调取其股东信息以确定公司性质等。②证明合法来源的财产的书证。包括工资奖金、房租收入、卖房所得、投资盈利等。③证明被调查人家庭重大支出的书证材料。包括家庭的购房费用、购车费用、子女留学费用、结婚赠与及债权。④证明量刑情节的书证。如悔过材料、自首立功材料、处分决定、刑事判决书、释放通知书，监察机关罚没据、涉案单位收款证明等。⑤其他书证。如被调查人或其家属对案件情况或财物的记录等。

5. 勘验、检查、搜查、辨认笔录

①对财物的勘验、检查笔录。②对被调查人住所、单位办公室以及其财产存放地的搜查笔录及扣押清单。③被调查人对涉案物品的辨认笔录，他人对被调查人的辨认笔录。

6. 鉴定结论

无法直接确定价值财产的评估、审计报告。[①]

---

① 参见陈国庆主编：《公职人员职务犯罪认定与证据指引》，中国方正出版社2019年版，第210－211页。

（五）立案和量刑标准

表9－7 巨额财产来源不明罪定罪量刑对应表

巨额财产来源不明罪		数额
第一档	5年以下有期徒刑或者拘役	≥30万元
第二档	5年以上10年以下有期徒刑	未规定

八、私分国有资产罪

（一）法条依据

1.《刑法》

第三百九十六条第一款　国家机关、国有公司、企业、事业单位、人民团体，违反国家规定，以单位名义将国有资产集体私分给个人，数额较大的，对其直接负责的主管人员和其他直接责任人员，处三年以下有期徒刑或者拘役，并处或者单处罚金；数额巨大的，处三年以上七年以下有期徒刑，并处罚金。

2.最高人民法院、最高人民检察院《关于办理国家出资企业中职务犯罪案件具体应用法律若干问题的意见》（2010年11月26日印发，法发〔2010〕49号）

二、关于国有公司、企业在改制过程中隐匿公司、企业财产归职工集体持股的改制后公司、企业所有的行为的处理

国有公司、企业违反国家规定，在改制过程中隐匿公司、企业财产，转为职工集体持股的改制后公司、企业所有的，对其直接负责的主管人员和其他直接责任人员，依照刑法第三百九十六条第一款的规定，以私分国有资产罪定罪处罚。

改制后的公司、企业中只有改制前公司、企业的管理人员或者少数职工持股，改制前公司、企业的多数职工未持股的，依照本意见第一条的规定，以贪污罪定罪处罚。

七、关于国家出资企业的界定

本意见所称“国家出资企业”，包括国家出资的国有独资公司、国有

独资企业,以及国有资本控股公司、国有资本参股公司。

是否属于国家出资企业不清楚的,应遵循“谁投资、谁拥有产权”的原则进行界定。企业注册登记中的资金来源与实际出资不符的,应根据实际出资情况确定企业的性质。企业实际出资情况不清楚的,可以综合工商注册、分配形式、经营管理等因素确定企业的性质。

八、关于宽严相济刑事政策的具体贯彻

办理国家出资企业中的职务犯罪案件时,要综合考虑历史条件、企业发展、职工就业、社会稳定等因素,注意具体情况具体分析,严格把握犯罪与一般违规行为的区分界限。对于主观恶意明显、社会危害严重、群众反映强烈的严重犯罪,要坚决依法从严惩处;对于特定历史条件下、为了顺利完成企业改制而实施的违反国家政策法律规定的行为,行为人无主观恶意或者主观恶意不明显,情节较轻,危害不大的,可以不作为犯罪处理。

对于国家出资企业中的职务犯罪,要加大经济上的惩罚力度,充分重视财产刑的适用和执行,最大限度地挽回国家和人民利益遭受的损失。不能退赃的,在决定刑罚时,应当作为重要情节予以考虑。

(二)犯罪表现形式

1. 在一定规模、一定层次以上的多人范围内集体决定,将国有资产以发奖金的形式分给集体中的部分人员

某市医疗保险事务管理中心(以下简称医保管理中心)系某市医疗保险局所属的国有事业单位,经费来源为国家财政全额拨款。张某某系医保管理中心主任;夏某系医保管理中心办公室主任。2002年2月,由张某某决定,夏某具体操办,将国家财政专项拨款的业务招待费以会务费名义从本市某宾馆套现1.5万元,以“2001年度特别奖励”的名义发放给医保管理中心部分人员。法院认为:张某某在已经领取单位通讯费且没有向上级领导申请并获得批准的情况下,决定由夏某具体操作,用已经套购并准备分发的邮政电子消费卡报销移动电话通讯费,该行为亦属整体私分国有资产行为的组成部分。张某某、夏某以“2001年度特别奖励”的名义把从专项经费中套取的现金分发给部分员工,因系在单位

内部的一定范围内分发，同样可以认定为私分国有资产的性质[①]。张某某被法院以私分国有资产罪追究刑事责任。

2. 在骗取国有资产后，支出非生产性支出，通过巧立名目，设立奖金分发给集体人员

和某源建设工程有限公司由某某区水利水电勘测设计室代表国有资本全部出资，属性为国有独资企业。2014 年至 2019 年 8 月，为了处理不便于从公司财务上开支的非生产性开支、给业务单位领导及相关人员送红包的费用和给公司员工超额发奖金，被告人廖某某先后指使张某某（曾任和某源公司党支部书记、副经理）、罗某某（和某源公司副经理），采取虚增工程成本的手段，从和某源公司承建的某能岳阳电厂三期扩建工程循环水排水口标段项目等 10 余个工程项目中截留利润 149.4 万元，累计套取工程款、截留项目利润 968.4 万元，其中用于处理非生产性开支 166.4 万元，余下 802 万元全部用于和某源公司员工账外发放奖金，其中廖某某个人实得 424.5 万元，其全部用于个人或家庭开支、投资等用途。[②] 廖某某被法院以私分国有资产罪追究刑事责任。

3. 对经营收入与成本不作配比，将部分当年成本延后至下一财务年度入账，人为抬高收入，虚列利润，制造假账，申报奖金

王某某、姚某某于 2002 年至 2005 年初，在分别担任国有企业某市食品进出口国际货运公司（以下简称国际货运公司）经理、财务人员期间，在该公司 2002 年至 2004 年连续 3 年经营亏损，按照上级公司某市食品进出口公司（以下简称食品进出口公司）《关于试行公司内部经营预算管理的若干办法》等有关考核规定，无资格向上级公司申请批准发放奖金的情况下，仍由王某某指使姚某某对经营收入与成本不作配比，将部分当年成本延后至下一财务年度入账，人为抬高收入，虚列利润，制造假账，将账目伪造成收入与成本略有盈余，而后向食品进出口公司报送内容虚假的财务报表，并由王某某申请骗得食品进出口公司批准，获

---

① 参见《刑事审判参考》指导案例第 293 号。

② 参见（2021）湘 0603 刑初 18 号。

得国际货运公司半年奖、年终奖发放额度,并且实际超过食品进出口公司核准的工资奖金总额和账面登载的奖金列支数额,由姚某某从该公司开户银行企业基本账户中将国际货运公司的流动资金提现共计人民币108.97万元转存于户名为黄某某的交通银行个人活期储蓄账户内。嗣后,王某某、姚某某以给该公司职工发放半年奖和年终奖的名义对上述公款进行集体私分。[1] 王某某、姚某某被法院以私分国有资产罪追究刑事责任。

(三)常见疑难问题

1.《刑法》第三百九十六条第一款中的"违反国家规定"不仅应当包括国家法律、行政法规、部门规章,而且应当包括国有公司、企业、事业单位的上级主管单位关于国有资产管理的内部规定

根据《刑法》第三百九十六条的规定,只有违反国家规定,将国有资产集体私分的行为,才构成私分国有资产罪。对于如何理解和把握此处的国家规定,理论界和司法实务界均有不同观点。第一种观点认为,此处的国家规定应严格按照《刑法》第九十六条来界定,即全国人民代表大会及其常务委员会制定的法律和决定,国务院制定的行政法规、规定的行政措施、发布的决定和命令。第二种观点认为,对国有资产保护的规定,国家的法律或行政法规很少体现,或者规定得非常原则,大部分都规定在国务院各部委制定的部门规章及各省、自治区、直辖市制定的地方性法规中。如果严格按照《刑法》第九十六条的规定来界定此处的国家规定,将使司法实务无法操作。故应当适当扩张解释,将此处的国家规定拓展至国务院各部委制定的部门规章及各省、自治区、直辖市制定的地方性法规。第三种观点认为,国家规定不仅应当包括国家法律、行政法规、部门规章,而且应当包括国有公司、企业、事业单位的上级主管单位关于国有资产管理的内部规定。在司法实务中,采用的是第三种观点,对于"国家规定"的认定系最广义的。

---

① 参见(2006)沪二中刑终字第504号。

2. 以占有决策的公开性区分私分国有资产罪与贪污罪共同犯罪

私分国有资产罪与贪污罪共同犯罪存在以下三个方面的不同：(1)犯罪主体不同。私分国有资产罪是纯正的单位犯罪，只能由国家机关、国有公司、企业、事业单位、人民团体等国有性质的单位构成；贪污罪是一般自然人犯罪。(2)主观方面不同。私分国有资产罪作为单位犯罪，体现的是单位意志；贪污罪中行为人非法占有财物的行为体现的是个人意志而非单位或集体意志。(3)客观方面不同。私分国有资产行为由于是以单位的名义进行集体私分，因此该犯罪行为往往打着合法的幌子，在本单位内公开进行，具有一定程度的和一定范围的公开性；而共同贪污行为是行为人利用职务上的便利，以侵吞、窃取或骗取或其他手段秘密进行的，总是具有一定程度的秘密性和隐蔽性。如果单位打着集体的名义，但将国有资产私分给某些少数人而非单位的绝大多数成员，则以贪污罪论处。

3. 在改制过程中，国有公司、企业违反国家规定隐匿公司、企业财产，转为职工集体持股的改制后公司、企业所有的，对其直接负责的主管人员和其他直接责任人员以私分国有资产罪定罪处罚

某市新东热电供暖有限公司(以下简称新东公司)是1998年从某市热力总公司分立出来的国有企业。吕某某于1998年9月任新东公司副经理、2003年3月起任新东公司经理。2003年1月28日某市国企改革领导小组同意新东公司列入2003年全市国企改革计划。2003年11月19日某市国企改革领导小组下发《关于某市新东热电有限公司产权制度改革的批复》，同意新东公司改制方案。2004年2月9日经新东公司申请，2004年2月12日某市国企改革领导小组下发批复：同意将新东公司原国有股份全部退出，转制为民营企业，组建新公司。新公司注册资本为人民币500万元，吕某某出资175万元，持股35%，并沿用原企业名称。一审法院认为：“吕某某在国家出资企业改制过程中故意通过虚设债务等方式隐匿公司财产人民币815.94万元，转为其本人持有股份的改制后公司所有，其行为已构成贪污罪。”二审法院认为：“职工集体持

股”应理解为改制企业的多数职工持股,而不是全部职工都持股。在改制过程中,改制企业的领导干部个人持有股份虽是必然,但只要改制企业不同层面的多数人员均获得利益,且职工持股比例不是极小的,就应当认定为“职工集体持股”。本案中,改制后的新东公司未向社会募集股份,而是由改制企业的职工出资设立。参与出资的职工人数达288人,占原企业职工总数的79%,其余职工未参与出资的原因一是退休,二是自愿买断。在出资人员中,普通职工271人,持股比例为49%,原企业管理层人员17人,持股比例为51%,其中吕某某个人持股约35%。以上改制后募集股份的原则、方案、人员及其比例是经某市国有企业改革领导小组批复后实施的。由此可见,新东公司的多数职工均参与出资设立新公司,在改制过程及其后经营中均可不同程度地获益,并且除吕某某外的其他职工占股比例约65%,不属于持股比例极小的情况,故此应当认定改制后的新东公司属于“职工集体持股的公司”①。

根据最高人民法院、最高人民检察院《关于办理国家出资企业中职务犯罪案件具体应用法律若干问题的意见》(法发〔2010〕49号)的相关规定:国有公司、企业违反国家规定,在改制过程中隐匿公司、企业财产,转为职工集体持股的改制后公司、企业所有的,对其直接负责的主管人员和其他直接责任人员,依照《刑法》第三百九十六条第一款的规定,以私分国有资产罪定罪处罚;改制后的公司、企业中只有改制前公司、企业的管理人员或者少数职工持股,改制前公司、企业的多数职工未持股的,依照本意见第一条的规定,以贪污罪定罪处罚。

(四)取证指引

1. 被调查人的供述和辩解

(1)犯罪主体。讯问被调查人是否属于国有公司。

(2)犯罪主观方面。单位私分国有资产的动机、目的、时间、地点、名义、参与人、经过、结果,私分财产的种类、数量、去向等。

---

① 参见(2017)辽04刑终177号。

(3)犯罪客观方面。第一,实施私分国有资产行为的时间、地点、参加人员。第二,决定私分国有资产的名目,包括提高工资、发放奖金、津贴、补贴以及福利支出等。第三,决定私分国有资产的决策人员、决策的详细经过。第四,私分国有资产的形式,包括将应上缴的国有资产私自截留予以私分:采取各种不正当手段将国有资产骗到自己手中,如通过加大成本等方式将含税利润私分以及将其他应上缴的收入私分;改制过程中隐匿公司、企业财产,转为职工集体持股的改制后公司、企业所有等。第五,私分国有资产的数额、数量、价值。第六,被私分的国有资产处理情况。第七,私分国有资产过程的起意、策划、分工、实施、分配等情况,查明每一个参加人员的地位和作用。

2. 证人证言

①管理部门领导的证言,证明私分的资产是国有资产、采取的手段是不正当的手段等情况;②单位其他获得财物的人员、知情人的证言,证明分得财物的名义、数额等情况。

3. 物证、书证

①被私分的国有资产原物及照片;②会议记录、固定资产证明、物资清单、银行账日等;③私分清单、私分批件、私分财物审核表等。

4. 鉴定意见

①文检鉴定;②审计鉴定、会计鉴定,证明国有资产流失的情况。

5. 勘验、检查笔录

①私分现场勘查笔录及照片;②物证的勘验、检查笔录及照片。

6. 视听资料及电子数据

包括录音、录像带、电子数据资料及照片等。

7. 搜查、扣押、起赃、收缴、封存笔录

通过上述证据,证明行为人违反国家规定,以单位名义将国有资产私分给个人。①

---

① 参见陈国庆主编:《公职人员职务犯罪认定与证据指引》,中国方正出版社2019年版,第219-221页。

（五）立案和量刑标准

表 9－8　私分国有资产罪定罪量刑对应表

私分国有资产罪		数额
第一档	3 年以下有期徒刑或者拘役，并处或者单处罚金（10 万元以上犯罪数额 2 倍以下）	≥10 万元
第二档	3 年以上 7 年以下有期徒刑，并处罚金（10 万元以上犯罪数额 2 倍以下）	未规定

九、非国家工作人员受贿罪

（一）法条依据

1.《刑法》

第一百六十三条　公司、企业或者其他单位的工作人员，利用职务上的便利，索取他人财物或者非法收受他人财物，为他人谋取利益，数额较大的，处三年以下有期徒刑或者拘役，并处罚金；数额巨大或者有其他严重情节的，处三年以上十年以下有期徒刑，并处罚金；数额特别巨大或者有其他特别严重情节的，处十年以上有期徒刑或者无期徒刑，并处罚金。

公司、企业或者其他单位的工作人员在经济往来中，利用职务上的便利，违反国家规定，收受各种名义的回扣、手续费，归个人所有的，依照前款的规定处罚。

国有公司、企业或者其他国有单位中从事公务的人员和国有公司、企业或者其他国有单位委派到非国有公司、企业以及其他单位从事公务的人员有前两款行为的，依照本法第三百八十五条、第三百八十六条的规定定罪处罚。

2. 最高人民检察院、公安部《关于公安机关管辖的刑事案件立案追诉标准的规定（二）》（公通字〔2022〕12 号）

第十条　〔非国家工作人员受贿案（刑法第一百六十三条）〕公司、企业或者其他单位的工作人员利用职务上的便利，索取他人财物或者非法收受他人财物，为他人谋取利益，或者在经济往来中，利用职务上的便利，违反国家规定，收受各种名义的回扣、手续费，归个人所有，数额在三万元以上的，应予立案追诉。

（二）犯罪表现形式

1. 利用在工程款支付、工程承包商选择、工程合同外费用补偿等方面的便利，索取或者收受他人财物为他人谋利

2009年5月至2012年11月，赵某某在担任中铁十某局集团第五工程有限公司（以下简称五公司）武广铁路项目队经理和沪昆客专湖南段某部经理期间，利用职务之便，收受他人贿赂8次，共计146万元。法院认为：赵某某与五公司之间属于劳动合同关系，受劳动合同法调整。赵某某担任两项目队（部）经理的职务，由五公司依据公司法、公司章程予以任命，其对项目部（队）的全面管理来源于公司授权，对公司负责，属于从事公司性的经营管理活动，并非代表国家出资企业中负有管理、监督国有资产职责的组织对国有资产履行管理、监督职责。并且，两项目队（部）也不属于国家出资企业，而是五公司为了完成工程承包合同而成立的临时机构。因此，赵某某不属于国家工作人员。赵某某作为公司、企业管理人员，担任项目队（部）经理，在工程款支付、工程的承包商选择、工程合同外费用补偿等方面具备职务便利。赵某某收取贿赂系利用公司、企业管理人员的职务便利，因此，被告人赵某某的行为构成非国家工作人员受贿罪①。

2. 违反国家规定收受各种名义的回扣、手续费、佣金等归个人所有

国有独资企业某某公司出资10万美元设立金某公司，委派苏某某担任金某公司董事长。后来，苏某某退休，但通过与东某公司订立的承包协议，仍负责金某公司的经营。经多次承包及股权转让变更，苏某某和某某公司最终约定：金某公司30%股份由东某公司持有，70%股份由苏某某和赵某实际享有；某某公司每年向金某公司收取2万美元定额利润，不负责公司具体经营管理，剩余利润也由金某公司自行分配。在此后的经营过程中，金某公司按照订单面额向国外代理商某骑具公司支付

① 参见（2015）广铁中法刑终字第14号。

佣金。某骑具公司负责人弗某某向苏某某、赵某返还一定比例的佣金。截至案发,苏某某和赵某共计收到佣金返还款约50万美元①。苏某某和赵某被法院以非国家工作人员受贿罪追究刑事责任。

(三)常见疑难问题

1.非国家工作人员身份的认定

根据最高人民法院、最高人民检察院《关于办理国家出资企业中职务犯罪案件具体应用法律若干问题的意见》(法发〔2010〕49号)的相关规定,经国家机关、国有公司、企业、事业单位提名、推荐、任命、批准等,在国有控股、参股公司及其分支机构中从事公务的人员,应当认定为国家工作人员。因达到年龄界限而退休,国家工作人员身份自然解除。例如,在上述苏某某案中的争议焦点为:苏某某是否属于国家工作人员。该案一审认为某某公司系全资国有企业,而金某公司系东某公司全额出资设立,因此在成立之初,金某公司实为国有独资公司。苏某某作为金某公司董事长,属于国家工作人员。后金某公司的股权发生变更,但东某公司仍持有变更后的金某公司30%的股份,此时金某公司的性质属于国家出资企业。苏某某因承包金某公司而负有管理国有资产的职责,仍应被认定为国家工作人员。二审认为苏某某在退休后,国家工作人员的身份即不存在,即使委派身份客观存在,但根据和某某公司签订的承包协议,赋予其在完成上缴定额利润后享有公司一切经营管理的权利。苏某某通过依约履行上缴定额利润的义务来实现国有资产的保值、增值,而不是通过委派实现。苏某某收受弗某某佣金返还款的行为,发生在公司的经营活动中,其权利亦主要通过承包经营合同取得。故原判认定苏某某为国家工作人员的证据不充分。

国有公司委派到非国有公司从事公务的人员,以及其他依照法律从事公务的人员,认定为国家工作人员,需要满足的条件为:(1)国有公司委派;(2)利用的便利必须是公务。委派,即委任、派遣,其形式多种多

① 参见(2018)最高法刑申911号。

样，如任命、指派、提名、批准等。根据《全国法院审理经济犯罪案件工作座谈会纪要》中对国家机关、国有公司、企业、事业单位委派到非国有公司、企业、事业单位、社会团体从事公务的人员的认定，只有受委派代表国有投资主体行使监督、管理国有资产职权的人，才能成为以国家工作人员论的主体。在实践中，如果国企委派工作人员在非国企工作，在认定时，必须结合其公务的履行执行情况认定其是否属于国家工作人员，如果非利用公务便利作为对价收取贿赂，则需要认定其非国家工作人员身份。

2. 被劳务派遣到国企的人员，不具有国家工作人员身份

某公司（系国有控股企业）因商业需要征用某县冷水镇南泥湖村土地，该村需整体搬迁。慧某公司（系非国有企业）根据合同要求将本公司职工杜某某、陈某某派往某公司，主要负责征迁关系协调工作，统计被搬迁对象的财产并登记在册。璩某某家的房屋在搬迁之列，其为了在搬迁过程中多得赔偿款，遂让外甥女婿琚某某联系杜某某。琚某某找到杜某某，送给杜某某7万元。之后，琚某某根据杜某某提供的电话号码找到负责登记数据底册的陈某某，送给陈某某2万元，让陈某某给璩某某的房屋丈量数据上增加一层。后陈某某在璩某某之子璩某国的附属物复查登记表上将二层的砖混房屋改为三层，使某公司多支付了18.1万元赔偿款。劳务派遣的特征之一是劳务关系只存在于派遣单位和劳务派遣工之间（慧某公司和二被告人之间）。尽管劳务派遣工是为接收单位工作而不是为派遣单位工作，但接收单位并不加入到雇佣关系中来，派遣工不是接收单位的职工，即二被告人不是某公司职工，不具有国家工作人员身份。①

3. 为他人谋取利益

由于“为他人谋取利益”的取证难度大，关于此项事实的查证耗费较多司法资源，严重增加了办理非国家工作人员受贿案件的司法成本，

---

① 参见（2013）栾刑重初字第1号。

有观点认为应该取消该要件[①]。但是该要件反映了不当利益与职务行为之间的对价关系，反映了该罪的保护法益。对该要件的认定，在实际谋取了不正当利益上没有争议，出现分歧的是承诺谋利的情形。有观点认为根据《全国法院审理经济犯罪案件工作座谈会纪要》第三条第（二）项对谋取利益的三阶段划分，非国家工作人员只要对行贿人进行谋利承诺就符合“为他人谋取利益”要件[②]。在规范适用上可以类推适用2016年最高人民法院、最高人民检察院《关于办理贪污贿赂刑事案件适用法律若干问题的解释》第十三条第二款的规定，即国家工作人员索取、收受具有上下级关系的下属或者具有行政管理关系的被管理人员的财物价值3万元以上，可能影响职权行使的，视为承诺为他人谋取利益。但是受贿罪与非国家工作人员受贿罪的保护法益有着根本区别，在受贿罪中国家工作人员对于职务廉洁性有着更为苛刻的注意义务，所以在解释上将承诺谋利拟制为谋取利益是恰当合理的，但是针对非国家工作人员将拟制的谋取利益认定为谋取利益，有扩大处罚范围的风险。在解释方法的选取上，应该遵循严格的文义解释。

（四）取证指引

1. 被调查人的供述和辩解

第一，受贿的动机、目的，有无策划、策划的具体内容。

第二，有无索要或收受财物的意思表示，意思表示的方式和具体内容。

第三，对索要或收受他人财物的事实是否明知，即是否明知索要的财物或收受的财物属于贿赂，以及是否有将财物占为己有的故意。

第四，对利用自身职务便利、为他人谋取利益作为交换条件是否明知，即被调查人是否明知与对方存在某种职务上的联系，是否明知对方意图通过被调查人利用自身的职权或者地位形成的便利条件，通过其他

① 参见陈洪兵：《反思我国受贿罪的适用困境》，载《东方法学》2014年第4期。

② 参见郑高键、谢杰：《非国家工作人员受贿罪客观方面的司法认定》，载《政法学刊》2010年第1期。

国家工作人员职务上的行为，为请托人谋取某种利益。

第五，证实被调查人的任职情况和职责范围，是否利用自己职务上主管、负责或者承办某项公共事务的职权及其所形成的便利条件。

第六，收受财物的原因、时间、地点、次数，有无其他人在场，受贿的详细经过，物品的数量、价格、品种、包装、购买地、支付方式、发票、存放形式、产权变更登记，有无退还情况等。

2. 证人证言

证人证言，包括知情人、关系人、中间人、亲友的证言。

3. 物证

主要包括，查获的赃款、赃物；受贿被调查人用受贿钱款购买的物品等。

4. 书证

包括受贿人或行贿人收受财物或送出财物的有关笔记、日记，证明行贿款来源的银行存折、支取账单等。

5. 鉴定意见

主要有：笔迹鉴定，证明行贿人、受贿人行受贿行为的签字笔迹、印鉴等；估价鉴定意见等。

6. 勘验、检查笔录

主要有：现场、物证的勘验、检查笔录及照片。

7. 视听资料、电子数据

主要有：能够证明受贿、行贿行为的录音、录像资料，电子数据等。

8. 其他材料

抓获经过、案发经过，应表明行贿被调查人是否有自首情节，是否主动交代自己的经济问题，认罪态度；有犯罪前科或受过党纪政纪（务）处分的，应调取刑事判决书、释放证明书、党政纪处分决定等；有立功或重大立功情节的，应有证明立功或重大立功的书面材料。①

---

① 参见陈国庆主编：《公职人员职务犯罪认定与证据指引》，中国方正出版社2019年版，第233－236页。

(五)立案和量刑标准

表 9－9　非国家工作人员受贿罪定罪量刑对应表

非国家工作人员受贿罪		数额
第一档	3 年以下有期徒刑或者拘役,并处罚金	≥3 万元
第二档	3 年以上 10 年以下有期徒刑,并处罚金	≥100 万元
第三档	10 年以上有期徒刑或者无期徒刑,并处罚金	未规定

十、背信损害上市公司利益罪

(一)法条依据

1.《刑法》

第一百六十九条之一　上市公司的董事、监事、高级管理人员违背对公司的忠实义务,利用职务便利,操纵上市公司从事下列行为之一,致使上市公司利益遭受重大损失的,处三年以下有期徒刑或者拘役,并处或者单处罚金;致使上市公司利益遭受特别重大损失的,处三年以上七年以下有期徒刑,并处罚金:

(一)无偿向其他单位或者个人提供资金、商品、服务或者其他资产的;

(二)以明显不公平的条件,提供或者接受资金、商品、服务或者其他资产的;

(三)向明显不具有清偿能力的单位或者个人提供资金、商品、服务或者其他资产的;

(四)为明显不具有清偿能力的单位或者个人提供担保,或者无正当理由为其他单位或者个人提供担保的;

(五)无正当理由放弃债权、承担债务的;

(六)采用其他方式损害上市公司利益的。

上市公司的控股股东或者实际控制人,指使上市公司董事、监事、高级管理人员实施前款行为的,依照前款的规定处罚。

犯前款罪的上市公司的控股股东或者实际控制人是单位的,对单位判处罚金,并对其直接负责的主管人员和其他直接责任人员,依照第一款的规定处罚。

2. 最高人民检察院、公安部《关于公安机关管辖的刑事案件立案追诉标准的规定(二)》(2022年5月15日起施行,公通字〔2022〕12号)

第十三条 〔背信损害上市公司利益案(刑法第一百六十九条之一)〕上市公司的董事、监事、高级管理人员违背对公司的忠实义务,利用职务便利,操纵上市公司从事损害上市公司利益的行为,以及上市公司的控股股东或者实际控制人,指使上市公司董事、监事、高级管理人员实施损害上市公司利益的行为,涉嫌下列情形之一的,应予立案追诉:

(一)无偿向其他单位或者个人提供资金、商品、服务或者其他资产,致使上市公司直接经济损失数额在一百五十万元以上的;

(二)以明显不公平的条件,提供或者接受资金、商品、服务或者其他资产,致使上市公司直接经济损失数额在一百五十万元以上的;

(三)向明显不具有清偿能力的单位或者个人提供资金、商品、服务或者其他资产,致使上市公司直接经济损失数额在一百五十万元以上的;

(四)为明显不具有清偿能力的单位或者个人提供担保,或者无正当理由为其他单位或者个人提供担保,致使上市公司直接经济损失数额在一百五十万元以上的;

(五)无正当理由放弃债权、承担债务,致使上市公司直接经济损失数额在一百五十万元以上的;

(六)致使公司、企业发行的股票或者公司、企业债券、存托凭证或者国务院依法认定的其他证券被终止上市交易的;

(七)其他致使上市公司利益遭受重大损失的情形。

(二)犯罪表现形式

1. 无偿向其他单位或者个人提供资金、商品、服务或者其他资产;向明显不具有清偿能力的单位或者个人提供资金、商品、服务或者其他资产;无正当理由放弃债权、承担债务等致使上市公司直接经济损失

2005年10月,某省国资委选定人某农业对种某集团和秦某农业进

行重组。通过推选、入股等方式,2006年2月王某某实际控制了种某集团和秦某农业。2006年3月13日,秦某农业的下属子公司秦某向日葵和杨某沙苑签订了虚假的《国产油葵G101种子预约生产合同》,约定秦某向日葵委托杨某沙苑繁殖国产油葵G101种子,秦某向日葵向杨某沙苑支付“育种款”。合同签订后,从2006年3月至2007年9月,王某某指使财务人员从秦某农业下属子公司秦某向日葵、陕西秦某农化有限责任公司、西安秦某大酒店有限责任公司、杨某农资营销有限公司以支付“育种款”为由,向杨某沙苑账户转移资金9,270,582.44元,王某某指使财务人员将其中的6,010,410.11元无偿提供给人某集团、人某农业、杨某沙苑等公司和个人使用①。王某某被法院以背信损害上市公司利益罪追究刑事责任。

2. 通过操纵上市公司从事不当、不公平的关联交易等非法手段,致使上市公司利益遭受重大损失

2007年12月,国某新集公司在上海证券交易所上市。2008年3月,国某新集公司欲采取公开招标形式采购PDC钻头及配件,刘某1所经营的某公司,因不符合供应商资格而被国某新集公司停止供应PDC钻头等矿用配件业务。同年4月,曹某任某市代市长,其妻刘某1告知上述被停止供应业务一事,后曹某与时任国某新集公司总经理的刘某谈论此事。2008年5月27日,在曹某的授意下,刘某1以某公司名义向国某新集公司出具了一份关于申请产品供货的报告,以达到向国某新集公司继续供货的目的。刘某自行在该份报告上签字同意,并让时任国某新集公司企管部部长的田某具体负责此事,同时向其明确说明该公司是市长曹某妻子刘某1经营的。2008年6月23日,国某新集公司企管部和供应部联合盖章,向被告人刘某请示,建议以“议价”价格采购威某公司的PDC钻头,并将议价价格列明,向被告人刘某请示,刘某在请示报告上签字同意。最终刘某1的威某公司以议价形式,且用明显高于市场价

---

① 参见(2010)陕刑二终字第20号。

格的售价，从2009年开始向国某新集公司供应PDC钻头及配件直至2012年。经审计，自2009年至2012年，国某新集公司以上述明显不公平的条件，接受某公司、正某公司销售的钻头，造成公司直接经济损失1844.64万元[①]。刘某被法院以背信损害上市公司利益罪追究刑事责任。

（三）常见疑难问题

1. 犯罪主体的确认

本罪的犯罪主体为特殊主体，具体包括：上市公司控股股东、实际控制人、董事、监事、高级管理人员。在案件办理过程中应认真核查行为人与上市公司之间的雇佣合同、劳动合同、委任书和股东大会、董事会决议等文件资料，来确定其在上市公司中相应的岗位、职责和权限，进而判断行为人的实行行为与其被指控给上市公司造成直接经济损失之间是否存在刑法意义上的因果关系。在实践中，存在挂名董事、监事、高级管理人员与实际控制人之间的关系认定问题，在存在挂名任职董、监、高的情形时，要结合挂名行为人对公司决策的参与程度，对实际控制人犯罪行为的实施主观知晓状态予以综合认定，不能仅仅以职务外观的形式标准认定。上市公司的子公司、参股公司里面任职的董事、监事或者其他高级管理人员是否可以构成此罪？应该以子公司、参股公司的董、监、高是否在上市公司担任董、监、高为判断标准，以及其在损失造成的过程中，是否利用了上市公司任职的职务便利予以判断。独立董事具有董事的属性，但在实践中，独立董事的权利可能被架空，案件办理时应当审查独立董事针对公司重大事项发表意见、签署相关文件时，上市公司有没有向其全面、完整地履行披露义务，如果因为上市公司本身未履行披露义务导致独立董事发表意见或者投票表决，不能不加区分地追究独立董事责任。

2. 忠实义务的确定标准

背信损害上市公司利益罪是2006年《刑法修正案（六）》增加的罪

---

① 参见（2017）皖0208刑初10号。

名。2023年《公司法》第一百八十条、第一百八十一条在刑法上的入罪，罪状中“违背对公司的忠实义务”的含义应依据公司法中的忠实义务的规定予以确立。2023年《公司法》第一百八十条第一款规定：“董事、监事、高级管理人员对公司负有忠实义务，应当采取措施避免自身利益与公司利益冲突，不得利用职权牟取不正当利益。”第一百八十一条规定：“董事、监事、高级管理人员不得有下列行为：（一）侵占公司财产、挪用公司资金；（二）将公司资金以其个人名义或者以其他个人名义开立账户存储；（三）利用职权贿赂或者收受其他非法收入；（四）接受他人与公司交易的佣金归为己有；（五）擅自披露公司秘密；（六）违反对公司忠实义务的其他行为。”这里的忠实义务，是指董事、监事、高级管理人员对公司事务应忠诚尽力、忠实于公司；当其自身利益与公司利益相冲突时，应以公司的利益为重，不得将自身利益置于公司利益之上；他们必须为公司的利益善意地处理公司事务、处置其所掌握的公司财产，其行使权力必须是为了公司的利益，尤其不得受大股东或者关联企业的支配掏空公司财产、损害公司利益①。

3. 准确核定入罪判断材料

因为该罪以实际损失作为入罪标准，所以准确查明具体的犯罪数额，对于出入罪十分重要，犯罪数额决定了行为人承担刑事责任还是非刑事责任。最高人民检察院、公安部《关于公安机关管辖的刑事案件立案追诉标准的规定（二）》明确了重大损失的起算点为150万元，所以在办理案件的过程中，必须明确核实行为人造成的损失金额是否达到了150万元。在事实的认定上“无偿”、“明显不具有清偿能力”、“终止或多次暂停上市交易”（2020年3月1日起施行的《证券法》已经取消了“暂停上市”的相关规定，故该等情况在今后实践中应不大可能出现），对需要的证明材料固定是相对容易的，对相应的材料进行鉴定即可获得判断。但是对于“明显不公平”“无正当理由”认定则显得比较困难，且在

---

① 参见（2007）浦刑初字第1521号。

第十三条第二、五项中直接以“结果”进行判定，以行为人是否损害公司利益为标准并不妥当，还需要对“行为”本身作出判断，而这二者都需要依助决策人的主观判断，所以在针对该类情形时，必须借助客观材料认定决策人行为时的主观状态，认定“明显不公平”时需要结合具有相应鉴定资质的价格认定机构出具的价格认定书、审计机构出具的司法鉴定报告等第三方评估机构的鉴定意见，来作出最终评价。认定“无正当理由”则需要结合公司的商业策略、经营状况等多方面的因素进行综合判断。

（四）取证指引

1. 被调查人的供述和辩解

（1）犯罪主体。

被调查人的单位是否为国有企业、单位，是否为上市公司；被调查人是否为控股股东、实际控制人、董事、监事、高级管理人员。

（2）犯罪主观方面。

第一，操纵上市公司从事致使上市公司利益遭受重大损失行为的动机、目的，与相关人员的关系，是否为本人、他人或单位（部门）谋私情、私利；第二，利用职务便利，实施损害上市公司利益行为的时间、地点、手段、参与人员、经过、处理结果和造成后果；第三，对利用职务便利，实施损害上市公司利益行为的认知程度；第四，利用职务便利，操纵上市公司可能造成国有公司、企业破产或者严重损失，以及致使国家利益遭受重大损失的认知程度。

（3）犯罪客观方面。

第一，利用职务便利，实施损害上市公司利益行为的时间、地点、其他参与人；第二，利用职务便利，实施损害上市公司利益行为的方式、具体经过；第三，利用职务便利，实施损害上市公司利益行为造成的危害后果。

2. 证人证言

第一，行为相对方、受益人和本单位同事、领导等的证言；第二，侦查人员的证言,证实侦破过程中的有关情况;第三,侦查活动中见证人和鉴定人的证言,证实见证和鉴定的过程;第四,单位领导、财务人员、同事等知情人证言,证实行为人实施损害上市公司利益行为的时间、地点、经过、造成的后果等;第五,从行为人行为中受益的人的证言,证实其与行为人的关系、行为人是否收受或索要财物以及所得利益等情况。

3. 物证、书证

包括行为人接受他人的实物、礼金、服务的实物及票据、凭证,相关职业规范、工作制度、合同,以及行为人因违法违规处理职务活动受到的处分决定等。证实上市公司利益遭受的损失等情况,如资产评估书、资产负债表、资产平衡表、亏损明细表;账簿、记账凭证、银行账、往来账;终止上市交易或者多次被暂停上市交易的相关书证。

4. 鉴定意见

包括文检鉴定、审计鉴定、会计鉴定及估价鉴定等,证实上市公司利益遭受的具体损失情况等。

5. 勘验、检查、辨认、侦查实验等笔录

包括现场和物证的勘查图、照片和勘验、检查、辨认、侦查实验等笔录等,证实遭受损失的现场及物证等情况。

6. 视听资料、电子数据

包括录音、录像等资料和电子数据资料等,证实行为人利用职务便利,实施损害上市公司利益的行为及造成亏损、破产及严重损失等的情况。①

① 参见陈国庆主编:《公职人员职务犯罪认定与证据指引》,中国方正出版社2019年版,第731-733页。

（五）立案和量刑标准

表 9－10 背信损害上市公司利益罪定罪量刑对应表

背信损害上市公司利益罪		经济损失	其他
第一档	3 年以下有期徒刑或者拘役，并处或者单处罚金	损失≥150 万元的 5 种情形之一：（1）无偿向其他单位或者个人提供资金、商品、服务或者其他资产；（2）以明显不公平的条件，提供或者接受资金、商品、服务或者其他资产；（3）向明显不具有清偿能力的单位或者个人提供资金、商品、服务或者其他资产；（4）为明显不具有清偿能力的单位或者个人提供担保，或者无正当理由为其他单位或者个人提供担保；（5）无正当理由放弃债权、承担债务	（1）致使公司、企业发行的股票或者公司、企业债券、存托凭证或者国务院依法认定的其他证券被终止上市交易的；（2）其他致使上市公司利益遭受重大损失的情形
第二档	3 年以上 7 年以下有期徒刑，并处罚金	未规定	未规定

第十章　渎职案件的办理

在国有企业[①]的语境下，本章首先介绍国有企业工作人员涉及的8个渎职类罪名；然后介绍查办此类渎职犯罪案件常见的一些重点疑难问题——如何认定国有企业工作人员的渎职犯罪（从犯罪构成四要件角度）、国有企业工作人员各类渎职行为的一些重要区别、渎职造成损失的认定、渎职行为纪法罪如何判断；最后介绍如何查办国有企业中的渎职犯罪案件。

一、国有企业工作人员涉及的渎职类罪名

根据《监察法》及其实施条例的罪名管辖有关规定，国有企业工作人员涉及的渎职类罪名，规定在《刑法》分则第三章第三节“妨害对公司、企业的管理秩序罪”和第九章“渎职罪”中。第三章第三节共有6个罪名对国有公司、企业人员的渎职行为进行规制：其中滥用职权类罪名1个，即国有公司、企业、事业单位人员滥用职权罪；玩忽职守类罪名2个，即签订、履行合同失职被骗罪，国有公司、企业、事业单位人员失职罪；徇私舞弊类罪名3个，即非法经营同类营业罪，为亲友非法牟利罪，

① 本章提到的“国有企业”是广义上的概念，包括“国有公司、企业”。虽然根据《关于办理国家出资企业中职务犯罪案件具体应用法律若干问题的意见》，“国有公司、企业”包括国有独资公司、企业和国有控股、参股公司、企业，但是个人认为此处的“国有公司、企业”应当参照私分国有资产罪中的“国有公司、企业”，按照国有独资公司、企业来把握。在本书其他章节中也就“国有公司、企业”有相关解释、说明。

徇私舞弊低价折股、出售公司、企业资产罪。第九章中有两个罪名也是有可能发生在国有企业当中的,分别是滥用职权罪和玩忽职守罪。

1. 非法经营同类营业罪

《刑法》第一百六十五条　国有公司、企业的董事、监事、高级管理人员,利用职务便利,自己经营或者为他人经营与其所任职公司、企业同类的营业,获取非法利益,数额巨大的,处三年以下有期徒刑或者拘役,并处或者单处罚金;数额特别巨大的,处三年以上七年以下有期徒刑,并处罚金。

其他公司、企业的董事、监事、高级管理人员违反法律、行政法规规定,实施前款行为,致使公司、企业利益遭受重大损失的,依照前款的规定处罚。

根据有关司法解释和规定,该罪名的立案和量刑标准见表 10－1:

表 10－1　非法经营同类营业罪定罪量刑对应表①

非法经营同类营业罪		数额
第一档	3 年以下有期徒刑或者拘役,并处或者单处罚金	非法获利≥10 万元
第二档	3 年以上 7 年以下有期徒刑,并处罚金	未规定

2. 为亲友非法牟利罪

《刑法》第一百六十六条　国有公司、企业、事业单位的工作人员,利用职务便利,有下列情形之一,致使国家利益遭受重大损失的,处三年以下有期徒刑或者拘役,并处或者单处罚金;致使国家利益遭受特别重大损失的,处三年以上七年以下有期徒刑,并处罚金:

(一)将本单位的盈利业务交由自己的亲友进行经营的;

(二)以明显高于市场的价格从自己的亲友经营管理的单位采购商品、接受服务或者以明显低于市场的价格向自己的亲友经营管理的单位

① 2010 年《最高人民检察院、公安部关于公安机关管辖的刑事案件立案追诉标准的规定(二)》被 2022 年 5 月 15 日起修订施行的《最高人民检察院、公安部关于公安机关管辖的刑事案件立案追诉标准的规定(二)》废止,但 2022 年司法解释对该罪的立案标准未做规定,办案时可参考 2010 年司法解释的标准。

销售商品、提供服务的；

（三）从自己的亲友经营管理的单位采购、接受不合格商品、服务的。

其他公司、企业的工作人员违反法律、行政法规规定，实施前款行为，致使公司、企业利益遭受重大损失的，依照前款的规定处罚。

根据有关司法解释和规定，该罪名的立案和量刑标准见表10－2：

表10－2 为亲友非法牟利罪定罪量刑对应表①

为亲友非法牟利罪		造成的经济损失	亲友获得的非法利润	其他
第一档	3年以下有期徒刑或者拘役，并处或者单处罚金	≥10万元	≥20万元	(1)造成单位破产，停业、停产6个月以上，或者被吊销许可证和营业执照、责令关闭、撤销、解散的；(2)其他致使国家利益遭受重大损失的情形
第二档	3年以上7年以下有期徒刑，并处罚金	未规定	未规定	未规定

3. 签订、履行合同失职被骗罪

《刑法》第一百六十七条 国有公司、企业、事业单位直接负责的主管人员，在签订、履行合同过程中，因严重不负责任被诈骗，致使国家利益遭受重大损失的，处三年以下有期徒刑或者拘役；致使国家利益遭受特别重大损失的，处三年以上七年以下有期徒刑。

根据有关司法解释和规定②，该罪名的立案和量刑标准见表10－3：

---

① 2010年《最高人民检察院、公安部关于公安机关管辖的刑事案件立案追诉标准的规定（二）》被2022年5月15日起修订施行的《最高人民检察院、公安部关于公安机关管辖的刑事案件立案追诉标准的规定（二）》废止，但2022年司法解释对该罪的立案标准未做规定，办案时可参考2010年司法解释的标准。

② 全国人民代表大会常务委员会《关于惩治骗购外汇、逃汇和非法买卖外汇犯罪的决定》（1998年12月29日起施行，第九届全国人民代表大会常务委员会第六次会议通过）规定："七、金融机构、从事对外贸易经营活动的公司、企业的工作人员严重不负责任，造成大量外汇被骗购或者逃汇，致使国家利益遭受重大损失的，依照刑法第一百六十七条的规定定罪处罚。"

表 10－3　签订、履行合同失职被骗罪定罪量刑对应表①

签订、履行合同失职被骗罪		造成的经济损失	外汇被骗或逃汇	其他
第一档	3 年以下有期徒刑或者拘役	≥50 万元	外汇被骗≥100 万美元或逃汇≥1000 万美元	(1)造成单位破产，停业、停产 6 个月以上，或者被吊销许可证和营业执照、责令关闭、撤销、解散的；(2)其他致使国家利益遭受重大损失的情形
第二档	3 年以上 7 年以下有期徒刑	未规定	未规定	未规定

4. 国有公司、企业、事业单位人员失职罪和国有公司、企业、事业单位人员滥用职权罪

《刑法》第一百六十八条②　国有公司、企业的工作人员，由于严重不负责任或者滥用职权，造成国有公司、企业破产或者严重损失，致使国家利益遭受重大损失的，处三年以下有期徒刑或者拘役；致使国家利益遭受特别重大损失的，处三年以上七年以下有期徒刑。

国有事业单位的工作人员有前款行为，致使国家利益遭受重大损失的，依照前款的规定处罚。

国有公司、企业、事业单位的工作人员，徇私舞弊，犯前两款罪的，依照第一款的规定从重处罚。

根据有关司法解释和规定，两个罪名的立案和量刑标准见表 10－4、表 10－5：

① 2010 年《最高人民检察院、公安部关于公安机关管辖的刑事案件立案追诉标准的规定(二)》被 2022 年 5 月 15 日起修订施行的《最高人民检察院、公安部关于公安机关管辖的刑事案件立案追诉标准的规定(二)》废止，但 2022 年司法解释对该罪的立案标准未做规定，办案时可参考 2010 年司法解释的标准。

② 《刑法》第一百六十八条是"一法条规定双罪名"的特殊情形，国有公司、企业、事业单位人员滥用职权罪和国有公司、企业、事业单位人员失职罪规定在同一法条中。

表10－4 国有公司、企业、事业单位人员失职罪立案和量刑标准表①

国有公司、企业、事业单位人员失职罪		经济损失	其他
第一档	3年以下有期徒刑或者拘役	≥50万元	(1)造成单位破产,停业、停产1年以上,或者被吊销许可证和营业执照、责令关闭、撤销、解散的;(2)其他致使国家利益遭受重大损失的情形
第二档	3年以上7年以下有期徒刑	未规定	未规定

表10－5 国有公司、企业、事业单位人员滥用职权罪立案和量刑标准表②

国有公司、企业、事业单位人员滥用职权罪		经济损失	其他
第一档	3年以下有期徒刑或者拘役	≥30万元	(1)造成单位破产,停业、停产6个月以上,或者被吊销许可证和营业执照、责令关闭、撤销、解散的;(2)其他致使国家利益遭受重大损失的情形
第二档	3年以上7年以下有期徒刑	未规定	未规定

5.徇私舞弊低价折股、出售公司、企业资产罪

《刑法》第一百六十九条　国有公司、企业或者其上级主管部门直接负责的主管人员,徇私舞弊,将国有资产低价折股或者低价出售,致使国家利益遭受重大损失的,处三年以下有期徒刑或者拘役;致使国家利益遭受特别重大损失的,处三年以上七年以下有期徒刑。

其他公司、企业直接负责的主管人员,徇私舞弊,将公司、企业资产

① 2010年《最高人民检察院、公安部关于公安机关管辖的刑事案件立案追诉标准的规定(二)》被2022年5月15日起修订施行的《最高人民检察院、公安部关于公安机关管辖的刑事案件立案追诉标准的规定(二)》废止,但2022年司法解释对该罪的立案标准未做规定,办案时可参考2010年司法解释的标准。

② 2010年《最高人民检察院、公安部关于公安机关管辖的刑事案件立案追诉标准的规定(二)》被2022年5月15日起修订施行的《最高人民检察院、公安部关于公安机关管辖的刑事案件立案追诉标准的规定(二)》废止,但2022年司法解释对该罪的立案标准未做规定,办案时可参考2010年司法解释的标准。

低价折股或者低价出售，致使公司、企业利益遭受重大损失的，依照前款的规定处罚。

根据有关司法解释和规定，该罪名的立案和量刑标准见表10－6：

表10－6 徇私舞弊低价折股、出售公司、企业资产罪定罪量刑对应表①

徇私舞弊低价折股、出售公司、企业资产罪		经济损失	其他
第一档	3年以下有期徒刑或者拘役	≥30万元	(1)造成单位破产，停业、停产6个月以上，或者被吊销许可证和营业执照、责令关闭、撤销、解散的；(2)其他致使国家利益遭受重大损失的情形
第二档	3年以上7年以下有期徒刑	未规定	未规定

从《刑法》条文规定可以知道，前述1—5点中提及的6个罪名的犯罪主体分别如下：非法经营同类营业罪的犯罪主体既包括"国有公司、企业的董事、监事、高级管理人员"，也包括"其他公司、企业的董事、监事、高级管理人员"；为亲友非法牟利罪的犯罪主体既包括"国有公司、企业、事业单位的工作人员"，也包括"其他公司、企业的工作人员"；签订、履行合同失职被骗罪的犯罪主体是"国有公司、企业、事业单位直接负责的主管人员"；国有公司、企业、事业单位人员滥用职权罪和国有公司、企业、事业单位人员失职罪的犯罪主体都是"国有公司、企业、事业单位的工作人员"；徇私舞弊低价折股、出售公司、企业资产罪的犯罪主体既包括"国有公司、企业或者其上级主管部门直接负责的主管人员"，也包括"其他公司、企业直接负责的主管人员"。上述6个罪名的犯罪主体均涉及国有企业不同层级、不同岗位的工作人员。

① 2010年《最高人民检察院、公安部关于公安机关管辖的刑事案件立案追诉标准的规定(二)》被2022年5月15日起修订施行的《最高人民检察院、公安部关于公安机关管辖的刑事案件立案追诉标准的规定(二)》废止，但2022年司法解释对该罪的立案标准未做规定，办案时可参考2010年司法解释的标准。

6. 滥用职权罪和玩忽职守罪

《刑法》第三百九十七条[①]　国家机关工作人员滥用职权或者玩忽职守，致使公共财产、国家和人民利益遭受重大损失的，处三年以下有期徒刑或者拘役；情节特别严重的，处三年以上七年以下有期徒刑。本法另有规定的，依照规定。

国家机关工作人员徇私舞弊，犯前款罪的，处五年以下有期徒刑或者拘役；情节特别严重的，处五年以上十年以下有期徒刑。本法另有规定的，依照规定。

根据有关司法解释和规定，两个罪名的立案和量刑标准见表10－7：

表10－7　滥用职权罪、玩忽职守罪定罪量刑对应表

罪名	定罪量刑	主要数额标准	其他标准
滥用职权罪	3年以下有期徒刑或者拘役，徇私舞弊处5年以下有期徒刑或者拘役	下列情形之一：(1)损失≥30万元；(2)死亡≥1人或重伤≥3人或轻伤≥9人或重伤≥2人且轻伤≥3人或重伤≥1人且轻伤≥6人	下列情形之一：(1)造成恶劣社会影响；(2)致盗窃、抢劫、诈骗、抢夺的机动车被登记≥3辆；(3)林木被滥伐≥40立方米或者幼树被滥伐≥2000株，或者防护林、特种用途林被滥伐≥10立方米或幼树被滥伐≥400株，或者珍贵树木被采伐、毁坏4立方米或者4株以上或者致使国家重点保护的其他植物被采伐、毁坏后果严重
	3年以上7年以下有期徒刑，徇私舞弊处5年以上10年以下有期徒刑	下列情形之一：(1)损失≥150万元；(2)死亡≥3人或重伤≥9人或轻伤≥27人或重伤≥6人且轻伤≥9人或重伤≥3人且轻伤≥18人	下列情形之一：(1)造成特别恶劣社会影响；(2)造成量刑第一档的损失后果，且不报、迟报、谎报或者授意、指使、强令他人不报、迟报、谎报事故情况，致使损失后果持续、扩大或者抢救工作延误；(3)机动车被登记≥15辆

① 《刑法》第三百九十七条是“一法条规定双罪名”的特殊情形，滥用职权罪和玩忽职守罪同时规定在同一法条中。

续表

罪名	定罪量刑	主要数额标准	其他标准
玩忽职守罪	3年以下有期徒刑或者拘役，徇私舞弊处5年以下有期徒刑或者拘役	下列情形之一：(1)损失≥30万元；(2)死亡≥1人或重伤≥3人或轻伤≥9人或重伤≥2人且轻伤≥3人或重伤≥1人且轻伤≥6人	下列情形之一：(1)造成恶劣社会影响；(2)致盗窃、抢劫、诈骗、抢夺的机动车被登记≥5辆
	3年以上7年以下有期徒刑，徇私舞弊处5年以上10年以下有期徒刑	下列情形之一：(1)损失≥150万元；(2)死亡≥3人或重伤≥9人或轻伤≥27人或重伤≥6人且轻伤≥9人或重伤≥3人且轻伤≥18人	下列情形之一：(1)造成特别恶劣社会影响；(2)造成量刑第一档的损失后果，且不报、迟报、谎报或者授意、指使、强令他人不报、迟报、谎报事故情况，致使损失后果持续、扩大或者抢救工作延误；(3)机动车被登记≥25辆

全国人民代表大会常务委员会《关于〈中华人民共和国刑法〉第九章渎职罪主体适用问题的解释》(2002年12月28日通过)中规定：在依照法律、法规规定行使国家行政管理职权的组织中从事公务的人员，或者在受国家机关委托代表国家机关行使职权的组织中从事公务的人员，或者虽未列入国家机关人员编制但在国家机关中从事公务的人员，在代表国家机关行使职权时，有渎职行为，构成犯罪的，依照刑法关于渎职罪的规定追究刑事责任。

根据该解释，在国有企业中，如果相关人员属于“依照法律、法规规定行使国家行政管理职权的组织中从事公务的人员，或者在受国家机关委托代表国家机关行使职权的组织中从事公务的人员，或者虽未列入国家机关人员编制但在国家机关中从事公务的人员”，其在代表国家机关行使职权时，有渎职行为，构成犯罪的，依照刑法关于渎职罪的规定追究刑事责任。另外,最高人民法院、最高人民检察院《关于办理危害生产安全刑事案件适用法律若干问题的解释》(2015 年 12 月 16 日起施行)第十五条第二款规定:"公司、企业、事业单位的工作人员在依法或者受委托行使安全监督管理职责时滥用职权或者玩忽职守,构成犯罪的,应当依照《全国人民代表大会常务委员会关于〈中华人民共和国刑法〉第九章渎职罪主体适用问题的解释》的规定,适用渎职罪的规定追究刑事责任。"据此,国有公司、企业的工作人员在依法或者受委托行使安全监督管理职责时滥用职权或者玩忽职守的,也要以滥用职权罪或玩忽职守罪追究刑事责任。

二、查办国有企业工作人员渎职犯罪的重点疑难问题

(一)国有企业工作人员渎职犯罪的认定

1. 非法经营同类营业罪

(1)犯罪主体。

非法经营同类营业罪的主体是特殊主体,包括国有公司、企业及其他公司、企业的董事、监事、高级管理人员。关于"高级管理人员"的范围,《公司法》第二百六十五条作了规定,包括经理、副经理、财务负责人、上市公司董事会秘书和公司章程规定的其他人员。实践中,一些国有公司、企业将其中层管理人员也称作经理,如部门经理、业务经理、项目经理等,有的还称为科长、处长、部长等,这类经理因系日常称谓,而非法律用语,且其负责的不是整个公司、企业的管理,而是对某一部门、某一项目、某一项业务的管理,其经营、管理权有限,故公司法未对其作竞业禁止性规定。作为法定犯,非法经营同类营业罪的主体要件应直接援引相关法律规定,而不宜作出扩大解释。国有公司、企业的部门经理等中层管理人员,一般不构成非法经营同类营业罪的主体。[①]

(2)犯罪客体。

本罪的客体要件为公司、企业的财产利益以及公司的管理制度、竞

---

① 参见《刑事审判参考》指导案例第 187 号:杨某康非法经营同类营业案。

业管理制度。以国有公司、企业为例，国有公司、企业在社会经济生活中有着举足轻重的作用，国有公司、企业的董事、监事、高级管理人员背离市场活动的基本原则，非法经营同类营业必然使国有公司、企业的正常活动遭到破坏，使国有公司、企业的财产利益受到损害从而破坏社会主义市场经济秩序。

(3)犯罪主观方面。

本罪的主观方面必须是故意，并且具有获取非法利益的目的，即明知自己或为他人所经营的业务与自己所任职公司、企业经营的业务属于同类，为了获取非法利益，仍然进行经营。过失不构成本罪。

(4)犯罪客观方面。

本罪在客观方面表现为以下几点：一是为自己经营或为他人经营与自己所任职公司、企业同类营业的过程中利用了职务便利①。如果没有利用职务之便，即使有为自己经营或为他人经营同类营业的行为，亦不能构成本罪。二是自己经营或为他人经营的营业与自己所任职的公司、企业的营业属于同一种类。如果自己经营或为他人经营了某项营业与自己所任职公司、企业的营业不属同一类营业，不能构成本罪。如果经营的营业为两类以上，只要其中的一类与自己所任职公司、企业属同类营业，即可认定为经营了与自己所任职公司、企业的同一类营业。三是自己经营②或为他人经营③业务，既可以是为自己经营，又可以是为他人经营，还可以是既为自己经营又为他人经营，具备其中之一的，即可构成本罪。四是自己经营或者为他人经营与其所任职公司、企业同类的营

---

①　本罪的利用职务便利是指利用自己经营管理的职权或者职务有关的便利条件，既包括利用自己直接掌管的经营材料、物质、市场、计划、销售等职权而为自己经营或为他人经营的公司、企业谋取非法利益，也包括利用自己职务及有关的便利条件如人事权力、地位等指挥、控制他人利用职权为自己经营或为他人经营的公司、企业谋取非法利益。

②　自己经营，有的是以私人名义另行注册公司经营，有的是以亲人名义但实际是公司、企业董事、经理自行经营，还有的是在他人经办的公司、企业中入股进行经营等。凡是自己独资或者参与出资的公司、企业，无论是否以本人名义，都属于为自己经营。

③　为他人经营，包括为其他公司、企业进行经营，是指暗中担任他人独资、出资的公司、企业的管理人员，为其业务进行策划、指挥等。

业,获取了非法利益,并且数额巨大,才可构成本罪。如虽有经营行为,但没有获取非法利益,或者虽然获取了非法利益,但没有达到数额巨大的最低标准,不能构成本罪。

认定本罪还需要关注立案追诉标准。根据《监察法实施条例》明确的监委管辖的101个罪名,根据最新及以往发布的相关司法文件整理,本罪具体立案标准如下:公司、企业的董事、监事、高级管理人员利用职务便利,自己经营或者为他人经营与其所任职公司、企业同类的营业,获取非法利益,数额在10万元以上的,应予立案追诉。

此外,需要关注的是国有企业工作人员触犯本罪与国有企业工作人员触犯受贿罪的区别。虽然在犯罪的主观方面两罪均为直接故意,都有获取非法利益、财物的目的,但是两罪在本质上有明显的区别:一是犯罪主体不同。国有企业中受贿罪的主体是国有企业中具有国家工作人员身份的公司、企业工作人员,而国有企业工作人员触犯本罪的主体只限于国有公司、企业的董事、监事、高级管理人员,范围较前者要小得多。二是犯罪的客观方面不同。两罪在客观方面虽都有利用职务之便的特征,但获取非法利益所采取的客观手段有所不同,本罪是行为人利用职务便利,自己经营或者为他人经营与其所任职公司、企业同类的营业,主要是通过"竞业经营"来获取非法利益;而受贿罪则是行为人利用职务之便,通过索贿或者非法收受他人财物,为他人谋取利益而获取非法利益。

实践中,对本罪和一般违法经营行为做区分也很有现实意义,主要从三个方面区分:一是是否利用了职务便利。如果行为人经营了与其所任职公司、企业同类的营业,并获利巨大,但其未利用职务便利或者其行为与其所任职的职务无关,不构成本罪。二是行为人经营的是否为同类营业。如果行为人经营的不是同类营业,不构成本罪。三是行为人获取的非法利益是否数额巨大(10万元以上)。如果行为人实施了非法经营同类营业的行为,但获取的非法利益未达到数额巨大的标准,不构成本罪。

2. 为亲友非法牟利罪

(1)犯罪主体。

本罪的主体是特殊主体,即国有公司、企业、事业单位及其他公司、企业的工作人员。在国有企业中,本罪提到的工作人员,不仅指国有公司、企业中的国家工作人员,而且泛指国有公司、企业中的所有工作人员。

(2)犯罪客体。

本罪的客体要件为公司、企业的财产利益和社会主义市场经济的秩序。以国有公司、企业为例,国有公司、企业以获取财产上的最大利益为目标,以国家授予其经营管理的财产从事民事活动,承担国有资产保值增值的责任,在社会经济生活中有着举足轻重的作用。国有公司、企业工作人员背离市场活动的基本原则,利用职务上的便利,将本单位的盈利业务交由自己的亲友进行经营,或者以明显高于市场的价格向自己的亲友经营管理的单位采购商品,或者以明显低于市场的价格向自己的亲友经营管理的单位销售商品或者向自己的亲友经营管理的单位采购不合格商品,必然损害国有公司、企业的利益,从而使国有财产的保值增值成为泡影,破坏社会主义市场经济秩序。

(3)犯罪主观方面。

本罪的主观方面必须是故意,并且具有为亲友非法牟利的目的,即行为人明知自己利用职务便利为亲友进行经营活动获取非法利益是背信经营的行为,仍故意非法提供便利。过失不构成本罪。

(4)犯罪客观方面。

本罪在客观方面表现为利用职务便利,为自己的亲友①进行经营活动,非法提供便利,致使国家利益遭受重大损害的行为。本罪的客观方面包含以下三点内容:一是行为人为自己的亲友进行经营活动非法提供

① 为亲友非法牟利罪中的亲友:个人认为,在司法实践中应当作广义理解,泛指亲属与朋友(无论亲疏远近),只要行为人为他人(与行为人相互认识)进行的经营活动非法提供了便利,就可认定属于为亲友进行经营活动非法提供便利。

便利的行为，必须是利用职务便利[①]，而且是利用了自己的职务便利。如果行为人没有利用自己的职务便利，则不构成本罪。二是非法提供便利。根据刑法规定，非法提供便利的方式如下：将本单位[②]的盈利业务交由自己的亲友经营；以明显高于市场的价格向自己的亲友经营管理的单位采购商品或者以明显低于市场的价格向自己的亲友经营管理的单位销售商品；向自己的亲友经营管理的单位采购不合格商品[③]。三是行为人的行为必须造成了国家利益的重大损失才能构成本罪。如果行为人实施了为亲友非法牟利的行为，但该行为没有给国家利益造成实际损失或者虽有实际损失但不属于重大损失，不构成本罪。

认定本罪还需要关注立案追诉标准。根据《监察法实施条例》明确的监委管辖的 101 个罪名，根据最新及以往发布的相关司法文件整理，本罪具体立案标准如下：国有公司、企业、事业单位及其他公司、企业的工作人员，利用职务便利，为亲友非法牟利，涉嫌下列情形之一的，应予立案追诉：造成国家直接经济损失数额在 10 万元以上的；使其亲友非法获利数额在 20 万元以上的；造成有关单位破产，停产、停业 6 个月以上或者被吊销许可证和营业执照、责令关闭、撤销、解散的；其他致使国家利益遭受重大损失的情形。

本罪与非法经营同类营业罪的区分。两罪在客观方面都利用了职务便利，主观方面都出于故意，但这两个罪是两种不同性质的犯罪。以国有公司、企业为例，它们的区别表现在：一是犯罪主体不同。本罪的主

---

① 为亲友非法牟利罪中的利用职务便利，主要是指利用在国有公司、企业工作，尤其是担任领导工作，主管生产、经营活动的便利条件，可以是利用自己的职务直接为自己的亲友经营提供非法便利，又可以是利用自己掌握的职权、地位去控制、指挥要挟、左右他人为自己的亲友经营提供非法便利等。

② 在为亲友非法牟利罪中，如果某项盈利业务不属其所在单位经营的业务，即使是其利用职务便利了解到，并交由自己的亲友进行经营的，也不构成本罪。

③ 向自己的亲友经营管理的单位采购不合格商品的情形，要求行为人明知自己亲友经营管理单位的商品属于不合格商品而仍决意购买。个人认为，在司法实践中“明知”应当是指行为人确实知道是不合格商品。向自己亲友经营管理的单位收购不合格商品，无论其是高价收购还是低价收购，均不影响本罪成立。

体是国有公司、企业、事业单位的工作人员，而非法经营同类营业罪的主体是国有公司、企业的董事、监事、高级管理人员，非法经营同类营业罪的主体范围比较小。二是犯罪客观方面不同。本罪在客观方面所实施的行为表现为利用职务便利，将本单位的盈利业务交由自己的亲友经营，或者以明显高于市场的价格向自己的亲友经营管理的单位采购商品或者以明显低于市场的价格向自己的亲友经营管理的单位销售商品，或者向自己的亲友经营管理的单位采购不合格商品，而使国家利益遭受重大损失或特别重大损失。而非法经营同类营业罪在客观方面则表现为行为人利用职务便利，为自己经营或者为他人经营与其所任职公司、企业同类的营业，获取非法利益，数额巨大的行为。三是犯罪结果不同。本罪的犯罪结果为使国家利益遭受重大损失，而非法经营同类营业罪为行为人获取非法利益数额巨大。

另外，在实践中区分本罪与贪污罪也有很重要的现实意义。以国有公司、企业、事业单位工作人员为例，从犯罪构成看，为亲友非法牟利罪与贪污罪都属于国家工作人员利用职务上便利实施的化公为私、损公肥私型犯罪，有时二者犯罪手段存在相似之处，定性容易产生争议。两罪的区别在于：为亲友非法牟利罪是国有企业工作人员利用职务上的便利，让亲友实施一定的真实经营行为牟取非法利润且造成国家利益重大损失；贪污罪则是国有企业中的国家工作人员利用职务上的便利直接让亲友非法占有公共财物，或者是与其亲友共谋，借经营活动之名，行侵吞国有财产之实，这种情形其亲友可能构成贪污罪的共犯。

3. 国有公司、企业、事业单位人员滥用职权罪

(1)犯罪主体。

本罪的主体为特殊主体，即国有公司、企业、事业单位人员，其他主体不构成本罪。

根据最高人民法院和最高人民检察院有关司法解释，在国有企业中构成本罪主体的，即“国有公司、企业人员”，主要有以下几类：国有控

股、参股股份有限公司中的国有公司、企业人员①;国家出资企业中的国家工作人员②。

(2)犯罪客体。

本罪的客体是国有公司、企业财产权益和社会主义市场经济秩序。因为国有公司、企业在社会经济生活中有着举足轻重的作用,所以国有公司、企业人员背离市场活动的基本原则,滥用职权必然使国有公司、企业的正常活动遭到破坏,使国家和人民利益受到损害从而破坏社会主义市场经济秩序。

(3)犯罪主观方面。

本罪的主观方面一般是直接故意。行为人意识到自己在行使权力,不该用而用,仍作出超越职权滥用职权的行为。虽然行为人滥用职权是出于直接故意,但是其对造成国有公司、企业破产或严重损失,致使国家利益遭受重大损失的结果却没有直接故意,在司法实践中行为人对损害结果的发生多持过失心理,亦不排除间接故意。

(4)犯罪客观方面。

本罪在客观上表现为国有公司、企业、事业单位人员由于滥用职权,造成国有公司、企业破产或严重损失,致使国家利益遭受重大损失的行为。本罪属结果犯,只有造成国有公司、企业破产或者严重损失,致使国家利益遭受重大损失时,才构成犯罪。根据《监察法实施条例》明确的监委管辖的101个罪名,根据最新及以往发布的相关司法文件,本罪具体立案标准如下:国有公司、企业、事业单位的工作人员,由于滥用职权,涉嫌下列情形之一,应予立案追诉:造成国家直接经济损失数额在30万

---

① 最高人民法院《关于如何认定国有控股、参股股份有限公司中的国有公司、企业人员的解释》(法释〔2005〕10号)规定:国有公司、企业委派到国有控股、参股公司从事公务的人员,以国有公司、企业人员论。

② 最高人民法院、最高人民检察院《关于办理国家出资企业中职务犯罪案件具体应用法律若干问题的意见》(法发〔2010〕49号)第四条第一款规定,国家出资企业中的国家工作人员在公司、企业改制或者国有资产处置过程中严重不负责任或者滥用职权,致使国家利益遭受重大损失的,依照刑法第一百六十八条的规定,以国有公司、企业人员失职罪或者国有公司、企业人员滥用职权罪定罪处罚。

元以上的;造成有关单位破产,停业、停产6个月以上,或者被吊销许可证和营业执照、责令关闭、撤销、解散的;其他致使国家利益遭受重大损失的情形。

关于认定该罪时需要关注的其他事项:一是追诉期限。根据最高人民法院刑事审判第二庭《关于国有公司人员滥用职权犯罪追溯期限等问题的答复》(2015年1月13日印发),国有公司人员滥用职权或失职罪的追诉期限应从损失结果发生之日起计算。根据最高人民法院、最高人民检察院《关于办理渎职刑事案件适用法律若干问题的解释(一)》(法释〔2012〕18号),以危害结果为条件渎职犯罪的追诉期限,从危害结果发生之日起计算;有数个危害结果的,从最后一个危害结果发生之日起计算。二是具体犯罪特殊情形。主要有以下6种情形:A.国有电信企业的工作人员,由于严重不负责任或者滥用职权,造成国有电信企业破产或者严重损失,致使国家利益遭受重大损失的,依照《刑法》第一百六十八条的规定定罪处罚①。B.国有公司、企业、事业单位的工作人员,在预防、控制突发传染病疫情等灾害的工作中,由于严重不负责任或者滥用职权,造成国有公司、企业破产或者严重损失,致使国家利益遭受重大损失的,依照《刑法》第一百六十八条的规定,以国有公司、企业、事业单位人员失职罪或者国有公司、企业、事业单位人员滥用职权罪定罪处罚②。C.国家出资企业中的国家工作人员在企业改制过程中未采取低估资产、隐瞒债权、虚设债务、虚构产权交易等方式故意隐匿公司、企业财产的,一般不应当认定为贪污;造成国家资产重大损失,依法构成《刑法》第一百六十八条或者第一百六十九条规定的犯罪的,依照该规定定罪处罚③。D.国有单位电力燃料公司主要负责人,违反国有企业"三重一大"

---

① 参见最高人民法院《关于审理扰乱电信市场管理秩序案件具体应用法律若干问题的解释》第六条之规定。

② 参见最高人民法院、最高人民检察院《关于办理妨害预防、控制突发传染病疫情等灾害的刑事案件具体应用法律若干问题的解释》(法释〔2003〕8号)第四条之规定。

③ 参见最高人民法院、最高人民检察院《关于办理国家出资企业中职务犯罪案件具体应用法律若干问题的意见》(法发〔2010〕49号)。

决策制度,擅自采取无真实交易依据付款、隐瞒欠款等方式,向他人控制的公司支付巨额款项、赊销煤炭等,后因被担保人下落不明,导致电力燃料公司巨额货款无法回收,造成巨大经济损失。而后行为人与他人采取开立虚假用途信用证,骗取银行贷款,循环倒账的手段掩盖巨额债务的存在,导致电力燃料公司支出巨额银行利息,其行为构成国有公司、企业事业单位人员滥用职权罪。E. 国有企业负责人滥用职权,在明知没有用工需求的情况下,违规招录人员并直接安排待岗,造成国有企业公共财产遭受重大损失,其行为构成国有公司、企业、事业单位人员滥用职权罪。F. 国有单位工作人员接受他人请托,多次指令国投公司总经理、下属国有公司以单位名义借给他人款项用于经营,导致巨额债务无法归还,其行为构成国有公司、企业、事业单位人员滥用职权罪①。

4. 国有公司、企业、事业单位人员失职罪

(1)犯罪主体。

本罪的主体为特殊主体,即国有公司、企业、事业单位的工作人员,其他主体不构成本罪。在国有企业中,该罪犯罪主体的范围与国有公司、企业、事业单位人员滥用职权罪相同,不再赘言。

(2)犯罪客体。

本罪的客体是国有公司、企业财产权益和社会主义市场经济秩序。因为国有公司、企业在社会经济生活中有着举足轻重的作用,所以国有公司、企业人员严重不负责任必然使国有公司、企业的正常活动遭到破坏,使国家和人民利益受到损害从而破坏社会主义市场经济秩序。

(3)犯罪主观方面。

本罪的主观方面一般是过失或者间接故意。行为人往往意识到自己在履行职责,由于各种原因而不履行职责或者不认真履行职责、怠于履行职责,造成国有公司、企业破产或严重损失,致使国家利益遭受重大损失。

---

① D、E、F 摘自《职务犯罪罪罚标准图表速查(滥用职权篇)》中的《"国有单位人员滥用职权"的九种特殊行为类型》。

(4)犯罪客观方面。

本罪在客观上表现为国有公司、企业的工作人员由于严重不负责任,造成国有公司、企业破产或严重损失,致使国家利益遭受重大损失的行为。本罪属结果犯,只有造成国有公司、企业破产或者严重损失,致使国家利益遭受重大损失时,才构成犯罪。根据《监察法实施条例》明确的监委管辖的101个罪名,根据最新及以往发布的相关司法文件整理,本罪具体立案标准如下:国有公司、企业的工作人员,由于严重不负责任,涉嫌下列情形之一,应予立案追诉:造成国家直接经济损失数额在50万元以上的;造成有关单位破产,停业、停产1年以上,或者被吊销许可证和营业执照、责令关闭、撤销、解散的;其他致使国家利益遭受重大损失的情形。

关于认定该罪时需要关注的其他事项:追诉期限。根据最高人民法院刑事审判第二庭《关于国有公司人员滥用职权犯罪追溯期限等问题的答复》,国有公司人员滥用职权或失职罪的追诉期限应从损失结果发生之日起计算。

5. 签订、履行合同失职被骗罪

(1)犯罪主体。

本罪的主体为特殊主体,即国有公司、企业、事业单位直接负责的主管人员,其他主体不构成本罪。在国有企业中,认定国有公司、企业直接负责的主管人员,应当把握以下两点:一是须有管理人员之身份,行使实际管理职权;二是对合同的签订、履行负有直接责任。其中,前者不限于单位的法定代表人,单位的分管副职领导,部门、分支机构的负责人等均属于管理人员;后者的着眼点在于对合同的签订与履行有无法律及职务上的责任,不在于是否具体参与了合同的签订与履行,尤其是在不履行或者不正确履行职责的渎职等过失犯罪中,不要求具有决定、批准、授意等参与合同的签订、履行行为。①

① 参见《刑事审判参考》第270号案例:高某、梁某钊信用证诈骗,签订、履行合同失职被骗案:如何理解签订、履行合同失职被骗罪的客观条件。

(2)犯罪客体。

本罪的客体是国有公司、企业财产权益和社会主义市场经济秩序。国有公司、企业在社会经济生活中有着举足轻重的作用。国有公司、企业的工作人员背离市场活动的基本原则,玩忽职守严重不负责任而被诈骗,必然使国有公司、企业的正常活动遭到破坏,使国家和人民利益受到损害从而破坏社会主义市场经济秩序。

(3)犯罪主观方面。

本罪的主观方面是过失。行为人对签订、履行合同过程中被诈骗,并造成"重大损失"的危害后果,不是抱希望或放任其发生的心理态度,而是由于过失造成的,故意不构成本罪。如果行为人故意与对方串通,合伙诈骗国有企业的财产,则可能构成贪污罪或者诈骗罪的共犯。

(4)犯罪客观方面。

本罪在客观方面表现为签订、履行合同的过程中,因严重不负责任,致使国家利益遭受重大损失的行为。应当包含以下三点内容:一是国有公司、企业、事业单位直接负责的主管人员在签订、履行合同过程中严重不负责任被诈骗。所谓签订合同,是指当事人之间就合同的条款进行协商,从而使各方的意思表示趋于一致的过程。所谓履行合同,是指双方当事人按照合同规定的条款履行自己的义务,从而将双方当事人的合同目的得以实现的行为。所谓严重不负责任被诈骗,是指行为人不履行或者不正确履行自己主管、分管签订、履行合同的义务,致使他人利用合同形式骗取国有企业的财物。只有属于在签订、履行合同的过程中因严重不负责任而导致被诈骗的事实,才可构成本罪。如果并不存在严重不负责任的行为,或者虽有严重不负责任的行为但不是因此而被诈骗,即使有重大过失,亦不能以本罪论处。另外,无被诈骗的事实,即使国有公司、企业直接负责的主管人员在工作中具有严重不负责任的玩忽职守行为,亦不能构成本罪,这是本罪构成的一个重要客观条件。二是因在签订、履行合同的过程中严重不负责任而被诈骗,必须造成使国家利益遭受重大损失之现实后果。所谓国家利益遭受重大损失,是指造成大量的财物被诈骗而无法追回,或因对方诈骗造成无法供货,被迫停产甚或濒临破产、倒闭等严重后果。这里的损失后果指的是现实的、具体的经济损失,可能的、间接的、潜在的或者非经济性的损失一般不能视为这里的损失后果。在这里不得将属于合同对方的诈骗行为直接造成的损失,或者直接的损失对象是第三方,但最终责任将落到该国有单位的损失理解为间接损失。如果没有带来损失或者虽然带来损失但不是重大损失,即使有上述严重不负责任的行为,也不能构成本罪。如果对方出于诈骗故意实施诈骗行为,却因意志以外的原因(如被及时发现)而未得逞,或者虽然得逞,但通过各种途径如法律途径得以追回,造成的损失包括诉讼费用、追缴被诈骗钱财的费用等并不重大,都不能以本罪论处。三是造成重大损失后果之直接原因系合同对方的诈骗行为。本罪中的诈骗行为需以合同对方当事人的行为已经涉嫌诈骗犯罪为充要条件,但不以合同对方当事人已经被人民法院判决构成诈骗犯罪作为立案追诉本罪的前提,在程序上仅需认定对方当事人的行为已经涉嫌构成诈骗犯罪即可。

认定本罪还需要关注立案追诉标准。根据《监察法实施条例》明确的监委管辖的101个罪名,根据最新及以往发布的相关司法文件整理,本罪具体立案标准如下:国有公司、企业、事业单位直接负责的主管人员,在签订、履行合同的过程中,因严重不负责任被诈骗,涉嫌下列情形之一的,应予立案追诉:造成国家直接经济损失数额在50万元以上的;造成有关单位破产,停业、停产6个月以上,或者被吊销许可证和营业执照、责令关闭、撤销、解散的;其他致使国家利益遭受重大损失的情形。金融机构、从事对外贸易经营活动的公司、企业的工作人员严重不负责任,造成100万美元以上外汇被骗购或者逃汇1000万美元以上的,应予立案追诉。

6. 徇私舞弊低价折股、出售公司、企业资产罪

(1)犯罪主体。

本罪的主体为特殊主体,即国有公司、企业或者其上级主管部门及

其他公司、企业直接负责的主管人员,其他主体不构成本罪。

(2)犯罪客体。

本罪的犯罪客体是公司、企业财产的所有权和资产管理制度。以国有公司、企业为例,国家是其资产的所有者,国家拥有国有资产[①]所有权,是国家对企业的投资行为形成的,是代表全体人民享有的财产权利,通常表现为财产的收益权和资产的最终处分权。本罪的客观危害性具体表现在使国家丧失了部分原始产权,即丧失了被国有公司、企业或者其上级主管部门直接负责的主管人员低价折股或者低价出售的那部分国有资产原有价值与现有价值的差价所代表的国有资产的所有权,致使国家利益遭受重大损失,同时也破坏了国有资产管理制度。

(3)犯罪主观方面。

本罪的主观方面必须是故意,并有明确的徇私舞弊动机。如果不是出于故意,不具有徇私舞弊动机,而是由于行为人思想知识水平低,专业知识不足,业务能力差等,以致在公司、企业资产折股和出售时发生错误,则不构成本罪。

(4)犯罪客观方面。

本罪在客观上表现为违反国家有关法律法规规定,徇私舞弊,将公司、企业资产低价折股或低价出售的行为。以国有公司、企业为例,要从四个方面理解本罪的客观方面:一是行为人违反了国家有关法律法规规定。所谓违反国家有关法律法规规定,是指违反公司法以及其他国有资产保护法规、规章的规定。二是行为人徇私舞弊。行为人为了徇私情私利而做违反公司法及国有资产保护法规等规定的事情。三是行为人实施了低价折股[②]或者低价出售[③]国有资产的行为。四是国家利益遭受

① 国有资产,是指国有公司、企业的国有资产,即国家以各种形式对国有公司、企业的投资和投资收益形成的财产,以及依据法律、行政法规认定为国有公司、企业的其他国有财产,具体表现为国家所有的资金、机器、设备、厂房、土地等有形或者无形的财产。

② 低价折股,是指将国有公司、企业的实物财产、工业产权、非专利技术或者土地使用权,故意低估作价,折合为股份作为出资。

③ 低价出售,是指将国有资产以低于其实际价值的价格出卖给他人。

重大损失。本罪是结果犯，行为人徇私舞弊，将国有资产低价折股或低价出售的行为，只有在造成国家利益重大损失的结果时，才能构成本罪。如果行为人徇私实施的将国有资产低价折股或低价出售的行为被国家有关主管部门及时发现并予以制止或纠正，客观上未发生致使国家利益遭受重大损失的危害结果，则不构成本罪。

认定本罪还需要关注立案追诉标准。根据《监察法实施条例》明确的监委管辖的101个罪名，根据最新及以往发布的相关司法文件整理，本罪具体立案标准如下：国有公司、企业或者其上级主管部门及其他公司、企业直接负责的主管人员，徇私舞弊，将资产低价折股或者低价出售，涉嫌下列情形之一的，应予立案追诉：造成直接经济损失数额在30万元以上的；造成有关单位破产，停业、停产6个月以上，或者被吊销许可证和营业执照、责令关闭、撤销、解散的；其他致使国家利益遭受重大损失的情形。

关于本罪的认定，最高人民法院、最高人民检察院《关于办理国家出资企业中职务犯罪案件具体应用法律若干问题的意见》（法发〔2010〕49号）提及本罪部分值得重点关注：一是关于国家出资企业工作人员在改制过程中隐匿公司、企业财产归个人持股的改制后公司、企业所有的行为的处理。国家工作人员或者受国家机关、国有公司、企业、事业单位、人民团体委托管理、经营国有财产的人员，在企业改制过程中未采取低估资产、隐瞒债权、虚设债务、虚构产权交易等方式故意隐匿公司、企业财产的，一般不应当认定为贪污；造成国家资产重大损失，依法构成《刑法》第一百六十八条或者第一百六十九条规定的犯罪的，依照该规定以国有公司、企业、事业单位人员失职罪，国有公司、企业、事业单位人员滥用职权罪或徇私舞弊低价折股、出售公司、企业资产罪定罪处罚。二是关于国家工作人员在企业改制过程中的渎职行为的处理。国家出资企业中的国家工作人员在公司、企业改制或者国有资产处置过程中徇私舞弊，将国有资产低价折股或者低价出售给其本人未持有股份的公司、企业或者其他个人，致使国家利益遭受重大损失的，依照《刑法》第一百六十九条的规定,以徇私舞弊低价折股、出售公司、企业资产罪定罪处罚。国家出资企业中的国家工作人员在公司、企业改制或者国有资产处置过程中徇私舞弊,将国有资产低价折股或者低价出售给特定关系人持有股份或者本人实际控制的公司、企业,致使国家利益遭受重大损失的,依照《刑法》第三百八十二条、第三百八十三条的规定,以贪污罪定罪处罚。贪污数额以国有资产的损失数额计算。

7. 滥用职权罪

(1)犯罪主体。

本罪的主体为特殊主体,即国家机关工作人员,其他主体不构成本罪。发生在国有企业当中的滥用职权罪主体一般是要依法依规得到国家机关的授权或者代表国家机关行使管理职权的工作人员。

(2)犯罪客体。

本罪是简单客体,即国家机关的正常管理活动。

(3)犯罪主观方面。

本罪的主观方面必须是故意,表现为行为人明知自己滥用职权的行为会发生侵害国家机关公务的合法、公正、有效执行以及对公共财产、国家和人民利益造成重大损失的结果,并且希望或者放任这种结果发生。

(4)犯罪客观方面。

行为人超越职权,违法决定、处理其无权决定、处理的事项,或者违反规定处理公务,致使公共财产、国家和人民利益遭受重大损失。

本罪与国有公司、企业、事业单位人员滥用职权罪的区别:从犯罪构成上看,两者最大的区别在于犯罪主体和犯罪客体方面的区别。滥用职权罪的犯罪主体是国家机关工作人员,国有公司、企业、事业单位人员滥用职权罪的犯罪主体是国有公司、企业、事业单位的工作人员;滥用职权罪的犯罪客体是国家机关的正常管理活动,国有公司、企业、事业单位人员滥用职权罪的犯罪客体是国有公司、企业、事业单位的正常管理制度。在实践中要注意区分两者,特别是发生在国有企业当中的时候,要看主体是否属于依法依规得到国家机关的授权或者代表国家机关行使管理职权的工作人员,看行为涉及的是国有企业内部的业务活动还是国家机关授权或者代表国家机关行使管理职权的活动。

需要注意的是,在刑法中采取特殊规定优于一般规定的原则,滥用职权罪是针对国家机关工作人员滥用职权罪的一般规定,只适用于刑法分则没有特殊规定的国家机关工作人员滥用职权构成犯罪的情形。在《刑法》分则中如果明确规定了特殊的滥用职权犯罪,则使用特殊规定,不再按照滥用职权罪论处。

8. 玩忽职守罪

(1)犯罪主体。

本罪的主体为特殊主体,即国家机关工作人员,其他主体不构成本罪。发生在国有企业当中的滥用职权罪主体一般是要依法依规得到国家机关的授权或者代表国家机关行使管理职权的工作人员。

(2)犯罪客体。

本罪的犯罪客体是简单客体,即国家机关的正常管理活动。

(3)犯罪主观方面。

本罪是过失犯罪,其犯罪过失主要是监督过失,一般表现为应当预见不履行好监督职责的行为会导致公共财产、国家和人民利益遭受重大损失的结果,因为疏忽大意没有预见,或者已经预见会发生严重的危害后果,却轻信能够避免,以致重大损失结果的发生等。

(4)犯罪客观方面。

严重不负责任,不履行或者不认真履行工作职责,致使公共财产、国家和人民利益遭受重大损失的行为。

本罪和重大责任事故罪①的区别:从犯罪构成上可以知道,两者最大的区别在于犯罪主体、犯罪客体方面和客观方面的区别。玩忽职守罪的犯罪主体是国家机关工作人员,重大责任事故罪的犯罪主体是从事生

---

① 重大责任事故罪(《刑法》第一百三十四条第一款):在生产、作业中违反有关安全管理的规定,因而发生重大伤亡事故或者造成其他严重后果的,处三年以下有期徒刑或者拘役;情节特别恶劣的,处三年以上七年以下有期徒刑。

产、作业的人员；玩忽职守罪的犯罪客体是国家机关的正常管理活动，重大责任事故罪的犯罪客体是公共安全；客观方面主要是体现在行为发生的时空上，玩忽职守罪一般发生在国家机关工作人员的管理活动中，而重大责任事故罪一般发生在从事生产、作业人员的生产、作业过程中。

在刑法中采取特殊规定优于一般规定的原则，玩忽职守罪是针对国家机关工作人员玩忽职守罪的一般规定，只适用于刑法分则没有特殊规定的国家机关工作人员玩忽职守构成犯罪的情形。在《刑法》分则中如果明确规定了特殊的玩忽职守犯罪[①]，则使用特殊规定，不再按照玩忽职守罪论处。

（二）国有企业工作人员各类渎职行为的重要区别

1. 滥用职权行为和失职行为的区别

滥用职权行为和失职行为的主要区别在于主观方面、客观方面和行为方式、追诉标准不同。失职行为的主观方面一般是过失或者间接故意，而滥用职权行为的主观方面一般是直接故意。失职行为的客观方面表现为严重不负责任，而滥用职权行为的客观方面表现为滥用职权，一般而言滥用职权行为的主观恶性要大于失职行为。行为方式上滥用职权一般表现为积极作为、超越职权等，而失职一般表现为不作为、玩忽职守、严重不负责任或者不认真履职等。追诉标准方面，失职行为构成犯罪的数额要求是50万元以上，或者破产，停业、停产1年以上，而滥用职权行为构成犯罪的数额要求是30万元以上，或者破产，停业、停产6个月以上。

2. 滥用职权行为和徇私舞弊行为的区别

滥用职权行为和徇私舞弊行为的主要区别在于行为主体、行为方式和客观方面不同。滥用职权行为的主体是国有公司、企业人员，而徇私舞弊行为的主体是国有公司、企业或者其上级主管部门及其他公司、企业直接负责的主管人员，范围不同。行为方式和客观方面上，滥用职权

---

① 比如国家机关工作人员环境监管失职，导致重大环境污染事故的情况，构成犯罪的，以环境监管失职罪（《刑法》第四百零八条）论处。

一般表现为积极作为、超越职权、违法决定、处理其无权决定、处理的事项，或者违反规定处理公务等，徇私舞弊一般表现为徇私情私利，违反国家有关法律法规规定，低价折股或者低价出售国有及公司、企业资产。

3.失职行为和徇私舞弊行为的区别

失职行为和徇私舞弊行为的主要区别在于主体、行为方式和客观方面、追诉标准不同。失职行为的主体是国有公司、企业人员，而徇私舞弊行为的主体是国有公司、企业或者其上级主管部门及其他公司、企业直接负责的主管人员，范围不同。行为方式和客观方面上，失职一般表现为不作为、玩忽职守、严重不负责任或者不认真履职等，徇私舞弊一般表现为徇私情私利，违反国家有关法律法规规定，低价折股或者低价出售国有及公司、企业资产。追诉标准方面，失职行为构成犯罪的数额要求是50万元以上，或者破产，停业、停产1年以上，而徇私舞弊行为构成犯罪的数额要求是30万元以上，或者破产，停业、停产6个月以上。

4.失职行为和工作失误行为的区别

失职行为和工作失误行为的主要区别在于评价依据、行为主体、行为方式和客观方面等不同。工作失误行为，是指行为人由于业务水平不高或者工作经验不足，从而决策失误，导致党、国家和人民利益以及公共财产损失的行为。评价依据方面，在实践中失职行为更多是在法律层面（比如《刑法》）被评价，而工作失误行为更多是在党纪（比如《党纪处分条例》）层面被评价。行为主体方面，失职行为的主体是国有公司、企业人员，工作失误行为的主体一般是党员。在行为方式和客观方面上，失职行为是不履行或者不正确履行职责，工作失误行为是积极履行职责；失职行为是由于在工作中不负责任或者疏于管理给党、国家和人民利益以及公共财产造成损失，工作失误行为是由于业务水平不高或者工作经验不足给党、国家和人民利益以及公共财产造成损失。追诉追究标准方面，失职行为构成犯罪的数额要求是：造成国家直接经济损失数额在50万元以上，或者造成有关单位破产，停业、停产1年以上，或者被吊销许可证和营业执照、责令关闭、撤销、解散的，或者有其他致使国家利益遭受重大损失的情形;工作失误行为方面,《党纪处分条例》中未作具体规定,在中纪委作出明确解释之前,我们可以根据损失的数额和其他情况综合认定。

5. 徇私舞弊行为和工作失误行为的区别

徇私舞弊行为和工作失误行为的主要区别在于评价依据、行为主体、主观方面、行为方式和客观方面等不同。评价依据方面,在实践中徇私舞弊行为更多是在法律层面(比如《刑法》)被评价,而工作失误行为更多是在党纪(比如《党纪处分条例》)层面被评价。行为主体方面,徇私舞弊行为的主体是国有公司、企业或者其上级主管部门及其他公司、企业直接负责的主管人员,工作失误行为的主体一般是党员。主观方面,徇私舞弊行为是出于故意,如果不是出于故意,则不具有徇私舞弊的动机,而由于行为人思想知识水平低,专业知识不足,业务能力差等原因,以致在国有及公司、企业资产折股和出售时发生错误,是不构成犯罪的;工作失误行为更多是出于过失。行为方式和客观方面上,徇私舞弊行为一般表现为徇私情私利,违反国家有关法律法规规定,低价折股或者低价出售资产;工作失误行为是由于业务水平不高或者工作经验不足给党、国家和人民利益以及公共财产造成损失。追诉追究标准方面,徇私舞弊行为构成犯罪的数额要求是:造成直接经济损失数额在 30 万元以上的,或者造成有关单位破产,停业、停产 6 个月以上,或者被吊销许可证和营业执照、责令关闭、撤销、解散的,或者有其他致使国家利益遭受重大损失的情形;工作失误行为方面,《党纪处分条例》中未作具体规定,在中纪委作出解释之前,我们可以根据损失的数额和其他情况综合认定。

(三)渎职造成损失的认定

参照最高人民检察院《关于渎职侵权犯罪案件立案标准的规定》(高检发释字〔2006〕2 号)、最高人民检察院、公安部《关于公安机关管辖的刑事案件立案追诉标准的规定(二)》(公通字〔2010〕23 号,已失效)、最高人民法院、最高人民检察院《关于办理渎职刑事案件适用法律若干问题的解释(一)》(法释〔2012〕18号)等规定中的相关内容,为读者介绍国有企业中渎职造成损失的认定。实践中查办国有企业中的渎职案件时,还需根据相关法律法规规定具体适用。

1. 国有企业工作人员渎职造成损失的分类

从客观存在形态角度出发,可以将损失分为物质型损失和非物质型损失。

(1)物质型损失①。在实践中,国有企业中渎职造成的物质型损失都指向经济方面,所以可以认为物质型损失就是经济损失。

关于经济损失,《关于渎职侵权犯罪案件立案标准的规定》的"附则"中将经济损失分为直接经济损失和间接经济损失,并分别下了定义:本规定中的"直接经济损失",是指与行为有直接因果关系而造成的财产损毁、减少的实际价值;"间接经济损失",是指由直接经济损失引起和牵连的其他损失,包括失去的在正常情况下可以获得的利益和为恢复正常的管理活动或者挽回所造成的损失所支付的各种开支、费用等。在《关于办理渎职刑事案件适用法律若干问题的解释(一)》第八条规定中,对经济损失的定义如下:本解释规定的"经济损失",是指渎职犯罪或者与渎职犯罪相关联的犯罪立案时已经实际造成的财产损失,包括为挽回渎职犯罪所造成损失而支付的各种开支、费用等。立案后至提起公诉前持续发生的经济损失,应一并计入渎职犯罪造成的经济损失。

需要明确的是,在当前的司法实践中,对经济损失的解释是采用《关于办理渎职刑事案件适用法律若干问题的解释(一)》中的定义,可以说该解释已经取代了《关于渎职侵权犯罪案件立案标准的规定》的解释,但是该解释并不是推翻《关于渎职侵权犯罪案件立案标准的规定》的解释,准确地说应当是"继承"了《关于渎职侵权犯罪案件立案标准的规定》的解释,因为《关于办理渎职刑事案件适用法律若干问题的解释

---

① 参见苗有水、刘为波:《〈关于办理渎职刑事案件具体应用法律若干问题的解释(一)〉的理解与适用》,载《人民司法》2014年第7期。

(一)》第八条规定其实包含了直接经济损失和间接经济损失。

同时,两解释对于经济损失的基本定位都是已经实际造成的财产损失,即经济损失必须是实际造成、确定可计算的财产损失,如果经济损失尚未造成,财产只是处于高度危险中,或者无法确定、无法计算,则不能认定是经济损失。最高人民法院在理解与适用中表示:在犯罪结果的理解上,我们历来坚持客观化的立场,尽管一些渎职案件造成了严重的潜在危险,但潜在性危险不能等同于实际危害结果,如无从确定具体损失,则不宜纳入经济损失的计算范畴。

(2)非物质型损失。非物质型损失一般是指《关于渎职侵权犯罪案件立案标准的规定》中规定的“严重损害国家声誉,或者造成恶劣社会影响”的情形。在司法实践中,造成恶劣社会影响是渎职案件立案标准中规定的一个重要的结果条件。常见的恶劣社会影响,包括群体性事件、被媒体作负面报道并在社会上广泛传播等。

2. 国有企业工作人员渎职造成损失的认定

(1)认定的时间节点①。对于认定经济损失的时间节点,《关于办理渎职刑事案件适用法律若干问题的解释(一)》沿用了《关于渎职侵权犯罪案件立案标准的规定》确定的“立案时”作为时间节点,最高法主要有两点考虑:一是以起诉或者审判时经济损失是否挽回作为定罪量刑的依据,这将直接影响到刑事诉讼活动的确定性和严肃性。二是一个行为是否构成犯罪,原则上应以行为实施时为准,由于渎职犯罪行为与结果不同步的特征,为方便实践操作才确定以立案时为损失计算基准,但这不意味着挽回损失的就不构成犯罪。适用本规定时需注意把握以下几点:一是经济损失的认定以立案时为准,与是否行为人自行挽回没有关系。二是渎职犯罪尚未立案但与渎职犯罪相关联的犯罪已经立案的,以关联犯罪立案时已经实际造成的财产损失认定犯罪数额。三是立案后至提起公诉前持续发生的经济损失,应一并计入渎职犯罪造成的经济损失。

① 参见张毅:《渎职犯罪研究(三)——经济损失的认定》,载《职务犯罪与经济犯罪辩护》2019年8月30日。

四是立案后挽回的损失不影响定罪,但可以作为酌定从轻处罚的情节。

个人认为,认定非物质型损失的时间节点和认定经济损失的时间节点应当是一致的。

(2)经济损失后果的认定。对经济损失后果的认定,通常用评估法和会计鉴定法,必须请专业评估机构或人员、会计鉴定机构或人员对渎职行为造成的经济损失后果依法进行评估、鉴定。认定经济损失后果时必须遵循客观真实和依法确定的原则,必须按照法定的条件和程序进行,评估、鉴定结论要依法告知案件当事人。

(3)非物质型损失的认定。认定非物质型损失,主要是看渎职行为引发恶劣社会影响的情况,包括群体性事件、被媒体作负面报道并在社会上广泛传播等,主要考虑群体性事件涉及人数、被什么样的媒体传播等因素。认定是否造成恶劣社会影响主要是依据社会公众认知度,也就是说要以一般人的常识性认知来衡量恶劣社会影响的严重程度。在查办渎职案件中,要着重收集反映社会影响恶劣程度的证据,比如公安机关出警处理群体性事件的相关材料、有关部门接访的相关材料、媒体报道传播相关事件的载体(如报纸、广播电视等)信息等。

(四)如何判断国有企业工作人员渎职行为的纪法罪

如何判断国有企业工作人员渎职行为的纪法罪,首先我们要理解违纪、违法、犯罪的概念并对三者之间的关系进行梳理。

1. 违纪、违法、犯罪的概念

违纪,根据《党纪处分条例》第七条第一款之规定,“党组织和党员违反党章和其他党内法规,违反国家法律法规,违反党和国家政策,违反社会主义道德,危害党、国家和人民利益的行为,依照规定应当给予纪律处理或者处分的,都必须受到追究”,可以知道违纪是指党组织和党员违反党章和其他党内法规,违反国家法律法规,违反党和国家政策,违反社会主义道德,危害党、国家和人民利益的行为。

违法,广义的违法是指一切违反现行法律规定的行为,包括犯罪;狭义的违法是指违反法律但未构成犯罪的行为。本文采取的是狭义违法概念。

犯罪,是指触犯刑法并依法应当受到刑事处罚的行为。

2. 违纪、违法、犯罪之间的关系

谈违纪、违法、犯罪之间的关系,必须基于中共党员的身份这个统一的评价维度。针对中共党员而言,从违纪、违法、犯罪三者的概念中可以推断出三者之间的关系如下:犯罪一定违纪、违法;违法一定违纪,但不一定犯罪;违纪不一定违法、犯罪。

3. 如何区分国有企业人员渎职行为的纪法罪

(1)从国有企业人员渎职行为的主体身份区分纪法罪。在国有企业中,国有企业人员实施了渎职行为,其主体身份不同处理结果也会不一样。如果该国有企业人员是中共党员,其渎职行为涉嫌违纪,按照“纪严于法”“纪在法前”的原则,依据《党纪处分条例》对其行为作出党纪处理。如果该国有企业人员是公职人员,其渎职行为涉嫌职务违法的,那就依据《公职人员政务处分法》《监察法》《监察法实施条例》等对其作出政务处理。如果该国有企业人员的主体身份是前文提及的 8 个渎职罪名的主体,其渎职行为涉嫌职务犯罪,那就依据《监察法》《监察法实施条例》《刑法》等追究其刑事责任。

(2)从国有企业人员渎职行为的危害结果区分纪法罪。首先明确,无论是违纪、违法还是犯罪,都是有一定的当罚性的,当罚的尺度主要视其行为的危害结果来定。其次看国有企业人员渎职行为在党纪、国家法律法规规定中涉及的条文规定:国有企业人员渎职行为规定在《党纪处分条例》第二十九条(涉嫌犯罪)、第三十条(虽不构成犯罪但须追究党纪责任的,或者有其他违法行为)、第一百零三条(违规从事营利活动、违规兼职取酬等违纪行为)、第一百零四条(涉嫌利用职权或职务上的影响为亲属和特定关系人谋取利益)、第一百四十一条(违规干预和插手市场经济活动)、第一百四十九条(违反相关工作纪律行为)等条文中;在《监察法》第四章监察权限、《监察法实施条例》第二章监察机关及其职责第三节监察调查和其他相关条文中;在《公职人员政务处分法》

第三十三条（违反廉洁从政要求）、第三十九条（违反工作纪律要求）等条文中，在2020年7月1日《公职人员政务处分法》施行前，有关国有企业人员渎职行为分别规定在《公务员法》《行政机关公务员处分条例》《事业单位人事管理条例》《事业单位工作人员处分规定》《中国共产党廉洁自律准则》《国有企业领导人员廉洁从业若干规定》等相关法律法规条文中；在《刑法》第一百六十五条（非法经营同类营业罪）、第一百六十六条（为亲友非法牟利罪）、第一百六十七条（签订、履行合同失职被骗罪）、第一百六十八条（国有公司、企业、事业单位人员滥用职权罪和失职罪）、第一百六十九条（徇私舞弊低价、折股出售国有资产罪）、第三百九十七条（滥用职权罪和玩忽职守罪）等条文中。

截至目前，除了刑法中对上文提到国有企业中8个渎职行为的危害结果作出明确的规定外，《党纪处分条例》《公职人员政务处分法》等法律法规规定中均未对危害结果作出规定，因此，国有企业人员渎职行为在不同的法律法规规定中存在竞合的情况时，应当参考刑法中对危害结果的规定来判断国有企业人员渎职行为的纪法罪。如果未达到刑事立案标准，该国有企业人员是公职人员的话，则构成职务违法，如果其同时还是中共党员的话，则应同时给予其党纪和政务处分。如果达到刑事立案标准，该国有企业人员身份符合上文提到的国有企业中8个渎职行为的主体要求，则应当依法追究其刑事责任，如果其同时还是中共党员的话，则应在追究其刑事责任的同时，根据《党纪处分条例》第二十九条之规定视情节给予其撤销党内职务至开除党籍的党纪重处分。

在此需要强调，从国有企业人员渎职行为的危害结果区分纪法罪的时候，要关注国有企业人员的渎职行为和危害结果之间的因果关系。相关案例指导意见认为，判断渎职行为与危害结果是否存在刑法上的因果关系，主要目的是要追诉符合违反职责特征的原因，要达到这一目的应以渎职行为发生时客观存在的一切事实为基础，要依据一般人的经验进行判断，如果存在其他原因，则要判断其他原因是否对刑法上因果关系的成立产生阻却影响，一般从最早出现的渎职行为导致危害结果发生概率的高低、其他原因异常性的大小和对危害结果的影响力大小等三个方面来判断，作出这些判断也必须依据一般人的经验，不能超出一般人的经验常识和预期。在认定行为人违纪、职务违法行为与危害结果之间因果关系方面，我们也应依据一般人的经验来判断导致危害结果的原因是否符合违反职责特征、和其他原因的关联性如何等，但相较认定渎职犯罪的因果关系更为灵活。①

三、国有企业工作人员渎职犯罪案件办案指引

（一）查办国有企业工作人员渎职犯罪案件基本步骤

结合相关案例的指导意见和以往办理渎职类案件的经验做法，列出查办国有企业工作人员渎职犯罪案件的基本步骤。具体如下：

1. 分析案件线索，确定初核方向

对案件线索进行分析评估，是查办渎职犯罪案件的第一步，要通过分析判断案件线索的成案可能性，来确定初核方向。一般从三个方面对案件线索进行分析评估：一是分析线索所指向渎职行为的违法性，主要是初步判断该渎职行为可能涉嫌什么渎职罪名；二是分析线索指向的渎职行为产生的危害结果，因为渎职类犯罪是结果犯，这一步主要是看危害结果是否有可能达到相关罪名立案标准；三是初步分析线索所反映的危害结果和渎职行为的关联性，看危害结果是否有可能系国有企业里的相关人员（特殊主体，前文已提到）的渎职行为所致。② 如经分析研判认为案件线索成案的可能性很大，可能涉嫌相关渎职犯罪，则可以按照相关罪名初步确定初核方向。需要强调的是，在分析线索涉及一般罪名和特殊罪名的时候，要按照特殊罪名优先原则来确定初核方向。

2. 建立强有力机制，开展精细化初核

渎职行为在国有企业中是比较常见的，而且国有企业随着经济社会

---

① 参见束龙：《从三个维度区分国有企业人员渎职行为的纪法罪》，载《中国纪检监察报》2022 年 8 月 3 日，第 7 版。

② 参见郭万知、贾敬奇：《查办渎职犯罪案件的六个基本步骤——以辽宁省宽甸县林业系统涉林渎职案为视角》。

发展的需要，相关经营业务日趋复杂，国有企业工作人员的渎职行为变得越来越复杂，当渎职行为跟国有企业的经营业务结合起来的时候，会给确定因果关系、关联职务职权、责任厘清、确定危害结果等工作带来很大挑战，尤其是涉嫌渎职犯罪的时候，需要很多专业知识、技术、人员等方面的支撑、支持。因此，在第一步确定好初核方向之后，必须建立起强有力的支撑、支持机制，要组织学习掌握涉及业务领域的相关法律法规规章制度、业务流程等，提前做好相关专业知识储备，做到“知其然”“知己知彼”，避免“外行查内行”，必要的时候抽调相关专业技术人员来提供专业、技术等方面的支持，成立专业化小组或者依托必要的专业鉴定机构，依规依纪依法确定危害结果、查明并确定造成危害结果的因果关系等，推进案件查办工作。

开展精细化初核是立案的关键。在国有企业中，渎职行为跟行为人的职务职权、岗位职责、履职情况等密切相关，因此，开展精细化初核要求在初核阶段做到尽量调取渎职行为人的任职经历、任职文件、岗位说明书、履职依据、业务相关资料等材料，工作人员对相关材料一定要尽量吃深、吃透，要紧扣被谈话人的职务职权，尽量全面了解行为人的身份、工作经历、是否依规依纪依法履职、危害后果与行为人的职责和履职情况的关联度等情况。开展精细化初核还要求，在获取有关渎职行为方面证据材料的同时，要同步对渎职行为人开展户籍、工商登记、银行流水、股票期货、不动产登记、车辆、通信等信息查询工作，全面了解行为人及其家庭成员的身份资料、成长经历、兴趣爱好、工作履历、人际交往、银行存款、投资理财、房产和车辆购置、公司经营、出入境记录、子女入学就业以及生活方式等情况。只有做好精细化初核工作，为后续的调查工作打好坚实基础，到推进立案工作时才能做到心中有数、有备无患、应对自如。

3. 适时立案用好措施，及时全面固定证据

经过前期线索核查、精细化初核等工作，对工作相关结果进行综合审查评估，如果渎职行为涉嫌相关渎职罪名，则应当适时依法及时作立

案决定。立案之后,对符合《监察法》第二十四条规定[①]的被调查人,果断采取留置措施,并根据实际情况需要用好《监察法实施条例》第五十五条第一款规定[②]的讯问、询问、冻结、搜查、查封、扣押、通缉、技术调查、限制出境等措施。

立案之后,要及时全面固定证据,做到证据材料齐全、手续完备,按期推进调查终结并移送审理。首先,程序方面要求对被调查人的审讯过程要全程同步同音录像,对固定证人证言和收集其他类型证据也必须坚持依规依纪依法,做到程序合规合纪合法;实体方面要求按照犯罪构成四要件(具体的取证指引下文会提到),获取被调查人对自己主体身份、职责、履职行为、渎职犯罪客观事实、犯罪动机、行为的认识等方面所作的供述,严禁通过刑讯逼供等非法手段、方式获取被调查人的有罪供述。其次,根据被调查人的供述,收集固定派生证据,比如与渎职行为、履职行为有关的分工文件、会议记录、工作日志、项目审批表、请示报告、领导批示等证据。再次,要及时向被调查人所在国有企业关联人员和涉及的外部相关人员等证人取得证人证言,防止以后处理时涉案人员对责任大包大揽或相互推诿。最后,全面固定证据要求做到既收集证明被调查人有罪、罪重的证据,也收集证明其无罪、罪轻的证据。

4. 全面审理严格把关,依规依纪依法处置并移送审查起诉

案件调查终结之后,应当依法移送案件审理部门进行审理。根据

---

① 《监察法》第二十四条规定:"被调查人涉嫌贪污贿赂、失职渎职等严重职务违法或者职务犯罪,监察机关已经掌握其部分违法犯罪事实及证据,仍有重要问题需要进一步调查,并有下列情形之一的,经监察机关依法审批,可以将其留置在特定场所:(一)涉及案情重大、复杂的;(二)可能逃跑、自杀的;(三)可能串供或者伪造、隐匿、毁灭证据的;(四)可能有其他妨碍调查行为的。对涉嫌行贿犯罪或者共同职务犯罪的涉案人员,监察机关可以依照前款规定采取留置措施。留置场所的设置、管理和监督依照国家有关规定执行。"

② 《监察法实施条例》第五十五条第一款规定:"监察机关在初步核实中,可以依法采取谈话、询问、查询、调取、勘验检查、鉴定措施;立案后可以采取讯问、留置、冻结、搜查、查封、扣押、通缉措施。需要采取技术调查、限制出境措施的,应当按照规定交有关机关依法执行。设区的市级以下监察机关在初步核实中不得采取技术调查措施。"

《监察法实施条例》的相关规定，案件审理部门收到调查部门移送审理的案件后，要进行形式审核看是否受理案件。形式审核主要应当审核材料是否齐全、手续是否完备。对被调查人涉嫌渎职犯罪的，还应当审核相关案卷材料是否符合职务犯罪案件立卷要求，是否在调查报告中单独表述已查明的涉嫌渎职犯罪问题，是否形成《起诉建议书》。经审核符合移送条件的，应当予以受理；不符合移送条件的，经审批可以暂缓受理或者不予受理，并要求调查部门补充完善材料。①

案件审理部门经过形式审核受理案件后，应当成立由二人以上组成的审理组，全面审理案卷材料。在国有企业中，审理部门对于受理的案件，应当以《监察法》《公职人员政务处分法》《刑法》《刑事诉讼法》等法律法规为准绳，对案件事实证据、性质认定、程序手续、涉案财物等进行全面审理。案件审理部门应当强化监督制约职能，对案件严格审核把关，坚持实事求是、独立审理，依法提出审理意见。案件审理过程中要坚持调查与审理相分离的原则，案件调查人员不得参与审理。

经过审理，对被调查人涉嫌渎职犯罪需要追究刑事责任的，应当形成《起诉意见书》，作为审理报告附件。对国有企业中涉嫌渎职犯罪的人员，应当由其主管部门依规依纪依法视情节作出撤职至开除（解除劳动合同）的政务处分决定，制作政务处分决定书。政务处分决定书在作出后 1 个月内送达被处分人和被处分人所在机关、单位，并依法履行宣布、书面告知程序。处分决定应当在作出之日起 1 个月以内执行完毕，特殊情况下经监察机关批准可以适当延长办理期限，最迟不得超过 6 个月。如果涉嫌渎职犯罪人员的政治面貌是中共党员，还要由其所在党组织视情节作出撤销党内职务至开除党籍的党纪处分。按照规定，查办案件的监察机关可以依法向监察对象所在单位提出监察建议。

对渎职犯罪人员依规依纪依法处置之后，监察机关决定对涉嫌渎职犯罪的被调查人移送起诉的，应当出具《起诉意见书》，连同案卷材料、

---

① 本部分主要引用《监察法实施条例》第一百九十一、一百九十二、一百九十七、二百零二、二百零三、二百零五、二百一十二条的规定和《党纪处分条例》第二十九条的规定。

证据等，一并移送同级人民检察院。按照规定，监察机关案件审理部门负责与人民检察院审查起诉的衔接工作，调查、案件监督管理等部门应当予以协助。

5. 做好案件查办“后半篇文章”

国有企业中渎职犯罪案件的办理都是以一定的危害结果为前提的，而且要求该危害后果是既定存在的，案件的成功查办虽然可喜，但是案件里既存的危害结果很多时候是无法挽回的。所以在国有企业渎职案件的查办过程中，除了努力做好将渎职犯罪分子绳之以法这一“前半篇文章”之外，还要做好案件查办“后半篇文章”。要注重发挥党纪、监察、刑事政策的功能，突出党纪、监察法、刑法的警示教育预防功能，以案促改，尽可能避免国有企业中发生渎职案件，保护国有资产，保护国家和人民的利益。一方面，通过渎职案件的办理不断总结经验、借鉴经验，提升打击国有企业渎职犯罪的力度、速度、精度；另一方面，通过渎职案件的办理警示国有企业的工作人员，提高依规依纪依法履职意识，提升担当作为能力水平。①

本部分主要介绍查办国有企业中渎职犯罪案件的基本步骤，我们认为在此需要特别强调的是在查办国有企业中渎职犯罪的案件时，要做到坚持渎职与贪污受贿一起查。因为根据渎职犯罪案件的特点，行为人并不会无缘无故实施渎职行为，其往往伴随贪污贿赂行为，而渎职案件办理的周期一般比较长，贪污贿赂案件要求查处时机要准、速度要快，若完全按照查办渎职案件的传统做法，可能导致贪污贿赂线索流失。所以，建议在渎职案件办理的全过程（包括案件线索的审查、初核、调查、审理等），树立渎职、贪污贿赂一起查的全局观念，在不脱离渎职案件主线的前提下，注重发掘贪污贿赂犯罪线索，将认定渎职犯罪作为调查贪污贿赂犯罪的抓手，以认定贪污贿赂犯罪进一步巩固渎职犯罪的调查成果，两者有机结合、互补互促，争取职务犯罪案件查办工作在国有企业中实

---

① 参见李文生主编：《查办渎职侵权犯罪案件方法与技巧》，中国检察出版社2014年版；阮经纬：《调查渎职案件的基本方法》，载《中国纪检监察报》2020年1月15日，第8版。

现政治效果、纪法效果、社会效果的有机统一。

(二)国有企业工作人员各类渎职犯罪案件的犯罪表现形式和疑难复杂问题

1. 非法经营同类营业罪

(1)犯罪表现形式。

①通过自己经营或者为他人经营的公司与其所任职公司、企业同类的营业进行低买高卖,或者返销等方式获取非法利益。

1998年8月至2002年12月,王某某利用担任国有某信托贸易公司国贸分公司(以下简称国际国贸公司)经理的职务便利,将自营的某1公司与国际国贸公司同时从某有限公司购进的塑料粒子,以高于进价的手法销售给国际国贸公司,某1公司从中获取非法利益308万余元。王某某还将国际国贸公司购进的塑料粒子等货物以低于进价的方式销售给其自营的某2公司,某2公司再返销给国际国贸公司,获取非法利益659万余元①。王某某被法院以非法经营同类营业罪追究刑事责任。

②在公司的业务范围内,以入股的方式成立公司,承接公司的业务。

廖某某与李某因工作关系在1989年相识。2013年下半年,廖某某找到李某,说和某公司想在工业园成立项目部,欲让李某承包项目部。李某表示同意。2013年12月16日,和某公司班子成员会讨论工业园项目部事宜时,廖某某推荐了李某,并拍板由其担任工业园项目部业务经理。为共同谋利,经廖某某与李某及某公司陆城项目部另外两个股东郭某、黄某2协商,以某公司陆城项目部办公楼作价280万元,廖某某出资70万元入股该项目部,占1/4的股份,按股份比例分配利润。2014年3月18日,廖某某把70万元入股资金打到李某农行账户上,并参与了此后某公司陆城项目部的经营②。廖某某被法院以非法经营同类营业罪追究刑事责任。

① 参见(2005)沪高刑终字第52号。

② 参见(2021)湘0603刑初18号。

③将本公司生产的产品,交给自己实际控制的公司予以销售。

2011年至2018年,孟某某在担任郑州兰某公司董事、副总经理、董事长期间,利用职务便利,伙同许某1、毛某将原本由郑州兰某公司生产销售的氯甲烷产品交由其个人控制的某科技有限公司、某农业技术有限公司、某环保科技有限公司向外销售,获取非法利益495.34万元①。孟某某被法院以非法经营同类营业罪追究刑事责任。

(2)常见疑难问题。

①以获取非法利益的方式区分贪污罪和非法经营同类营业罪。

获取购销差价的非法经营同类营业行为与增设中间环节截留国有财产的贪污行为在增设中间环节、获取购销差价上具有共同性,但同时存在以下四点区别:

第一,对增设的中间环节是否客观存在要求不同。两种犯罪行为都人为增设了中间环节,使国有公司、企业原本与业务单位的直接购销关系变成了有其他公司、企业参与的间接购销关系,这个中间环节不是因经营的客观需要而自然产生的,本来不应存在,属于行为人故意设置。但是就获取购销差价的非法经营同类营业行为而言,由于需要从事同类营业,故增设的中间环节通常是客观所需,且中间环节所涉及的公司、企业往往成立并从事同类或者类似的经营行为已有一定时日;而对增设中间环节截留国有财产的贪污行为而言,由于虚设的中间环节不是用于正常的经营活动,故增设的中间环节通常是为了截留国有资产而虚构的。在经济活动中,尽管有时增设的中间环节涉及的公司、企业真实存在,但这些公司、企业往往是为了承揽相关业务而成立,并无从事同类或者类似经营行为的经历。

第二,对增设的中间环节是否具有经营能力要求不同。如果增设的中间环节都是客观存在的,则要看增设的中间环节是否具有经营能力。一般而言,贪污罪中为截留国有财产而增设的中间环节的经营,往往是

① 参见(2019)豫01刑初147号。

无经营投资、无经营场地和无经营人员，即属于“三无”经营；而非法经营同类营业罪中增设的中间环节的经营，是有投资、有经营场所、有经营人员的经营，即具有经营同类营业的完全能力。

第三，对增设的中间环节是否进行了实际经营活动并承担一定的经营责任风险要求不同。如果增设的中间环节都客观存在且具有经营能力，则要看增设的中间环节是否进行了实际经营活动并承担一定的经营责任风险。有经营就有风险，就可能存在盈亏。如果增设的中间环节进行了实际经营活动并承担了一定的经营责任风险，则行为人所获取的购销差价系通过利用国有公司、企业让渡的商业机会进行的经营所得，属于获取购销差价的非法经营同类营业行为；如果增设的中间环节没有进行实际经营活动，而是由国有公司、企业一手操办，或者进行了相关的经营活动，但只管盈利，而由国有公司、企业承担经营责任风险，则此时行为人所获取的购销差价不是经营所得而是截留的国有财产，属于增设中间环节截留国有财产的贪污行为。

第四，对所获取的购销差价是否合理要求不同。如果增设的中间环节不仅客观存在、具有经营能力，而且进行了实际经营活动并承担一定的经营责任风险，则要看所获取的购销差价是否合理。获取的购销差价合理的，属于获取购销差价的非法经营同类营业行为；不合理的，则为增设中间环节截留国有财产贪污行为，因为此时的差价不再是经营行为的对价。当然，在法律没有明确规定的情况下，其合理范围需要司法人员根据经验具体把握。

一言以蔽之，区分获取购销差价的非法经营同类营业行为与增设中间环节截留国有财产的贪污行为的关键，在于行为人是采取何种方式取得非法利益的。如果行为人直接通过非法手段将国有公司、企业的财产转移到兼营公司、企业中，属于截留国有财产的贪污行为，构成贪污罪；如果行为人没有直接转移财产，而是利用职务便利将任职国有公司、企业的营利性商业机会交由兼营公司、企业经营，获取数额巨大的非法利益，则构成非法经营同类营业罪。因为国有公司、企业让渡给兼营公司、企业的是商业机会，商业机会本身并非财物，不能成为贪污罪的对象。而且兼营公司、企业所获取的非法利益，系利用让渡的商业机会进行的经营所得，这种经营行为本身就存在一定的风险，并不意味着会百分之百地获利，与采取非法手段将国有公司、企业的财产直接转移到兼营公司、企业中的贪污行为方式不同。

案例

祝某某、杨某、王某某、及某某均系国有公司北京万某大厦管理人员。2004年2月至3月，4被告人和陈某某（另案处理）等人共同商定并出资，以祝某某亲属的名义成立了某经贸有限公司。同年3月，某设备有限责任公司有意承租万某大厦裙楼一层约488平方米原鞋服城项目用于经营。祝某某与杨某，共同利用职务便利，由杨某代表北京万某大厦与某公司洽谈租赁大厦底商事宜。在双方商定租赁价格后，采用由某经贸公司同日先与北京万某大厦签订承租合同，再与某公司签订转租合同的手段，截留本应属于北京万某大厦的底商租赁款。及某某受祝某某指派负责管理某经贸公司，将所截留的房屋租金收入扣除各类税款等费用后不定期分配给上述被告人。2006年12月该公司注销。2007年1月，王某某受祝某某指派，以自己与他人共同成立的某商贸有限责任公司接替某经贸公司继续开展上述业务，并受祝某某指派管理某商贸有限责任公司所截留的房屋租赁款，不定期分配给上述被告人。2004年5月至2010年10月，4被告人利用某经贸公司和某商贸有限责任公司截留万某大厦底商租赁差价款共计人民币212.25万元。其中，上述两家公司上缴国家的各类税款共计人民币65.75万元。法院认为：被告人祝某某、杨某、王某某、及某某身为国有公司的工作人员，利用被告人祝某某、杨某的职务便利，由及某某、王某某实际操作，采用先承租万某大厦底商后转租的手段，共同截留本应属于万某大厦的国有财产，4被告人的行为侵犯了国家工作人员的职务廉洁性及国有财产的所有权，均已构成贪污罪①。

① 参见（2012）一中刑终字第5341号。

②注重收集同类经营公司业务范围的客观材料(公司执照、章程等),同时也要收集该类公司的实际经营业务。

案例

2008年下半年,某区供电公司下属亿某公司承接了某区仙来办棚户区改造1期的配电安装工程。经罗某某主持,某区供电公司开会决定将该工程转给私人承接。某区供电公司副经理邱某某以及亿某公司经理被告人刘某某决定私自承揽该工程,同时二人约定邀某区供电公司经理罗某某(另案处理)入股并给予分红,罗某某对入股分红的事情予以默认。2011年下半年,该工程共获利人民币240余万元,刘某某和邱某某两人各分得人民币90万元,罗某某分得人民币60万元。从某区供电公司营业执照及公司章程确定的经营范围和实际经营来看,该公司有电力安装的业务,只是需要获得有关资质或许可证。法院认为,检察机关虽未提供该公司已获得相关资质或许可证的证据,但某区供电公司未获得相关资质或许可证而承接电力安装工程应承担相应的民事或行政责任,而不能由此认定其没有电力安装的经营范围①。

经营同类营业,不仅要看其客观材料的记述,还要看公司本身实际的经营范围。不能因为其经营范围超出许可范围,而否定其在实质上与其任职的国有企业开展了同类经营。认定是否属于经营"同类的营业",不能静态地比较两个公司、企业的经营范围,而应结合行为人的行为和两个公司、企业的经营活动动态分析。"同类的营业"不等于"同样的经营范围",即使两个公司或企业的经营范围完全不同,但是行为人兼职的公司超范围经营了属于国有公司经营范围内正在进行的营业活动,就可以认定前者经营了与后者同类的营业。②

① 参见(2014)余刑二终字第21号。

② 参见卢建平、李有星:《非法经营同类营业罪研究》,载《河南省政法管理干部学院学报》2004年第1期。

③国有企业、公司的子公司、分公司经营的业务是否能成为该罪的保护法益，关键要看国有企业与其分公司、子公司的关联程度，看其之间的控制关系。在办理此类案件时，要收集子公司、分公司各种管理制度的材料。

案例

刘某某等人能够私自承接仙来办安置小区一期的电力安装业务并顺利施工、结算工程款利用了其职务便利。亿某公司虽然与某区供电公司在形式上是各自独立的企业法人，但从某公司的人、财、物的管理以及业务承接等实际运营来看，其完全被某区供电公司控制，与某区供电公司的一个下属部门无异。在某区供电公司班子会议讨论决定某公司不做该工程后，邱某某利用掌握的信息便利，与刘某某合谋，并获得罗某某的默认，决定私自承接该工程，遂由刘某某以亿某公司经理的身份冒用亿某公司之名义而继续施工，并以某公司的名义发函仙来办要之与其他公司结算工程款，自始至终未将实情告知仙来办，令仙来办误以为是亿某公司完成了施工。因此，可以认定刘某某等人利用了职务便利①。

国有企业、公司与其子公司、分公司的经营范围会出现不一致的情形，如果国有公司的董事、经理自己经营与下属公司业务一致的公司，要区分情形判断下属子公司、分公司的经营是否为本罪的保护对象，核心标准即控制程度，如果只是“两块牌子一套班子”，那么其展开的经营，损害的即国有企业的利益。

④在“职务便利”的证明上，要注重收集行为人有选择交易对手、渠道和价格的便利，以及用因其任职国有公司而掌握的人力、物资和信息资源等优势的证据。

职务便利体现在交易对手、渠道和价格的自由选择上，以及开展经营活动而需要的人力、物力、信息等优势。

---

① 参见(2014)余刑二终字第21号。

案例

关于上诉人张某某及其辩护人提出的张某某只是某甲公司名义上的总经理，每笔关联交易都在公司的监管下进行，张某某没有职务便利，交易价格符合市场规律，没有给国有公司造成损失，张某某的行为不构成非法经营同类营业罪的意见。法院认为：经查，第一，证人胡某2、王某1、冉某、彭某和刘某1的证言均证明，由于对张某某实行经营目标责任制，某公司对某甲公司的经营行为主要监管资金收支和货物购销的对应情况，交易对手和价格由张某某确定。某公司关于印发货物操作管理办法的通知等书证与前述证人证言相印证，综合证明只要张某某采取先款后货的方式对外销售，保证资金和货权安全，公司不会过问交易对象和价格，便于张某某实行背信行为。第二，证人袁某、孙某、王某2和张某3的证言与张某某的供述相互印证，综合证明张某某实际管理、经营锐某邦公司。第三，证人刘某2、袁某、刘某1、苏某、吴某和徐某2的证言和相关交易书证证明，张某某作为某甲公司总经理，安排下属将某甲公司的菜粕、菜油业务通过锐某邦公司对外销售，从中赚取差价。第四，证人龙某、张某5、刘某2、陈某和王某4的证言、相关交易书证及张某某的供述证明，张某某将以某甲公司总经理身份所获得的大豆代购信息，交由锐某邦公司经营盈利。综上，张某某在经营国有公司的过程中，具有选择交易对手、渠道和价格的职务便利，并利用因其任职国有公司而掌握的人力、物资和信息资源等优势，在市场竞争中让自己公司与所任职国有公司交易挤占利润空间，或让自己公司排斥所任职国有公司的交易机会，使自己公司盈利，国有公司受损，其行为符合非法经营同类营业罪的犯罪构成①。

① 参见(2018)渝01刑终9号。

⑤同类营业的认定。

案例

吴某某非法经营同类营业、对非国家工作人员行贿案①:非法经营同类营业罪中的“同类营业”以实际经营内容进行判断。根据《国民经济行业分类》,吴某某所开展的业务对应的分类是“财务管理咨询”,而农银国联工商登记资料显示其经营范围为“投资管理;企业管理咨询;利用自有资金对外投资”,并不包括“财务管理咨询”,且两者所属类别亦有所区别。尽管如此,法院认为这并不影响非法经营同类营业罪的认定,具体理由如下:

首先,私法领域,法无明文禁止即可为。根据《公司法》的相关规定,公司的经营活动即便超出了其营业执照标示的范围,只要不违反国家禁止性规定,都不应当认定为无效。故农银国联法务主管所称的“企业管理咨询是指我们对其他企业提出管理意见,也包括为资金方和资金提供方提供服务,收取中介费,撮合资金供方和需方达成协议”,更接近农银国联对自身经营范围的理解。并且,农银国联也曾以“农银无锡”的名义做过融资咨询业务,该融资咨询业务与吴某某所从事的苏宁集团、丰盛集团融资业务并无本质区别。综上,农银国联可以从事财务顾问业务,吴某某及其来恩公司的行为属于非法经营同类营业行为。

其次,“同类营业”并非“同样营业”。吴某某因自身资金实力限制,而将相关业务做成了财务顾问形式。但事实上,对于丰盛集团而言,其只需要在自己可接受的融资成本范围内实现融资即可,至于是通过财务顾问形式,还是债权投资形式均可接受。因此,如果仅仅将该笔业务作为财务顾问业务看待,进而审查农银国联是否进行“同样营业”,是相对片面的。我们应当将该笔业务作为一次交易机会,审查农银国联是否可以在自己的业务范围内满足相对方的融资需求,即审查农银国联是否有“同类营业”。经查,农银国联的经营范围包括债权投资,其也有实力通过优先劣后等形式

① 参见中华人民共和国最高人民法院刑事审判第一、二、三、四、五庭主办:《刑事审判参考》(总第120集),法律出版社2019年版,第12-13页。

完成债权投资。故即便认为农银国联不具备财务顾问的业务范围，其也完全可以在自己登记的业务范围内实现与丰盛集团的交易。吴某某在北京总部未对“六合文化城”项目表态的情况下，对于其利用职务之便获知的丰盛集团30亿元融资项目未作汇报，剥夺了本公司的交易机会，属于同类营业行为。需要说明的是，被告人吴某某利用其担任农银国联总经理期间获得的交易信息及前期所做工作，通过其他公司运作苏宁集团、丰盛集团的融资项目，将本应属于农银国联的交易机会据为己有，其行为构成非法经营同类营业罪而非受贿罪。

2. 为亲友非法牟利罪

(1)犯罪表现形式。

①利用职务便利，损公肥私，实施法定的背职经营的行为，包括将本单位的盈利业务交由自己的亲友进行经营，即指行为人利用自己决定、参与购销往来的工作便利，根据掌握的市场行情，将可以盈利的业务项目交给自己的亲友经营的行为。在理解经营时应将买卖行为纳入。

案例

张某在担任中江公司对外贸易分公司进口部第25业务部经理期间，利用其职务便利，与其姐姐张某乙实际控制的利因达公司违规开展化工原料“双酚A”购销业务。其间，张某违反中江公司先付款后放货的管理规定，在未签订合同的情况下，市场高价时违规放货给利因达公司或其指定的下游公司，在市场低价时以远低于放货时市场价的单价补签购销合同并据此支付中江公司货款，使其姐姐张某乙实际控制的利因达公司非法获利共计人民币95.76万元，使中江公司遭受重大利益损失。张某被法院以为亲友非法牟利罪追究刑事责任。①

① 参见(2018)苏0106刑初664号。

②以明显高于市场的价格向自己的亲友经营管理的单位采购商品或者以明显低于市场的价格向自己的亲友经营管理的单位销售商品。

案例

张某在担任某国际经济合作集团有限公司（以下简称中某公司）对外贸易分公司进口部第25业务部经理期间，利用其职务便利，与其姐姐张某某实际控制的南京某贸易有限公司违规开展化工原料“双酚A”购销业务。其间，张某违反中某公司先付款后放货的管理规定，在未签订合同的情况下，在市场高价时违规放货给某公司或其指定的下游公司，在市场低价时以远低于放货时市场价的单价补签购销合同并据此支付中某公司货款，使其姐姐张某某实际控制的利因达公司非法获利共计人民币95.76万元，使中某公司遭受重大利益损失①。张某被法院以为亲友非法牟利罪追究刑事责任。

在实践中，商品市场价格处于实时变动状态，有的行为人利用市场价格波动规律，在行为人代表卖方时，在市场价格处于高位时，出让商品给亲友，在市场价格处于低位时，以此时的价格补签出卖合同。在行为人代表买方时，则进行反向交易，牟取利益。

（2）常见疑难问题。

①以经营行为的实际开展及利润与经营行为的相关性区分贪污罪与为亲友非法牟利罪。

案例

任某系A公司（国有公司）董事及常务副总经理，全权负责公司防腐产品的研发和经营。2001年4月至2006年9月，任某与其妻刘某（系B公司法人代表）合谋，利用任某的职务之便，采用B公司采购正乙醇产品后以明显高出市场平均价的价格销售给A公司的方法，从中牟取差价共计人民

① 参见（2018）苏0106刑初664号。

币47万余元①。任某被法院以为亲友非法牟利罪追究刑事责任。

贪污罪与为亲友非法牟利罪均属于国家工作人员利用职务便利实施的化公为私、损公肥私型犯罪。为亲友非法牟利罪在客观方面有多种表现形式,容易与贪污罪发生定性之争的主要是国有公司人员利用职务便利将其亲友或亲友经营管理的单位设置为国有公司购销活动的中介,使亲友从中牟取非法利益的行为。

此种情形如何定性可以从两个方面考察:一是考察非法获利者即亲友是否实施一定的经营行为。为亲友非法牟利罪中亲友必须付出一定的经营性劳动,这是获取非法利益的客观基础。如在国有公司购销活动中通过实施一定的经营行为获取非法利润,一般认定为为亲友非法牟利罪;而借从事经营活动之名,行侵吞公共财物之实则应认定为贪污罪。二是考察非法获利者即亲友取得的是否属于实施经营行为的利润。为亲友非法牟利罪获取的是基于经营行为产生的利润,尽管经常表现为明显超出市场价格的暴利,但一般而言利润通常受到市场规律的制约,在一般社会观念上有一定的数额限度。如在国有公司购销活动中参与介绍货源或买家等行为,但从国有公司获取的已绝非从事经营行为之"利润"或从事中介活动之"报酬",其非法所得与行为时的相应市价或报酬水平明显背离,以致达到社会一般观念普遍不能认同为"利润"或"报酬"的程度,此种行为的实质不再是赚取非法利润,而是借参与国有公司购销活动之机,行取公共财物之实,此种情形应认定为贪污罪。概言之,为亲友非法牟利罪以国有公司工作人员利用职务便利让亲友实施一定的经营行为赚取非法利润为特征;贪污罪则以直接让亲友非法占有公共财物为特征②。

②在办理以商品买卖价格为媒介的为亲友非法牟利的案件中,一定要充分收集价格确实虚高或者明显低于市场价格的证据(包括市场行

① 参见顾静薇:《贪污还是为亲友非法牟利》,载《中国纪检监察报》2001年7月1日,第7版。

② 参见(2015)珠中法刑二初字第12号。

情、产品的生产成本等），单纯地横向收集同类产品供货商的价格，或者纵向收集产品的历史价格，无法排除价格被其他因素影响的可能。

案例

苏某某2007年隐名入股朋友傅某所实际经营控制的某邦科技有限公司（以下简称某邦公司）。2009年11月，苏某某入职国有控股企业锐某网络股份有限公司（以下简称锐某网络公司）担任供应链管理部策略采购工程师，后于2012年协助某邦公司成为锐某网络公司的光模块业务供应商之一，并利用其负责光模块采购业务的职务便利，为某邦公司提供报价建议，使某邦公司在光模块业务中取得竞价优势，为某邦公司谋取利益。法院认为，苏某某的供述及证人傅某的证言及某邦公司购销合同可以相互印证，证实苏某某是以透露其他供应商价格及锐某网络公司底价的方式使某邦公司在竞价中取得优势从而获取订单，公诉机关提供同期其他品牌供应给其他公司的供货价格对比及2018年前后产品价格降幅对比，均不能排除采购产品的价格有受到采购量不同、时间点不同、市场环境不同影响的可能，故无法直接证实苏某某在任职期间以明显高于市场的价格向其亲友经营的某邦公司采购产品。公诉机关指控苏某某为亲友牟利罪证据不足，指控罪名不能成立①。

③什么是以明显高于市场价格采购商品？②

这里的“市场价格”是指市场上同样（同类）商品在某一时段的平均价格。同样（同类）商品，是指规格、质量、品牌等商品的各种特征都相同。任何一种商品在市场上流通，在同一时段的不同地方，该商品的价格可能不完全一致，但总会在一定幅度内变动，明显超出这一幅度是不正常的，要么对商品的销售方十分有利，要么对商品的购买方十分有利，但是，由于价值规律的作用，明显超出这一幅度的价格是不会持久的，因

① 参见（2020）闽01刑终410号。

② 转引自鲜铁可、谭庆之：《为亲友非法牟利罪中的两个疑难问题》，载《中国检察官》2011年第16期。

此,商品总会有一个合理的市场价格幅度。

“明显高于市场价格”就是明显高于这种商品在市场上价格变动幅度的上限;“明显低于市场价格”就是明显低于这种商品在市场上价格变动幅度的下限。至于高多少算“明显高于”,低多少算“明显低于”,在司法实践中有不同观点。一种观点是“绝对总数说”。该观点认为:应根据商业惯例和社会上的一般观念判断,同时应当结合给本单位造成的经济损失(因为属于国有单位,所以这里称为“国家利益”)进行判断,即不能仅仅看高出市场一般价格后的“单价”,要结合交易物的总数,看“单价乘以总数”后的总价。如果行为人给出的价格被认为明显高于或者明显低于市场价格,并且给国家利益造成重大损失,即可认定本罪成立。

④“亲友”的范围。[①]

本罪的罪名是“为亲友非法牟利罪”,且具体非法牟利行为方式的对象均指向亲友,所以亲友的范围直接决定本罪的成立范围。然而,司法实践中对亲友的范围并没有明确限定,理论上对此问题也莫衷一是。从文字的表面语义看,亲友是亲属、朋友的概括称呼,凡是具有血缘(法律拟制)或姻亲关系的人,都可以称为亲属,而朋友则泛指具有一定交情之人。亲属有远近之分,民事法中使用亲属概念时,一般指的是近亲属。但何为近亲属,民事法并没有明确界定,司法解释也只是泛泛列举。例如,1988 年最高人民法院《关于贯彻执行〈中华人民共和国民法通则〉若干问题的意见(试行)》第十二条规定,民法通则中的近亲属包括配偶、父母、子女、兄弟姐妹、祖父母、外祖父母、孙子女、外孙子女。显然,民事法律中的近亲属范围并不完全等同于一般社会观念中的近亲属范围,在一般的社会观念中,近亲属并不限于这些亲属,例如叔伯姑舅等至少应该属“近亲属”。民法中对近亲属范围的限定更加严格,目的在于更好地保护相关民事主体的权益。而“朋友”则是一个范围几乎没有限定的概念,即使一面之交,也可算作朋友。

---

① 参见张亚平:《为亲友非法牟利罪适用中的争议问题》,载《河南警察学院学报》2019 年第 2 期。

刑事司法就是刑法解释的过程,即将抽象的规范适用于具体的案件事实。当规范用语不明确或者有歧义时,司法者就应当在正义理念的指引下,目光不断往返于规范与事实之间,对不明确用语作出恰当解释。但如何解释"亲友"的范围才是符合正义的?可以从民法角度进行研究探讨。为亲友非法牟利在《公司法》中也是禁止的。《公司法》第一百八十二条规定:"董事、监事、高级管理人员,直接或者间接与本公司订立合同或者进行交易,应当就与订立合同或者进行交易有关的事项向董事会或者股东会报告,并按照公司章程的规定经董事会或者股东会决议通过。董事、监事、高级管理人员的近亲属,董事、监事、高级管理人员或者其近亲属直接或者间接控制的企业,以及与董事、监事、高级管理人员有其他关联关系的关联人,与公司订立合同或者进行交易,适用前款规定。"这一禁止行为被称为"自我交易和关联交易限制",限制的是损害公司利益的交易行为。同时,交易限制不仅禁止公司董事、监事、高级管理人员本人与公司进行交易,也当然禁止董事、监事、高级管理人员的关联人与公司进行交易,否则所谓的交易限制之规定毫无意义。但是关联人的范围包括哪些人,我国《公司法》并没有明确规定。《美国标准商事公司法》第 8.60 条(3)规定,与董事"相关之人"是指:董事的配偶(或配偶的父母或者兄弟姐妹),或者董事的子女、孙子女、兄弟姐妹、父母(以及上述人的配偶),或者与董事共同居住的人,或者本款所提到的自然人为其实际受益人的信托或者不动产;董事为其受托人的一项信托、不动产、无行为能力人、受保护人或未成年人。其他国家的公司法也有类似规定。基本可以认为,国外公司法中,董事的关联人主要指关系较近的亲属,以及具有特别利益关系的人。

那么,刑法中的为亲友非法牟利罪中的"亲友"范围能否等同于公司法中董事的关联人范围?刑法的保护目的和保护手段都与民法不同,不能简单地将"亲友"的范围套用公司法中董事关联人的范围。公司董事以近亲属或有共同利益关系的人以外的人的名义,与公司进行自我交易,可以认定为恶意通谋行为而归于无效。但是刑法不能简单地认定行为无效,而且要通过惩罚以预防此类行为的发生,因此,不能完全参照民事法律的解释规则,而应当以刑法设立为亲友非法牟利罪的立法目的指导,进行合目的性解释。

为亲友非法牟利罪,是指为他人处理事务的人,以为谋求自己或者第三者的利益,或以损害委托人的利益为目的,而违背其任务,致使委托人的财产遭受损失的行为。具体到为亲友非法牟利罪,作为公司、企业、事业单位的工作人员,在受本单位委托处理本单位事务时,应当忠实履行职务,维护本单位利益,而不应当利用职务之便,损公肥私,将本单位利益拱手让于自己的亲友。这种违背委托义务的行为,不仅破坏了公司、企业、事业单位的管理制度,而且侵犯了公司、企业、事业单位的财产利益。以此来看,不论是将本单位的盈利业务交给谁经营,不管是向谁高价采购或低价销售商品,都可能破坏公司、企业、事业单位的管理制度,都可能侵犯本单位的财产利益。

3. 签订、履行合同失职被骗罪

(1)犯罪表现形式。

①行为人在签订合同时,未审查合同的真实性,包括主体是否适格、合同相对方的履行能力、标的物的真实性等,对履行的现实可能性未作评估。

案例

梁某某担任国企公司进出口某部经理,在国企公司进出口某部与鹏某公司签订进口合同,通过中国某某银行北京分行开立19单信用证,开证金额941万余美元(折合人民币7791万余元);通过北京市某某银行开立4单信用证,开证金额175万余美元(折合人民币1454万余元)的过程中,严重不负责任,不认真审查合同真伪、进口是否落实,盲目签约,致使信用证项下资金1116万余美元(折合人民币9245万余元)被骗,至今无法追回,给国有财产造成重大损失。梁某某被法院以签订、履行合同失职被骗罪追究刑事责任。①

① 中华人民共和国最高人民法院刑事审判第一庭、第二庭编:《刑事审判参考》(总第35集),法律出版社2004年版,第27页。

②行为人在履行合同的过程中因为严重不负责任被诈骗。在合同相对方出现履行合同不能的风险时，没有采取相应的措施手段（例如要求合同相对人提供担保或者中止合同履行）保护公司利益。

案例

张某某作为甲公司直接负责努比亚山羊产业项目的主管人员，在未对乙公司履约能力和种羊货源认真审查的情况下，于2016年6月29日代表甲公司与乙公司签订努比亚山羊购销合同。合同约定乙公司向甲公司供应月龄5月以上、体重25公斤以上的种用基础母羊和月龄6月以上、体重30公斤以上的种公羊，价格为母羊0.3万元/只、公羊0.5万元/只；供应的种羊应符合种用特征，并交付种畜生产许可证、动物防疫合格证、种羊系谱档案等证明资料。甲公司须派专业技术人员到乙公司养殖场地进行种羊的选择，选择后抽取被选种羊20%以上种羊血清进行检验，确保种羊无小反刍、五号病及布病等动物疫病后甲公司签收种羊；甲公司拨付购羊款按每批订购数量总金额的10%支付定金给乙公司，选购签收的种羊运输至甲公司指定的养殖场后，甲公司按每批验收合格的实际供羊数量的总金额的70%支付购羊款给乙公司，20%尾款待乙公司向甲公司回收努比亚山羊时分批次一年内扣除。张某某在履行合同过程中未认真组织人员对乙公司供应的种羊进行验收，未及时发现并制止乙公司以简州大耳商品羊冒充努比亚山羊种羊销售给甲公司；在未实际核实羊供应数量情况下便签字拨付购羊款；且在羊大量死亡的情况下，未组织采取终止合同、停止购羊等措施。2016年至2017年，经张某某批准甲公司多次用“特惠贷”扶贫资金共计2344.56万元支付购羊款给乙公司，致使扶贫资金2344.56万元遭受损失。张某某被法院以签订履行合同失职被骗罪追究刑事责任。①

③在签订、履行合同的过程中，作为交易一方未对交易对手及其指定的上下游客户的经营状况、财务状况、履约能力、商业信誉等进行调

① 参见（2021）黔0281刑初132号。

查；始终未与上下游客户直接接触；未实地查验货物；未核实所持仓单真伪；未采取有效措施防控风险，致使被骗，使国家利益遭受特别重大损失。

案例

2012 年 3 月，山西某某进出口集团有限公司为追求销售业绩，主导该集团下属的上市公司某某国际能源集团股份有限公司的全资子公司某某煤炭进出口有限公司与青岛某某年资源控股有限公司实际控制人陈某某所控制的青岛某某矿业有限公司开展有色金属贸易合作并签订《合作框架协议》，开展氧化铝、铝锭、电解铜等有色金属的进口、转口和国内销售业务。2012 年 7 月至 2013 年 12 月，双方先后签订 5 份备忘录，将上述框架协议履行期限延长至 2014 年。在陈某某的指使下，由江某利用“德正系”公司作为上下游交易方使用虚假仓单同山煤进出口公司签署采购、销售合同，进行代理贸易，共计骗取山西某某进出口公司在 38 笔国际转口贸易中开具的信用证折合人民币 17.78 亿元及 3.4 亿元货款①。郭某、胡某某作为国有公司、企业单位直接负责的主管人员被法院以签订、履行合同失职被骗罪追究刑事责任。

（2）常见疑难问题。

①失职导致外汇被骗购或逃汇的定性。

全国人民代表大会常务委员会《关于惩治骗购外汇、逃汇和非法买卖外汇犯罪的决定》（1998 年 12 月 29 日起施行，第九届全国人民代表大会常务委员会第六次会议通过）

七、金融机构、从事对外贸易经营活动的公司、企业的工作人员严重不负责任，造成大量外汇被骗购或者逃汇，致使国家利益遭受重大损失的，依照刑法第一百六十七条的规定定罪处罚。

① 参见（2020）晋 01 刑终 152 号。

②签订、履行合同失职被骗罪是否以对方构成诈骗罪为要件。

最高人民法院刑事审判第二庭《关于签订、履行合同失职被骗犯罪是否以对方当事人的行为构成诈骗犯罪为要件的意见》①

关于《刑法》第一百六十七条规定的"签订、履行合同失职被骗罪"和第四百零六条规定的"国家机关工作人员签订、履行合同失职被骗罪"是否以对方构成诈骗犯罪为要件的问题,最高人民法院刑二庭审判长会议进行了研究,纪要如下:

认定签订、履行合同失职被骗罪和国家机关工作人员签订、履行合同失职被骗罪应当以对方当事人涉嫌诈骗,行为构成犯罪为前提。但司法机关在办理或者审判行为人被指控犯有上述两罪的案件过程中,不能以对方当事人已经被人民法院判决构成诈骗犯罪作为认定本案当事人构成签订、履行合同失职被骗罪或者国家机关工作人员签订、履行合同失职被骗罪的前提。也就是说,司法机关在办理案件过程中,只要认定对方当事人的行为已经涉嫌构成诈骗犯罪,就可依法认定行为人构成签订、履行合同失职被骗罪或者国家机关工作人员签订、履行合同失职被骗罪,而不需要搁置或者中止审理,直至对方当事人被人民法院审理并判决构成诈骗犯罪。

③签订、履行合同失职被骗罪的认定。

签订、履行合同失职被骗罪的主体为国有公司、企业、事业单位直接负责的主管人员,对这里直接负责的主管人员的理解,应当把握以下两点:一是须有管理人员之身份,行使实际管理职权;二是对合同的签订、履行负有直接责任。其中,前者不限于单位的法定代表人,单位的分管副职领导,部门、分支机构的负责人等均属于管理人员;后者的着眼点在于对合同的签订与履行有无法律及职务上的责任,不在于是否具体参与了合同的签订与履行,尤其是在不履行或者不正确履行职责的渎职等过失犯罪中,不要求具有决定、批准、授意等参与合同的签

① 参见中华人民共和国最高人民法院刑事审判第一、二、三、四、五庭主办:《中国刑事审判指导案例》(第6卷),法律出版社2017年版,第716页。

订、履行行为。

签订、履行合同失职被骗罪客观构成应符合以下三个方面的要件:一是本体要件,严重不负责任,在签订、履行合同过程中不履行职责,即通常所谓的失职行为;二是后果要件,失职行为给国家利益造成了重大损失之现实后果;三是中介要件,或者说附加要件,造成重大损失后果之直接原因系合同对方的诈骗行为。其中,失职行为包括当为、能为、不为三个层面的含义,即具有法定或者职务上的避免损失义务,仍不履行或者不正确履行义务;损失后果指的是现实的、具体的经济损失,可能的、间接的、潜在的或者非经济性损失一般不能视为这里的损失后果。但不得将属于由合同对方的诈骗行为直接造成的损失,或者直接的损失对象是第三方,但最终责任将落到该国有单位的损失理解为间接损失。诈骗行为需以构成犯罪为充足条件,不能将一般的民事欺诈行为理解为这里的诈骗行为,但无须以合同对方已经被人民法院判决构成诈骗犯罪行为作为认定本案当事人构成签订、履行合同失职被骗罪的前提,在程序上仅需认定对方当事人的行为已经涉嫌构成诈骗犯罪即可。

4. 国有公司、企业、事业单位人员滥用职权罪

(1)犯罪表现形式。

①国有公司、企业、事业单位人员在履职过程中,利用管理、检验的职权,将不符合标准的产品评定为合格产品,以次充好,致使单位蒙受损失。

案例

衡阳某连轧管有限公司(以下简称衡钢公司)系国有独资公司,因生产需要原材料,对祁东二类精矿(以下简称铁精粉)需求量大,想与能够出售该矿的祁某企丰矿业销售有限公司(以下简称企丰公司)合作,但因其付款结算周期长,企丰公司认为资金周转太慢不同意直接供应,于是企丰公司通过湖南华某资源贸易有限公司(以下简称华某资源公司)与衡钢公司签订了一份企丰公司为供方、华某资源公司为需方、衡钢公司为收货方的《铁

矿石采购合同》。

企丰公司在企丰矿业公司停产的情况下已无法通过自产的方式出售铁精粉给衡钢公司，李某某于2017年1月开始，通过在尚卿矿业有限公司和郴州个体老板何某处分别购进“铁精粉”的方式，陆续向衡钢公司履行合同义务。李某某从郴州个体老板何某处购进了品位相对较低的“铁精粉”5015.63吨存放在衡阳南湖公园附近一货场内，该“铁精粉”的成本价约为300元/吨。李某某事先与衡钢公司炼铁分厂取样班副班长蒋某某取得联系，请求其在取样时给予关照并送了药酒给蒋某某。2017年1月14日至2017年4月29日，除2017年1月16日(周一，蒋某某休息)之外，李某某均选择在周五、周六蒋某某当班期间租用运输货车将铁含量高低不同的二种“铁精粉”采用前后分段装车的方式送货至衡钢公司，蒋某某在当班期间，授意同时当班的检验员即黄某、刘某某，在注明有“华某资源”字样的“李老板”即李某某送货来取样时，只取运输车厢前半部分的铁精粉样品(铁含量高)进行检验，以致造成铁含量低的“铁精粉”共计约3386吨以平均735.18元/吨的价格销售给了衡钢公司。蒋某某、黄某、刘某某作为衡钢公司炼铁分厂取样班职工，违反公司规定，私自与供货商接触，收受钱财，并在取样抽检时，徇私舞弊，滥用职权，给衡钢公司造成了经济损失47.35万元①。蒋某某、黄某、刘某某被法院以国有公司人员滥用职权罪追究刑事责任。

②违规使用公司名义对他人在银行提供担保，他人未偿还债务，公司承担担保责任。

案例

2012年3月至2014年4月，冯某某在担任青某库主任期间，受麦某某请托，利用全面负责青某库的职务便利，多次单独或伙同张某某滥用职权，违反规定以青某库名义为麦某某个人或名下企业在银行的债务提供担保，

---

① 参见(2020)湘04刑终175号。

截至案发致使青某库遭受损失合计22,570.0497万余元[①]。冯某某被法院以国有公司人员滥用职权罪追究刑事责任。

③违规超授权为他人融资提供担保。

案例

2013年时任某市农发行营业部经理的汪某某根据市分行的决定,在实际控制人为郑某的某福棉业公司没有开展实际棉花购销业务的情况下,分别于2013年11月和12月通过某市农发行营业部向该公司发放了9800万元和9500万元两笔棉花调销准政策性贷款。为避免因郑某形成不良贷款被追责,周某安排汪某某利用汪某某担任某市农发行营业部经理的身份,越规超授权为郑某的融资提供担保,最终导致某市农发行因承担该担保责任给国家财产造成3亿多元的经济损失。汪某某虽然系受周某安排实施前述行为,但该行为的完成均利用了汪某某担任许昌市农发行营业部经理的职务身份,作为营业部的工作人员,汪某某明知该行为属于超授权行为,会给农发行造成很大风险,仍然滥用职权与某城公司签订协议,最终给国家财产造成特别重大损失。[②] 汪某某被法院以国有公司人员滥用职权罪追究刑事责任。

(2)常见疑难问题。

①国有控股公司、企业国家工作人员套取资金进行私分的行为构成国有公司、企业人员滥用职权罪[③]。

对私分国有资产罪与单位受贿罪中的“国有公司、企业”均应作限制解释,即仅指国有独资公司、企业。我们认为,虽然国有控股、参股公司、企业集体私分国有资产的行为不能认定为构成私分国有资产罪,但

① 参见(2019)鄂刑终197号。

② 参见(2018)豫刑终602号。

③ 参见中华人民共和国最高人民法院刑事审判第一、二、三、四、五庭主办:《刑事审判参考》(总第112集),法律出版社2018年版,第113-114页。

是并不意味着不构成其他罪名的犯罪。如果国有控股、参股公司、企业的工作人员违反国家规定，以单位名义将国有资产集体私分给个人，造成公司严重损失，致使国家利益遭受重大损失，依然可以构成国有公司、企业人员滥用职权罪。

案例

法院认为，对被告人童某、温某、张某应以国有公司人员滥用职权罪定罪处罚。主要理由：一是童某、温某、张某符合国有公司、企业人员滥用职权罪的主体特征。国家出资企业包括国有独资公司、企业和国有控股、参股公司、企业。最高人民法院、最高人民检察院《关于办理国家出资企业中职务犯罪案件具体应用法律若干问题的意见》第四条第一款规定："国家出资企业中的国家工作人员在公司、企业改制或者国有资产处置过程中严重不负责任或者滥用职权，致使国家利益遭受重大损失的，依照刑法第一百六十八条的规定，以国有公司、企业人员失职罪或者国有公司、企业人员滥用职权罪定罪处罚。"根据上述规定，国有控股、参股公司、企业的工作人员属于国有公司、企业人员滥用职权罪的适格主体。童某、温某、张某实施了滥用职权的行为：在案证据证实，神木支行行长童某、副行长温某违反财务制度，授意办公室主任张某向上级行工行榆林分行套取经费发放福利费、奖金属于重复发放、非正常发放，属于国有公司、企业的工作人员滥用职权的行为。二是童某、温某、张某滥用职权的行为致使国家利益遭受重大损失。本案中，被告人童某等人向上级行套取资金并发放给职工总计123.29万元的行为，对于神木支行来说，虽然没有遭受实质损失，但由于工行实行的是统收统支的财务管理制度，各分支机构系向上级报账，最终会体现为国家利益的损失。①

②造成的损失必须是单位本身遭受的经济损失，而不是单位以外的主体遭受经济损失。

---

① 参见中华人民共和国最高人民法院刑事审判一、二、三、四、五庭主办：《刑事审判参考》（总第112集），法律出版社2018年版，第109页。

案例

某县木材公司经理廖某某为了获得国家下拨的林业用油补助资金，要求公司会计将不符合申报补助条件的“直拨直调”的业务量冒报为林业生产性用油项目向县林业局报送。2011年至2015年，共骗取国家油价补贴446.49万元。一审法院认为，廖某某身为国有公司经理，明知公司在开展“直拨直调”业务时不是林业生产实际用油者，仍然故意违反国家对林业用油补贴申报及专款专用的规定，指使财会人员以公司未实际用油的林业生产数量申报用油补贴，取得国家油价补贴专项资金446.49万元用于单位其他开支，导致国家专项资金损失从而致使国家利益遭受重大损失，其行为已构成国有公司人员滥用职权罪。二审法院认为，廖某某的行为不符合国有公司人员滥用职权罪的客观要件。林业生产用油补贴的审批发放职权属于各级林业主管部门，上诉人无上述职权。国有公司人员滥用职权罪属于结果犯，客观方面应造成国有公司、企业破产或严重亏损，致使国家利益遭受重大损失。在2010年至2014年即上诉人担任某县木材公司经理期间，某县木材公司经营良好，不存在企业破产或严重亏损，致使国家利益遭受重大损失的情况。故一审法院认定上诉人的行为致使国家利益遭受重大损失的事实错误①。

构成国有公司人员滥用职权罪，要件之一是给企业造成损失。损失不是指国有公司以外主体的损失，而是国有公司自身的损失。在实践中，有的国有公司人员利用职务上的便利，滥用职权，套取国家的相关资金，虽然客观上损害了国家利益，但是并不构成该罪，不过并不妨碍其构成他罪。

5.国有公司、企业、事业单位人员失职罪

(1)犯罪表现形式。

国有企业合同履行的经办人，未审慎审查合同相对人的履约能力，构成国有公司、企业、事业单位人员失职罪。

---

① 参见(2019)桂12刑终114号。

案例

2009年1月起，张某某担任科某公司开发部经理（科某公司系国有公司）。张某某具有参与涉案房屋销售、经办产权过户、后续催款等工作职责。张某某在办理过户手续的过程中，未尽审查职责，致使产权没有严格依照协议约定过户到恒某公司、相关企业及分公司股东个人名下，增加了国有资产的不安全性；张某某在落实后续催款的过程中，明知恒某公司在既未支付大部分房款，又未提供相应担保的情况下，要在交易房产上设立抵押权，不仅失职不报，还帮助办理加急手续，放任足以危及合同履行的重大事项的发生，且在恒某公司两次申请延期付款时，没有全面调查汇报恒某公司的履约能力，以致某投公司在不清楚恒某公司真实资产状况的情况下，同意延期付款，错失最佳救济时间及途径，法院认为，张某某属于严重失职。基于张某某仅是经办人，并非起领导、决策、指挥作用的单位主管人员，张某某的行为应以国有公司、企业、事业单位人员失职罪论处①。

（2）常见疑难问题。

①罪与非罪的界限。②

正确区分国有公司、企业、事业单位人员失职罪与非罪的界限，主要在于：一是看行为人主观上是否存在过失。二是国家利益是否遭受重大损失。如果行为人的行为未使国家利益遭受重大损失，则不构成本罪，可以由有关部门给予批评教育或者行政处分。三是重大损失和严重不负责任之间是否存在刑法意义上的因果关系。实践中，两者之间的因果关系很可能是多因一果，在这种情况下，一方面要审查行为人的行为是否能够达到严重不负责任的程度，另一方面要审查行为人的行为与损害后果之间是否有内在联系，如果主要是由不可抗力或者意外事件等造成的损失，就不能认定该行为人构成本罪。

---

① 参见（2014）沪二中刑终字第1225号。

② 参见陈国庆主编：《公职人员职务犯罪认定与证据指引》，中国方正出版社2019年版，第447页。

②构成本罪除了行为本身违背职权外，还必须造成实际的损失。

案例

2004年11月至2005年11月，胡某与董某（时任太钢国贸公司主持工作的副经理）为帮助解决山西某某钢铁公司因资金紧张欠太钢国贸公司货款的问题，经胡某与秦某1共谋，请示董某同意后，以太钢国贸公司名义在中国民生银行股份有限公司太原分行办理四笔保理融资分别为6000万元、5860万元、5940万元、4050万元，累计金额21,850万元。胡某和秦某1同谋，修改原始购销合同的结算方式及期限，提供给中国民生银行某某支行。办理这四笔保理业务提供给银行的材料中有由太钢国贸公司给银行出具的经理会决议，但实际上太钢国贸公司没有召开经理会，是胡某和董某打招呼后，董某让胡某按照银行要求准备了会议决议，并安排办公室人员加盖了公章。法院认为：胡某、秦某1为解决山西某某钢铁公司资金紧张的问题，虽伙同董某、郝某、牛某实施了涂改合同、涂改、使用进账单等违反公司规定、财务规定的行为，但之后太钢国贸收回山西某某钢铁公司所欠的货款，民生银行亦在贷款期限内收回贷款本息。本案现有证据并不能显示国家利益因此遭受重大损失。刑法具有谦抑性，法律虽规定该罪有兜底条款，但适用兜底条款时所具有的危害性应与其他并列条款所具有的危害性相当，且明确。原判认定上述被告人“给所在的国企信誉带来巨大损失，致使国家利益遭受特别重大损失”并无实质性依据。①

国有公司、企业、事业单位人员失职罪或是滥用职权罪，都面向职务违背后造成的客观结果，即其失职、滥用职权，必须造成了国有公司的客观损失，不能以行为本身对职务的悖反而推定国有公司工作人员造成了损失，而忽略入罪的实质要件。

① 参见(2020)晋07刑终134号。

6. 徇私舞弊低价折股、出售公司、企业资产罪

（1）犯罪表现形式。

①通过公司决议等合法的表决程序，以低于市场的价格出售国有资产。此时的决策领导层组成利益共同体，妄图通过合法的程序外衣遮蔽损害国有资产的客观事实。

案例

某某市城乡建设开发总公司（以下简称城乡公司）均为国资委下属国有企业。2002年初，在未经上报市国资委审批、未进行评估等国有资产处置程序的情况下，城乡公司法人代表兼总经理的莫某某召集公司班子成员召开班子会，自行决定将城乡公司位于麦地花园三楼304至317号办公楼（共14间，建筑面积1153.79平方米）的物业以总价98.4万元转让给莫某某（由其儿子莫某1代为出名）等24名全体职工，24人按照购房出资比例持有房产份额。2004年4月，上述物业被莫某某等人出售套现，该物业出租、出售的款项由24名职工按持有份额私分。经人民检察院委托某某市欣业房地产评估有限公司对麦地花园三楼304至317号办公楼进行评估，当时价值为人民币184.61万元。莫某某徇私舞弊低价出售上述国有资产，造成国家直接经济损失人民币86.21万元①。莫某某被法院以徇私舞弊低价折股、出售国有资产罪追究刑事责任。

②利用职务的权能，在低价出售、处置国有资产时，刻意隐瞒国有资产的市场价值。行为人往往通过国有资产受让者提供相应的对价，赚取处置价格与市场价格的差价。

案例

案例一

1997年5月至1999年11月，魏某某担任市属国企某工贸公司的法定代表人和总经理，1997年5月至1998年3月，魏某某指使某工贸公司邓某1

---

① 参见（2020）粤13刑终55号。

到原某某市国土局罗湖分局通过相应“公关”工作将长虹大厦的计提土地增值费从少计征。1998 年 3 月经某某市国土局罗湖分局产权科核定，某某市某工贸公司应交长虹大厦土地增值费为人民币 173.374 万元。1998 年上半年，某某市某某实业有限公司董事长骆某得知某工贸公司即将改制的消息，多次找到魏某某，提出希望参与某工贸公司改制，并希望魏某某能在资产评估过程中把某工贸公司的评估价尽量做低，并许诺在改制成功后给予魏某某某工贸公司的部分股份，魏某某予以默认。1998 年 8 月 13 日，某工贸公司的上级公司某某市建设投资控股公司委托某某市大公会计师事务所对某工贸公司的资产进行改制前的全面评估，评估基准日为 1998 年 7 月 31 日，大公会计师事务所进入某工贸公司进行资产评估期间，魏某某故意隐瞒长虹大厦土地增值费只需补缴人民币 173.37 万元的事实，致使评估认定某工贸公司仍需补缴长虹大厦土地增值费人民币 1107.34 万元，并将该项列为负债从公司净资产中扣除，导致某工贸公司评估后净资产减少人民币 933.97 万元①。魏某某被法院以徇私舞弊低价折股、出售国有资产罪追究刑事责任。

案例二

任某某在工商银行江南支行某峰分理处工作期间，在负责某峰副食品公司不良贷款的清收处置工作时，于 2004 年 10 月采取弄虚作假的手段，徇私舞弊将价值 75.33 万元的渔某关副食品加工厂处国有资产以 28 万元的低价出售给原某峰副食品公司职工张某等人，致使国家利益遭受 47.33 万元的损失。法院认为：任某某参与处置渔某关百货大楼（一至四层）和副食品加工厂两处不良资产，系经过工商银行江南支行不良资产管理中心负责人到企业调查摸底，实地查看资产，拟出资产处置方案，经工商银行江南支行资产风险管理委员会讨论决定后实施，不能认定被告人任某某有弄虚作假或徇私舞弊的犯罪行为②。

---

① 参见（2019）粤 0303 刑初 1487 号。

② 参见（2017）鄂 09 刑再 6 号。

(2)常见疑难问题。

①对"国有资产"的理解。[1]

国有资产是徇私舞弊低价折股、出售公司、企业资产罪侵犯的对象之一。国有资产可分为经营性资产、行政事业性资产和资源性资产。经营性国有资产是国家作为出资人在企业中依法拥有的资本及其收益;行政事业性国有资产是指由行政事业单位占有、使用,在法律上为国家所有的各种经济资源的总和;资源性国有资产是指具有开发价值的国有自然资源,如土地、矿藏、水流、森林、山岭、草原、滩涂、海洋等。

根据 2019 年 3 月 2 日修订的《企业国有资产监督管理暂行条例》第 3 条规定,本条例所称企业国有资产,是指国家对企业各种形式的投资和投资所形成的权益,以及依法认定为国家所有的其他权益。具体而言,企业国有资产包括国有独资企业、国有独资公司的国有资产、国有控股、参股公司的国有资产,国家出资企业设立的子企业或控股、参股公司的国有资产、集体企业中的国有资产及依法认定为国家所有的其他权益。如根据 1994 年 11 月 25 日发布实施的《集体企业国有资产产权界定暂行办法》第九条的规定,集体企业在发展过程中,使用银行贷款、国家借款等借贷资金形成的资产,全民单位只提供担保的,不界定为国有资产。但履行了连带责任的,全民单位应予追索清偿。集体企业确实无力按期归还的,经双方协商可转为投资,转为投资的部分界定为国有资产。

②行为方式的认定。[2]

2023 年《公司法》将董事、监事、高级管理人员的忠实义务进行梳理,将忠实义务集中规定在第一百八十条至第一百八十四条。董事、监事、高级管理人员的忠实义务是指其在执行公司业务时所承担的以公司利益作为自己行为和行动的最高准则,不得追求自己和他人利益的义

① 参见王晓东:《徇私舞弊低价、折股出售国有资产罪的几个概念辨析》,载《公安研究》2006 年第 1 期。

② 参见安文录:《刑法第 169 条立法问题研究——以〈公司法〉、〈刑法〉最新修订为视角》,载《政治与法律》2007 年第 1 期。内容根据 2023 年《公司法》进行了部分修改。

务。董事会作为公司的业务执行机关,在执行公司业务时,对公司承担忠实义务,这是两大法系国家公司法的共同规定,亦为我国公司法的明确要求。2023年《公司法》在借鉴两大法系国家公司法的基础上,较为全面、集中地规定了董事、监事、高级管理人员的忠实义务,具体内容为董事、监事、高级管理人员不得有下列行为:“(一)侵占公司财产、挪用公司资金;(二)将公司资金以其个人名义或者以其他个人名义开立账户存储;(三)利用职权贿赂或者收受其他非法收入;(四)接受他人与公司交易的佣金归为己有;(五)擅自披露公司秘密;(六)违反对公司忠实义务的其他行为。”第一百八十六条还规定:“董事、监事、高级管理人员违反本法第一百八十一条至第一百八十四条规定所得的收入应当归公司所有。”即公司有权对董事、监事、公司高级管理人员违反忠实义务的行为行使归入权。公司行使归入权的对象为董事、监事、高级管理人员的违法所得。行使归入权后公司还能否行使损害赔偿请求权,各国立法例不尽相同。2023年《公司法》第一百八十八条规定:“董事、监事、高级管理人员执行职务违反法律、行政法规或者公司章程的规定,给公司造成损失的,应当承担赔偿责任。”据此,可以认为我国同时规定了归入权和损害赔偿请求权。此外,虽然《公司法》没有规定公司享有对该董事违法行为的停止请求权,但《民法典》总则第八章“民事责任”中有此项权利规定。当然,如果违法董事、高级管理人员的行为触犯了刑法,还要对他们追究刑事法律责任。

《刑法修正案(六)》第九条(《刑法》第一百六十九条之一)也以此为基础,明确规定了上市公司的董事、监事、高级管理人员,违背对公司的忠实义务,利用职务便利,操纵上市公司的犯罪行为,从而为有力贯彻实施《公司法》和严厉打击此类犯罪行为确立了法律上的依据。该条规定:“上市公司的董事、监事、高级管理人员违背对公司的忠实义务,利用职务便利,操纵上市公司从事下列行为之一:……(一)无偿向其他单位或者个人提供资金、商品、服务或者其他资产的;(二)以明显不公平的条件,提供或者接受资金、商品、服务或者其他资产的;(三)向明显不具有清偿能力的单位或者个人提供资金、商品、服务或者其他资产的；（四）为明显不具有清偿能力的单位或者个人提供担保，或者无正当理由为其他单位或者个人提供担保的；（五）无正当理由放弃债权、承担债务的；（六）采用其他方式损害上市公司利益的。上市公司的控股股东或者实际控制人，指使上市公司董事、监事、高级管理人员实施前款行为的，依照前款的规定处罚。犯前款罪的上市公司的控股股东或者实际控制人是单位的，对单位判处罚金，并对其直接负责的主管人员和其他直接责任人员，依照第一款的规定处罚。”

综上所述，该罪的客观行为方式应当包括《公司法》、《刑法》以及《刑法修正案（六）》所规定的全部行为方式，而不能仅仅规定徇私舞弊“低价折股、低价出售国有资产”的行为。

7. 滥用职权罪

（1）犯罪表现形式。

经检索裁判文书网，未发现发生在国有企业中的滥用职权罪案例，关于国有企业中滥用职权罪的犯罪表现形式暂时无可供参考的相关资料。

（2）常见疑难问题。

①以“从事公务”作为实质标准，准确认定国家机关工作人员，以区分滥用职权罪与国有事业单位人员滥用职权罪。

案例

2016 年 3 月至 2018 年 7 月，杜某利用担任某市信息中心综合业务处处长、副主任的职务便利，在负责“某市城市智能门户运维托管”等多个项目招投标工作期间，与相关企业负责人串通，通过安排投标企业制作项目建设方案、测算项目预算，以及在招标文件和评分标准中量身定做评分项、提前告知评标环节等不正当竞争方式，帮助相关企业承揽项目，所涉项目中标金额合计 2737 万余元人民币（币种下同）。经过工业和信息化部电子第五研究所专家评估、某区发展改革委员会价格认证中心价格认定，前述项目价值合计 2136 万余元，杜某串通投标行为造成公共财产损失 601 万余元。

区分滥用职权罪与国有事业单位人员滥用职权罪的关键在于准确认识国家机关工作人员的范围。前文提道：根据《刑法》规定，第九章渎职罪中规定的滥用职权罪的犯罪主体是国家机关工作人员。根据全国人民代表大会常务委员会《关于〈中华人民共和国刑法〉第九章渎职罪主体适用问题的解释》规定，在依照法律、法规规定行使国家行政管理职权的组织中从事公务的人员，或者在受国家机关委托代表国家机关行使职权的组织中从事公务的人员，或者虽未列入国家机关人员编制但在国家机关中从事公务的人员，在代表国家机关行使职权时，有渎职行为，构成犯罪的，依照刑法关于渎职罪的规定追究刑事责任。因此，对于虽然属于事业编制，但是实际行使行政职权的人员，应当以国家机关工作人员论。①

②滥用职权行为的成立，不限于相对人有认识的场合。

结合滥用职权罪所保护的法益可知：职务行为公正与否，取决于公职人员客观上的行为和主观上的动机，与相对人是否意识到公职人员在违法使用权力，而导致自身的权利受到妨碍没有关系。无论相对人知不知情，如果行为人的行为超越自身的职务权限，或者虽然在自己的职务权限范围之内，但并未遵守相关的实体性条件与程序性要求，行为便已使得为达到职务行为公正性必要条件的缺失，属于权力滥用的情形。在滥用职权罪中，在实行行为之外额外添加为相对人或公众知晓的要件，或者将相应要件整合入滥用职权行为之中，并不具有正当性。②

③指使不属于自己分管的下级工作人员违法履行职责能认定为滥用职权行为。③

作为上级单位领导对下级工作人员具有职务上的制约关系，其指使

① 参见方弈霏：《滥用职权串通投标构成何罪：从江苏省南京市信息中心原副主任杜葵案说起》，载《中国纪检监察报》2022 年 12 月 2 日，第 8 版。

② 参见劳东燕：《滥用职权罪客观要件的教义学解读——兼论故意过失的混合犯罪类型》，载《法律科学（西北政法大学学报）》2019 年第 4 期。

③ 参见刘炜：《滥用职权罪若干实践问题探讨》，载《中国检察官》2014 年第 24 期。

不属于自己分管的工作人员违法履行职责符合滥用职权罪的本质特征。

"职权"与"滥用"的关系体现在：一是行为人滥用行为与职务密切相关，以一般职务权限为基础，没有一般职务权限也就没有职权可被滥用。二是行为人的滥用职务行为，本身是对其一般职务权限的"背叛"，滥用行为是对一般职务行为的超越、违法不正当行使。滥用职权罪中"滥用"的本质是对一般职务行为的违反、超越或不正当行使，是对其一般职务权限的"背叛"。行为人未在自己具体的职权范围内处理事项，而是超越职权指使房产登记中心工作人员违法核发房产证，其超越职权的行为正是对其合法行为的"背叛"，符合滥用职权行为的本质特征。

8. 玩忽职守罪

(1)犯罪表现形式。

①发现问题后，未督促整改，造成重大损失。

案例

2015年12月8日至2016年5月7日，豫B某客运汽车持续存在GPS车载行车记录仪不显示速度的安全隐患，时任十八分公司主管安全生产工作的副经理范某某，在掌握了该车长期存在上述安全隐患信息后，于2016年1月8日、2016年2月20日、2016年3月14日、2016年3月27日先后4次向陈某下达隐患整改通知书，要求其及时消除安全隐患，但陈某签收后未按照安全管理规定进行检修整改，并私自更换未经十八分公司安全考核合格的驾驶员陈某1(已判刑)驾驶该车辆。在此情况下，范某某未继续履行岗位职责、采取进一步的有效措施确保整改落实到位，致使该车一直在带有上述安全隐患的情况下持续运营。2016年5月7日凌晨5时43分，豫B某客车在开封市310国道529KM+350M处发生交通事故，造成5人死亡，多人不同程度受伤(其中重伤1人、轻伤10人、轻微伤10人)。① 范某某被法院以玩忽职守罪追究法律责任。

---

① 参见(2018)豫02刑终134号。

②在评估过程中，未对材料真实性进行充分审查。

案例

刘某某作为受宽城区政府委托在国有公司从事拆迁工作的负责人员，在2008年至2009年长春市宽城区政府对广某木业有限公司征地拆迁的过程中，严重不负责任，没有履行职责，未发现公司存在谎称地板车间有产权的情形，将无产权的地板车间按有籍房进行评估，致使国家拆迁补偿款240.91万元被骗取，使国家财产遭受重大损失，情节特别严重①。刘某某被法院以玩忽职守罪追究法律责任。

③未认真履行监管义务，导致未发生真实汇兑业务的进行汇兑。

案例

某县邮政分公司系全民所有制分支机构，潘某系某县邮政分公司的聘用制职工，在该公司金融部工作，负责对汇兑业务的风险防控和操作规定进行监督检查。富某县老厂邮政所系该公司下设的委托代办点，其汇兑业务受某县邮政分公司的管理和监督，该代办点的委托经营管理人为陈某1（已判刑）。潘某在某县邮政分公司金融部工作期间，根据金融部负责人的特别安排与授权，负责与公司金融部员工何某（另案处理）共同对老厂邮政代办点的邮政汇兑业务加强监管，即潘某须每天通过查看陈某1经微信发送的轧账单对老厂邮政所的入账情况、日结存现金情况、上缴款项情况进行监管，并负责将老厂邮政所出现的汇兑异常情况及时向公司汇报。2017年2月，因潘某未认真履行监管职责，在陈某1借故连续多天未将轧账单按时发送检查的情况下，潘某未及时落实陈某1未发送账单的真正原因，也未将该情况及时向部门领导汇报，导致陈某2在没有真实汇兑业务发生的情况下，进入该公司汇兑系统，将公司的189万元人民币汇到余某1（陈某1丈夫，已判刑）的中国邮政储蓄银行账户上用于境外赌博②。潘某被法院以玩忽职守罪追究法律责任。

---

① 参见（2015）长刑终字第00010号。

② 参见（2018）云0325刑初22号。

(2)常见疑难问题。

①罪与非罪的界限。[①]

实践中,认定玩忽职守罪,主要是区分玩忽职守犯罪和工作失误。工作失误,是指行为人因业务水平不高和工作能力不足,从而决策不当,导致公共财产、国家和人民利益遭受损失。工作失误与玩忽职守罪有相似之处,二者的区别主要在于:一是主观心理态度不同。在玩忽职守的情况下,行为人主观上存在过失,表现为严重不负责任、不尽职守,马虎草率,漫不经心的心理态度。而工作失误的行为人,虽然主观上存在一定的认识错误、经验不足或者其他过错,但在履行职责的过程中,行为人是抱着尽力履行职责心理态度的。二是客观行为特征不同。玩忽职守罪表现为行为人不履行或不认真履行职责义务,在工作中,违反工作纪律和规章要求,对工作极端不负责任,造成国家和人民利益遭受重大损失。而在工作失误的情况下,行为人往往因业务素质不高,措施不当,方法不对,以致在履行职责过程中发生错误,造成国家和人民利益遭受损失。三是造成后果的严重程度不同。行为人的行为只有造成司法解释规定的重大损失的,才能以玩忽职守罪追究行为人的刑事责任,否则,只能认定为一般的工作失误。

②行使国家行政管理职权是国有企业工作人员构成玩忽职守罪的前提条件。

案例

席某系定西某通公司财务室主任兼会计,多次将自己保管的法定代表人印章和财务专用章交于出纳张某携带使用,且在2015年10月至2017年4月,对公司出纳张某多次提交的虚假账务资料未能严格审核,未核实资料的真实性便制成会计账务;文某在公司财务流程管理中长期未督促会计到公司开户银行进行核对,仅通过出纳、会计制作的书面账务资料实施管理公司财务。其间,公司经理王某在发现张某丈夫邵某放高利贷和张某购买

① 参见陈国庆主编:《公职人员职务犯罪认定与证据指引》,中国方正出版社2019年版,第430页。

宝马牌X5越野车的情况后，为保证公司资金安全，曾专门安排席某、文某对公司财务进行认真检查并加强对张某的监督。但席某、文某并未认真检查公司财务，没有与银行核实，对出纳的财务活动未进行监督。[①] 二审法院认为席某、文某作为该公司中从事公务的人员，在工作中严重不负责任，造成国有公司财产特别严重损失，致使国家利益遭受特别重大损失，其行为均构成国有公司人员失职罪，原判定性玩忽职守罪不准，玩忽职守罪的主体为国家机关工作人员，而上诉人的身份为一般国家工作人员，不是依法或受委托行使国家行政管理职权的公司工作人员。

（三）查办国有企业工作人员渎职犯罪的取证指引

1. 非法经营同类营业罪

（1）关于本罪主体方面的证据[②]。

本罪的主体是特殊主体，即国有公司、企业及其他公司、企业的董事、监事、高级管理人员[③]。

①国有公司、企业的工商注册登记、经营许可等相关材料，证实公司、企业的国有性质。

②国有公司、企业董事、经理的任职文件、分工文件、岗位职责说明等相关材料，证实其法定职务、职权内容。

（2）关于本罪主观方面的证据。

①被调查人、犯罪嫌疑人、被告人的供述和辩解。证实以下方面的内容：a. 自己经营或者为他人经营与所任职企业同类营业的动机、预谋、时间、参与人、具体经营方式。b. 谋取的非法利益情况。c. 利用自己职务便利的具体经过。d. 共同犯罪的，行为人之间犯意提起、联络、分工及共同犯意下实施的行为。

---

① 参见（2019）甘11刑终69号。

② 参见陈国庆主编：《公职人员职务犯罪认定与证据指引》，中国方正出版社2019年版，第541－543页。

③ 本书仅讨论国有公司、企业的董事、监事、高级管理人员触犯本罪的取证问题。

②证人证言。证实内容同上。

③物证、书证。包括:a. 实物、有价证券、存折、票据、收条等,证实谋取的非法利益情况。b. 兼营公司的企业工商注册登记信息、经营许可证、行为人有无任职,公司实际经营人与行为人的关系等。c. 合同、合伙协议等证实行为人非法进行同类经营的情况。通过上述证据,证明行为人明知自己或为他人经营的业务与自己所任职公司、企业经营的业务属于同类,为非法获取利益,仍决意进行经营的主观心态。本罪在主观方面必须出于故意,过失不能构成本罪。

(3)关于本罪客观方面的证据。

①被调查人、犯罪嫌疑人、被告人的供述和辩解。证实以下方面内容:a. 自己经营或者为他人经营同类业务的时间、地点、参与人等。b. 具体经营的业务类型、经营方式。c. 谋取的非法利益以及去向、分赃等情况。d. 如何利用职务便利开展经营。e. 共同犯罪的起意、策划、分工、实施等情况,查明每一个犯罪嫌疑人在共同犯罪中的地位和作用。

②证人证言。包括:a. 知情人的证言,证实行为人的任职情况,经营业务情况,利用职务便利开展与企业同类经营的具体过程。b. 受益人的证言,证实行为人如何为自己开展同类经营及具体形式;为他人开展具体经营业务的,是否注册公司,公司性质,经营范围,如何具体开展经营,获利情况等。c. 经办人的证言,证实受行为人安排或指使,具体经办相关业务的过程,及给国有企业造成的损失,非法获利等情况。d. 调查人员的证言,证实调查过程中的有关情况。e. 调查活动的见证人和鉴定人证言,证实见证和鉴定过程中的有关情况。

③物证。包括人民币、外币、有价证券等实物和照片。证实具体经营情况和获利情况。

④书证。包括:a. 证明行为人职责范围的文件、任职文件、会议纪要等。b. 证明行为人兼营的业务属于与其所任职公司同类的营业,需要提取兼营公司或企业的工商登记资料及其他证实经营内容、经营范围的文件。c. 所在单位分工文件、会议记录、批示,或者有关经济活动、金融活

动的合同、协议、资金往来票据和财务凭证等，证明行为人利用职务便利情况。d. 业务合同、合约、合伙协议等，证实具体经营情况。e. 银行存折、支取账单，交易明细等，证实具体经营情况及获取非法利益的情况。f. 行为人开展行为的有关书信、联系记录等。g. 合同、单据、账簿、发票等，证实获利具体数额。

⑤鉴定意见。包括：a. 文检鉴定意见，证实行为人的签字笔迹、印鉴等。b. 对经营同类业务的规模、收入、获取的非法利益、给国有企业造成的损失等情况进行司法会计审计、工程质量鉴定等相关鉴定。

⑥勘验、检查、辨认、调查实验等笔录。包括现场和物证的勘验、检查、辨认、调查实验等笔录和照片。

⑦视听资料、电子数据。包括录音、录像资料和电子数据资料等，证实经营业务的过程等。

⑧其他证明材料。包括：a. 报案、投案、破案记录。b. 举报、控告记录及信件。c. 搜查、扣押、起赃、收缴、封存、退赃笔录或证明。d. 有关情况说明。

(4)关于本罪客体的证据。

通过被调查人、犯罪嫌疑人、被告人的供述和辩解，证人证言，物证，书证，鉴定意见等证据，证实行为人的行为侵害了公司、企业的正常管理秩序和职务行为的廉洁性、正当性。

2. 为亲友非法牟利罪

(1)关于本罪主体方面的证据①。

本罪的主体是特殊主体，即国有公司、企业、事业单位及其他公司、企业的工作人员②。

①国有公司、企业的工商注册登记、经营许可等相关材料，证实公司、企业的国有性质。

---

① 参见陈国庆主编：《公职人员职务犯罪认定与证据指引》，中国方正出版社2019年版，第548－551页。

② 本书仅讨论国有公司、企业、事业单位工作人员触犯本罪的取证问题。

②国有公司、企业工作人员的任职文件、分工文件、岗位职责说明等相关材料，证实其法定职务、职权内容。

(2)关于本罪主观方面的证据。

①被调查人、犯罪嫌疑人、被告人的供述和辩解。证实以下方面内容：a. 为亲友非法牟利的动机、预谋、时间、参与人。b. 对于“盈利业务”“明显高于或低于市场的价格”“不合格商品”等的主观认知程度。c. 如何利用自己职务便利实施为亲友非法牟利的行为。d. 共同犯罪的，行为人之间犯意提起、联络、分工及共同犯意下实施的行为。

②证人证言。证实内容同上。

③物证、书证。包括：a. 实物、有价证券、存折、票据、收条等，证实行为人利用职务便利为亲友进行经营以及牟利情况。b. 行为人与亲友的关系证明。c. 经营协议、销售合同、估价证明、产品质量认定书、所在单位会议记录、发票、结算单等证实将营利业务交由亲友经营，或低价售出、高价买入亲友经营的业务，或者购买不合格商品的情况。d. 给自己企业造成损失的其他证据。通过上述证据，证明行为人明知自己利用职务便利为亲友进行经营活动提供便利条件是一种背信经营的行为，仍故意实施这种行为的主观心态。

(3)关于本罪客观方面的证据。

①被调查人、犯罪嫌疑人、被告人的供述和辩解。证实以下方面内容：a. 根据将单位的营利业务交由亲友经营，以明显高于市场的价格采购商品或者以明显低于市场的价格销售商品，向自己的亲友经营管理的单位采购不合格商品这三种行为模式，供述具体的操作过程、手段、时间、参与人员等。b. 利用职务便利的具体经过。c. 谋取的非法利益以及去向、分赃等情况。d. 给企业造成的损失情况。e. 共同犯罪的起意、策划、分工、实施等情况，查明每一个犯罪嫌疑人在共同犯罪中的地位和作用。

②证人证言。包括：a. 受益亲友的证言，证实其与行为人开展经营、交易的预谋、合意、具体过程及获利等情况。b. 知情人的证言，证实行为

人的任职情况,经营业务情况,利用职务便利开展为亲友牟利的具体操作过程,牟利情况及造成的损失等情况。c. 经办人的证言,证实受行为人安排或指使或业务需要,具体经办相关业务的过程,及给国有企业造成的损失,非法获利等情况。d. 调查人员的证言,证实调查过程中的有关情况。e. 调查活动的见证人和鉴定人证言,证实见证和鉴定过程中的有关情况。

③物证。包括人民币、外币、有价证券等实物和照片,证实具体经营情况和获利情况。

④书证。包括:a. 证明行为人职责范围的文件、委任书等。b. 让亲友经营公司业务的,要提取亲友经营公司的工商资料(公司注册资料,经营范围等)或其他证实经营内容及范围的文件。c. 所在单位分工文件、会议记录、批示,或者有关经济活动、金融活动的合同、协议、资金往来票据和财务凭证等,证明行为人利用职务便利的情况。d. 交易型牟利事项,需调取买卖合同等证实交易具体情况。e. 银行存折、支取账单,交易记录等,证实具体经营情况及交易情况。f. 行为人开展经营行为的有关书信、联系记录等。g. 合同、单据、账簿、发票等,证实获利具体数额及损失具体数额。

⑤鉴定意见。包括:a. 文检鉴定意见,证实行为人的签字笔迹、印鉴等。b. 对经营业务的规模、收入、获取的非法利益、给国家造成的损失等情况进行司法会计审计、工程质量鉴定等相关鉴定。c. 产品质量检验报告等,证实购买亲友不合格产品的具体情况。

⑥勘验、检查、辨认、调查实验等笔录,包括现场和物证的勘验、检查、辨认、调查实验等笔录和照片等。

⑦视听资料、电子数据。包括录音、录像资料和电子数据资料等,证实经营、交易业务的过程等。

⑧其他证明材料。包括:a. 报案、投案、破案记录。b. 举报、控告记录及信件。c. 搜查、扣押、起赃、收缴、封存、退赃笔录或证明。d. 有关情况说明。通过上述证据,证明行为人实施了利用职务便利,为亲友非法

牟利,使国家利益遭受重大损失的行为。

(4)关于本罪客体的证据。

通过被调查人、犯罪嫌疑人、被告人的供述和辩解、证人证言、物证、书证、鉴定意见等证据,证实行为人的行为侵害了国有公司、企业、事业单位及其他公司、企业的正常管理秩序和职务行为的廉洁性、正当性。

3. 签订、履行合同失职被骗罪

(1)关于本罪主体方面的证据[①]。

本罪是特殊主体,即国有公司、企业、事业单位直接负责的主管人员。

①国有公司、企业的工商注册登记、经营许可等相关材料,证实公司、企业的国有性质。

②国有公司、企业直接负责主管人员的任职文件、分工文件、岗位职责说明等相关材料,证实其法定职务、职权内容。

(2)关于本罪主观方面的证据。

①被调查人、犯罪嫌疑人、被告人的供述和辩解。证实:a. 严重不负责任,不履行或者不正确履行职责的动机、目的,与相关人员的关系。b. 对其不履行或者不正确履行职责行为的认知程度。c. 对其不履行或者不正确履行职责可能造成后果的认知程度。

②证人证言。包括交易对方、本单位同事、领导等的证言,证实被调查人、犯罪嫌疑人、被告人在签订、履行合同的过程中不履行或不正确履行职责的情况。实践中,判断行为人对其不履行或者不正确履行职责的行为性质是否明知,应注意收集和审查以下方面的证据:a. 行为人对单位事务熟悉程度的证据,包括其知识层次、从事单位事务的时间、有无管理权限、是否接受过培训等。b. 行为人工作中一贯表现的证据,包括日常单位事务活动表现、有无受到过批评、劝阻,以及相对人抗辩时行为人的表现等。c. 行为人失职动机的证据,包括其与交易对方的关系、有无

① 参见陈国庆主编:《公职人员职务犯罪认定与证据指引》,中国方正出版社 2019 年版,第 457－458 页。

收受好处及有无为单位、部门谋取利益等。

(3)关于本罪客观方面的证据。

①证明签订合同的过程。包括：a. 书证：合同，包括买卖合同、承揽合同，技术、融资租赁、居间、担保、劳务、期货等合同；行业规程，证实行业标准的安全标准、价格标准等。b. 被调查人、犯罪嫌疑人、被告人的供述和辩解，证实自己作为合同相对人，签订、履行合同的过程中不认真、粗心大意，草率行事的情况。c. 证人证言，证实自己作为合同相对人，为获取非法利益，虚构事实、隐瞒真相，从而使被调查人、犯罪嫌疑人、被告人陷入错误认识签订合同。d. 知情人证言，证实被调查人、犯罪嫌疑人、被告人在签订、履行合同的过程中失职被骗的具体经过。

②证明被调查人严重不负责任的证据。主要书证包括：职业规范、工作规章制度、被调查人岗位职责、签订合同应当经过的审批流程等，证明被调查人按规定应当如何正确履行职责；会议记录、工作日记、被调查人签字盖章的文件、合同相对方的工商登记材料、资信情况、生产经营情况等，证明被调查人在签订、履行合同的过程中严重不负责任。

③证明对方当事人涉嫌诈骗犯罪的证据。包括：a. 刑事立案决定书、强制措施等法律文书。b. 被骗单位的报案、损失情况等证据。

④证明造成国有公司、企业事业单位经济损失的证据。包括：a. 破产公告、破产裁定、破产清算报告。b. 资产评估书、资产负债表、资产平衡表、亏损明细表。c. 账簿、记账凭证、银行账单、往来账簿。d. 作案工具、厂房、机器设备及徇私舞弊所得的赃款赃物等。e. 鉴定意见，证实国有公司、企业和国家利益遭受的具体损失情况等。通过上述证据证明行为人客观上实施了签订、履行合同失职被骗的客观行为。

(4)关于本罪客体方面的证据。

通过被调查人、犯罪嫌疑人、被告人的供述和辩解、证人证言、物证、书证、鉴定意见、视听资料、电子数据等证据，证实行为人的行为侵犯了国有公司、企业、事业单位以及金融机构、从事对外贸易经营活动公司、企业的正常管理秩序和国家的经济利益。

4. 国有公司、企业、事业单位人员滥用职权罪①

(1)关于本罪主体的证据。

本罪的主体是特殊主体,即国有公司、企业、事业单位的工作人员。

①国有公司、企业的工商注册登记、经营许可等相关材料,证实公司、企业的国有性质。

②国有公司、企业工作人员的任职文件、分工文件、岗位职责说明等相关材料,证实其法定职务、职权内容。

(2)关于本罪主观方面的证据。

①被调查人、犯罪嫌疑人、被告人的供述和辩解。证实:a. 滥用职权的动机、目的,与相关人员的关系,是否为本人、他人或单位(部门)谋私情、私利。b. 超越职权或者不正确履行职责的时间、地点、手段、参与人员、经过、处理结果和造成后果。c. 对其超越职权或者不正确履行职责,及违法违规违纪的认知程度。d. 对其超越职权或者不正确履行职责可能造成国有公司、企业破产或者严重损失,及致使国家利益遭受重大损失的认知程度。

②证人证言。包括交易对方、滥用职权行为受益人和本单位同事、领导等的证言。证实内容同上。

③物证、书证。包括行为人接受他人的实物、礼金、服务的实物及票据、凭证,相关职业规范、工作制度、合同,以及行为人因违法违规处理职务活动受到的处分决定等,证明与相关人员的关系,是否为本人、他人或单位(部门)谋私情、私利,违法违规处理单位事务的结果等。实践中,判断行为人对其超越职权或者不正确履行职责的行为性质是否属于明知故犯,应注意收集和审查以下方面的证据:a. 行为人对单位事务熟悉程度的证据,包括其知识层次、从事单位事务的时间、有无管理权限、是否接受过培训等。b. 行为人工作中一贯表现的证据,包括日常单位事务活动表现,有无受到过批评、劝阻,以及相对人抗辩时行为人的表现等。

① 参见陈国庆主编:《公职人员职务犯罪认定与证据指引》,中国方正出版社 2019 年版,第 286－288 页。

c. 行为人滥用职权动机的证据，包括其与交易对方的关系、有无收受好处及有无为其他单位或者他人谋取利益等。

(3)关于本罪客观方面的证据。

①被调查人、犯罪嫌疑人、被告人的供述和辩解。证实：a. 滥用职权的时间、地点、其他参与人。b. 滥用职权的过程中是否存在徇私舞弊行为，以及徇私舞弊获得私利的时间、地点、经过、结果等。c. 滥用职权的详细经过。d. 造成危害后果的时间、地点以及事态发生、发展、影响范围和程度等。e. 造成危害后果有无其他人员或者因素的介入。f. 行为人在危害后果发生后的相关行为。

②证人证言。包括：a. 调查人员的证言，证实侦破过程中的有关情况。b. 调查活动的见证人和鉴定人证言，证实见证和鉴定的过程。c. 单位领导、财务人员、同事等知情人证言，证实行为人履行职务的时间、地点、经过、造成的后果等。d. 从行为人滥用职权中受益人的证言，证实其与行为人关系、行为人是否收受或索票财物以及所得利益等情况。

③书证、物证。证实国有公司、企业和国家利益遭受的损失等情况，包括：a. 破产公告、破产裁定、破产清算报告。b. 资产评估书、资产负债表、资产平衡表、亏损明细表。c. 账簿、记账凭证、银行账单、往来账簿。d. 作案工具、厂房、机器设备及徇私舞弊所得的赃款赃物等。

④鉴定意见。包括文检鉴定、审计鉴定、会计鉴定及估价鉴定等，证实国有公司、企业和国家利益遭受的具体损失情况等。

⑤勘验、检查、辨认、调查实验等笔录。包括现场和物证的勘查图、照片和勘验、检查、辨认、调查实验笔录等，证实遭受损失的现场及物证等情况。

⑥视听资料、电子数据。包括录音、录像等资料和电子数据资料等，证实工作中滥用职权及造成亏损、破产及严重损失等情况。

⑦其他证明材料。证实与案件有关的情节。包括：a. 举报、控告记录及信件。b. 报案登记、立案决定书及破案经过等书证，证实案件来源、侦破经过以及犯罪嫌疑人是否有自首情节等。c. 有关情况说明。

通过上述证据,证明国有公司、企业、事业单位工作人员,因滥用职权,造成国有公司、企业破产或者国有公司、企业严重损失,致使国家利益遭受重大损失。

(4)关于本罪客体的证据。

通过被调查人、犯罪嫌疑人、被告人的供述和辩解、证人证言、物证、书证、鉴定意见等证据,证实行为人的行为侵犯了国有公司、企业、事业单位的管理秩序和国家利益。

5. 国有公司、企业、事业单位人员失职罪

(1)关于本罪主体的证据①。

本罪的主体是特殊主体,即国有公司、企业、事业单位的工作人员。

①国有公司、企业的工商注册登记、经营许可等相关材料,证实公司、企业的国有性质。

②国有公司、企业工作人员的任职文件、分工文件、岗位职责说明等相关材料,证实其法定职务、职权内容。

(2)关于本罪主观方面的证据。

①被调查人、犯罪嫌疑人、被告人的供述和辩解。证实以下方面内容:a. 严重不负责任,不履行或者不正确履行职责的动机、目的,与相关人员的关系,是否为本人、他人或单位(部门)谋私情、私利。b. 不履行或者不正确履行职责的时间、地点、手段、参与人员、经过、处理结果和造成后果。c. 对其不履行或者不正确履行职责,及违法违规违纪的认知程度。d. 对其不履行或者不正确履行职责可能造成国有公司、企业破产或者严重损失,及致使国家利益遭受重大损失的认知程度。

②证人证言。包括交易对方、失职行为受益人和本单位同事、领导等的证言。证实内容同上。

③物证、书证。包括行为人接受他人的实物、礼金、服务的实物及票据、凭证,相关职业规范、工作制度、合同,以及行为人因违法违规处理职

---

① 参见陈国庆主编:《公职人员职务犯罪认定与证据指引》,中国方正出版社2019年版,第448-450页。

务活动受到的处分决定等，证明与相关人员的关系，是否为本人、他人或单位（部门）谋私情、私利，违法违规处理单位事务的结果等。

实践中，判断行为人对其不履行或者不正确履行职责的行为性质是否明知，应注意收集和审查以下方面的证据：a. 行为人对单位事务熟悉程度的证据，包括其知识层次、从事单位事务的时间、有无管理权限、是否接受过培训等。b. 行为人工作中一贯表现的证据，包括日常单位事务活动表现，有无受到过批评、劝阻，以及相对人抗辩时行为人的表现等。c. 行为人失职动机的证据，包括其与交易对方的关系、有无收受好处及有无为本人、他人或者单位（部门）谋取利益等。通过以上证据证明行为人明知应当履行职责或正确履行职责，且应当预见不履行或者不正确履行职责的行为，可能使公司、企业、事业单位和国家利益遭受重大损失，因为疏忽大意没有预见，或者虽然预见，但轻信能够避免的主观心态。

（3）关于本罪客观方面的证据。

①被调查人、犯罪嫌疑人、被告人的供述和辩解。证实以下方面内容：a. 不履行或者不正确履行职责行为的时间、地点、其他参与人。b. 履行职责时有无不认真、粗心大意，草率行事的情况；是否履行了职责要求的义务，或者进行了积极的作为以及没有履行职务的原因等。c. 履行职责的过程中是否存在徇私舞弊行为，以及徇私舞弊获得私利的时间、地点、经过、结果等。d. 履行职责的详细经过。e. 造成危害后果有无其他人员或者因素的介入。f. 造成危害后果的时间、地点以及事态发生、发展、影响范围和程度等。g. 行为人在危害后果发生后的相关行为。

②证人证言。包括：a. 调查人员的证言，证实侦破过程中的有关情况。b. 调查活动的见证人和鉴定人证言，证实见证和鉴定的过程。c. 单位领导、财务人员、同事等知情人证言，证实行为人履行职务的时间、地点、经过、造成的后果等。d. 从行为人失职中受益人的证言，证实其与行为人的关系、行为人是否收受或索要财物以及所得利益等情况。

③书证、物证。证实国有公司、企业和国家利益遭受的损失等情况。

包括:a. 破产公告、破产裁定、破产清算报告。b. 资产评估书、资产负债表、资产平衡表、亏损明细表。c. 账簿、记账凭证、银行账单、往来账簿。d. 作案工具、厂房、机器设备及徇私舞弊所得的赃款赃物等。

④鉴定意见。包括文检鉴定、审计鉴定、会计鉴定及估价鉴定等,证实国有公司、企业和国家利益遭受的具体损失情况等。

⑤勘验、检查、辨认、调查实验等笔录。包括现场和物证的勘查图、照片和勘验、检查、辨认、调查实验笔录等,证实遭受损失的现场及物证等情况。

⑥视听资料、电子数据。包括录音、录像资料和电子数据资料等,证实工作严重不负责任及造成亏损、破产及严重损失等情况。

⑦其他证明材料。证实与案件有关的情节。包括:a. 举报、控告记录及信件。b. 报案登记、立案决定书及破案经过等书证,证实案件来源、侦破经过以及犯罪嫌疑人是否有自首情节等。c. 有关情况说明。通过上述证据,证明国有公司、企业、事业单位工作人员,因严重不负责任,造成国有公司、企业破产或者国有公司、企业、事业单位严重损失,致使国家利益遭受重大损失。

(4)关于本罪客体的证据。

通过被调查人、犯罪嫌疑人、被告人的供述和辩解、证人证言、物证、书证、鉴定意见等证据,证实行为人的行为侵犯了国有公司、企业、事业单位的管理秩序和国家利益。

6. 徇私舞弊低价折股、出售公司、企业资产罪

(1)关于本罪主体方面的证据[①]。

本罪是特殊主体,即国有公司、企业或者其上级主管部门及其他公司、企业直接负责的主管人员[②]。

---

① 参见陈国庆主编:《公职人员职务犯罪认定与证据指引》,中国方正出版社 2019 年版,第 516－518 页。

② 本书仅讨论国有公司、企业或者其上级主管部门直接负责的主管人员触犯本罪的取证问题。

①国有公司、企业的工商注册登记、经营许可等相关材料，证实公司、企业的国有性质。

②国有公司、企业或者其上级主管部门直接负责主管人员的任职文件、分工文件、岗位职责说明等相关材料，证实其法定职务、职权内容。

（2）关于本罪主观方面的证据。

①被调查人、犯罪嫌疑人、被告人的供述和辩解。证实：a. 低价折股、出售国有资产的动机、目的与相关人员的关系，是否为本人、特定关系人或第三人徇私情、私利。b. 低价折股、出售国有资产的时间、地点、手段、参与人员、经过、处理结果和造成后果。c. 对《企业国有资产法》《公司法》以及其他国有资产保护法规规定的知悉程度。d. 对其不正确行使或超越职权处理公务活动，及违法违规违纪的认知程度。e. 对可能造成的危害后果的认知程度。f. 共同犯罪的，行为人之间的犯意提起、联络、分工以及在共同犯意下各行为人实施的行为。

②证人证言。证实：a. 上级主管机构相关人员、单位领导、财务人员、同事的证言，证实行为人低价折股、出售国有资产的时间、地点、经过、造成的后果等。b. 交易相对方的证言，证实其与行为人的关系、行为人是否收受或索要财物、低价购买国有资产的价格、方式、具体经过等情况。c. 评估机构、中介机构的相关人员，证实国有资产的估价、出售、交易等经过。d. 共同犯罪的，其他行为人与该行为人犯意提起、联络、分工的证言。

（3）关于本罪客观方面的证据。

①被调查人、犯罪嫌疑人、被告人的供述和辩解。证实：a. 低价折股、出售国有资产行为的时间、地点、其他参与人。b. 低价折股、出售国有资产过程中的徇私舞弊行为，以及徇私舞弊获得私利的时间、地点、经过、结果等。c. 低价折股、出售国有资产的详细经过及造成损失等情况。

②物证、书证。包括：a. 国家相关折股、出售国有资产文件的规定。b. 作为合同相对方签订的以低价折股或低价出售涉及国有资产的合同、协议、付款凭证、发票、会计凭证等，以及相关处置文件、会议纪要、文件

签发稿、情况说明等。c. 行为人接受他人的实物、礼金、服务的实物及票据、凭证，相关职业规范、工作制度、处理决定、处罚决定书、文件以及行为人因违法违规处理公务活动受到的处分决定等。d. 关于有关企业破产、停产、吊销营业执照的相关行政文书或者申请等。e. 对企业的实物、知识产权、土地使用权等出具的虚假证明文件等。

③鉴定意见。包括文检鉴定、审计鉴定、会计鉴定及估价鉴定等，证实国有公司、企业和国家利益遭受的具体损失情况等。

④视听资料、电子数据。包括录音、录像资料和电子数据资料等，证实低价折股、出售国有资产及造成亏损、破产及严重损失等情况。

⑤其他证明材料。证实与案件有关的情节。包括：a. 举报、控告记录及信件。b. 报案登记、立案决定书及破案经过等书证，证实案件来源、侦破经过以及犯罪嫌疑人是否有自首情节等。c. 有关情况说明。通过上述证据，证明国有公司、企业或者其上级主管部门直接负责的主管人员，因徇私舞弊，将国有资产低价折股或者低价出售，致使国家利益遭受重大损失的行为。

(4)关于本罪客体的证据。

通过被调查人、犯罪嫌疑人、被告人的供述和辩解、证人证言、物证、书证、鉴定意见等证据，证明行为人的行为侵害了国家或公司、企业财产的所有权和资产管理制度。

7. 滥用职权罪

(1)关于本罪主体的证据。

本罪的主体是国家机关工作人员。发生在国有企业中的滥用职权罪主体一般是要依法依规得到国家机关的授权或者代表国家机关行使管理职权的工作人员。要取得以下证据材料：

①国有公司、企业的工商注册登记、经营许可等相关材料，证实公司、企业的国有性质；国家机关授权国有公司、企业行使管理职权和国有公司、企业代表国家机关行使管理职权的相关文件、材料。

②国有公司、企业工作人员的劳动合同、任职文件、分工文件、岗位

职责说明等相关材料，证实其是国有公司、企业工作人员；国家机关授权国有公司、企业工作人员行使管理职权和国有公司、企业工作人员代表国家机关行使管理职权的相关文件、材料。

(2)关于本罪主观方面的证据。

①被调查人、犯罪嫌疑人、被告人的供述和辩解。证实：a. 不正确行使职权或者超越职权违法处理公务活动的动机、目的，与相关人员的关系，是否为本人、他人谋私情、私利、单位(部门)利益；b. 不正确行使或超越职权处理公务活动的时间、地点、手段、参与人员、经过、处理结果和造成后果；c. 对其不正确行使或超越职权处理公务活动，及违法违规违纪的认知程度；d. 对可能造成的危害后果的认知程度；e. 共同犯罪的，行为人之间的犯意提起、联络、分工以及在共同犯意下各行为人实施的行为。

②被害人陈述、被害单位知情人等证人的证言。证实内容同上。

③物证、书证、鉴定意见。如行为人接受他人的实物、礼金、服务的实物及票据、凭证，相关职业规范、工作制度、处理决定、处罚决定书、文件以及行为人因违法违规处理公务活动受到的处分决定等。证明与相关人员的关系，是否为本人、他人谋私情、私利、单位(部门)利益，违法违规处理公务活动造成的后果等。

实践中，判断行为人是否“明知故犯”，应注意收集和审查以下方面的证据：a. 行为人对公务熟悉程度的证据，包括其知识层次、从事公务活动的时间、有无管理权限、是否接受过培训等；b. 行为人工作中一贯表现的证据，包括日常公务活动表现，有无受到过批评、劝阻，以及相对人抗辩时行为人的表现等；c. 行为人滥用权力的动机证据，包括其与行政相对人的关系、有无收受好处及有无为单位、部门谋取利益等。

(3)关于本罪客观方面的证据。

①被调查人、犯罪嫌疑人、被告人的供述和辩解。证实：a. 违法处理公务的行为时间、地点、方式、过程及结果，包括事件发生、事态发展、审批程序、处理结果、处理依据、管理相对人的反应，以及损害后果等。

b. 公务活动的共同负责人、参与人、执行人情况及各自意见，公务活动中的具体表现和态度等。以“集体研究”形式实施的渎职犯罪，应当查清行为人在中间所起到的具体作用，如果是负主要责任，则应按照本罪处理；如果只是具体执行人员，应当在综合认定其行为性质、是否提出反对意见、危害结果大小等情节的基础上决定是否追究刑事责任。c. 依法行使职权的情况下应如何处理公务，包括自身的职权范围、行使职权的程序、接受监督的方式及自身的知识层次、从事公务年限、接受的培训情况等。d. 是否受到权力的干预，包括干预的具体事实经过、人员、授意的内容等。e. 与管理相对人的关系，有无收受好处、服务、财物及存在其他私情、仇怨，收受实物、礼金的种类、数量、特征，收受时间、地点、经过、在场人员、赃款（物）去向及接受服务的时间、地点、在场人员等。f. 有无为本单位、部门谋取好处，好处的物质形式、种类、数量、特征及接受的时间、地点、经过、去向、在场人、经手人、知情人等。g. 有无实施滥用职权行为，放纵他人犯罪或者帮助他人逃避刑事处罚；与他人共谋，利用其职务行为帮助他人实施其他犯罪行为，或既利用其职务行为帮助他人实施其他犯罪，又以非职务行为与他人共同实施其他犯罪行为。h. 违法处理公务的后果及危害，包括物质的、非物质的，有形的、无形的影响，直接的、间接的损失等，有数个危害结果的，查明最后一个危害结果发生的时间。经济损失是至立案时所实际造成的财产损失，立案后到提起公诉前持续造成的损失一并计入。i. 损失发生后，行为人是进行报告、积极挽回损失，还是不报、迟报、谎报或者授意、指使、强令他人不报、迟报、谎报事故情况，致使损失后果持续、扩大或者抢救工作延误。j. 滥用职权行为与危害结果之间是否具有法律上的因果关系。

②被害人陈述。证明本人遭受重大人身、财产损害的加害人、手段、经过、结果及诉讼请求等。

③证人证言。如目击人、同事、上级主管领导、管理相对人、关系人等的证言。证实行为人的职权范围，滥用职权的动机、目的，与相关人员的关系，是否为本人、他人谋私情、私利、单位（部门）利益，滥用职权的

时间、地点、手段、参与人员、经过、处理结果和造成后果，报告营救、挽救损失的情况等。

④物证、书证。包括：a. 相关职业规范、工作制度、人事档案等，证实行为人的职位、职责范围等。b. 会议记录、处理决定、处罚决定书、批件、便条、工作日记、电话记录、传真、电报等，证实行为人实际履行职责的情况。c. 收受他人的实物、现金等物证，以及有价证券、支票、本票、汇票、存折等，证实行为人的谋私情况。d. 物品实物及清单、照片，证实行为人的行为造成公共财产遭受重大损失的情况。有数个危害结果的，查明最后一个危害结果发生的时间；经济损失是至立案时所实际造成的财产损失，立案后到提起公诉前持续造成的损失一并计入。e. 医疗手册、医疗诊断等，证实行为人的行为造成人身伤害情况等。

⑤鉴定意见。包括：a. 对造成死亡、人身伤害结果的法医鉴定意见；b. 笔迹、印章、文件的文检鉴定意见；c. 对公共财产遭受重大损失的物品鉴定意见、估价鉴定意见、会计鉴定意见、审计鉴定意见。

⑥勘验、检查笔录。包括：a. 对遭到物质破坏的工厂、企业、公司等现场，人员伤亡现场、事故发生现场，引发骚乱、群众集体上访现场的勘验、检查笔录及勘查图、照片、录像资料；b. 对物证的勘验、检查笔录及勘查图、照片、录像资料；c. 对人身、尸体的检查笔录及照片、录像资料。

⑦视听资料及电子数据。记录行为人收受好处、造成恶劣社会影响等的录像带、录音带、电子数据等。

⑧国内外媒体报道、外交照会等材料。证实滥用职权行为造成的不良影响。

⑨其他证明材料。包括破案报告，举报、控告材料，起赃笔录，收缴笔录，扣押清单，指认笔录，辨认笔录等。

通过上述证据，证明行为人违反法律法规、滥用职权的行为致使公共财产、国家和人民利益遭受重大损失。

实践中，应注意收集、审查行为人“滥用职权行为”与“造成重大损失后果”之间关联程度的证据，以确定行为人的行为是否构成犯罪和确定应负责的具体行为人。

(4)关于本罪客体的证据。

通过上述主、客观方面的证据,证明行为人的行为侵害了国家机关工作人员职务行为的正当性和公众对国家行政权力行使公正性的信赖感,以及公民个人人身或财产权利。①

8. 玩忽职守罪

(1)关于本罪主体的证据。

本罪主体为国家机关工作人员。发生在国有企业中的玩忽职守罪主体一般是要依法依规得到国家机关的授权或者代表国家机关行使管理职权的工作人员。要取得以下证据材料:

①国有公司、企业的工商注册登记、经营许可等相关材料,证实公司、企业的国有性质;国家机关授权国有公司、企业行使管理职权和国有公司、企业代表国家机关行使管理职权的相关文件、材料。

②国有公司、企业工作人员的劳动合同、任职文件、分工文件、岗位职责说明等相关材料,证实其是国有公司、企业工作人员;国家机关授权国有公司、企业工作人员行使管理职权和国有公司、企业工作人员代表国家机关行使管理职权的相关文件、材料。

(2)关于本罪主观方面的证据。

①被调查人、犯罪嫌疑人、被告人的供述和辩解。证实:a. 玩忽职守行为的时间、地点、手段、参与人员、经过、处理结果和造成后果;b. 对行为的认知程度;c. 对可能造成的危害后果的认知程度。

②被害人陈述、被害单位知情人等证人的证言。证实内容同上。

③物证、书证、鉴定意见。

通过上述证据,证明行为人应当预见自己玩忽职守的行为可能会发生公共财产、国家和人民利益遭受重大损失的结果,因为疏忽大意而没有预见,或者已经预见而轻信能够避免,以致发生这种结果。

---

① 参见陈国庆主编:《公职人员职务犯罪认定与证据指引》,中国方正出版社 2019 年版,第 268 - 272 页。

(3)关于本罪客观方面的证据。

①被调查人、犯罪嫌疑人、被告人的供述和辩解。证实:a. 玩忽职守行为的时间、地点、方式、过程及结果,包括事件发生、事态发展、审批程序、处理结果、处理依据、管理相对人的反应,以及损害后果等。b. 公务活动的共同负责人、参与人、执行人情况及各自意见,公务活动中的具体表现和态度等。c. 依法行使职权的情况下应如何处理公务,包括自身的职权范围、行使职权的程序、接受监督的方式及自身的知识层次、从事公务年限、接受的培训情况等。d. 是否受到权力的干预,包括干预的具体事实经过、人员、故意的内容等。e. 与管理相对人关系,有无收受好处、服务、财物及存在其他私情、仇怨,收受实物、礼金的种类、数量、特征,收受时间、地点、经过、在场人员、赃款(物)去向及接受服务的时间、地点、在场人员等。f. 有无为本单位、部门谋取好处,好处的物质形式、种类、数量、特征及接受的时间、地点、经过、去向、在场人、经手人、知情人等。g. 有无实施玩忽职守行为,放纵他人犯罪或者帮助他人逃避刑事处罚;与他人共谋,利用其职务行为帮助他人实施其他犯罪行为,或既利用其职务行为帮助他人实施其他犯罪,又以非职务行为与他人共同实施其他犯罪行为。h. 后果及危害,包括物质的、非物质的,有形的、无形的影响,直接的、间接的损失等,有数个危害结果的,查明最后一个危害结果发生的时间。经济损失是至立案时所实际造成的财产损失,立案后到提起公诉前持续造成的损失一并计入。i. 损失发生后,行为人是进行报告、积极挽回损失,还是不报、迟报、谎报或者授意、指使、强令他人不报、迟报、谎报事故情况,致使损失后果持续、扩大或者抢救工作延误。j. 玩忽职守行为与危害结果之间是否具有法律上的因果关系。

②被害人陈述。证明本人遭受重大人身、财产损害的加害人、手段、经过、结果及诉讼请求等。

③证人证言。如目击人、同事、上级主管领导、管理相对人、关系人等的证言。证实行为人的职权范围,与相关人员的关系,是否为本人、他人谋私情、私利、单位(部门)利益,玩忽职守的时间、地点、手段、参与人

员、经过、处理结果和造成后果,报告营救、挽救损失的情况等。

④物证、书证。包括:a. 相关职业规范、工作制度、人事档案等,证实行为人的职位、职责范围等。b. 会议记录、处理决定、处罚决定书、批件、便条、工作日记、电话记录、传真、电报等,证实行为人实际履行职责的情况。c. 收受他人的实物、现金等物证,以及有价证券、支票、本票、汇票、存折等,证实行为人的谋私情况。d. 物品实物及清单、照片,证实行为人的行为造成公共财产遭受重大损失的情况。有数个危害结果的,查明最后一个危害结果发生的时间;经济损失是至立案时所实际造成的财产损失,立案后到提起公诉前持续造成的损失一并计入。e. 医疗手册、医疗诊断等,证实行为人的行为造成人身伤害情况等。

⑤鉴定意见。包括:a. 对造成死亡、人身伤害结果的法医鉴定意见;b. 笔迹、印章、文件的文检鉴定意见;c. 对公共财产遭受重大损失的物品鉴定意见、估价鉴定意见、会计鉴定意见、审计鉴定意见。

⑥勘验、检查笔录。包括:a. 对遭到物质破坏的工厂、企业、公司等现场,人员伤亡现场、事故发生现场,引发骚乱、群众集体上访现场的勘验、检查笔录及勘查图、照片、录像资料;b. 对物证的勘验、检查笔录及勘查图、照片、录像资料;c. 对人身、尸体的检查笔录及照片、录像资料。

⑦视听资料及电子数据。记录行为人收受好处、造成恶劣社会影响等的录像带、录音带、电子数据等。

⑧国内外媒体报道、外交照会等材料。证实玩忽职守行为造成的不良影响。

⑨其他证明材料。包括破案报告,举报、控告材料,起赃笔录,收缴笔录,扣押清单,指认笔录,辨认笔录等。

通过上述证据,证明行为人违反法律法规、玩忽职守的行为致使公共财产、国家和人民利益遭受重大损失。

实践中,应注意收集、审查行为人“玩忽职守行为”与“造成重大损失后果”之间关联程度的证据,以确定行为人的行为是否构成犯罪和确定应负责的具体行为人。

(4)关于本罪客体的证据。

通过上述主、客观方面的证据,证明行为人的行为侵害了国家机关工作人员职务行为的正当性和公众对国家行政、司法权力行使公正性的信赖感,以及公民个人人身或财产权利。①

① 参见陈国庆主编:《公职人员职务犯罪认定与证据指引》,中国方正出版社 2019 年版,第 431 - 434 页。

第十一章　做好案件查办的“后半篇文章”

李希在二十届中央纪委三次全会上的工作报告中提出，强化以案促改、以案促治，纵深推进“不能腐”。常态化做好查办案件“后半篇文章”，做到既善于发现问题又善于推动解决问题。加强类案分析，提出有针对性、说服力的整改意见，督促协同有关部门开展专项治理。完善纪检监察建议的提出、督办、反馈和回访监督机制，增强刚性约束，防止“一发了之”。推动重点领域体制机制改革，促进完善公共资源配置、公共资产交易、公共产品生产等领域市场运行机制，加快推动新兴领域治理机制建设，把权力关进制度的笼子。做深案件查办的“后半篇文章”，就是反腐败工作领域的“亡羊补牢”。本章以“五不放过”为主线，谈如何做好案件查办的“后半篇文章”工作。

一、案发原因分析不清不放过

案件发生后，办案单位要协助案发单位，用“解剖麻雀”的形式，深挖案件反映出的思想教育、权力制衡、制度制约、履职尽责等方面存在的问题，才能真正做到以案示警、以案促改，有的放矢，才能将整改责任压实到位。认真分析案件原因，是总结教训，也是用好身边的案例活教材的基础，必须从思想上高度重视。剖析案件原因，应做好以下三个方面的分析工作：

（一）看纪律教育问题

李希在二十届中央纪委三次全会上的工作报告中指出，强化正反两方面教育，纵深推进“不想腐”。把新时代廉洁文化建设融入党的宣传思想文化工作，充分挖掘优秀传统廉洁文化丰富内容，积极宣传廉洁理念、廉洁典型，注重家庭家教家风建设。创新警示教育方式，深刻剖析典型案例，建立健全以案说德、以案说纪、以案说法、以案说责机制，推动形成廉荣贪耻的社会氛围。

我们常说“防微杜渐”“抓早抓小”，就是要做到从根源上加强思想防线的构筑，对“关键少数”加强警示教育，明确企业规章制度和法律法规的“底线”“红线”，配合使用好“第一种形态”这个“紧箍咒”，要彻底消除党员干部中“事不关己高高挂起”“明知不对，少说为佳”“明哲保身，但求无过”等消极思想。从相关案件违纪违法人员的忏悔中可以看出，其大都是归结于心怀侥幸，红线底线意识不强，拿规章制度当“儿戏”，对党规党纪、国家法律缺乏敬畏，平时的警示教育没有入脑入心，尤其在“犯错”初期，没有人及时提醒教育等，以致发生更加严重的违纪违法行为，甚至最终走向犯罪的深渊。当有苗头性、倾向性问题发生时，相关党组织要对照反思，是否及时采取谈话提醒等“咬耳扯袖、红脸出汗”措施予以纠正，确保第一种形态真正用起来、实起来、硬起来。我们要通过案发的原因分析，从加强纪律教育就是对党员干部最好的保护角度思考，梳理纪律警示教育的空白点和不足，及时加强日常警示教育和对党员干部、关键岗位人员的日常管理监督，解决警示教育层层衰减，以及“第一种形态”运用不到位的问题，真正将以案示警落到实处。

（二）看监督制约问题

李希在二十届中央纪委三次全会上的工作报告中指出，推动健全党统一领导、全面覆盖、权威高效的监督体系。完善纪检监察专责监督体系，持续推进纪律监督、监察监督、派驻监督、巡视监督统筹衔接常态化制度化。完善以党内监督为主导、各类监督贯通协调机制。加强纪法衔接，完善监察执法与刑事司法衔接机制，促进监察机关与司法机关、执法部门在办理职务违法犯罪案件中互相配合、互相制约。自觉接受人大监督，依法有序做好国家监委向全国人大常委会报告专项工作。完善基层监督体系，优化基层纪检监察机构设置，统筹用好县乡监督力量，推动加大基层监督办案力度。聚焦“关键少数”，完善加强对“一把手”和领导班子监督的制度措施。

企业规章制度很多，作为纪检干部要加强企业规章制度的学习、研究，要练出“火眼金睛”，善于从制度执行、流程规范上发现问题。在发生违规违纪案件后，我们纪检机构要主动协同相关业务部门、职能部门，结合案件调查了解的情况，对案件发生过程进行“复盘”。从流程上，仔细分析是否存在制度不执行、审批走过场、监督不到位等问题；从履职上，认真梳理相关审核、监督岗位人员是否存在应发现未发现或者发现了但是“视而不见”等渎职、失职行为，要从根源上找到制度执行随意性和监督机制失效的原因。

制度制约机制失灵，给国有企业造成的教训是惨痛的。例如：2016年1月至2021年3月，纪某在某航空公司综合办公室担任副经理，工作内容之一是负责本单位劳务派遣人员每月的薪酬核算。纪某每月会给外包公司发送两份工资表：第一份工资表是总表，包括劳务派遣人员工资明细、五险一金等内容；第二份工资表则为工资应发额、奖励、考核、打卡金额等内容。在此过程中，外包公司以第一份工资表上的金额开具发票，从航空公司领钱后，再按照第二份工资表上的金额实际发放工资。纪某在第一份工资表中虚增、虚列劳务人员，外包公司从航空公司领取总款后，再将虚增、虚列人员的工资转给纪某。通过这一方式，纪某套取单位公款共计4500余万元。2021年3月，公司另一员工接手了纪某的工作，在核算当月外包公司劳务派遣人员薪酬时发现，发票金额与实际发出金额之间竟差了近110万元，纪某虚增、虚列人员薪酬的“猫腻”由此被发现。该案移送至南京市检察院审查起诉后，办案检察官发现，为了洗白贪污所得，纪某没有让外包公司直接将钱打给自己，而是以帮助走账的名义，安排自己多个下属在某支付平台注册个人账号、关联个人银行账户。然后，纪某让外包公司将薪酬发放之后的结余打入其指定的人员账户，纪某再让这些人员将钱款转到自己的账户，从而完成贪污所得“由黑转白”的过程。①

案例中,该单位在财务报账的审批审核制度执行中“视而不见”的失职失责现象是长期存在的,审批审核当事人主要存在以下两种想法:一是都把希望寄托在上一环节,认为到自己审核审批时,上一环节的负责人已经把过关了,自己图省事或者怕较真得罪人,就不再认真审核;二是认为犯罪分子离我们很遥远,哪有那么多故意犯罪的人,最多是工作失误或者差错问题,就把重点放在简单的计算核对上,即按照提供的数据(如业务数量、单价等)进行简单计算复核,而忽略对提供数据真实性的校验,用信任代替监督。正是存在这些思想,让审核审批的制约机制形同虚设,流程设计上的多重监督体系更是完全失灵。因此制约机制健全是一方面,执行者要履职尽责更显重要。要通过案件分析,并结合案发单位巡视、巡察、审计发现问题的整改情况,对制约、监督机制存在的问题深刻反思,对相关渎职失责者严肃追责问责,让制约、监督机制真正发挥作用。

(三)看政治生态问题

任何一起违纪违法案件的发生,都一定有其滋生的“土壤”。如果一个单位同类案件屡查屡犯,屡禁不止,一定是政治生态出了问题。因此,我们要透过现象看本质,看案发党组织是否专题研究党风廉政建设工作(尤其对“以案促改”的专题研究)、党内政治生活是否严肃、领导班子“三重一大”集体决策制度是否执行到位、对党风廉政工作是否重视、“一把手”监督措施是否到位、谈心谈话制度是否落地、群众对领导班子是否满意等,通过对上述情况的摸底和分析,才能对案发单位的政治生态进行精准“画像”,及时通报问题,并将其政治生态分析情况及时向上级党组织进行汇报。

综上所述,案件原因分析就是要从党风廉政建设主体责任是否落实、制度执行制约监督机制是否完善、以案示警工作是否落实等方面展

---

① 雒呈瑞、马胜伟:《“洗白”贪污所得,被判两罪》,载《检察日报》2021年11月8日。

开，查找问题。纪检机构（派驻纪检监察组、纪检监察专员）应及时听取案发单位党组织对案发原因的分析，并积极跟进问题整改，要求案发单位参照巡视巡察整改要求，建立问题清单、台账，逐条销号整改。对原因分析不清的绝不放过，并及时对党组织负责人开展约谈提醒。

二、责任者的处分没有落实不放过

中央纪委国家监委曾通报各地纪检监察机关在监督检查中发现的党纪政务处分决定执行不到位的问题。一是未在规定的时间、范围内宣布处分决定，或以送达代替宣布处分决定，未要求被处分人签写意见等。二是处分材料入档不规范。包括处分决定没有及时存入受处分人档案，受处分人的职务、职级、工资待遇等执行情况及向相关案发单位提出的意见建议落实情况不明等。三是考核影响未按规定执行。如职务工资变更滞后、处分期未满就提任、服刑期间劳动合同关系仍未解除等。上述情况的发生严重影响了案件查办的政治效果、纪法效果和社会效果。

因此，案件责任者的处理处分工作落实及时、妥当、规范，是以案示警工作的基础。如果对案件责任者的处理处分不能及时落实，不仅影响纪法的严肃性和权威性，还将带来群众对党组织的不信任等负面影响。因此，对案件责任者的处理处分，应按照党纪和企事业单位的相关规定，及时落实，重点要做好以下几方面工作：

（一）做好处分的宣布工作

1. 确定处分宣布的人选

按照被处分人员的管理关系，一般由组织关系所在单位的纪委宣布。对有重大影响的案件，可由上级纪委派员向受处分人及受处分人所在单位的党委（党组）宣布处分决定。

2. 制订处分宣布方案

为最大化处分的教育作用，处分决定作出后，建议制订处分宣布方案。如相关部门与受处分人所在单位党组织或有关单位进行沟通，了解受处分人的思想和身体状况等情况，商议宣布时间、地点等相关细节，制订宣布工作方案，并报纪检机构领导审批后实施。

3. 掌握处分宣布的范围

一般情况下，宣布党纪、政务处分决定，可以由基层党组织党员列席受处分人员所在领导班子的处分宣布会议，或者委托有关党委（党组）向受处分党员所在基层党组织中的全体党员宣布党纪处分决定。对仅受到政务处分的，向受处分人本人和所在单位行政领导班子成员宣布。受处分人被采取留置或者其他强制措施的，应当到相应场所向受处分人本人宣布处分决定。

4. 规范处分宣布的流程

建议流程如下：宣布场地原则上选择会议室、会客室（接待室）或者独立办公室，有条件的应当悬挂党旗和国旗，在看守所、监狱等地方宣布处分决定的除外。宣布处分决定时，宣布人员至少两人，且应着正装，佩戴党徽。宣读决定时，宣布人员及受处分人应当起立。宣读完毕后，要向受处分人送达处分通知（见附件 11 -1），告知其权利，询问其意见，并让其签写对处分决定的意见（见附件 11 -2）和处分决定回证（见附件 11 -3）。宣布人员应对受处分人签署的意见进行审核，有不当之处应及时交受处分人修改、捺印，并做好记录。受处分人拒不表态、不签名、拒不修改的，或因受处分人失踪、死亡、出走（逃）等原因，处分决定无法向受处分人宣布的，宣布人均应作出相应说明，双人签字，附卷留档。

（二）做好处分送达、落实等相关工作

相关党组织、单位根据职责和规定做好处分决定宣布送达后，对受处分人职务、职级、工资等方面的调整工作应及时落实。主要涉及下列事项：

1. 处分决定要通知到位

涉及国有企业工作人员的处分通知通常送达企业的组织人事、党群工作部门，受处分人所在单位及党组织、受处分人本人。根据受处分人的具体身份，还需将处分决定书面告知其所在的或担任其他社会性职务的机关、群团组织等单位。处分决定送达本人或单位、组织后，要回收书面送达回证（见附件 11 -4）。

2. 处分后的待遇要落实

一是根据受处分的情况，以及处分决定执行情况表（见附件11-5）中规定的内容，相关部门要及时调整、撤销或取消受处分人的职务、职级、岗位等级、工资、医疗、住房等待遇。二是要限制受处分人在党纪处分影响期和政务处分期间职务、职级、岗位等级、工资薪酬待遇等方面的调整。三是要评定受处分人在党纪处分影响期和政务处分期间的年度考核等次，限制与此有关的津贴补贴、奖金发放等待遇。

3. 不当利益要纠正到位

没收、追缴、责令退赔有关违纪违法行为所获得的经济利益和用于违法行为的本人财物，纠正违纪违法行为所获得的职务、职级、岗位和职员等级、待遇、资格、学历、荣誉等其他利益。

4. 注重对留党察看人员的考察

留党察看要突出“察看”，对受留党察看处分人员要严格考察，在留党察看期间限制其行使有关党员权利，并在留党察看期满后根据其悔改表现的考察情况办理恢复党员权利事项。

5. 处分材料及时归档

要将处分决定相关材料及时归入受处分人人事档案，并及时更新相关人员的廉政档案。

6. 其他需要执行的事项

上述事项落实后，经办的组织人事等部门应填写处分执行情况报告单提交相关案件管理部门或者纪委归档。

三、责任领导没有被问责不放过

领导责任分为主要领导责任和重要领导责任。主要领导责任者是指在职责范围内，对直接主管的工作不负责任，不履行或不正确履行职责，对造成损失的直接领导人负管理责任的人员。重要领导责任者是指在职责范围内，对应管的工作或者参与决定的工作不履行或不正确履行职责，对造成的损失负次要领导责任的人员。

追究领导责任不是一句空话，需要追究领导责任时，不能以“集体研究的”“会议决定的”等作为规避责任、逃避处罚的挡箭牌,而必须认真、严肃地落实追责、问责。

在决策过程中,领导干部该提意见未提意见、该报告未报告,甚至有的纪委书记(纪检监察组长、纪检监察专员)该反对未反对、该担当未担当的,一旦出现需要问责的情形,应当承担相应的领导责任,须按照《中国共产党问责条例》等党纪党规和各国有企业内部《领导人员失职渎职惩处办法》等相关规定开展追责问责工作。“动员千遍,不如问责一次”“失责必问,问责必严”,必须让奉行“多栽花,少种刺”的老好人干部,在主体责任的追究下付出代价。

(一)需要问责的情形

国有企业可以根据《中国共产党问责条例》规定,结合企业实际,细化需要问责的情形,制定本企业的相关责任追究办法,如《领导人员失职渎职责任追究办法》,作为对《中国共产党问责条例》的补充,也作为对非党员领导问责的依据。因为各行各业违规行为规定的内容差别很大,无法囊括,本章列举国有企业需要问责的主要情形如下,仅供参考:

1. 领导人员未能有效履职,需要问责的情形:

(1)对本单位、本部门发生的公开反对党和国家的方针政策及违反集团公司有关制度、规定、要求的行为,不制止、不处理。(2)工作中不负责任或者疏于管理,贯彻执行、检查督促落实上级决策部署不力,给党、国家、企业和员工利益以及公共财产造成损失。(3)违反企业重大事项请示报告有关规定,发生迟报、漏报、谎报或隐瞒不报。(4)在意识形态领域重大问题上处置不力,造成严重影响。(5)违反企业有关厉行节约、反对浪费的工作要求,给企业造成损失,影响恶劣。(6)对上级督查、群众反映或本单位、本部门自查发现的问题,在职责范围内不解决,或因措施不力导致问题重复出现,或情况没有明显改观。(7)工作中不负责任或者疏于管理,致使所在单位或下属单位发生严重违规违纪违法案件,受到司法机关或有关部门惩处。(8)领导人员利用职务上的便利,授意、指使、强令、胁迫下属或他人违反有关规定行使职权,或对本单位及下属单位领导人员违反规定行使职权的行为，发现后不及时采取措施纠正或纠正不力。(9)其他未能正确履职的行为。

2. 领导人员决策严重失误，需要问责的情形：

(1)超越权限制定、修改规章制度，或由于严重失误作出与国家、监管机构或上级机构的重大决策、重要规章制度严重相悖的决定、规定。(2)重大经营活动不符合法律法规、监管部门的要求，严重损害企业声誉或造成重大损失、风险。(3)在重大决策过程中超越授权或工作权限。(4)其他决策严重失误的行为。

3. 领导人员风险管理方面严重失误，需要问责的情形：

(1)未按规定履行内控及风险管理制度建设职责，导致内控及风险管理制度缺失，内控流程存在重大缺陷。(2)内控及风险管理制度未执行或执行不力，对经营投资重大风险未能及时分析、识别、评估、预警、应对和报告。(3)未按规定对企业规章制度、经济合同和重要决策等进行法律审核。(4)瞒报、漏报、谎报或迟报重大风险及风险损失事件，指使编制虚假财务报告，企业账实严重不符。(5)其他风险管理方面严重失误的行为。

4. 领导人员滥用职权、损害国有资产权益，需要问责的情形：

(1)违反“三重一大”决策原则和程序，决定生产经营重大决策、重要人事任免、重大项目安排及大额度资金运作事项。(2)违反规定办理资产评估、产权交易等事项。(3)违反规定投资、融资、担保、拆借资金、委托理财、购销商品和服务、招标。(4)违反规定利用关联交易输送利益。(5)在重大经济诉讼中，应对措施不力或擅作主张导致败诉。(6)其他滥用职权、损害国有资产权益的行为。

5. 领导人员在生产、经营、管理中严重失误，需要问责的情形：

(1)对发生的明令禁止的生产、经营、管理行为不制止、不纠正、不查处。(2)在工程建设，工程、货物、服务采购，产权交易等工作中不依规依法招标或组织实施，盲目批准签订合同，造成不良影响或投资损失。(3)发生严重违规经营、违规收费等；所在单位或下属单位违反经营管理规定，发生危害国家安全和社会稳定等的案件。(4)在经营、销售活动中，因工作严重不负责任购进假冒伪劣或质次价高商品，发现后不及时采取有效措施处理或者处理不力。(5)违反规定侵害员工利益，包括向员工摊派任务，将发放给员工的薪酬收回进行二次分配或挪作他用，扣留、收缴员工款物或者处罚员工，克扣员工财物，或者拖欠员工钱款。(6)在产品设计、印制、储运及保管等方面违反有关规定，造成不良影响或财产损失。(7)违反行业从业要求、行为准则、监管规定和业务操作管理规定，造成不良影响或财产损失。(8)因工作不负责任或管理不善，致使企业财物等被贪污、挪用、侵占、盗窃、抢劫、诈骗或者物资丢失、损毁造成经济损失。(9)不认真执行《保守国家秘密法》等相关规定，以及企业保密工作有关规定，造成失泄密隐患或发生失泄密事件；泄露商业秘密，伪造、篡改、倒卖客户信息，瞒报、迟报、漏报违规事件及监管处罚。(10)发生重大事故、自然灾害、意外事件、突发性或群体性事件后，未及时处置或处置工作严重失当。(11)其他生产、经营、管理中严重失误的行为。

6. 领导人员违反干部管理规定，需要问责的情形：

(1)以领导圈阅等形式，代替党组织集体讨论决定人员任免。(2)临时动议决定领导人员任免，未按规定召开党组织会议讨论决定干部任免。(3)违反干部任免程序和规定，个人指定、决定领导人员任免，或个人、少数人改变集体作出的领导人员任免决定。(4)拒不执行上级调动、交流领导人员的决定。(5)未执行领导人员亲属回避制度或欺骗组织、隐瞒亲属关系；要求提拔本人的配偶、子女及其他亲属，或指令提拔秘书等身边工作人员。(6)在机构变动和主要领导成员工作调动时，突击提拔、调整人员，或领导人员在调离后，干预原任职单位人员的选拔任用。(7)在选举中进行违反党的纪律、法律规定和有关章程的活动。(8)在领导人员考察工作中隐瞒、歪曲事实真相，或泄露酝酿、讨论干部任免情况。(9)在领导人员选拔任用工作中任人唯亲、封官许愿、营私舞弊、搞团团伙伙或打击报复。(10)对拟提拔的领导人员人选未征求纪检监察机构的意见，或对特定部门负责人的任免未征求上级主管部门意见，或未按规定报告领导人员选拔任用工作有关事项。(11)对有违法违纪、重大违规行为或正在受司法机关、纪检监察机构调查的人员，予以提拔任用。(12)其他违反干部管理规定的行为。

7. 领导人员违反财务收支管理规定，需要问责的情形：

(1)采取虚构经济业务、低收高录资费、虚构交易价格等方式虚增经营业绩。(2)人为调整收入确认口径虚增收入。(3)未遵循权责发生制原则，人为提前或推迟、多列或少列成本费用调节利润。(4)使用虚假发票或编造虚假经济事项变通报销。(5)违反收支两条线管理规定坐支应收款或业务结算资金。(6)违反决策和审批程序或超越权限筹集和使用资金。(7)违反规定以个人名义留存资金、收支结算、开立银行账户等。(8)隐瞒、截留、坐支、虚报、冒领资金，形成账外资金或设立“小金库”。(9)违反规定超发、滥发薪酬福利。(10)因财务内控缺失或未按照财务内控制度执行，发生资金贪污挪用、侵占、盗取、欺诈等。(11)其他违反财务收支管理规定的行为。

8. 领导人员违反合同管理规定，需要问责的情形：

(1)与合同相对人、第三人恶意串通，损害企业利益的。(2)未按规定订立、履行合同，未履行或未正确履行职责致使合同标的价格明显不公允。(3)未正确履行合同，或无正当理由放弃应得的合同权益。(4)未签订合同即预付货款进行购销活动、盲目同无资金或无货源方进行购销活动而被诈骗。(5)未按规定对应收款项及时追索或采取有效保全措施。(6)隐瞒或不及时报告合同履行的异常情况，造成不良影响或财产损失。(7)不按照合同约定履行义务导致承担违约责任。(8)合同文本保管不善，或擅自销毁、遗失合同，造成合同不能正常履行。(9)其他违反合同管理规定的行为。

9. 领导人员违反企业安全生产等制度规定，需要问责的情形：

(1)安全管理工作严重失误，发生重大安全事故或其他重大责任事故。(2)不执行产品、物资仓储的运输、安全管理等规定，致使发生产品或物资丢失、被盗、霉烂变质、失火、爆炸等严重事故。(3)其他违反企业安全生产等制度规定的行为。

(二)问责的程序

1. 启动问责调查

根据《中国共产党问责条例》规定，发现有需要问责的情形，有管理权限的党委(党组)、纪委、党的工作机关应当经主要负责人审批，及时启动问责调查程序。其中，纪委和党的工作机关对同级党委直接领导的党组织及其主要负责人启动问责调查，应当报同级党委主要负责人批准。对被立案审查的党组织、党的领导干部问责的，不再另行启动问责调查程序。根据问题性质或者工作需要，上级党组织可以直接启动问责调查，也可以指定其他党组织启动。

2. 规范调查程序

问责调查应当组成调查组，依规依纪依法开展调查，查明党组织、党的领导干部失职失责问题，精准提出处理意见，做到事实清楚、证据确凿、依据充分、责任分明、程序合规、处理恰当，防止问责不力或者问责泛化、简单化。查明调查对象失职失责问题后，调查组应当撰写事实材料，与调查对象见面，听取其陈述和申辩，并记录在案；对合理意见，应当予以采纳。调查对象应当在事实材料上签署意见，对签署不同意见或者拒不签署意见的，调查组应当作出说明或者注明情况。

3. 形成调查结论

调查工作结束后，调查组应当集体讨论，形成调查报告，列明调查对象基本情况、调查依据、调查过程，问责事实，调查对象的态度、认识及其申辩，处理意见以及依据，由调查组组长以及有关人员签名后，履行审批手续。

4. 作出问责决定

问责决定应当由有管理权限的党组织作出。对同级党委直接领导的党组织，纪委和党的工作机关报经同级党委或者其主要负责人批准，可以采取检查、通报的方式进行问责。采取改组方式问责的，按照党章和有关党内法规规定的权限、程序执行。对同级党委管理的领导干部，纪委和党的工作机关报经同级党委或者其主要负责人批准，可以采取通报、诫勉的方式进行问责；提出组织调整或者组织处理的建议。采取纪律处分方式问责的，按照党章和有关党内法规规定的权限、程序执行。

5. 执行问责决定

问责决定作出后，应当及时向被问责党组织、被问责领导干部及其所在党组织宣布并督促执行。有关问责情况应当向纪委和组织部门通报，纪委应当将问责决定材料归入被问责领导干部廉政档案，组织部门应当将问责决定材料归入被问责领导干部的人事档案，并报上一级组织部门备案；涉及组织调整或者组织处理的，相应手续应当在1个月内办理完毕。

(三)做好问责的“后半篇文章”

1. 及时开展自我批评

被问责领导干部应当向作出问责决定的党组织写出书面检讨，并在民主生活会、组织生活会或者党的其他会议上作出深刻检查。

2. 加强典型问题通报

建立健全问责典型问题通报曝光制度，采取组织调整或者组织处理、纪律处分方式问责的，应当以适当方式公开。

3. 明确问题整改措施

被问责党组织、被问责领导干部及其所在党组织应当深刻汲取教训，明确整改措施。

4. 加强整改监督检查

作出问责决定的党组织应当加强督促检查，推动以案促改。

四、责任人和群众没有受到教育不放过

纪检机构要督促案发单位党组织认真组织开展警示教育，配合纪检机构召开处分决定宣布会，以及组织专题民主生活会或专题组织生活会等，在一定范围内通报案情，组织党员、干部仔细阅读警示教育材料，深入开展讨论反思，领导干部要带头谈认识、讲体会，把自己的职责和工作摆进去，把违纪违法案件的教训讲清讲深讲透，把对违纪者的纪律处分“一张纸”变成广大党员干部接受纪律教育的“一堂课”。

（一）规范开好专题民主生活会（组织生活会）

1. 组织召开专题民主生活会（组织生活会）的主体

违犯党纪人员由本人所在党组织组织召开专题民主生活会（组织生活会）。如违纪问题发生在违犯党纪领导人员曾任职单位（属于一个国有企业的），可以根据需要，由现单位和曾任职单位统一领导的上级党委（党组）通知，原所在单位党组织同时召开专题民主生活会（组织生活会）。

2. 参加专题民主生活会的人员范围

违犯党纪人员为党委（党组）班子成员的，由所在党委（党组）组织召开专题民主生活会。党委（党组）班子成员均应参加，所在党组织的党建、组织人事、纪检等部门主要负责人可以列席，根据需要扩大列席人员。因故不能参加的班子成员，需提前向上级党委（党组）报告，并提交书面发言提纲。会后，由党委（党组）主要负责同志将会议情况通报缺席人员。

3. 参加专题组织生活会的人员范围

违犯党纪人员为党总支委员，由所在党总支组织召开专题组织生活会，所在党总支的委员均应参加，党组织内负责党建、组织人事、纪检等工作的同志可以列席，根据需要扩大列席人员。因故不能参加的总支委员，需提前向上级党委报告，并提交书面发言提纲。会后，由党总支主要负责同志将会议情况通报缺席人员。

违犯党纪人员不属于党总支委员的，由所在党支部负责组织召开专题组织生活会，党支部全体党员均应参加。因故不能参加的，需提前向上级党组织报告。

4. 专题民主生活会（组织生活会）的监督和指导

违犯党纪人员所在党组织的上级党委（党总支）的主要负责同志、纪委书记（纪检监察组长、纪检委员）应当出席专题组织生活会并进行监督、指导，再上级的党委（党组）、纪委（纪检监察组）可视情况派员到会指导。

5. 专题民主生活会（组织生活会）的召开时间要求

专题民主生活会（组织生活会）应当在处分决定宣布后1个月内召开。预期在1个月内召开年度民主生活会（组织生活会）的，专题民主生活会（组织生活会）可与年度民主生活会（组织生活会）合并召开，专题民主生活会（组织生活会）的内容应专题组织。因保密等特殊情况不宜召开专题民主生活会（组织生活会）的，应书面报上级党组织批准。

6. 专题民主生活会（组织生活会）的准备工作

（1）认真学习党章和有关党规党纪，增强党性观念和纪法意识。（2）所在单位党组织主要负责同志与违犯党纪领导人员开展谈心。主要负责同志受到党纪处分的，结合处分决定宣布，由上级党组织派员与本人开展谈心。（3）撰写个人发言提纲。违犯党纪人员，从所犯错误、认识态度、问题原因、整改措施等方面撰写；参加专题民主生活会的其他班子成员、参加专题组织生活会的党组织委员和其他党员，从对处分决定的态度立场、问题自查、警示镜鉴、整改意见建议等方面撰写。（4）审核会议方案等材料。专题民主生活会（组织生活会）的会议方案（会议时间、地点、参会人员、议程、准备工作情况等）、发言提纲等材料一般应提前10日报上级党组织审核，上级党组织审核同意后方可召开。

7. 专题民主生活会的程序

（1）由党组织书记主持，并通报专题民主生活会准备情况；（2）纪委书记（纪检组长、派驻纪检监察组组长或纪检监察专员）宣读处分决定（上述人员受到党纪处分的，由党组织书记宣读处分决定）；（3）违犯党纪人员针对自身违纪问题开展自我批评；（4）其他班子成员对照检查开展自我批评；（5）党组织书记总结会议情况，代表班子提出整改措施。

在违犯党纪领导人员原单位召开专题民主生活会的，有关程序由上级党组织确定。

8. 专题组织生活会的程序

专题组织生活会的程序和民主生活会基本相同，由总支（支部）纪检委员宣布处分决定,一般增加上级党委(党组、党总支)到会指导的主要负责同志、纪委书记(纪检监察组长、纪检委员)对会议进行点评,提出整改要求的环节。

9. 会议情况的报备和通报

专题民主生活会(组织生活会)结束后一般要求在 15 日内,违犯党纪人员所在党组织应当将会议情况报告、会议记录、发言提纲等材料报上级党组织,并抄报上级纪委。专题民主生活会(组织生活会)整改措施落实情况应在下一次民主生活会(组织生活会)上进行通报。

(二)因人制宜开展警示教育

警示教育要因人制宜,不能图省事搞“一刀切”,也不能搞不顾效果的“大水漫灌”,要根据国有企业实际情况,根据案例发生的环境背景,处理好“树木”和“森林”的关系,在教育对象上按不同职务职级、不同业务领域、不同岗位进行分类。同时还要考虑到相关被教育者的成长经历、文化程度和工作环境等,防止对警示教育理解深度不同,达不到最佳的教育效果。

要突出针对性、精准施策,善于把握教育的重要时间节点。如对新入职、新提拔等的党员干部,及时开展个别廉政谈话,及时安排其通过观看行业典型案例的警示教育片等方式接受纪律教育。在典型案例选取上要与警示教育对象相匹配,尽量选用层级接近、岗位类似的案例,提升警示教育震慑力,让教育更加入脑入心。用身边事教育身边人,引起教育对象共鸣。总而言之,警示教育一定要体现出针对性、时效性、威慑性。

(三)开好警示教育大会

可以综合运用召开警示教育大会、专题党课以及编印忏悔录、观看警示教育片、参观警示教育基地等多种形式开展警示教育。要更加重视现场教育形式,通过企业纪委与所在地法院、检察院、公安、纪委监委等政治机关、司法行政机关建立警示教育联动机制,组织党员干部参观庭审现场、看守所、监狱等场所,让企业或者同行业违纪违法人员现身说法等形式，让教育对象感同身受。其中党风廉政建设或者专题领域的警示教育大会是警示教育最基本的措施，对象主要是领导干部、关键岗位人员或全体党员，通常每年召开1—2次。专题领域的警示教育大会一般对象是相关业务领域的领导人员、管理人员、关键岗位人员或全体人员，根据专题领域的突出问题，随时召开。召开形式可以是现场、电视电话会议等形式。警示教育大会的议程一般为：(1)纪委书记(纪检监察组长、纪检监察专员)通报违规违纪典型案例；专题领域的警示教育大会，主要通报专题领域的案例，如外包、采购、工程等领域，并进行案例剖析。(2)党委(党组)书记讲话。(3)请纪检监察机关、司法机关相关人员做廉政专题讲座(一般是国有企业职务犯罪等题材)，专题领域的警示教育要选择专题领域的违纪违法题材。(4)观看同行业或系统内或专题领域相关警示教育视频或警示教育电影。(5)请企业内的违纪违法人员现身说法等。

(四)运用好谈心谈话教育

纪检工作人员要利用好执纪流程中面对面的教育机会，如在谈话核实、审查谈话、处分宣布等工作时开展“一对一”教育，与被谈话人、被审查调查人、受处分人员进行教育谈话，开展纪法教育，促使其进一步认错悔错改错。被审查调查人、受处分人员态度不端正或言论不当，应及时进行严肃批评教育；受处分人员对事实定性及条规适用等提出异议，应做好释纪释法工作。

对于关键岗位人员，纪检机构应监督其所在党组织，及时对其开展谈心谈话教育。谈话人可以是党委(总支、支部)书记、部门负责人、纪委书记(纪检委员)等，谈话可以利用巡视巡察发现的相关岗位廉政风险点，同行业、同岗位的违纪违法典型案例等内容进行提醒，让谈心谈话更具有针对性。

(五)重视回访教育

为最大化体现教育帮扶效果，相关纪检机构应在影响期(或处分期)内及时对受到处理处分的人员进行跟踪回访，必要时也可回访影响期(或处分期)满的人员。向相关党组织充分了解跟踪回访对象有关情况后,综合研判回访对象是否适合接受跟踪回访,以及跟踪回访需采取的具体方式。根据实际情况制订工作方案,经领导审批后执行。

实践中对有下列情形之一的,一般不再进行回访教育:被开除党籍、开除公职的;受处分后辞去公职,或者被依法解除劳动人事关系的;在影响期内已办理退休手续的;受处分人员本人提出正当理由不愿意接受回访的。

回访教育工作的有效开展,是全面贯彻“惩前毖后、治病救人”方针的一项重要举措,也是案件查办“后半篇文章”的重要组成部分,是实现政治效果、纪法效果和社会效果有机统一的有效途径之一。回访工作还需注意以下几点:一是回访主体的确定。回访教育主体按照“谁处分、谁回访”的原则确定,即由作出处分决定的纪检监察机构负责对受处分人员开展回访教育。二是回访的工作内容。一方面开展对回访对象的谈话,了解其对所犯错误性质的认识以及思想、作风转变情况,听取其工作、生活等中急需解决的困难情况;另一方面开展与回访对象所在单位党委(党组)主要负责同志、分管领导等人员的谈话,了解对回访对象思想转变、工作表现等方面的评价和反映。三是回访的结果运用。回访教育了解、收集的情况要在党支部大会、职工大会等会议上进行反馈,听取参会人员的意见建议。如实做好工作记录,填写受处分人员回访教育工作情况登记表(见附件 11 –6)。

五、整改措施没有落实不放过

“发现问题不整改,比不发现问题更严重。”因此,案件查办的“后半篇文章”做得好不好,最终是看整改措施是否落实,整改效果是否呈现。开展案件整改工作,应当坚持党要管党、全面从严治党,坚持靶向治疗、精准施策,力戒形式主义,务求工作实效。案发单位党委(组)主要负责人为第一责任人,应当亲自抓、负总责,其他领导班子成员要严格落实“一岗双责”,带头推进整改。纪检监察部门要持续关注整改工作,压实相关部门主体责任,发挥纪检的“再监督”作用,重点做好以下三方面工作：

（一）制作以案促改通知书、纪律检查建议书等文书

以案促改通知书是做好“后半篇文章”的重要文书，其一般包括基本案情、问题清单、整改及报送要求等；属于行业性、系统性腐败案件的，还要包括相关治理要求，针对案发单位存在的问题和监管漏洞，下发的纪检监察建议文书有关内容，或者处分宣布决定及警示教育等工作要求。

纪检监察机关开展纪检监察建议工作以制发纪检监察建议书为主要方式。纪检监察建议书分为纪律检查建议书、监察建议书两种形式（必要时可以合并为纪检监察建议书）。根据实际情况，二者可单独使用，也可合并使用。

纪律检查建议是党的纪律检查机关根据其工作中发现的问题，就所涉及的人员或组织，依据党章党规党纪向有关党组织提出的处理建议。

监察建议是监察机关依法根据监督、调查结果，针对监察对象所在单位廉政建设和履行职责存在的问题等，向相关单位提出的具有一定法律效力的建议。

提出纪律检查建议的情形主要有：（1）被监督单位党组织在全面从严治党、党风廉政建设和反腐败工作方面存在突出问题的；（2）经谈话函询、初步核实和立案审查，应当按照干部管理权限，依照有关规定建议有关党组织给予有关人员纪律处分、批评教育、责成作出检查、召开民主生活会进行批评帮助、纠正或责令停止正在实施的违纪行为、进行工作及职务或职级调整、责成退回违纪所得或者在一定范围内进行通报批评的；（3）党员在党外组织担任职务，应当建议党外组织依照规定作出相应处理的；（4）既需要追究党纪责任，又需要有关党组织给予相应组织处理的等。

提出监察建议的情形主要有：（1）拒不执行法律、法规或者违反法律、法规，应当予以纠正的；（2）有关单位作出的决定、命令、指示违反法律、法规或者国家政策，应当予以纠正或者撤销的；（3）给国家利益、集体

利益和公民合法权益造成损害,需要采取补救措施的;(4)录用、任免、奖惩决定明显不适当,应当予以纠正的;(5)依照有关法律、法规的规定,应当给予处理或处罚的;(6)需要完善廉政建设制度的等。

纪检监察建议一般包括以下内容:文书标题、密级、文号;提出纪检监察建议的起因,即在监督检查、审查调查中发现的问题;问题的特点、产生原因以及容易导致发生违纪和职务违法犯罪的漏洞或应当消除的隐患;提出建议所依据的党规党纪、法律法规及有关规定;对有关违纪违法人员的处理意见及治理防范违纪和职务违法犯罪的具体意见;被建议单位书面回复落实的期限等。

纪律检查建议书常见格式模板见附件 11 –7。

(二)做好以案促改的监督工作

以案促改是一项系统工程,是指通过剖析典型案例,精准发现问题,相关单位通力协作有效整改,根据存在问题,健全完善制度,起到长效治理的效果。要做好以案促改,重点要做好以下几方面工作。

一是要督促案发单位落实以案促改的主体责任。以案促改不仅仅是通过案件剖析查漏补缺的体制机制,更是一项党风廉政建设和反腐败斗争的政治工作。案发单位应从主体责任是否落实、制度制约监督机制是否完善等多方面深入研判存在的问题,不能将以案促改工作“扔”给纪委,纪委应监督案发单位领导班子全面落实管党治党主体责任,围绕“一岗双责”,在履行好自身工作职责的同时,抓好分管领域的党风廉政建设和反腐败工作。要督促党组织召开案件原因分析的专题研究会,积极协调相关职能部门,齐抓共管,梳理并杜绝管理漏洞,分管领导负责监督自己分管领域的问题整改情况,从源头消除类似案件的隐患。

二是纪委要落实以案促改的监督责任。国有企业纪委不能仅对案件和责任人“一处了之”,要善于分析和发现、研判问题,及时向案发单位指出问题和提出以案促改建议,发挥好监督专责作用。

比如,辽宁省纪委监委出台《辽宁省纪检监察系统持续深化以案促改工作的实施细则》,针对个别地方“不会改”的问题,坚持“全过程”教育引导，通过明确案发单位制定以案促改工作方案、开展系列教育活动、召开专题组织生活会等全流程工作要求，推动案发单位以案促改责任落实。明确党风政风、监督检查、审查调查、案件审理等部门责任分工，层层分解任务，将以案促改各环节任务落实到岗、落实到人。

又如，天津市纪委监委在成立专项整治领导小组的基础上，牵头市委组织部、市国资委、市规划和自然资源局、市金融局等9个成员单位，全面开展专项整治。专项整治领导小组每月召开例会，专题研究、协调解决重要事项，各责任单位结合实际制订实施方案，形成责任一贯到底、任务一抓到底的工作格局。

三是要形成自下而上的整改体系。以案促改就是要实现查处一案、警示一片、治理一域的综合效应，达到政治效果、纪法效果、社会效果和企业受益的有机统一。实现上述目标，需要充分发挥生产经营单位、相关职能部门、监督部门“三道防线”的作用。首先生产经营单位要对本部门涉及的企业各项规则制度的执行情况积极开展自查，要以“钉钉子”的精神确保各类问题隐患被消除在萌芽状态，构建好问题整改的“第一道防线”；其次要做到结合岗位，紧盯“关键少数”，针对组织人事、财务、采购等职能部门关键岗位人员和负责人强化履职尽责教育，促使他们积极发挥职能的监督检查作用，对生产经营单位和各管理环节，开展企业经营纪律、财经纪律、薪酬纪律执行情况的检查，对以往检查、审核中发现的问题组织开展“回头看”自查，及时追根溯源，筑牢职能部门审批审核监督管理的“第二道防线”；最后就是审计部门通过领导人员的离任、任中审计，专项审计等活动，纪检机构通过日常监督、专项监督，对问题的整改情况进行“再监督”，及时发现整改不彻底的问题或者问题隐形变异的风险点，审计和纪检机构负责守好以案促改监督的“第三道防线”。

（三）开展专项监督活动

要深化以案促改，推动系统治理。就应该以案件为切入点，举一反三，由点及面开展国有企业相关专业、流程等专项监督活动。专项监督一定要突出“专”字。一是监督组人员要专业。纪检机构要联动审计、财务、人事、采购等部门，抽调业务精、政治素质过硬的人员参与监督组。二是要紧盯专门环节。要紧紧围绕“成本列支、业务招待、物资采购、人员外包、工程建设”等经营管理的重点环节开展专项监督检查。三是专注相关问题。对重点环节，要专注虚假成本列支、违规业务招待、围标串标、虚开外包费等易发问题。四是要形成专题报告。要根据发现的问题，如实客观反映情况，形成专题监督报告。

（四）做好以案促改的效果评估工作

对案件整改“后半篇文章”的综合考评，应围绕“案发原因分析是否清楚、问题排查是否精准、突出问题是否整改、举一反三是否到位、教育效果是否呈现、制度机制是否完善、责任追究是否落实、治本效果是否明显、群众员工是否满意”等方面进行全方位考量，推动办案、整改、治理贯通融合，真正实现“查办一起案件、解决一类问题、完善一套机制、规范一个领域、警醒一批员工”的综合效应，把以案促改工作做深做实。

附件 11－1

××公司纪委函〔20××〕×号

关于给予×(姓名)××(党纪)××(政务)处分的通知

××公司党委组织部：

经××公司×年×月×日党委会议讨论，决定给予×××(姓名)××(党纪处分)，经纪委×年×月×日会议决定，报经××公司×年×月×日党委会议同意，给予×××(姓名)××(政务处分)。现将《关于给予×××(姓名)××(党纪)处分的决定》《关于给予×××(姓名)××(政务)处分的决定》印发给你们，请根据决定办理有关事项。

特此通知。

附件：1. 处分决定执行情况表

2. 处分决定执行事项清单

××分公司纪委

20××年×月×日

附件 11－2

受处分人对党纪政务处分决定的意见

受处分人：(姓名和职务)

处分种类：(警告、严重警告、撤销党内职务、留党察看、开除党籍)

处分文号：(处分决定的文件编号)

宣布人：(姓名和职务)

宣布地点：(写具体，如某某公司几楼第几会议室或房号)

受处分人意见(可另附页)：(常规写“服从组织决定”或“我对本处分决定无意见”)

受处分人签名：

时间：

附件 11－3

处分决定送达本人回证

送达文件名称	《关于给予×××××处分的决定》 ××〔20××〕×号
送达时间	
送达地点	
被送达人签字	××× 年　月　日
送达单位	×××
送达人	×××　×××
备注	

附件 11 -4

处分决定送达回证

<table>
<tr><td>收件人</td><td colspan="2"></td><td>事由</td><td colspan="2"></td></tr>
<tr><td>送达单位</td><td colspan="5"></td></tr>
<tr><td>送达地点</td><td colspan="5"></td></tr>
<tr><td>送达文件</td><td>文件文号</td><td>送达人</td><td>收件人</td><td>收件日期</td><td>不能送达原因</td></tr>
<tr><td></td><td></td><td></td><td></td><td></td><td></td></tr>
<tr><td></td><td></td><td></td><td></td><td></td><td></td></tr>
<tr><td></td><td></td><td></td><td></td><td></td><td></td></tr>
<tr><td></td><td></td><td></td><td></td><td></td><td></td></tr>
<tr><td colspan="6">备注：</td></tr>
</table>

注：请收件人或代收人签名或盖章后将此证交送达人或寄回。

附件 11－5

处分决定执行情况表

<table>
<tr><td>姓名</td><td></td><td>政治面貌</td><td colspan="2"></td><td>性别</td><td></td><td>出生年月</td><td></td></tr>
<tr><td>单位、职务</td><td colspan="8"></td></tr>
<tr><td>党纪处分</td><td colspan="3"></td><td colspan="2">政务处分</td><td colspan="3"></td></tr>
<tr><td>入档情况</td><td>归入档案</td><td colspan="3">□是　　□否</td><td colspan="2">归档时间</td><td colspan="2"></td></tr>
<tr><td rowspan="2">职务职级变动情况
□是□否</td><td>处分前</td><td colspan="3"></td><td colspan="2">任职时间</td><td colspan="2"></td></tr>
<tr><td>处分后</td><td colspan="3"></td><td colspan="2">执行时间</td><td colspan="2"></td></tr>
<tr><td rowspan="3">工资变动情况
□是□否</td><td>类别</td><td>职务/岗位工资</td><td>级别/薪级工资</td><td>津贴补贴</td><td>奖金绩效</td><td>其他</td><td>合计</td><td>执行时间</td></tr>
<tr><td>处分前</td><td></td><td></td><td></td><td></td><td></td><td></td><td rowspan="2"></td></tr>
<tr><td>处分后</td><td></td><td></td><td></td><td></td><td></td><td></td></tr>
<tr><td>住房、医疗等待遇变动情况</td><td colspan="8"></td></tr>
<tr><td>其他应予执行的事项</td><td colspan="8"></td></tr>
<tr><td>执行单位</td><td colspan="8">（盖章）
年　月　日</td></tr>
</table>

注：1. 请于收到处分决定之日起一个月内将该表回报××公司纪委案件管理和审理室（或相关承办部门）。

2. 职务职级变动情况，是指受到撤销党内职务或政务撤职以上处分后职务职级变动情况。

3. 其他应予执行的事项，是指终止党代表资格及岗位调整、调离等。

附件 11 -6

受处分人员回访教育工作
情况登记表

填报单位：

×年×月×日

<table>
<tr><td rowspan="3">回访对象基本情况</td><td>姓名</td><td></td><td>性别</td><td></td><td>出生年月</td><td></td><td>入党时间</td><td></td></tr>
<tr><td>受处分时间</td><td colspan="3"></td><td>处分种类</td><td colspan="3"></td></tr>
<tr><td>原任职务</td><td colspan="3"></td><td>现任职务</td><td colspan="3"></td></tr>
<tr><td rowspan="3">回访人员信息</td><td>姓名</td><td colspan="4">单位及职务</td><td colspan="3">回访时间</td></tr>
<tr><td>（签名）</td><td colspan="4"></td><td colspan="3"></td></tr>
<tr><td>（签名）</td><td colspan="4"></td><td colspan="3"></td></tr>
<tr><td>回访情况</td><td colspan="8">（主要记录被处分人个人思想情况、单位和群众对其表现的评价等。）</td></tr>
<tr><td>意见和建议</td><td colspan="8">（针对回访情况，提出意见和建议。）
（签名、日期）</td></tr>
<tr><td>备注</td><td colspan="8"></td></tr>
</table>

附件 11－7

纪律检查建议书

××公司纪建字〔20××〕×号

★

关于×××××××××××有关问题的建议

××××(单位)党委:

××年×月,××公司纪委在开展××××××(信访核查、监督检查、专项督查)工作中发现,你单位所辖×××公司存在如下问题:

1. ××××××××××。

2. ××××××××××。

3. ××××××××××。

鉴于以上情况,经××公司纪委主要领导同意,建议:

1. ××××××××××。

2. ××××××××××。

3. ××××××××××。

依据有关规定,对纪律检查建议,无正当理由拒不采纳的,视情况对被建议单位给予责令纠正、通报批评等处理,对负有责任的领导人员和直接责任人依规依纪依法给予处理。请在收到此建议书×个月内将采纳情况书面报送至××公司纪委。

附件:1. 发现的问题、责任认定的具体情况

2. 依据的相关制度规定

中共××公司纪委

××年×月×日

抄送:×××××××

中共××公司纪委办公室 20××年×月×日